中国社会科学院老年学者文库

中国社会科学院
老年学者文库

第三册

蔡锷史事日志

曾业英 编著

社会科学文献出版社
SOCIAL SCIENCES ACADEMIC PRESS (CHINA)

目　录

8 月

1 日

▲报载西藏风云日紧，云南都督蔡锷电告袁世凯，"该省现有康超等组织西藏旅行团，一方调查内政，一方劝导藏民"。①

2 日

▲尹昌衡自瓦斯沟行营电告胡景伊、蔡锷，所率西征部队已抵炉关。说："万火急。成都都督府、云南蔡都督台鉴。昌衡亲统大兵已抵炉关，决定分两道进兵，一由河口进窥巴塘，一由北路直趋昌都，边氛稍静即捣拉萨。陆军步队已出发者十营，炮队一营，工程一队，川边防军尚有十营，已树声威，当易戡定。尊处由貉翁进藏甚善，前敌情形希常电示，川都督尹昌衡。冬（八月二号）。印。"②

▲孙绍骞、姚春魁电陈"云南军都督府、大理"李根源，请示对待张世杰"率兵避入阿董"办法。说："查川边盐井委员张世杰，率兵避入阿董。赵绍云、木崇华虑扰治安，有商令缴存枪械，许其入关办法。日昨请示，已奉艳电，饬委为接洽，帮同防范等因，遵转前去。兹据张世杰呈称，借助粮饷，并援去剿，滇军入川，帮给饷项等语。查缴存枪械，系为入关而言，既令住董协防，自毋庸议，惟粮饷解允，由住借助，恳衡核示遵。绍骞、春魁禀。冬。印。"③

▲报载"滇都督蔡锷日前电报大总统，现已酌派相当军队赴藏西征，以援川军速勘乱事等情。昨闻大总统特去电嘉奖，告以严束各军，凡大兵经过之处，遇有外人财产等项，务竭力保护，慎重将事，以重邦交，而杜干涉"。④

4 日

▲报载"弹劾陆总理□［案］，已由滇督蔡锷切电统一共和党劝阻，

① 《关于征藏事宜之种种》，天津《大公报》1912 年 8 月 1 日。
② 《西征消息》，《申报》1912 年 9 月 3 日。
③ 《西事汇略》卷八，第 19—20 页。
④ 《大总统嘉滇督西征》，天津《大公报》1912 年 8 月 2 日。

并因参议员纷纷请假，连日出席者终不满四分之三，业已取消"。①

又载"闻副总统昨接大总统电开，略谓西藏风云日亟，川督率师万余，前往剿抚，深恐兵力不足，除已电饬云南蔡都督前往援助外，鄂军素称精强，可否拣选一镇以为西征续备军等语。黎公阅电后，当在府中聚集参议多人筹商一切，拟举府内顾问蒋翊武君为西征司令云"。②

5 日

▲报载"日前总统府接得护川都督胡景伊、滇都督蔡锷会衔密电一件。据某秘书云，该电内容确系详陈片马交涉与川、滇两省之关系及英人最近所持之侵略主义，并其种种之举动，请速筹指机宜等语。该电已交国务院迅速核办"。③

又载"前日国务院接得滇都督蔡锷密电，尚未答复，今早又复接得该都督之电，据闻两电内容大旨略同，其内容系报告滇军入藏需款浩繁，滇省财政拮据，势难筹措。第一电系请中央设法接济，第二电系请由滇订借外款，两电均呈总统核阅矣"。④

上旬

▲李根源电陈"云南都督府"，请准予丽江、维西红教总管大喇嘛僧东宝"兴学"立案。说："案据丽江、维西红教总管大喇嘛僧东宝禀称，窃红教喇嘛自唐古忒时，由印度传于西藏，历来相承，至明封为国师，宗教兴隆。逮乎满清入主中国，尊崇黄教达赖，毁灭红教班禅，几无孑遗，今之存者，几如赘疣，是满清非特为国民之公敌，亦即为红教之深仇也。现在中国，同时反正自立，僧等闻之，欢诈鼓舞，以为天日再见，红教复昌，不揣固陋，妄冀兴学。伏查丽邑红教，共有五寺，僧众共二百余丁，正租共有小板一千八百余石，除上纳钱粮学警之各费，暨僧众口粮常年经费外，尚有赢余。兹拟创办初等小学堂一所，选幼僧六岁以上二十岁以下者入之，令除授以应有科学外，兼课藏文，年满毕业后，拟恳按级升学，与各学校

---

① 《专电》，《申报》1912 年 8 月 4 日。

② 《副总统征藏之伟划》，《申报》1912 年 8 月 4 日。

③ 《川滇会衔之密电》，天津《大公报》1912 年 8 月 5 日。

④ 《滇督密请订借外债》，天津《大公报》1912 年 8 月 5 日。

生徒一体邀奖。又拟创办一森林学堂，选僧众二十岁以上四十岁以下者入
之，令其专心肄习林业，就地设场，试验功课之余，兼习体操，庶几常则
为合群爱国之良民，变则为殉国亡躯之壮士，毕业后仍恳奖励，俾有选民
之资格。至于四十岁以上之年老僧徒，不能从学，仍令研究藏文，勤持功
课，以保守宗教为主，并愿亲到维西各红教寺一体演说，劝导进行等语，
禀请核准转报立案，并恳给示保护前来。师长复查西藏红、黄宗教，其来
已远，历朝皆仍以宗教羁縻之，丽维、中甸各红、黄教僧，与藏本属一家，
声息相通，而皆恪守规戒，从未多事。目今达赖回藏，妄想独立，剿抚兼
施，势当并用。如其悔罪投诚，亦当不易其俗，徐图改良。况在滇界，良
善之喇嘛，正宜抚绥保护，树之风声为西藏劝。又查该僧东宝本丽江故木
工司曒之子，自幼经僧众延请嗣法，通晓藏文番语，于该教经典亦皆博习，
曾往后藏代理班禅事务有年。又以前次藏乱时，开导中维，不附乱党，经
前清奖给堪布职衔有案。兹据禀求保护设学，似宜因势利导，允其所请，
以示同仁，且恐无知妄人侵毁其寺，则影响及于藏中，愈难收拾。除撰拟
告示，发给张贴，并批令拟具办学规则，呈由丽江府转呈学司，核饬遵办
外，所有丽江红教喇嘛僧恳请设学缘由，理合呈请钧府查核饬部立案，实
为公便。此呈云南军都督府。"①

7 日

▲报载国务院"问奉都督赵尔巽、滇都督蔡锷，日来有无借款之电，
答未知的确"。②

又载"滇都督蔡锷电陈简任省总监及军民分治之意见"。③

8 日

▲李根源电陈"省城军都督府"，已于 7 月 10 日解职，此后国民军、
陆军官佐"遇有撤换，应由各统领禀请钧府核办"。说："前奉钧府通电，
西防国民军各管带，遇有撤换，须先禀由源处转禀钧府，分别准驳委替。

① 《西事汇略》卷八，第 20—21 页。原未署日期，据该书此呈前后所发之电发于 8 月 11 日
  与 8 月 13 日推定。
② 《国务院初六日纪事》，天津《大公报》1912 年 8 月 7 日。
③ 《总统府初七日纪事》，天津《大公报》1912 年 8 月 9 日。

哨官长、教习等员，亦禀由源分别准驳给委，呈报备案等因。时值西事方殷，秩序紊乱，钧府暂假便宜，系属一时权宜。现在西事已定，秩序已复，源于灰日（按：即7月10日）解职。嗣后国民军自管带以至教习，遇有撤换，应由各统领禀请钧府核办。陆军官佐，亦宜照旧层递转请核办。各员任状，统由钧府发给，以收军事统一之效。乞衡核通饬遵照。师长根源叩。齐。印。"①

10日，又电告迤西提镇道台统领各协、第七联长饷械局所腾冲卫戍大队长、各府厅州县长、自治公所、商会、模范中学校、白井督煎督销筹办、怒俅边务各总办、厘金弹压各委员、国民军各管带，即于8月10日"解职"。说："源于受命之初，预陈归养之请，西事初定，屡电乞休，重辱邦人挽留，友僚责勉。时则藏乱方告，边报频闻，第七联退伍之后编配未竣，国民军如杨钟骥营方待归解散，尹明玉营方议归并，怒俅经营方始，任委深入濒危，虽当罢病之余，犹怀未尽之责，乃遵军府来电，力疾暂留，仍陈明事竣解职，并经通电布告。近察中维一带情形，尚称安谧，设备亦臻周密，又得孙统领出驻中甸，缓急无虞。前参谋部殷总长复奉命率西征军大举援藏，即日出师，攻守有余，安攘可卜。榆联征募已集，编配已完，复经妙简将校，慎选新兵，自兹以往，唯望我将士共振精神，励行教育，期成劲旅，卫我邦家。杨、尹两营裁并事竣，西防各国民军经迭次淘汰之余，各将领并负〔孚〕硕望，尤能申明纪律，整饬操防。近今以来，各属地方，均称安堵。虽楚雄、永北两属盗案较多，既派李中队长巡缉北面，复由张提台出巡楚、顺，以清伏莽。顷各该处来电，盗匪已多就获，地方亦渐平靖，所望精勤罔懈，永保安宁。各郡县长吏得人，官绅协力，一切教养□具生聚之方，即廓初规，尤希进步，凡我地方幸福，人民乐利之所在，胥望艰难共济富庶是图。榆城中学为迤西各属学子所萃，力争得免裁并维持，实不易言。百计筹维，多方挹注，因得推广学额，扩张规模。将来成绩何如，一视司教育者为断，前途希望，更无穷期。盐政弊害既深，整理尤称困难，幸总办既得其人，积弊一祛，大利自举。惟边民艰食，非辟一子井就地煎销，终无以敌私盐。维边岸所在，访求迄不可得，弥缝其阙，将待来者。腾永实业公司虽未及期成立，而基本已充，规划已具，亟

---

① 《西事汇略》卷五，第17页。

望经始，以竟成功，民生边计，胥于是赖。弹压之责，在保安边境，绥辑夷民，尤望开诚布公，用使慕义从化，以无负建设之初心。怒俅为我藩篱，殖边即以固圉，任委现已得手，各队亦经进行。今综理有人，筹划大备，但能不避艰险，悉力经营，将见一变，獠犵渐开文化，是则西陲之幸，而源之所望于诸君子者也。至源西行以来，深愧无所裨救，犹赖同人匡弼，父老辅导，获免于戾。方今大局底定，财力奇艰，滇尤瘠贫，力难支拄，惟有缩减军备，以纾［纾］吾民担负。现在全省陆军合编一师，第二师司令部应即裁撤，而总司令之设与节制之权，皆当有事之秋，为便宜之计。现当边事粗平，一切自有常制，以分军民之界，而示统一之规。机关多则周折不灵，政令歧则视听不一，以军人而行（民）治既为当世所忧，以内外而畸重轻尤为昔人所慎，此项名称并应取销。陆军既经改编，榆联与卫戍大队自有隶属，国民军既经规定，卫戍区域各有责成，行政自有统系，亦各有主管机关，上既有所禀承，下亦有所法守，自可循轨进行。兹已电陈军府，奉准解职，拟于本月初十日将第二师师长及西防国民军总司令官暨节制文武官吏衔名一并裁撤，源即于是日解职，关防印信派员赍［赍］省呈缴，源幸得于无事之日为共和之民，与我父老子弟共享自由之福。翳惟百尔君子所赐，以后书札相闻，不及公事，呼以名字，勿沿官称，则我同人之不鄙谓予也。敬布悃忱，不嫌词费，惟希亮察，并祈抄电通布，俾我父老子弟，咸知此意。根源叩。"①

▲蔡锷电复熊希龄，"锷如到京，当有所建议，惟不宜以职务绳之"。说："魏柒［染］胡同《新中华报》转熊秉三先生说：垦密。个（按：即 7 月 21 日）电悉。时局如此，实深焦虑，已电嘱统一共和党体念时艰，勿徇党见，而误大局。锷于滇事未了，所怀万端，亦极欲赴中央面陈梗概。前因滇境甫定，亟须筹维，现军民各政均已就绪，即将来计划，亦粗具规模，以后循轨进行，尚易措手。惟此间绅民感情极厚，一时实难卸去，如中央修［须］召赴京，商议要政，当可借以暂离。然环顾将领中，文武兼资、群情推服者颇不易得。或令现充参谋厅长谢汝翼护理，亦可暂济一时。锷如到京，当有所建议，惟不宜以职务绳之，亦乞先代陈

---

① 《云南第二师师长李根源君解职通致迤西各界电文》，北京《大自由报》1912 年 8 月 29 日。

总统为叩。锷叩。齐。印。"①

9 日

▲江孜关监督史悠明函报"拉萨军务吃紧，恳促川军迅速进援"。说："悠明于六月二十四号，接得英邮局交到交通部咨西藏办事长官公文一角，谨领之下，应即飞递拉萨，曷敢稍事稽延。惟因藏番驱杀汉军，激战异常剧烈，沿途邮目邮夫悉被番军杀毙，各处关隘渡口亦被番军扎断，无论何人往来，盘查甚严。当江、亚、后藏汉官兵民未出亚东关时，文信早已不通。今江、亚、后藏三处汉人业已被逐尽净，番军不容一人复入其境，欲通西藏消息，诚属难乎其难。现达赖喇嘛已于本月二十四号由噶伦铺回藏督战，昨已电知四川都督预为设备。拉萨蛮兵近已增至数万，围攻汉军益急，官兵被困已久，粮食断绝，子弹将尽，援兵未至，士卒日以马肉充腹，实有累卵之意。大局存亡，正在旦夕，恳促川军兼程进援，迟则不可挽救。悠明迭次函电北京、四川等处，均未奉复，今资斧已尽，告贷无门，谨此奉闻。"②

▲报载"西藏之事起"，蔡锷曾"警电致湘，调兵进剿。畲君钦翼故第一师师长也，请愿赴敌，不以武夫干预政治为嫌，宣布脱党（按：指脱离共和党）"。③

同日，蔡锷电告长沙谭延闿，取消前议"请湘军援藏"一事。说："维密。前请湘军援藏，拟由尊处代筹饷械，未蒙赐复。近接黔电，以湘军过黔，诸多妨碍，且黔事解决，戍黔滇军尽可次第抽回，亦无须越境调兵。此间各将领亦多主张此说，前议请即作废。惟鄙意湘省地居中央，为全国枢纽，一旦有事，居中策应，胥赖湘军，宜精练于平时，始足以资战守。湘军素称朴勇，近闻稍逊于前，应请力加整顿，使成劲旅。国事乡心，时萦寝寐，用特奉商，尚希鉴察。锷叩。佳。印。"④

▲蒋继曾电陈蔡锷、李根源，请示如何应对李学诗借粮问题。说："八月七日，接李协虞函称，盐井距阿墩六站，已失，民惶迁避。现派兵驻石

① 《熊希龄先生遗稿》第 1 册，上海书店出版社，1998，第 388 页。
② 《西藏用兵记》（七），《申报》1913 年 2 月 10 日。
③ 《共和党与民社支部分裂详记》，北京《民主报》1912 年 8 月 9 日。
④ 曾业英编《蔡锷集》（一），第 690 页。

门关，即扎谷顶要隘，严防堵，民稍安。惟兵粮难购，请借积谷五十驮运墩用等语。查积谷奉令留备西征兵需，兹墩乏粮，除酌借外，是否禀祈示遵。维西通判蒋继曾。青。印。"①

▲报载"初九日午前八钟余，总统府专电处接收滇省蔡都督密码长电一件，当由秘书厅译呈大总统披揽后随饬厅抄交国务院外交部速议办理。探之原电大纲，系电报英人现在片马界内设立警察署，分定警察区域，遍布岗警，加增驻屯军队，请速饬外交部据情向驻京英使严重交涉，并饬国务院示以机宜，以凭对待。并电陈该督现与英领事交涉情形，请速电复云"。②

10 日

▲蔡锷代唐继尧电陈袁世凯、国务院，请允其解职"率军回滇"，并表示唐"眷念黔疆，实深顾虑"。说："接黔唐都督电，意欲力请解职，率军回滇。此事在唐一身可以脱然无累，且成军撤退，在滇亦可少弛负担。惟唐军在黔，匪徒敛迹，黔中黎庶，始获安生，一旦撤归，黔局必有变动。现在内忧外患，纷至沓来，何堪复陷黔民于水火之域，而重贻大总统以南顾之忧！兹因唐都督嘱，不能不代为陈请。惟眷念黔疆，实深顾虑，故谨缕陈，伏乞鉴察。滇都督锷叩。蒸。印。"③

按：实际是助唐固位。

▲蔡锷电请熊希龄密陈袁世凯"毅然内断，任贤勿疑"，坚持由唐继尧任黔督。说："塈密。唐君继尧在黔定乱扶危，黔民感戴，徒以黔人同盟派之在外者，横加攻击，决计欲归。嗣奉大总统任命督黔，唐君深感大总统训励，遂忍辱负重，以身许黔，卒能靖匪安民，当在洞鉴。乃因杨荩诚事复起辖辖，致湘、鄂亦渐启嫌疑。此事原因复杂，一则赵均腾曾在黔办陆军小学，颇不理于正绅，意在回黔，借图报复。而黎副总统以赵熟黔事，颇信任之。又因黔人之前在陆军中学者，现多隶黎公部下，亦亟图拥赵回黔，力诋滇军。赵又秘与杨部议举伊督黔，且谓鄂、湘兵多饷绌，如滇军

---

① 《西事汇略》卷八，第 20 页。
② 《滇督密报片马交涉之急电》，天津《大公报》1912 年 8 月 11 日。
③ 曾业英编《蔡锷集》（一），第 690—691 页。

撤回，可以湘、鄂军填驻，既减负担，且增势力。黎、谭均为所动，故力祖赵。一则杨军驻常，谭恐于湘不利，亦亟欲其返黔，非必有嫌于滇军，实多出于自计。窃谓黔事缪辖已久，滇军撤还，固唐君所极愿。惟现在党争剧烈，国本动摇，曾切商黔、蜀、桂各都督，意在拥护政府，保障西南，以戢某政党（按：指同盟会）之狂潮，而纾大总统之顾虑。各都督顾念大局，幸皆赞同。而唐君爱国爱民之心，尤为坚卓，一旦舍去，不独黔省良善无以安生，且全黔又必为某党势力所弥胜，于国家前途，关系匪浅。尚希密陈总统毅然内断，任贤勿疑，大局幸甚。锷叩。（蒸）。印。"①

15 日，熊希龄函告袁世凯说："顷接云南蔡都督密电，关于黔事，言之恳切，谨密陈钧览。此举若失西南人心，实于中央政府信用有碍，应如何设法消弭，乞钧裁。或令赵（均腾）送黔军至黔界即反〔返〕，或令周（濬儒）率军前往，留赵在京。此禀。敬叩钧安。财政顾问龄谨启。八月十五日。"②

17 日，又函复某君说："手示敬悉，承示启事及电稿二件，与鄙见甚异。弟意以贵省因都督事，党派纷攻，使地方陷于危险地位，终必害及故乡之父老子弟。又以蔡松坡及熊（范舆）、蹇（念益）诸君均属旧交，弟可从中调停，和平商办，以求圆满之解决，此弟本意也。若如公等启事仍主诋唐（按：指都督唐继尧），电稿中又为更换唐督，熊某之力居多等语，均与弟调停宗旨不合，且非弟范围内事。论理弟不应干预，惟以我公等热诚，弟为调停人则可，为主持人则不可也。至于协款事，弟分所当尽，借款定后，必如数汇寄，所有尊拟启事及电稿乞勿宣布及译发，免生枝节，是所至叩。此颂台安。熊希龄顿首。十七日。"③

前函说关于黔事，"或令赵（均腾）送黔军至黔界即反〔返〕，或令周（濬儒）率军前往，留赵在京"，表明熊希龄不主张赵均腾回黔。后函说"弟意以贵省因都督事，党派纷攻，使地方陷于危险地位，终必害及故乡之父老子弟"，"若如公等启事仍主诋唐，电稿中又为更换唐督，熊某之力居多等语，均与弟调停宗旨不合，且非弟范围内事"，更明确表明他反对"诋唐"和"更换唐督"。可见，蔡锷致熊密电的具体内容，当在请其设法阻

---

① 曾业英编《蔡锷集》（一），第 691—692 页。

② 《熊希龄集》第 2 册，第 781 页。

③ 《熊希龄集》第 2 册，第 781 页。该书将熊希龄此函题为《为调停云南纷争事复云南某君函》，误，非"调停云南纷争"，而是"调停贵州纷争"。

止赵均腾回黔，以保全唐继尧的贵州都督地位。

▲报载"初十日晚，总统府接到滇都督蔡锷来电一件，系报告编练征藏援军及筹饷办法，并谓边事日急，滇省情形尤关重要，除此次拨定军队，饬即率带入藏，交由尹昌衡调遣外，倘西征军队仍须添拨，应请饬令他省设法办理。滇省兵力本非甚厚，势难再令出省等语。是晚十二点余钟，复接蔡锷来电，除电首万急二字外，余皆密码。据府中人云，该电内容系以滇军入藏饷无所出，请由该省订借外债三百五十万元，以济急需等语。原电字码甚简，所有利率抵押、交款偿款期限均未声明，袁已将该电交由财政部核议"。①

又载"川滇两省西征军队业已次第出发，探闻川军由打箭炉出口，取道霍尔、章谷、德格、介古、谷草地，以达汉属之伙尔三十九族。该处民气强悍，游牧为生，可作川军中心点，民供转运，兵作后援。滇军进击察木多，以察台为滇军中心点，与川军为犄角。川军到伙尔后，由哈拉、乌苏、达木阳、八井直捣拉萨。滇军到察木多后，则由硕板、多拉里、江达以入藏。川拊其背，滇扑其前，分师进攻，必可夺藏人之魄。闻此系西藏江孜关监督马睿符所报告云"。②

又载蔡锷借法款三百万。说："云南边瘠之区，从前财政即入不敷出，端恃各省协济。自去岁革命军起，各省之来源顿绝，而本省收入如盐税、地租、鸦片税复归无着，经济困难已极，军政府欲借法款三百万，提交省议会经议员反对否决后，遂勉强支持，罗掘一空，不能周转。蔡督不得已，又与法领安南之东京湾鸦片专卖局商酌，将其转运资本金三百万借于云南，条约载明以云南全省收买鸦片权，及云南铁道附近矿山采掘权为报酬。闻该议会尚颇有反对者云。"③

按：蔡锷已声明此为不实之词。

11 日

▲报载蔡锷领导的云南省竟增兵四师，"为最骇人听闻之事"。说：

---

① 《滇都督电告征藏事宜》，天津《大公报》1912 年 8 月 13 日。

② 《川滇两军西征之进取》，天津《大公报》1912 年 8 月 13 日。

③ 《滇省大借法款三百万》，《申报》1912 年 8 月 10 日。

"即如军民分治、总监委任之一案，业已提交参议院，在约法上实生效力。而各都督无干涉之权力，乃反对者函电纷驰，其中或因行政阻碍，具有苦衷者未始无人，至出于揽权争利、把持政柄者，盖实繁有徒也。就其中尤以云南增兵四师之举动，为最骇人听闻之事。夫云南今日果以四师之兵力为必要乎？抑云南之财力足以供给四师而有余乎？而政府一不过问，是政府放弃责任也。军政之不统一如此，吾人不禁为中国前途危也。"①

按：《大自由报》，1912 年 5 月袁世凯幕僚王锡彤次子王泽敩创办于北京，政治上属袁世凯喉舌。1914 年 7 月 25 日，被陆军次长徐树铮以官厅名义"禁止，并诬为乱党机关"。王锡彤对此颇为不服，说："报社本敩儿主办，向来立言皆有分寸，何遽至此？"②

12 日

▲蔡锷通电袁世凯、国务院、参议院、各省都督，力陈党祸，倡议取消，并宣告脱离统一共和党。说：

临时政府成立数月，内阁瓦解，改组綦难，政府现兀臬之形，国本有动摇之象，非必当世贤达置国家于不顾，实因政党为厉之阶。自改革以来，政党林立，在诚心爱国者，察世界之趋势，欲以政党趣国家之进步，用意非不甚善。无如标櫫既揭，浅者不瞭，辄复剽窃名义，竞相标榜，是丹非素，伐异党同，如旋风卷地，一人［入］其中，迄颠倒而不能自拔，常士固然，贤者不免。无是非之公，则泾渭莫辨，有门户之见，则冰炭难容。祸机伏于萧墙，乱象悬于眉睫，驯至强邻伺隙，狡焉思启，犹复争持意见，等国事于弁髦。嗟我邦人，莫肯念乱，谁为为之，孰令致之？

以锷之愚，窃谓治化演进，政党自然发生。然政党之成，必几经陶养，始达健全，而不能为一时之凑合。吾国一般人士岂惟乏政党之能力，抑且少政党之观念。今以数月之号召，遽纷纷树政党之帜，以博名高，灞上棘门，皆儿戏耳。一哄而集，无裨国闻［是］，万窍齐

---

① 宣壁：《论孙黄北来与中央统一之期望》，北京《大自由报》1912 年 8 月 11 日。
② 《抑斋自述》，第 201 页。

鸣，徒乱人意。其弊一。国体新更，人心浮动，如新潮出闸，横决四溢，如沙砾走盘，屡抟不聚。故欲齐一心志，维持统一，虽极力芟夷枝节，使群伦视听，同归一鹄，犹惧弗克。若复多立门户，竞长争雄，感情所驱，不可遏制，竞争之极，斯互相倾轧，倾轧之极，斯敢于破坏，恐法兰西恐怖时代之惨剧，再演于神州。其弊二。政党者基于宪法，促国家政治之进行，而非必由政党之势力可以制定良宪法。法国革命后，以政党制定宪法，因政党迭相起伏，而政体之变更者九。北美建国后，以人民之公意制定宪法，虽政党时有消长，而政体仍定于一。今吾国宪法未立，党派已繁，正恐编纂不成，已起盈廷之聚讼，他日奉行不力，又作翻案之文章。机局转变，轻若弈棋，根本动摇，危于累卵。其弊三。

（锷）初不察，亦尝与闻党事。今默观时局，熟审国情，窃谓此时以讨论为重，而不必强于主张，以培养为先，而无庸急于号召，较为得之。若广召党员，坚持党见，究之利也而不胜其弊，则有也而反不如无。今海内大党，无出同盟会、共和党、统一共和党右者，锷妄不自揣，愿与三党诸君子首倡解散之议，以齐民志，而定危局。锷前为同人敦迫，厕名党籍，今即宣告脱党，诚不敢隐忍瞻徇，致贻国家之祸。尽此狂瞽，惟赐察纳。滇都督锷。文。印。①

13 日，又与袁家普联电告知统一共和党本部，信守"军人不应入党"承诺，"谨请脱党"。说："蒸电悉。同盟会愿改政纲，与本党及国民公党合而为一，蔚成大党，国之利、党之福也。滇中同人因近来国事大难，党争剧烈，多含悲观。第合并问题，影响前途甚大，锷等当一方主持，俾臻融洽。惟锷主军人不应入党，未便自破其藩，前经迭辞理事，承公等敦促，勉为应命。兹幸三党合并告成，谨请脱党，遂其初心。本党诸员，虽多未谋面，而心神契合，无间万里。以后与诸公周旋之日甚长，国事友谊，倘锷力所能为，无不竭诚以报，借补歉衷。区区之忱，尚冀谅察。滇中党务，颇形发达，地方支部，均经次第成立，将来选举事，可全操胜算。兹之合并，势力更为雄厚，家普尚当与同人规划，力图进行。至近日各党援引太

---

① 曾业英编《蔡锷集》（一），第 692—693 页。

滥，时有迷于党见，转出范围之言论举动，甚非所宜。此后务宜廓清此弊，以成真正之政党，此尤私心祷祝者耳。锷、家普同叩。元。"①

自此，上海、天津各报纷纷发表肯定或怀疑蔡锷反对共和统一党与同盟会等党派合并，并宣布脱党的消息。

《神州日报》载蔡锷反对统一共和党与同盟会合并。说"岑春煊、蔡锷反对统一共和党与同盟会合并，且宣言脱党。闻此次合并，系宋教仁等一部分政客主持。在京同盟派颇有反对者，南方各同盟机关部亦多来电反对"。②

《大公报》载"同盟会、统一共和党、国民共进会、国民公党、共和实进会合并为国民党，议定政纲如下：一保持政治统一，二发展地方自治，三力图种族同化，四采用民生政策，五维持国际平和。并闻此项政纲，已电告孙中山先生，经复电认可。闻十一日晚，已由宋教仁签字。又外间对于此事，传说统一共和党中之蔡锷，有来电反对之说。兹查自合并议起，以至昨午，尚无此项蔡君之来电，此等传说大约系异党之故为是言。惟国民公党岑春煊曾有来电，不甚主张，因岑意欲与共和建设讨论会合并云"。③

《申报》载蔡锷反对统一共和党与同盟会、国民共进会、共和实进会、国民公党合并为国民党。说："自合并问题发见后，而一般反对合并者纷纷发见。日昨统一共和党接到云南蔡锷来电，反对统一共和党与同盟会合并，并谓如合并之事已经定议，即请出党，语极果决。"④

又载"统一共和党党首云南都督蔡锷始终未预闻其事，且据在京蔡之友人所言，蔡一月前即有私函私电，主张解散各党，一致进行。盖蔡为军人性质，直截了当，近来厌恶党争，故有此论。今已来电，声明脱党，并主张无党之说"。⑤

《太平洋报》载同盟会、统一共和党、国民公党"三党之合并，统一共和党实未得其领袖蔡锷之回电"，是"吴景濂急于合并代为签字"的。⑥

19日，蒋作宾等数十人则公开响应蔡锷、黎元洪的倡议，通电全国，

① 曾业英编《蔡锷集》（一），第693—694页。
② 《北京专电（十三日发）》，上海《神州日报》1912年8月14日。
③ 《国民党之五大政纲》，天津《大公报》1912年8月14日。
④ 《同盟会合并改组纪闻》，《申报》1912年8月16日。
⑤ 《五党合并之小波折》，《申报》1912年8月23日。
⑥ 《四党合并之详情补志》，上海《太平洋报》1912年8月18日。

宣布脱党。说：

武昌黎副总统，长沙、安庆、南昌、苏州、杭州、福州、广州、桂林、贵阳、云南、成都、西安、太原、兰州、天津、开封、济南、盛京、吉林、齐齐哈尔、迪化、扬州各都督，并转各军师旅长、各报馆鉴。军人不应入政党，蔡都督申论于前，黎副总统劝诫于后，正言谠论，杜渐防微，属在同胞，允宜自励。乃大势所趋，汹汹未已，而祸端已兆，后患方长。宾等忝列戎行，休戚与共，心所谓危，不敢缄默，谨陈利害，告我军人。革命告成，军人之功良伟，以艰□缔造之苦心，易而为促进政治之事业，心思才力，岂云未逮。无如责任所在，趋向不同，东西各国向无军人列籍政党之例，有之则发生弊害。厥有二端。

一、影响于政治。政党以党纲相角逐，甲是乙非，各张标帜，一同即起，不惜奔走号呼，倾动全国人士之视听。然其竞争手续，不过以演说、以报章、以函电，胜负取决多数舆论，自有攸归，竞争出以和平，则于社会之安宁秩序无与。若有军人加入政党，则斧柯在握，人莫予毒，党□［争］不竞，赖铁血弹丸以为后盾，是非激于意气，公理屈于武威，反对党无辩论之余地，甫启口而匕首已陷其胸矣。寻仇起衅，举国交哄，将见武断之政治成，共和之精神灭，军人之党争亟，国家之运命亡。最近军警通电，军官陈词，究于党派有无关系，明眼人自能辨之。滔滔祸水，始出滥觞，来日大难，能勿祗惧，此其害一也。

一、影响于军纪。军队首重纪律，绝对服从，令出惟行，不容辩论。平时有森严难犯之威，有事奏心身指臂之效。始将佐兵士列名党籍，则党见互持，龃龉日甚，敬畏变为疾视，彼此渐至仇雠无论。北方计划，见斥南方，甲省军情，扦格乙省。即以一师一旅一团一营而论，政见各殊，长官之号令，不能行于褊裨，卒伍之专横，且将陵轹佐领。一旦两军相见，欲求万众一心，杀敌致果，其可得乎，此其害二也。

方今国基粗定，民视未周，内阁风潮，几经震撼，西藏风雷方亟，满蒙警告频来。我庄严神圣之军人，正宜整军经武，镇慑人心，秣马厉兵，待命疆场。尚何暇扬波逐流，旷弃保国卫民之天职，而从事政党哉。抑又有进者，政党最大作用，在得多数选民，以求投票胜利。若军人既不在选举区域之内，复无自由投票之权，又何利乎入政党。如或奸宄之徒，将逞大欲，凭陵武力，挟制他人，则是以我庄严神圣之军人，为牺牲利用之品，谁无血性，甘作傀儡？思念及此，可废然返矣。现在陆军部拟颁禁止入党之令，而补官事，不日实行。我官佐士兵，知微识远，素以大局为前提，急流勇退，无待徘徊，来轸方遒，正宜猛省。更望各省都督、各军师旅长，稽查所属已入党者令其脱离，未入党者勿再加入。务使我庄严神圣之军人，发扬武力，用戒自焚，养成高尚优美之军人团，勿为复杂强横之武人党，是则宾等所企望无既者也。宾等前因组织革命，投入各党，现共和告成，谨宣布脱离，以尽我完全一人之天职。特此奉闻，统希垂鉴。蒋作宾、陈宧、刘一清、林摄、沈郁文、雷寿荣、方擎、翁之麟、张联棻、张国仁、朱和中、邓汉祥、潘杨丙、史久光、崔昌周、李炳之、刘光胡、龙骧、余鹏举、陈绍五、覃师范、沈尚朴、陈晟、朱兆熊、陈从义、雷炳焜、张璈、陈俊、印勋、王麟书、范从鲁、韩麟春、魏宗瀚、丁锦、吴经明、齐振林、汪韬、杨克昌、朱常、罗开榜、简业敬、唐汝谦、冷秉炎、姚受唐、张开宇、杨鸿昌、贾德懋、傅维四。皓。印。①

此外，也有社会人士对蔡锷等人的脱党之举表示支持与赞赏。说："蔡锷脱党宣言书有曰：一哄而集，无裨国是，万窍齐鸣，徒乱人意。正道着某报心病，吾问某报又有何说？北京军界脱党之电文，言之尤觉沉痛，诚共和告成后必不可少之文字也。中有云：政党最大作用，在得多数选民，以求投票胜利，彼盲触蛮争者可以知所返矣。"②

14 日

▲蔡锷以"都督府"名义电复张文光，请妥遣"所部保卫队"。说："现因经费支绌，亟应裁节。该提署原有亲兵百名，足资护卫。所部保卫队，仰即妥为遣散，照向例酌给恩饷，以示体恤。酌定速复。都督府。寒。印。"

15 日，张文光电复蔡锷说："寒电敬悉。我滇军费不支，提督早已计

---

① 《陆军部宣布脱党通电》，天津《大公报》1912 年 8 月 24 日。
② 执庐：《桐阴清话》，《申报》1912 年 8 月 27 日。

及，曾屡禀李师长，请将提督电呈取消，恳政府拨给公费，以资提督出洋参观一切政治，将来再效驰驱。李师长坚嘱缓行，只得从权尸位。现因藏事吃紧，更未敢据［遽］尔卸肩。提督兼带名虽一营，实只哨半，且分防各要，仅有保卫一营，较有经验。当此时局尚觉不敷分布，正拟再请募兵数营，以备后盾。即藏事不言，提督卫戍纵横千余里，责任实大，如遵命而行，设一旦戍地有警，何以维持。钧电所示各节，尚祈酌夺施行。提督文光叩。删。印。"

19 日，蔡锷以"都督府"名义电复大理张文光、李伯庚联长，保卫队"仍照前议裁撤"。说："张提台删电悉。榆防兵少，自系实情，惟经费支绌，所部保卫队，仍照前议裁撤。所有榆、楚、蒙三处，即拨归第四联担任卫戍之责。仰即遵照。都督府。皓。印。"

20 日，张文光电复"省军都督府"说："皓电敬悉。遵示办理，解散后可为电呈。除将卫戍地启明李联长照办外，其余楚、蒙分驻国民军第一、二营拟请亦归四联统辖，以昭划一，实为公便。是否有当，伏冀钧核赐示。提督张文光叩。号。印。"

22 日，蔡锷电复张文光、李伯庚说："张提台号电悉。榆、楚、蒙分驻国民军两营，仍归该提节制，惟卫戍权限，尚难全然划清。三府内遇有大股匪徒，应会同派兵剿捕，其防缉弹压等事，亦协商办理。此次裁撤卫队，系为经费问题，不得不如此也。督。养。印。"

同日，张文光电复"军都督府"说："养电敬悉。深荷推爱之重，但光不学无术，迄今到榆，尸位数月，愧无寸效，报我钧府，已觉难安，若再培成，恐负倚托，疚戾愈深。刻将保卫营酌给恩饷一月遣散，并布告榆城父老，将榆、楚、蒙咨归四联队接担卫戍，此外各属防务，自有镇协分驻，颇为周密。提督一缺，应请取销。是以光拟将经手事件，交付中军，即为旋里，伏乞恩准。念光亲老家贫，无所依赖，赏归田里，俾遂乌私，则奉亲之余意，何莫非钧府之所赐，俟有鞭策之日，再效驰驱以报。提督张文光叩。祃。印。"

24 日，蔡锷电请大理张文光，"勿庸固辞"。说："祃电悉。现藏事吃紧，边圉多故，正赖坐镇，以靖地方，该提勿庸固辞［辞］。督。敬。印。"

同日，张文光电复"蔡松坡先生"说："敬电悉。藏事吃紧各节，文光已由删电详细陈明。现下保卫队遵照解散，文光归田养亲之志已决，祃电所请，仍求俯准是祷。张文光。敬。印。"①

大理联长李伯庚、知府张培爵②电恳云南军都督府"温语电召"张文光，以打消其辞职回腾之意。说："张提台近颇郁郁，思回腾冲，欲不俟命而行。爵等竭力阻止，劝其到省，一谒都督，□开怀抱。恳乞军府温语电召，以坚其志。如何，乞裁酌施行。李伯庚、张培爵叩。敬。印。"③

26 日，蔡锷电复大理张文光说："敬电悉。台端虽志切归养，但须体念时艰，勿得亟之求去，所请断难允行，希仍勉留镇慑。督。宥。印。"④

又电复大理李伯庚、张培爵说："敬电悉。张提台乞退，未便允行，已迭电慰勉。该联长等仍婉言挽留，勿听其去。电召来省一节，可从缓议。督。宥。印。"⑤

29 日，张文光电复"军都督府"说："光昨坚请销职，原为建设深计，今既难蒙允，敢不勉遵。但光不才，久欲晋竭〔谒〕传教，一侯〔候〕前日密电渐静，即扣崇阶。保卫兵均已归农，无一留榆，合并声明。提督张文光叩。艳。印。"⑥

30 日，蔡锷电复大理张文光说："艳电悉。保卫队全遣归田，办理甚妥。台端应以地方为重，来省可暂从缓议。督。陷。印。"⑦

11 月 25 日，张文光电陈"军都督府"，拟入省晋谒。说："苏匪首递被诛，我军屡捷，景事不日可平。光拟轻〔经〕腾晋竭〔谒〕，请教边要事。提督文光叩。有。印。"

26 日，蔡锷电复大理张文光："景事渐平，台从可来省一晤。锷。

① 以上八电见《滇复先事录》，《云南文史资料选辑》第 17 辑，第 174—176 页。
② 此张培爵非先后任重庆都督、四川副都督的张培爵，系同姓同名。该张培爵后任昆明县县长，主持撰修过民国《大理县志》。
③ 《蔡锷集外集》，第 128 页。该书依据昆明《华南新报》1912 年 3 月 16 日的记载，定此电发于 1912 年 2 月 24 日，误。
④ 《滇复先事录》，《云南文史资料选辑》第 17 辑，第 176 页。又见昆明《天南日报》1912 年 9 月 2 日。《蔡锷集外集》依据昆明《华南新报》1912 年 3 月 16 日的记载，定此电发于 1912 年 2 月 26 日，显然有误。因为张文光此时尚未被任命为大理提督，也尚未至大理。这是《滇复先事录》中有据可查的。昆明《华南新报》所载日期应有误。
⑤ 《蔡锷集外集》，第 127 页。所定日期为 2 月 26 日，误。
⑥ 《滇复先事录》，《云南文史资料选辑》第 17 辑，第 176 页。
⑦ 《滇复先事录》，《云南文史资料选辑》第 17 辑，第 176—177 页。又见昆明《天南日报》1912 年 9 月 10 日。该报所载此电，有两处文字不同，一是"归田"作"归里"，二是"台端"二字之后无"应"字。

宥。印。"

12 月 2 日，张文光电复蔡锷说："光本由榆赴省请教西防一切边要，提督事件，已令杨参将星焯暂行代拆。榆虽严疆，尚有府团两长坐镇，祈释廑虑，特闻。提督文兴叩。冬。印。"[①]

▲蔡锷电请大理李根源偕约赵藩"兼程来省"。说："公债局亟待成立，借图进行，望偕约樾老兼程来省。何日启行，盼复。锷叩。寒。印。"[②]

又电复肖堃转汤化龙、孙洪伊、刘崇佑、张君劢，支持其"多集健全分子发生新党"，但自己不能"出尔反尔"，再"自行组党"。说："堃密。元悉。讨论会（按：指共和建设讨论会）及国民协会会员多一时贤俊，夙所心折。即商榷书（按：指共和建设讨论会 1912 年 4 月发布的《中国立国大方针商榷书》）所建议，均属国家大计，切实可行。今拟多集健全分子发生新党，于国家前途，关系至巨，极望早日成立，拯此危局。惟锷素主张军人不入党，未便自破其藩。且文日通电各省，力陈党祸，倡议取消，今复自行组党，出尔反尔，亦无以昭示天下。故坚守超然主义，期于独伸己见，不至为党约所拘。至锷对于诸公，则心神契合，无间万里。此后国事友谊，苟锷力所能及，无不竭诚以报，借补歉衷。区区之忱，尚希鉴谅。锷叩。盐。印。"[③]

15 日

▲蔡锷颁发改良行政官厅文牍分别投递各机关划一章程令。说：

改良行政官厅文牍分别投递各机关划一章程

照得行政欲求敏活，则一切公文手续贵在简单。旧例下级行政官厅案件，每事必通呈上级官厅暨各主管机关，各主管又必转呈上级官厅批令执行。展转需时，徒烦文告。其勤愿者于事理不能别择轻重，一律循例通呈转行，其怠惰者或且畏避烦难，视呈报等于具文，不复按时关白，非失之繁琐，即失于疏漏，两者均有所不合。本军府有见于此，兹特订定改良行政官厅文牍分别投递划一章程，与前军政部所

① 以上三电见《滇复先事录》，《云南文史资料选辑》第 17 辑，第 177 页。
② 曾业英编《蔡锷集》（一），第 695 页。
③ 曾业英编《蔡锷集》（一），第 694 页。

通行之公文程式相辅而行，以期收灵捷之效。合行令仰该司即便遵照办理，并转饬所属各机关一体知照。此令实业司司长吴琨。计发章程一份、表一件。蔡锷。

从前下级官厅文牍，无论寻常、特别案件，皆通呈上级官厅各主管机关，往往于接呈之后必俟上级官厅批令始能执行，判决后仍将核判理由具复上级官厅。若一次不结之案，则往返批驳，转行无虑若干次，手续繁难，时日耽延，官厅不胜劳扰，人民益增拖累。吾国政体之不良，莫行政官厅文牍若也。故凡政界中人，以宝贵之时间、有用之精神，半消磨于此无用之文牍，于政治进行实多阻碍。惟必欲删繁就简，举寻常案件，概由各主管机关执行判结，而上级官厅即毫无闻见，又何所执以察百司之勤惰，课庶政之进行。且使上级官厅无案可稽，亦实乖行政之纲要。兹拟一划一办法，于直接迅速之中，不失执简驭繁之意，期于疏而不漏，简而不略。办法如下。

一、行政官厅案牍分为寻常、特别二种。

（甲）寻常案牍。1. 钱粮、税课、厘金及各种杂捐之征收、解交等事件。2. 预算内之一切报销。3. 关于警察、教育、实业、商会、自治等类之通常呈请备案等事件。4. 审判未独立以前之通常民、刑案件。5. 各官厅之内部组织改良事件。6. 各官厅之按月、按季、按年造报事项。7. 关于寻常之调查事项。

（乙）特别案牍。1. 关于地方之特别建设事业。2. 或地方有非常警戒之时。3. 关于地方发生紧急事件。4. 超过预算外之支出款项。5. 审判未独立以前之命、盗重案，及民、刑之关系重大者。6. 关于寻常案内发生特别事件。7. 凡通常案牍以外之各案牍。

二、寻常案牍所有文卷册表，皆须备具正、副二份，径呈各主管官厅。此外，概免通呈。其主管官厅收受判行之后，须将正卷加具判行理由，及填明收文判行日期，呈报上级官厅备案。如上级官厅有认为办理未当者，仍可批驳取消前判，饬另核办。

三、寻常案牍，无论人民投诉与下级官厅呈报，各主管官厅除繁琐表册，需详细考核外，皆当以最短之日期，从速判行。以呈到之日为始，如逾限两星期未经判行者，准通呈上级官厅，并声叙逾期未判之故，请求核办。上级官厅遇有此等案件，一面批饬限日判行，一面按照积压公事惩罚条例，依例惩罚。其下级官厅距省较远，无从计算判行日期有无逾限者，该主管官厅仍应查照前定公文手续办法，切实遵行，如判行逾限，经上级官厅觉察者，亦依惩罚条例惩罚。

四、寻常案牍，有由各主管机关执行，所关细微者可按月开具节略，汇呈上级官厅备查，其关系重大者仍须按件呈报。

五、主管官厅呈报所判行之寻常案牍，如上级官厅有认为办理未当，尚须驳饬者，亦宜以最短之日期从速批驳，如逾限七日未经批驳者，各主管官厅已视为上级官厅之认可，不能再提取驳饬。如实有疑难不决者，亦须于七日内批示延期之理由。

六、寻常案件，其与同等机关有关系，及与非所属机关有关系，应行知照者，由各主管机管 [关] 知照办理。

七、特别案牍，均不可延缓。重案要贵敏速，仍须照旧分呈上级官厅及主管官厅。其各主管官厅，或俟上级官厅批判，或酌拟办法签呈候核均可，但不得擅行判决。

以上各条，皆就内政一部分规定之，外交部分恐不适用。缘吾国国势积弱，对外交涉应付为难，往往有寻常小故，酿成重大交涉。个人私事横生无理之要求，举一切公法、私法，胥难为自国之保障。故外交案件，无论寻常、特别仍以通呈为妥。如必须分别办理，亦只宜以轻重缓急划分，不能适用上列各条，应另由外交司酌量规定。

附注：文内下级官厅指各府厅州县，及与府厅州县同等之机关而言。主管官厅指各司及与各司同等之机关而言。上级官厅指都督府内部之政务厅及与政务厅同等之机关而言。行政官厅乃统括上级官厅、主管官厅、下级官厅而言。[1]

中旬

▲蔡锷咨国务院，袁家普等人已遵"大总统令"，分别就财政等司任。说："案查《政府公报》载，五月二十七日大总统命令，任命袁家普为云南财政司长。此令。元年六月三十日。准贵院有电开，六月初八日奉大总统令，任命张翼枢为云南外交司长，李曰垓为云南民政司长，周钟岳为云

① 曾业英编《蔡锷集》（一），第 695—698 页。

南教育司长，吴锟为云南实业司长。此令。各等因。遵即转令各该司遵照到任去后，除吴锟原任实业司外，袁家普于六月十八日到财政司任，张翼枢于七月初一日到外交司任，李曰垓于七月十五日到民政司任，周钟岳于八月初一日到教育司任。据各该司先后具报前来，都督复查属实，相应备文咨请贵院查核备案。除呈大总统外，此咨。"①

又电请司法部颁发"各项状面"，以便"遵用"，并告滇省审检三厅职员均已委任。说："昨电饬据司法司呈称，滇距京远，各项状面，需用孔殷，昨照部颁式样，由滇制用，其式样价目，当另文报部存案。以后可否仍由滇制备用，以免寄递之烦，请咨部示复。若必欲一律，俟部中状面颁到，自当遵用等情。据此，应请核复饬办。又滇省垣审检三厅，于阳历八月初六日成立，当经电明在案。所有委任职员，已饬造册呈候咨备查。省外各属审检各厅并饬筹议，徐谋推广矣。滇都督。印。"②

又为昆明《天南日报》创刊题词。说："祝《天南日报》开幕。大狮子吼。民国元年八月。蔡锷。"③

16 日

▲报载李根源大局稍定，便"飘然辞职，清风亮节，洵足以愧当时争权夺利者也"。说："武汉一呼，金碧首先响应，伊谁之力哉，李根源也。李君曩痛前清政府外交之失败，断送滇中路矿，东渡后与杨振鸿、赵伸、刘九畴诸人组织《云南》杂志，河口之役曾开云南独立会以应之。及士官卒业，归滇任军务事，常率所部于空山旷野之间，授以革命主义，闻者罔不感激涕零，奋戈欲起。所以武汉之鼓声尚在隆隆，而滇省八十余州县即不崇朝以定。其后迤西各处秩序，均系李君维持镇定，迤西厥功尤伟。现大局稍定，李君乃飘然辞职，清风亮节，洵足以愧当时争权夺利者也。"④

按：李根源迤西之行，纯遵蔡锷旨意行事，《大自由报》如此评判，当别有深意。

---

① 《公文》，《政府公报》第 120 号，1912 年 8 月 28 日。

② 《蔡锷集外集》，第 179 页。

③ 昆明《天南日报》1912 年 8 月 18 日。

④ 完璧：《时事阳秋》，北京《大自由报》1912 年 8 月 16 日。

17 日

▲10 日，唐继尧电呈黎元洪，反对民选省长之制。说：

支电青奉。省长民选有百害而无一利，原稿精确详尽，至佩。尧前因直隶省会电参议院，主张民选省长之制，曾于八月三号电院反对。其文曰：顷闻某省议会电贵院，主张选举省长。窃谓此于民国统一关系至巨，立法之初，要宜详审。谨征之法理，按之事实，远考各国制度，近审吾国内情，敬竭愚虑，为诸公陈之。夫三权分立，界限至严，行政混同立法固为专制，而议会干涉行政亦悖共和原则。美国号称分权政府，实受束缚。此议会专制之弊，在我宁复蹈之？且事后既有弹劾之权，即在先不宜预选举之事。盖以选举之故，而相为容隐［忍］则愧监督之名，既选于先而旋自弹劾，又负失人之咎，种种窒滞，理无可通。此征之法理，省长不能由议会选举者一也。欲得强固中央政府，必先得完全责任内阁，顾地方官吏任免，非由中央政策施行，难望统一，责任内阁无自而生，全国大政将莫能举，且省长意见亦岂尽同？徒长彼此疆界之风，而破国家统一之局，此按之事实，省长不能由议会选举者二也。民选官吏，美制为然，顾行政敏速整齐，实逊他国。然彼中央政府本各独立团体组合而成，与其他统一国家万难并论。此外任官之权，并在元首，非特君主国，然共和国亦如是。法国现制，惟最下级自治团体吏员由于公选，此外任免州郡长吏，皆为总统特权，前事可师，绝无流弊。此远考各国制度，不能由议会选举者三也。民国已定，而民智不齐，事势昭然，无可为讳。今党派歧出，私见混淆，中央地方已同受弊，再任其选举官吏，将愈开争竞之端。夫党派相争，近则愈烈，冲突过甚，祸变堪虞，且党派分歧，不图地方受祸，更足令□□□□，中央健全，政党自无发生。故政党为宪政之精神，而地方党则为宪政之蠹害［虫］。各国政论于此，鲜此竞竞刘刘，民智幼稚，习俗浇陵如我者乎？① 窃谓议会有选举官吏之权，地方恐无秩序安宁之日，此近审吾国内情，省长不能由议会选举（者）四也。要之，行政务求敏活，与立法性质绝异，公选官吏实非所宜。且大总统既为

---

① 原文即如此。疑此句应为："各国政论，于此鲜竞，刘民智幼稚，习俗浇陵如我者乎？"

国推戴，独握行政大权，则不应于用人一端，首为掣肘，若互相猜疑，互相牵制，必至无能负责任之人，亦无可负责任之事，此群治所以日败，满清所以遂亡也。继尧愚昧，固知大计，徒以民国存亡所关，难安缄默，惟望俯加裁成，民国幸甚等语。合并附闻，即乞我公领衔电院力争，尧谨附骥。继尧叩。蒸。印。①

17 日，蔡锷致电唐继尧，请其主稿，联名致电中央，反对"公选省长"。说："公选省长，流弊滋多，某省议会所主张，殊乖事理。得尊处辞而辟之，荩筹硕画，极表赞同。希即由尊处主稿，联名共达中央为盼。滇都督锷。筱。印。"②

19 日

▲蔡锷电告国务院巴塘失陷等情况。说："据探报，藏人此次叛变，非其本意。缘驻藏川军，数月缺饷，始则戕官，继则劫夺，番民允给川资，令其回川，不听，番民始行反对。达赖乘间煽动，逐汉独立，联络各将卒，均已脱逃。当藏乱时，英人派有步兵一团，马炮若干，驻扎江孜。又步一大队由俯入藏，川人与之交涉，现尚盘踞。杂番至中甸、阿墩子一带，喇嘛尚觉安静，巴塘阳月宥日失守，由滇入藏各要隘，均守有番兵等语。西征陆军已抵大理，防营已抵中甸，士气甚奋，特闻。"

北京接电后，电诘尹昌衡说："顷接云南蔡都督电称……（按：以下内容与以上蔡锷电告国务院所述相同，从略）等情。查巴塘为近年川边大吏设治之所，该处失事，是川边全局，业已糜烂。前接该督鱼电，称所向无前，不日可达昌都。今蔡都督又报巴塘失陷，是川边军事，尚未见大有起色。究竟所派先锋队，现行抵何处？里塘已否收复？近日前敌情形如何？均即逐细具复，以慰驰系，并仍会商蔡都督，迅速恢复巴塘为要。"③

25 日，蔡锷再电告北京政府，藏事"军情吃紧"。说："顷接巴塘川军参赞顾占文电称，自定乡失守后，稻城、贡噶岭、三坝相继沦陷，西路江卡、似了［乍丫？］、三岩、贡觉亦先后不守。阴历五月十五日，定逆大股，

① 《贵州辛亥革命资料选编》，第114—115页。
② 《蔡锷集外集》，第171页。
③ 以上二电见《西藏用兵记》（七），《申报》1913年2月10日。

猛扑巴塘，我军迎击，擒杀过当，逆股乃退据四面，以老我师。巴军数少粮绝，何能远征，惟有严守以待外援。恳请都督就近拨西防军队，由中甸进攻乡城。占文另恳川督拨建昌兵，由木进攻贡噶岭，两路并举，使该逆不暇外扰等语。查定乡紧接中甸，实为唇齿相依，已电知殷司令相机进行，互相策应矣。"①

袁世凯接阅蔡锷之电后，又收到巴塘卞文由丽江来电，为此再次电诘尹昌衡说："顷接巴塘卞文由丽江电称，前屡将边地危迫情形，电禀钧座，嗣悉军队出关，不胜庆幸，何意兵未至，而祸已烈。旧历五月初里塘、贡觉、江卡、乍了〔丫〕各属迭报失陷，卞文欲调兵则无兵可调，筹饷则无饷可筹，且破竹之声，已逼巴塘。十四夜，各蛮纠集，窜扰巴塘，炮声隆隆，屋瓦皆震。卞文泣涕誓师，多方捍御。十、五、六、七开营出战，我军热血澎腾，冒险进趋，五战五捷，使巴危而复安，侥幸之举，已属望外，奈各蛮不思悔过，复退踞四山，塞我路口。自五月十四日至今，无夜不备，无日不战，各军劳苦，可悯可怜。五月二十，宋师长冒险由北路趋炉求援。六月初五日，我军极力攻开线路，复使间牒破围，走阿墩子，绕丽江，拍电告警，计日想邀钧鉴。近二月未获兵信，不识两路电通否？六月十七，乡城、江卡、乍了〔丫〕暨各蛮复倾巢而出，藏番亦乘势上犯，远近炮烟，浑如大雾，昼夜恶战，积半月余。番蛮零星死千余，我军亦饿病甚众，现粮税失望，各蛮食物又阻绝于商旅，营中受伤者药饵无资，阵亡者恤葬无费，我军或以冰水和羹，或以草根为食，加以天灾流行，死者填巷于大敌大病中。又值夏冬极穷极迫之境，卞文无法，惟都督死生之，卞文固不足惜，如各界何，如大局何，都督纵不念卞文，宁不念各界与大局耶。合亟将现在危迫情形，泣行再电新都督，赶急催军出关，或虑缓不济急，即祈电商云南军队，暂借五六营，由阿墩子直走巴塘，以解倒悬，一面电中央政府，赶与西藏交涉。事急矣，卞文死守以待等情。查前据云南蔡都督迭电巴塘失守，当经电令该督迅图规复在案。兹阅此电，又似巴塘仅止被困，尚未失事，昨又接胡护督转该督庚电称，巴塘、里塘大路，业已疏通，殊与来电告急情形不符，该督应即查明，并将现办情形速复。"②

---

① 《西藏用兵记》（八），《申报》1913 年 2 月 11 日。

② 《西藏用兵记》（九），《申报》1913 年 2 月 12 日。

31 日，蔡锷为川滇两军之冲突，又电告袁世凯、国务院，请示滇、川两军关系"应如何办理"。说："国务院敬电祗悉。此次藏乱，关系全局，迭奉钧电，饬川滇会师进藏，早奠边疆。滇省距藏较远，加以饷项奇绌，然为大局计，不得不合力誓师。原拟取道（珞瑜），徐规拉萨。旋因番氛甚恶，复奉电饬取道巴塘，悉力救援，又议改道，径赴巴塘。诚以川边一日未靖，则我军一日不能入藏，故拟与川军协同一致，并力对外，期边境早日荡平。兹尹都督电，有滇军占巴，则川军右臂全断，边藏用兵，无从联络云云，未免过虑。查藏、卫毗连川、滇，必两省戮力同心，始足早奠肤功。故前奉钧电，即饬殷司令专以兵力助川，如收复地方，应请川军派兵驻守，至粮饷刍秣，于丽、维、中甸设置兵站，源源接济，无需仰给邻封。前滇、川两军，感情未洽，此次切戒各将领，对于川军须持亲爱、退让之忱，以释前嫌，而顾大局。即各将领存心，亦只求为国家弭乱，川边粗定，即行撤还，经营善后，仍望川军。区区为国之诚，当为川军都督所体谅。如仍存彼此疆界之嫌，而未谅兄弟御侮之意，则滇军惟有退保边隅，防番氛之侵轶。至藏中之事，仍请川军独任其劳。应如何办理，伏候核示。锷。卅一。印。"[①]

接着，又电告成都胡景伊、打箭炉尹昌衡，"如仍存彼此疆界之嫌，而未谅兄弟御侮之意，则敝军惟有退保滇边，防番氛之侵轶，藏中之事，仍让贵军独任其劳也"。说："宥电计登台览。惟细绎尹都督致中央电文，有滇军占巴，则川军右臂全断，边藏用兵，无从联络云云，未免过虑。查此次藏乱，关系国土安危，迭奉大总统电饬川、滇会师进藏。滇省距藏较远，加以饷项奇绌，然为大局计，不能不勉力出师。原拟取道珞瑜，径捣拉萨，复奉大总统电，以稻坝、里塘相继失陷，定乡蛮寇甚炽，倘巴塘有失，则滇边即为动摇，饬滇军径行取道巴塘，协力援救，滇军乃议改道，径赴巴塘。诚以川边未靖，即滇境必为动摇，而入藏亦多顾虑，故拟与贵军协同一致，为对外之举动，期边境早日荡平。曾电饬殷司令专以兵力助川，如收复川边各地，即请川军派兵驻守。至粮运刍秣，亦于丽、维、中甸设置兵站，源源接济，无庸仰给邻封。且前因滇、蜀两军感情未洽，故此

---

① 曾业英编《蔡锷集》（一），第 721—722 页。蔡锷 31 日电，据《西藏用兵记》（八），《申报》1913 年 2 月 11 日校正。

次于出师前，即切诚各将领须持亲爱退让之忱，以释前嫌，而顾大局。即各将领存心，亦只求为国家弭乱，毫无争权好胜之思。将来藏事底平，滇军当即撤退，其经营善后，仍须望诸贵军。区区谋国之诚，想尹都督当能鉴谅。如仍存彼此疆界之嫌，而未谅兄弟御侮之意，则敝军惟有退保滇边，防番氛之侵轶，藏中之事，仍让贵军独任其劳也。如何，尚希赐复。锷。□。印。"①

9 月 10 日，国务院电复蔡锷说："午密。大总统令：卅一日电悉。川边各属本系该省地面，川军既能独任，甚为妥善。前已迭次电令毋致两军逼处。昨该督电滇军已进规盐井，如该处规复后，滇军即可驻师，专顾滇北门户，毋庸再进可也等因。合电遵照。国务院。蒸。印。"②

12 日，尹昌衡电请北京中央政府"设镇抚府"。说："窃以藏番肇乱，川边震惊，达赖传檄，四方风动。里塘、江卡、贡觉等处，相继沦亡，巴安重镇亦被重围，当昌衡奋力西征。警报一日数传，昌都、炉城皆有岌岌不可终日之势。倘河口一失，不复有出关之日，边北再陷，数年无荡平之时。是以星驰抵炉，番已震惊，即日尽炉之兵，列队出塘，以中路久涌乱流，要隘坚城，尽入敌手，应用重兵猛击，作为本攻，乃遣朱支队长森林，悉率骁健，转战冲锋，先破麻盖宗、剪子湾、西俄洛、镣作坚，直捣里塘。又以北路蠢动之初，尚未燎原，出其不意，戡定匪艰，乃出奇兵，令刘督战官瑞麟衔枚急走，避实捣虚，暗渡德格，巧占昌都，天佑皇汉，所谋必藏。兹既昌都入手，巴安围解，里塘克复，贡觉收回，继定三岩，旋收同普、三瞻③、白玉，得以布置，防务抒忧，稻坝、乡城，哀求降顺，川边全境，一体肃清。现正取消各路土司，派员分头设治，力保宗教，招纳散兵，乘胜进取，时不可失。边内改流各处，均已输税纳粮，边外各地，事同一律。兹将硕般多改为硕督府，拉里更称嘉黎府，江达定名太昭府，各遣知事前往就职。川藏万里，遥制殊难，统一机关，亟须建设。查昌都介居边藏之中，势成锁钥，要扼咽喉，以之控制两方，最为便利。现派妥员前往组织边藏镇抚府，练兵一镇，第一次总长即由昌衡兼代，大局既定，再请

---

① 曾业英编《蔡锷集》（一），第 762—763 页。此电原未署日期，察其内容，与蔡锷 8 月 31 日致袁世凯、国务院电雷同，可知当发于此电之后不久。

② 曾业英编《蔡锷集》（一），第 722 页。

③ 三瞻，即瞻对。今四川新龙县。民国时称为瞻化。

大总统简员接任。惟炉关以西天荒地寒，颗米粒盐，仰资内地，全蜀脂膏，术穷挖补，茫茫前路，乏食堪忧。务望当轴诸公，俯念西藏，关系全国，五色旗分，共和即坠，共襄盛举，协助饷糈，俾昌衡穷兵深入，不虞竭蹶。且民国初勤远略，当注重领土主权，而昌衡抚髀长号，尤不敢逍遥河上。第以近接强邻，动关国际，交涉匪易，进止多艰。昌衡请以生命当其锋，赖诸公亦以喉舌继其后，同声急呼，河山响应，群策并进，坛坫增光，千秋之业，在此一举。除电呈大总统外，谨此电闻，借慰远注，不尽胹缕，诸冀鉴原。尹昌衡。文。印。"

16 日，国务院电复尹昌衡，回避"设镇抚府"问题。说："大总统令：文电悉。剿抚甚为得手，阅之殊慰，吴队长应先传知嘉奖。所有昌都、贡觉等处善后事宜，应饬妥为办理，并令拊循边氓，宣布德意，以坚向化之心。所有出力各官兵等，仍恪遵前电，汇呈存记，备论功行赏可也等因。合电遵照。国务院。铣。印。"①

19 日，蔡锷电陈袁世凯，滇军克复盐井。有报载："九月十九日，云南蔡都督电开，殷司令克复盐井，进取甚易，请拨款接济。其文曰：顷接殷司令鱼电称，八月二十六夜攻击盐井，除击毙外，生擒蛮匪一人，并擒获蛮官鲁宗甲一员，余匪逃散，登时克复。该军所到之处，欢声震地，争相投诚，且连捷之后，军威大振，进取甚易。惟滇财支绌，请政府拨款接济。旋政府复文，电已悉。中央财政，同一困难，未易筹拨。惟迭接尹督电阻滇军勿进，均经电准并行该督在案。现盐井既复，应即知会尹督遴派文武官员，接收地方。该司令候川军到时，即撤扎滇境，以免逼处，致生枝节。所有出力官兵，应查明呈请存记，俟事竣论功行赏，殷司令并先传知嘉奖可也。"②

又载"滇都督蔡锷对于征藏问题，迭电中央筹商办法。昨十九号来电，系报告决定种种办理之方法。除关于作战计划不便宣布外，兹将其征藏军队之编配情形，探志如下。一、第一班征藏队，以炮、马、辎三项兵队编成，共计一千名，派定师长殷承瓛为总司令。该军已于七月中旬出发。

---

① 以上二电见《尹昌衡集》第 1 卷，第 207—209 页。尹电据《西藏用兵记》（八），《申报》1913 年 2 月 11 日校。
② 《西藏用兵记》（九），《申报》1913 年 2 月 12 日。

二、第二班征藏预备队，步、马、炮、辎、工五项兵队编成，仍定为一千名，拟以第一军支队长郑开文充该军司令，已饬预备出发，为第一军之后援云"。①

20 日

▲蔡锷电请大理张文光专送李根源，"汗漫之游，请俟异日"。说："前接删电，知堕马伤足，念甚。兹闻已赴鸡山，暂息尘劳。惟滇事需公，诸待勷勷。公债局事，尤望来省主持，早收成效。幸偕樾老兼程速来。时局如斯，君所笃念，汗漫之游，请俟异日。锷。号。印。"

又电复普洱马文仲、王保国，思茅刘钧，表彰其"毅力热心"公债事。说："真电悉。公债得执事等毅力热心，首先提倡，成效可期，殊深欣慰。已饬筹办处将认数注册登报矣。都督府。号。印。"②

▲报载"军民分治政策，各省都督所见不一，有赞成者，有反对者，亦有尚无表见者，如奉、吉、黑、汴、桂、湘、滇、新各省是。昨大总统特分电各该都督，请迅即查核本省情形，详细电复，以凭核定办法"。③

又载"简任总监问题，各省赞成反对不一致。兹据总统府其秘书云，各省都督赞成简任者，计共十二处，为李烈钧、张镇芳、赵尔巽、赵惟熙、阎锡山、胡汉民、蒋尊簋、陆荣廷、蔡锷、陈昭常、宋小濂、黎元洪，已均电致中央发表意见矣"。④

21 日

▲蔡锷转发国务院申儆全国宜崇质信之风令。说："准国务院文电开，七月十二日临时大总统令：国势兴衰，视民德之纯污为标准。世界雄骏之国，其民俱有崇信义、重然诺之风。若有以诳语相讥者，若挞市朝，引为奇辱。盖无信不立，圣门之法言。巧言如簧，诗〔实〕人之大戒。自叔季凉薄，习为欺谩，尔诈我虞，朝三暮四，信誓旦旦，俄顷而忘，谗口嚣嚣，更相蒙蔽。今为民国伊始，将欲涤瑕荡秽，必先唤起良知。凡属诈伪行为，

① 《滇督征藏之计划》，天津《大公报》1912 年 8 月 23 日。
② 以上二电见曾业英编《蔡锷集》（一），第 699 页。
③ 《电催各都督速复分治办法》，天津《大公报》1912 年 8 月 20 日。
④ 《都督中之赞成简任总监者》，天津《大公报》1912 年 8 月 20 日。

即是干犯刑律。自古开国之初，未有涛［诪］张为幻，而可以长治久安者。诚以礼义廉耻，国之四维。四维不张，国谁之立？为此申儆全国，宜崇质信之风，毋蹈诡谲之习，洗心草［革］面，咸与维新。此令。等因。奉此，合行通令，一体遵照。此令实业司司长吴琨。蔡锷。民国元年八月二十一日。"[1]

▲报载"是日上午总统府接得滇督蔡锷、科布多办事帕勒塔来电，报告有紧要交涉事项。故赶紧函告陆总理，请其到府密议"。[2]

23 日

▲16 日，国务院电告黎元洪、各省都督，国会选举办理在即，各省正式议会限于本年十月内必须召集，临时议会届时即应消灭。说："国会选举办理在即，必省议会先期成立，参议院议员乃能选出，此系一定手续。政府现已草定法案，各省正式议会限于本年十月内必须召集，议员选举法亦同时提交参议院，不日议决公布，各省临时议会届时即应消灭。未成立之省尤宜待中央法律颁布后再行组织，其有已经自定选举法者，亦即一律暂缓实行，以免互生抵触。事关重要，特先通电知照。国务院。铣。印。"

23 日，蔡锷电复国务院说："铣电读悉。省议会议员选举法，本应静候中央章程颁布，再为遵办，惟滇边僻远，而辖区辽阔，交通不便，若待中央章程，为期太迫，赶办不及。今为权宜计，拟照本省临时省议会议决之选举法暂行筹备，免误议会成立之期，而碍中央规划进行之计。至众议院议员选举办理在即，拟将初选选举与省议会议员初选同时举行，复选则全省约分七区办理，以期迅速。合并奉闻。滇都督蔡锷。漾。印。"

28 日，内务部电复蔡锷说："漾电悉。省议会议员选举法，参议院尚未议决。滇边僻远，自可先行筹备，以便选举法公布后，按照资格，举行选举，较为妥速。至众议院议员选举分区办法，业已电达。其选举日期，不日决定公布。此复。内务总长。俭。印。"[3]

9 月 12 日，报载蔡锷咨请临时省议会查照内务总长俭电答复办法办理。说："军府咨：案准国务院铣电，各省筹办正式省议会，总限十月内召集，

---

① 曾业英编《蔡锷集》（一），第 699—700 页。
② 《大总统函请陆总理到府会议》，天津《大公报》1912 年 8 月 24 日。
③ 《公电》，《政府公报》第 115、122 号，1912 年 8 月 23 日、30 日。

须俟中央章程颁布，再为照办一案到府。准此，当经本军府于漾日电复，文曰：北京国务院鉴。铣电读悉。省议会议员选举法，本应静候中央章程颁布，再为遵办。惟滇边僻远，而辖区辽阔，交通不便，若待中央章程，为期太迫，赶办不及。今为权宜计，拟照本省临时省议会议决之选举法暂行筹备，免误议会成立之期，而碍中央规划进行之计。至众议院议员选举办理在即，拟将初选选举与省议会议员初选举同时举行，复选则全省约分七区办理，以期迅速，合并奉闻等语。拍发在案。兹准内务总长俭电开，云南蔡都督鉴。漾电悉。省议会议员选举法，参议院尚未议决。想滇边僻远，自可先行筹备，以便选举法公布后，按照资格，举行选举，较为妥速。至众议院议员选举分区办法，业已电达。其选举日期不日决定公布。此复。等由。除令行外，相应咨请贵会查明办理。此咨省议会。"①

▲蔡锷电复国务院，主张"缩小行政区域，减少监督官厅"，"军事区域与行政区域分别划定"。说："筱电敬悉。修正官制原案，酌理准情，筹画精详，极深钦佩。惟锷愚意，此事关系国家经制，宜规久远。吾国省制相沿日久，然幅员太广，治理为难，故前代于州县之上（置）府道，府道之上复置督抚，区［层］累而上，期于迭相督察，耳目易周。然阶级既多，互相钳制，地方官救过不暇，无余力以考求民间之利弊，而谋地方之治安，治瘝民疲，实由于此。今欲扫除此弊，惟有缩小行政区域，减少监督官厅，庶无鞭长不及之虞，亦免十羊九牧之害。至军事区域，则当视国防重轻，另为划分，而不必以行省为界限。将来军事区域与行政区域分别划定，则军民分治问题，自不烦言而解。若此时惟于都督、省尹之间为迁就调停之计，意见既难一致，推行未必咸宜。故鄙意为目前计，可暂仍现状，以免纷议。而为久远计，宜别筹良法，以利推行。谨贡刍荛，伏希采择。滇都督蔡锷叩。漾。印。"②

又通电上海《神州日报》并各报馆，万望"勿以党见为依违"。说："锷曾发通电，宣告脱党，计已尘鉴。兹将前致本党电述（如）下。电云：北京魏染胡同《新中华报》转本党诸公鉴。阅报载新推阁员，参议院未能通过，机关停滞，国本动摇，内部纷歧，外患日迫，时局至此，实深焦虑。

---

① 《蔡锷集外集》，第 183 页。
② 曾业英编《蔡锷集》（一），第 700—701 页。

万望诸公顾念大局，拥护政府，以国家为前提，而勿以党见为依违。幸甚。锷叩。庚［梗］①。印。"②

▲报载是日下午4时，国务院召开第51次例会，"探之所议专为大总统本日特交所订奉、吉等省临时特别军事费，并内蒙、西宁、察哈尔、热河等处军防饷需预算等要政。开议时，由王广圻秘书长统计诸国务员分议办法及需款数目，闻共计临时应需款在三百九十余万两之谱，未详如何筹办。其征藏军饷系出川、鄂、滇三省，分筹尚未在内。并有云南蔡都督密电一件，亦系关于重要外交及军事之问题"。③

又载24日午后9时在总统府开军事会议，"所议大要，系是日自午五钟至七钟三小时内大总统连接云南蔡都督及科布多办事长官帕勒塔、西征川督尹昌衡、驻藏钟长官颖、奉、吉、黑三省都督等军密电报七件，其内尚有关于重要外交之问题，故特召临时府会议，并召颜次长到府列议，内容甚密，无从探悉"。④

24 日

▲袁世凯电告蔡锷，"西南大局，非公不可"。说："滇省为西南保障，赖执事从容坐镇，秩序井然。又能出其余力，近控川、黔，旁规卫、藏，中央担负，赖以分忧。文武兼资，一时无两，极欲面聆教益，而西南大局，非公不可。如有关于国家大计，可资葵画者，务望直言匡正，遥领枢机，敢以腹心布志，钦佩。大总统。敬。印。"⑤

▲蔡锷电复陆军部，张铜被杀。说："祃电悉。张铜于去岁九月初六日晚到腾，被陈党（按：指陈云龙）戕杀。滇督。敬。印。"⑥

又饬行暂行文官任用、奖叙、惩戒令。说：

照得省外文官俸给公费表，业已核定通行。俸给公费，既经订定，

---

① 此电原署为"庚"日，但蔡锷正式"通电宣告脱党"是8月12日，因而此电很可能发于与"庚"音近似的"梗"日。
② 曾业英编《蔡锷集》（一），第689—690页。
③ 《国务院二十三日例会之概略》，天津《大公报》1912年8月25日。
④ 《总统府特召临时军事大会议》，天津《大公报》1912年8月26日。
⑤ 上海《神州日报》1912年9月17日。
⑥ 《滇督蔡锷任职期间关于联系军杂事务文电》（1912年5月至1913年10月），中国第二历史档案馆藏，档案号：1011－1114。

则赴任卸任不可不定给旅费，以资遵守。兹特拟定《省外官员赴任、卸任旅费暂行简章》①，并暂行《文官任用令》《文官惩戒令》《文官奖叙令》《文官惩戒委员会简章》，咨由省议会议决通过前来，合行令仰该司即便遵照，并转饬所属一体知照。此令实业司司长吴琨。蔡锷。

计发《文官任用令》一件、《文官惩戒令》一件、《文官奖叙令》一件、《文官惩戒委员会简章》一件。

云南暂行文官任用令

第一条　本令除有特别规定外，凡文官之任用均适用之。

第二条　文官任用，分为特任、荐任、选任三种。

第三条　二等一级以上为特任，二等二级以下、三等一级以上为荐任，三等二级以下为选任。其委任之手续有特别规定者，不在此限。

第四条　前条之等级，依阶级表所定。

第五条　特任文官，以具下列资格之一者任用之。1. 法政专门学校三年以上卒业得有证书，历充各省要差，熟悉政务，富有经验者。2. 法政大学本科卒业得有学位者。3. 高等以上学校毕业兼有经验者。4. 在荐任文官之职三年以上，有确实政绩者。5. 有奇才异能，闻望功绩卓著者。

第六条　荐任文官，以具下列资格之一者任用之。1. 法政专门学校三年以上卒业得有证书，又办公二年以上有经验者。2. 法政学校三年以上卒业得有证书，曾任直省法政学堂教习，或办公四年以上者。3. 中等以上学校毕业兼有经验者。4. 经高等文官试验合格得有证书者。5. 在选任文官之职三年以上富于经验者。6. 素有才识品望，曾办理公益五年以上，而确有成绩可考者。

第七条　选任文官，以具下列资格之一者任用之。1. 经普通文官试验合格领有证书者。2. 法政学校及自治学校，或中等以上相当学校一年以上卒业，领有证书，而又在各地办公二年以上，著有成绩者。3. 曾任选任官吏著有政绩者。

---

① 原注：《外省官员赴任、卸任旅费暂行简章》（略）。

第八条 文官任期以五年为一届，烟瘴地方以三年为一届。

第九条 特任官、荐任官之委任状，由都督府发给。选任官之委任状，由主管官厅发给。

第十条 凡官吏之任用，除发给委任状及注册外，并登报公示之。

第十一条 各主管官厅委任官吏时，除照前条所定手续外，并应呈报都督府备案。

第十二条 凡等级相当及职务相同之官，因行政上之便利，得互相调任。

第十三条 省外官吏因疾病或死亡，及有他故不能任事时，得有该管官厅就近遴选相当官吏代理其职务，但应速报都督府。

第十四条 省外官吏因疾病，或因公外出并有他故时，得委托其他官吏代理其职务，但代理者之责任，委托者应连带负之。

第十五条 有荐任官或选任官之资格者，未补授以前，得使入相当官厅先行试用及见习。

第十六条 试用受荐任官之待遇，见习受选任官之待遇，均不领俸，但得予以相当之给料。

第十七条 有必要时，得使官吏兼任他项职务，但兼职与本职须属于同一性质者。

第十八条 兼任官吏不兼支俸，但因其情状得与以相当之日费。

云南暂行文官奖叙令

第一条 凡本省文官之奖叙，除有特别规定外，皆适用此令。

第二条 凡文官有下列情形之一者，得分别奖叙。1. 在职一年以上，办理要政，毫无遗误者。2. 在职三年以上，及在烟瘴地方二年以上，办理要政，确有成绩可考者。3. 合于任用令第八条届满期间，果系办理要政，确有成绩可考者。4. 政绩卓著者。5. 有功勋者（指有战功言）。

第三条 凡奖叙依下列之方法行之。1. 记功。2. 加俸。3. 进级。4. 升级。5. 勋章。

第四条 文官合于第二条第一款所定成绩者，得分记功。

第五条 记功三次者，积为一大功。记大功三次者，得进一级。

第六条　文官合于第二条第二款之成绩者，得酌量加俸。

第七条　凡加俸，照本俸加十分之一，于在本职中按月平均分给之。

第八条　文官任期届满时，合于第二条第三款所规定成绩，例得升任。但因地方情形，或有特别原因，而未升任者，应按照在职年限，得分别继续进级。

第九条　合于前条之原因，未升任而进级者，得照所进之级，为升任之阶。

第十条　凡进级者，其年俸亦照所进之级支给。

第十一条　本官合于第二条第四款所定成绩者，得随时酌量升任。

第十二条　凡记功、加俸、进级者，有记过、罚俸、降级处分时，得抵销之。

第十三条　升任须按次序，不得躐等。应由三等三级官升为三等二级官，由三等二级官升为三等一级官，以此类推。

第十四条　凡有特别功勋者，得进一级，并照陆军赏勋章程，酌给赏金之醒狮勋章。其有寻常勋劳者，仅给予赏金之醒狮勋章。

第十五条　凡文官应奖叙，由该管长官及主管官厅考察，呈请都督府经政务会议核定行之。

第十六条　奖叙核准后，除由登庸局注册及公告外，并给与证书交受奖叙员祗领。前项证书如有惩戒令第十一条之情形时，应追缴之。其受勋章者，被褫夺公权时亦同。

第十七条　如有奇才异能者，得与本令外特别奖叙之。

云南暂行文官惩戒令

第一条　凡本省文官之惩戒，除犯刑事应由刑律处分外，其余官吏非据本法无受惩戒者。

第二条　官吏为受惩戒者如下。1. 遗误要公者。2. 遇事推诿者。3. 因循疲玩者。4. 妄诞生事者。5. 粉饰邀功者。6. 滥用私人者。7. 虚糜公款者。8. 嗜好甚深者。9. 违背职务上之义务，或怠其职务者。10. 无论职务内、职务外，其行为有失官职上之威严或信用者。11. 无正当理由，或交待未清，及未得该管长官许可，而擅离职守者。

第三条　惩戒之种类如下。1. 谴责。2. 减俸。3. 停职。4. 记过。5. 降级。6. 撤差。7. 撤任。8. 罢官。

第四条　应适用何种惩戒法，则当视其情节之轻重，由惩戒委员会分别惩议决之。

第五条　特任官之惩戒，经委员会议决后，由本管长官呈请都督裁决，然后执行。荐任官之谴责、减俸、记过、停职，经委员会议决后，由本属长官执行之，并呈报都督府备案。若惩戒系降级、撤差、撤任、罢官者，经委员会议决后，由本属长官呈报都督裁决，然后执行。选任官之惩戒，经委员会议决后，由本属长官执行之，并呈报上级机关备案。

第六条　谴责用文书，或口头行之。

第七条　减俸自一月以上至一年以下，减年俸月份额三分之一。

第八条　官吏受刑事上之诉讼时，无论判决与否，当然停职，但不得过一年以上。

第九条　记小过至三次者，作为大过一次。记大过至三次者，减俸半年。至四次者，降级。五次者，撤差或撤任。

第十条　降级据其现在之级数，酌降一级或二级。

第十一条　受撤差之惩戒者，自撤差之日起三个月以内，不得复行差遣。撤任者半年以内，不得在本省充公务员。

第十二条　罢官者自失其官职之日起，即失其官职上之权利。在三年以内，不得充本省公务员，且不得开复原官。

第十三条　在刑事裁判虽宣告无罪或免诉，在惩戒法视为违法时，惩戒委员会宜追议之。

第十四条　受惩戒而有不服者，准其于一月以内上诉于行政裁判所。

第十五条　惩戒委员会，另订专章施行之。

云南暂行文官惩戒委员会简章

第一章　总则

第一条　文官惩戒委员会，分为高等文官惩戒委员会，及普通文官惩戒委员会。

第二条　高等文官惩戒委员会议决特任官及荐任官之惩戒。普通文官惩戒委员会议决选任官之惩戒。司法独立时，司法官之惩戒法及惩戒委员会别法规定之。

第二章　高等文官惩戒委员会

第三条　高等文官惩戒委员会以委员长一人、委员六人组织之。

第四条　高等文官惩戒委员会设置于军都督府。

第五条　委员长择精通法政、公正廉明、为众所推服者，由都督特任，委员自特任或荐任官中择其品学兼优、熟悉政务及法理者，由委员长荐请都督给状委任。委员长及委员得由他项现任差缺者兼充之。

第六条　委员长及委员非有五人以上出席不得开会议决。委员会之议事取决于多数，若可否同数时，由委员长决之。

第七条　委员长有事故不克出席时，得指定委员一人代理之。委员不克出席时，须向委员长清假。

第八条　委员长、委员皆暂不定任期，但有下列事项时，应退其职。1. 失其官职及受惩戒时。2. 转任他处时。

第九条　委员会置庶务一员，录事一人，专理议事开会及文件各事，但遇开会时，得由委员长临时委派之。

第三章　普通文官惩戒委员会

第十条　普通文官惩戒委员会于各部司局及各道府厅州县分别设置之。

第十一条　委员长以各官厅之长官充之。委员设二人乃至六人，在各部各司由长官于所属高等官中择任之，其余官厅由长官于所属职员中择任之。

第十二条　委员无任期，该长官认为应开惩戒委员会时，得临时组织之。

第十三条　委员长及委员非三人以上出席不得开议。

第十四条　委员长有事故不能出席时，得以出席委员代理之。

第十五条　开会时所需庶务、录事，即以该官厅庶务、录事兼充之。

第四章　惩戒手续

第十六条　各官厅长官对于所属高等官吏认为当惩戒者，应以凭证及文书呈请都督府交付惩戒委员长定期开议，切实审查。

第十七条　前条高等文官惩戒委员会既经开议审查，认为必须质问本人时，得令该本人到会。该本人若在他处，可由本管长官给以相当旅费，但路远碍难到会者，准该本人邮寄书回答复质问。

第十八条　凡文官应受惩戒者，其议决、裁定、执行各手续均适用惩戒令第五条之规定。

第十九条　委员长及委员关于自己或其亲戚之惩戒事件，不得参与会议。

第二十条　委员之审查手续，由该委员会自规定之。①

25 日

▲报载"滇督蔡锷以行政费及军饷两项无从筹措，特电中央请借外款。兹悉该督拟借者为法款，以滇省矿产作押，其数为五百万，约中须声明政府对于该款应负完全责任。袁总统对于各项问题，均未坚持反对，惟以所订者为法款，颇不赞成，已交周总长核议"。②

又载总统府收到蔡锷再电"陈滇边危急情形。闻电中有力请辞职之语"。③

31 日，又载"云南蔡都督电呈英人进兵九龙，意殊叵测。一再据约禁阻，仍未撤退。请饬部速向驻京英使诘问，请速转电撤退，以符条约，而重主权等情"。④

又载蔡锷因政府对片马问题，"并无善后计划"而辞职，但未允准。说："片马风云日紧，蔡都督曾电政府设法对付，乃数月以来，政府并无善后计划，以致蔡督一人，力有不逮，磋商无效，外人益形进步，无法阻止。近复增兵筑营，对于内地，力谋进窥，设再迁延，西南半壁，恐非我有。假使中国濒于危亡，谁尸其咎？故前昨两日迭电政府，请予罢免，以让贤能。政府以蔡自任滇督以来，治理有方，遽易生手，恐边疆更难维持，当电挽留，并请顾全大局云。"⑤

---

①　曾业英编《蔡锷集》（一），第703—710 页。

②　《滇省借款之确闻》，天津《大公报》1912 年 8 月 25 日。

③　《总统府二十五日纪事》，天津《大公报》1912 年 8 月 27 日。

④　天津《大公报》1912 年 8 月 27 日、31 日。

⑤　《滇督辞职未准》，北京《民主报》1912 年 9 月 1 日。

下旬

▲蔡锷与程德全等16省都督电请袁世凯、国务院，明定各省都督遴选赴京代表"在京职务，俾得承宣大总统意旨，传述都督意见"。说：

北京袁大总统、国务院均［钧］鉴。前准国务院敬电，奉大总统令各省都督遴选代表三人赴京，以备谘询，而图统一等因。仰见大总统开诚布公，集思广益，免内外隔阂之嫌，谋行政敏活之效，伟谟亮度，钦仰同深。惟此项代表既奉大总统特令，选派熟习本省军事、民事，为各都督深所信任之人，赴京谘询一切，事体重要，自与寻常派遣不同，似应明定代表在京职务，俾得承宣大总统意旨，传述都督意见，敷陈地方利弊，借通内外之邮，而确收联络之效。德全等往复讨论，详慎商榷，谨拟代表权限条件四条于下。（一）凡国务会议各省政务时，应先期谘询各省代表，以期接洽。（二）国务会议关于某省事件，由某省代表列席旁听，如当场经国务员谘询或事前奉有都督指令时，得出席陈述意见，但不加于表决之数。（三）大总统提出法制预算案，交参议院之前，应请征集各省都督之意见，由代表传达之。（四）凡关各省政务之命令，如与某省有特别关系时，应先期谘询该省代表，于地方情形有无窒碍。以上四条，系为疏通中央与地方之隔阂窒碍，借求于大局有裨起见。综其大旨，均为事前之谘询，及限于意见之陈述。按之事实，代表为一种意思机关，非认为法定团体，与中央政权，自无抵触。商订之初，即兢兢致意于此。兹经公同拟订，金以此项条件，关系既极重要，权限亦无紊越，似易履行，应请大总统、国务院俯察所拟订为专条，俾代表有所遵循，免蹈前清选派陈述员之故习，而内外精神之团结，亦可以代表为之媒介。一俟中央照准订定，即饬所派代表各员遵照办理。至此次所派代表，经德全等商酌，务择经验阅深、道德高尚、关怀大局之人，冀昭慎益。事关中央特令，用是力求实际，未敢因仍敷衍，转负大总统殷殷求治之盛意。临电神驰，毋任翘企。江苏都督程德全、奉天都督赵尔巽、直隶都督张锡銮、吉林都督陈昭常、山东都督周自齐、河南都督张镇芳、甘肃都督赵维［惟］熙、山西都督阎锡山、广东都督胡汉民、广西都督陆荣廷、湖南都督谭延闿、安徽都督柏文蔚、福建都督孙道仁、云南都督蔡锷、贵州都督唐继尧、江西都督李烈钧、四川都督胡景伊同叩。①

26 日

▲蔡锷电陈袁世凯、国务院，已饬殷承瓛"进驻阿墩"，如"藏氛大定，不必前赴巴塘"。说："前以滇军入藏，取道巴塘，绕越太多，且川、滇同趋一路，亦恐粮秣难供，故拟经由珞瑜，别辟新路，迭经电陈。嗣奉电令，以川督请饬滇军迅拨劲旅，联合进藏。又因番氛日炽，巴、里垂危，且闻分窜阿墩，近逼中甸，乃饬殷司令改道先援巴塘。兹接尹都督电开，蜀军围攻里塘，不日可下，并分兵巴塘、昌都，首尾夹击，故川边指日荡平。闻殷司令拟由维西入巴塘，边关地瘠民贫，需用缺乏，祈速电阻等语。想尹都督成算在胸，藏乱不难戡定，已饬殷司令进驻阿墩，以固丽、维门户，如果藏氛大定，不必前赴巴塘。除复尹都督外，谨陈。滇都督锷叩。（宥）。印。"

又电复尹昌衡，已饬殷承瓛"暂驻阿墩"。说："贵军围攻里塘，并出巴塘、昌都，首尾夹击，川边指日荡平，闻之极深欣慰。滇军入藏，前以取道巴塘，绕越太多，且川、滇同趋一路，亦恐粮秣难供，故拟经由珞瑜，别辟新路，曾经电达。嗣奉大总统电，以贵都督请饬敝军迅拨劲旅，联合进藏。又因番氛日炽，巴、里垂危，迭奉中央电催，径赴巴塘会师援剿。且连接边报，番兵分窜阿墩，近逼中甸。敝处为大局计，不敢复避险远，始饬殷司令先援巴塘，互相策应。兹接电示各节，藏乱自易敉平，已饬殷司令暂驻阿墩，以固丽、维门户。如果番氛大定，毋庸前进巴塘。除陈中央外，特此电复。滇都督锷。（宥）。印。"

又电令殷承瓛"率队径赴阿墩"。说："顷接尹都督电，蜀军已抵里塘，并分兵巴塘、昌都夹击，川边指日荡平。闻殷司令拟由维西入巴塘，该处需用困难，祈速电阻等语。刻已电复，略谓我军进驻阿墩，以固丽、维门户。如果藏氛大定，自可不赴巴塘云云。特此电闻。仍希率队径赴阿墩，再行相机进止。锷。（宥）。印。"

又饬各公署往来公文改归邮递以杜压搁之风。说："财政司会同民政司兼司法司呈，奉批，据平彝县呈，奉到筹办爱国劝捐局文册日期迟延一案。

---

① 《公电》，上海《神州日报》1912 年 8 月 28 日。

奉批，呈悉。现在爱国劝捐局业已裁撤，仰财政司速即饬知，令将捐册缴销。至省号延搁公文，迟误解款，最为恶习，并仰会同民政司核议办法，通令遵照。一面饬审判局传陈恒裕到案，罚责示儆。摘由批。等因。奉此，并据该县呈司，本司等窃维当兹民国初成，百度方新。一切行政机关，自非消息敏活，不足以策进行而收效果。坐省之设，本满清旧习，由来已久，营此业者皆无甚学识，且无责任之人，何能热心将事？现在整顿之方，惟有将在省在外各公署往来公文全行改归邮递，不由省号经手，则压搁之风，庶可杜绝。所有省垣各公署，应请钧府令饬遵照。各府厅州县则由本司等会饬遵办，以除恶习。至于解款迟误，尤为省号通病，言之可恨。维是坐省之设已成习惯，一时殊难改革。现在只有力求整饬，以重公帑。拟请由司会饬各属嗣后解款，如有交由省号经手者，应由各地方官扣定解款到省日期，及声明款项数目及经手人名字号，先行呈报主管核收衙门，以便指名稽催。如此明为规定，迟误之弊，庶几可免。除照会地方审判厅，传陈恒裕到案罚责外，是否有当，理合会呈钧府核示，以便通令等情前来，应准如议办理。除省外各府厅州县令司会饬遵办外，为此令仰该司即便遵照。切切。此令实业司司长吴琨。蔡锷。中华民国元年八月二十六日。"

又电告外交部，云南"未设官烟局"。说："十九日密暨咨及英使节略均悉。查滇实未设官烟局，仅有收销存土公司，由商承办。此事系援前清李督奏定办法，不过展期数月，冀其销除净尽。盖因反正后，愚民误会，间有私种。彼时军务倥偬，不暇铲除，数虽无多，深恐散存民间，转于烟禁有碍。故一面饬商收销，一面严定禁例，通饬全省实行。现收销公司早经定期撤销，禁种、禁吸、禁运、禁卖办法均经宣布，此后严厉督促，必能一律禁绝，不致于禁烟条约稍有妨碍。滇都督蔡锷。宥。"①

▲报载"滇督蔡锷来电询问张振武案"。②

又载云南军政府为禁种、禁吸烟土，集议取消先前在省城设立的烟土公司。说："云南出产，以栽种鸦片为大宗，每年各省来滇购运者不知凡几，滇民赖此为生活。清督锡良鉴于烟害，禁种禁吸禁售，期以一年断绝，

---

① 以上五文、电见曾业英编《蔡锷集》（一），第 711—715 页。
② 《总统府二十四日纪事》，天津《大公报》1912 年 8 月 26 日。

雷厉风行，果见成效。去年民军起义，一般愚民，以为满清既亡，烟禁必弛，于是乘间私种者甚多，军政府亦出示禁止，惟因军事倥偬，不及实行铲除，又恐激之生变，今年财政司陈价到任后，以欲绝根株，须清来源，乃于省城设烟土公司，派员四路收买。凡民间存有烟土者必须售与公司，由公司运销出口。惟定价太廉，每两先给三角，后增五角，人民嫌廉，均不肯卖，烟公司直同虚设。现在军政府集议将烟土公司撤销，限于九月初一日后不准再有烟土存储及私相吸食。禁种一事，尤为加严，人民敢偷种者，不惟派兵铲除，并严惩种者。现烟公司已于八月内取消，以后吸者售者，查获加重治罪云。"①

27 日

▲蔡锷电复袁世凯、国务院，径捣拉萨须等待"川边底定"的时机。说："敬电悉。滇军拟驻阿墩，暂缓前进，昨已电陈。至径捣拉萨一节，应俟川边底定，滇北门户可保无虞，乃能相机进取。届时再妥筹请示。滇都督锷。感。印。"②

▲24 日，杨晋、夏文熙电询蔡锷，署镇府复查被控马管"在防五年，声名尚好，可否准回原差"。说："奉饬提讯马管被控一案，该管到昭即由前卸镇苏留看五日，尚无嗜好。惟原告有告无审，屡提不案，显系虚非。现永善第三区代表易祖光、龙致祥等公呈为民请命，吁恳电留回防，以资镇慑，而慰群望等情。署镇府复查该管在防五年，声名尚好，可否准回原差，理合转电，请示祗遵。署镇府晋、文熙。敬。印。"

27 日，蔡锷电复杨晋、夏文熙说："敬电悉。马管既经查验，并无嗜好，在防有无〔五年〕，声名亦好，原告田汝清等又屡提不到，显系徒告不审，应准销案，并如该绅民等所请，仍令回防供职。应饬益加奋勉，以慰民望。督。感。印。"③

又电复丽江殷承瓛，昨日电陈中央之意。说："有电悉。我军暂驻阿墩，昨已电达。并陈中央，如藏乱非蜀力能平，自当前往援助，所得地方

① 《云南近政纪要》，《申报》1912 年 10 月 25 日。
② 曾业英编《蔡锷集》（一），第 715—716 页。
③ 《蔡锷集外集》，第 174—175 页。

仍应交还川府。至布置民政一层，非滇所能担任。希仍照宥电办理。锷。感。印。"①

又发表祭黄毓英文。说：

黄武毅公子和，会泽人。少读书，略观其通，不事寻摘章句。及长，见时势阽危，慨然渡海，留学日本东斌学校。既卒业归国，以恢复祖国为职志。其时，中国大吏洞察綦严，无从措手，乃只身走缅甸，与杨公秋帆（按：杨振鸿，字秋帆）进至迤西，联络各土司谋举事。事泄，杨走死，公亦几不免。间道至滇垣，闯然来谒，气宇英特。予既耸然异之，问其所志，历道平生事，不少讳。旋授以末校，公以有所凭借，欣然任之。未几，锷等与谋光复滇中，及事机迫，约公与议，公力主速发。有犹豫未决者，公目眦尽裂，击案厉声曰：诸君多顾虑，亦复何能相强，吾请首先发难，大丈夫死则死耳，终不累及诸君，但恐事一不成，诸君同归于尽耳。众为所激，议遂决。重九之夜，公率队由北城先登，诸军继之，全城要害，遂归我有。战役既终，公乘间谓予：城中壮士数千，欲来归附，弃之可惜。即檄令搜简精壮者，编入卒伍，先成一营。公乃慎选将校，严加训练，为时仅七星期，竟能使军容整肃，部勒井然。古人所称将德，曰智、信、仁、勇、严，黄公实兼而有之。时清督赵尔丰据成都，蜀民抗之，土匪乘时蜂起，蹂躏几无完土。公率师往援，所向辄捷，民赖以安。继提偏师援黔，道经思南，为匪人所嫉，遂遇害。噩耗传来，滇、黔将士悲愤同深，乃举邓君泰中星驰赴黔，舁忠骸以归，卜葬螺山。同人议设专祠，并铸巍像，岂云崇功，聊以报德。嗟呼！将军一去，悲大树之飘零；壮士不还，感寒风之萧瑟。而慨念时局，来日大难，感事怀人，不自知涕之盈把也。乃为文以祭之。其词曰：

呜呼黄公，横有万古，竖有五洲，人生其间，孰能长留？卧病床褟，艾灸眉头，一致溘逝，零落山丘。公能树立，自致千秋。死重泰山，亦复何求！胡虏入主，二百余年，奴我人民，夺我主权，钳我言论，蹙我四边。慑于淫威，群相贴然。公痛国耻，亟思一雪。东渡扶

---

① 曾业英编《蔡锷集》（一），第715页。

桑，学万人敌。屠龙技成，滇事日棘，奔走呼号，泪尽继血。炎炎西徼，瘴疫之乡，虾蟇嘘气，毒雾迷茫。中者辄死，橐葬道旁，公奋不顾，足历炎荒。蛮花□鸟，凄入心肠，食妖飞蛊，宿畏封狼。绵幽凿险，迹遍蛮疆，所志未遂，□焉心伤。簸顿流离，壮心未已，默觇时机，一跃而起。踵门投赖，慷慨自失，授以偏裨，誓为国死。乃运机智，抚用军警，誓抵黄龙，与君同饮。何物满奴，从中为梗，拥兵负嵎，妄思一逞。君谓若辈，妖腰乱领，认贼作父，请膏吾刃。阶下欢呼，十万健儿，霜风肃肃，夜半誓师。一战斩将，再战搴旗，功成唾手，民不惊疑。睠言西蜀，唇齿相依，仗义讨贼，发纵指挥。亲犯矢石，只身溃围，义旗所指，怀德畏威。蜀难粗平，黔乱未定，提戈转战，严明号令。功固懋赏，罪亦明正，猾黠侧目，心怀隐恨。帐下走卒，野性难训，丛莽狙伏，一击洞膺。天地昼晦，大风扬尘，将星斗落，笳鼓悲鸣。马革裹尸，颜色如生。呜呼黄公，生为人杰，死作鬼雄，名满天下，榇返滇中。屈指同仇，公实功首。锷等无才，何力之有，再拜忠骸，悲从中来，为神州惜，岂独私衷。六诏庄严，矗峙南天，古代雄封，屏障全边。建房窃国，盘踞中原，河山异色，滇能巍然。永明不祀，鼎堕九渊，沉沦阿鼻，万劫难填。重九一役，合浦珠还，钟虡既返，亭障犹患。瞻彼强邻，眈眈逐逐，密窝狼牙，潜嘘虺毒。公灵在天，宁无激楚？冥冥呵护，冲此疆宇。魂兮归来，永向斯土，滇人德公，出自肺腑。张乐礼魂，传芭击鼓，建祠铸像，以永千古。[1]

按：20 世纪 60 年代，留日学生，曾在昆明任《云南》杂志分社、《民报》负责人的詹秉忠与曾任《国民话报》发行员的孙天霖回忆说："辛亥革命武昌举义前两月，会泽黄子和（为詹秉忠同乡）当七十三标三营见习排长，邓泰中为司务长，二人均同盟会员，且为结交军界中人运动革命最积极最激进者。时蔡锷奉云贵总督李经羲电调来滇任三十七协协统。一日，黄子和往见蔡锷，与之直说革命活动情况，望蔡同情。蔡锷戒黄：时机不到干不得，时机一到绝对同情。"[2]

蔡锷祭黄毓英文也说黄"闯然来谒"，"问其所志，历道平生事，不少

---

① 曾业英编《蔡锷集》（一），第716—718 页。
② 《忆蔡锷》，第98 页。

讳"。可见，詹、孙这则回忆，还是比较可靠的。

29 日，又与李鸿祥、谢汝翼、周钟岳、沈汪度、刘祖武、张子贞、黄永社、王秉钧、禄国藩、李修家、蒋光亮发表为黄毓英铸像募捐公启。说：

> 古之凌烟画像，麟阁图勋，染翰于丹青，祀烟以俎豆。虽专制之时代、一家之忠臣，未尝不以名勒河山，勋垂竹帛为贵也。近百年来，泰西伟人逝世，辄为模形肖像，以树铜表，所以永生平于奕世，兴观感于来兹。此物此志，无古今中外，其理一也。
>
> 吾滇黄君子和，去岁重九之役，冒奇险，建殊勋，赴川援黔，为民国效死。综君生平行事，彰彰在人耳目者，昭若日星。滇之文人学士，扬芳撷藻，亦既哀悼之而歌之矣，亦何烦赘述。顾犹有人所不及知者，君坚忍有大志，多谋能断，有古豪杰之风。论者但震其游学东瀛，投身革命，奔走于蛮瘴猓猓之乡，出入死生危难之境，屡经挫败，进行不衰。洎乎光复事定，即以援邻誓师，转战于永、泸，旋师于遵义，蹀跌思南，陨身寇盗，以为是君之功足多也，而不知君之效忠民国者，其志不在功业。盖愤慨于专制之厉虐，谋所以摧陷而廓清之者，虽粉身碎骨而不悔，而初非一人一家之死国事、殉社稷者可同日语也。今者共和成矣，君之颈血已溅碧草，白骨将化丘山，而摩天之壮志，博云之热血，将与俱杳。同人哀之，思所以肖君者，非铸金模形，无以树坊表而彰忠烈。顾惟兹事体大，需费不赀，又值军兴以来，公私款竭，筹措维艰，所望各界同人，量力捐输。买丝以绣平原，投泰而哀屈子，知必有慕黄君之为人者，倾箧解囊，争先掷券。行看烈士英标，矗立云表，以与我太华苍峰，同峙不朽，则黄君虽死之日，犹生之年也。刻已由同人集议，请军府委任黄君永社董理其事，如蒙各界志士捐资助成盛举，祈即开列姓名，径交铸黄子和金像筹办处（设在陆军偕行社）登收，以便将来刊石纪念。此启。
>
> 发起人：蔡锷、李鸿祥、谢汝翼、周钟岳、沈汪度、刘祖武、张子贞、黄永社、王秉钧、禄国藩、李修家、蒋光亮同启。[1]

---

[1] 曾业英编《蔡锷集》（一），第 718—719 页。

11月，又发表黄毓英墓志铭。说：

公讳毓英，字子和，会泽望族玉田先生第二子。性豪迈，壮岁游日本，就东斌学校习陆军。同盟会方孕革命种子，姓名遂入党籍。业未竟，闻河口革军肇动，归谋乘势复滇垣。不遂，与杨君振鸿亡缅，遍历八莫、蛮允、干崖、盏达诸土司地，于仰光创办《光华日报》。边吏捕之急，振鸿愤死，公病已，乃走腾、永间，阴结同志。父书召归娶，弗顾，寄以资，令营业，弗屑，东联党人，至大理、蒙化，吏又捕之。遁入省，窃窃往唐继尧宅密谈国事，于为战若嗜欲，勇不顾前后。时锷长三十七协，初来谒，头角峥嵘，目光四射，大奇之。叩以所自，乃述其奔走缅、越、滇边各事，不少讳，益心许其为人。同人敦劝其入戎籍，俾有借手，遂任七十三标排长。自是日与同人谋革命益急切，尝深夜演说军中，言之发指，各军官多耳目公者。

辛亥八月，武昌起义，公日夜奔走，屡以言语刺激同人促响应，热血欲喷，愤励若不可终日。九月七日，大雨，与唐继尧、李鸿祥、谢汝翼、沈汪度、刘存厚、张子贞等会于唐宅，为最后之会议。锷招公与黄永社预席，方熟筹方略，多数主速举，有以预备不周，事鲜把握尼之者。公与永社大激昂，愤然曰：今事已急矣！诸君踌躇，我必先发难。事败被获，必首诸君同谋。我死，君等度不能幸生！乃决期重九夜三鼓举事。是夕，公断电话线后，率所部数人越墉入北城，斩关纳军，径攻军械局及五华山北路。于是南路巫家坝步、炮及机关枪队继至，环攻督署各要地，力战达旦。十日午前九时，械局、督署次第陷落，全城光复。

事定，檄令自募军六百，刻期训练。公精选整备，伸明纪律，未三月而成效大著。军府成立，公于军事部署多所建白，悉采纳之。援蜀之役，自请为前驱，乃隶诸第二梯团李鸿祥麾下。蜀道土匪猖獗，公屡驰剿，皆身先士卒，所向披靡，擒剧盗百余，于永宁磔之。合江一役，击溃贼匪万余众，擒斩无算。民国统一之元年四月，援川军南旋，滇政府以黔人请命，分兵绕道赴援。公与张子贞率队由渝经綦江，进平遵义、铜仁匪乱。其时，下游匪势大张，以会师愆期，军气大隳，乃屈从将士之请，返旆黔垣，次于思南。疲甚，命大队先发，单骑断后，伏匪狙击于路隅，遂遇害。公生于前清光绪乙酉正月初五日，没年二十八岁。因奔走国事未娶，以兄毓兰次子祥云为嗣。同袍哀之，谥为"武毅"。八月榇归，葬于圆通山之阳，为铭诸石。铭曰：

维公之生，幼而岐嶷。扶桑结社，河口熸师。缅边亡命，间关腾、永。匿迹滇垣，以求一逞。锷时治军，被祸入谒。立定大计，数言取决。入黔赴蜀，群盗投戈。士畏秋霜，民爱春和。胡天不吊，思南变作。黄尘昼昏，大星夜落。维公之殂，如断左臂。每闻鼙鼓，敢忘颇、牧。古称将德，智信仁勇。我亦崛强，为公低首。内而振旅，外而折冲。公既没獝，我将焉从。宿草萋萋，英风烈烈。勒石贞珉，敬诏来哲。①

28 日

▲报载云南"政务会议议决案摘要"。说：

都督提议之件：

一、各属巡警应归各该地方官管辖节制。各属巡警从前归巡警道，反正后归巡警局直接管辖，地方官无节制之权，意存推卸。此后关于巡警事务，大纲由省城筹划，而办理则归地方官管辖。由民政司将权限统系分别详细规定。

二、自治、官治之范围，应切实详订颁布，以免掺越混淆。向来自治、官（治）无一定范围，故官绅间有利则相争，有害则相诿。地方绅士善者固不乏人，而争利揽权、侵夺地方官权限者，则随在皆是，其范围如何划分，应由民政司详订规程。

三、地方财政应实行官收绅监之法。地方财政官收绅监，前经军政部通饬各属遵行。惟原订办法颇属简单，地方士绅每多误会，遂有将绅监变为绅收者，地方官亦不予过问，流弊滋多。应由财政司详订官收绅监确实办法。

四、地方官交待委邻员监盘已成具文，应取消此例。议决：解归

---

① 曾业英编《蔡锷集》（一），第790—792页。

地方团体监盘，由财政司拟订办法。

五、府厅州县应互独立而直隶省城，此制应速行颁布。议决：暂仍旧制。

六、会计检查厅职务及权限应详订实行。俟省议会将检查厅章程议复后，由财政司详订细则。

七、高等小学校以上学生应一律由第一师派将校担任军事教育。自高等小学三年级以上，均授军事教育，由第一师会同教育司拟定章程，并先由教育司调查应派教员人数。

以上所议七事，除监征一项外，余均限九月初十日以前呈核。

八、以公务员所集公债充创设弹药制造厂经费。先以此款充该厂基金，未敷之数提为议案，交议会筹议，由军务司切实筹划，拟定议案。

九、各种规则、命令应实力奉行。由政务厅法制曹搜集各项法令规章，编为云南程规汇钞，以便各机关随时省览。

民政司提议之件：

一、各属巡警问题。各属巡警费为数甚微，拟拨用现设之保卫队款项。议决：仍由民政司切实筹划，除拨用保卫队款外，其不足者就地筹措，而养成巡警人才、确定扩张程限尤为要着。

一、拟以马柜充修路费。此项现归军马所，仍拨归财政司经收作修路费，并拟办法，推行各属。①

29 日

▲报载蔡锷通电"提督六镇、各统领"，对边地"游棒各匪"，如持械抵抗，"准格杀无论，但不得妄毙无辜"。说："案据蒙自关道何国钧呈称，昨奉令开，各防国民军官弁，凡遇拿办匪案，须奉有该管长官或地方官正式公文，始行前往，相讥〔机〕捕拿。拿获人犯应照奉文，解由地方官讯办，不得率尔枪毙等因。窃查防营之设，原以缉拿盗贼为先务，各营哨官长分防地点相距坐营或数十里，或数百里不等，若事仓猝，必待官长命令或地方官正式公文，久需时日，诚恐盗贼远扬而各哨弁兵反以待命谢责。

---

① 《蔡锷集外集》，第 175—177 页。

拟请俟后何方出有盗案，隶本营及地方官较远者，一经失主、尸家具报，该哨弁兵当问明确实，一面即可率兵前往缉拿，一面飞报长官及地方官知悉，随时拿获，立即解交地方官讯办，营中不能擅自用刑及枪毙等事。至于缉拿之时，亦当分别办理。如果贼匪持枪拒捕，而我营弁兵亦不能空手徒拿，总形相机捕拿，毋得卤莽误事等情。呈请查核通令前来。查所呈尚属允当，应准变通办理。其昭通、广南两属，界边川、桂，边地辽阔，游棒各匪不时出没其间，尤应严惩，以靖边圉。嗣后连、昭两防营队，如遇悍匪持械抵抗，并准格杀无论，但不得妄毙无辜，是为至要。为此，令仰该某即便转令所辖各营一体遵照。此令。"①

又载蔡锷电请袁世凯速饬外交部与驻京英使交涉英国在片马的违法活动。说："英国在片马界内创设警署，分定警区，遍布警岗，添练驻屯军队，请速饬外交部与驻京英使交涉。"②

又载午前 9 时，外交部次长颜惠庆曾召部会议一次，"据该部人云，是为国务院交云南蔡都督电呈英人进兵九龙，意殊叵测，一再据约禁阻，仍未撤退，请饬部速向驻京英使诘问，请速转电撤退，以符条约，而重主权等情一事。闻已议定次日（三十日）照会该公使，请速答复"。③

月底

▲蔡锷令政务厅知照另刊"行营印信"事。说："本都督巡行南防，所有一切文件，由周秘书长（按：指周钟岳）代行，并监用都督印信，业经分别令行在案。并另刊行营印信一颗，文曰：云南军都督行营之印。除分令外，仰即知照。此令政务厅。"④

30 日

▲蔡锷电告袁世凯、国务院、胡汉民、胡景伊、陆荣廷、唐继尧，将于 9 月 1 日起南巡南防两周。说："锷于九月一号巡行南防临安、箇兴等处，约两星期返省。合电闻。滇都督锷叩。卅。印。"

---

① 《蔡锷集外集》，第 177 页。
② 《藏滇警耗汇纪》，《申报》1912 年 8 月 29 日。
③ 《外部诘问英使滇省交涉》，天津《大公报》1912 年 8 月 31 日。
④ 昆明《天南日报》1912 年 9 月 6 日。

又急电袁世凯、国务院并各省都督，通报溜筒江之战捷报。说："前接维西通判删电开，阿墩蒋委（按：指蒋继曾）于初五日饬队守溜筒江，匪隔江放枪，我军还击，匪见兵众，初七夜遁等语。顷接殷司令戡电称，前卫司令李学诗（按：李学诗时驻阿墩子）于八月十五日，在溜筒江附近，与匪开仗攻击，毙喇嘛一、匪十六、马二。该匪退至墨里村，我军追击三十里，毙匪六，堕江死者二十余，生擒一，虏获蛮枪五（支），该匪分窜曹阿龙及白盐井等处兜战。我军两战无伤，现进至距盐井二站之巴昧，不日进攻等语。旋接维西通判敬电，李协报称，藏蛮复集兵至溜筒江，欲断溜绳，当即饬人迂道另设。命蒋委黄弁率军过江，绕墨里村，蛮人断木桥坚守。我军十五进攻，十六攻破，俘虏一，首级七，跳江二十余，带伤三十余。我军未受伤，不日直捣盐井等语。细阅戡、敬两电，大致相同，合先电闻，借慰廑系。滇都督锷叩。三十。印。"

9月9日，国务院电复蔡锷说："奉大总统令，卅电悉。蒋委、殷司令、李协于溜筒江等处与匪接战，伤毙匪党多名，不日进攻盐井。我军迭次获胜，足寒匪胆。该都督调度有方，将士奋勇用命，深堪嘉奖等因。合用电达。国务院。佳。印。"

本月

▲蔡锷电请陆军部、参谋部，筹拟应对英兵侵我主权之法。说："现在英兵已移驻坎坻，广设兵站，以为控制片马，窃［窥］伺云南之计。以［祈］钧部速与外交部安筹对付之法，并电示方略。"

▲蔡锷颁布《裁制公务员互相攻讦规条》通令。说：

古者集思广益，群策成共济之勋；同寅协恭，庶官以惟和为贵。所以纲纪相维，上下交孚，法至善，意至美也。滇自反正以来，庶政机关筹设粗备，百司执事，罔不秩序井然，兢兢服务，已无从前等威过严之习、隔阂不通之弊。然期望愈殷，斯责备愈厚。东西各国于平等自由之精神，可谓极于文明。而风会所趋，间有流于宕激之处，如议员捆青木之频、政党肆哈弥之毒，外史流传，引为污点。即中国尉迟奋拳，颍川攘袂，虽属贤者之过，已昧协恭之谊。滇国不必虑此，惟同僚忿争，属官诟诼，甚有见之公牍，腾之报章，为识者所非笑。若不防之于渐，恐积久加厉，亦有不免留民史之污点者，甚非本都督所望于各公务员者也。亟应明订规则，以示裁制，合行通令该司一体遵照。此令实业司司长吴琨。蔡锷。

裁制公务员互相攻讦规条

（一）本规则为公务员而设，凡受公家之俸薪者皆遵守之。

（二）公务员以公务为主，有互相补助之责，不得摭拾瑕疵，互相诋毁。

（三）公务员与公务员不得彼此攻讦隐私。

（四）公务员对于上级及同级机关所办之事认为有过失时，可呈请长官秉公察办，不得肆行掊击。

（五）公务员对于往来公牍，若有意见不同之处，只准辨析事理，不得横加谩骂。

（六）公务员对于各公务员有辨析争论之公牍，除官报公布外，不得私自登载刊布。

（七）公务员犯上列各条，得由该管官分别制裁惩处。

（八）本规定自核准之日实行。①

▲报载个旧巨绅李光翰筹款百余万，倡修铁道，发展矿业。说："云南个旧厅地方，产锡最旺，现每年尚有入款千余万，若再功改良，更无限量。惟该处交通不便，运输艰难，以致未能十分发达。该处巨绅李光翰极力提倡，筹款百余万，倡修铁道。先拟由个旧起修至阿迷州，继又改由个旧起修至蒙自，再接法人之滇越铁道。现在又以个旧修至蒙自而接滇越，不免绕道费款，拟由个旧直接修通碧虿寨，路线较短，共约九十华里。现已筹得经费三百余万，准于日内动工。"②

按：蔡锷南巡当与此事有关。

---

① 以上文电见曾业英编《蔡锷集》（一），第 720—721、723—724、726 页。
② 《云南近政纪要》，《申报》1912 年 10 月 25 日。

9月

1日

▲蔡锷开始南行巡视。先有报载说："蔡都督以南防应行解决之重要问题甚多，仅凭陆防将领及地方官文告，不能得其真相，早拟亲赴南防视察，俾得措施合宜。查此次南巡重要事项，为解决临安陆防权限问题，临个、个蒙修筑铁道问题，铁道兵警问题，临个警察问题，其他关于地方自治、调和官绅感情亦于此大有关系。预定两星期内即可回省。随行各员为会计检查陈厅长价、秘书官陈度、粟编修培堃、龚副官泽润。此外，尚有黄凤岐、范□君充行营参议，以备谘询。□带弁兵十人，业于九月一号南行。法交涉委员饬滇越铁路公司预备花车，该公司概不收车资，经一再婉辞，仍请照章给费，该公司坚未承允。现都督已命秘书长周钟岳代行政务，会议则以政务厅长李鸿祥为主席云。"①

后又补充说："云南自光复后，地方安堵，百废俱兴，惟南防一带，关系重要，一切要政，如筹设地方警察、矿山警察以保治安，建筑个蒙铁路以利交通，整顿锡务公司以裕富源，均待解决。重以续裁南防防营，清查民间私械，颇费手续，非都督亲自巡视，不足以资镇慑。遂定于九月一号启节。随行者为联长，又行营参议三员，秘书官、编修副官四员，警察官长三员，弁兵十余名，由滇越铁路公司预备专车一辆，遴派得力机器师照料行驶。法交涉委员韦礼德君亦偕行至阿。是日午前六时三十分钟，由军府出发，至南关外车站，各厅司长军官已在站鹄立恭送。七时四十分开车，十一时至徐家渡午餐，午后二时至□粗下数里，因土崩路断，车难径行，遂下车渡河，由轻便小铁路行里许，至开坪复登公司预备之花车。三时开车，五时至婆兮，八时十分抵阿迷州。何关道国钧、徐参事之琛、王州长履和及绅商学各界代表均在车站恭迎，遂入寓巡警局，旋接见各代表，询问地方一切情形。王州长陈述地方利弊，历一时许。所言每中肯綮〔繁〕，都督嘉之。复致电临安、个旧、蒙自地方官，禁止供张宴会，只须预备行馆。

---

① 《滇都督南巡补遗》，《申报》1912年10月12日。

以视从前督抚巡阅靡费动众，奚翅霄壤。民间有递呈词者，即夕批发。"①

2 日

▲蔡锷"午前七时出发，何道国钧随行，绅商学各界代表在西门外恭
送出城。二里许，上西山，坡陡峻峭，拔至绝顶，高海平约一千八百密达。
重以大雨如注，途间泥泞没踝，登陟颇艰。至安边哨一，案正站，当宿屯。
数里许分路，沿途怪石荦确，下坡十余里。午后二时三十分，抵燕子洞。
朱镇朝瑛、彭大队长权暨钟管带等率卫兵在洞迎接如仪。按洞属畇町三洞
之一，风景为西南冠。入洞石骨森张，豁然开朗，上露天光，□石为坪，
能容数百人。对面一洞，钟乳下垂，密如乱筱，泸江直灌其中，伏流出为
南盘江上源之一。洞内有舍宇数楹，自洞底观如在天际，当空古树裂石而
出，浓阴蔽天。左有观音大士阁悬于纪［绝］壁，石乳之端，遍悬联额。
以人迹罕到之处，而能攀跻其上，足见天下无不可至之境，在能者与勇者
之不避艰险，作其气而奋其力耳。相传洞中春夏之间，玉燕翩翩，争巢其
上，故以是得名云"。②

3 日

▲蔡锷"午前八时四十分出发，何道国钧、朱镇朝瑛、彭大队长权暨
钟管带等随行。十二时至面甸小学堂，教职各员率学生列队恭迎道旁，居
民均焚香致敬。午后一时抵临安府，政军警绅商学界出郭迎迓者不下四五
千人，全城皆悬旗张彩，备极欢迎，拦舆递呈词者数十起。夜中都督与何
道、朱镇、张联长、何府长各员议裁改临个国民军事。闻其善后部署，系
将得力之队长以原薪充南防国民军稽查，什［士］兵中有志愿陆军者挑送
张联长查验入伍，其稍识文字、体格强壮者送何道拨入巡警教练所肄业，
或暂编充巡警，其余哨长加给薪水一月，兵丁除算给薪饷外，各发五元遣
散归农。"③

又与李鸿祥电请上海《民国新闻》吕志伊，告知赴南洋启程日期。说：
"前接函，承允赴南洋招华侨来滇办矿，或募集商股。因报馆事，暂缓启

① 《蔡都督南巡日记》，《申报》1912 年 10 月 30 日。
② 《蔡都督南巡日记》，《申报》1912 年 10 月 30 日。
③ 《蔡都督南巡日记》（续），《申报》1912 年 11 月 1 日。

程。现闻将南行，希电告启程日期，以便详商办法，并汇旅费。锷、祥。支。印。"①

▲报载中央政府电复唐继尧"暂由滇中国分行拨二十万元，以救眉急"。说："黔省财政困难达于极点，前因中央大借款将告成立，唐都督特电请拨款接济。现在中央借款一时不能解决，唐都督恐缓不济急，复电中央。顷已奉到复电，谓已饬鄂、蜀、滇三省设法接济，且电滇暂由滇中国分行拨二十万元，以救眉急。"②

4 日

▲蔡锷午前 9 时，"接见绅学警各界人员。十一时赴北较场行阅兵式，巡视营房，随集该联官长，训示一切，殿以讲求学术、励行军纪、上下协和之义。午后一时回城，至两等小学堂参观一切。旋往会朱镇。二时三十分回行台。三时接见商界各员。是日犒劳各军营"。③

又通电各省都督，请合力赞助中央财政。说："财政部佳电提各省厘金一款，当即电告财政部，滇省厘金，现谨遵佳电如数拨解中央，特此奉闻。祈各都督合力赞助，以救中央财政。大局幸甚。滇都督锷。印。"④

5 日

▲蔡锷午前 9 时，"传见步兵联队长、中小队长，国民军邓营官等来谒，慰劳有加，并勉以大义，皆欢欣鼓舞而去。午后五时至南校场阅视兵房。六时绅商各界代表开欢迎会于镇东寺，都督演说。演毕，各代表敬致祝词：光复祖国，屏障滇云，丰功伟烈，凌古铄今。都督雅望，荣戟遥临，建水僻壤，快睹福星，绅商学界，鼓舞欢欣。颂公功德，民无能名。祝公万岁，保我国民。躬逢盛会，酒进三巡。复三呼中华民国万岁、都督万岁、云南临安万岁者三。都督复起谓：去岁反正，南防一带，朱统领之功最伟，应各晋酒为寿，复大呼朱统领万岁，一时觥筹交错，备极欢洽。九时回行

① 曾业英编《蔡锷集》（一），第 726 页。
② 《贵州续命汤》，《申报》1912 年 9 月 3 日。
③ 《蔡都督南巡日记》（续），《申报》1912 年 11 月 1 日。
④ 《云南都督蔡通电各省言厘金拨解财政部》（九月初四日），《安徽公报》1912 年第 4 期。

台，印发各文件数十件"。①

又演说道：

> 鄙人此次南巡，幸得与诸君接洽，欢聚一堂，曷胜庆幸。溯自反正以来，南防一带，关系至巨，其时龚心湛犹未去，蒙（自）孔庆朝尚思抗拒，幸得朱统领与诸君极力维持，集合乡里健儿，保障一方。东山坡一战，使孔庆朝负伤遁去，龚心湛亦因是以逃，南防一带危而复安，微朱统领与诸君之力不及此。鄙人窃尝以为临安古畇町国，风气刚劲，人民尚武，自西汉时已然，甚或杀人复仇，无识者或引以为临人病，而不知此实临人之美德。但此武勇之气，宜用之于公战，而不宜用之于私斗耳。（鼓掌）更有进者，武勇原于体育，而体育不止一端，若竞船、打球、骑马、打靶等及各种有益之文明游戏，尤当设置之、练习之，以作其气。而注重体育，以变化其气质，则今之临安人，一古之斯巴达国民也。

> 虽然，鄙人对于临安，亦有无穷之希望者。今日之会□政绅商学各界，亦宜辅助政界，以筹公益。（鼓掌）就临安情形而论，有宜急者三。一兴教育。临安文风，向称最盛，自停科举办学堂以来，学风固蒸蒸日上，但以人数而论，建水一属，不过三十余校，生徒不过千余人，是教育尚未宏也。鄙以为每办学校，须以普及为宜。一筹交通。临安地大人众，物产丰盈，而尤以矿厂著名于世，然道路崎岖，一雨则泥泞没踝，是交通不利，商业亦不能甚薄。现正筹设铁路。此外，马路亦宜从速集款筹办，以利交通。一保富源。临安富厚，为全滇冠，然人家每举，不免流于奢侈。一居室而建筑之费，有数万金至数十万金者。一宴会应酬费，有数十元至数百元者。因而富室之能世守者甚少。且亦无有以数十万，继长增高，至数百万数千万者。不过徒快一时，何如留此可贵之金钱，以为有益国利民福之用。（大鼓掌）昔法败于普，赔款至五十亿佛郎，约二十万万两赔款。一日不清，则驻巴黎之兵，一日不撤。法人愤激输财，于二年内即将五十亿之巨款偿清，至今仍不失为世界第一强国。其所以能至此者，以法人富有蓄积力，

---

① 《蔡都督南巡日记》（续），《申报》1912 年 11 月 1 日。

能聚财以藏富，而复能散财以救国也。所望亦［诸］君，于上各端，心营目注，努力为之，则不徒有益于临安，于大局至有关系也。①

又向《天南日报》记者披露其此次巡视南防的"真相"。说："外间传言，余将乘间离滇，实属无稽之言。南防之行，前本委任之罗总长，乃罗迟迟未往。嗣经迭次催促，勉强就道，乃仅赴蒙自，隔宵即行，于南防重要各问题毫未处理，故不得不亲自一行。且年来未出省内一步，于省外地方实未能周知，应为实地视察，借便措施一切。现在省中政务，较从前稍觉清简，故趁此外游。至外间揣测之词，毫无理由。予于云南，心实爱戴，可为第二桑梓，于同僚及全省人武［民］亲洽无间，即旅居滇省之外国及外省人亦均彼此融洽，何忍不明告以去。即就大局论，全滇虽安，而建设万端，尤应急起直追，决不能为个人计，恝然而去，以贻大局之忧，而坏一日之名誉。"②

又电陈袁世凯、国务院，藏事"望援如岁"。说："昨接亚东关监督马师周电云，藏困甚久，望援如岁，恳乞星夜兼进，以解倒悬等语。特闻。滇都督锷。微。印。"

14 日，国务院电复蔡锷说："午密。大总统令：微电悉。昨据联豫等电呈藏中详细情形，已交国务院速议办法矣等因。合电遵照。国务院。寒。印。"③

▲报载"日来总统府密电处迭接边省密电，陈述边局，大抵均抱种种悲观，且颇不满于中央政府。上星期内，滇督蔡锷来电力请辞职，后相继来电者，则有新督杨增新、甘督赵惟熙、护川督胡景伊、吉督陈昭常，均以边事危迫，财政困难，无法维持，力请简员接替。袁已分别去电，切实挽留矣"。④

又载总统府收到蔡锷"电告腾越等处边防情形"电报一件。⑤

又载路透社"云南电。蔡都督已偕交涉使及法、意两国领事同赴蒙自，

① 曾业英编《蔡锷集》（一），第728—729 页。
② 昆明《天南日报》1912 年 9 月 5 日。该报原题为《蔡都督南行之真相》。
③ 以上二电见曾业英编《蔡锷集》（一），第727—728 页。
④ 《边省都督相继辞职》，天津《大公报》1912 年 9 月 5 日。
⑤ 《总统府初五日纪事》，天津《大公报》1912 年 9 月 7 日。

并携随员数人"。①

6 日，又载路透社"北京电。据领事报告，云南全省近日渐见不靖"。②

8 日，又载"辛拉电。闻云南西南之大局现殊阽危，华兵悉叛，军统不知去向"。③

又载路透社"云南电。辛拉所传滇省西部乱事消息，据本社访事来电论及，谓滇省中央今颇安靖，蔡都督现赴蒙自一带巡察地面，下星期可以回任"。④

▲西征军司令殷承瓛电请蔡锷转陈国务院，从速拨济军费并明定滇军应行征伐区域及权限。说：

> 云南西征军司令殷承瓛君致军府军都督转国务院电云，昨奉钧院个电，内开江卡失守，蛮焰鸱张，川边军队不力，巴塘虑难顾及，应速拨援军进剿，逃出难民，妥为救济。又承州〔卅〕电开，大总统令：蛮氛日炽，川军应由炉窥里，滇军应由维援巴，以收夹攻之益，庶可迅复川边各等因。瓛也何人，敢不钦服。查滇自反正以来，援川援黔，未及期年，疲于奔命，乃黔师未还，而藏警又告，区区贫瘠边省，明知兵凶战危，舍己耘人之非计，而我义烈之昆弟子侄竟慨执干戈以充军人，我文弱之伯姊诸姑亦慨撤珍饰以充军费，远道从征，此更彼代，竟若恶生乐死，出自性成者何也，诚以滇事虽平，而民国未固，列强无正式承认之明文，五族罹火热水深之厄运，同处漏舟，讵甘其溺。今藏民仇汉，迭陷川边，披缨往救，义无可辞，此西征滇军之所由出也。承瓛在大理军次，奉到前电时，秋雨霖霪，巴路陡险，仆痛马瘏，未敢暂休，矛渐剑炊，不遑朝日。行次邓川、剑川，先后接到盐井委员张世福〔杰〕、巴塘参赞顾占文求救急电，当即漏夜督军兼程并进。途间即飞令前卫司令官率队分道右窥襄城，以应川军之出攻里塘者，左攻盐井以救川军之坐困巴塘者。左军适与匪遇于溜筒江，即大败之。军次梅里，又猝遇匪众，擒斩无算。承瓛行抵丽江，当将连捷情形电

---

① 《特约路透电》，《申报》1912 年 9 月 5 日。
② 《特约路透电》，《申报》1912 年 9 月 6 日。
③ 《译电》，《申报》1912 年 9 月 8 日。
④ 《特约路透电》，《申报》1912 年 9 月 8 日。

由都督转报在案。一面又开发两纵队，右趋中甸，左趋维西，以为后盾。军粮马秣，急于星火。正督促间，而尹督阻止滇军之电忽至，大意谓川军围攻里塘，不日可下，滇军勿须由维援巴，请如原议直抵拉萨云云。急则求救于人，缓则居功于己，延客至门，驱使远行，于情于理，安乎不安？况出师混成旅以上，縻饷数十万之多，军行四十余日，道出三千余里，以一电空文便废然而返，能乎不能？此滇南壮士之所以攘臂大呼、裂目疾视者也。恳告中央招之使来，即不能拒之使去，舟已下滩矣，箭已离弦矣，大力者能挽之使回乎？承瓒谨当秣马厉兵，简练精锐，径捣拉萨，以救济我汉族万余人如丝之性命，以联合我五大族如漆之感情，惟滇军至此有生命可以牺牲，无粮秣可以腾饱，道阻且修，敌众我寡，若有大宗协饷，便当直抵黄龙。所需一年军费，确以四百万计，西征为国防问题，应速请饬各省量力分担，从速拨济，并恳明定滇军应行征伐区域及权限通饬，俾滇、川两军各有遵守而免滞碍。不斩楼兰誓不还，承瓒尝三复斯言矣。承瓒蠢傲书生，谬典军旅，冀卫青之天幸边月多情，叹李广之数奇塞云无主，披沥陈辞，肝胆皆结，临风脱帽，不尽依依。征西军司令官殷承瓒叩。歌。印。[1]

6 日，又电各报馆说："各报馆鉴。承瓒于鱼日复电滇都督，并恳转国务院文曰：临安行辕军都督恳转国务院均〔钧〕鉴。歌（电）谅达。感电奉后，得三十一电，谨悉。我军右窥乡城，左窥盐井，实为川军围攻巴、里塘之声应，意不在得地也，两军先发，阻止不及矣。饬令巡驻固善，倘叛番来攻，亦不能坐以待毙。右乡左井距里、巴两台多则八九站，少亦五六站，里、巴未下，川军万难顾及乡、井，能否会商既不可知，则如何进止即难预定，军情万变，匪可逆睹。总之，左右纵队不过挂觭闲暮耳，而国防大计仍以直捣拉萨、救济汉族、荡平藏乱为目的。昨得靖西同知马兴周告急公文，并由印度逃归者面述藏中确切危象，令人骇悚，江孜被逼之陆军已缴械出关，拉萨久困之兵民亦粮尽援绝，达赖由噶伦至江孜，所带快枪多系新式，不但有人接济，且从中煽惑，西方片土，将见沦亡，承瓒

---

[1] 《滇军报告征藏情形》，《申报》1912 年 9 月 24 日。

枕戈不寐，心热若焚，起舞终宵，先鞭难着，计师出境，已过秋高，悬马缒山，虑填□（雪）窖。前恳中央会下各省分担军费共四百万，系统括一年各项支用而言。倘蒙允许，则鹿币朝来，而虎贲夕发，或分批电拨数十万金，亦未尝不可。事危矣，时迫矣，倘再延一二月则大雪封山，虽有李广之兵、邓通之钱，亦不能挟资飞渡昆仑也，倚马上言神与电驰矣。谨录奉闻，仍请舆论主持，使迅定边圉，以固国基，实所祷切。滇西征军司令官殷承瓛叩。鱼。印。"

同日，再电告蔡锷说："火急。据送军都督钧鉴。滇参谋、政务厅各司及各报馆、楚雄各兵站鉴。八月二十六日夜四时，西征军进攻盐井，除击毙外生擒蛮匪一人，并擒获蛮官鲁宗甲一员，余匪逃散，登时克复盐县。所到之处，僧俗欢声震地，争相投诚。据该土人等称，藏中推背图之类有云，不怕川军尹都督，只怕滇省殷将军。今滇军到处皆秋毫无犯，是以愿归滇军反折川军等语。查所称推背图云云，殊属妄诞，但藏人生命甚愚，信佛尤笃，地方既有此谣，我军又复连捷，因其怯而取之，择其好而投之，则进取必易为力。除令纵队长郑开文将所获蛮官鲁宗甲拘留阿墩，并令驻墩委员张世杰仍回盐井摄县事，归我军驻井官长节制，办理地方善后外，谨此电闻，并祈电中央报捷，迅拨大批饷银接济。承瓛叩。鱼。印。"①

14 日，又电告各报馆说："承瓛于九月寒日再电滇都督转国务院文曰：云南蔡都督恳转国务院钧鉴。歌、鱼、东电曾将盐井克复、川人围解，并接济川军粮饷及请拨款划区各情先后上闻矣。承瓛奉命西征，在我大总统、蔡都督本以恢复领土为怀，原无此疆彼界之见，无如藏地辽阔，接壤川滇，区域不分，则权限不明。不惟剿抚无所适从，即川、滇亦动生龃龉。前清划界立碑，以宁静山东属川，山西属藏，而盐井一隅，僻在山之西南，为滇边门户，亦我军入藏必由必争之要道。乃川督屡阻滇军，而巴塘久困之军民又情急求救，迨我军克复盐井并遥解川围，而顾占文又来文阻进，起灭自由，情同儿戏，滇人朴勇，何能堪此？倘滇军以盐井为根据，分三路出师，甲趋江卡出昌都，乙趋长春坝，丙趋波密，甲乙两路会于洛隆宗，经嘉玉桥与丙师会于江达，距拉萨仅八日，则其围自解耳。其由印度转来拉萨告急文电云：自旧历二月被围至今，易子而食，析骸而炊，危惨之状，

---

① 以上二电见《滇军攻克盐井之捷电》，《申报》1912 年 9 月 28 日。

不忍卒闻。而尹督尚在炉城，遥遥八千余里，必待其解拉萨之围，则吾汉族万余人将置之于枯鱼之肆矣。承瓛昼夜焦思，惟有祈恳大总统提出议案，速交参议院议决明定滇川权限，划分剿抚区域，以（宁静）山东责成川军，以山西责成滇军，权限既明，则剿抚自易，并恳饬令各省分担军费，先由中央电拨巨数来滇，以后源源接济，俾得急救拉萨，恢复领土，谨驻师盐井，引领待命，朝奉钧电，夕就前趋，西天存亡，仅此一息，情迫词激，无任悚惶，万希示复为盼。谨录奉闻，仍请舆论主张，使边围迅定为祷。滇西征军司令官殷承瓛叩。寒。"[1]

27 日，胡景伊电告袁世凯、国务院、参议院及各省都督，"昌都解围"。说："接尹都督自炉城宥电称，昌都解围，藏伪都督死守俄洛桥，恃险益兵，经我军痛击□［后］，□［已］毁其巢穴。前清驻藏军将潜伏四野，幸得生路，踊跃来归，刻已大集，哀诉苦衷，仍愿报效。拉萨同胞，日在倒悬，该军士声泪俱下，誓同生死，昌衡睹此，悲愤莫名，已给资抚慰，令仍整队兼程回守。两藏恢复旧制，维持治安，惟恐道路传闻失实，祈即通知英使，布告全国，以昭大信，免碍邦交等由。特陈。护理四川都督胡景伊叩。感。"[2]

6 日

▲蔡锷"午前七时出发，朱镇、何道随行，政绅商学警及学生军队均列班在沪江桥恭送。九时至东山坡，即去岁临军击败孔庆朝处也。午间大雨，道途滑溜，傍晚北风忽作，天气渐寒。四时至普雄，此地高度，与省城相若，故气候亦异，居民数百户，尚觉繁盛。惟无旅店，故都督馆于庙中。地方绅首及各学生亦排队欢迎"。[3] 其行辕秘书处电告省"各厅司、腾越道、镇署，蒙自署"蔡锷行止日程。说："都督六号由临（安）启节，七号抵个（旧），九号抵蒙（自），十二号旋省。特闻。都（督）行辕秘书处。鱼。"[4]

▲报载蔡锷电允准张文光、张培爵（按：时任大理府知府）查罚杨蓁。

---

① 《滇军报告征藏情形》，《申报》1912 年 9 月 24 日。

② 《蒙藏之好消息》，《申报》1912 年 10 月 7 日。

③ 《蔡都督南巡日记》（再续），《申报》1912 年 11 月 4 日。

④ 云南省档案馆藏档案，档案号：106 – 5 – 782，第 4 页。

说："宥电悉。该犯杨映波即杨春霞应准如拟正法示儆，仍录全案供招报查。磺厂应否充公，另呈核办。都督府。印。"[①]

又载蔡锷"因片马问题迟迟未决，颇受该省人民之攻击，屡次致电总统自请辞职，并详陈滇通〔省〕危急情形。大总统以蔡锷名誉素著，云南地处边境，外患迫迩，非蔡不足以镇压，去电慰留。谓片马问题迭次派员向英使交涉，其中艰难良多，一时颇难解决，滇省人民不知此中情节，故未免啧有烦言，望力任其难，勿再辞职"。[②]

7 日

▲蔡锷"午前七时三十分出发，午后一时至山楂树，五时抵个旧。李参议长、文山县长武继祖等及军警绅商各界欢迎于烟棚。旋入寓锡务公司，外交司张司长翼枢、实业司吴司长琨、参谋部高等顾问范君绍颐、调查云南财政熊君范舆、实业矿师陈学士洪铸均来谒。是日接收民词二十余件，立即批发"。[③]

▲报载"提拨厘金案，财政部一再通电各省，催其速复。本月七号已据滇督蔡锷电允照办。兹于十三号晚八点余钟，复接粤督胡汉民来电，允将九至十一三个月厘金全款，悉数拨解中央。部已复电请其速解矣"。[④]

8 日

▲蔡锷"午前九时至个旧公所，并接见蒙自绅商各界代表陈述个蒙铁路事。午后二时三十分商绅学各界开欢迎会于滇舞台，到者千余人。先由会长李光翰、朱朝瑾报告开会理由，继陈祝词：兴汉三杰，兹者倍之。联辔南来，盛会于斯。惟我都督，民望所归。光复汉土，重见威仪。群贤夹辅，济济师师。繄我个旧，矿产繁滋。千年蕴闷，民生是资。地不爱宝，瑞应旌麾，黄金世界，将现于兹。爰因欢忭，敬上祝词"。[⑤]

又演说道：

---

① 《蔡锷集外集》，第 179 页。

② 《各都督近事记·蔡锷》，《申报》1912 年 9 月 6 日。

③ 《蔡都督南巡日记》（再续），《申报》1912 年 11 月 4 日。

④ 《粤督允认拨解厘金》，天津《大公报》1912 年 9 月 17 日。

⑤ 《蔡都督南巡日记》（再续），《申报》1912 年 11 月 4 日。

鄙人南巡到个，今日承各界特别欢迎，得与诸君接洽，曷胜荣幸。际此胜会，不可无一言以为诸君勖。溯自云南反正，继湘、鄂之后援，倡黔、粤之先声，西南大局，视此为转移，影响民国，至为伟大。但反正之始，本省则特为危险，缘滇省接壤强邻，前清时代已有朝不保夕之虞，一有不慎，动贻外人以口实，而祸患随之，鄙人当日窃为隐忧。乃义旗既树，如响斯应，风声所播，迎刃而解。对内则匕鬯无惊，对外则怀柔备至。苟非各界深明大义，群策群力，曷克臻此！前此外人谓吾国人民无改造政府之能力，即我国政界之稳健派亦深以人民程度未齐，难倡革命。岂意武汉起义，各省靡然从风，不数月间掀翻专制，五族共和，遽开五千年未有之创局，此固专制时代各国所不及料，而吾国对于外人轻视之言，差堪一雪斯耻者矣。[①] 虽然破坏既终，建设伊始，方针一错，登岸无望，勿以前此破坏之功为大可恃，勿以后此建设之业为遽可期。自南北统一以来，各省则兵变频仍，政党则竞争剧烈，兼以日、俄联盟，瓜分将兆，蒙、藏离析，瓦解可忧。丁此危局，即众擎以举，一致进行，犹恐巨浪狂风之压迫，无出险之望。此鄙人对于民国前途甚抱杞忧，窃愿与诸君同舟共济，力挽时艰者也。抑更有进者，个旧自宋以前，犹沦荒裔。自锡矿发见以来，人争趋之，以此户口繁滋，商务殷盛，遂成吾国惟一著名之锡厂。前清光绪十一年，将双水同知移驻于此，诚以一省富源攸关，故较他属特为注重。鄙意此间锡矿，倘能竭力提倡，开采得法，每年所入当不止四五千万元。改良之法，若从根本着手，非从事教育不可。若建设一矿业学校，研究开采冶金等术，一便实地练习，二免借才异域，数年之后，当改旧观。为急则治标之计，亦宜渐变土法，广聘矿师，开采冶炼，均用机器。一资本家之力量不足，则合众资本家以谋之。如此则获利必厚，厂主无倒闭破产之虞，砂丁鲜沉沦地狱之苦，然后再筹畅销之路。从事路政，以铁道为主，以马路为辅。输出之品，滇越铁道公司不至垄断其利，价愈廉则销路愈广。输入之品，源源接济，不至米珠薪桂。十年之后，所谓黄金世界者，殆无以易之矣。勉旃！[②]

---

① 由此之后一大段，不见于原刊载此文的《申报》。

② 曾业英编《蔡锷集》（一），第730—732页。

又转陈"印度马师周微急电"于袁世凯、国务院、外交部、成都胡景伊并转尹昌衡说:"午密。接印度马师周微日急电称,前传拉萨和成,钟带兵返。周等未曾接钟函电,正疑藏人退钟无术,患同外人计行反间。今早印报竟载华兵并未离藏,且借买物为名,计擒噶尔丹寺喇嘛多名囚禁。如此则议和且畏钟、联,缓兵待援之计,其志则抵死坚守也。外滇迭次谘电,着周转钟坚守,共持危局。今倒悬待解,救援不(至),万一变生意外,无以慰壮士之心,且疆土一失,后(患)无救。自英使干预藏事,印政府对于西藏进行之策,诸多阻挠。查前后中英藏印条约,中国有统辖全藏主权,唐公所议藏印附约第二款,尤为显著。我前陆军进藏,英国并未过问,今乘危干涉,未免背约。务速协力妥商,早援危藏等语。事关国防,用敢据情转达。滇都督锷叩。庚。"

16 日,国务院电复蔡锷说:"午密。大总统令:庚电悉。现已饬国务会议,申明坚守中英所订藏印条约附约及通商章程,以期保全领土主权。原电并交国务(院)速议矣等因。合电遵照。国务院。铣。印。"①

9 日

▲蔡锷"偕何道武丞、丁警务长等视察矿山。午前一时出发,午后一时三十分至蚰蛇洞。洞本旧日开采之区,现归锡务公司,就其原有之规模而扩大之,内已发现矿砂。由练场至此,造有架空铁索,以备转运矿砂之用。二时三十分至黄茅山,绝顶有矿神庙。此地高出海面已二千余密达,山之四旁皆矿厂,洞口甚多,砂丁数万人负矿砂出,类皆无人色,缘洞中缺乏空气,重以人携一灯,又增无量炭强气,行动既艰,呼吸又窒,乃至于此。非大加改良以机械,灌输空气及用电灯不为功。此外,尚有花闸口耗子厂两处,为矿厂最繁盛之处。惟距黄茅山约四五里,因道路泞滑,天将晚,故未前往。五时回炼厂,由矿师陈君洪铸、梁君焕彝导往参观炼厂。全厂房屋皆以铁条建筑,全仿西洋新式,用外式炼锡炉六马力四百匹大汽机二,一运动各机,一通空气蒸汽于煅炉,安新式瓦斯倒焰炉二,又八卦炉一。是日只燃二锡炉,开一倒焰炉,练矿砂十吨。闻以化学化分矿质,云可出锡五吨零。所炼盖杂矿,土法所不能炼者。自炉口窥之,见锡已溶

---

① 以上二电见曾业英编《蔡锷集》(一),第729—730页。

为沸汁。此外有矿砂机震动板以选矿，有澄淀池以蓄水，又有化学房以考验矿质，机器既精，布置亦妥，成绩可期，获利必厚。就此经营而扩充而光大之，当必驾新加坡、庇能而上，增进滇省富力，讵有涯哉。六时往晤李绅光翰，九时回炼厂"。①

▲熊希龄以蔡锷电告英、法在云南存在利害争夺等事实，上书袁世凯，建议采用利用英、日、俄、法矛盾之外交策。说："外交日棘，以表面揣之，英、日、俄、法似均有一致进行之协商，然窥其内容，彼此又有互相疑忌之状态。即如东省、内蒙蠢动，俄颇疑日（美报访事葛克因洮南蒙乱，登载报端，谓为内蒙地方，俄使甚以为然，日使则谓奉天属地）所为。云南谣言四起，英又疑法所为（蔡都督来电谓法有野心，英参赞前求挽留蔡都督勿去云南，即恐为法所乘）。连鸡之势，牵制之多，适为我政府利用外交敏腕之时。现在西藏既可和平了结，对于英人已无恶感，似应密商英使，以俄、法、日所为不利于中国，亦即不利于英之商务。西藏本中国石田，置为瓯脱，中英两利。英果助中，则满、蒙及借款均可解决矣。然我之政府亦宜于此时利用两种手段。一、宜以蒙事日棘，密电各省预备战事，以虚张我之声势，而为外交之后援。二、宜于此时借蒙事为名，速筹急饷，为进可以战、退可以守之计。此两者均不可不先为预备也。至于筹划急款，约有两项。一为盐斤加价，每斤加价十文（河南张都督有此电），约计全国可增收入二千余万元。二为租捐，仿四川、湖南铁路租捐办法，事近加赋，然收入可增至三千余万元（近闻各省丰收，当可易办）。有此五千万元之急饷，我政府或可因此而壮胆，即使蒙事了结，归为中央行政费，亦可以支持半年。但此项加价、租捐，应以一年为度，并照所捐额数给以公债票，属盐务者归入地方公益，属租捐者各为人民私有。当此外交吃紧之时，国家领土，存亡所关，足以激动人民，不致反抗。此举也，我以征蒙为题，风声所播，俄人应为稍敛。盖俄近亦有革命党之煽动，彼之议院亦未必全主战者，去年中俄交涉可见一斑也。昨得《吉林新报》主笔连文澄函及李大钧函，另抄呈览。庸愚之见，是否有当，乞钧裁。专此肃陈。敬叩钧安。"②

---

① 《蔡都督南巡日记》（三续），《申报》1912 年 11 月 7 日。
② 《熊希龄集》第 2 册，第 799—800 页。

▲报载有人问北京国务院，"近传云南有驱逐蔡都督、自立都督、省垣大乱等情，政府曾接有电报否？答并未接电"。①

又载越南法当局引诱云南边民栽种鸦片毒品。说："云南迤南之开化、广南、临安府诸边地因多与法属越南毗连，凡交界要地，彼此均设有官兵驻扎，以为办理两方交涉之设，法官则呼为机圈官，中国则名为副督办、对汛员等名称。近年云南因实行禁烟，边地穷民顿绝生计。而法人即狡诈异常，就此笼络我民。凡中国边民有愿移居越南地方者，不惟准其自由种烟，且多方奖励，并格外保护，因之我边地小民移往越南者不知其数，而所谓副督办、对汛员者又不知设法禁阻。"②

又载迤西情况说："云南迤西之腾越、永昌、顺宁各处，因远在极边，多与英属缅甸毗连，当满清之时，连年由滇与英会勘滇缅界务，因误用石鸿韶辈，致被英人占地甚多，英人于是以为滇人可欺，竟于前年冬间派兵数千人，绕入我界强将片马诸要隘占据。近日更经营怒俅，日肆扩张。蔡都督意以片马被占，惟堪作我屏障者尚有野人山诸地而已，亟须派员前往抚绥，以固其内向之心。今春当派委员长任崇熙、景绍武、帅崇兴辈带兵由丽维前往□□俅□狼头诸边地设法抚绥。讵该地诸野人久居化外，性极野蛮，不惟不能就抚，且一见汉官，转而生疑，竟敢聚众野人，力图抗拒，势甚凶猛。任宗熙并兵数十名已深入其地。先是不知踪迹，帅崇兴又在罗母得地方受困，前来函求派兵救援。当经李师长加派兵队，赶往援助去后，现在又传闻任宗熙及兵丁数十人概被野人杀害，任等尸首抛江顺流而下。"③

10 日

▲蔡锷"午前八时出发，范顾问、何道、朱镇、吴司长、陈矿师随行。十一时至白砂坡锡务公司伙房小憩。午后二时至古山宝兴公司，此地为个旧矿山之□（背），亦产锡矿，由粤人李君承欢招集南洋华侨股款兴办，用采矿机以采矿砂，尚有成效。刻下砂丁已至万余人，尚拟购办戽水机引水洗砂，并筑架空铁道以利运输，其规模亦不小也。都督稍为阅观即行。三

---

① 《国务院初九日纪事》，天津《大公报》1912 年 9 月 10 日。

② 《云南边事谈·迤南》，北京《民主报》1912 年 9 月 9 日。

③ 《云南边事谈·迤西》，北京《民主报》1912 年 9 月 9 日。

时至桥头，葛县长率学生乡团欢迎于此。午后五时抵蒙自，政军绅学商各界均到韭菜坪欢迎，入寓中学堂。六时接见各界代表及旅蒙各外宾。是日收民词廿余件，均批发"。①

又转陈殷承瓛电于袁世凯、国务院说："顷接殷司令鱼电称，八月二十六日夜攻击盐井，除击毙外，生擒获蛮官鲁宗甲约一员，余匪逃散，登时克复。该军所到之处，欢声震地，争相投诚，且连（捷）之后，军威大振，进取甚易。惟滇财（政）支绌，请政府拨款接济等语。敬以转陈。滇都督锷叩。灰。印。"

17 日，国务院电复蔡锷说："午密。大总统令：灰电悉。中央财政，同一困难，未易筹拨。惟迭（接）尹督电，阻滇军勿进。均经电准，并行该督在案。现盐井既复，应知会尹督遴派文武，接收地方。该司令俟川军到时，即撤扎滇境，以免逼迫，致生枝节。所有出力官兵，应查明呈请存记，俟事竣论功行赏。殷司令并先传知嘉奖可也等因。合电遵照。国务院。篠。印。"

▲蔡锷又电请袁世凯、国务院、打箭炉尹昌衡速援巴塘。说"顷接殷司令承瓛庚电称，西征滇军既遵大总统命驻盐井，与川军妥商进止，并拟候拨得巨款，分三路进规拉萨。乃自克复盐井已经半月，迄未得川军确耗，而巴塘参赞顾占文告急文电，一日数至，字字血泪，不忍全读。若再徘徊审顾，恐数千里河山，三千余同胞，将尽沦于叛番之手。查盐井距巴塘仅五站，拟遵大总统前电，先援巴塘，与川军前后夹攻，里应外合，不难指日肃清。尤祈尹督早到巴塘，以便协商入藏军略等语。除电饬速援巴塘，以救眉急外，特陈。锷由蒙自叩。蒸。印"。

17 日，国务院电复蔡锷说："午密。大总统令：蒸电悉。前据胡护督（按：指胡景伊）电，巴塘、里塘大路已经疏通。昨又接尹督电称，巴围已解，请阻滇军。兹阅来电，与川省迭电不符，已电饬尹督查复。可饬殷司令暂勿进兵，免致两军逼处，别生枝节。俟尹督复电至日，再行饬遵可也等因。合电遵照。国务院。篠。印。"②

19 日，尹昌衡电复袁世凯、蔡锷、胡景伊说："篠电敬悉。边地以巴

① 《蔡都督南巡日记》（三续），《申报》1912 年 11 月 7 日。
② 以上四电见曾业英编《蔡锷集》（一），第 732—733 页。

塘、里塘及昌都为髀干，里塘于本月三号经朱森林克复，刘瑞麟、朱宪文、蒯书礼、顾复庆率领巡防第一及第十一两营，以及陆军步队第十一标第一营，均于前月十六、十八等号由德格开赴昌都，行抵觉雍地方，距昌都仅三大站，适彭日昇专丁东来，军书告急，刘瑞麟等赶程前进，旋即占领，战死逆番骑兵千余名。据德格委员姜孟侯、筹边处总理黄煦昌、侦探分队长吴枚①前后来报，均相符合。往援巴塘之杜培琪、刘赞廷，于前月二十四号由德格开援，距巴仅有八站，番民照常供差，军队亦极安静。即顾占文所派求援之宋委员师孔亦由此道微服来炉，是炉、巴交通固未断绝，所断绝者里塘未复以前之巴、里间耳。查顾占文告急电文，本月七号在丽江拍发，由巴至丽计十九站，沿途即无阻滞，此电发于前月二十六前，与杜培琪等由德格开拔日期相差不过两三日，考之月日，既相悬殊，征以电文，自难符合。由炉城经北路至昌都，相距不过二十余站，由德格至昌都及巴塘均仅八站，西征军队络绎于途，各处文报往来如织，而滇军殷司令承瓛来电，一则曰未得川军确耗，再则曰该处侦探往来边境宁静山以西，未见川军踪迹。昌衡此次西征，为国效力，是非俟诸百世，毁誉付诸后人，决不与较。但以流言四布，将士寒心，邻省感情，徒增恶劣为虑耳。尹昌衡。皓。印。"②

▲8月底，英驻滇领事黑德电告朱尔典，李根源"正在煽起动乱"。说："来自云南府和腾越的报道说，该处情况危急。该省军队中间似乎极为不满。云南府都督蔡锷已匆忙动身前往蒙自，而声名狼藉的李根源将军仍在西部占有优势，据说他正在煽起动乱。"③

29 日，路透社也报道说："云南府电：此间谣传蔡都督行将更任，人心颇为惶惶。"④

9 月 5 日，驻华公使朱尔典更是电陈英国外交大臣格雷说："云南省南部和西部似乎即将发生广泛的武装暴动，人们猜测它是李根源将军策动的，他想恢复他的威望。"⑤

---

① 上海《民立报》发表此电时，将"侦探分队长吴枚"改为"侦探刘队长印果"。
② 《尹昌衡集》第 1 卷，第 214—215 页。
③ 黑德：《8 月份各省情况概述》，《英国蓝皮书有关辛亥革命资料选译》下册，第 618 页。
④ 《特约路透电》，《申报》1912 年 8 月 29 日。
⑤ 《朱尔典爵士致格雷爵士电》（1912 年 9 月 5 日发自北京），《英国蓝皮书有关辛亥革命资料选译》下册，第 615 页。

8日，袁世凯秘书许宝蘅的日记记载："廿七日（按：9月8日）七时半总统来召，九时到府。以冯国璋督直，以张锡銮为东三省西边宣抚使。闻云南省城有变，据蔡耀堂言，英使得报告，谓蔡松坡有逃赴安南之说。而蔡松坡由临安来电（按：蔡9月5日在临安）谓，法驻腾越领事与仰光总督近日来往密电甚繁，英驻领事有离滇之说。观此情形，似英、法两国于滇事有暗争。"①

随后，京、津、沪等地各报也纷纷报道相关消息。

10日，北京《民主报》发表本社专电，为蔡锷"被逐"避谣。说："前日讹传蔡都督与李某（按：暗指李鸿祥）大起冲突，蔡被李逐出省城。其事不确，现蔡都督已安抵蒙自。"②

还有报载"蔡都督前与意、法两领事同赴蒙自，致有匪人造谣，谓蔡锷潜逃，当另举都督。现在省城人心惶惶，绅民已电中央，一面又电蔡都督速回"。③

11日，又有报载"近日喧传滇督蔡锷出省巡阅蒙、开各边，而云南人竟自举都督，排斥蔡督，省垣大乱等情。政府于初七日，尚未得正式报告。闻是日曾电致广西都督陆荣廷，着即迅查一切，详情电复，以凭核办"。④

12日，又载总统府接蔡锷"电称，滇省并无乱事"。⑤

同日，李鸿祥也通电袁世凯、黎元洪、各省都督转各报馆，告知"滇省安堵如常"。说："蔡都督卅日出巡，曾通电在案。祥等恐有浮言，已先防范。现滇省安堵如常，京、川来电谓人心惊惶，全属子虚。都督现驻蒙自，不日进省。滇第一师长兼政务厅长李鸿祥叩。文。"⑥

13日，又有报载"滇省现在确有争举都督之纠葛，已发生最危险之乱象，政府连接各处密电。大总统极为棘手，以目下滇省外交已极危迫，不可再生内乱。于初九日（按：即8月21日）下午六点及十点余，连召集各国务员及各顾问开特别（会），密议良久，即专为筹议对待此事之办法。略

---

① 许恪儒整理《许宝蘅日记》第2册，中华书局，2010，第419页。
② 北京《民主报》1912年9月10日。
③ 《本报特电·云南电》，上海《太平洋报》1912年9月10日。
④ 《电致桂督查报滇乱》，天津《大公报》1912年9月11日。
⑤ 《总统府初十日纪事》，天津《大公报》1912年9月12日。
⑥ 《公电》，《政府公报》第138号，1912年9月15日。

闻已表决办法三端，惟事甚秘密，详情未悉。"①

15 日，又载"北京电：近日京师谣传，云南省城已被反对蔡督之人占据，旋经政府电询蔡，复称除蒙自外，并无他变"。②

其间，张耀曾等人也电询云南张大义："滇争都督酿乱确否？电复。曾等叩。"

16 日，张大义复电"北京国民党张耀曾暨同乡诸君"说："滇无争都督事。大义。铣。"③

25 日，"云南来电"也否认滇省存在不安现象。说："外间讹传，滇省危言，其实滇甚安靖。蔡都督南巡，定十二回省，全宇又安，军民融洽。乞公布，以息谣啄〔诼〕。滇安叩。灰。"④

10 月 6 日，朱尔典甚至再次向英国外交大臣格雷转述黑德的话说："蔡锷都督匆忙访问蒙自回来之后，9 月 15 日在云南府举行的一次会议上，同盟会和公义和党（按：译者原注'译音'。实际当为统一共和党）同意联合他们的力量，推举该省目前最有势力的人物李根源将军为首领。10 月 3 日，李根源将军胜利地进入云南府。"⑤

按： 综观上述信息，所谓"滇争都督酿乱"系"谣传"，当可肯定。该"谣传"的源头来自何方？鉴于"英、法两国于滇事"确有"暗争"，加上英人对代表云南都督府全权处理包括片马问题在内的迤西问题的李根源又极为不满，参议院议员段宇清曾说过，他从唐绍仪、熊希龄、陆征祥处听说，朱尔典曾多次向他们状告过李根源"强暴无礼，藐视大英帝国"；⑥ 蔡锷也曾提醒李根源，说接英"腾领电称李师长有反对外人之意，且在迤西权力无限，外人不宜前往大理"，他虽照复英领解释"恐属误会"，但"仍希"李根源"注意"，⑦ 如此看来，该"谣传"的源头，很可

---

① 《密议对付滇乱之办法》，天津《大公报》1912 年 9 月 13 日。
② 《专电》，《申报》1912 年 9 月 15 日。
③ 昆明《天南日报》1912 年 9 月 23 日。
④ 《公电》，《申报》1912 年 9 月 25 日。
⑤ 《朱尔典爵士致格雷爵士电》（1912 年 10 月 21 日收到），《英国蓝皮书有关辛亥革命资料选译》下册，第 626 页。
⑥ 《段宇清致李根源函》（1912 年 6 月 10 日），《永昌府文征·文录》卷二十三，第 20 页。
⑦ 见本书 1912 年 3 月 8 日记事。

能来自英方或者英方在云南的代理人，目的在于离间李根源、蔡锷的关系，并通过蔡锷去掉李根源这个肉中刺。

11 日

▲是日"午前十一时，蒙自绅商学界开欢迎会于权逸茶园，到者数千人，女宾女学生到者亦多，论者谓为空前盛事。由代表敬颂祝词：都督此来，为南防也，吾滇安危，系乎南防，南防安危，系乎蒙自。外交之逼处在蒙，财源之府藏在蒙，蒙自安则南防安，南防安则全滇安。我都督以一身受中央大总统之寄托，负云南生命财产之责任，造三迤人民之幸福，凡一号一令、一举一动，无不为全滇着想。今日南巡，譬诸引网必提其纲，犹夫振裘已挈其领，安南防正所以安全滇也。乃庸庸者不察缓急，忘生臆度，谓都督此行，将欲弃边徼，走中央，展共和之伟略，树豪杰之奇功。夫庸知共和伟略，豪杰奇功，固无地不可展，无时不可树也！有疑我都督者，请观跋涉昀町，奔走宝华，其用心已可曙矣。又观外交司长与之跋涉，固我邦交，实业司长与之奔走，浚我财源，其行事更可曙也。又况云南人之推戴我都督，并无丝毫虚伪，我都督之卵翼云南人，尚有无穷责任，讵敢去哉！讵忍去哉！既以身许滇，吾滇人何必忧？幸今日莅蒙，吾蒙人为之祝曰：吾滇大势，趋重南疆，宝藏之府，藩篱之防。惟我都督，缔造吾滇，为民为国，来旬来宣。赖我都督，用人行政，外交实业，首先整顿。愿我都督，为滇人屈，视昆明池，如洞庭湖。爱我都督，顶祝讴歌，千秋万岁，五福三多。次商界祝词：民国伟人，汉家豪杰。奋起义师，光复滇业。专制扫除，腥膻荡涤。气振河山，辉生金碧。拯救同胞，共和成立。商界蒙庥，登逢在即。愿公长治，滇疆永谧"。①

蔡锷演说道：

> 今日承绅、商、学三界欢迎，使鄙人得与父老子弟相见于一堂，不可无一言以答诸君之雅意，借以展鄙人之愚忱。诸君亦知吾辈倡言革命，必推倒专制，改建共和，其目的之所在乎。缘专制国，以君主为神圣不可侵犯，土地视为私产，人民视为奴隶，故挥霍财产有如泥

---

① 《蔡都督南巡日记》（四续），《申报》1912 年 11 月 10 日。

沙，草菅人命有如牛马，恣睢暴戾，听其自为，人民不得而干涉之、拒抗之，以此人民无国家之观念，理乱置之不闻。而对国家负责任者，厥唯君主一人，下此尚有少数之臣工，仰其鼻息，代君主而负担之。此种国家，在锁港时尚堪闭关自雄，一旦与欧美文明国遇，如摧枯拉朽，岌岌不能终日，满清晚季所以削弱而不能自存者，职是故也。共和国则不然，人民即一国之主人翁，凡制定宪法、推举总统、票选议员，皆出自一班人民之公意，故人民对于国家，立于最高无上之地位，即对于国家，人人负无穷之义务，担无限之责任，上下一体，万众一心，乃能共济艰难，匡扶时局。法、美今日之所以擅雄世界，职此之由。吾国自去秋武昌倡义以来，不数月而掀翻满清，得与法、美列强相见于廿世纪之大舞台，何幸如之。他日制定宪法，自当采其所长，弃其所短，以收折衷尽善之益。至于内力之充实，胥视人民自治之能力以为衡。如美之中央政府，仅总揽外交、兵政、用人诸大权，即总统之权限亦仅在于此。至各州之分政府，号有特权，其实不过将关于集权之事间接递之中央。其中坚而饶有势力者，则最下级之自治团体也。如教育、交通、实业以及卫生、慈善诸要政，皆地方自治团体负完全之责任，而无事中央及各州分政府之过问，此稍闻国政者所共知也。自治发达，则内力自然充实，然后可言对外，一旦国际有伤和平，取决武力，亦非难事。况事事能展布于平日，即可以保武装之和平。如滇地南山富于矿产，能多方开采，货不弃地，外人自无从垂涎。交通不便，能广兴路政，使铁道、电车、马路次第发达，即可既戕列强铁道政策之野心，而已失之路、矿权，亦可徐图收回，作亡羊补牢之计。再进而广兴学校，以谋教育之普及，改良警察，以保地方之治安，岂第自治之能事已毕，即折冲御侮之宏谟具于是矣。虽逼处强邻，夫何畏哉。孟子曰夫人必自侮而后人侮之，国必自伐而后人伐之；又曰入则无法家拂士，出则无敌国外患者，国恒亡。明训昭然，可深长思，愿与诸君共勉之。①

又电请由财政部"筹拨巨款，以为提倡实业之用"。说：

---

① 曾业英编《蔡锷集》（一），第735—736页。此演说词原载《申报》，不见"孟子曰"以下一段文字。

云南财政状况，迭经电陈。昨奉大总统电谕，滇系受协省份，兵兴以来，援蜀援黔，滇军甚有名誉；筹兵筹饷，畛域不分，艰困情形，早深厪系。现在边界未靖，正赖得力军队，借以建威消萌，所请规复协饷，及指拨各饷各节，已交财政、陆军两部从速核办，特先电知遵照等因。查云南财政虽极艰窘，然近因厘剔冗耗，节裁薪金，行政经费较前锐减，若仅望维持内政，亦足自支。惟地当边陲，强邻逼处，国防所系，不能不屯驻重兵。而经费所出，向资协济，现协饷停办，滇力实有难胜。故前请将国防经费，悉归中央主持，否则，次第裁兵，以纾滇力。查云南军队编为二师，现在援蜀军撤还，秩序甚为整饬，自将领迄兵士皆知严守纪律，保卫地方。即使遣散归农，殊甚易易。惟边防重要，戒备未能稍疏。反正以来，人心摇动，外兵环伺，显[险]象隐伏，幸内部敉平，衅隙无从发生。故各省间多（骚）扰，而全滇犹称完善之区。此间防范维持，亦可以告无罪于天下。若因饷绌而生变故，或因裁兵而启戎心，则前功尽弃，大局堪虞。故前之迭请中央主持者，意实在此。兹奉大总统电谕周详，自应静候核示。第念滇省饷项，仍仰给中央，年复一年，殊非长策。查滇为山国，矿产最丰，近时铜锡各厂，开采熔炼，仅用土法。而个旧之锡，全年约出一千余万斤，东川之铜，每年约出二百余万斤。若认真整顿，则锡每年可出至二千万斤，铜矿能规复前清乾嘉时旧额，亦每年可出至一千万斤。此外金、银、煤、铁、铅矿所出亦夥，而森林畜牧之利，随地可以经营。果能得一千万元，实力扩充，则年可增数百万之岁入，不独拨给之款无须久累中枢，而岁有余资，亦可上供国家之用。迭经预为筹度，实觉确有把握。惟经理整顿，须有巨款，以培其基。而滇省财政之困难，实无余资可以助兴实业。前拟筹借外债，英、法领屡□[次]代为绍介，外商多愿承揽，惟借款必须抵押，终恐有碍国权，审慎迟回，未敢遽行决办。兹幸大总统轸念边疆，凡军事所需，已蒙饬部筹议，将来军单饷绌之事，自可无虞。然根本之图，尤在振兴实业，如能由中央筹拨巨款，以为提倡实业之用，即将来实力日裕，可陆续筹还。用特详细缕陈，尚乞鼎力玉成，云南幸甚。滇都督蔡锷叩。印。

又代转顾占文请急援巴塘电于袁世凯。说："顷接川边参赞顾占文急电，略称占文孤军坐困，兵单饷绌，羽书告急，蜀道难通。六月初五，遣人间道走丽江，电川告警，并请滇军赴援，以解倒悬。查边地在前清时，系川、滇两省共同保护，今各蛮构乱，意在祸蜀，亦即祸滇。都督义切同胞，伏乞驱一旅师，救我边急。前占文乞师，意在求攻乡城。现巴塘被围，势甚危迫，拟请移攻乡城之师，转解巴围。巴围解，则各蛮不攻自走。除一面再电川军府外，万望乞大总统、都督急援为感等情。此电到滇，已历月余。惟该参赞孤军死守，自冬徂秋，屡电乞援，有如望岁。川、滇义若弟兄，未敢视同胡越，谨以电达，用备荩筹。滇都督锷叩。尤。印。"

又通电袁世凯、国务院、各省都督及议会，滇军攻克盐井，僧俗"争相投诚"。说："顷接西征军司令殷承瓛电称，八月廿七日拂晓前四时，我军袭攻盐井，登时克服。军行处秋毫无犯，僧俗欢呼，争相投诚。番人历传谶语中有不怕四川尹都督，只怕云南殷将军之语。除饬郑纵队开文将胡官鲁屏绣率兵押送阿墩暂禁（外），并令送往川省，委员张世杰仍回盐井暂摄县事，凤谨电呈等语。查盐井番众叛乱，驻炉军弛禁，该县攘扰日久，善后各事，诸待办理，除饬妥为抚绥外，特闻。滇都督锷叩。真。"①

蔡锷的通电，引起川方不快，9 月 23 日胡景伊通电袁世凯、国务院、黎元洪、各省都督及议会，要求蔡锷"转饬更正"。说："川边蠢动，经尹都督设定方略，率师直捣巴塘、里塘及察木多各要隘，纵横数千里，未及两月，先后悉下，边情即已大定。顷得蔡都督蒸电，殷司令又为我收复盐井，尽谋公谊，曷任钦纫。至电中不怕四川尹都督，只怕云南殷将军二语，固系殷司令一时喜功之言，心原无他，惟牵引谶符，已属无稽。昌言其词，既足摇撼军心，尤易挑动双方恶感，应请蔡都督转饬更正。殷司令功烈炳著，固不必借奇说显也。再滇川行军，共在一途，乌拉粮秣，给予胥难，殷军似宜另出一途，遥为犄角，否则即交尹都督节制调遣，庶命令可以统一，供应亦能调剂适宜。蔡都督念切唇齿，公忠素佩，谅表同情。是否有当，并祈大总统训示。护四川都督胡景伊叩。漾。印。"② 而且国务院也于 9 月 26 日致电尹昌衡、蔡锷、胡景伊，说："大总统令：胡护督漾电悉。

① 以上三电见曾业英编《蔡锷集》（一），第 734—735、737—739 页。
② 《尹昌衡集》第 1 卷，第 205 页。

查蔡都督前已电请以滇军经营珞瑜、波密，与川军分路进取，当经电复勿庸再进在案。是滇川军队自无并出一途之嫌，且川军现亦屡饬勿令深入，来电所虑粮秣难供及未能统一各节，均可不必置议。至殷司令电中援引谶语一层，殊非民国公文所宜用，即由蔡督饬令更正可也等因。合电遵照。国务院。宥。印。"①

不过，蔡锷非但没有"饬令更正"，还在他次年夏主持编纂的《云南光复纪要》一书的《西征篇》中记了一笔，说："八月二十六夜四时，滇军袭盐井县，克之。除击毙外，生擒蛮匪一人，并擒蛮官鲁宗甲约，余匪逃散，盐井克复。滇军到处，僧俗争相投诚，有不怕川省尹都督，只怕滇省殷将军之谣。"②

▲报载云南"政务会议议决案摘要"。说：

主席提议之件：

一、派吕志伊赴南洋招集华侨来滇开矿。（一）委任状由政务厅叙状寄去。（二）川资先汇寄五百元。（三）办法由实业曹会同实业司拟办。

二、盐井渡开办盐井及设公司之事。由政务厅第二曹吴参事拟定章程再行核办。

三、劝业场之事。凡筹款及一切办法，统由云南府详筹办理。

四、迁移学校之事。由政务厅第三曹周参事会同教育司拟筹办法。

五、设菜场之事。由巡警局会同云南府调查地址，筹拟办法。

六、工商部请派代表之事。派实业司参事华封祝就近赴会，由政务厅第六曹拟电，一面电达工商部，一面将会期电知华参事。

七、云南府署之事。以测绘学堂移就测地部，即以府署移在测绘学堂。

八、整理财政，实行收入印纸。由政务厅第六曹赵参事会同财政司拟订办法。

民政司提议之件（略）。

---

① 《尹都督征西种种·大总统又作调人》，《申报》1912 年 10 月 25 日。
② 《云南光复纪要·西征篇》，第 209 页。

按：蔡锷此时出巡在途，应未出席此次政务会议，出席者当为李鸿祥。

又载蔡锷令临安县应准从宽将吸毒犯巫峻之"省释，以开自新之路"。说："查核犯巫峻之前因违禁吸烟，并引诱新军入会，经第二师长呈由本府核明，处以监禁一年半，行知该县执行在案。现在该犯既经管狱委员查明，平日尚知愧悔，此次监犯越狱，既不伙同逃逸，又复挺身劝阻，是该犯不惟悛改昭著，且能明白事理，应准从宽将该犯省释，以开自新之路。仰即遵办，仍将开释日期具报查考。切切，此令。"

又载军政部批令民政司认真改良监狱。说："民政司呈。昭通府夏守查复镇雄州学生张启兰等公禀王牧虐政殃民等情由，当经都督府批：呈悉。如议办理。仰即转饬昭通府知照，并饬新任镇雄直隶州邹牧迅速赴任，妥为遵办。即将监狱认真改良，饬令士绅化除党见，用谋地方公益，以维秩序而臻治理。此批。"①

12 日

▲是日午前 7 时，蔡锷"阅驻蒙第三联第一次大队兵操。十一时赴谭税司宴。午后二时军政警界开欢迎会于权逸茶园，由主席何道国钧报告开会。次稽副督办祖佑述欢迎开会理由，次徐参事之琛读祝词：滇居边徼，宸接强邻，地蓄五金，为全国富源所寄。故都督此次南行，首事国防，并兴矿业，非仅为我滇谋利益，抑且为大局策安全，是以士民额庆，妇孺腾欢。溯自武汉举义，我滇继起，各省亦次第光复，然今日民不失业，秩序井然，完全如我滇者，全国仅见，此都督维持之功也。且保安而外平蜀、援黔，精强之旅，所向有功，今我滇军得享中外之荣誉，是又不啻都督所赐矣。惟是来日方长，凡百待举，尤望各界同人各尽乃心，各勤厥职，以期勿负都督光复我滇之盛意。滇之安危系于都督一身，伏愿任怨任劳，始终一致，以慰我滇父老子弟之心，并以副屏蔽西南之望。全滇幸甚，大局幸甚。代表等仅致芜词，用表爱戴之忱。祝曰：伟哉都督，光复我滇。闾阎安堵，妇孺腾欢。西南半壁，惟公是赖。勉任其难，责无旁贷。华山苍苍，昆海泱泱。与公爱情，千秋并长。重为祝曰：都督万岁！云南万岁！

① 以上各文见《蔡锷集外集》，第 180—182 页。

中华民国万岁！次都督演说"。①

其演说词说：

> 鄙人今日辱承军、政、警三界开会欢迎，并将以祝词，奖饰溢量，自问无以副诸君之厚望，殊增惶悚。鄙人此次巡阅南防，不能不经过蒙自一次者，诚以今之蒙自，非前日闭关时代之蒙自所可同日语。考蒙自之隶版图，始于元宪宗七年，立蒙自千户，至元十三年改为县，隶临安路。唐宋以前尚荒芜无稽，自前清辟为商埠，拘守一隅之蒙自，一变而为商业竞争之蒙自，自滇越铁路告成，商业竞争之蒙自，再进而为国防重要之蒙自。故蒙自之安危，直接则一省之关系，间接则一国之关系也。去岁反正，虽小有变乱，如天之福，不日敉平，尚未贻误大局，此皆政、军、警竭力弹压之功，用能保卫安宁，维持秩序。此后内政外交，尤当力求进步，勿仅以回复原物为能事已毕，此则鄙人所希望于诸君者也。抑更有进者，吾辈之实行革命，宁牺牲巨万生命财产而不顾者，原为改良腐败之政府计，故破坏为建设而破坏，非为破坏而破坏也。破坏而不能建设，不第不为功之首，直为罪之魁矣。虽然破坏固易言之，建设则难言之矣，譬之改建房宇，焚毁摧倒，一举手可以奏功。至大启尔宇，始而片木，继而鸠工，非惨淡经营，永无大厦落成之日。溯自武汉倡义，至南北政府统一之日，相距仅数阅月，同时达政治、种族革命之两目的。视美之血战七年、法之流血八十年所仅得之者，吾国则以最短之时间、最廉之代价购之，此足为破坏最易之证。独逸志联邦毕士麦竭毕生之心力，始克统一完成，加富尔之于意大利，其力任巨难，与毕士麦同，而迭经波折，未获永其天年，至今国势犹未达强盛圆满之域。即以吾国论，自政府统一以后，南北隔阂，意见未消，政党勃兴，竞争剧烈，内则兵变频仍，外则风云日亟，阁员迭更，国务院如暂住之大旅馆，舆论嚣张，参议员如新置之留声器，此皆民国前途之悲观，亦建设维艰之一斑也。然吾辈既任破坏于前，自当力任建设于后。进行之方法，惟永矢忠贞，和衷共济而已。夫共和国以人民为主体，譬之一家之主人翁也，为公家服务

---

① 《蔡都督南巡日记》（五续），《申报》1912年11月12日。

者，则为公仆，仆从而有负主人之委托，不克称职，是为不忠，从此家道衰微，不陷主人翁于流离失所之惨境不止，仆之罪不胜诛矣。公仆之对于国家，何以异是？和衷共济，为共和国之真精神，譬之肩舆然，前者唱许，后者唱呀，则进步自促，无中途竭蹶之虞。廉蔺相下，则秦兵不前，洪杨交哄，而大业以坠，自古已然，于今为烈。区区之私，愿与诸君共勉之。[1]

"次徐君之琛述兼欢迎范顾问、陈矿师理由。次范君演说，中间有军界不可恃功而骄及中央政府能力尚弱、全在各省维持数语，极为警辟。次陈君演说，略谓滇为矿产最富之区，能自开采则可以富国，不自开采而外人投资采办，如非洲已事，亦可以亡国，并述开矿与政军警界均有关系理由，颇精到而有条理。次学生唱欢迎歌，军队唱军歌。次摇铃散会。午时军政警界复开设茶会于权逸茶园，外宾如谭税务司、邮政局长及铁路公司各西人均在座。主宾款洽，尽欢而散。九时回行台。"[2]

又电复同盟会本部宋教仁，对五党合并表示赞同，但鉴于"党争剧烈，危及大局"，又表示不"预闻党务"。说："齐电已悉。五党合并，改定政纲，主持大计，拥护民国，国之利，党之福也。弟极表赞成，当即令此间两党干事研议，可望融洽。惟弟素主军人不入党一义，未便自破其藩，故于统一共和党举充理事，迭经函电坚辞。而近来党争剧烈，危及大局，雅不欲预闻党务。幸五党合并告成，蔚然吾国惟一大党，当即宣告脱党，遂我初志。区区之忱，尚希察谅。锷。印。"

又两电国务院，其一请从速筹拨饷款。说："前奉钧电，当饬西征军暂驻阿墩，无庸进入川境。兹据殷司令承瑺鱼电称，奉卅一电，谨悉。我军右规乡城，左规盐井，实为急川中之难，以速下巴、里，早规藏、卫，意绝无他。两军先发，阻止不及，饬令驻固善，倘哈番来攻，不能坐以待毙。乡、井距里、巴多八九站，少亦六七站，里、巴未下，川军难顾。川境一日不靖，则川军一日不能进规藏、卫，而国防大计，仍以直捣拉萨、平乱救民为重。昨得靖西同知马（师周）极感报急公文，及由印度逃归者称，藏中战败，陆军被逼缴械，拉萨兵民，粮尽援绝，达赖由噶初至江摩，枪

---

[1] 曾业英编《蔡锷集》（一），第 739—740 页。
[2] 《蔡都督南巡日记》（六续），《申报》1912 年 11 月 16 日。

多新式，概系外人接济。庄严佛地，行陷沉沦，瑑心热［急］如焚。计师出境，已过秋高，复私虑雪阻。前恳中央令下各省，分提军费共四百万，系统括一年各用而言，倘蒙允许，庶期饱暖，或分批电拨数十万两亦可。事危时迫，倘再延一二月，则大雪封山，不能飞渡等语。查一藏问题，关系全局，近察现势，远瞻将来，非积极进行不可。欲规藏、卫，非先靖川边不可，而时已深秋，转瞬雪封梗阻，未免坐失机宜。而行军以筹饷为重，非速寄急款，并陆续支足一年经费，不克有成。应请从速筹拨，以资接济。滇都督锷。文。印。"

其二为代转殷承瓛请速拨款项之电。说："接西征司令殷承瓛文电称，东日接巴塘参赞顾占文咨称，粮尽援绝，危急万状，乞滇飞援等语。查我军克复盐井，巴围已解，即派汇通道乡桐赴巴接济，及盐井赉［赍］来阿墩川军一队三棚，旋调赴巴。经尹督电请，即由滇拨给粮饷。滇军饷糈兼顾，实难为继，已电川督运款，或请中央指拨在案。此次滇军到处，声威既振，番民望风归诚，乡城、公干岭等处争来投诚，川边大局，指日底定。惟据投诚者诉沥［述］川军在沉口颇有淫掠，藏民怀恨，实归向我军等语。查此次靖川边之乱，奏平藏之绩，首在收拾向心，斯言若确，洵为可虑。当电商川督，各申禁令，倘有淫掠，即杀无赦。川滇官长，皆得执法，并催速赴巴塘办理善后。滇军除战事外，概不与闻，以免猜嫌。适项据探报，达赖拟自夏旦率重兵驻嘉玉桥策应，瓛拟以一军牵制夏旦，分一军当僧底溪、押弥一带，密取江达，救拉萨。乞申中央，速拨款项，迅示机宜等语。特代转达。滇都督锷。文。印。"

19 日，国务院电复蔡锷说："午密。大总统令：真、文三电悉。殷司令奋勇可嘉，惟迭接尹督电，里塘已复，巴围已解，川边渐可肃清，自无庸令滇军再进，致有劳师殚财之虑。该督应饬该司令恪遵迭次电令办理，万不宜与川军逼处，致生枝节。至藏关系重大，已交国务院速议办法。所请拨款一节，中央、各省财政同一困难，且已饬滇军撤退，自可缓议。其此次出力将士，应即报明，听候论功行赏可也等因。合电遵照。国务院。皓。印。"①

▲报载蔡锷电请袁世凯"遮断"经营"怒地"办法。说："辰密。前

---

① 以上四电见曾业英编《蔡锷集》（一），第741—743页。

饬云南第二师长李根源委派干员前往巡查，兹据电称，任委员（按：指怒江殖边第一队队长任宗熙）于上月全队已入怒地，怒目滇朵曾到富州迎接，并派夫修道路、造房……今英侵片马，骎骎北进，若不及早经营，恐英人节节进步，如入无人之境，务恳遽断决□。锷虽驽钝，尚堪勉从驱策，除饬李师长随时查报外，合亟电请核示，以便遵行。"[1]

13 日

▲蔡锷"午前七时出发，八时三十分至黑龙潭，十时登□芷村，阅视锑矿厂。所练纯锑，与欧产无异，是时尚未阅炉，堆积之生锑，成色甚佳，将来成绩亦可预卜。午后二时十五分登车，三时至壁虱寨，五时抵阿迷州。州长王履和及军警绅商各界并男女学生，均到车站恭迓。都督因见学生之整齐，又闻将于明日开正式欢迎大会，只以急欲旋省，不克久留，乃命各代表及学生于旷地集合，由都督演说：鄙人南巡回省，道出阿迷，承诸君整队欢迎，愧不敢当。又闻将于明日开大欢迎会，因急欲旋省，不克久留，用是集合诸君，一为畅叙（内容略）。演毕返寓于巡警总局，收民词十九张，即夕批发"[2]。

又发表演说道："鄙人此次历建水、个旧、蒙自等属视察一切，学堂之发达，以阿迷为最。阿迷昔者僻处南方，在临安各属中，文风为次。近数年大改旧观，不惟男学，而女学亦极发达，良由地方官绅办学，既不遗余力，人心又知向善，故收效如斯之捷。鄙人对于此莘莘学子，实深欣慰。虽然，亦有一言为诸生勖者。昔王子垫问于孟子：士何事？孟子曰：尚志。可见凡人为学，必先立志。又曾子引《易》传谓：君子思，不出其位。两言似相反，而实相成。所谓志者，相期远大，始终不渝之谓。必思不出其位者，谓勿坐此山望那山，游移无定也。志有大小，小之对于一身，应如何励品行、浚知识，以期为一完善国民。对于一家，应如何敦孝友、裕生计，以期卓立于社会。大之则以天下为己任，以国利民福为前提，人人各出其所学，行其所志，合大群以巩固此共和之国，乃能称为学者、为志士也。即如鄙人，亦幼受家庭教育，及长受书，即抱献身于国家之志。今之

① 《蔡锷集外集》，第 196 页。
② 《蔡都督南巡日记》（六续），《申报》1912 年 11 月 16 日。

所成就者，曾未能达志愿十之一二，然亦可见人非立志，则无所成就也。所冀诸君此时立志为学，他日建树必驾鄙人而上者。鄙人当拭目俟之矣。共和国家，人人有拥护撑拄之责，国民个人之身为国家之一分子，国家之强弱，视乎各分子之健全与否。贾谊云：一夫不耕，或受之饥；一女不织，或受之寒。一人之与社会国家，实有密切之关系，集人成家，集家成社会，集各小社会成国家。谈立身行事，其目光尤应注及国家。"①

又"邮递"北京中央政府"《巡边报告书》一件"。②

18 日，国务院收到蔡锷报告"此次出巡，经行各属，极行欢洽，地方安谧"电。③

▲报载蔡锷咨复临时省议会，请"查照"会计检查厅所呈"查报"巡警局局长兼云南府吴垚报销不实及兼支薪俸情况"判决理由"。说：

> 云南军都督府咨会计检查厅呈。案奉钧府令并临时省议会质问巡警局局长兼云南府吴垚报销不实及兼支薪俸等由。准此，查该局长报销巡警局开支并经收各款暨兼云南府昆明县各项收支，均经发司核销有案。兹复准省议会质问前由，既已由司核销之案重复质问，自应发交该厅检查，合行令仰该厅即便遵照将该局长各项报销，切实检查有无浮滥开支，及收入不能核实，与该司等不应核销之处，据实呈报，以凭核夺。此令。等因。奉此，遵即督同厅员查照原咨质问各条，逐项检查，并委令本厅科员焦朴、郭之瀚分赴巡警各区，将吴局长任内收入罚金暨保护费各项调集证凭书类，切实查报。兹据各员将检查成绩汇呈本厅复核无异，谨将判决理由为我军府呈之。

> 滇省自光复后，财政困难，各机关经费无不大加核减，独巡警局仍照前清开支，每月八千有奇，本已独占优胜，早为众所指目。追兼署云南府事，每月经费五百元。吴垚苟念时艰，应将巡警局长薪水二百五十元辞去，以符兼差不兼薪之通案。乃吴垚计不及此，不惟不将巡警局长之二百五十元辞去，反又索兼昆明县事之缉捕经费四百元（军政部核准三百元），仍责令实销实报，将盈余缴回。殊吴垚每月既

① 曾业英编《蔡锷集》（一），第 743—744 页。
② 《总统府十三日纪事》，天津《大公报》1912 年 9 月 15 日。
③ 《国务院十八日纪事》，天津《大公报》1912 年 9 月 19 日。

得千元之公款，任情挥霍，并不遵令按月造报。今议会弹效［劾］，指将兼云南府薪俸二百元并昆明县缉捕经费三百元全行追缴，理由本极正当，断难再为吴垚辨［辩］护。惟本厅准情酌理，综核全案，应令吴垚比照新章，将兼支云南府之薪俸一百四十元缴出，以免独异。至昆明县之缉捕经费三百元，当时军政部原令实支实销，本系重视捕务，并非优待吴垚。缉捕之而外，吴垚即不能擅动分毫。查吴垚缉捕开支，每月仅额支工食四十四元。又支过捕役衣裤银二十七两，尚属名实相符，应准开销。其余挪用各款，令其缴出，既不悖公，亦不偏私，庶情法两得其平。

又查原咨，以局长每月支有商埠经费二百二十元，未悉作何开支，亦请切实稽查，务使款归实用，理足服人等语。本厅查此款系属月领二百二十两，自十二月下半月起支。该局系统入巡警经费项下造报，其标明商埠支款仅有商埠科员、调查员、翻译、司事、书记额支月薪七十一两可资查考。商埠既同为巡警分区，除设置翻译而外，本与各区同一行政，统收统支，未为不可。第查警局经费总额自辛亥九月以至十二月皆在八千三百两以内，与满清时代警道月支比较，为数符合。洎壬子正月、二月即超过原额一千三四百两，三月以后，月支竟达一万有零。难［虽］普济堂续行归并，月支不过三百余金。前后对照，每月增加在八百两以外。即如总局员司、书役俸给一项，在十二月以前最高之额，不过九百三十余两，正月以后即为一千一百八十余两，至六、七月已届实行减薪期间，而此项总局员司、书役支款仍属一千二百余两，既未照章减发，转多冗员俸给，应饬将滥支之数追缴，并将员司严行裁汰，以节糜费。自七月初一日起至二十一日吴局长交卸前一日止，收支册报借支项下列有吴局长支本局银一千二百七十三两二钱七分六厘九毫，并无理由，滥行支用，尤为谬妄，亟应勒令缴还，以重公款。

又查原咨，谓该局经收罚金、戏捐、牙行帖费，应请悉心稽查，从实核销等语。查牙行帖费应俟该卸守交代册投到厅，始便检查。其罚金各项，据本厅临检委员焦朴、郭之瀚呈称，科员等亲赴各区检查，每月收入底账，核与总局所报总数相符。惟查冷区官等经收罚金各项并无券册移交，而接任区官亦率尔接受，其中有无通同作弊之处，应由本厅备文质问民政司再行核议。至吴局长将罚金提拨二千余百两之多，另款存储，并不汇同册报，虽据另立簿记，查非侵蚀，究属违法行为，应俟此案判决后，咨请民政司饬下该局实收实报，以便稽查。以上各项，均系详密检定，据实揭呈。至办赈一案，吴垚违章擅放，因为数无多，业经财政司呈部申斥究结，可勿再议。修城一款，吴垚共在粮饷局领过银一千九百五十六两零，并无报销，应饬吴垚速造工科细册，并匠人保固切结承揽呈送前来，以便实地检查，再行核办。理合具文呈请钧府查核转咨等情。据此，查前署云南兼昆明县暨兼巡警局局长吴垚报销业经由司核销在案。前准贵会质问，照章发交会计检查厅检查，兹据呈复各情，除令饬财政司、民政司查照核办外，相应咨复贵议会，烦请查照。此咨云南临时省议会。蔡锷。①

14 日

▲蔡锷"午前八时登车，何道及各界并男女学生均送于车站。午后三时至车开坪换车，四时三十分至距狗街数里，因岩崩路断，又换省城来车，行七时二十分抵省城车站，各司长均至站迎迓。此行计期十四日，而南防一带从此可益臻稳固，兵警路矿各要政亦筹划有绪，进行可期矣。记者既从行，得其梗概，因泚毫而为之记"。②

又通报袁世凯、国务院、参议院、黎元洪及各省都督此次出巡南防历程，并告知已于 14 日回省。说："锷于东日出巡南防，江日抵临安，阳日抵个旧，真日抵蒙自。沿途均极欢迎，地方安静，秋收可望。所过临、蒙各处，酌将国民军限期遣散，并由省遴派巡警赴个保护矿山。已由寒日回省。知注奉闻。滇都督锷叩。寒。印。"③

20 日，又致电袁世凯"顾问官"熊希龄，告知他这次南巡的原因，并请转达袁世凯，以"释廛系"。说："堃密。巧电敬悉。锷此次巡行临、蒙各属，因南防兵警路矿诸要政，均待解决；又因续裁南防防营，清查民间私枪，颇滋谣惑，故不得不亲行察视，借资绸缪，而息浮议，实无离滇之

---

① 《都督复议会又劾吴垚文》，昆明《振华日报》1912 年 9 月 13—14 日、16 日。
② 《蔡都督南巡日记》（六续），《申报》1912 年 11 月 16 日。
③ 曾业英编《蔡锷集》（一），第 744—745 页。

意。乃省中无识者流，妄加测度，略有浮言，致英使风闻，有留镇之请，其实滇人亦无纷纷搬徙之事。此次经巡各属，官绅军民极形欢洽，旋将问题解决，办理有绪，寒日回省。刻下地方安谧，岁比亨，可冀丰稔。惟是强邻逼处，边境日危，镇摄〔慑〕支柱，敢不勉力。祈达总统，请释廑系。锷。号。"①

同日，报载蔡锷"出亡无踪"，虽属"谣传"，但"边情急迫"却是事实。说："近日蒙古纷纷独立，东自库伦，西及迪化，警告传来，惊心动魄。西藏抗论，亦复丝毫不弱。近闻云南都督蔡锷出亡无纵〔踪〕，虽云谣传，而边情之急迫可知。且闻仰光巡抚腾越，及云南法领忽尔回国，将来发现之状况必不亚于蒙藏，亦日俄条件之影响也。"②

25 日，又载蔡锷此次出巡，是出于对法人"日增兵队"的忧虑。说："云南远在边地，迤南一带，自法人滇越铁路修通后，全归法人势力范围之内，故法人经营云南更不遗余力，且于边地日增兵队，都督心窃忧之。并闻临安府个旧厅近有匪徒混入，携带枪械，肆行抢劫，该地人民甚为惊慌。蔡都督乃于九月一号由车道起身，先至临安、蒙自后，至个旧诸地方，巡阅于中法交界处，一切边防之设备，极为注意。至省中日行公事，由周钟岳秘书长代行代拆，并由李鸿祥师长代为主席，紧要事件，随时电商行营核办。"③

15 日

▲蔡锷出席云南同盟会、统一共和党合并为国民党大会，并发表讲话。说："中国既成共和，非有大政党不足使全国联合一气。光复以后，政党发达已达极点，惟党派太多，意见迭出，殊非国福。法国革命后，党派太多，国运为危，可为前车。现在五族尚须联合一气，今本族尚未能合，遑言他族。兹六大政党合并，实民国之幸福，鄙人非常赞成。但鄙人前倡言不入党之议，通电各省，况将领入党，则各军士相效，尤实多妨碍。现在民国尤重兵事，故鄙人愿牺牲党务，专尽力于军事。前已迭次致电本部，力辞理事，宣告脱党，尚希诸君原谅。"

① 《熊希龄先生遗稿》第 1 册，第 400—401 页。
② 《中国其殆矣·西南楚歌》，《申报》1912 年 9 月 20 日。
③ 《滇都督阅边纪闻》，天津《大公报》1912 年 9 月 25 日。

随后，孙志曾等人在会上发表两党合并理由及注意事项演说：

> 略谓六党合并，既经本部实行，则支部断无不合并之理，故接本部电后，已设筹办处议决。以中国现在情形，于不可不合并之理由三。今年组织第二次内阁，因党派纷争，意见歧出，一方面主张超然，一方面主张政党，争持数月，几陷于无政府地位。本来东西各大强国，皆为政党内阁，欲求政见一致之进行，不可不有政党内阁。既知政党内阁之善，宜乎主张一致，然因党见太深，勿论此党有如何良善政策，彼党皆极端反对，且因党见而争私见，使中央行政不能统一，外人乘此内讧，遂有种种欺辱，故打破党见，由数党合为一党，以求政见之一致，此迫于大势为合并第一理由。自两党（按：指云南同盟会、统一共和党）正式成立以来，而两党党员勿论直接间接皆有密切关系，是精神上已有结合之象，故标名虽不同，而其实则一。若以实事证之，二次内阁，统一共和党既表同情于同盟会，是两党互相提携，又有结合之象，此属于感情为合并第二理由。第一理由为党派太多，有碍进行，故不可不合并，第二理由因感情融洽，政见同一，又不可不合并。至合并后利益，现仅有共和党与国民党，两党相持，必有竞争，欲求将来在舞台上有发表政治之能力，以达＜福＞国利民（福）之目的，则不可不扩张党势。故两党合并，势力愈厚，实为将来实行政党内阁发抒政见之地步。云云。

> 陈时铨君演说，谓合并后之要素。一、须注重精神，不徒具形式。盖无健全之精神，不足以造健全之政党。二、须注重党德。党见之深，莫若今日，苟内部之意见不溶［融］，则冲突太多。故党人当注重德行，勿妄争党见。三、扩张党势。欲扩张党势，原不必重在官吏，只须得多数之党民。使前二事俱备，则党势自充。三事俱备，则本党政纲自可见诸实行云云。

李根源以 172 票当选为理事长。赵伸以 135 票、袁家普以 229 票当选为理事。后票选评议员及各科干事长。总务干事张大义，政事干事孙志曾，文事干事谢树琼，会计干事刘辉祖，交际干事陈时铨，参议员李增、李曰垓、李文治、孙光庭、周汝敦、王玉麟、李贞伯、李伟、周钟岳、寸馥清、秦肇瑞、杜焕章、李润芳、郑鸿藻、杨价、何畏、赵藩、张鉴藻、惠我春。①

关于云南国民党成立大会一事，詹秉忠、孙天霖在 20 世纪 60 年代的回忆中说："侧闻统一共和党乃国内较大的政党，其组织多为政界人物，在云南已有活动准备。蔡锷与其湖南同乡袁家普（云南财政厅长），即属于统一共和党，因之在合并初开成立会于江南会馆（圆通街连云巷），国民党内部议举蔡锷为国民党云南支部长，李根源为副，函蔡锷表示推戴。开会那天，蔡锷命袁家普前来，表明要脱离统一共和党，坚辞国民党云南支部长名义（当时张大义和我们谈论，蔡盖不满意统一共和党之合并于国民党，生怕举出他的名字来，不好应付）。所以是日开会结果，仍举李根源为国民党云南支部长，袁家普、赵伸副之。后国民党机关报《天南新报》发刊，蔡亲笔题"大狮子吼"四字祝词，送来刊登。从此蔡对国民党内而会议、外而在社会上一切宣传活动，一概不闻不问，足证辛亥革命后他对同盟会（国民党前身）采取比较疏淡的态度。缘蔡锷为梁启超的学生，梁在日本成立政闻社，后在国内为宪政会派，蔡一生跟着梁走，与同盟会奉行三民主义之政纲，存在显著矛盾，自非偶然。"②

按：詹秉忠、孙天霖的回忆，就事实而言，有属实的一面，也有非属实的一面。属实的是，指出蔡锷从此"对国民党内而会议、外而在社会上一切宣传活动，一概不闻不问，足证辛亥革命后他对同盟会（国民党前身）采取比较疏淡的态度"。而非属实的则有：一、蔡锷不但出席了云南国民党支部的成立大会，还发表了讲话，非詹、孙所说"开会那天，蔡锷命袁家普前来，表明要脱离统一共和党，坚辞国民党云南支部长名义"。二、将蔡锷"脱离统一共和党"，对国民党态度"疏淡"的原因，完全归结为他"一生跟着梁走，与同盟会奉行三民主义之政纲，存在显著矛盾"，是以人划线、脱离当时具体历史环境的片面之辞。实际情况远非如此简单，更与当时的政党及政党政治的具体运作密切相关。

---

① 《国民党之风云》，上海《民立报》1912 年 10 月 9 日；《滇国民党开成立大会纪事》，北京《民主报》1912 年 10 月 12 日。

② 《忆蔡锷》，第 99 页。

中旬

▲报载云南出台招募华侨投资手续。说：

云南蔡都督以现在云南穷困达于极点，非开办矿产，不能富足，而开办矿产又非有大资本家从事不为功，再四思维，只得招募华侨来滇开采，庶辟天然利源。日昨乃电委吕天民君亲往南洋各埠，竭力招募华侨。其招募手续，特录于下。

一、拟请于到南洋时即由演说及报纸两方面鼓吹云南矿业及工商业有望之情况，以唤起一般华侨之企业心。二、拟请运动资力雄厚之华侨设一企业，云南之资本团一面举派代表及技师来滇考查矿业及工商业，一面即招集资本准备开办，惟所集资本不得含有外国人股份在内。三、拟华侨来滇考查，无论前往何处，除责令地方官严行保护外，并派专员招待，以免困难。四、考查后，无论欲兴办何种矿业或工商业，如于滇省前行或将来中央颁布关于矿业或工商业章程无违碍者，公家均许可之并保护之。五、华侨如欲投资于现经官营或私营之各矿业及工商业，经公家或私人许可时应即予以平等之利益。六、华侨欲与公家或私人合资创办某项矿业或工商业，经公家（或）私人认为有益时当即予以协助。七、拟请劝令华侨集资来滇设一动产及不动产抵押银行，以为将来兴办矿业及工商业之援助。至以后双方若有意见均须互通，以资研究。①

16 日

▲蔡锷通电袁世凯、国务院、参议院、黎元洪及各省都督，"愿与诸子化除门户，容纳派流，一气呵成，共谋对外"。说："辰密。读大总统漾电，苦衷若揭，忧心如痗，孰无天良，能勿感激！当此强邻逼处，祸至无日，凡我大夫君子、邦人诸友，正宜鉴牛、李之覆辙，学廉、蔺之交欢，戮力同心，安内攘外。不图党帜高张，竞相仇视，意见歧出，谣言朋兴，是何异贼已渡江，而国是未定，兵临城下，而内讧不休，眷念前途，未知死所。夫勾践治吴，生聚期诸十年；武侯出师，宫府联为一体。若内部凌乱，而欲外患不生，自古迄今，未之或闻。锷曩者怵于党争，首倡脱党之议，无

① 《资本家还是华侨》，上海《民立报》1912 年 10 月 16 日。

非欲巩固政府，张我国威，区区苦心，当已共谅。自今以往，愿与诸子化除门户，容纳派流，一气呵成，共谋对外，上以纾大总统之长虑，下以固民国之始基。其济善也，不济则以死继之，有渝此盟，皇天不佑。滇都督锷叩。铣。印。"①

按：对于蔡锷脱党的原因，亲历其事的袁家普回忆说："云南其时既已安已治矣，公乃旁及于国中之大局。始则命余在云南组织统一共和党，旋由党众举公为总理，而余与孙君敏斋副之，全省风靡，云南之统一共和党遂为中央及各省同党所倚重。其后，公见国内党争激烈，军人任意干涉政治，乃首倡军人不入党之论。适值统一共和党有合并五党为国民党之举，公遂脱离党派关系。并谓余曰：予读《法兰西革命史》，自拿破仑时代起至第三共和国成立止，其间法国宪法更变者计十九次，其重大之原因，皆因未有宪法，即先有党。其宪法皆由当时得势之党派所造成，及其党势一衰，而其所造之宪法，遂亦因而失其效力。甲仆乙起，循环不已，故良好之宪法终不能产出。及普法战争之后，法国全国一致，成立今日之宪法，而共和国家亦因之巩固。可见，政党者乃运用及维持宪法之物，宪法不可由政党所造而成之。今我国国基亦未固，宪法未立，而党争之激烈如此，吾辈切不助其焰而扬其波。"②

蔡锷急电袁世凯及国务院，请"划清川、滇用兵区域"。说："据西征司令殷承瓛元电称，西藏接壤滇、川，前清立牌，以宁静山为界，山东属川，山西属藏，山南属滇，载在图考，越二百年。现闻川军在炉、墉、河口一带，言与我军恶感甚深，决不（允）滇军入藏等语。而滇军所至，僧俗欢迎，投诚之禀，佥称若川军苛虐，死不服从。如滇政府能以待中甸蛮徭之恩，转待藏民，使藏地永久隶滇否，藏民亦誓归滇辖，不再反汉等语。查川军迟发不进，实因蛮民强者死拒，弱者逃亡，粮草无人支应故也。应请迅电中央，由参议院议决，明下命令，划清川、滇用兵区域，以宁静山东之巴、里两塘，及川边乡城一带，归川经营；惟山南之盐井地方，距阿墩子四站，为滇边门户，实我军入藏必由之路；其山西之江卡、波密、杂

---

① 曾业英编《蔡锷集》（一），第745页。
② 《记袁厅长所述蔡公遗事》，《长沙日报》1916年11月11日。又见曾业英编《蔡锷集》（二），第1531页。

（瑜）等处，与滇边相近，向属川者均归滇军抚剿。如此划清区域，各有权限，庶不致彼此冲突，贻误大局。我军士气甚壮，藏民归化甚切，失此不收，殊为可惜。惟饷绌途长，我滇地僻，万难因粮①，后方转运，非此莫办。请转电陈中央，拟分兵三路，直捣拉萨，并请拨款四百万接济。事关民国全局，万请转呈，一面划清界限，免于川军冲突；一面协力进行，期于早平藏乱；于大（局）关系甚巨，应请察核迅示，并电饬川军知照，以定边地，而全危局。滇都督锷叩铣。印。"②

又转陈殷承瓛请"中央速示方针"电于袁世凯及国务院。说："据西征司令殷承瓛十二电称，九月十二接茶瓦龙扎夷寺、毕土寺大喇嘛等会禀云，奉达赖命令，自古藏与云南和协无嫌，闻云南兵攻藏，命兵事体，难免骚扰百姓，此面愿意共和，速赐一音，以便转禀达赖，愿了此事等语。当谕以我大中华民国宗旨，本系五族共和，因西藏僧俗自相杀害，大总统不忍坐视，令滇军进平藏乱，非滇藏有嫌隙。昨经篆发告示，该喇嘛等谅已见闻。仰速喻［谕］达赖喇嘛，传知全藏僧俗，如其真心共和，则我军所到之处，应代办粮草，供应乌拉，仍分别照市给价，决不轻取一物、妄杀一人。一面由藏中僧俗公举代表来会商一切，本司令当与该代表同至拉萨，宣布共和宗旨，电请大总统准照民国宪法选举，请（达赖）赴北京参议政治，同享共和幸福等因谕复。此后如何对待，乞即电请中央速示方针，以便进行云云。谨此转陈，请即核示。滇都督锷叩。铣。印。"

又电请袁世凯及国务院，对殷承瓛所请诸事"迅赐裁示"。说："据西征司令殷承瓛寒电称，承瓛奉命西征，在我大总统、军都督本以恢复领土为怀……（按：以下内容与本月月初记事所载内容雷同，故从略）等情。据此查该司令前日两电，业经转陈，兹复按所称各情，恳请大总统迅赐裁示。滇都督锷叩。铣。印。"

18日，国务院电复蔡锷说："午密。大总统令：铣电悉。殷司令谕复茶瓦龙扎夷寺、毕土寺大喇嘛等各节，相机因应，深协机宜，殊堪嘉慰。现该大喇嘛等对于谕复各节，有无禀复，是否遵行，仍祈详报。此后如何

---

① 《民元藏事电稿》辑录者对此断句为"我滇地僻万难"，并在"因粮"二字之后补加"（于敌）"，似无必要加此二字。

② 曾业英编《蔡锷集》（一），第745—746页。

对付，总宜酌量情形，斟酌处置。尤以查照历次电达情形，勿受［授］外人口实，至于外交牵动为要。祈转饬遵。国务院。巧。印。"①

20 日，又电复蔡锷说："午密。大总统令：铣电悉。查自前清设立川滇边务大臣以后，西之察木多等处，南之盐井等处，均已划归川边区域，先后派员设治。原电宁静以东属川，以西属藏等语，殊与近年事实不符。所称援藏一节，现饷款难筹，英人干涉，民国初建，岂容轻启外衅。已交国务院速议办法，保我领土主权。至川边抚剿，尹督既自任专办，筹兵筹款，皆由该督经营，滇自不必与争。该司令忠勇奋发，殊堪嘉许，尤宜共体时艰，以维大局。刻下昌都等处，已均驻有川军，且有直进江达之说。该司令切勿轻进，致令两军逼处，转生枝节。该督应饬仍遵迭次电令办理可也等因。合行遵照。国务院。号。印。"②

22 日，蔡锷转陈殷承瓛 9 月 11 日电于北京中央政府。说："前者转奉大总统电令开，……（按：以下内容与本月月初记事所载内容雷同，这里从略）政府接电后，仍饬滇军毋庸前进。"③

10 月 22 日，尹昌衡"知难欲退"，电复袁世凯说："铣电欣奉，即确遵行。明见虚衷，实深感服。惟昌衡实有苦心，尤当曲陈。川边地广数千里，西南半壁，恃此为保障，任大责重，计不随心，五衷如焚。军民分治不取消，则内本万难完固，边将外立奇功，尤须内固根本，维持体念，尚望钧裁。对藏方针，未悉要领，昌衡西进，决策维难，且治边与深入，处置大有不符，如何之处，尚待明示。胡景伊公忠精明，西征将士，自师长以及诸将，多其门人，易于统驭，且边事臧否，全恃川中边防。镇抚使与川督，若非声气相通，其害甚巨，仍望大总统任命景伊为镇抚使，未到任以前，昌衡必俟边事稳固，始行回川。凡此陈述，皆属实情，区区寸心，毫无偏私，如能曲谅，大局幸甚。政府接电后，备极慰留。而胡景伊亦来电力辞。暂不更动。"④

11 月 3 日，江孜关监督史悠明电吁袁世凯"速汇专款"，"办理诸务，择要开支"。说："悠明前因库款竭蹶，屡经电恳汇款，迄未奉复。现退伍

① 以上三电见曾业英编《蔡锷集》（一），第 747—749 页。
② 见曾业英编《蔡锷集》（一），第 747 页。
③ 《西藏用兵记》（十），《申报》1913 年 2 月 13 日。
④ 《西藏用兵记》（十二），《申报》1913 年 2 月 15 日。

陆军，已陆续内渡。顷接钟长官函云，番官于前日逼迫，将所留卫队汉人率领出关，虽经开导，坚持不允。次日，复炮轰，汉人被困，盼援甚急。悠明住噶，办理交涉及往来文电，今藏事日迫，时有要电。若不拍发，恐误事机，欲发则电局以江孜所欠电费未清，不允通融。悠明曾奉国务院箴电，已由财政部汇银二万等因。当即转知钟长官，渠以此款必到，向番商借印洋五万元，饬悠明付还。但悠明自商此款并无音耗，究未识该数是否指马丞收到之款，前电声明该丞收归，已有明文。悠明奉文经理交涉及往来文电，购寄军械、衣物、药品，已借垫二千余金，兼有卑埠员司、书役、邮塘兵夫三十余名，自去冬未领薪饷，去无川资，留无食用，进退维谷。又有番商催索兑款，诸无支应。艰窘万难，再四筹维，惟恳速汇专款，交悠明接济，办理诸务，择要开支。不然势穷力竭，难保无误。在悠明一人不足惜，独恐事机一错，难期挽救，应如何办理，务祈迅复。"[1]

12月19日，尹昌衡电告北京政府，不再坚持"独任"征藏重任，而呼吁"增兵"了。说："川边千里，地瘠而险，人稀而犷，冰天赤地，用兵极难。此次逆番肇乱，全局骚然，尤为数百年来所未有。皆由达赖羽檄，四路飞驰，番民迷信既深，易为鼓动。昌衡西征半载，出关弥月，详观报告，实地详查，实觉非征藏不能卫边，非增兵决难窥藏。初莅里塘，乡逆已有投诚之信，而巴塘粮绝，人心惶惶，一面飞檄催粮，一面赴巴抚慰。既抵巴塘，人心甫定，附近夷民，纳粮数百。不料西藏番官，复由波密、鸡贡窜出江卡、乍了〔丫〕一带，几不能守，当饬赴援，幸已击退。确探乡城，则枭獍所集，深沟高垒，尽所有之械，积各处之粮，未有详〔降〕意，负隅困守。兵寡不可急援，其地素险，一足当百，而彼万众，我卒千余。顷又命嵇廉征乡，统辖各营，分道合击，能否致胜，尚难预决。然综观现状，若非及时增兵，未可保其必克。总计出关兵数，已达五千，兵力不为不厚，糜费不为不巨，川省财力，已难支持，然新克之地，均须驻守，攻乡无几。万一乡逆负固，以逸待劳，欲抽拨关外诸军，则内无以镇诸路而保饷源，外无以图藏番而防大举，幅员过广，分布难周。加之昌都方面，迭来报告，藏番麇集要隘，强邻暗助器械，我不西进，彼必东来。巴塘瘟

---

① 《西藏用兵记》（十四），《申报》1913年2月17日。

疫流行，殒亡相继，合之各处阵亡将士，已不下六七百人，大炮八尊，损害其六，久战备苦，莫可告诉。前此幸托威福，必胜必克，由于进取甚猛，出其不意。今加实察，不料天下事，非身经规度，真相万难得悉。今者水落石出，尤恐一篑功亏。请再派兵三标，大炮六门，所需饷械称是。以一标炮二门，由宁远、盐源、贡噶岭，直捣乡城巢穴，天外飞来，奇功易就。余集炉城，预备征藏。中央不助饷糈，川中万难独任。昌衡决于本月八号，飞巡全局，遄还炉城。现以五千之卒，当十万之师，步步层层，踏实屯兵，未敢稍留一隙，心力俱瘁。倘荷允准，则当慎重图全，进复全藏。不然，骑虎见伤，谁任其咎？调兵极苦，饷糈维艰，地险天寒，兵常冻殒，我军新集，川局内穷，实历辛艰，声如泪下。前此辛劳，幸无一谣，后事方殷，敢不尽诚，惟望俯如所请，大局幸甚。不然，昌衡惟有尽忠报国，成败未能逆睹矣。"①

次年 2 月 17 日，有人评论"藏事本容易解决，而所以贻误至此，而不堪收拾者，政府之咎也。何以故？藏中原有新军一团，器械甚足，训练亦精，非如库伦之赤手无凭借，其容易解决者一也。钟颖、史悠明等慷慨任事，百折不回，非如三多之贪生怕死，望风而逃，其容易解决者二也。云南、甘肃同申义愤，各有精兵，非如热河、察哈尔、归化之将军、都统，空虚无备，其容易解决者三也。斯时政府苟稍有决心，略为布置，则达赖不至回藏，即使回藏亦不至内讧。惟袁总统始终以平和二字为不二法门，国务院以互相推诿为能事，尹昌衡夸张扬武，忌刻为心，欲以西藏为川中之奇货，一手把持，不愿各省进兵分功，积此三原因，遂使达赖推波助澜，步库伦之后尘，为西陲之隐忧，此真痛心扼腕可为长叹息者也。现在钟颖离藏，汉人被逐一空，尹昌衡停师炉城，久无消息。政府对于英使之交涉，有声无影，不见真相，将来如何结果，全恃国民为后盾。故记其始末，以资研究，国民其注意焉"。②

▲报载蔡锷电复楚雄秦恩述，未便照准招募土勇。说："江电悉。各属保卫队士〔土〕勇现议逐渐裁撤，所谓招募士〔土〕勇，未便照准。至前拨驻楚新军一队，已电榆催令从速派遣矣。督。印。"③

---

① 《西藏用兵记》（十三），《申报》1913 年 2 月 16 日。
② 《西藏用兵记》（十四），《申报》1913 年 2 月 17 日。
③ 《蔡锷集外集》，第 183—184 页。

又载"辛亥七月间，达赖自印回藏，入拉萨。其时前清驻藏大臣联豫已为新军所逐，公推管带官钟颖为代表，欲与达赖缔结改革藏政法约，而达赖遽听藏中仇华党人之言，时出兵攻驻藏华兵。警报日至，于是共和政府令川督率兵入藏，滇督亦派兵助之。山川阻深，军报迟滞，且英人亦由印派兵干涉，相持旷日，残杀剽掠，为状至惨。民国政府欲减省兵祸，拟和平了结，以羁縻之，示意驻藏长官。于是，达赖亦作悔祸赞成共和语"。

又说：9月1日，"钟颖电达政府，称达赖派堪布二人前来议和，提出条件，大致：一、恢复达赖教权，加崇封号；二、华人对于佛教及僧寺，不得仍前侮慢；三、西藏行政重大事宜，可与华官商议，惟不得于西藏改设行省及视为领土；四、中国不得于拉萨驻扎兵队，办事官卫兵限制二百人；五、撤退尹司令征藏兵队。旋经国务院会议，第一条可照允，惟须加入达赖不准干预政治字样。第二条可照允。第三条改为西藏重大行政问题，藏民有陈请权，由中政府察择施行。俟藏局安定后，中政府如何改设行省，达赖不得干涉。第四条限制中国兵队应取消。第五条改为现在一面饬川军缓进，一面另派兵赴藏镇抚。决议后，遂电饬钟颖转告喇嘛，已而复达赖诚顺赞化西天大善自在佛封号，由滇督蔡交毕土寺喇嘛专人送至拉萨，然达赖卒无正式承受答复之耗。时尹司令仍由巴塘、里塘进兵，未获全胜，达赖又生异心，且闻英兵加额驻藏。既而袁总统有电令达赖来京商确要政之说，旋达赖亦电复不获赴京之理由，大旨以藏事重要，不能遽离职守为推诿，然实非至诚倾向也。其后政府遽送达赖封号，且令休战，而达赖不允。及特使至川边，藏人与英兵交阻，不克前进。欲改道由大吉岭，而沿途亦尽为英兵驻扎，不克入境云云。近日且驱逐汉民出境，并有与英政府订协约之耗，情形更为危急"。[1]

17 日

▲蔡锷电告华侨联合会陈武烈、陈楚楠、谢碧田，将"特别保护"华侨至滇投资。说："滇富于矿，而贫于资。华侨来滇投资与力，极为欢迎，当特别保护。已请天民（按：吕志伊，字天民）往招，恳转达各埠接洽。滇都督蔡锷。筱。印。"

---

[1] 《西藏用兵记》（四），《申报》1913 年 1 月 30 日。

又电陈袁世凯及国务院江卡被陷等情。说："据维西协电称，江卡被蛮攻陷，委员殷鹏瑞被获［俘］，防兵四棚，全军俱覆。南墩僧番，相继为叛。又称六月二十七，盐井番兵欲与江卡叛蛮勾串，盐井巡兵驻井仅数十人，恐难抵敌，兼有乘间抢掠而逃之谣。又闻距巴塘百余里之凌康喜一带，亦与匪联合，众约数千，在大所地方盘踞，风声甚大等语。除已飞拨防军一营，迅赴阿墩堵剿外，谨陈。滇都督锷叩。筱。印。"

又电请袁世凯及国务院示知英人对藏事态度。说："中密。寒电敬悉。联豫所呈藏中情形，及英人对于藏事态度如何？乞电示。滇都督锷叩。筱。印。"

20 日，国务院电复蔡锷说："午密。大总统令：筱电悉。前据联豫电，藏事经廓尔喀王调停，拟将陆军实行退伍，藏内乱首，由藏惩办，并请饬达赖勿得仇视助济陆军之喇嘛，该军已退扎靖西等语。英馆送来节略，谓我若派兵入藏，必与英人有直接之冲突，及仍认驻藏办事，酌留卫队等情。并经详细调查，英未派兵入藏。现已交国务院速议办法，重在坚守条约，保我领土主权。特此示知等因。合电遵照。国务院。哿。印。"①

▲报载云南政务会议议决事件。说：

一、拟将东岳庙改作农业学堂，俟修成后将贡院内之农业学堂移于该处，法政学堂移于贡院，师范学堂移于法政学堂。而师范学堂则改筑街道二条，并多筑公馆，将来所得租银，作为公益事件经费。

二、为整顿省城之卫生及外观起见，于文庙前及南校场东门外、小西门外等地点修筑市场，将来凡卖菜蔬者，即收集于此。

三、拟行使整理收入印票。凡管理收入之官吏，均须贴用此印票，以杜侵蚀。

四、工商部电咨本省派代表往北京会议，拟即以华封祝充任，并将本省关于工商之意见详告该代表，以便于会议时提议。②

18 日

▲蔡锷急转陈殷承瓛质疑尹昌衡西征战功之电于袁世凯、国务院、各

---

① 以上四电见曾业英编《蔡锷集》（一），第749—751页。
② 《蔡锷集外集》，第184页。

省都督、上海《神州日报》馆。说："据西征殷司令承瓛筱电称，我军解巴围后，复发粮接济川军，并咨尹都督在案。兹得尹督电云，虞电悉。里塘、昌都次第克复，巴塘大路业经疏通。已派朱支队长统率四营进取乡城、稻坝，向标长统带所部收复江卡、乍了［丫］。至盐井、雌大两处，早令驻巴统领顾占文分支边军三营分头进击，八日已抵该处。请告郑纵队长开文固安滇边，免至互碍。昌都居边藏之中，已派员前往组织镇抚府。附进［近］之江卡、乍了［丫］、三岩、贡觉、同普、德格各处，均为川省防陆军十余营集中地。屡奉中央电令，俟与英使商妥，再行进藏。大兵四集，移驻待发，倘贵军踵至，无地可容，险窘不测，尚希鉴谅。当即复电，文曰：元电悉。西藏为川、滇屏障，宁静以东，蜀省应早为经营。乃自去冬迄今，仅以空文号召，未见一兵出关，坐俟叛番构乱，迭陷川边，谁之咎欤！滇军奉大总统西征之命，应巴塘、拉萨求救之请，顾全民国边防大局，克日出师，右规乡城，左规盐井，以为川军攻里攻巴之声援。今盐井收复已念余日，乡城投诚已一月余，犹不肯自由行动者，一则为川军留有余地，以敦睦邻之谊；一则须俟大总统明定权限，以为措手之方。西征既为国防问题，军费应由各省分担，本军非有大宗协饷，非得中央命令，必不再越雷池一步，请勿庸代为过虑也。来电谓克复里塘、昌都，进取乡城、稻坝，收复江卡、乍了［丫］，进击盐井、杂瑜，实为预占地步计，不必有是事，不可无是语。但确于何日克复，何时收复，由何方进攻，由何人进击，甚愿事之实行，为纯盗虚声者，一雪此耻。本军侦探队往来于江卡、昌都间，但见葛陇夏且统大军驻嘉玉桥，声言伊与川军不同覆载者；达赖转来藏文，甚愿结好滇军，同享共和。今宁静山西渺不见川军之踪迹形影也。本军于八月廿六确收盐井后，九月一号又确以粮饷运济巴塘，川军当能言之，足下坐守炉城，或难远见。万里所望，先我着鞭，实践所言。勿徒纸上空谈，虚声恫吓，以贻误川边者，更贻误三藏也。忝在同学，敢质言之等语。希查核示遵。并希转电中央等情。特以奉闻。滇督锷叩。巧。印。"

又转陈殷承瓛请允准其经营与"滇边接壤之杂瑜、波密等处"之电于袁世凯及国务院。说："辰密。本日据征西殷司令承瓛电称，铣、筱电均奉悉。尤日以巴围已解，曾运粮饷接济巴军，电知川督，得复词，夸大无实。谏日复以电激励之，倘尹督真能奋发，一举而荡平三藏，川边之幸，亦民国之福。惟细绎来电，确称战地宁静山渺无川军形影，该督株守炉城，一昧以空文铺张，虚声恫喝，万里西（藏），宁能飞越，拉萨被困之师，待川军救至，已尽作枯骸矣。请急速转国务院，并通告各省。我军遵电暂驻盐井，不与川军逼处。惟滇边接壤之杂瑜、波密等处，概不属藏，亦不属川，紧与怒、俅两处西北相错，承璹拟以一军实力经营，以屯以守。现英人修路，已抵亚必曲陇，距杂瑜九十里耳。川军能长驱入藏固善，否则以驻波密、杂瑜之师，一出江达而北，一渡褚楚河而西，不惟形势利便，而近可以置叛番之死命，远可以戢强英之野心，退可以与怒、俅打成一片，固滇边之肩钥，杜片马之穿逾，是一举而数善备矣。迫切待命，立候施行等因。特代电陈，敬候核示。滇都督锷叩。巧。印。"

23 日，国务院电复蔡锷说："午密。大总统令：铣、巧电均悉。殷司令所统滇军，已遵扎盐井，不致与川军逼处，阅之甚慰。所称以滇军经营珞瑜、波密一节，查珞瑜已有川员前往，设波密系上年驻藏陆军平定之地，且道里距滇较远，应先探明地势番情，勿得轻进。至所请巨饷一节，中央无点石之术，惟赖各省协济。而各省困难，解款寥寥，不敷中央行政之用。近日借款，迄无成议，碍难应付。该司令仍应遵令勿进，免致轻挑外衅，有碍滇省大局。再驻藏陆军，现已退扎靖西，不在拉萨，昨已详电该督矣等因。合电遵照。国务院。漾。印。"

26 日，再电复蔡锷说："午密。大总统令：巧电悉。殷司令恪遵中央命令，不再进兵，殊慰。滇川唇辅相依，此次两省出师，均能迅奏肤功，本大总统极为嘉慰。该司令越境急邻，克复盐井，招徕乡城，馈粮巴塘，有功川边，尤不可没。川军进扎昌都等处，亦迭据电呈。两军相望，前此均在千里而遥。传闻之讹，自所不免。现川边不日底定，即当同邀嘉赉，务望敦廉蔺之欢，懔浑濬之戒，以保境息民为重，勉之。等因。合电遵照。国务院。宥。印。"①

▲报载云南政务会议议案摘要。说：

一、地方官公费问题。

前定地方官公费繁剧，地方多不敷用，以致地方官贤者事多束手，不肖者遇事敷衍，地方行政将日见败坏，非加公费不可。惟一律增加，

---

① 以上四电见曾业英编《蔡锷集》（一），第 751—754 页。

财力实有不及。惟有酌中办理，简缺暂行照旧，繁缺则酌为加增，以敷用为度。由民政、财政两司拟定，再交政务厅查核交议通行。仍先由政务厅拟电通饬各属，将陋规纤悉呈报，如隐匿不报者，以贪赃从严论处。

　　附议：米兵折征一两，前经通行，惟公家岁入，所失甚巨，应通电照旧征收，一面咨议会声明，由政务厅拟稿。

　　二、关于警察之事。

　　（一）规定地方警察官长与地方官相互间权限、责任及分属。（二）各地方警察，每将行政、司法分而为二，司法警察多用从前差役，而行政警察则专事站岗，毫无实益，应切实改良。凡行政、司法警察，不必划分，统归警察长管辖，于行政上裨益较多，其生活程度较高之处，则酌加月津饷。（三）省城设巡警训练所，抽调各属巡警来省教练，以三月为期，并特聘警察教师二三人来滇，以宏警察教育。（四）巡警须于各项技术特加讲求。（五）巡长以上应发手枪。（六）巡警月薪，视各地方情形增减，不必划一。

　　以上各事，统由民政司筹订。手枪由军务司拨发。①

19 日

▲蔡锷电请参议院、内务部筹备国会事务局，速复省议会议员额数及分配办法。说："选举事已将众议院、省议会议员选举资格依限合并调查在案。惟省议会议员额数若干，初选当选人如何分配，因《选举法》未经颁到，无从悬揣，请速电复。滇都督锷。皓。"

　　21 日，再次电催筹备国会事务局说："《省议会议员选举法》第一条，省议会议员名额依省制规定。又第十一条，复选举区之区划，别以表定之等语。现在筹办期迫，议员名额、复选举区划表，急待发布，祈速电复。蔡锷叩。马。印。"②

　　24 日，电复筹备国会事务局，滇省已依令对选举事务做了具体安排，并又一次请从速电示"省议会议员名额及复选区划表"。说："青、巧电敬悉。国会组织，关系国本，选举期限，万难刻延。滇省于奉到本法及众议

①《蔡锷集外集》，第 184—185 页。
② 以上二电见《公电》，《政府公报》第 150 号，1912 年 9 月 27 日。

院选举法后，即于九月初三日依令组成筹备选举事务所，九月初五日委定初、复选监督，初十日将法令选举资格通电各属，克期调查，限十月初十日将选举人总数电呈。又将奉到法令并依法制成各项表册、簿票，令于九月初五日飞递各在案。其余依照法令应办事宜，现正赓续赶办。至选举日期令所定期限，揆诸滇省情形，应援本法第九十九条酌量更正。又自《国会组织法》第二条第一款及第十三条之规定观察之，正式省议会当在国会召集之前成立，则众议院与省议会选举事宜，自应兼程并进，参酌法理，详究事实，以详慎周备之主旨，规定办理选举日期清单通行各属。其间之最关紧要者，谨奉达如下：（一）十一月二十五日举行众议院、省议会议员初选举；（二）十二月二十日举行省议会议员复选举；（三）民国二年正月初十日举行众议院议员复选举。其余各项期限，比之青电所列，稍有差异，皆系酌量提前，与大总统通告所谓国会早日成立，即国基早日安奠之旨正自相符，于法令均无触背。除通饬初、复选监督照办外，合行电达。再省议会议员名额及复选区划表需用甚急，并请从速电示，无任盼祷。滇都督锷。迥。印。"①

25 日，筹备国会事务局电复蔡锷说："皓、马电悉。《省议会议员选举法》业于虞日通电矣。至省议会议员名额及复选举区表不日即将公布，届时再电达。筹备国会事务局。有。印。"②

27 日，再电复蔡锷说："迥电悉。省议会议员名额昨公布，本日已电达矣。至复选区表，俟公布后再行电知。筹备国会事务局。感。印。"③

20 日前后

▲蔡锷电复中华民国铁道协会，对其"热心公益"，表示"钦佩"。说："接读函示，敬悉中山、克强两先生被举为贵会正、副会长，以外各员均经票举勉尽义务。仰见热心公益，钦佩莫名。所拟进行方法，首在杂志，尤属扼要，以后进行如何，尚祈赐教。至于杂志出版后，并希按期寄滇，借广闻见。端复。虞请公安。滇都督蔡锷。"④

---

① 《公电》，《政府公报》第 152 号，1912 年 9 月 29 日。
② 《公电》，《政府公报》第 150 号，1912 年 9 月 27 日。
③ 《公电》，《政府公报》第 152 号，1912 年 9 月 29 日。
④ 上海《民立报》1912 年 9 月 24 日。

20 日

▲蔡锷电告陆军部，滇省宪兵情况，容后再咨部。说："鱼电悉。滇省宪兵共一连，所有人员、装械、服务区域，容后列表咨部。滇都督锷。哿。印。"

又电告陆军部，滇省军事人选安排。说："蒸电悉。滇省陆军第一师长李鸿祥充任。第二师长谢汝翼。现除西征及援黔军外，概归并为一师。谢调参谋厅长。特此报闻。滇都督锷。哿。印。"①

又致电胡景伊，提议统一指挥滇川交界燕子坡附近的剿匪问题。说："滇川交界燕子坡附近，匪徒横行，交通断绝，公私交困。推其原因，实由于指挥不统一，责任无专属。鄙意拟各增兵，并会衔派委一员指挥两岸军队，关于缉盗保商，俾得行动自由，并负完全责任，庶不致此拿彼窜，互相推诿，实为两便。又该关系商人，拟捐资设电话于燕子坡附近各要点，以供军用及商用。是否可行，统希电复。滇都督蔡锷。哿。印。"②

又与黄兴、胡元倓等人呈请袁世凯，"准拨前度支部核捐处饭银余款"，作明德学校增设大学"基本金"。说：

> 为明德学校增设大学，恭恩大部转呈大总统准拨前度支部核捐处饭银余款，俾作基本金，以利进行而规久远事。窃兴、元倓等于前清光绪癸卯创设明德学校，历办两等小学及中学、师范等科，理化专科，银行专科，法政别科。开办至今已历十载，毕业人数，久愈二千。民国纪元，又开办高等商科、政治经济科、德法语专修科，肄业学生在九百以上，新筑讲舍增二百余间，西仿牛津，东步庆应，民国规模，国中似罕其匹，校风学旨，东南亦微有声。历年经费，虽多数集之私人，亦间得公家补助。开始数年，兴迭主持校务。自时厥后，延阎等力任维持。即力薄如赛，亦曾勉助多金，借表赞同之意。艰难支拄，得以至今。际兹国步鼎新，民意初振，扶成智德，以教育为枢机，促进文明，以学校为炉冶。元倓等既已殚竭绵薄，矢志于专制之年，自当益奋仔肩，负责于共和之世。惟学级递进而愈高，经费日繁而愈困。

---

① 以上二电见《滇督蔡锷任职期间关于联系军杂事务文电》（1912 年 5 月至 1913 年 10 月），中国第二历史档案馆藏，档案号：1011-1114。
② 曾业英编《蔡锷集》（一），第 754 页。

民国肇造，建设需才，尤非急设各科大学，不足以应时世之要求，而合世界之趋势。元俊等再四协商，湖南地处偏隅，非建设大学适宜之地。拟于汉口另建校舍，开办法科、商科、文科。一俟办理就绪，即行添设理、工、医、农各科，约计开办经费，至少亦须四十余万，常年经费至少亦须十万。纯恃私人捐助，断难应用，且学校无大宗基本金，则学科上设备必受财政之影响，办理既难达完全之域，民校将无发达之期，前清学务之坏弊即坐此。元俊等身历前事，今欲续办大学，为民国树之风声，岂可仍蹈前辙？但民力单薄，开办、常年两项经费，纯恃捐集已费周章，复何从集合大宗资材以为基本。方今国家财政万分支绌，又岂可妄请国款以资补助。兹查前清度支部核捐处有饭食银一项，所存余款尚存二十余万两。此项饭银，前清捐输定章，随同正捐银征取，津贴堂司各官办公用费及补助各种善举，其用途既不关乎行政，其性质亦实近陋规。现闻所存银两，皆存大清银行，该行停止营业，此项饭银，自难如数提出。与其徒有债权而无着，何若提此闲款以育才。元俊等窃思当务之急，兴学为先，民校艰难，全恃补助。拟恳转呈大总统俯念前此明德成才之众多，后此大学需费之浩博，准将此项饭银余款，全数提给明德大学作为基本金，俾利进行而规久远。为此缕陈，伏乞鉴核施行等情。理合呈明大总统鉴核饬遵。谨呈。黄兴、张謇、汤化龙、谭延闿、蔡锷、沈秉堃、赵凤昌、章士钊、陈三立、胡元俊等。

教育部批：据呈已悉。该员等热心毅力作育人才，卓著成效，本部实深钦佩。所请转呈大总统，将前清度支部核捐处饭银余款，全数拨给该校为基本金一节，仰候呈明大总统批示可也。

袁世凯批：据呈已悉。该校开办十年，成效昭著。肇造民国人才，多数出自该校。育德立功，全国攸赖。该校创始之际，经营惨淡，幸赖伟人之力，得其基础。当兹民国初成，培养应世之才，尤为富强首务。据称拟于汉口兴办大学，因时建设，规划宏深。查有前清度支部捐纳饭银，原系正捐外附加之资，本有拨充善举之用，与寻常官款性质迥别。所请拨给该项经费，以充汉口明德大学基本金一节，应即照准。仰财政部照数拨给，以资办理可也。此批。中华民国元年九月二十日。大总统印。赵秉钧、周学熙署名。①

10 月 2 日，周学熙为此呈复袁世凯说："为呈复事。案查教育部代呈明德大学请拨前清度支部核捐处饭食银两余款一案，九月二十日奉大总统批……（按：见上文）此批。等因。到部。适九月初十日，据经济协会呈称筹办经济学校，请将此项饭银十五万两拨充经费等语，并先后接准前南京留守黄兴、前农林总长宋教仁函请照拨各在案。查前清度支部核销处饭银向系存放大清银行，现在只余十六万九千余两，明德大学请拨饭银一案，既经黄前留守列名具呈，经济协会因办学请拨此款，复经黄前留守函请照拨，彼此同属因公，自应并筹兼顾。因与黄前留守等迭次函商，兹经拟定明德大学、经济协会各拨八万四千五百两，以资补助。除饬知银行分别照拨外，理合呈复大总统鉴核施行。谨呈。中华民国元年十月初二日。"②

次年 1 月，蔡锷与黄兴、龙璋、章士钊、龙绂瑞、朱恩绂、袁思亮、聂其杰、廖名缙、张缉光、章遹骏、陆鸿逵、周震鳞、陈嘉会、向瑞琨、李傥、胡元俶上书湖南都督谭延闿，请其转呈袁世凯"准将湖南矿务解交中央井口税之半"，"拨交明德大学为常年之补助"。说："窃前由兴等缕陈湖南明德学校情形，拟移设汉口开办大学，恳将财政部另存前清捐纳饭银二十余万两拨充明德学校基本金，呈请教育部转呈大总统批准照数拨给在案。后以汉口基地建筑尚待时日，经同人集议移校京师，预算本年设文、法、商三本科，政治经济、商业两专门部，计分五班。购备书籍，租赁校舍，延聘欧美及本国讲师，常年经费将及八万元。饭银一款实数只十七万两，经经济协会划分一半，实拨明德大学仅八万五千两。以预算经费计之，尚不足二年之用。此外，若仍恃私人财力以为补苴，则明校发达之期终归无效。查湖南矿务素有井口、出口两税，出口税全为国有，井口税则以一半充地方矿政之用，以一半解交中央。计前清光绪三十四年岁收井口税二万二千八百余两，至宣统二年岁收二万三千四百余两，嗣后亦逐年增加。拟请都督转呈大总统准将湖南矿务解交中央井口税之半，每年无论多少，

---

① 《蔡锷集外集》，第 186—188 页。又见《公文》，《政府公报》第 148 号，1912 年 9 月 25 日。《政府公报》删去了"癸卯创设明德学校"之前的"光绪"二字，呈文署名尚有张国溶、李维格、陈汉第、叶景葵、王璟芳、章遹骏、龙璋、龙绂瑞、朱恩绂、聂其杰、袁思亮、张缉光、廖名缙、胡瑞霖、向瑞琨、李傥 16 人。

② 《公文》，《政府公报》第 160 号，1912 年 10 月 7 日。

均拨交明德大学为常年之补助。在本校亦拟更设矿学专科，以助矿务之进行。庶于学校之完全、人才之勃兴，计日可待。理合呈请核夺施行。谨呈。"

谭延闿随即转呈北京中央政府。袁世凯批示："据呈已悉。交财政、工商两部核议。此批。"①

2月4日，周学熙又与刘揆一呈复袁世凯说："为呈复事。准国务院函开，奉大总统发下湖南都督谭延闿呈，据黄兴等呈请将湖南矿务解交中央井口税之半，每年无论多少，均拨交明德大学为常年之补助等因。据情呈候批示等语。奉批：据呈已悉。交财政、工商两部核议。相应钞录呈批送部查照等因。准此，遵即会同核议。查明德学校开办大学时，曾将前清捐纳饭银拨充基本金，为数甚巨。此后常年经费自应由该校自行设法筹措，不能指定一种国税，以为常年之补助。矿产出井税与矿产出口税同为国税之一大宗，年来湖南矿务稍形发达，岁收井口税已达二万数千两，将来事业扩张，所收税额当不只此。此项税款向章，以一半解交中央，以一半充地方矿政之用。民国成立以来，工商部即预筹及此，批由工商部拟设之矿务监督署将此税全数征解财政部，而矿务监督署之一切经费亦由财政部支拨，此事在新订矿法颁布后即可施行，所以重收支而归划一也。今黄兴等请将湖南井口税之半拨交明德大学，姑无论国家税款用途甚多，碍难分拨，万一各私立学校纷纷援例，请以国课充校费，在政府亦将穷于应付。揆之事实，所请实未便照准，理合会同呈复大总统核夺批示遵行。谨呈。

"批：据呈已悉。该大学经划闳远，需款正殷，应由教育部随时设法补助，勿使中辍。此批。大总统印。中华民国二年二月四日。国务总理赵秉钧。"②

▲袁家普、李曰垓奉蔡锷先后批令，呈报地方行政官厅分科办事经费文。说：

> 财政司、民政司兼司法司奉呈钧府先后批令：文官公费俸给，业经厘定通行，饬将各属分科办事章程重行厘定呈候颁行，以为实行划分公费俸给之补助等因。奉此，本司等查经费为办事之母，经费不充，

① 《公文》，《政府公报》第 278 号，1913 年 2 月 14 日。
② 《公文》，《政府公报》第 299 号，1913 年 3 月 7 日。

而欲办事敏活，势必不能。前奉李师长巧电，各属分科办事经费，以官得公费开支，其余粮税陋规讼费罚金，无论官得私得，一概饬令解缴。此电通行，各属以经费不敷为请者十居八九，在公费未划分时业已有此现象。昨奉钧府令，就前定公费中划出俸给一项，专给本官所得公费，令其开支分科经费。本司等窃虑公费减少，难于推行。随据临安何守、宜良县蒋令、晋宁州姚牧、开化府张守等先后电呈，均以公费不敷开支，请拨款项为词。虽其他府、厅、州、县尚未据呈报情形，而举此以推，并参考公费未划分时之文牍，各属必继续呈请，可不烦言而解。若泥于一定，匪特各属纷纷呈请，无法批答，且恐牵掣公费全案，影响遂及于各地方政治。昨政务会议亦以前定地方官公费多不敷用，贤者事多束手，不肖者遇事敷衍，地方行政，日见败坏，对于公费问题，已决定增加。本司等再四筹议，公费案业经通行，未便更张，拟于公费之外变通规定，似较完善。如公费足用，不能于公费外开报分厘；公费不敷，准其于公费外，照额定数目开支杂款，并将员书、人投〔役〕名额薪伙，通盘筹划，斟酌拟定。各属向有规费，亦饬令涓滴归公，分晰列表呈核。如此变通补助，则公费案可以推行无阻。经费充足，各地方官亦不致竭蹶从事，可望一致进行，实于政治大有裨益。所有议拟各属分科办事经费章程缘由，是否有当，理合缮折具文，会呈钧府衡核，咨交议会议决通过，以便通饬照办，仍祈批示祗遵。此呈军都督蔡。

计呈地方行政官厅分科办事经费章程清折一扣。袁家普、李曰垓。

10 月 2 日，袁家普、李曰垓奉蔡锷批令，再呈地方行政官厅分科办事，以清机构及合理开支经费文。说：

奉钧府批：民政司、财政司会呈拟定分科办事章程由。奉批：呈及章程均悉。分科办事，旧章每科设一科员。今裁去科员名目，统以佐治员一人，于三科分设书记长及书记，是否以佐治员综理三科，而书记长分任各科之事，章程中仅列举三科之职掌，于佐治员、书记长之职务似应叙明。行政科照旧章系以巡警长、劝学员、劝业员充任，并以各项经费充用。今虽有第十四条不得提还已经提定之款之规定，然未经开办分科之各属，其警款、学款、实业款未经提定者，是否照今章解释即可不必提充，果如此则办法又难齐一。州县分科办事，司法、理财两科，其设置尚属单纯。惟行政科与原有之劝业员、劝学员、巡警长等极有复杂之关系，不独原有之经费应否提充行政科经费须叙明，即原有之劝业等员与行政科权限如何亦当详晰分别，以免他日办事掣肘也。至提解未报之陋规一节，尤为此次重订办事章程之主目的，而增加经费尚次之，故须抱定陋规和盘托出，即以托出之陋规充增加之经费之宗旨做去。第八条应再行严切规定，如实无未报陋规者，须出具切结，呈候查明，再行酌夺，不得任意在他款开支。盖该属既实无陋规可充增加之经费，不得不俟查明后在他项款内支领。倘非如是严切，将致陋规则称无有，经费则必增加，其开支不更巨耶？故此次章程公布后，尤要在使各属将全数收支彻底呈报，以便通局计划。第十条应再加数语，即用前次通电意思，饬令于文到一月内，将收支各款详细列表，不得仅以并无陋规及开支实在不敷等语，含糊呈复。必依表中所列实款为之，收支两抵，始足征信。倘此次列表尚复隐匿收款，浮冒支数，查出或被告发，即当治以重罪，庶几知所儆惧。又，前次颁布分科章程，各属以不便于己，或竟不呈报开办，置之高阁；或名虽呈报开办，其实不过一纸空文，甚至经费任意开支，事实并未分科，仍以幕友、家丁分任其事，徒于报销册中有分科之名目而已。此次务当限期一律举办，先以清理陋规为增加经费之预备。如有实无陋规者，即准于他款开支，应于第十五条添入限期，违则以抗违命令惩治。总之，此次分科章程通行后，必使各属于收支表不敢任意敷衍，则陋规虽然隐匿，亦不致如前此之多，以各属所报出之陋规，充此次增加之经费，通计或可敷用。即令不能敷用，须于他款开支，试问今日各属于公费外，复开支分科经费若干者，兹虽增加少许，比较不犹便宜耶？且以前各属办法不一，兹虽通盘筹划，增加少许，比较不犹划一耶？以上所拟增添各节，仰该司会同财政司再为商榷，即便删改呈候核夺。此事关系全省吏治，又系重订章程，不能不望该司等斟酌尽善，以期一劳永逸，再行咨由省议会通过施行。章程存查，摘由批。等因。奉此，本司等查行政一科，旧章系以劝学员、劝业员、巡官等组织，并以各项经费充用。然详加审酌，其中关系复杂，动形掣肘，故此次定章将此条全行汰去。况官绅权限，业已拟定规程，呈奉批准，通饬遵办，似无庸再行划分。惟前章第十四条，有已经提定劝学、劝业、巡警等款不得提还之规定，虽就分科经费一方面维持，究嫌窒碍，应即删除。此外各条，亦遵照增添删改，共定为二十条，另缮清折，呈请鉴核。所有遵批议拟缘由，是否有当，理合具文会呈钧府衡核，咨交议会，迅速议决通过，以便通饬遵办。仍祈批示祗遵。再折内条文，现因遵批另行增改，是以互有变更。若果仍不适用，即请饬下政务厅斟酌改拟，以期妥善。不必又复发下，致多稽延，合并声明。此呈军都督府蔡。

计呈地方行政官厅分科办事章程清折一扣。袁家普、李日垓。"①

▲13日，尹昌衡电请成都张培爵、胡景伊转陈袁世凯及国务院"急电阻止"滇军攻盐井、捣拉萨。说："西征捷报，迭经电达，已令朱森林扫清余匪，进取稻坝、乡城，向树荣取道巴塘，收复乍丫、江卡。巴围既解，劲旅东来，原驻边军，自可抽调，已饬驻巴统领马占文分拨两营，往攻盐井。顷接云南殷司令承瓛来电，亦拟攻盐井，出江卡，经昌都，捣拉萨。查昌都附近之江卡、乍丫、贡觉、三岩、同普、德格各处，为川军十余营集中地，乌拉粮秣，已费周章，再加滇军，危险叵测，祈大总统急电阻止。刻川军大集，秣马待发，屡奉钧命，未敢遽前，若滇军兼进，酿成交涉，则咎不在川。况川兵力平藏有余，倘两省会师，同时并进，无地可容，互碍滋多，将来解退，又为不易。能令该军保守滇境，俾川军一意进行，固为上策；如必欲分进合击，则军令必统以一人。如何办理，敬待钧裁。昌衡。元。印。"②

16日，国务院电令蔡锷转饬殷承瓛，如川军已到盐井，"滇军自可撤回"。说："奉大总统令……（按：见上文）。前次电令滇军规复盐井，因恐川军一时不能遽达。现该军既剿抚得手，已拨营往攻盐井，如该军已到，滇军自可撤回。望即转饬殷司令遵照办理等因。合行电达。国务院。铣。印。"③

---

① 《财政司、民政司兼司法司报地方行政官厅分科办事经费呈》（1912年9月20日）、《财政司、民政司兼司法司关于地方行政官厅分科办事以清机构及合理开支经费呈》（1912年10月2日），云南省档案馆编《云南档案史料》1991年第3期，第44—46页。
② 《尹昌衡集》第1卷，第209—210页。
③ 曾业英编《蔡锷集》（一），第755—756页。

蔡锷随即一面电令殷承瓛，既然"川兵大胜"，"我军可扼要防御，静听川军捷闻如何，再为商议办法"。说："日前川军征剿藏番，因其屡次失利，奉中央政府电催滇军急速赴川援助。兹既尹督来电，据称现已夺回巴塘，军势大振，藏氛不难荡平，请我军暂缓前进，仍扎滇边，以为声援等语。是乃慎重兵事之意，我军可暂照办，固守边圉为是。闻由维西、墩分道进趋巴塘，经过道路，极其险峻，数百里雪山冰岭，辛苦难言。且人烟极少，粮秣难备，劳师远征。乃出紧迫之际，兹既川兵大胜，何幸如之。我军可扼要防御，静听川军捷闻如何，再为商议办法。特复。"① 一面电复尹昌衡说："盐井为滇师入藏门户，且向系丽江土司所辖，感情素厚，故滇军一至，悉愿投诚。而为提军入藏办理善后计，暂行驻扎，以利转输，非有所利于其间。川军若欲进规拉萨，则藏地广袤，随地可以进兵，何必再拨营往攻，致使两军逼处？至贵都督所云军令必统于一人，自系确论，已饬殷司令遇事商承而行。仍望执事尽释猜疑，共维大局。"②

20 日，又电复袁世凯及国务院说："辰密。铣电悉。滇军入藏，迭奉大总统电令速援巴塘，遵饬殷司令督师赴援，前军已复盐井。曾经声明收复川边各地，仍交川军经营，意在专以兵力互相应援，至民政则仍归川军布置。惟体察形势，盐井为滇师入藏门户，其地向归丽江土司所辖，感情素厚，滇军一至，悉愿投诚，顺而抚之，其势甚易。今该地早经克复，川军何必再拨营往攻？正宜分道进行，以免两军接触。且滇军前进，当取道擦瓦龙，则盐井为必由之路，现川军恶感尚未消融，盐井归其接收，滇军后路不无可虑，应请暂归滇军管辖，以资驻扎，而利转输。其两军用兵区域，亦请明为划分，庶不至别生枝节。至尹都督所云分进合击，军令必统于一人，所见甚是。已饬殷司令，军事机宜，此间未便遥制，凡一切计划，皆商承尹都督办理，以便策应，而免纷歧。是否，仍乞电示。滇都督锷叩。（号）。印。"

10 月 1 日，国务院电复蔡锷，"所拟滇军由擦瓦龙入藏"自应缓议，至盐井管辖权，"即由该督等协商"。说："午密。大总统令：蔡督号电悉。所论极为有见，现因藏事关碍交涉，已饬尹督先清川边，暂勿西进。来电

① 《长沙日报》1912 年 10 月 8 日。
② 《云南光复纪要·西征篇》，第 211 页。

所拟滇军由擦瓦龙入藏一节，自应缓议。至盐井地方，查参议院议决公布四川选举区表，第八区盐井县即系该处，应否暂归滇省管辖，以固滇北门户之处，即由该督等协商，呈候核酌。尹督亦暂可不必派兵赴盐，以免逼处可也等因。合电遵照。国务院。东。印。"①

21 日

▲蔡锷致电胡景伊，提议滇川两省各派一营，会巡叙属边境，"搜捕匪类"。说："叠据川、滇商民呈诉，叙属边境，盗贼充斥，贸迁裹足，行旅戒心，啸聚日多，重费兵力。拟自川之横江起，至滇之滩头止，以及张窝、新滩各处，作为会巡地域，设置防军。两省各派一营，会委干员节制，会力搜捕匪类，不分疆界。但此委员资格，宜得两省同意，俸给公订，责任两承。庶几跳梁屏迹，政治无忧。如荷赞同，再行拟定细章。先电复。蔡锷叩。马。印。"②

▲报载段祺瑞不主张用兵于蒙藏的四大理由。说："陆军段总长对于蒙藏不主用兵，其理由甚为正当。昨将此议复请国务会议议决，当晚拍电二道，一致科布多办事长官，一致西藏办事长官。兹探其内容厥有数端：一、现在英俄对于蒙藏已持干涉主义，设我用兵，彼必乘间干涉，于外交上大有关系；二、现在大借款银行团不愿继续提议，假一开战，其作战费用，无从筹划；三、开战后果能胜利与否，不能预料，万一不幸，则蒙藏非我所有。四、与其失利于现在，何如暂不用兵，一味用抚，一面请孙中山筹备蒙藏铁路，铁道已成，彼时进兵自易。"③

22 日

▲20 日，李根源电请蔡锷"勉综"云南国民党支部长之任。说："蔡松坡先生钧鉴。顷得国民党电知合并议成，非公毅力不至此，炘〔忻〕望何极。惟合并之初，观听所系，非得闳哲，不克襄举。谬蒙推委，已力电辞。公弘识伟望，朝野共瞻，光大含宏，惟公是赖。乞公重念党事，勉综

---

① 以上二电见曾业英编《蔡锷集》（一），第 755—756 页。
② 曾业英编《蔡锷集》（一），第 777—778 页。但是书依据 1912 年 11 月 10 日刊载此电的上海《神州日报》定其发于 10 月 21 日，应有误。
③ 《不主用兵于蒙藏之四大理由》，北京《民主报》1912 年 9 月 21 日。

斯任，以副群望，而策进行。祷切，盼切。根源叩。哿。印。"①

22 日，蔡锷电请大理李根源，"勉为其难"出而主持云南国民党支部。说："哿电敬悉。六党合并，国之利而党之福也。惟军人预闻党事，流弊滋多。前者统一共和党以总务干事被举，经再四力辞，合并告成。本部复以理事相推，亦经函电坚却之。迩来党争剧烈，危及国家，尤不欲投入漩涡，致负为国始念。日前曾于支部成立会席上陈述意见，已承各党友谅此苦衷，许予卸去关系，私心感慰。现当支部合并伊始，非得资望魄力如公者挈领提纲，发纵指使，不易收圆满进行之效。滇中要政，百端待举，借政党以运用之，进行速而收效较易，望勉为其难，毋事谦挹。执事再任戎事，则仍应脱党，以符通义，此时似可先声明之也。握手有日，无任神驰。锷。廿二。印。"②

10 月 10 日，李根源电复蔡锷，仍力主由其出掌"斯任"。说："顷得国民党电知合并议成，非公毅力不至此。忻望何极。惟源前任同盟支部长，实以草创之际，勉承其乏。兹当合并之初，观听所系，断非末识所克负荷。顷蒙推举，已力电辞。公弘识伟望，朝野共瞻，光大含宏，惟公是赖。乞公重念党事，勉综斯任，以副群望，而策进行，祷切，贮切。根源叩。蒸。"③

▲报载"滇省友人来函，述及蔡都督治滇政绩，颇可为各省模范。特录其荦荦诸大端，以为吾川执政之棒喝。一、行政官多老成人（阿敦、中甸、丽江各边地均任素有经验者）。二、陆军饷薄而无习气（一等正兵，每月不过四两）。三、哥老不敢横行（迤西师长捕杀哥老不下数千人，川人死者尤众）。四、土匪极力痛剿（蒙自、腾越毙匪数千人）。且蔡都督锐意治边，特任丽江府知事姚春魁为怒俅总办。盖怒俅均在怒江下流，我不自图，必有人代我图之者，蔡都督之未雨绸缪，真令人怡然者矣"。④

又载蔡锷以杨觐东代替黄谦为迤西道，引起该处议事会、参事会、自治公所的各议员的不满。说："云南腾越厅因在极边，又与缅甸毗连，实为

① 昆明《天南日报》1912 年 10 月 4 日。
② 《西事汇略》卷十，第 15 页。原电仅有韵目代日，但从蔡锷电文中有"日前曾于支部成立会席上陈述意见"一语，可推知其发于 9 月 22 日。因为蔡锷在国民党"支部成立会席上陈述意见"的时间是 9 月 15 日。又见昆明《天南日报》1912 年 10 月 4 日。
③ 《西事汇略》卷十，第 14 页。
④ 《蔡都督政绩之可风》，成都《国民公报》1912 年 9 月 22 日。

最要门户，军府深为注意。乃于今春将该厅改为腾冲府。又以片马被英占据，现在堪为我之屏障者只该府各土司及野人山而已。故将该府之干崖、盏达、南甸、蛮允各土司地方实行改土归流，业已委员前往办理。讵近日有前代办盏达土司名刀思必发者，在满清时因鱼肉百姓，苛刻夷民，大失人心，被控惧罪，私逃出外有年。今夏忽然回腾，适迤西道为黄子荣代理，刀力求黄委复任代办之职。黄未肯允，后因杨觐东到西道任，刀又往求之，杨乃许其复职。盏达人民得闻此信，即大起风潮，力图抵制。先则不纳粮税，近则聚众万人，意图蠢动。该府近日大有朝不保夕之势，人民十分惊慌。日昨道府电省，现已由殷总司令电饬永昌军队赶任弹压。又腾越自改腾冲民国时，军府即委黄谦即子荣前往任府长职，到任后对于边防则妥为布置，交涉则力顾主权，学务则认真提倡，警察则从事改良，实业则捐廉倡办。故不数月而一切政事，无不大为可观，口碑载道，善政远扬，与绅民感情极好。军府日前因接黄君辞职电，乃另委西道参事杨兆龙接任，腾郡民一闻此信，如失慈父母，乃屡次电禀军府，泣请留任。军府未肯照准，绅民深为抱恨，现在该处之议事会、参事会、自治公所各议员均一律辞职，因之秩序大乱。"

又载蔡锷赞同滇省在京参议员所请，于公明山设立知事。说："自缅甸沦英后，英人常欲以吞并缅甸之手段而侵占云南，故当满清时，云南腾越镇边思茅诸边地常被英人侵占。不得已乃于光绪二十六、七、八、九等年由两国派员会勘。滇员主退让，英人主强进，因之又被其混去边地不少。惟镇边厅公明山山脉蜿蜒［蜒］，素称中国屏障。讵英人时欲侵占此山，以为进取内地之渐。去年夏间，闻曾派兵由葫芦王地绕出公明山驻扎，并借口公明山系其属地，屡起交涉。现在在京参议员以公明山关系云南不小，若不亟早经营，尤恐被人进据，乃电滇都督请速于公明山设立知事，以保边陲。军府亦以为然，当筹实行。"①

23 日

▲殷承瓛通电国务院、参谋部、陆军部、蔡锷、尹昌衡、各省议会、各报馆，对中央要求西征滇军撤回极为不满。说："滇川军情暨藏中危象已

① 以上二文见《滇边邮讯·腾冲府》，上海《民立报》1912 年 9 月 22 日。

迭电呈请滇督转报国务院有案矣。奉复饬滇军暂驻盐井。又奉复饬撤还滇境。尹都督复电，至谓滇军踵至，无地可容，险窘不测等语，伏思滇以边瘠之区，本属自顾不暇，迭承大命，促令西征，而求救之文又急于星火，我都督情不得已，始选将出师。三月以来，虽兵不血刃，而损失已巨。事方得手，忽饬驻井，忽饬还滇，承瓛轻翼一身，本可应机作息，而数千健儿，分道而出，一瞬千里，但能操纵自如，在承瓛号令不一，既已大失军心，在钧院朝令夕更，亦恐有妨军政，进既不可，退又不能，狼狈之间，责言交□，兴言及此，亦难堪矣。夫寥廓无垠、幕天席地者此万里乌斯也。驱川同胞七千万众以实之，正如运恒河之一沙、太仓之一粟耳。川滇两军为数几何，所谓不能容者，此可以觇川人之意见、尹都督之度量矣。前清康乾时，大军入藏，一出西宁，一出青海，一出昌都，一出霍耳，如尹督所言，四军会集，不知更如何险窘，更不知何以能容，讵三藏以外，别有地以处之乎。浮夸之言，无辨驳之价值。但究竟川军出发若干人，占地若干，何时克复巴、里，何时直抵拉萨，尚希明确指示，以破疑窦，否则别命上将立统六师，风迅雷励，荡平乌斯，此上略也。不然，则划分区域，明定权限，用命勖勉，分途进取，明出间攻，分道合击，此中略也。再不然则令近藏各省相机殖边，以防为剿，以屯为守，观衅而动，进退裕如，此下略也。若徒惑于耳食，过信粗疏夸大者之纸上军声，旅进而旅退之，以及仰外人之鼻息以为动静，剑佩辉煌，洎乎转瞬沙虫。史上若挂有西征，滇军之一姓一字，滇军虽死，不为雄鬼以夺其魂，亦为厉鬼以击其脑。皇天后土，共鉴斯言。殷承瓛叩。梗。"[1]

蔡锷电示殷承瓛"仍照前议，经营野人山、珞瑜一带，从事改土归流"。说："西密。我军入藏，原拟取道珞瑜，径捣拉萨。嗣因奉中央电催先援巴塘，乃改道阿墩，收复盐井，自应节节进取，早奠边疆。惟近日迭准国务院电，巴、里已复，川边渐次肃清，滇军可无再进，致有劳师殚财之虞。而尹督亦屡电阻止，恐两军逼处，别生枝节，曾将滇军进止情形分别电达。顷闻达赖已电请中央，仍旧属服，惟要求不改省、不用兵等条件，而英人亦从中干涉。故川电有如滇军冒进，致酿交涉，其咎并不在川等语。我军此时万难深入。即以本省财政论，巨饷实有难支，中央亦无从接济。

————————

[1] 《丽江殷司令奉饬撤回之忠愤》，上海《民立报》1912 年 10 月 13 日。

现经再三筹画，惟有仍照前议，经营野人山、珞瑜一带，从事改土归流，一以固滇、藏之边隅，一以防英人之侵轶。至军队则毋庸过多，可酌留一二营，余悉撤还分驻，仍由执事与各将领悉心筹办。希先详复。锷。梗。印。"①

▲报载路透社"云南电：此间某华字报馆为军警击毁，蔡督现正彻查此案"。②

又载军政府广招侨商来滇开矿。说："云南地本山国，矿产极富，只以无人熟习矿科，故虽间有开采者，均未能发达。军府有鉴于此，乃委侨商李叔亭君前往南洋，广招侨商来滇开采。数月前曾招来数人，在蒙自设立义利公司，专办开化府白牛厂银矿，遵章纳税。事未数月，而该公司现已采获银矿，极形畅旺，且质美矿佳，将来可望大为发达。云南东川府所属铜、铅各矿甚多，成效夙著，满清所需京铜，全赖此处输运，惟缺点尚多。近由刘盛堂君发起，集资五十万，设一东川矿业公司，专以改良该处矿务为事。并由军府添委陈凤鸣君办理汤丹各厂铜务，以刘君盛堂专办矿山，庶免顾此失彼之虞。"③

24 日

▲蔡锷电请巧家厅金□□遵章办理选举。说："删电悉。据报该厅选举人二千二百四十三名等语。是〔似〕仍依据已取消之省议会议决暂行选举法办理，殊属不合。应遵本军府灰、寒两电，照众议院选举法所定资格切实调查，限十月初十以前将选举人总数电呈。勿延。都督府。迥。印。"

又"急"电请缅宁厅方□□遵章办理选举。说："马电悉。据报该厅选举人五百四十四名等语。似仍依据应〔已〕取消之省议会议决暂行选举法办理，殊属不合。仰即遵本军府灰、寒两电，照众议院选举法所定资格切实调查，限十月初十以前将选举人总数电呈。勿延。都督（府）。迥。印。"④

▲23 日，尹昌衡通过胡景伊电陈蔡锷，请"阻贵军不可再进"。说：

---

① 曾业英编《蔡锷集》（一），第 757—758 页。
② 《特约路透电》，《申报》1912 年 9 月 23 日。
③ 《云南实业谈》，《申报》1912 年 9 月 23 日。
④ 以上二电见《蔡锷集外集》，第 192 页。

"昌都、巴、里川军塞途，故阻贵军不可再进。边地作战，非同平原，蜂聚蚁屯，祸福莫测。一军开赴，犹且量地渐增，两省合来，势必互相妨碍。情可实查，心当共鉴。来电所责，未免不谅，敬告区区，尚祈静察。川滇一体，尚具苦心。滇馆泣谈，言犹在耳。鄙心公大，愚忧悃悃，绝无私心，尤非鬼蜮，故人深悉，今犹是也。谨祈慎思，速阻殷军。昌衡。漾。印。"

24 日，蔡锷电复胡景伊说："马电悉。西征事滇军着着进行，川军节节光复，左提右挈，不难荡扫番氛。惟恐外人干涉，不能不长虑却顾。尊电谓川军不能入藏，更难议及滇军，读之令人短气。已饬殷司令知照矣。滇都督蔡锷叩。敬。"

又电复尹昌衡说："漾电悉。锷与太昭于役桂林，深相契合。太昭之豪放雄迈，尤令人心折。现虽天涯各处，抑岂有间。川边不靖，藏事万急，滇师远出，系为民国大局，不忍坐视，且迭奉中枢命令，复得川将告急之文，是以改道赴援，意岂有他？乃边氛甫靖，即伸逐客之令，今虽持之有故，受之者未免难堪。欲图共济艰难，须双方互致恕谅之忱。是以前电切伸箴言。现川边初平，滇军自应撤退，收复地方，应即交还，俾办善后。已饬殷司令速为区处矣。锷。敬。印。"[1]

▲报载蔡锷接见巴补凉山各少数民族头人。说："巴补凉山为滇川藏间之一大部落，地方既广，种类尤繁，地质肥沃，出产甚多。其民素未归化，满清之时，常出为患。自去年共和成立后，蔡都督即注意此地，先派阮朝宗、何其恭等前往招抚，又委东川巨绅刘盛堂君充当招抚总办。刘君奉委后，□宣布德意，俾巴补凉山夷族咸知宗旨。该夷族等以刘君□□□□欺饰，欣然来归。除磨石一族已遣汉把前来□患目疾折□外，其余各蛮酋，如则勒大东归族之禄文明、额地族之古使，与虎使卑哺族之阿勒族，均已全数来归。又有川边回族代表之吉午族之安子亦闻风倾慕，一同前来。其余三族亦先后偕来。刘君优礼相待，留住东川数日，于九月二十一日到省，九月二十四日面见军府。军府深为喜慰，赐给美酒羊羔，又赏各蛮首官职、腰悬佩刀，以为十分荣耀。现拨来军营练习，俟练成后即令回籍教练该营

---

① 以上三电见《尹昌衡集》第 1 卷，第 222—223 页。曾业英编《蔡锷集》将蔡锷复尹昌衡电定为发于 10 月 24 日，误，因上海《民立报》1912 年 10 月 17 日便刊有此电。

所管蛮兵，预备后来征用。查该蛮首在满清时屡招不至，现在各族均来投诚，洵为民国之一大幸事也。"①

25 日

▲蔡锷令云南省各厅司局厂，"公务员不准滥行宴会"。说："公务员不准滥行宴会，前经规定禁令，通饬遵照在案。访闻近日各公务员恪遵功令，力崇俭德者，固不乏人，而于休沐日外仍前延宾宴会者，亦所难免。合再申明禁令，仰各厅司局厂一体遵照。嗣后公务员有于休沐日以外延宾宴会者，由各该长官认真纠举，并由巡警局严查密报核处，以为玩视功令、征逐酒食者戒。此令教育司司长周钟岳。蔡锷。印。"

又电复个旧朱朝瑛，肯定其遣散防营之举。说："养电悉。个防三营一律遣散，甚慰。临营仍赖妥筹，俾臻宁谧。督。有。印。"②

▲报载云南政务会议议案摘要。说：

一、审判厅经费问题。审判厅经费预算，议会既未通过，不［只］有另行照原案缩小范围，由民政司会同审、检各厅长切实筹划办法。

二、财政司应再将岁出岁入确为计划，以期收支适合。俟议会将预算案议决，再行将可节裁之款筹议缩减，先由政务厅拟稿通饬各机关，所有节存之款，丝毫不得动支。

三、添招巡警学生。招收一百名，并由民政司计划各地方巡警经费，以便将来学生毕业后，即酌量分派各属。

四、警察协会。现警局所出之《警务》杂志，即归协会编辑发行，暂由公家贴费，每月五十元，以半年为度。

五、筹设高等巡警一班。（一）挑选毕业之巡警学生、曾充警士者入校肄习。（二）聘外国教师。③

又载蔡锷电告总统府"剿办番匪，再获全胜"。④

---

① 《云南夷务丛谈·夷酋归化》，《申报》1912 年 10 月 26 日。
② 以上二电见曾业英编《蔡锷集》（一），第 758 页。
③ 《蔡锷集外集》，第 193 页。
④ 《总统府二十五日纪事》，天津《大公报》1912 年 9 月 27 日。

26 日

▲袁世凯以"大总统府秘书厅记录"名义，通告"大总统与孙中山、黄克强两先生暨黎副总统协商订定内政大纲八条"。说：

民国统一，寒暑已更，庶政进行，每多濡缓，欲为根本之解决，必先有确定之方针。大总统劳心焦思，几废寝食，久欲联合各政党魁杰，捐弃人我之见，商榷救济之方。适孙中山、黄克强两先生先后莅京，过从欢洽，从容讨论，殆无虚日。因协定内政大纲八条，质诸国务院诸公，亦翕然无间，乃以电询武昌黎副总统，征其同异，旋得复电，深表赞成。其大纲八条如下：

一、立国取统一制度。

二、主持是非善恶之真公道，以正民俗。

三、暂时收束武备，先储备海陆军人才。

四、开放门户，输入外资，兴办铁路、矿山，建置钢铁工厂，以厚民生。

五、提倡资助国民实业，先着手于农林工商。

六、军事、外交、财政、司法、交通皆取中央集权主义，其余斟酌各省情形，兼采地方分权主义。

七、迅速整理财政。

八、竭力调和党见，维持秩序，为承认之根本。

此八条者作为国民、共和两党首领与总揽政务之大总统之协定政策可也。各国元首与各政党首领互相提携，商定政见，本有先例，从此进行标准，如车有辙，如舟有舵，无旁挠，无中阻，以专趋于国利民福之一途，我中华民国庶有豸乎。大总统府秘书厅记。①

▲蔡锷电告殷承瓛"拟以郑开文任大理联长，姜梅龄任营边"。说："西师撤退，本非得已，一则中央命令，未便违异；一则蜀军疑忌，殊难进行。若必悬军深入藏地，既属艰难，转瞬大雪封山，以天时、地利、财政、外交计，均属困难，不得不长虑却顾。现拟以郑开文任大理联长，姜梅龄任营边，但须审慎周详，免与外人接触，致开边衅。"

---

① 《通告》，《政府公报》第 149 号，1912 年 9 月 26 日。

殷承瓛电复蔡锷说："西藏大局，可为痛哭。至善后办法，谨遵示任郑榆关，任姜陆防统领，以贾子绥一大队，小炮二门、新炮二门、机关枪二挺，防军第四、六两营及殖边局侦探队隶属之，择地屯扎，相机经营。张贵祚统防军第五、七两营，省防第二营归并于五、七两营中，卫戍永北。余炮二门、机关枪二挺，暂留榆为后盾。承瓛率大队返省。"①

同日，蔡锷又电告袁世凯及国务院，川籍防兵勾结藏中大喇嘛，占据江边教堂等情况。说："中密。据西征殷司令承瓛电称，九月养、号接李协学诗报告，我军克复盐井，声威壮甚。前军乘势进取，巴塘闻风解围，沿途良民欢迎，蛮匪遁去。因奉转中央命令，遵即退扎盐井，候川军自为攻战。蛮匪见滇军退让，复整军进攻巴塘，庚日竟来扑盐井，伤我兵二人。我军奋力攻击，始行退往西山。昨经侦探报称，确实有川籍防兵郭继中、通译叶玉春及川籍汉奸多人为之主谋，藏中大喇嘛居中调度。由查里派出右翼步约三百、骑约一百，由宗岩派出峰闾队亦峚等②，将江边教习房烧毁，占踞教堂。其沿江藏界、毕土附近各处驻扎蛮匪甚多，或三四百一群，或五六（百）一党，朝夕训练，遇汉人即开枪轰击。闻巴塘复被围困，川军现在何处，寂无所踪等语。查此次西藏之乱，因川军无端淫掳，致酿而成。滇军昨已得手，而又嫉功阻进。今川奸为之定计，焚烧教民房屋，分兵滋扰。若川军再畏怯不进，将见不可收拾。除飞饬郑纵队长相机因应外，谨电闻。乞转电中央及各省，并乞电问川军驻扎究在何处。又，拉萨被围已久，易子而食，望电中央拨款，救万余同胞生命。再，滇界内之必用工地方，出有盐水甚旺，应否委员开办，以保边地利权，请令实业司迅速筹办等因。谨以电陈，敬候钧示。滇都督锷叩。宥。印。"③

27日，尹昌衡通电袁世凯、国务院、参谋部、陆军部及各省都督、省议会、各报馆，请阻止滇军殷承瓛再进兵。说："边藏生地，不难于求进地，而难于求宿地，不难于进兵，而难于进精兵。兵须精，不须多，谋地不在众。川军作战，耗二十万输运之兵，倍于作战，犹时有不给，故知滇军不可骤入。昌衡克数台栈，由是以西并无村落，赤地千里，隘

---

① 《云南光复纪要·西征篇》，第214—215页。
② 原文如此。
③ 曾业英编《蔡锷集》（一），第759—760页。

道雪封，川军初进，艰难万状，同是一体，宁忍以危道陷滇军哉！藏事如必用武，川军自能独任，毋使滇劳。现奉中央严令，川军犹且驻扎，免徒糜虚耗。明知滇省空乏尤甚，滇费即川费也，垂涕泣而道之，岂非同利害之心哉！殷司令若不相谅，欲为雄鬼相殛，西氛若平，昌衡甘具实情，听候中央及各省合查详讯，如坐虚妄，军法不辞。若其不克，昌衡之鬼，当在极西，可得而殛乎。祈速电阻殷君，勿过误会。尹昌衡。沁。印。"①

30 日，国务院两复蔡锷、尹昌衡电。其一说："午密。大总统令：蔡督宥电悉。所呈川籍防兵郭继中等为喇嘛主谋，烧毁江边教民房屋，占据教堂，及复围巴塘各节，应由尹督切实查复。至所请滇界内必用工地方，出有盐水，应否派员开办一节，已交财政部核办矣等因。合电遵照。国务院。卅。印。"其二说："午密。大总统令：尹督沁电悉。所呈输运劳费，道途险阻，自系实情。前已迭电蔡督，边事责成川军专任，应即饬殷司令勿再进兵。至边地雪早路险，尹督亦应饬前敌各军队务存稳慎，免致疏虞。等因。合电遵照。国务院。卅。印。"②

▲报载参谋部电复蔡锷"出征"藏乱办法。说："云南蔡都督前曾电政府声明督师西征，措词极为激昂。闻此事现经参谋部军事处密议，以该都督既决定出征，亦不便阻止。惟西藏现既有和议，亦不便再加军队，遂电该都督暂行剿办滇藏各边匪乱，不得擅攻藏界，亦无须与尹都督之兵相合，静候中央解决藏事后，再定办法。"③

27 日

报载是日北京"军事处特开会议，总统府封交要案二件：一尹昌衡请练兵一镇，专司镇抚案，一蔡锷电请续筹西征军费案。该处因本日尚有未决之案多件立待核议，故将两案分配于下星期一日议事表提前会议。"④

① 《尹昌衡集》第 1 卷，第 229 页。
② 曾业英编《蔡锷集》（一），第 760 页。
③ 《电复蔡都督出征之办法》，天津《大公报》1912 年 9 月 26 日。
④ 《要案封交军事处》，天津《大公报》1912 年 10 月 1 日。

28 日

▲蔡锷电请袁世凯、国务院先行筹拨西征军饷四十万元。说："滇居边瘠，向资协济，军兴以来，各省协饷及蒙自各关税均经停解。本省军政各费，及黔、川援师饷糈支出，已费巨万。虽厉革冗耗，锐减薪金，综核本年度支，入不敷出约三百万元，经勉力为核减，尚亏短一百五十万元。如前存东方汇理银行之二十二万四千两，早经指定用途，迄今尚无确实提还消息，补苴挪移，早穷筹措。以上两项，滇代表不日抵京，应请速定筹拨办法。其尤迫不待者，西征军饷，综计应解七十万元，刍草糗粮，守待蓄储，帑藏匮乏，罗掘无从。惟有俯恳饬下财政、陆军两部，刻将西征军饷先行筹拨，尽于月内设法汇四十万元到滇，余三十万元尽年内续解，以纾西顾，而策进行。不胜叩祷之至，并乞电示祗遵。滇都督蔡锷叩。勘。印。"①

又咨请外交部查核与英国额必廉领事"磋商查验由缅运入内地领有三联单之洋货驮办法"。说：

> 云南军都督府咨。案准英总领事额七月二十三日照开，洋货由缅运滇，已在腾关领有三联税单，至省城小西门厘局又复加以搜检，并用杆插验，损坏货物，且有征收落地税之事，实系违背约章，请查究等因。当令财政司转饬查明。据呈复称，厘局向于领有洋关税票之洋货，历皆验票放行。此次因有奸商，于洋货驮内挟带私土，始行检查。中间遇有偷漏未完厘税之货，则令照章补纳。此外并无重收落地税及损坏货物及留难情事等情。当经据情转照额领，并将近日因厉行烟禁，不能不稽查夹带，已饬嗣后非遇十分可疑者，不许中途开验情形，于文尾声明去后，额领二次来照，乃谓财政司查复为不足凭信，并请将不合之征税，立即停止。查七月二十八日，有马户黄宝山于洋货驮内夹带未填税单之里绸三包，饬令照章从减纳厘有案。所纳者自系未完厘之里绸，并非已征税之洋货，本非重征，自无不合。并声明财政司所查，皆行政行为，既有根据，未便认为失实。复另规定以后检查妥善办法，照复额领。旋接第三次照会，于检查夹带，虽不再加反对，

---

① 曾业英编《蔡锷集》（一），第761页。

而于三联单货仍谓有加征情事，并附送税单二纸前来。查所送税单系属厘票，本系征纺织线布之原料，并非征三联单税之洋纱。且征之买主，每捆不过五分，行之亦近二十年，各商亦均无异议。自系另是一事，并无不合等情照复。事阅二十余日，英领复来第四次照会，引据约章谓出关洋纱抽厘不合，请即停止。又经辨明此系已进关之原料，业经分销，另行改装，制造别物，再为转运出关，名目货色均异，乃有纳厘之事。与条约实无妨害，所请停收，碍难照允等因照复。续据第五次复文，谓已将来文抄送本国驻京钦差等语。综核此案始末，滇中于洋货进关，凡曾在关纳税，领有三联单者，转运所指地点，经过沿途局卡，不再检验，载在约章，早饬各厘局员遵章办理。惟奸商每于洋货驮内夹带禁物，自不得不设法稽查，而以不留难、不损坏货物为度。条约所谓不再检查，系指货票相符而言，若明知其挟带禁物私货，亦可任听放行，则条约亦无此等明文。至洋纱进关改售，须纳厘金，乃因折零分售。其用为纺织色线、土布之原料，若于线布逐一征收，不免烦琐。乃就卖原料时抽收每捆五分，以代线布应纳之厘。近系征之已买转售者之手，已脱三联单之关系。中英条约之范围，绝无英领置喙之余地。且自前清光绪十八年推行以来，历任领事均未出而过问。额领此次要求停止，实属有意习难。用特将此案往来照会，照钞咨请衡核备案，以便于英使提议时，对付有所查考。除咨税务处外，此咨外交部。蔡锷。印。

计钞咨来照五件、往照四件。中华民国元年九月二十八日。

照钞英总领事来照会

为照会事。洋货由缅运滇，已在腾关验过，领有三联税单。至本城小西门厘局，加以搜捡已属不合，而搜检时且又任意妄为，实系违背约章。寓省腾商二十人详细开单报知本总领事。兹附上一纸，内有日期及货驮数目等项，即请查核。本总领事干涉此事，其故系英货运进，如此对待，使该商受损，实于商业有害，且违背约章。盖照约洋货于进口税外，完纳半税，领有三联税单，即可自由转运，厘局只将单照验，不得妄加干涉。今该商等运货照章，无所违背，则货物由腾越至云南府，不得再受厘局之搜捡。乃该货不但在楚雄府及云南府西门搜捡，而搜捡之情状，殊不合理。盖开拆时，用刀及铁条等件，使内装之布匹价值减落，此外又有某种货物，亦经领有三联税单，到云南府时，征收税款名落地厘税（译音）者，本总领事不得不声明，此系违背约章。盖照约货物领有三联税单，即免收不论何项名目之税款。应请贵都督饬令小西门厘局并云南府、腾越一路之厘局照约，不得开验领有三联税单之货物，且不得于此项货物征收不论何项之税款，以期滇缅商业之发达。特此照会滇军都督蔡。额必廉押。七月三十号。

附钞单一纸

腾越住省各商号，由缅甸瓦城运入云南省城各项洋货，被小西门厘金分局查验时，开拆并用刀及铁通条损害各日期、数目开后，计开：

一、七月十六日，有三连单洋货十余驮，系棉花被通条及雨湿坏；

一、七月十八日，有三连单洋货二十驮，系洋呢、洋缎、洋扣布、洋米、玉石，均有损害小半；

一、七月二十一日，有三连单洋货二十余驮洋扣布、棉花，均有损害；

一、七月二十四日，有三连单洋货二十八驮，系洋布、棉花，均有损害及雨湿坏；

一、七月二十七、二十八两日，共有三连单洋货四十余驮洋缎、洋布、棉花、洋杂货，均有损坏及雨湿坏。再七月二十四以后，洋货亦被楚雄厘金拆开。

照钞照复英总领事照会

照复案。准贵总领事于七月三十号照开，本城小西门厘局搜捡由缅运滇、已归腾关验过领有三联单洋货一案，除原文有案不录外，后开应请饬小西门厘局并云南府、腾越一路之厘局，照约不得开验领有三联单之货物，且不得于此项货物征收不论何项之税款，以期滇缅商业之发达，附抄单一纸等因。准此，随即饬司转饬六城厘员查复。据称厘局向章，举凡洋货入关，领有洋关税票，亦须验票放行，历办在案。惟此次检验货驮，乃系访闻七月十六、十七、十八等日内有奸商私挟烟土于洋货驮内，奉饬会警严密捡查。是以于七月十六日，有洋货数驮进关，该小西关分卡书识，均会警及府税司事令该驮货马脚，自行逐驮开视，而未有开视者，概系棉花，该马脚自请用铁条探验，而所验各货，毫未损坏，且棉花即被雨湿，实系马脚之过，盖马脚有遮盖货驮之义务也。迨交由商号查收，亦未向该分局理论索偿，可见货驮并无损坏之事。至偷漏未完厘税之货，查明照章饬补，事属有之。此外实无重收落地厘税之事。兹谨将七月十六号起验货情形，开单呈请查核照转等情，据此饬司查复无异。查局卡书巡近日之捡验，系为厉行烟禁、稽查夹带起见，且每次均当同随货马脚及巡警府税司事会验，并无留难情事。今为便商起见，饬令各关卡遇取有三联单之洋货，非遇有十分可疑夹带烟土及其他私货者，不许中途开验。除通饬遵办外，相应抄单照复贵总领事，请烦查照。特此照会大英钦命总领事官额。蔡（锷）。

计抄验货单一纸

中华民国元年八月初二日照会

遵查小西关分卡，自民国元年七月十六日奉查货驮之日起，至二十八日止，所验货驮数目及进关日期各情形，开单呈请查核。计开：

一、七月十六日，据马户施姓驮运棉花一十二驮，茯苓九驮，猪油二驮半，羊肚菌二驮，豹骨、云黄连、香菌、牛皮、土丝烟各一驮，乳扇半驮，共计三十二驮。查棉花货驮已取有腾越关税单，此外茯苓、土货等驮亦取有下关、楚雄各厘局卡之票进省，每百斤之货系照向来总局办法，补收二十斤。至于洋货进关取有税单者，均系验票放行，并不上纳分文，亦无留难阻滞各情，此该卡照历任办法之实在情形也。昨查有施姓所运进省之货，曾于进关时，即饬马户到号，知会运货商人来局，会同本区巡警及府税管事诸人当同开验。据马户云，商号业已告知，不能来局，可请开验。惟棉花货驮不能拆开，请用铁签插验亦可。以上棉花一十二驮，业已用铁签插验不讳。当时验明，会同巡警府税人等，饬脚运去交号。

一、七月十八日，据马户沈姓驮运洋货二十驮，系洋呢、洋缎、洋布、洋米等货，并无玉石货驮，仅有玉浆一驮。查系碎物，并未成货。此外有票洋货，均系脚人自行开验，并未擅用铁签损坏货物。验讫会同本区巡警及府税人等，饬脚运去交号。

一、七月二十一日，并无洋货进关。

一、七月二十四日，据马户赵中林驼运恒顺祥洋货一十七驮，系洋缎一驮，洋布十六驮，外有土货、牛皮一驮，共计一十八驮。由碧鸡关雇船运省，将所运到之货送局。当时据马户赵中林称，此货驮已在楚雄府署拦留查验有无夹带烟土，驻扎三天，报请开验等语。当会本区巡警及府税管事诸人，饬令马户自行开验。所查获者并无税单，又无厘票之小纽一板，照章应纳厘金银一两。该马户称，系同号家所带，求免未允，照章给票，饬令该脚纳厘无异，并未用铁签损坏货物。以上洋缎、洋布、牛皮等货验讫有票，均归马户运去交号。

一、七月二十七日，并无洋货进关。

一、七月二十八日，据马户黄宝山驼运宝庆祥、恒顺祥洋布十二驮、洋缎一驮、铜丝二驮、衣箱一驮，共计十六驮到局。当时会同本区巡警及府税管事人等，饬令马脚自行开验。查获夹带加包三个，外面批明书籍、衣服等件，内系里绸。当即过称〔秤〕除皮，净重二十五斤。当时询问，并无厘税各票，该脚人称系同号家所带，求从减上纳，让去十斤，认上十五斤，照章给票，令纳厘银四两五钱是实，并未用铁签损坏货物。

以上有票之货验明，当同区局巡警、府税管事人等，饬脚运去交号。以上遵奉面谕，所查入关货驮，均系验票放行，并无损坏货物。理合开单呈复，须至单者。

照抄英总领事来照会

为照复事。本总领事因小西门厘员搜捡洋货，代寓省腾商申诉一案，昨接贵都督来文，内载有某司之报告。本总领事查悉某司调查此案情形，殊不足以凭信。其所报告，显以不实之查报为根据，否则，有意将此案确情隐匿。至腾商未向厘局索赔一节，不足证明货物之未受损坏。乃所以表示，彼等深知，若向厘员申诉，非徒无益，且因此而招厘员之恨，日后将更为难，俾受损失，借图报复。该商等之所以将此违背条约情事，报知本总领事者，只因迭次搜捡损失颇重，为切身利益计，觉势有不得不然也。再某司所称未收落地厘税一节，与本总领事所得确情不符，自不能以此作为了结。应请贵都督严饬将此种不合之征税立即停止，俾与条约三联单之规章完全符合。最后，务恳贵都督饬令各厘局，不但于途中不开三联单之洋货，且不得于该货已到所指地点时将货开拆。此复滇军都督蔡。额必廉押。八月三号。

照抄照复英总领事照会

照复。接准贵总领事八月三号来文，谓小西门厘局搜捡洋货一案，某司调查不足凭信一节。查某司即财政司，为本省军政府行政之高等机关。其所命查之件，皆行政行为，非得确据，未便认为失实。至腾商未向厘员索赔，恐图报复一节，此等事在前清时有之，当兹共和时代，此辈劣员决难见容。军政府执法无私，若得确实证据，即当照例惩处各官吏，决不至如前之玩忽，视商民之利害，恝然于中。其请将不合之征税，立即停止一节，七月二十八日马户黄宝山于洋货驮内载有里绸三包，在腾未填税单，确为夹带私货。既经小西门厘局查实，饬即照章从减纳厘，自非重征，并无不合，若果此外对于已出三联单之货，有加征税项，该商等能将凭据呈诉到财政司，当即立予查究。又请不得于洋货已到所指地点时，将货开拆一节，查已完三联单之洋货，本不开验。惟本省政府现定新章，厉行烟禁，商贩每于货驮进关时，私夹烟土，干犯厉禁。本省政府自不得不酌施稽查之方，准照前因，特再规定一妥善办法，于所到地点，遇有可疑之点，酌为开验，务于该商等货物不致有所损坏，并严禁留难。此举于公家烟禁及盘查漏税有益，而于诚实商人无害，似可不必置议。一俟禁烟办理有效，自当解除稽查之例，此系一时权宜办法，务希见谅为荷。相应照复贵总领事，请烦查照。特此照复大英钦命总领事官额。蔡（锷）。中华民国元年八月初六日照会。

照抄英总领事来照会

为照复事。接贵都督本月六号照会小西门厘局查验洋货一案，兹照所指各节，逐一答复之。

（一）贵都督饬令财政司调查此案，彼又转令本处商会照办。该商会即分向驻省腾商查询，曾否申诉于英国领事，如无其事，索书作据，指申诉者为汉奸，并说明一经查出，当令受罚。

（二）贬抑前清政府及其官吏，而褒扬现今共和政府与拥护此政府者，为中国政界现时之习尚，此本总领事所深知者也。然而中国官吏办事之方法，由本总领事观之，觉今昔无甚更变，此又不得不明言者也。贵都督谓当兹共和时代，劣员不能见容，军政府执法无私，果如所云，敢请贵都督查察本省西边前今数辈文武官吏之举动。即他处民国官吏，以本总领事随时所闻察之，其所行为亦恐不能适合贵都督之宣言。至腾商未向厘局申诉，其故实由于彼等习见官吏办法，觉民国厘员与前清厘员无所区别，诉之亦无从得直。即此次腾商诉于本总领事，其所受待遇之情形，亦何能使彼等深信民国办法，较前清时代为改良也。

（三）贵都督谓马户黄宝山于洋货驮内载有里绸三包，在腾未填税单，确为夹带。经小西门厘局查实，饬即照章从减纳厘，自非重征，并无不合。如果此外对于已出三联单之货，有加征税项，该商等能将凭据，呈诉到财政司，当即立予查究。本总领事于所云里绸纳税，并无不合一节，自不能有异言，然重征三联单货物之情事未尝无之。兹特证明事实，附上洋纱税单两纸，单上纳税人名，业已除去，其日期亦经涂抹。此盖有意藏匿，期免官吏之报复也。

（四）施行合理之方法，以防三联单货内有私藏他物，本总领事无所反对。所不欲有者，为一种查验，或毁坏货物，或使其受损，减少价值。近日所行之查验方法，货物受其影响，虽不致损而又毁，二者兼而有之，其一固不能免，此所以有现在之控诉也。最后，本总领事所请求者，从前查验三联单货之方法，小西门厘局当照旧施行，且于此种货物重征，不论何种之不合税项立即停止，除将来文抄送本国驻京钦差外，特此照复滇军都督蔡。额必廉押。八月二十一号。

照抄照复英总领事照会

照复。案准贵总领事八月二十一号来照，开列四节。第一节谓财政司转令商会调查，并威吓商人，实无其事。前次贵总领事七月三十号开来之单，指出小西门分局查验有日期之货数，经厘局报明有案，无须转令再查。来照所云，恐系转告者设词耸听，请注意焉。第二节共和时代，劣员不能见容，是乃实事。举凡委任官员，均严定章程，若不称职，立予撤究，悬牌登报，昭昭在人耳目。且官吏之被罚者，为数甚众。如厘员果不自爱，蔑视功令，为长官所不觉查者，商民尽可赴财政司申诉，必当立予跟究。乃计不出此，反谓民国厘员，与前清厘员无所区别，诉之亦无得直之语，未免牵强误会。第三节马宝山夹带里绸，贵总领事以纳税并无不合，自不能有异言。然有重征三联单货物之情事，兹特证明事实，附上洋纱税单两纸等语。查交来二单，系财政司印发正式厘票，而所填织土布之纱，每捆抽银五分，核与定章符合。盖本省所出土宽布及洋棉线二项，均系到省洋纱所作，发市销售，均须照章上纳厘税。前清光绪十八年，经云南政府议定，凡领有关票到省之洋纱，归行销售，无论作布作线，先向买主每捆扣收出关厘银五分，此后买回洋纱所织土布、色线及原捆洋纱出关，由行出飞，赴六城厘局，换领出关照票，不再抽厘。此等办法，通行将二十年，各商均无异议。且洋纱原数进关，只以三联单为凭。洋纱分售出关，每捆始纳五分之厘，且有卖主买主之别。以此衡夺是非，不待辩而自明。第四节施行合理之稽查法，以防三联单货内夹带他种货物，贵总领事无所反对，足见公平，曷胜纫感。如以损坏货物为虑，则本都督已饬财政司严令各局卡，通知商会员，或自治局绅及货主到场，眼同检查，用示体恤。相应照复贵总领事，请烦查照。特此照会大英钦命总领事官额。蔡（锷）。中华民国元年八月二十八日照会。

照钞英总领事来照会

为照复事。接贵都督上月二十八号照会，三联单货物抽收厘金一案云，前清光绪十八年，经云南政府议定，凡领有关票到省之洋纱，归行销售，无论作布作线，运货入口者须纳厘金，每捆五分。又云此等办法，通行二十年，各商均无异议等语。是三联单洋纱到省，重征厘金，贵都督认有其事，且行之已非一日也。查一八五八年所订《天津条约》第二十八款内开，英商已在内地买货，欲运赴口下载，或在口有洋货，欲进售内地，倘愿一次纳税，免各子口征收纷繁，则准照行此一次之课。洋货则在海口完纳给票，为他子口毫不另征之据。又一八七六年《烟台会议条约》第三端第四节内开，中政府允半税单照，应核定各口划一规则，无有参差。凡商人运货进口，并不因其国籍而有区别各等语。以上摘录中英条约，足征洋货一次完纳子口税，领有单照，即准运往内地，不再抽收厘金。若再抽收不论何项名目之税款，确系不合。昔时云南政府定章加收厘金，今者民国官吏继续抽收，果所行不合。不能因定章在前，即为正当。而章程行之二十年，与商人并无异议两层，亦不能于章程不合之性质，有丝毫之变化。应请贵都督饬令厘局，将此项三联单洋纱进省，每捆抽收五分之税，即为贵都督所已认者，立即停止。并恪守约章，以维两国商务，而敦睦谊。除将云南政府如此违约情形，报告本国驻京钦差外，特此照复滇军都督蔡。额必廉押。九月十六号。

照钞照复英总领事照会

照复。案准贵总领事九月十六号照开，洋纱抽厘一事，查滇省厘税各局对于洋货，莫不遵守约章。所有洋货于腾越进关时照章纳税，请领三联单，即可运往所指定地点销售，不复重征。惟已进关之原料，业经分销，另行改庄，制造别物，再为转运出关，则名目既殊，货色亦异，乃有另纳厘金之事。查前清云南政府因进省洋纱，转售织布、纺线，若就机房挨户抽厘，实属繁琐。又以土布每匹应纳厘一分二厘，以洋纱一捆织布六匹计算，每捆应纳厘七分二厘。因欲从宽酌减，乃定章仅向买主扣收厘银五分。以后改织布匹，纺成色线，概行免收。洋纱进口转售后，应纳厘金。章程如是，核与中英条约，实无妨害。贵总领事照请停收，碍难照允。惟此案既经彼此报告北京，若不能在此了结，则请静候贵国驻京钦差与敝国外交部商办可也。相应照复贵总领事，请烦查照，特此照会大英钦命总领事官额。蔡（锷）。中华民国元年九月二十一日照会。

照抄英总领事来照会

为照复事。云南府小西门于三联单货物抽收厘金事，接贵都督本月二十一号照会，不允将此项不合之征收停止。除将来文抄送本国驻京钦差外，特此照复滇军都督蔡。额必廉押。九月二十四号。①

10 月 12 日，外交部电讯蔡锷英使请停收税银事。说："据英使称，由腾越已领三联单运往云南府之洋纱，每捆抽厘五分，请转饬停止等因。此项税银，系何名目，希电复。外。"

15 日，蔡锷电复外交部说："午（密）。寒电敬悉。洋纱抽厘事已于九月俭日备咨付邮。锷。删。"②

▲26 日，广南王国宾分统电告蔡锷、各厅长粤属滇边匪情。说："探闻粤属滇边有匪二百余人，携带枪支，潜入滇界。昨派陈弁安寿带兵三棚，飞往堵御，分统明晨复率勇一哨驰赴三关、剥隘、八角山，沿边亲督各营巡击。至匪情如何，探实再报。分统国宾。宥。印。"③

28 日，蔡锷电复电王国宾说："宥电悉。粤匪潜入滇界，仰速亲赴沿边，督同各营严防，并知会府厅饬团戒备。何处有警，即联团迎头痛击，勿任窜扰，一面侦探确情飞报。督。俭。印。"④

▲26 日，威宁王吉宾镇台电告蔡锷镇击毙岑匪等情。说："铣日出防，皓日与刘镇会于拉呼。匪洞已破，阵毙岑匪，生擒安三妹，黔省余匪解散，号日由宁棚、德著、威夷、七星关一带巡防回署。奉闻。镇吉宾叩。"⑤

28 日，蔡锷电复王吉宾说："宥电悉。岑匪阵殪，安匪就擒，大憝既除，地方之福，良深欣慰。滇都督锷。勘。印。"⑥

30 日

▲蔡锷电陈袁世凯，深望赵秉钧总理通过后，从此能"举国一心，共图巩固"。说："敬电奉悉。大总统对于陆总理之辞职，迭准续假，未许免官，为国惜贤之心，已为国民所共谅。现陆总理（按：陆征祥）病既难支，

① 以上各件见台北中研院近代史研究所藏外交档案。
② 以上二电见邓江祁《史海拾遗：蔡锷佚文 20 篇——纪念蔡锷诞辰 136 周年》，http://www.xhgmw.com/html/xiezhen/renwu/2018/1214/26085.html。
③ 《蔡锷集外集》，第 195 页。
④ 昆明《天南日报》1912 年 10 月 8 日。
⑤ 《蔡锷集外集》，第 196 页。
⑥ 昆明《天南日报》1912 年 10 月 11 日。

赵总理（按：赵秉钧）已通过，继起得人，自能胜任愉快。惟数月之内，总理屡更，国势迍邅，何堪再摘［换］？继自今深望举国一心，共图巩固，实民国无疆之庥。滇都督锷叩。卅。印。"

又电陈袁世凯、国务院，叛番残杀汉民惨状。说："殷司令电称，据藏商寄滇家信，云汉番说和后，仅留驻藏兵六十名，其余陆军航海回川。七月间由藏起程，男女千余人抵卓木，被疑缴截，勒穿蛮衣，不服者辄被枪毙。现虽一概释放，惟此性命尚难自保。此次衅由川军，而该番不分玉石，见汉即杀。我兵民虽全力决战，奈日久粮绝，故不得已从和。前子旦地方汉民遇害者百余，所遗财产，一概充公，其抵被害者，亦罚巨款，酷虐难尽述。顷闻滇军已出，中道被阻，若再迁延，汉民必尽死于敌手云云。谨闻。滇都督（锷）叩。卅日。印。"①

又电陈陆军部滇省"前此自愿解职军官"名单。说："敬电悉。滇省前此自愿解职军官，师长韩建铎、李根源，军务部总长曲同丰，旅长李凤楼，炮联长刘云峰。特此电闻，余容造册续报。滇督锷。全。印。"

又电陈国务院、陆军部，以罗佩金为"滇派驻京代表"。说："滇派驻京代表罗佩金，到京时取消雷飙兼充军事参议职。祈转饬遵照。滇都督锷。全。印。"②

▲李根源回忆，这一天为云南光复纪念日（按：指九月初九日），他与蔡锷"暨全城文武数百人饮于翠湖偕行社。皆泥醉"。蔡锷与谢汝翼"渴不可支，伏地饮湖水，衣履尽湿，几扑入湖中。如此放浪，无乃太甚"。③

本月

▲石陶钧回归，蔡锷邀石陶钧"入滇，主持西南协会"。因黄兴强其"与张孝准、曾继梧辅佐谭延闿负责军事责任，并由黄、谭告蔡锷"，石"不能离湘"而未去成。④

---

① 以上二电见曾业英编《蔡锷集》（一），第761—762页。
② 以上二电见《滇督蔡锷任职期间关于联系军杂事务文电》（1912年5月至1913年10月），中国第二历史档案馆藏，档案号：1011-1114。
③ 《雪生年录》卷二，第4—5页。
④ 石陶钧：《六十年的我》（节录），《湖南历史资料》第2期，第29—30页。

9—10 月

▲蔡锷赋《游西山》绝句两首。说：

（一）

东风①吹彻万家烟，迎面湖光欲接天。

千载功名尘与土，碧鸡金马自年年。

（二）

双塔峥嵘矗五华，腾空红日射朝霞。

遥看杰阁层楼处，五色飞扬识汉家。②

10 月

1 日

▲蔡锷电告袁世凯、国务院及成都胡景伊，滇军"现仍暂领盐井镇慑"。说："接殷司令艳电称，滇西征军迭奉命令班师，凡领有地方均还归川省治理。遵将盐井交川委张世杰率川逃勇百余名守之，滇军退扎觉弄。殊川军肆行强掠，致藏民阴结江卡番匪。又有张委通译叶玉春及川军撤差从弁郭继中等为之伥，大肆抢掠。滇军闻警驰救，而张委已逃，盐井官、民房烧掠一空。滇军分三路进击，蛮匪败，擒斩多，并获九子蛮枪多件，叶、郭及番众窜入距井八里之法教堂，借作护符。滇军一退，势必又出滋扰，现仍暂领盐井镇慑，请陈中央等情。谨电转达。滇都督锷叩。东。印。"③

尹昌衡则通电袁世凯及本省各会、各法团，表示"只敢抗外，不敢残内"，祈袁世凯及"四川全省军民，速筹和滇之策"。说："昨接滇殷司令来电称，昨奉中央命令班师，占领地方仍交川辖，遵将盐井交张世杰率川逃勇百余名守之，滇军退扎觉弄④，殊川军肆行抢掠，致藏民阴连江卡蛮

---

① 1916 年 12 月 13 日上海《民国日报》作"秋风"。

② 曾业英编《蔡锷集》（一），第 804 页。

③ 曾业英编《蔡锷集》（一），第 764 页。

④ 此电发表于《民立报》时，"遵将盐井交张世杰率川逃勇百余名守之，滇军退扎觉弄"一语，被改成"盐井镇（守）张世杰率巡逃勇百余名，命滇军退扎盐井。"

匪，而张世杰之通译叶玉春及川军撤差哨官郭继中[1]大肆抢掠，我军闻警赶至，则世杰已逃，盐井官舍民房烧掳一空。滇军三路进扑，蛮匪败走，擒斩甚多。并获九子蛮枪甚多。叶玉春、郭继中及番众窜入法国教堂，距井六里，以为护符。[2]现滇军仍暂驻盐井镇守，希转电中央等语。当经电复滇都督，文曰：顷接殷司令承瓛艳电，现驻盐井滇军奉中央命令班师，仍归川辖，昌衡已委郭选芳充盐井知事，并令稽标统廉率领支队前往滇［填］防[3]，办理善后。查川边十余营，此次万死一生，坚守防地，未闻失律，人所共悉。独驻该处粮尽援绝之兵百余名，又处滇军大队之侧，初得生机，遂敢肆行抢掠？且滇军班师，未接通告，如何交待，亦无明文，突如其来，诚不敢信。[4]已派干员往查虚实，名誉军纪，均有关系。抑尤有忠告者，滇川之感情宜日亲，边事之举动宜极重，恐因私小，贻笑蛮夷，至累大局。昌衡秉公就办，决无瞻徇，仍望见远谋公，饬殷司令恪遵电令，凯旋滇边云云。查滇军对川，屡挟野心，前往自流，亦纯用诡谋攻击。今则劲诬川军未渡宁静河，又云蛮人不畏尹，及川军无纪律，甚至大肆漫骂，欲为厉鬼相痓。兹突生此事，显系阴谋，纯无公理，西征军将，全体忿怒异常。昌衡以民国初立，岂可内讧，贻羞外人，牵动大局，故遇事极主和平，万分含忍。祈大总统及四川全省军民，速筹和滇之策，并随时转告各省，妥办两全。昌衡只敢抗外，不敢残内，如何决解，不胜切盼。镇抚府已设炉城，电线未通，不可深入[5]，免致驱策失宜，致与中央背驰，贻误大局也。昌衡。东。印。"

3 日，再次电告袁世凯、胡景伊，"当谨遵电令，暂勿令川军过江达以西"。说："午密。东电敬悉。川藏区域，向未划清，迭承询及，莫由呈复。但查三十九族，位置在昌都西北，驻有汉兵，原归内属。又查波密在昌都西南，上年经我军征服，为军队补充控制便利计，主张内属，询谋佥同，

---

① 《民立报》刊发此电时，将"撤差哨官郭继中"七字改成了"从中"二字。
② 《民立报》刊发此电时，将"叶玉春、郭继中及番众窜入法国教堂，距井六里，以为护符"一语改为"叶玉春请番众保护，距井六里，以为护符"。
③ 《民立报》刊发此电时删去了"滇［填］防"二字。
④ 《民立报》刊发此电时，将"且滇军班师，未接通告，如何交待，亦无明文，突如其来，诚不敢信"一语改为"且滇军班师，既无通告，各项交待，亦无明文，果如其言，诚不敢信"。
⑤ 《民立报》刊发此电时，将"深入"二字改为"久延"。

是川藏不能以昌都为界线已无疑义。且边藏之行政费及兵饷由川担负，历有年矣，开支之后，概归四川建昌道核销。而驻藏汉官最远者，莫如靖西同知，亦隶川督，有案可稽。是直抵后藏，皆为川辖。惟是时局多艰，外交棘手，自当谨遵电令，暂勿令川军过江达以西。至前者驻藏军队，仍使遣返，亦系正办。敬乞转告英使，毋滋疑虑。尹昌衡。江。印。"①

5 日，国务院电复蔡锷、尹昌衡说："午密。大总统令：蔡都督东电悉。昨已电令该督等协商盐井暂归滇省管辖，及饬川军暂勿往该处，以免逼处在案。所有蔡督东电内称盐井川委张世杰逃避各节，应由尹督切实查复。总之，川滇同为民（国）领土，川军立功，原与滇军立功无异，即如此电滇军交出该处地方，及因扰乱复进扎一层，疑窦颇多，该督等应饬两军各将士万不可稍存娼嫉，别有挑构，致坏边局也等因。合电遵照。国务院。歌。印。"

6 日，又电尹昌衡、蔡锷说："午密。大总统令：尹督东、江两电均悉。前因盐井地方，系滇军防剿，川边蛮寇阑入克复之地。又据蔡都督电称，滇军西规，必由盐井，拟暂归滇辖，以利师行，因有饬协商之电。现饬川、滇皆勿进兵，滇军自不必久驻盐井，致涉嫌疑。如尹督能担任川边，蛮寇不致复犯滇边，则该处本川省辖境，滇即应撤回边境，以免逼处。总之，川、滇谊关唇辅，该督等务应协商妥善，以维大局。万不宜任所部将士互争功利，别生事端，致坏边局，取讥全国，贻笑外人也。至驻盐川军，蔡都督电称抢掠焚烧一节，尹督应即遵照前电，切实查复等因。合电遵照。国务院。鱼。印。"

▲蔡锷电赞临安朱朝瑛遣散临、个六营之举。说："东电悉。临、个六营先后遣散，均各欢忻归农，布画周详，良殷佩慰。溪处兵队，俟调回再遣可也。督。先。印。"②

又命永善县知县"悬赏购线"，缉拿逸盗徐启芳等。说："呈悉。贼匪持械伙劫，伤事主，实属不法已极。既据先后拿获李吉三、王长寿二名，并起获原赃，讯供纠约拦抢得赃不讳，仰民政司兼司法司迅饬该知县派干役悬赏购线，严密踩缉逸盗徐启芳等，务获解案提司。李吉三等两面抵质，

---

① 以上二电见《尹昌衡集》第 1 卷，第 239—242 页。
② 以上三电见曾业英编《蔡锷集》（一），第 736—765 页。

分别议拟，呈报核办。"

又饬嵩明州知州严缉逸犯苏长发等。说："呈悉。此案贼犯王兴顺等两次听纠伙众，持枪威吓，拦抢得赃。事主李崇德、李吉昌虽未受伤，究属不法。既据拿获从盗蒋全兴、汪老六、丁长发、王兴顺等，讯供不讳，所请委审，仰民政司兼司法司查核饬遵办理，并饬严缉逸犯苏长发等，务获究报，勿稍延纵。"①

2 日

▲蔡锷电告云南各府厅州县，沿边土司选举议员"特别优待办法"。说："沿边土司，地广人众，前本省临时省议会议决暂行选举法，规定各土司共选出议员六名，并土司分区议员名额表，经均颁布在案。兹中央颁到省议会议员选举法，于土司人民无特别规定。按诸法理，自应以中央所定为主，惟该各土司人民，与滇省有密切关系，本军府酌量情形，除照章准许土司人民适用中央颁到之省议会选举法，其区域向隶某属者，即由该属调查相合法定资格，及与内地人民一体享有选举权及被选举权外，更拟特别优待办法，一面电请参议院修正省议会选举法，将沿边土司人民之选举，特别增设名额，如本省前次议决选举法之规定，一面仍准许各属土司人民按照前发沿边土司分区表，依本省前议之选举法第二十条，每区选出一名，均称代表，限本年十二月二十日选定，与正式省议会一体召集到会陈述意见。除电咨参议院并分电外，仰即转知该属土司遵照办理，勿延。都督府。冬。印。"

又电临安张开儒酌派兵队驻扎馆驿以下地方，"护解商驮银两"。说："据通海商务分会电，馆驿以下，为通蒙要冲，向由防兵护解商号银两。现闻防兵已撤，商旅裹足，恳派兵驻扎护送等情。查馆驿一带，盗风最甚。该处防兵已撤，应由该联酌派兵队，分往择要驻扎，护解商驮银（两）。仍将开往日期报查。督。冬。印。"

3 日

▲蔡锷"急"请各省都督，联名电争反对删除"中央有解散议会权"。

①　以上二文见《蔡锷集外集》，第 199 页。

说:"闻参议院审查会表决将中央解散议会权删去,此事按之法理事势,两俱窒碍。现民国初立,人心浮动,制度统一,尚虞事杂言庞,若明示中央无解散议会之权,将来如有侵越权限之行为,又谁敢轻议其后?极其弊必至百喙争鸣,酿成无政府之现象而后快。顷读副总统勘电、陆都督卅电,大声急呼,深佩荩筹,当即复电赞成。此事关系极重,希即赞同,以便联名电争。滇都督锷。江。印。"①

又令郭其光遴员呈候择委测勘滇邕铁路监督人选。说:"案据测勘滇邕铁路监督殷承霖呈称种种困难,不能胜任,恳准辞退等情。据此,当经本军府批:呈悉。所陈种种困难,尚系实情,自应如呈准予辞退,听候另行委用,仰即遵照。除批示外,合行令仰该司长查照会同铁路局长遴举二三员加具切实考语,呈候择委接充,以专责成。此令代理实业司司长郭其光。蔡锷。"

17 日,又令吴琨以邓绍湘充任测勘滇邕铁路监督。说:"测勘滇邕铁路监督殷承霖辞职,遗差着以邓绍湘充任,所有关于勘路布线及用人一切事宜,即责成该监督秉承局长会商工程师办理报核,其庶务、会计事项,仍由支应员承办,以专责成。除给任用状暨政务厅注册外,为此令仰该司知照。此令,实业司司长吴琨。蔡锷。"②

4 日

▲9 月 30 日,谭延闿电告袁世凯、国务员、参议院、上海华侨联合会及各省都督,荷属华侨遭当局虐待,请公电政府维护华侨权益。说:"荷属网甲宾港华侨全体公布。七月十七号,荷官无故枪毙华工十余人,并幽禁多人。惨无人理,闻者痛心。若不速开谈判,殊于国体有关。除专电大总统外,特恳公电政府,向荷使严重交涉,保全国体,维持侨商,尤任祷切。湘都督谭延闿。陷。印。"

蔡锷电复谭延闿说:"江电计达。陷电今始奉到,此事极表赞同。仍请由尊处主稿,会电中央为叩。锷。支。印。"③

---

① 以上三电见曾业英编《蔡锷集》(一),第 766—768 页。
② 以上二令见《蔡锷集外集》,第 200、203 页。
③ 以上二电见曾业英编《蔡锷集》(一),第 768 页。

▲报载蔡锷致电总统府，"再陈省官制意见"。①

又载蔡锷电询北京政府，"缅甸华侨应否列于滇省国民之内"？说："今日（4号）参议院会议时，议长宣言接滇督来电，问缅甸华侨应否列于滇省国民之内，抑外国华侨之内？因此事殊为复杂，即付审查。"②

又载鄂省永停云南协饷。说："滇地边隅瘠苦，前清政府岁令东南各富庶省份协济练兵经费，鄂省按年派认银十万两。近年财政支绌，截至去夏积欠约十八万余。顷由滇都督电致鄂省军民二府，谓现在用兵西藏，饷源匮乏，请将湖北从前蒂欠之协饷，筹半解滇，以济急需。当经黎、刘二公会议，以鄂为首义之区，破坏已极，滇系完全之省，秩序未乱，财政比较，势若天渊，今已自顾不遑，何能再负重任？除复电碍难照允外，并详述案由，呈请大总统、国务院，以后所有鄂省认解滇边协饷，及桂、黔、吉、黑协饷、边防经费，均永远停解，以纾财困，而昭平允。"③

5 日

▲蔡锷电令丽江殷承瓛，驻盐井滇军"仍照前议撤还为妥"。说："准国务院电传大总统令，略谓藏事关碍交涉，已饬川督先清川边，暂勿西征。来电所拟滇军由擦瓦龙入藏一节，自应缓议。至盐井地方，查参议院议决四川选举区表，盐井即系该管，应否暂归滇省管辖之处，即由该督等协商候核等因。查我军驻盐井，原为入藏后路起见，现入藏既从缓议，我军自无庸争此。惟前接艳电称，我军因蛮匪肆扰，仍暂驻盐井镇慑等情，当经电陈中央在案。一俟匪势平靖，仍照前议撤还为妥。该地如有利可图，川军在所必争。若无厚利，得之亦属无益，徒滋轇轕而已，希即查照。锷。微。印。"

又电告打箭炉尹昌衡，暂驻盐井滇军将"遵令撤还"。说："前据殷司令电称，滇师入藏，当取道擦瓦龙。盐井为后路所关，庶暂归滇军管辖，以资驻扎，而利转输。当经据情于号日转请中央核示。适奉中央号电，以川边抚剿，尹都督既任专办，殷司令不必再进，致生枝节。即电饬殷军撤

---

① 《总统府初四日纪事》，天津《大公报》1912 年 10 月 6 日。
② 《特约路透电》，《申报》1912 年 10 月 5 日。
③ 《鄂省永停边省协饷》，天津《大公报》1912 年 10 月 4 日。

还。旋据该司令电称，奉令班师，遵将盐井交张世杰率川勇驻守，滇军退扎觉弄，殊张委通译叶玉春暨川军撤差哨官郭继中等与藏民阴（联）江卡蛮匪，大肆掳掠。滇军闻警驰救，而张委已逃，盐井房舍烧掠一空。滇军进击，蛮匪败走，擒斩甚多。叶、郭及番众窜入距井八里之法教堂，借作护符，滇军一退，势必复出滋扰，现仍暂驻盐井镇慑等语。又国务院电传大总统令：滇军由擦瓦龙入藏一节，自应缓议。至盐井地方应否暂归滇省管辖，以固滇北门户之需，即由该督等协商呈候核酌等因。查滇军拟驻盐井，原为协助贵军分进合击起见，现既奉令无庸由擦瓦龙入藏，则盐井亦无须归滇管辖。一俟该处蛮匪平靖，仍须遵令撤还。除陈中央暨饬殷司令遵照外，特闻。锷叩。微。印。"①

又电陈袁世凯及国务院，盐井、波密一带均已内附，滇军可遵令陆续撤还。说："东日曾将滇西征军，遵令将夺回盐井地方，还归川省治理，滇军退扎觉弄；嗣因川军哨弁郭继中、通译叶玉春勾结番匪，烧抢教堂民房，滇军复出兜击，败匪擒斩甚多；并获九子蛮枪多件，不能不暂驻盐井镇慑各情形，谨呈大总统在案。旋接殷司令承瓛电，据前敌郑联长、贾支队长、姜锋队长等电称，养日自我军复往盐井驻扎后，教堂人民均已保全无恙，现有②浮沧江西司号卡如阿东解，现迫卡下，饬波密木须松米坝、斗箕取卡、夹浪次通母喜坝、东宝腊翁杨渣等处头人，率所部蛮夷均来输粮进献，声称滇军所过之处，蛮人等十分悦服，情愿投诚，并恳留兵保护，免滇军去后复罹蹂躏云云。承瓛查盐井、波密一带均已内附，滇军便可遵令设法陆续撤还等情。合据电陈明。滇都督锷。微。印。"

9 日，国务院电复蔡锷说："午密。大总统令：微电悉。昨已电令该督等商撤退驻盐滇军办法，以免嫌疑。所有波密等番人内附各节，即暂由殷司令妥为安抚。惟前据尹督电，波密系上年川军所定，嗣后该番人等应由何省管辖，亦即由该督等协商办法，务以不分畛域，有裨边局为重等因。合电遵照。国务院。青。印。"③

▲陆军部、参谋部电令黎元洪、谭延闿、胡景伊、陆荣廷、蔡锷、唐

---

① 以上二电见以上各电见曾业英编《蔡锷集》（一），第 769—770 页。

② 以下当为音译藏语地名，系照录录文，谨此说明。

③ 以上二电见曾业英编《蔡锷集》（一），第 765—766 页。

继尧，不能任由席正铭"殃民蠹国"。说："奉大总统令：迭据铜仁探员电称，匪军串通驻湘黔军及各处溃兵约数千人，势甚猖獗，围战紧急，驻铜军队甚单，援军尚未到，铜城危极。等情。应责成唐都督迅派援军，以解铜围。湘、桂、滇、川所有与黔省毗连地方，应由该都督等协力防堵。颇闻该军托言湘、鄂接济饷械，肆意鼓煽，即由该都督等将该军此次回黔，系有意扰乱治安，违抗中央命令，湘鄂并无接济各节切实声明，其戕官攻城，残杀良民罪状尤应据实宣布，通饬所属人民勿得误受该匪蛊惑，以致蔓延。席正铭前经副总统、谭都督电留湘、鄂委用，此次竟敢违令，统兵率队回黔，戕官虐民，形同叛逆。惟是否为匪徒所胁迫，抑系甘为民国公敌，意图造乱，应请副总统转电晓以大义，如能悔悟自新，将所有军队严加约束，止斗息争，静候唐都督编配安置，和平解决，自可贷其前愆，不追既往。如仍怙恶不悛，则是自罹法网，典刑具在，断不能为殃民蠹国者宽也。等因。合行电达。陆军部、参谋本部。微。印。"①

按：报载陆军部、参谋部致此电于黎元洪、蔡锷等人的背景是，"驻湘黔军席正铭拨队自由回黔，占据铜仁、松桃等府厅后，已由贵阳唐都督通电各处声罪议讨"。"兹悉席军抵铜仁境时，铜仁原驻有唐继尧所部滇军，席欲唐让出铜仁，以为驻扎之地。滇军不允，彼此宣战，滇军战败，铜仁已为席军所占领。刻闻湘督以铜仁与湘境毗连，无论黔、滇二军孰败孰胜，其溃兵必以湘省为避逃薮，已电饬镇箪镇总兵陈强就近防遏，并电政府请令王芝祥为黔督，以解危困。而近日民主党又有电达大总统，请派赵均腾带兵亲赴前敌约束军队，并约同夏同和、刘庆心前往镇抚，分饬两方不准开衅，已荷旅鄂全黔维持会赞成，电请湘督主持。"并附有如下两电，一是黔军全体军官电陈袁世凯、黎元洪、谭延闿、上海全黔维持会说："滇兵祸黔，通国皆切齿，我军谊关桑梓，不能不声罪致讨，抚民除暴，义旗所指，军民歌颂。现檄各道义军攻贵阳，倘十日内继尧能撤退滇兵，则听其敛迹远引。否则，修我甲兵，歼此群丑，合行电达，伏乞垂鉴。黔军总司令席正铭、参谋总长萧健之、前卫司令田荆椿、左侧卫司令艾树池、右侧卫司

---

① 《滇黔两军内哄之近状》，《申报》1912 年 11 月 19 日。

令胡锦棠、遵义支队司令鲁屏周、梨干支队司令陈开钊、思南支队司令胡刚、总预备队司令胡钦武、炮队指挥官蔡霖、总粮台刘乾毅叩。印。"二是晃州电局电告北京交通部，长沙谭延闿、交通司总局说："近今黔省军事吃紧，晃州与铜仁相接之线，昨午忽然落空，当即加派工丁携带器具前往巡修，但此线晃只管至思州属老山叮市止。顷据该工丁等回局报称，晃管线段未坏，此线路间有黔省军队驻扎，风闻距铜仁城几里许之谢宣桥，连日击战不休，未知确实情形奚似等语。刻线犹未通，谨闻。晃局长文蓂辉叩。绛。又第二电云，前电谅达。铜仁战事，近状莫知，线阻尚未见通。自阻线后，即将收转铜仁各□次第封交邮递。据邮局云已接黔总邮局函称，凡有寄黔各处挂号邮件，暂概勿收，恐难于收递等语。现交邮各报，统积在局，碍难传达，用是申明。晃局长文蓂辉叩。支。"①

又刊发"杂评"说："今日者天下宁有是非公理之一日乎。黔军在外经年，进退失据，此次自由拔队攻铜仁，占松桃，作事一不慎，为天下所窃笑。然而返之同仇敌忾，誓师北征之初衷，或未免徒呼负负矣。"记者曰："惜乎，其未静候中央命令耳，夫亦以见作事者之不可不周详而审慎也。"②

7 日

▲蔡锷电告袁世凯、国务院，已电殷承瓛撤还驻盐井滇军。说："前奉号电，以川边抚慰，尹督既任专办，殷司令不必再进，经即电饬殷军撤还。旋据该司令电称，遵将盐井交张世杰率川勇暂守，滇军退扎觉弄，殊张委通译叶玉春暨川军撤差哨官郭继中等与藏民阴连江卡蛮匪，大肆掳掠，滇军闻警驰救，而张委已逃，盐井房屋烧掠一空，滇军进击，蛮匪败走，叶、郭及番众窜入距井八里之法教堂借作护符，滇军一退，势必复出滋扰，现仍暂驻盐井镇慑等语。顷奉国务院电传大总统令：滇军由擦瓦龙入藏一节，自应缓议。至盐井应否暂归滇省管辖之处，即由该督等协商候核等因。查滇军拟驻盐井，原为入藏后路起见，现既奉令无庸入藏，则盐井亦无须归滇管辖，一俟该处蛮匪稍靖，仍即撤还。除电尹督暨电饬殷司令遵照外，

---

① 《滇黔两军内哄之近状》，《申报》1912 年 11 月 19 日。
② 萍：《杂评二》，《申报》1912 年 11 月 19 日。

特陈。滇都督锷叩。虞。"

又与黎元洪等 14 人电陈袁世凯、国务院、参议院，与虐待华工荷兰当局严重交涉三条件。说："荷官虐待华工，枪毙二十余命，并幽禁多人，惨酷之状，耳不忍闻。此次于民国前途、华侨生命，关系非浅。稍涉退让，后患何堪？现经往复商榷，拟具三端：一、速释拘禁；二、优恤死者；三、严惩荷官。应请大总统分饬外交部驻荷代表，提出上项条件，严重交涉，期达目的，以重国权而尊人道。公愤所在，未敢忍默，谨为海外同胞哀号请命。伏维垂察，不胜迫切屏营之至。黎元洪、程德全、朱瑞、李烈钧、冯国璋、胡汉民、陆荣廷、蔡锷、周自齐、赵尔巽、张镇芳、陈昭常、张凤翙、谭延闿等同叩。阳。"①

又有报载说"川督胡景伊、滇督蔡锷均来电，以荷官无故枪毙华工，并幽禁多人，请速饬外部严重交涉"。②

8 日

▲蔡锷颁令代理实业司司长郭其光，"准农林部咨请饬司调查各属荒地"。说："案准农林部咨开，自来富国之道，端资实业，中国幅员广阔，尤重农功。近年户口日繁，农产食品，实有供不及求之虑。而起视周原，荒芜不治者，所在多有。本部统辖全国农林要政，自以垦荒为入手办法。凡边腹各省之大段片荒及零畸散荒，或隶国产，或系民业，极之山坡水涘，碱甸沙冈，一经垦治，立成美利。惟是位置、面积、气候、土宜，非实地调查，详立表说，无以资筹划而策进行。兹编定表式一纸，应请饬属按照表格，逐细填注。如能将荒区形势，分绘详图，尤臻完备。本部现正拟订承垦荒地法，一俟公布，即见实行。相应咨行贵都督查照，转行该管司道，迅饬各县遵照办理，汇齐送部可也等由。准此，合行令仰该司即便遵照办理。此令代理实业司司长郭其光。蔡锷。印。计附发表式一纸。中华民国元年十月初八日。"③

▲报载云南有人以"佩经"（按：综观电报内容，不是一般人所能了解的事，此"佩经"当为罗佩金）名义，致电上海《民立报》馆，对滇西

① 以上二电见曾业英编《蔡锷集》（一），第 770—771 页。
② 《总统府初七日纪事》，天津《大公报》1912 年 10 月 9 日。
③ 云南省档案馆藏档案，档案号：1106 - 004 - 02278 - 001。

征军撤回表示"愤慨"。说：

　　滇奉中央电令将西征军撤回各由，琼已有闻。鄙意以为天下事之最堪痛哭者，未有甚于此者也。政府对于边事，未免隔阂太甚，请详言之。一、此次西征为新国家用兵之始，滇军屡占优胜，当此秋高马肥，正见可而进之时，非知难而退之时，徒以饷项缺乏，遂使彷徨中道。查殷司令前请数百万两，系为宽筹起见，若据鄙人观察，滇军事撙节，但得中央接济百万可足。国家出此百万之费，不难收什百倍之利源。狙一时之苟安，忽百年之大计，事之失策，无甚于此。二、滇军到处，恩威并用，颁发白话藏文告示，剀切开导，故藏人极为欢迎，旬日之间，投诚者不下数十处，人民数千人，或愿献万物，或代派乌拉，或代筹粮秣，恳求滇军拯救。滇军则给以五色旗为保护其身命财产之证据。蛮匪怨之特甚，一旦军队撤退，此辈必定转于川藏烧杀抢掳之中，是国家以援救良民之美意，而忽致良民于死地之事实也。三、蛮匪性质胜则蜂屯蚁集，败则瓦解云散。当盐井复陷，不日即遍地皆匪，经滇军痛剿，乃复敛迹。现匪首之在巴、里及江卡方面者名紫中札巴郎吉为最有势力，在乡城方面者一名鸡工希洛，一名腊翁猛真，一名依水姑巴，各拥众千余思逞。滇军左纵队之向波米方面者已出札隆，向乡城方面者已扼止水。右纵队讨略宰约、白井，着着进步者。目下军队一撤，彼必谓中国无能为役，从此四郊多垒，益将不堪设想。四、川督愿以独力任藏事，而又迟迟不进，蛮匪对于川军抵死相抗，而其中又常有川人为之奸细，将来川军不进则已，进则非步步血战不为功，即使其果能如此，亦鼷鼠未得而千钧之助已去，其所收之效与其所费之财力适成反比例。五、藏为我国藩属，我国所谓藩属者与国际法所谓保护国者大异，不过内地与边地之分耳。准达赖所要求，则藏已由藩属进为保护也，再进则为独立国。独立不能，乃退而为安南、朝鲜之续。我国既所失，不仅数千里之地，而交际上真［直］接冲突甚多。六、某国告我政府谓我若派兵入藏，必与伊有直接冲突。夫我华军并不越出我领土一步，直接之冲突从何而来？果某国不认我领土主权，而我欲保存之，则除诉诸武力外，亦无可以解决，我政府但得其一言耳。遽命撤还军队，使其果举兵前来，将命移国让之乎。失上国之面，长蛮匪之气，无甚于此。以上皆鄙人在边地确切观察，应请登报为幸。佩经。①

▲袁世凯颁令，不得追论"旧日官绅"反正以前罪状。说："前清之季，各处官绅，制止革命，捕戮无辜，不无过激行为，亦系职守使然。共和成立，咸与维新，自应既往不咎，共相更始。乃旧日官绅，仍多疑畏匿迹，或竟托非其所，而不知大体之官吏，亦辄苛求瑕隙，于其返里之时，陷诸刑网，均于民国政体及共和之真意有乖。特此通告各省行政长官，自今以往，除现在犯罪者外，概不得追论反正以前罪状，肆意诛求，其播迁流寓之人，亦宜各复乡间，以安生业。此令。中华民国元年十月初八日。"②

9 日

▲袁世凯颁布授勋令，授予包括蔡锷在内的八人为"陆军中将，并加陆军上将衔"。说："现在举行国庆纪念典礼，深维民国创业之劳，允宜赠授勋位，旌显元功。""李烈钧、孙道仁、阎锡山、张凤翙、尹昌衡、陆荣廷、蔡锷、唐继尧均授为陆军中将，并加陆军上将衔。此令。十月初九日。"③

▲蔡锷电请袁世凯、国务院电饬川军，迅赴毕土所辖地面，相机剿抚，免误事机。说："据西征殷司令鱼电称，鱼日得姜参议由中甸来电，谓乡城蛮匪，因川军停扎，巴、理［里］无事，麇集乡城。江日复来二千余蛮，四面围攻，势极凶悍。我军仅防军第四营驻旃［扎］瓮水，迭被围攻，俱已丧胆。若不添兵进剿，不但不能安兵扰［抚］退，且恐中甸亦将动摇。当添派步、炮、机各队星夜驰往，拟痛剿后再招抚之，方免后患。惟我军既撤，必顺［须］川军前进里塘，占据乡城，始可无事。倘川军进攻，则匪巢可掘，而川边始靖等语。又据该司令阳电称，折胄暨面善封土报告，本队卅日始抵毕土寺，沿途行［蛮］兵闻风远扬，而人民暨该寺喇嘛均执哈达归余。毕土所辖地面约数百里，现已全行收复，蛮众倾心。所得各地，

---

① 《滇西征军撤回之愤慨》，上海《民立报》1912 年 10 月 8 日。
② 《命令》，《政府公报》第 162 号，1912 年 10 月 9 日。
③ 《临时大总统令》，天津《大公报》1912 年 10 月 13 日。

是否任其遗弃，撤师回滇云云。除电饬仍遵前电撤回外，特此转呈。乞电饬川军，迅赴前敌，相机剿抚，免误事机。滇都督锷。佳。印。"

又电告胡景伊，将电饬殷承瓛妥交盐井管辖权。说："歌电悉。前请盐井暂归滇军管辖，系为南助川军分进合击起见。嗣奉中央令饬滇军勿再入藏，则盐井亦无须归滇。当分电中央及尹都督、殷司令各在案。至该处边军肆行掳掠，实属有碍治安，无论其援助之防军或现往之军队，均应痛予惩办，以卫边民。诚得嵇标长之力，不难聚而歼之。闳论远筹，至为钦佩。其盐井地方，当电饬殷司令向郭知事妥为交替，以明初心。滇都督锷。佳。印。"①

▲报载驻英刘代表密电袁世凯，英国提议承认中华案七大条件。说："英政府对于承认中华问题提出七大条件，已决定于各国会议时解决之，其条件如左，望政府注意：一、国家是否完全；二、政体是否巩固；三、建设与共和是否符合；四、秩序能否维持；五、军队能否守纪律；六、原有利益是否不致损失；七、条约是否可以准定有效。大总统接此电后，爰于八号午前在总统府北小楼召集特别大会议，赵总理各总长及各省都督派来代表均列席议定数事如下：一、先电刘代表，向英政府致谢，并称七条件中国均能办到完善地步，以期不负雅意；二、俟正式政府成立，即将承认问题提交海牙会公判；三、民国一经承认，前清之名词当然消灭，免致冲突。"②

10 日前后

▲蔡锷两次电陈袁世凯滇边各族民众"愿与汉民同享共和幸福"。其一说："据滇边司令殷承瓛呈称，此次奉命西征，沿途经过澜沧江一带，其阿东解瓦迪卡、吁能卡等处蛮民，以及闷空所属之瓜补、根腊，暨盐井附近之清垂子卡，均望风先后归附，自愿永为滇民等情。据此。除饬该司令将归附各卡头目姓名查明复报，以备呈请核奖外，先电闻。"其二说："滇边夷族向与汉人未能融洽，及不服华官节制，以致常滋事端。日昨额地、太拉、归边、卑哺等族忽来投诚，愿与汉民同享共和幸福等语。当即照准，

---

① 以上二电见曾业英编《蔡锷集》（一），第 772—773 页。
② 《英国提议承认中华案》，北京《民主报》1912 年 10 月 10 日。

并优加奖励。特此奉闻。"①

10 日

▲报载蔡锷令各司局饬所属各机关"再将预算核减"。说："本年度预算案虽已成立，而不敷尚三百万元，极力节减，犹不敷一百五十余万。现在只有再将预算核减，以期收支适合。除由财政司核办外，合行令仰该司转饬所属各机关一体遵照。所有每月节存银，无论流存多少，一概不准擅行支用，俟财政司核减预算。饬遵。此令。"②

又载蔡锷复文允准军务司发给夷目刀如标"六品军功牌一张"。说："军务司长呈，案准钧府发下腾冲府知事杨兆龙（按：杨觐东，字兆龙）呈，据交涉委员黎民藩暨西防民国［国民］军第十三营管带刘品三会呈夷目刀如标击毙凶犯，请奖职衔一案，饬司议复核办等因。查去岁反正时，干崖土目刀管准率党焚劫蛮允、弄璋等处，并杀害腾商张自春、营兵李有才二名。嗣经刘管带会同土司［目］前往将该凶犯刀管准枪毙，已由前陆军第二师李师长将该管带记大功一次，赏银二十两，电陈钧府备查在案。兹据原呈内称，夷目刀如标前次会同刘管带击毙该犯，深资得力，请给奖该夷目额外校尉职衔，以酬劳勋等语。惟奖叙职衔，未奉颁发，无从核议，拟请仍照成案发给六品军功牌一张，以昭激劝而励将来。军府批：如议办理。"③

又载殷承瓛呈告军都督府，"已聘请丽江红教大喇嘛东宝为滇军宣慰大法师，刊发印信一颗，文曰：西征师滇军宣慰大法师印。除发令该法师祗领启用外，合将印模呈钧府备案"。④

11 日

▲蔡锷电令他郎厅赵□□，议员复选须"依限如法办理"。说："复选

① 曾业英编《蔡锷集》（二），第 843 页。但是书依据二电载于北京《民主报》1913 年 4 月 13 日、16 日，定其发于 1913 年 4 月，误。因 1912 年 12 月 10 日，西征军司令殷承瓛已撤军回到昆明，而其撤军路过闷空等地的时间是"十月初七、八两日"之后（见《云南光复纪要·西征篇》，第 218 页），可见，此两电当发于 10 月 10 日前后。

② 《蔡锷集外集》，第 201 页。

③ 《滇夷进化谈·奖励夷目》，《申报》1912 年 10 月 10 日。

④ 《滇夷进化谈·聘用喇嘛》，《申报》1912 年 10 月 10 日。

采大区制，适于国情，立法具有深意。选举费应力杜浮滥，不能因噎废食。计算票额，前谘议局初以选举人计，后以实到投票人计，与本法相同，并无改为多数之文。仰即依限如法办理。勿渎。督。真。印。"①

又电陈内务总长、筹备国会事务局，滇省将提前举行省议会、众议院议员初选、复选。说："江电敬悉。省议会议员初、复选日期，自《国会组织法》颁到，即知正式省议会应在国会召集前成立。因定本年十一月二十五日举行省议会、众议院议员初选，十二月二十日举行省议会议员复选，民国二年正月初十日举行众议院议员复选，均经详细选定日程，通饬遵照并电达在案。嗣以两种复选区域相同，因将众议院复选区提前与省议会复选分别于本年十二月二十日、二十二日接续举行，以省烦费，亦经通饬在案。兹准江电，本应准令办理，惟滇省交通不便，筹备要政不得不先期着手。所有酌定日期，虽与通令稍异，然系提前办理，于法规无抵触。除将一应进行事宜赶速筹办外，合行电达。滇都督蔡。真。印。"

16 日，筹备国会事务局电复蔡锷说："真电悉。本届选举为期甚迫，调查手续亦极困难。前令所定日期，系斟酌选举程序而设，慎重执行，似有日不暇给之势。现各省因调查尚未完备，电请展限者尚属不少。滇省既称交通不便，何以遽将省议会及众议院提前于本年十一月二十五日举行初选，本年十二月二十日、二十二日接续复选。如果计日计月真能提前，则省费省时，岂不甚善？惟选举关系人民权利，办法不厌求详。希由贵总监督通饬各属，查明现办选举调查情形，是否一切法令程序，俱可提前完毕，届时再将选举日期，酌量提前报由本局核办，以免疏漏而重民权。筹备国会事务局。铣。印。"②

13 日

▲报载蔡锷急切密电政府，请"速裁夺"处理片马问题办法。说："云南蔡都督密电政府，片马一地，屡请交涉，未见设施，殊切杞忧。愚见惟有力争，仍照光绪三十一年石道家铭、英领烈登会勘之前江线速行分划为上策。或将该地作为中立，租借若干年为中策。如二者均难办到，则将

① 《蔡锷集外集》，第 202 页。
② 《公电》，《政府公报》第 171 号，1912 年 10 月 19 日。

英人所指之高黎贡山与之划界，声明俅夷、怒夷系我属地为下策。否则片马一去，大理、蒙化诸属将随之而去矣。亡羊补牢，请速裁夺。"①

14 日

▲殷承瓛电告蔡锷，滇僧法怡劝降江卡叛番成功。说："本部前派宣教师法怡随刘钟俊前往侦查敌情，该僧自阿墩与刘分手后竟杳不知所之。兹接巴塘参赞顾占文来函云，滇僧法怡于旧历八月朁日到巴说降江卡蛮匪，并代该蛮邀恩，请暂勿发兵往剿。占文已如其言，谕令江卡百姓速来投诚，仍照常相待等语。查阿墩以北蛮路阻塞，该僧竟能越险入巴说降江卡，厥功甚著。除电由姜参谋长转令回滇外，合电闻，以彰其功。承瓛。盐。印。"②

▲报载蔡锷电令各局须遵国务院《修正官报办法》办理，不得将"镇统、统领"并列"一等"。说："准北京交通部漾电开，查国务院修正《官报办法》，经本部七月巧电通饬遵照在案。惟照一条加入之镇统制，即现在改称师长者而言，其余统领等官均不得援照一等之例。乃近来各局每多误会，将镇统、统领之电并列一等，殊与定章不合，应一律更正，以免纷歧。嗣后务望遵章办理为要等因。准此。除分行外，合行令仰该即便遵章办理。此令。"③

15 日

▲蔡锷电告黎元洪、各省都督，不可"删除大总统解散省议会权"。说：

接准赵都督（按：指甘肃都督赵惟熙）径电，以参议院审查会表决删除大总统解散省议会权，均按现情，指陈三患，极为痛切。鄙见就根本上解决，尤期期以为不可，当即电呈参议院。文曰：

窃以议会政治之精神，首重责任，则解散权可否删去，即系责任问题。无其权而负其责，或有其权而不负责，其弊相等。政府应责

---

① 《蔡都督急片马》，上海《民立报》1912 年 10 月 13 日。
② 《滇僧说降江卡蛮匪》，《申报》1912 年 12 月 19 日。
③ 《蔡锷集外集》，第 203 页。

[负] 全国行政之责，固不待言。若议会对于国家政治全不负责，必演出议会专横现象，政府将以议会为卸责之地；甚或遇强有力之政府愤于议会之不负责任，竟置议会于不顾，则议会将同虚设，而议会政治之精神愈形失败。夫强硬之专制，实不负责任之议会有以逼成之也。赵都督径电所谓强者挂冠，恐犹未尽其弊。解散议会制，即由议会之责任问题而生，所以为弊，防议会不负责任之宪政。欲维持政府之行政权，以其能负责任，则解散制不可不存，此犹就中央议会与政府之关系言之也。至若各省议会对于政府之关系尤有不同。盖中国各省原非若联邦国之各邦，各省之行政，中央皆有责任。省议会既无中央议会之权限可与政府对待，则谓政府不能解散省议会，理论上已不可通。更就事实言之，中央政府若无解散省议会权，设遇省议会之主张与中央政策冲突时，各省行政长官势将无所适从。脱令迁就省议会，则中央统一之计划必将破坏，中央议会更不能以行政统一之责任责备政府。其结果必省自为政，而彼此均有推诿谢过之余地。全国行政不趋于混乱，必陷于萎靡。况吾国旧日政治之腐败，实以层层牵制为极大原因。实事求是之士，动辄得咎，巧滑者乃一以调停对付出之，国家行政遂堕坏于冥冥之中而不之觉。今各省行政长官既为中央政府之下级机关，而对于省议会之异议，又无救济之法，直不啻双头政治。极其弊，非以调停对付为主义，则地方行政长官之职位，将不能一朝居，此专制时代之弊制，断不可不锄除也。总之，国家定制不可专以防弊为目的，删除省议会解散权之用意，不过防政府专制之弊耳。实则欲防此弊，只视解散之手续如何便可解决。如竟靳而不予，则其妨碍国家政治之进行，流弊更倍蓰于此。比者正式国会不久成立，将来宪法上种种大问题，皆不可不统筹全局，预为有统系之研究。省议会解散权不过其一小部分耳。然其关系于国家之统一、行政之权责已若此，若竟枝枝节节，贸贸然删除，将必于宪法上根本问题大有妨碍。用特引伸赵都督径电，详细敷陈，请为鉴察。滇都督锷。删。

中旬

▲蔡锷饬令财政司，遵照部颁维持中央财政"密咨"办理，"以昭信用"。说：

为令行察照事。本年八月廿九日，准财政部咨称，窃维立国之本，首重理财，理财之方，莫先制用。民国肇兴，中央与各省同一财政困难，其所以恃为挹注之方，不外举债一途。各省有债，各部有债，有短期偿，有长期偿，旧债则丝毫未清，新债则迭层而起，分之不觉其多，合之已成巨数。本部前为整理债务起见，迭经分别电咨各省各部，调查内外债数目，业经先后复到。兹将各省各署所报告之内外债暨洋赔各款，现在应付数目，划为二期，分别列单。一为本年十月至十二月应付之款，计共一万零五十余万元，一为明年正月至六月应付之款，计共七千二百余万元。以债额言之，洋赔各款为大宗，短期债款次之，而内债居其少数。以负担言之，中央占十之七八，地方占十之二三。现在临时政府不过三月，而负此巨大之债额，内外相隔，在各省或未能洞悉其内容，自非尽情披露，明白宣布，殊非开诚布公之道。夫中央之财源，悉在地方，而军兴以后，洋款赔款，以及旧时京协各饷，凡各省应解之款，屡催无应。在各省或有自顾不暇之势，而中央已抱一筹莫展之忧。前者英使开单索还债款，迄无以应。微论旧时洋赔各款，有关国际信用，固宜早日清偿。即南北未统一之前，两方面所欠短期债款，军器交价，以及南京政府军需公债应付之利息，无一不关外人之交涉。设再因循迟误，小之则启监督财政之机，大之则蹈埃及覆亡之惨。方今中外人士所日夕惶惶，引为深忧，莫不以军饷为惟一问题。殊不知军饷不继，溃变之祸，犹为人所易睹。若此等刻不容缓之国际债务，苟不早为之计，内外漠然，如秦越人之相视，一旦责言交至，其危险有不可思议者。

本部忝掌度支，固属责无旁贷，而都督暨民政长、财政司，类皆手造民国之伟人，必不忍使分裂之祸造于目前。补救之策，继以整理各该省财政为第一要义。应请查照大总统十月七日通电所云裁兵、治盗、选择良吏三者切实进行，庶几多一文之收入，即可还一文之债欠，而国家可以省一文之负担。其在国家税、地方税未划分以前，所有各该省应解之洋款赔款及京协各饷，尤宜迅速设法，俾资应付。至各该省自借之款，其已到期者，亦应力图清偿，以昭信用。事机危迫，本部敢以披肝沥胆之诚，互求同舟共济之道。除分咨外，相应钞单密咨查照办理，并饬司一体遵照，仍希见复施行等因。并钞单到本军府。

准此，合亟令行财政司查照办理。此令。

16 日

▲蔡锷电陈袁世凯、国务院，已饬殷承瓛勿与川军争功媚嫉。说："中密。奉国务院电传大总统令：川军立功，原与滇军立功无异，万不可稍存媚嫉，致坏边局等语。已转饬殷司令遵照。查滇军西迈，原为国防，成功固不敢自居，偾事则罪无可逭。已屡饬殷司令破除畛域，相见以诚。该司令况（自）能推诚布公，顾持大局，决不至别有挑构，贻害边疆也。滇都督锷叩。铣。印。"①

17 日

▲蔡锷电请陆军部速发表张开儒、李伯庚二人为将官。说："滇前请补将官各员已陆续发表在案。惟张开儒、李伯庚二人尚未发表，恳祈照电速办。滇督锷。筱。印。"②

又与黄兴等29人发起洞庭制革股份有限公司，并发布招股简章。说：

> 吾人平生所持之主义维［为］何？一曰民族，二曰民权，三曰民生。今汉族兴，共和建，前两主义之目的已达，兹所急急起而代谋者，非所谓民生乎？然持极端主义者，骤欲讲均财产之高谊，铲托辣斯之淫威。窃谓借此发抒理论，取快一时，未为不可。若按之事实，其相去奚啻天壤？我国工商两者幼稚已极，即合群力奖劝而提掖之，可决其后大总统三十年不至有托辣斯之发见。傥萃大多数无恒产之人日与言均产，是非率天下之人皆游手好闲，饥饿以死不止。呜呼！讲民生者顾如是耶！近顷民国之秀皆乞生活于政治一方面，议者颇讥士夫权利之竞争，不亚于满清末季之昏浊。吾谓官俸既定以后，公仆之义大明，向之乞生活于此途者，必渐渐舍此而他适。且嗣兹以往，民国之负担日重，富者惕于坐食，贫者不敢偷惰，非工非商又将焉往？同人有见于此，欲先以工业唤起世人，故有此公司之设。其制革者，以革

---

① 以上文、电见曾业英编《蔡锷集》（一），第 771—775、781—782 页。

② 《滇督蔡锷任职期间关于联系军杂事务文电》（1912 年 5 月至 1913 年 10 月），中国第二历史档案馆藏，档案号：1011 – 1114。

之用途广，不学之工从宽亦可收容，非有见于制革之必可获利而始设此公司也。同人之大愿，惟希冀洞庭以内月发起无数公司，洞庭以外日发起无数公司，则所以为民生计者，其庶几乎？海内同志，或不弃予。

招股简章附录于下。

第一条　宗旨。本公司以振兴实业，挽回利权，补助军需为宗旨。

第二条　名称。本公司定名为洞庭制革股份有限公司。

第三条　办法。本公司定营业，分制造、发行、采办三项。设工厂制造普通应用及军需各种皮具，设发行所批发工厂出品，设采办处收买原料。但发行、采办得斟酌商情，合并一处办理。

第四条　场所。本公司设工厂总发行所及总采办处于岳州，分设发行、采办于长沙、汉口、湘潭及交通大埠。

第五条　性质。本公司为完全商办，一切均照现行商律办理。

第六条　资本。本公司定集股本银二十万元，由发起人担任五万元，其余一十五万元，由本国各地招集。现开办在途，招股不及，已于湖南公家借银五万两，声明自开办五年后，附息递还在案。

第七条　股份。本公司股份定五十元为一整股，五元为一零股，分优先、普通两种。优先股以一千二百整股为限，普通股以二千八百整股为限。

第八条　收股。入股者交银时，即由经售股票处出具收条，俟股票印成时，由股东持收条向本公司事务所更换股票。

第九条　股息。本公司股本周息六厘，每年订于十二月发给，由股东持息折及股票向本公司事务所领取。

第十条　红利。本公司红利提十分之一作为公积金，为将来推广之预备。提十分之二作本公司事务所及工厂办事分等酬劳费。提十分之一给优先股，其余十分之六按股均分。但优先股满五年后，其权利与普通股同。

第十一条　会议。本公司于每年正月开股东会议一次，决算前年度出入账目，及决议本年一切进行事件。

第十二条　权限。本公司股份以二十整股为一权，凡股东入二十整股以上者有决议及选举权。入五十整股以上者有被选为董事及查账员之权。但决议选举每股东一人，至多不得过三权。股东入十整股以上而未满二十整股者，有到会发言权。其未满十整股者得集合十整股公推一人行之。

第十三条　职员。本公司设董事四人、查账员四人、总理一人、协理一人，厂长一人。董事、查账员由股东会选举，总、协理由董事会决定，厂长由总理聘任。

第十四条　报告。本公司账目每年由股东会决算后三日登报报告，以便周知。

第十五条　招学。本公司拟暂招学徒三百名，聘用中外各专科名师充任教授，即分派学徒到工厂实地练习，不另顾〔雇〕工录匠。

第十六条　附则。本公司办事细章，俟成立后由股东会决定施行。

发起人：黄兴、谭延闿、王芝祥、沈秉堃、蔡锷等二十九人。

代收股银处：长沙实业银行、岳州柴家岭本公司事务所。"①

▲报载蔡锷电请陆军部，通允各省一律购买云南所产"白铅"，以挽利权。说："据沪军械制造局电称，子药场制造制弹壳向用外国白铅（即锌），然其质至劣，以致每多破裂，且价亦过昂。查云南所产白铅，用化学法化验，其质甚佳，强甚外货。拟由滇省先购数吨，以资制造。但该局所请，系为尊重国货、挽回利权起见，自应重准，请贵部立案，并请通允各省一体遵照办理，以饬国产而挽利权之外溢。②

18 日

▲报载袁世凯密电尹昌衡调停川、滇两军意见原因。说："大总统已密电西征司令尹昌衡调停川、滇两军意见，并饬将西藏确情详细电复等情已纪昨报。兹闻此电原因，系十七日下午大总统接到驻藏办事长官钟颖九日前由印度转来密电一件，十八日上午又接驻京英公使密函一件，均为西藏之事。探其大致，已有不易挽回之势。又查尹都督先后各电，颇多不符，故大总统于十八日午后一点，召赵总理及诸国务员在府密议约两小时。闻

---

① 曾业英编《蔡锷集》（一），第 775—777 页。
② 《蔡锷集外集》，第 206 页。

当日已分电西藏马师周统带及云南蔡都督详尽办理，并另致英公使密函一件。"①

19 日

▲蔡锷电复四川护督胡景伊，"遥伸贺悃"尹昌衡出师西征且兼镇抚。说："□电敬悉。此次尹督奉令出师，勘［戡］清边乱。开府炉城，汉蛮效命，□［且］兼镇抚，徐竟全切［功］，伟略殊勋，良堪企佩。滇边辅车，五族祸福，相倚为切，同仇之谊。用冀协挚之师，既听铙歌，如释重负，匪惟川幸，滇与荣施。聊贡愚忱，遥伸贺悃。锷。皓。印。"②

21 日

▲蔡锷电告陆军部，滇省并未为张贵祚请"补职"。说："准国务院筱电，奉令张贵祚授陆军少将。查滇省张贵祚现任鹤丽镇，滇并未请补职，是否他省人员，希查示。滇督蔡锷。马。印。"③

22 日

▲郑开文、姜梅龄电请参议院、蒙藏事务局暨各报馆，宏言谠论，主持公道，早日解决滇川边务问题。说：

> 参议院、蒙藏事务局暨京津各报、省议会，及《天南》《华南》《振华》《云南》各报馆鉴。藏地肇乱，滇川震惊，滇军政府迭奉国务院滇川协剿电令，并垂怜巴塘统领顾占文秦庭之哭，仗义出师，宣力民国。开文、梅龄奉蔡都督及殷司令命令徂征，统陆防各营分左右纵队，开文统右纵队，以嘉玉桥为作战目标，由阿墩进攻红白盐井，血战数昼夜，相继克复，僧俗降者以千数。克日进取江卡，番酋闻风胆寒，辟易□［数］百里。梅龄统左纵队，以江达为作战目标，由阿墩渡溜筒江，越梅里白蟒大雪山，直趋峏土，左攻旁临、耻空、杂俞波

---

① 《密电川滇镇抚使之原因》，天津《大公报》1912 年 10 月 20 日。
② 《蔡锷集外集》，第 204 页。
③ 《滇督蔡锷任职期间关于联军军杂事务文电》（1912 年 5 月至 1913 年 10 月），中国第二历史档案馆藏，档案号：1011－1114。

米，剿抚兼施，威德并济，大军所至，如雷如霆，藏军统翁扎古裹震怖恐惶，率其跳梁残孽，昼窜宵遁。师次左攻一带，沿途僧俗执哈达酪浆迎者无数，村落已拓地千余里，有民数万户。我军左右联络，分道并进，不难径行扫穴，直捣乌斯江畔、昌平佛地，绥靖边氛。不意迭奉国务院命令阻进，应即班师，十年一旦，徒叹奈何。开文、梅龄转战于蛮荒绝域，驰突于冰天雪地，足蹈险危，身冒不测，赖民国威灵，勉奏肤功。然最后目的，尚未达到，全般计划，半途中止，一篑功亏，殊属可惜。现遵令于十月阳日，两军队垒撤还，分驻滇边各地，投诚僧俗莫不攀辕流泪，金言吾侪受川藏两军苛虐久矣，今年获睹天日，作云南百姓，无任欣慰。若滇军一去，川藏两军复来，性命身家必遭涂炭等语，意殊可怜。刻下宁静山以西，尚无川军，照馆［尽管］草木荒凉，疆圉无主，而命令所在，遂不得不举我军流血殚力征战经营所得之山河拱手还诸乱番，俾狡诈之达赖愈肆然借他国之势力，干涉三藏脱离我民国范围。西南屏蔽将归泡影，民国前途可为流涕。查盐井位于宁静山以西，川滇藏界碑位于宁静山以东，盐井乃藏属非川属，前清赵尔丰遣委员率防军一部，驻扎川边即此地也。惟该地近于藏，而远渡川，应划为滇界，方易经营。现滇军虽退，尚无川人只影前来接收，惟有放弃，一任番匪复来。至杂俞、波米两土司，既不属川，复不属藏，滇军抵左，攻散该地，谕示僧俗，已派代表前来投顺，愿永作云南百姓，其归北滇皆出于至诚，应抚而有之划归滇省版图，以杜他国觊觎。盖某国军威，已直达杂姑属之鸡贡，片马交涉皆原于此。该地无论属滇属川，均为民国领土，岂容稍存私见，操戈同室，致令他国坐享渔人之利？该地近接巂边，归滇经营，无鞭长莫及之患，利一。毗连怒求，若划归我怒求殖边局，经营手续较省，抚绥尤易。至于怒求并合，归滇版图，尤足以杜某国野心，利二。该地蛮民多奉红教，我龄江红教势力足以及之，安辑自易。且蛮民心理仇川，归滇如水就下，因而收服，事半功倍，利三。此三利，收归滇便。夫民国初立，国基未固，凡我国民当以国家为前提，协同一致，和衷共济，更无固执省界畛域、竞利争权之处。其应持无所偏倚之公理，判将来民国之利益，以定疆域之关系。便滇者归滇，便川者归川，即不然，合滇边、川边别设一省，从事经营，俾他国无从染指，亦计之得者。

如是则利害轻重，攸往咸宜，禹域神州，方无瓯脱，否则，此项膏沃地，惟有一任他国经营耳。各私其省，如大局何？开文、梅龄滇人也，非为滇计，实为民国前途计，但求不为吾国作伥足矣。省界之分，安敢与闻？诸公关怀大局，宏言谠论，素所钦仰。恳祈主持公道，或提为议案，补助中枢，以期见诸施行，或发为社说，唤起国民舆论，借作对外方针。总期全体一心，消弭大难，庶几早日解决，滇川边务，斯能进行，民国幸甚。统带滇军联长兼右纵队长郑开文、参谋长兼左纵队长姜梅龄叩。养。①

23 日

▲蔡锷咨复国务院，已委派罗佩金为赴京云南代表。说："查七月二十八号公报载贵院敬电，奉大总统令：每省派代表三人赴京，以备咨询等因一案。兹查前云南军政总长罗佩金堪以委派赴京充任云南代表。除给委任状外，相应咨请贵院查照。此咨。中华民国元年十月二十三日。"②

31 日，有报纸报道此事说："总统府秘书厅于昨二十七日下午，接到专电处封送云南蔡都督密电一件，当即译呈大总统披览，尚未交厅。闻系密陈关于西藏之重要问题，并预陈现已特派专员来京面陈一切等情。据云该督所派之员，系现由西藏回归滇省之专员，今复派其来京。"③

11 月，蔡锷呈告袁世凯，续派李根源为云南与中央"疏通意见"三代表之一。说："查七月二十八号《时报》载国务院敬电，奉大总统令：大局岌岌，非中央与各省同心共济，无以图统一而救危亡。数月以来，内外情形渐趋一致，顾以距离辽远，脉络不灵，尚不免时有隔阂之虞。将欲图一致之进行，收指臂之实助，心所甚愿，势有未能。本大总统深知各都督洞明大局，力顾艰危，特以无疏通意见之机关，故随在每生扞格。兹定每省各派代表三人，须熟于军事及内政各门，由各都督切实遴选，以阅历甚深，素有经验，而为各省都督所信任者为合格。选定之后，即由各该都督加给委任状，迅即来京，以备谘询，并将该代表姓名及起程日期先行电复。各员寓京旅费，由中央筹给等因。遵即先后遴委前云南军政部总长罗佩金、

---

① 《公电》，《申报》1912 年 11 月 10 日。

② 《公电》，《政府公报》第 182 号，1912 年 10 月 30 日。

③ 《滇省电告派员面陈藏政》，天津《大公报》1912 年 10 月 31 日。

云南财政司司长袁家普前往，并咨国务院在案。兹查前云南陆军第二师师长陆军中将李根源于云南现政情形颇为谙悉，堪以续派赴京充云南代表，除给委任状外，理合呈请大总统查照。此呈。批：据呈已悉。此批。大总统印。中华民国元年十二月三十一日。国务总理赵秉钧。"①

24 日

▲15 日，李恩阳等咨请省议会、昭通同乡会，拒绝新委昭通知府彭汝鼐。说："查新委昭守彭汝鼐于满清时倾陷革党，最为剧烈，且不识民国性质。未奉委时，其官亲私人盘踞昭城不下百余人，一闻委任，包税串事旅寓如市，昭民骇诧，死不承认。前承急电军府，未蒙复示，祈设法维持，咨请另委，昭民幸甚。恩安县议事会议长李恩阳暨全体等公叩。"

22 日，又电请蔡锷暨民政司说："前电陈昭民死不承认彭守事未奉复，人心惶惑，如到任，罢市随现，隐祸堪虞，请速另委贤员。乞示遵。自治长李恩阳等叩。码〔祃〕。"

24 日，蔡锷电复李恩阳等人说："政府任用地方官长，非人民所能要挟，拒绝新委该府彭守到任，后果有违法事实，尽可据实呈控，或向议会请愿弹劾。今尚未经到任，贤否何从得知。本军府昨已电彭守迅速接篆，仰即遵照勿违。都督府。敬。印。"

其间，李恩阳等再次电请蔡锷、民政司、省议会暨各报馆，"另委贤员"。说："删、码〔祃〕两电未奉复。有（按：即 25 日）辰突闻彭守接印，系奉钧电有用人之权，岂学生所能干预。等语。案民国法律，自治局非学生组织，且有监督行政之权。彭守残酷贪暴，恣害地方，故请另委贤员，亦法律所应有。兹因电饬愤懑无状，理合辞职，另举代表进省请令。昭通自治局李恩阳等叩。"②

11 月 15 日，报载蔡锷咨复临时省议会，"所有咨请迅即将彭守汝鼐撤任严追之处，应勿庸遽议"。说：

> 财政司呈。案奉钧府令开，准临时省议会咨，据昭通同乡会邓绍湘等以贪残酷吏，贻害地方，请议严刻另委贤员等情请愿到会。愿书

---

① 曾业英编《蔡锷集》（一），第 802 页。
② 以上四文电见《蔡锷集外集》，第 205—206 页。

内（称）新委昭府彭汝霖于满清时历任大关、大姚，贪残素著，大关任内吞蚀积谷银一百余两，大姚吞蚀积谷钱一百余千。未奉委时，官亲私人涌聚昭城，一闻委任，包税串事，旅寓如市。又到昭时，违法贩运烟土，聚赌连日等语。本会以用人之权，操自军府，彭守在前，纵有微眚，此刻宽其既往，予以自新，安知其不感愧奋励，为地方造福。该愿书所指各节，词出一面，或难遽信。惟闻彭守积欠官款，尚不止积谷一项，业经民政司照会高等审判厅传追在案，是否缴清，亟应查实，以凭布告。当经咨询去后，兹准复彭汝霖前在大关同知任内，欠解宣统二年四月十五日起至三年闰六月底止，税契银一百二十六两一钱四分一厘三毫。又欠解宣统二年分米莽折银五百二十八两三钱五分六厘八毫、杂款银一十九两八钱一分三厘四毫、仓收银七两一钱、夫马钱三百七十七千八百零七文、团费钱三百七十七千八百零七文。又枭出兵谷九百七十八石五斗，售获银八百零二两三钱七分。昨准民政司兼司法司照会，查追尚未传提，而该彭汝霖已到昭通府任等由。准此，复经协议，以该守应缴之款，为数甚巨，不先行缴解清楚，辄敢蒙混赴任。是其已饱之贪囊不肯稍破，将施其敲吸手段，以取偿于昭通。昭民何辜，受此荼毒，且滇省财政奇窘，筹措维艰，似此屡年积欠，何可听其久延？即令昭通人未经请愿，亦应咨请撤退〔任〕追缴，勿任远扬拖延，并希见复等由。准此，查所称咨查准复彭守前在大关厅任亏欠各款等语，未见明白声叙咨查何处，准何处咨复。惟玩其辞旨，确系高等审判厅咨复省议会无疑。夫官吏亏欠公帑，自有行政长官负稽查之责，省议会据人民请愿，只能照该请愿书所载，咨行行政官厅查究，无径行咨查各机关之办法。且审判厅为司法机关，亦无答复省议会咨查之义务。况请愿书者为昭通府同乡会，所指该守违法各节，亦应由行政长官查明确实，始能依法惩处。来咨所称迅予撤任，勿任远扬，殊非必要迅厉之事。该守现任昭通，尚未交卸，何谓将远扬耶？合行令仰该司即便查明彭守前在大关厅任内究竟亏欠公款若干，转饬速行清缴，并即呈复，以凭转咨等因。奉此，查新任昭通府彭汝霖前在大关厅任内，征获前清宣统二年分米莽折银五百二十八两三钱五分六厘八毫、杂粮银一十九两八钱一分三厘四毫、仓收银七两一钱九分、夫马钱易获银一百八十八两九钱三厘五毫、团费钱易获银二百九两八钱九分二厘八毫。又粜出兵谷九百七十八石五斗，售获银八百零二两三钱七分。又自宣统二年四月十五日到任起，至民国元年二月二十三日交卸前一日，即旧历正月初八日止，税契银一百二十六两一钱四分一厘三毫。清宣统二年四月十五日到任起至年底止，钦天监饭食银九两。通共应解库平课银一千九百二两三钱一分八毫一五，作合龙圆二千八百五十三元四角六仙六厘。宣统二年四月十五日到任起至年底止，条例库平银一两七钱八分九厘三六升，平合市平银一两八钱五分三厘。又四月十五日起至九月底止，四川报费市平银一两七钱七分一厘、政治报费市平银二两八钱八分九厘。又辛亥年分正月初一日起至六月底止，条例库平银一两三六升，平合市平银一两三分六厘；二月初一日起至八月底止，云南政治报费市平银十九两八厘。通共市平银二十六两五钱五分七厘七二，作合龙圆三十六元八角八仙五厘二。共欠解龙圆二千八百九十元三角五仙一厘，延不解缴。该员恃有领款可抵，查该员系（辛）亥年十二月十五日交卸，新赋开征已久，（究）竟征获钱粮若干，未据将后任所具无亏总结呈司，无从查核，迭经令催在案，迄未解缴应支各款，亦未造册请销，殊属玩延。奉令前因，除勒令追缴外，理合具文呈复，请祈钧府查核，转饬施行等情。据此。查此案迭准贵议会咨催，而贵议会所据以咨请查究者，不过恩安县人民之请愿书，是以于彭守在昭通任内欠款内容，尚不十分详晰。彭守在昭通任内所欠解各款虽有二千余元，然有应领之可以相抵，不过未将交代总结呈报，经征数日未曾总结详数，因而领款亦不能核抵，故所欠解之款尚应目之为欠款也。此等严催交代清抵解领事件，均系财政司专负责任，如果全系亏欠，毫无抵领，自应撤任严追，不致烦及贵议会之催促。据呈前情，相应咨复贵议会，请烦查核发施行。所有咨请迅即将彭守汝霜撤任严追之处，应勿庸遽议。此咨临时省议会。①

27 日

▲蔡锷电请黎元洪及南京、盛京、福州、黑龙江、兰州、桂林、成都、

---

① 《蔡锷集外集》，第 226—228 页。

贵阳、吉林各都督"致电政府"，对梁启超回国"共表欢迎"。说："前请联电中央，敬聘梁任公回国，雅蒙诸公赞许。近阅报载，梁公已应召入京，各界欢腾，薄海喁望。民国肇造，经纬万端，斯人一出，苍生之福。并闻梁公宣言，此后仍效力社会，不入政途，尤堪钦佩。拟请诸公致电政府，共表欢迎，以为海内想望先生者之倡。仍望复示。滇都督锷叩。沁。"

又电各省都督说："新会梁先生学识闳通，筹虑精审，实为康济时局所不可少之人。民国肇造，经纬万端，正宜资以擘划。顷闻先生已归国入京，于国家建设前途关系甚巨。拟请各都督致电欢迎，以为海内想望先生者之倡。夙稔贵都督推贤爱士，谅表同情。锷叩。印。"并电袁世凯、国务院、参议院，对袁世凯"为国求贤之盛怀"。说："新会梁先生为国先觉，中外钦仰，前曾电请大总统敦聘回国，优予礼遇。奉谕：建设方殷，此才岂宜终老？已交国务院核办等因。复承黎、程、李、赵、陆、唐诸公互电交推，深表同意。顷阅报载先生返国，各界欢迎。以先生学识之闳通，筹谋之精审，必能式抒伟抱，康济时艰。且闻先生意在不入政途，注重实业，于国家前途，关系尤巨。谨肃电以附海内欢迓先生者之后，并以谢大总统为国求贤之盛怀。滇都督锷叩。印。"①

28 日

▲蔡锷电询陆军部军用文官衣制"领章应用何色"。说："陆军服制图说，未载军用文官衣制，此项人员应商准着军服，如准，其领章应用何色？乞核复。锷。俭。印。"②

▲25 日，沈汪度、周传信呈请蔡锷核饬现任大理府张培爵将原禀熊祖泽折稿呈阅，以凭核办。说："案准民政司咨复，准贵司会咨，奉都督府批饬查核前大理府周守安元禀揭采办榆标营房木料、砖瓦、石灰委员熊祖泽浮报各款银两一案，咨司转饬本司吏治科长、前大理府周守安元详查禀复，以凭核办等由到司。当经令饬该守查复去后，兹据呈称，查此案熊委员浮冒各款，系由前清滇督李访闻委补用知府张鉴清，赴榆查明该委员种种弊端，开具清折呈复。旋复委卸府复查，卸府奉委后，按照张守所查各节，

---

① 以上三电见曾业英编《蔡锷集》（一），第 778—780 页。
② 《滇督蔡锷任职期间关于联系军杂事务文电》（1912 年 5 月至 1913 年 10 月），中国第二历史档案馆藏，档案号：1011-1114。

访之舆论，考之事实，分条另列清折，禀复在案。所有禀折原稿暨抄存张守折稿，均已归入府卷。事隔年余，一切情形，均属恍惚，莫由追忆。应请调查张守及卸府所呈各清折，自可得其详细。再，卸府赋性愚暗，当时奉委复查此案，虽自谓竭尽心力，然耳目所及，诚恐或有未周。既据张守呈复各情，自较卸府所查为可信。想各司长明镜在空，必不致有受屈之人也。所有奉饬禀复缘由，理合呈请司长查核转咨，此呈。等情。据此，除咨财政司外，相应咨复贵司查照办理等由。准此，查该卸守暨张鉴清所有禀揭原折稿，案据称归入府卷。此次奉发原卷，该周卸守来司查阅，据言并未附入，是此案底蕴，未得其详。其中曲直是非，无从悬断，理合据情会呈，伏恳转饬现任大理府张守，将原禀折稿，速检呈阅，以凭核办定案。此呈军都督蔡。沈汪度。印。周传性。印。民国元年十月二十五日。"

28 日，蔡锷电令大理府张培爵说："财政司、军务司会呈云云等情。据此，合行令仰该府即便查照办理具复。此令大理府张培〇。蔡〇。中华民国元年十月二十八日。"

11 月 29 日，又"批财政司大理府呈复熊祖泽一案"说："呈悉。此案迭经饬司行查，迄未能得要领。前据军务司、财政司呈称，周卸守与熊委所有禀揭原折稿案，并未附入所呈案卷三束内，是非曲直，无从悬断，请饬大理府检呈。当经令饬去后，兹据呈复各情，据云大理府署所存此案卷宗，业已遗失不全，原禀揭遍查无获等语。是否属实，有无隐匿希图祖庇情事，所抄呈熊委所呈周卸守原折，出诸熊委之手，是否可据，不能因案卷不全，遂置诸不问。仰财政司、军务司饬传周卸守到案，设法查明，拟办具复。原案三束甘结十一张，暨此次大理府原呈抄单，并秘书处签并发。摘由批。中华民国元年十一月廿九日。大中华国云南军都督府之印。"

12 月 9 日，周传性、沈汪度"会呈大理府呈复熊祖泽一案"说："案奉钧府发下大理府张守培爵呈复熊祖泽一案批，仰财政司、军务司饬传周卸守到案，设法查明，拟办具复，附原案三束甘结十一张，原呈抄单并秘书处签各一件等因。遵即会查原呈内称，此案卷宗因上年反正，以致散失不全，遍查卷帙，竟无片纸只字等语。即此一端，其中祖庇，不实不尽情形，已可概见。伏查榆城反正，秩序井然，府县两署均未损失。前周守原禀，何至无存？张守所复，并无详细理由，如此重案，款项攸关，未便含混办理。至周卸守当日原禀，有无录存底稿，能否设法查明，自应遵批会咨民政司转饬遵照具复。而张守所称案卷散失，亦未便听以此语搪塞，应请钧府严饬再行确查原卷究竟因何遗失，须将详情声明，并饬将监工员陈坻侵蚀公款情形，并案详复，以凭核办。是否有当，理合会呈。伏乞鉴核施行。此呈军都督府蔡。周传性。印。沈汪度。印。中华民国元年十二月初九日。"

12月11日，蔡锷又令大理府再行详查熊祖泽一案，并批军务司说："呈悉。候即令饬新任黄守再行详查具复核夺。摘由批。"

又令"军务司、财政司会呈云云等情。据此合行令仰该府即便遵照详查具复，以凭核办。此令大理府府长○○○。蔡○"。

1913年4月1日，又以第1083号指令，令财政司说："据大理府知事黄彝呈，查复周前守禀揭熊祖泽，及监工员陈坻侵蚀公款一案。查此案前据该司会同军务司呈请严饬该知事再行确查详复。当经令饬去后，兹据复称，遍查原卷，无从寻获。张守前称，遍查卷帙，竟无片纸只字，委系实情。此项原稿亦不知因何遗失各等语。既经迭次行查，毫无根据，此案应否暂缓置议，抑或另有办法，应令该司核议，呈复核夺。文发，仍缴。此令。中华民国二年（四月初一日）。"①

月底

▲段宇清上书蔡锷，禀报月初接阅殷承瓛电报后，与在京同仁进谒总统府秘书长梁士诒情况。说：

> 敬密启者。月初接殷司令承瓛先②电，略云我军西征，现于巴附近连战连胜，不难直捣巴塘。忽接川尹都督来电，阻止我军入巴，约改道入拉萨。瓛带新军一梯团以上，防勇十八营，裹粮出省，约三十余站，耗粮已数十万，若改道直趋拉萨，尚远隔三月程途，需饷以数百万计。滇财政困难，安能支持？窃思藏乱关系全局，川军能力如何，早为国人所公认。滇军志气振奋，勇敢耐劳，且道途稍近，尤易迅奏肤功，祈诸君转商袁大总统迅拨巨款，汇滇入藏，滇军当独力担任，以救危局而宣国威，决不贻误等语。宇清等会商，次日全谒见总统府

---

① 云南省档案馆藏档案，档案号：1106 - 001 - 01380 - 002。
② 韵目代日无"先"电，疑为"尤"电之误。

秘书长梁士诏〔诒〕，缕陈边情，并将殷电呈览。梁答云蒙藏政策，现主和平办理，刻已电殷司令暂驻盐井。至拨饷协滇，政府实无力协济，必俟大借款到手，自然拨助。宇清等云，滇军持三月粮饷，暴露西征，现既奉大总统命令远扎盐井，若饷款无着，必致暴乱，一患也。中甸、维西与藏毗连，其间边氓多奉喇嘛教，我军若退，恐被煽动，进既不能，退又不可，二患也。丽江西连片马，东通永北，流亡土匪，到处潜伏，军无现粮，恐勾结为祸，酿出边衅，不可收拾，三患也。请代陈大总统速提交国议，筹拨巨币〔帑〕，不可以边围视为缓图。梁君允为代商大总统。十七（日），赵总理（按：赵秉钧9月25日任国务总理）及国务总长出席秘密会议，又在议场要求。至十八日，始奉梁君复函，终无款拨济，奈何？六国银行大借款已经决裂，实日俄从中破坏，欲于财政断竭，制我死命。廿七日，财政交通二总长到院开秘密大会，借前清与比国所结延修甘秦铁路为题，议借二万五千万佛郎克，以二百万作修延长铁道之基金，以五千万佛郎克作金融基本。所订二十二条，尚不大吃亏，参议院已经通过，大约可望有成，此亦存亡问题，不能不赞成也。此项能成，边省可望补助。第秦陇晋蜀正在电请中央拨款，捷足先得，乞钧处趁此时机，密向中央促催，或有拨饷于滇之一日。第此借款，十分秘密，请万勿宣布。我军既有命令驻扎盐井，切不可轻进。前陆军密议裁兵案，议院已照各条赞成，京师自通州兵变后，时有讹言，戒严数日，前门及东交民巷，夜间皆重兵梭巡，近日人心稍安。总理任命赵秉钧后，内务有任命沈秉堃之说，尚未交院取同意。界务图已向严次长请催，允赶办绘寄。昨晤刘振愚，已绘出四幅，俟完全绘出，定为交寄也。诸关廑注，谨以奉闻。①

30 日

▲蔡锷电告胡景伊、张培爵，"已电昭通杨镇、镇雄邹牧"务获究办"殷匪弟兄"。说："胡都督、张民政长鉴。有、宥两电悉。殷匪弟兄，枪多党众，亟宜歼除，以安两界。已电昭通杨镇、镇雄邹牧，密务营团，设

---

① 《永昌府文征·文录》卷二十三，第22页。

法踪捕，务获究办。威信改设行政委员，早经撤任另委矣。此复。锷叩。卅。印。"①

31 日

▲蔡锷电陈袁世凯、陆军部、参谋部，滇派蒋方震赴京面陈相关军事计划。说："滇军高等顾问蒋方震，赴京面陈一切关于中央及滇边军事计划，乞指示机宜，俾资遵循。滇督锷叩。卅一。印。"②

按：蔡锷这通新发现的电报，虽然文字简短，仅交代蒋方震这时是滇军的"高等顾问"，衔负蔡的使命，前往北京"面陈一切关于中央及滇边军事计划"。但对解读长期困扰蔡锷研究者的一个重要问题，即刘达武等辑《蔡松坡先生遗集》卷三所辑《军事计画》的著作权归属，以及该著的思想归属问题，都有其特别意义。

刘达武在1943年刊印的《蔡松坡先生年谱》民国2年（1913）条中记曰："八月（按：刘所说应是阴历）奉调入京……以军事计划副稿，交请蒋方震润色。书凡七章，都三万余言。第一章，述练兵之目的在求战，正其本也。第二章，述武力之原在国力，清其源也。三、四两章，说人说器，分析其原质，就其个体言也。五、六两章，述编次，述教育综合，其联络明其所以相成也。末章述军政之全体，挈其纲于用人与理财而归之，以诚以志，明治兵之原则也。其述练兵之目的，有曰先练兵后求敌者，其兵弱；先求敌而后练兵者，其兵强。其痛发求敌之旨，盖公前三十余年已早以日、法两国为求敌之对象。又公此书起草于南宁，原名《西南计画》，时人通称之'大计画'。其底稿现在昆明王申五谘议家。"在民国3年（1914）条中又记曰："五月……袁氏见其文武兼资，欲畀以国防重务，嘱将国防计画拟具纲要。公即日拟就，并以所著《军事计画》上之。"刘达武还将这部题为《军事计画》的著述辑入了其编印的《蔡松坡先生遗集》卷三。

由于刘达武辑录的这部蔡锷《军事计画》，与蒋方震所撰、出版于1917年9月的《军事常识》，在章节结构、文字内容等方面基本相同。因

① 《巨罪终难漏网》，成都《国民公报》1912年11月7日。
② 《滇督蔡锷任职期间关于联系军杂事务文电》（1912年5月至1913年10月），中国第二历史档案馆藏，档案号：1011-1114。

而自 20 世纪 70 年代以来，便成了学术界的一桩疑案。有学者认为是蒋方震利用帮助蔡锷修改《军事计画》书稿之机，"袭取其中部分，自编为《军事常识》，于民国六年出版，文字毫无更易，掠人之美，殊可惊异"。有学者认为《军事常识》与《军事计画》"实为同一作品"，既已收于蔡名下，则不宜再列为蒋作。更多的学者则认为两书是"蔡、蒋合作"之物，其思想内容实为"两人所共有"。也有学者认为辑入《蔡松坡先生遗集》的《军事计画》，是刘达武"移花接木"，将蒋的著作"变为蔡锷的著作"。更有学者发表专文，详论蔡锷的所谓《军事计画》，实际由特别崇拜蔡锷的刘达武篡改蒋方震的《军事常识》而成。①

而蔡锷上述未刊电报，则起码可以证明：第一，蒋方震这时衔命向北京中央政府面陈的"中央及滇边军事计划"，实际就是蔡锷正在酝酿的、次年五至十月编纂完成的《五省军事联合计划草案》（按：详见曾业英编《蔡锷集》，第 858—928 页）。细察该"草案"的内容，包括"缘起""计划方针""计划要领""计划实施"等四部分，是个完整的"计划"性质的著作。可见，蔡锷的"军事计画"著作，在内容上是有一定规范性要求的。可是，辑入《蔡松坡先生遗集》的这个《军事计画》，却是一部理论性的军事著作，与蔡锷的"计划"性著作要求毫无共同之处，从而为上述学者通过实证研究，指称刘达武所说蔡锷《军事计画》，与蒋方震的《军事常识》"实为同一作品"，而且为其实际改篡于蒋方震的《军事常识》提供了一个新的旁证。因此，就著作权而言，《军事常识》确属蒋方震，不能因有蔡锷的僚属事后笼统地说过，1915 年"时值倭寇提出'二十一'条件，以胁迫袁政府，松坡感愤国危，力请备战，著军事计画数十篇，其中有数篇为蒋百里协作。予时在松坡先生幕府，见其治事甚勤"，② 便推定确有刘达武辑入《蔡松坡先生遗集》的这部所谓《军事计画》，蒋方震的《军事常识》是"掠人之美"。

第二，蔡锷既然聘任蒋方震为"滇军高等顾问"，又把如此重要的进京面陈"中央及滇边军事计划"的任务交给他，不但说明蔡锷对蒋的高度信任，也说明二人的军事思想和对当时内外形势下的国防建设的认识也是完

---

① 吴仰湘：《〈军事计画〉篡自蒋方震〈军事常识〉考论》，《历史研究》2008 年第 5 期。
② 周钟岳：《斥王公弢之妄言》，昆明《正义报》1944 年 12 月 31 日。

全一致的。何况蒋方震还在《军事常识》开篇的"述旨第四"中，明白交代了他所撰之书与蔡锷的讲述、商讨存在密切关系。他说："辛亥之秋，范君静生过沈阳，欲求一书，如今所谓《军事常识》者。乃以日译之伯卢麦《战略论》赠之。甲寅之夏，薛君仙舟来北京，亦求书于予。乃以德文之《战略论》及《国民皆兵论》、《毛奇传》假之。顾是数书者，其立言与中国国情不相合，骤读之，甚难解。余于是乃感是书（按：指其后来所著这本《军事常识》）之必要。乙卯秋（按：1915 年秋），蔡公松坡述余以西南政略之大旨，又商所谓军事计画者（按：暗指蔡锷当时酝酿中的讨袁政略与计划）。乃掇拾要旨，为事实上之研究，余于是乃得是书之纲领。丙辰秋溯江西上，舟中欲为军事十论，未成而蔡公病矣，死矣。既衔恤以归舟，复闻鸡而起舞，事实无可言矣，乃言其理论以答诸友，并持此以临蔡公之葬，而慰其灵（所谓西南政略者，读者可于第一章之末尾求之。今之知此者仅矣）。"[1] 蒋在这里明确说了他的《军事常识》的"纲领"，得之于"乙卯秋"蔡锷对其讲了"西南政略之大旨，又商所谓军事计画者。乃掇拾要旨，为事实上之研究"之后。因此，尽管不能认为蒋方震的《军事常识》是"蔡、蒋合作"之物，但说"其思想内容实为'两人所共有'"则并不离谱，否则，他就不会"持此以临蔡公之葬，而慰其灵"了。

因此，为尊重事实，虽然应该将刘达武改篡自蒋方震《军事常识》的这部《军事计画》，撤出《蔡锷集》的正文，但因其又体现了蔡、蒋"两人所共有"的军事思想，而将其恢复成蒋方震的《军事常识》的原貌，辑为《蔡锷集》的附录，同样是对事实的尊重。

又电陈袁世凯、国务院，盐井"若归滇辖，必连红白两井划归，方便驻守"。说："殷司令电称，江卡计距阿墩五站，距盐井不远，由墩至毕土，现大雪封山，须绕道盐井。若归滇辖，必连红白两井划归，方便驻守。至喇嘛投诚，仅有毕土、批夷两寺会禀，现尚未得达赖文牍等语。谨闻。滇都督锷叩。卅一。印。"

11 月 2 日，国务院电复蔡锷、尹昌衡说："大总统令：蔡督卅一电悉。查盐井地方，前据该督电呈，毋庸暂归滇辖。此次殷司令所呈红白两井连归划辖之处，自不必置议。至毕土等寺地方，既据称由墩至毕，大雪封山，

---

[1] 蒋方震：《军事常识》开篇，1917 年 9 月初版，第 4—5 页。

道路不便，即由该督协商尹督，如归川辖相宜，即拟订办法，呈核候示可也等因。合电遵照。国务院。冬。印。"①

11 月

1 日

▲蔡锷再次电陈袁世凯"滇军入藏事宜"。②

▲国务院电告蔡锷已封复达赖位号，令其"转饬晓谕毕土等处喇嘛，以免疑虑"。说："午密。大总统令：养电悉。现因达赖致蒙藏事务局总裁喀喇沁王贡桑诺尔布书，请中央商定藏乱等情，已将达赖位号封复，并电令主持黄教，饬属照常看待在藏官吏平民，及保全藏中愿赞共和之僧俗人等矣。即由该督转饬晓谕毕土等处喇嘛，以免疑虑。至所称乡城蛮匪围巴各节，尹督现经电呈出关，前赴巴、里，已饬速为办结，免贻滇患。殷司令队伍已否全数撤还滇边，立即查复等因。合电遵照。国务院。东。印。"

同日，蔡锷电复袁世凯、国务院说："大总统致达赖喇嘛电文，顷已饬殷司令译成藏文，交毕土喇嘛飞靖西关监督马师周。译文飞送达赖矣。滇都督锷叩。东。印。"

次日，再次复电说："午密。东电敬悉。已饬殷司令晓谕喇嘛，滇军已次第撤还。合闻。滇都督锷叩。冬。印。"

5 日，国务院再电告蔡锷，令其随时电呈达赖"在藏情形"。说："午密。大总统令：东电悉。仍饬将达赖在藏情形，随时确探电呈，以便妥筹因应等因。合电遵照。国务院。微。印。"③

▲梁启超函告女儿梁思顺，已接受袁世凯三千元月馈赠。说："项城月馈三千元，已受之，一则以安反侧，免彼猜忌；二则费用亦实浩繁，非此不给也。"又说："两党合并必成，各报言难成者，消敌党之忌耳。党成后项城许助我二十万，然吾计非五十万不办，他日再与交涉也。"④

---

① 以上二电见曾业英编《蔡锷集》（一），第 779 页。
② 《总统府日记·十一月一日》，上海《神州日报》1912 年 11 月 10 日。
③ 以上四电见曾业英编《蔡锷集》（一），第 783—785 页。
④ 《梁启超年谱长编》，第 658 页。

2 日

▲蔡锷电复李根源，融密电本等事已妥办。说："手示敬悉。融密电本，已饬处钞送。致丽电亦已由秘书处译由殷司令转送矣。手此，敬请印兄即安。弟锷顿首。十一月二号。"①

▲10 月 8 日，张汉皋电询选举总监蔡锷，本区选民可否选择别区选民为当选议员。说："顺属初选举区域划分为十区，究竟甲区选民可否投乙区选民为被选，乞示遵。顺宁知府张汉皋。庚。印。"

11 月 2 日，蔡锷电复张汉皋说："庚电悉。查《选举法》第五十四条第五款，初选被选人以名列选举人名册者为限。又《施行细则》第十二条第四款，选举人名册应分送各投票区。又投票所分设各区，开票所限定一处。综观各条，甲区选民选举乙区选民，其票当然有效。仰即查照办理。督。冬。印。"②

3 日

▲蔡锷电陈袁世凯"镇慑腾越等土司情形"。③

▲报载蔡锷要求中央政府拨款七十万元。说："云南都督蔡锷电致政府，略称自光复以后，本省财政极形困难，加之本年所收钱粮地丁厘金等项，其数又异常大减，遂致目下各种要需，款俱无着。请饬财政部从速拨款七十万元，以济眉急。"④

4 日

▲蔡锷电告胡景伊转告尹昌衡，毕土、阿墩因大雪封山，统由"贵军接收"。说："查阿墩至毕土，中隔梅里大山，现大雪已封，不能前进。所有毕、墩等处，即由贵军接收，以便管辖，并请将办法电呈中央。锷。支。印。"⑤

▲2 日，大理知府张培爵电询蔡锷，选举是否"以得票足额为定"。

---

① 曾业英编《蔡锷集》（一），第 784 页。
② 《蔡锷集外集》，第 207 页。
③ 《总统府日记·十一月三日》，上海《神州日报》1912 年 11 月 13 日。
④ 《滇督又要七十万》，上海《民立报》1912 年 11 月 3 日。
⑤ 成都《国民公报》1912 年 11 月 8 日。

说："卅一电奉悉。第二区十九属省会议员十七人复选，是否不按属数，以得票足额为定。祈示复。知府培爵叩。冬。印。"

4 日，蔡锷电复张培爵说："选举议员，以得通达政治、熟悉地方情形、真能代表民意者为主，照《省议会议员选举法》第四条之规定，省界且无，遑云属数。况第六十八条已说明，复选当选人，不以初选当选人为限，仰即查照办理。督。支。印。"①

5 日

▲4 日，何鹏翔电询蔡锷，选举当选人计票办法。说："查初选以本区选出当选人名额除投票人总数将得票三分之一为当选票额等语，是否以选举总数为投票人总数，抑或以投票人实到者为总数将得数三分之一计算，乞电示遵。临安府何鹏翔叩。支。"

5 日，蔡锷电复何鹏翔说："查《选举法》第四十四条、四十五条及五十条，投票人应亲赴投票处投票，先在投票簿本人姓名下签字，倘有冒替，得令退出。自此数条参观，则第五十六条所谓投票人总数，自是以实到者计算。仰即查照办理。督。微。印。"②

▲报载蔡锷电饬查办维西厅耶稣教、天主教案。说："云南丽江府所属维西厅因地居边远，又为通藏要衢，该地向来设有耶稣、天主教堂在彼传教，其实并非传教，不过欲借笼络夷民，因之该地愚民，不惟恃投教为护符，敲搕良民，并私卖田地与教士，而得善价，不顾后患，故教案日比多。前厅长向泽远尚知力顾主权，出示禁止人民妄售田地与教堂为业。又有某教士于去年竟恃教堂势力，将喇嘛寺产霸占，幸前廖倅争还。该教士彭某因此甚为忿恨，时欲借事报复。不意未久该厅所管茨姑地方教堂忽为贼窃，当经前廖倅亲诣勘明失物系由内贼所盗，不与外人相干。讵彭教士竟敢诬告良民杨保诚，要求重办追赔，现厅长蒋君以并非杨某所窃，不能无故加罪，从中设法维持，意欲调和，而该教士不知又如何捏禀驻滇领事，直与军府交涉。军府乃电饬查办。现在该教士尤为得意，日与厅署滋闹，定要赔偿巨款。该地人民亦以教士无礼，常时欺压良民，乃起与争执，风潮甚

---

① 《蔡锷集外集》，第 208 页。
② 以上二电见《蔡锷集外集》，第 209 页。

大，不知作何了结。"①

6 日

▲蔡锷电复筹备国会事务局，滇省选举总人数。说："滇省筹备众议院、省议会议员选举事（务）局按照法定程序，依期进行。计全省选举人总数二十三万三千三百九十八名，合电达。滇都督锷。鱼。印。"②

▲报载云南政务会议议案摘要。说：

一、贵州电商购枪之事。议决：将本省九子毛瑟枪先拨卖一千枝，照旧例批价，由盐课项下坐扣。应电复唐督派员接运，弁令军务司配发，由秘书处拟电稿，参谋厅拟令稿。

二、滇邕铁路兴修问题。滇代表罗榕轩来电，请速会商粤、邕、黔三省筹办此路。应先电知三省都督转饬在京代表，将权责所归及借款办法妥为会商，详复各该本省核办。

三、奉大总统令饬地方官添招兵队治盗之事。议决：将巡警逐次推广，由民政司切实计划办理。

四、疏浚昆湖海口问题。海口开浚，自可露出无数田亩。惟工程浩大，需款不赀，应由民政司先筹办法，切实计划，再为核议。总以商办为宜。

五、换契之事。由财政司将原定章程，妥为改定，再议实行。

六、省内外各机关报销月册事。由财政司将原定章程，重加厘定，呈候通饬，认真遵办。

七、湖北欠缴铜款之事。先电复催缴，并以文详晰声明，必将欠数缴清而后已。③

▲唐继尧通电袁世凯、国务院、参谋部、陆军部、黎元洪、蔡锷、李烈钧等人，承诺谨当"遵中央命令，严诛首逆，以为破坏大局，扰乱地方者戒"。说：

---

① 《云南边事谈·维西厅教案》，北京《民主报》1912 年 11 月 5 日。
② 曾业英编《蔡锷集》（一），第 784 页。
③ 《蔡锷集外集》，第 210 页。

大总统、国务院、参谋部、陆军部、武昌黎副总统、长沙谭都督、云南蔡都督、成都胡都督、南宁陆都督、南昌李都督均〔钧〕鉴。副总统冬电敬悉。窃驻常军队回黔问题，相持瞬逾半岁，即贻中央之忧，复重邻省之累，迁延坐误，惭悚时深。惟尧抵黔以来，迭据各界痛陈，稔知该军不法，已成惯性，办法未定，遽令回黔，来日大难，后患莫测。故与其补救于将来，不如慎之于此日，此区区维持黔事之苦心，不敢求谅于他人，而自问无愧于一己者也。自周旅长接统该军，拟先回黔，商办黔人，极表欢迎，尧亦谓兹事当易解决矣。因首将松桃、玉屏各处军队，陆续撤回，以坚其信。讵周复受制于席正铭等，志不得行，席等并悍然不顾，突有袭据松桃之事，著匪陈开采、穆邦荣则引为腹心，沅匪张三嫂之流亦联为一气，至在湘勾结公口，在蜀招纳匪徒。谭都督、胡都督曾先后电告。方其攻松桃也，厅长李友松及其家口、幕仆并遭惨杀，团首唐万采等家悉被焚掠，并突攻大兴场，戕我军官佐士卒十余人，其余人民横被蹂躏，尤属惨不忍言，既不知大总统暨院部命令为何物，更不知置我副总统、谭都督之隆谊于何地。我大总统烛照无遗，电令剿办，以靖地方，诚以弁髦法令，即是民国罪人，理无可恕，且欲保全大多数人民，势不得不出于此。然尧尝令诸军仅当为正当防卫，勿轻杀戮，并经示谕该军，但能缴械来归，仍当妥为保护，诚不敢以纵匪误地方，亦未敢以多杀伤人道也。兹奉副总统电令，拟严饬该军于现驻地方外，不准越雷池一步，静候解决，并令尧与谭都督妥定办法，或责成周旅长率队归黔，或择感情融洽之员暂行统带等因。据近日东路电告，该军仍复猛攻铜仁，分道并入，未知此项电令该军已否奉到。惟查席正铭前经湘、鄂留用，仍复窃据该军，自称司令，周旅长自请回黔商办，该军坚不放行，中央命该军暂驻湘，乃复敢拔队径行，令周旅长设法挽回亦竟无效，违抗命令已非一端。综此以观，□副总统电令阻兵，该军仍将视若无睹也。至责成周旅长率带回黔，则事实上尤难办到，□该军未回黔时，自由行动已非法令所能范围，回黔后倘有妄为，又岂他人所能干涉，少有磋跌，岂惟周旅长不能任此巨艰，尧不克当此重咎，恐亦非我副总统始终维持黔事之盛德也。现在铜镇人民纷纷请求援救，尧实不忍令国家法令自席等而隳，地方安宁自席等而坏。惟当谨遵中央命令，严诛首逆，以为破坏大局、扰乱地方者戒。至尧办理不善，亦属咎无可辞，一俟此事定后，再当自请处分，以谢民国，顾瞻大局，悲愤曷穷。谨此缕陈，惟乞公鉴。唐继尧叩。鱼。印。①

7 日

▲5 日，国务院电令蔡锷早日撤退滇军。说："大总统令：前据养电，即饬尹都督迅将乡城蛮匪早为办结。据尹都督东电复称，得蔡都督电至，昌衡一力独任等情。滇军应即遵照前电，早为撤退可也等因。合电达。国务院。微。印。"

7 日，蔡锷电复袁世凯、国务院说："滇军已次第撤防，前已电呈在案。兹奉微电，已饬殷司令遵照矣。滇都督锷叩。虞。印。"②

10 日，国务院再电令蔡锷说："午密。大总统令：虞电慰悉。仍将殷司令一军全数撤还滇境，日期报查。此次出力官兵，并饬遵前电查明请奖可也等因。合电遵照。国务院。蒸。印。"③

同日，即有报载其事说："川滇两军互争盐井，驻兵极为纠葛。大总统近连秘电两都督，极力调停。昨闻滇督蔡锷已于初六日电复大总统，据称已电致殷司令，将盐井兵队暂行撤还，让由川军驻扎，以免鹬蚌之争等情。大总统当即复电嘉奖，并另电尹镇抚使谨慎筹办。"④

▲10 月 25 日，熊希龄通电包括"云南蔡都督"在内的各省都督，建议发行整理金融公债。说："伦敦借款既不敷用，六国银行团仍复把持，金融机关停滞不灵，各省银根吃紧，纸币价落，鄂、粤两省减折七、八，东三省汇银至沪，每千两仅兑五百六十两，湖南则每千汇水增至一百五十两，其故皆由纸币逾额，现款缺乏，以致贸易衰颓，市廛货物无人过问，工商各界几濒死症。今若不从整顿金融下手，则商务日疲，税源日竭，国家财物亦终不可救药。希龄前在财政部任内，即拟定金融政策，中央设国家银行，各地方设省银行，并奖励民间广设国民银行，美之富强由斯道也。嗣以借款挫折，力未能及。今察时局，仍非此不足救亡。惟内外银行同时并

① 《贵阳唐都督电》，天津《大公报》1912 年 11 月 13 日。
② 以上二电见曾业英编《蔡锷集》（一），第 784—785 页。
③ 曾业英编《蔡锷集》（一），第 787 页。
④ 《滇督电允撤退驻兵》，天津《大公报》1912 年 11 月 10 日。

立，筹集资本，收回纸币，必须发行国内公债，方有办法。查前南京政府
八厘公债一万万元，以田赋及将来印税作抵，年息八厘，还期六年，实价
发行，并无折扣。本不合于公债原理，又为经手者舞弊减售，致使信用跌
落，中外皆不肯受［售］。希龄到任后，即议停止，以销额一千万元为度。
现为中央地方计，拟请就原案更正，改为国内五、六厘公债，仍以田赋作
抵，年息五、六厘，还期四十年，发价九五，净价九扣，概照伦敦新款办
法，中外人皆可承售，其总额二万万元，以一半为中央银行资本，以一半
为各省银行资本。宜就地方繁简摊分资本多少，名为整理金融公债，发行
国家银行纸币，将各省旧钞收回。但因中央银行基础未定，信用未孚，时
拟委托通商各埠之外国银行代理发行债票，及按时付给本息等事，统计债
额二万万元，应付年息一千一二百万元。每年上下忙后，由各省田赋项下
分作两次汇解各埠外国银行收存，代付利息。迨至第十一年起摊还本款，
按年加付八百八九十万元，合计本息年约二千万元。以现在各省田赋收入
总额五千一百三万二百十四两，合国币七千六百五十四万五千三百二十元
扣算，各省筹抵此项公债本息，亦不过七分之二分任摊解，为数不多。此
议能行，既于伦敦合同不致冲突，广东美款抵押问题亦可从此解决。希龄
现在此间与洋商议及江、浙两省筹拟地方公债、办理省银行之事，该洋商
亟愿承售一百万磅。举此例推，二万万元公债或可如愿，且有外国银行担
保付息，信用亦必巩固。事关全国金融命脉，舍此别无起死回生之法。如
荷公等赞成，即由财政部提院议决也。顷来沪上，目击商艰，谨贡此策，
是否有当，乞酌裁，并望电复。希龄叩。"①

11 月 7 日，蔡锷通电袁世凯、国务院、财政部、黎元洪、熊希龄及各
省都督，赞同"发行整理金融公债"，但表示要"自保债权"。说："熊君
通电拟发行整理金融公债，以为银行资本。按年应付本息，即以各省田赋
摊抵。救济时艰，无逾此策，亟应赞成。至发票付息，委托外国银行办理，
以巩固信用，益见筹划苦心。惟债额达二万万元，必得人民引受多数，方
不致债权外溢。鄙意腹省各地，仍应由国家银行办理，既以自保债权，兼
树民国信帜，似较有裨。祈鉴察为幸。滇都督锷叩。虞。"②

① 《熊希龄集》第 2 册，第 817—818 页。
② 曾业英编《蔡锷集》（一），第 785—786 页。

▲报载蔡锷电告袁世凯"滇军驻守办法"。①

8 日

▲报载蔡锷禁止腾越厅人民移往缅甸。说："腾越厅人民受英人笼络，纷纷移往缅甸，投入英籍，人数不下十余万，滇督刻正设法禁止。"②

9 日

▲蔡锷令吴琨准税务处咨验放修筑蒙河马路药料。说："税务处咨，十月十六日准陆军部片称，准云南蔡都督电称，蒙自商务分会呈修筑蒙河马路，需火药四箱、铜帽三千枚、引线一千八百尺，实系修路工程之需，请饬关验放等语，应知照贵处电饬蒙关验放等因前来。查此项火药等件既经陆军部核准，应由蒙自关于其报运时查验相符，征税放行。除分行外，相应咨行贵都督可也等由。准此，合行令仰该司查照，并分别转行知照。此令实业司司长吴琨。民国元年十一月初九日。大中华国云南军都督府之印。"③

10 日

▲蔡锷函谢李根源代办之事。说："印兄执事：手示并附件，敬承一是。槃老代办各联额，极佳。兹将印章共三纸附缴，乞为饬办。余容面谢。手此，敬请伟安。弟锷顿首。十一月十号。"④

11 日

▲报载袁世凯派专员赴川、滇，目的之一是与蔡锷、胡景伊磋商军民分治问题。说："闻袁大总统昨面令赵总理、段总长迅速遴选专员，分往四川、云南，探其用意有六：甲、调查川滇军事近情；乙、为和解川滇两军之争执；丙、为川滇军民分治问题与蔡、胡两都督磋商一切；丁、为消纳

① 《总统府初七日纪事》，天津《大公报》1912 年 11 月 9 日。
② 《本社专电》，北京《民主报》1912 年 11 月 8 日。
③ 云南省档案馆藏档案，档案号：1106－004－02804－014。
④ 曾业英编《蔡锷集》（一），第 786 页。

川滇军队问题；戊、为调查片马交涉问题；己、为调查滇邕铁路问题。"①

又载袁世凯"电饬蔡锷迅速协办黔省乱端"。②

13 日

▲蔡锷电请财政部"速印一元、五元之两种纸币三百万元"，以为"收换"富滇银行此前所发行的"兑换券百余万元"。说："鱼电敬悉。尽筹甚佩，亟当遵办。惟滇自光复后库藏久空，协饷无着，不得已由公家筹设富滇银行，计发行兑换券百余万元，幸人民信用，金融赖以维持。现方倚该行为□脉，拟加发百万以济危急，此时如须收换，应请由部速印一元、五元之两种纸币三百万元，并同中央银行支部则例，由滇派员赴京请领，以资遵守，而归统一，祈速复。滇都督锷。元。"

26 日，财政部电复蔡锷，表示"所请加发百万之处，更难照准"。说："元电悉。本部现经议定银行制度，凡发行纸币，除中央银行外，一般官商行号，如欲分任发行，均须先购中央公债票作为担保，其余不准擅自发行。此项议案，不日提交参议院，一俟议决，即须实行。本部前次鱼电，业经请饬财政司将该行规程第二章发行兑换券条例删去等语在案。现在该行已发兑换券百余万元，显与中央政府银行则例相抵触。应请转饬财政司查照该行规程第十四条，预筹准备金，以为将来该则例实行后收回此项兑换券或购公债以为保证之用，现在不能由部印成纸币代为该行收换。所请加发百万之处，更难照准。至中央银行支部，须经中央银行酌量地方情形分别设立。财政部。宥。"③

▲梁启超函告梁思顺国内政局及其感触。说："两日来为俄蒙事，都中风起水涌（共和民主两党宣布政府十大罪，国民党亦附和，今日来访之客以十帮计，皆为此问题），内阁殆将必倒，而此难题将落于吾头上，我安能毫无预备而当此者，抵死决不肯就也。再逼我，我返东矣（今又安能返东者）。中国必亡，决无可救，在此惟有伤心饮泪，不知今年作何过法也。群客散后，书示娴儿。"

14 日，又函告梁思顺说："文兴方酣，蒙事突发，此宅殆变成国务院

---

① 《川滇派使之用意》，北京《民主报》1912 年 11 月 11 日。

② 《总统府十一日纪事》，天津《大公报》1912 年 11 月 13 日。

③ 《蔡锷集外集》，第 213—214 页。

矣。政府狼狈求救，社会沸热如狂，吾处其间，应付殊苦。荷丈亦连日奔走京津间，更无余暇作文，在此等冲要之地，而欲办报，真不易也。连三日间旧督抚咸集此间，赵尔巽、孙宝琦、李经羲、周自齐先后来访，冯国璋则一日两至，亦一时之盛也。"①

14 日

▲蔡锷电陈袁世凯，滇省"设立司法专司，请任命黄德润充司长，孙志曾、谢光宗充高等审检厅长"。说："黄德润通才硕望，勤政爱民，在川久著政绩，拟请任充司法司长。日本法政大学毕业孙志曾、谢光宗均学识湛深，在滇历办法制裁判事务，颇著成效，拟请任孙志曾充高等审判厅厅长，谢光宗充高等检察厅检察长"。经司法部函请教育部查核，函复说"孙志曾、谢光宗二员毕业资格相符"。于是，司法部以"自应将黄德润等三员分别拟请简任为云南司法司长及高等审判、检察厅各长官。谨开列清单，按照各部官前通则第六条，会同国务总理呈请大总统鉴核迅予施行。"②

16 日

▲蔡锷驰电胡景伊，表示深愿滇川"并寿"之意。说："记去年十月之吉，为贵省光复之辰。日月不停，川河无恙，抚今追昔，欣慨满怀。遥识满城丝管，半入云天；回思前度风云，浑如昨日。问蚕丛万里，锦江与滇水长清；驰燕贺数行，南诏偕西川并寿。锷。铣。"③

18 日

▲蔡锷电告袁世凯、国务院，川军进取南墩战况。说："据殷司令电称，川军已抵里塘，其头队李先锋率兵百余，由巴塘进取南墩，蛮众逃窜，老弱投诚。川军泄忿肆杀，致群蛮合围死战，川（军）全队覆没，获全甚少。舒管（带）进援在途，又被调回，巴路复阻。又擦瓦龙之毕土有蛮官四人，率番兵数百驻扎，现阿墩等复防范严等语。合据川电闻。滇都督锷。

---

① 《梁启超年谱长编》，第 660、661 页。
② 《呈请简任云南司法司长并高等审、检两长文》（12 月 11 日），《司法公报》第 4 号，1913 年 1 月 15 日。
③ 《蔡锷集外集》，第 214—215 页。

巧。印。"

又电告袁世凯、国务院,滇军已于 11 月 10 日撤抵丽江。说:"蒸电敬悉。滇军于前月铣日全数撤出藏境,除留安边防部队外,于十一月蒸日撤抵丽江,不日回省。所有出力官兵,另行呈报。滇都督锷。巧。印。"

26 日,国务院电复蔡锷说:"奉大总统令:巧电悉。滇军讨叛绥边,师出以律,炎风朔雪,振旅撤还,诸士劳苦功高,殊堪嘉尚。出力官兵,俟该都督呈报到京,再行优加奖励等因。合电知照。国务院。宥。印。"①

▲报载蔡锷电请袁世凯就英兵在片马增兵等侵犯我主权问题,"速饬外交部向英交涉"。说:"据特派员报告,英兵在片马现在日益增加,有步队兵一千五百余名、野战兵千余名。此外,另有一警察队,专为巡视各地,抽收户税之用,直视与殖民地无异。现并建筑马路,以为长占之计,若不速与严重交涉,恐片马将非我有。请大总统速饬外交部向英使交涉。"②

又电呈袁世凯遴委周传性为云南财政司代理职务。说:"窃查云南财政司司长袁家普委赴北京充云南第二次代表向中央政府陈述一切,业已于十月十五日交卸,即于是日启行赴京。所有云南财政司职务由都督遴委周传性代理。除分别委任外,理合呈请大总统俯赐查核施行。此呈。批:据呈已悉。应交财政部备案。此批。大总统印。中华民国元年十一月十八日。国务总理赵秉钧。财政总长周学熙。"③

19 日

▲蔡锷函复李根源,所嘱之事,已交厅拟办,并将在日内约同人商议应对俄蒙协约办法。说:"西山之游,想甚畅适。丁事已电复,如拟照准,并令司分别估查该氏产业矣。函嘱划清前后缴款一层,已交厅拟办。蒙古风云正恶,俄蒙协约已成于前月十二号,吾国或从此多事。我辈其何以处此,日内当约同人一商种种。余面罄。弟锷。十一月十九号。"④

① 以上三电见曾业英编《蔡锷集》(一),第 786—787 页。
② 《蔡锷集外集》,第 215 页。
③ 《公文》,《政府公报》第 211 号,1912 年 11 月 28 日。
④ 曾业英编《蔡锷集》(一),第 788 页。

20 日

▲蔡锷电请袁世凯暨外交部，"查核办理"英人在我领土内"栽界桩"问题。说："迤西道电称，腾守转据滇滩隘抚夷呈报，英员越界过金沙江二百余里板瓦宿（山）地方栽界椿〔桩〕，仅距土署三十余里。该道派员查系去冬所栽等语。当经照会英署总领，声明尖高山以北界线勘而未划，应照前清原议，各以现管小江边为界。现（英方）越界栽椿〔桩〕，应请转电缅政府查明撤去，并不得私自栽插等语。事关领土，且与片马案相涉，乞查核办理。滇督锷叩。廿。印。"

12 月 2 日，外交部电复蔡锷说："廿电悉。已据照英使转电该英员，即将界椿〔桩〕撤去，并要求于界务未定以前，勿相侵越。得复再达。外。"①

▲国民党机关报载陈云龙离滇"北伐"后，"抵香港，北伐中止"，"到京，被人捏控，政府以半面之言，未便凭信，暂将陈君拘留军政执法处，特电饬滇都督查明速复，滇督不查，即加以戕官劫库罪状电复北京"。②

21 日

▲蔡锷通电袁世凯、国务院、黎元洪及各省都督、民政长、省议会，对于蒙俄私约，非"喋血抗争，以求一当不可"。说："密。外部青电敬悉。蒙古属于我领土，垂数百年，设官分治，举议员，列朝籍封，禁内地行商牧田。乃俄人狼子野心，竟乘我民国初建，煽惑愚蒙，冒天下之不韪，破列国之均势，公然与蒙古订立私约，置之该国保护之列。牵一发而全身俱动，继此深恐不止蒙古已。为今之计，殆非合我二十二省之力，及我四万万人之心，喋血抗争，以求一当不可。锷意先为五种办法。一、由政府宣告各国，此种私约大悖公理公法，我绝不能承认，并严诘俄人，取消私约。二、要求德美两国同心出头干预。三、密派专员赴日本，运动政党反对该国政府，助我之政府将前此与俄协约取消，令其出而干涉。四、密派在蒙素有信望之大员，赴蒙联络其中领袖，号召蒙人反抗，逼令活佛取消独立。五、提出于海牙和平会，求为正当之公判。若行之不通，则仍有诉之武力。蒙人叛命，我当然行使主权，兴师戡乱，与他国无涉。若俄人

---

① 以上二电见邓江祁《史海拾遗：蔡锷佚文 20 篇——纪念蔡锷诞辰 136 周年》，http://www.xhgmw.com/html/xiezhen/renwu/2018/1214/26085.html
② 《为陈云龙辨诬》，上海《民立报》1912 年 11 月 20 日。

肆其贪横，甘为戎首，则最后之解决，亦所不辞。锷忝领南滇，摄居两大，惧舐糠之及米，恒宵旰以图维。除严整现有军队，预备中央调遣外，更饬各学校添授军事教育，各州县调遣乡兵，以为后盾。惟盼各省同心戮力，一致进行，或可挽救于万一。忧愤之极，伏维裁择。滇督蔡锷叩。个。印。"①

23 日

▲李根源回忆，他"决赴京、沪，松坡苦留不放。余志在必行。深夜，松坡问余：子既不肯留，将来滇局如何处置？余言：先促镕轩归任民政，公惟以豁达大度，开诚相与，内外上下，情感自孚。松坡曰：万一不可为，只有投劾去，此时如何？余曰：万不得已，公去滇，能与谢幼丞则善矣。否则以唐蓂赓继任。松坡以蓂赓之说为然，嘱余到京促镕轩归。次年，松坡去，蓂赓继，虽尚有别因，余要为推荐蓂赓之一人"。②

25 日

▲蔡锷急令个旧武□□速查并纠正遗漏选举名单问题。说："据该属曾传经等电称，此次选举并未详细调查，亦未榜示宣布，遗漏甚多，请饬补填。等语。如果属实，殊属非是。现值投票期间，应速查照删电补入名册，依限一并投票可也。督。有。印。"③

又电陈袁世凯、国务院，滇西征军撤省后，部署陆防各营驻守边防情况。说："准殷司令电开，西征军除撤省外，其余陆防各营，饬令分驻中甸、维西、工昧（按：此处原文如此）、菖蒲、筒白、汉罗等处，控御乡城、德格、红白盐井、杂瑜、波密各地，防军归张镇（按：指张贵祚）节制，陆军归赖贾大队长（按：指贾子绥）节制，俾负专责，以免推卸等情。似此扼要驻扎，边防可期无事。理合电陈，借纾廑虑。滇都督锷叩。有。印。"

28 日，国务院电复蔡锷说："奉大总统令：有电悉。西征军撤，旋仍留张镇、贾大队长分统各营，扼要防守，驭军固圉，办法井然，殊堪嘉慰

① 曾业英编《蔡锷集》（一），第 788—789 页。
② 《雪生年录》卷二，第 5 页。
③ 《蔡锷集外集》，第 216 页。

等因。合电知照。国务院。勘。印。"

27 日

▲蔡锷电告盛京张锡銮，对蒙俄私约，将"简练精锐劲旅，候政府指挥"。说："皓电悉。蒙俄私约，实只库伦活佛及外蒙二三王公为俄人所愚，甘心背叛。其余全蒙经执事抚驭归诚，良堪企佩。惟民国初立，五族同化，岂容任听鸱张！除电政府严重交涉，务令取消，并通电各省预备实力对待外，滇虽瘠远，亦应简练精锐劲旅，候政府指挥。仍希将近情随时赐教为盼。滇都督锷。感。印。"①

28 日

▲蔡锷电饬各府厅州县，准有财产资格，且有"商会证明，或殷实商店担保"的外区、外省商人，在"住居地行使选举权"。说："准内务总长佳电，据全国商界代表等陈称，甲区商人作商乙区，此省商人作商彼省，拟请于确有财产资格、势不能持有契据之商人，准由商会证明，或殷实商店担保，即可于住居地行使选举权等语。所请尚属实情，自应照准，希电饬各属遵照等由。合行通电饬遵。督。勘。印。"②

▲20 日，筹备国会事务局指示蔡锷饬各初选监督，再行详细调查选举人数。说："鱼电悉。《众议院议员选举法》与《省议会议员选举法》选举资格虽同，而被停止选举之条件有异，则两项选举人总数必不能无多寡之差，业经电请分别补报在案。惟此次选举为中国数千年之创局，即人民参预政治之始基，自当详细调查，以重人民公权。前准真电请将选举提前办理，本局即恐办理选举各员不免有疏漏之处。于铣日复电请饬慎重将事，乃据鱼电所报选举人总数，全省仅只二十三万有奇。查滇省复选区八，初选区近百，地丁钱粮以及人口等项较桂、黔等省当有过之，而选举人数反不逮桂、黔什一，其中显有遗漏。正拟电行核办间，复据鹤庆选民代表杨棠保、祁奎等筱电称鹤庆初报选民遗漏太多，后依法定方式补报六千一百余名，已呈总监督函许补造名册，一律投票，不准另配当选民额，限期迫

---

① 以上三电见曾业英编《蔡锷集》（一），第789—790 页。
② 《蔡锷集外集》，第224 页。

促，公权攸关，恐致激成罢选。请电滇督另行分配，以息争端，而彰公理等语。如果所陈属实，鹤庆一处已遗漏选举人至六千数百余名之多，则他区可以想见。其因未获另配名额而［资］格而不报者当亦难免。推厥致此之由，必系各该初选监督因已率请赶办于前，遂乃敷衍塞责于后。应请通饬各初选监督再行详细调查，如全省多有遗漏，即应重行补报，以重人民公权。一俟补报到齐后，不特应准投票，并应加入选民总数，另为分配名额，酌将选举日期量为延长，以资进行，而昭公允。希查照飞速转饬遵照，并盼核复。筹备国会事务局。哿。印。"①

28 日，蔡锷电复筹备国会事务局，滇省"调查期间较选举日期令，实已延长"，如"饬各初选监督，再行详细调查，是不独使已成之案尽行取销"，致误国会召集期限，"敝处不敢负此重任"。说："哿电悉。本届选举事繁期迫，前准国务院八月蒸、马各电促办后，即委员妥筹进行，将《政府公报》所载众议院选举法规定各项资格，于二十九电饬各属调查，限十月初十电呈总数。嗣《省议会选举法》公布，查第九条规定虽与众议院不同，然滇省实无此项工程之人，以故复通电各属合并调查。中间文电交驰，凡关于呈报过少之属均饬另查，期无遗漏。迨十月二十六日各属陆续报齐，乃按法分配，于三十一日通布，是调查期间较选举日期令，实已延长。所谓提前者，以滇省区域辽阔，非提前投票日期，恐误国会召集之日，此滇省筹办选举缩短期限之大概情形也。至选举人总数，以全省人口比较，本不止二十三万余，但交通不便、风气闭塞，调查之难，当在洞鉴。欲无遗漏，势非宽予限期、改定日期令不可。丽江、鹤庆二属，自十月真、删两电呈报总数分配通布后，均无异议。忽于十一月十一、十三等日接该属鱼、灰两电，要求补报六十余名，当据贵局冬电更正期满即为确定，所有请求应按法拒绝等语。电复在案。复念选举为民国开幕第一要政，人民公权何可过事拒绝，应准变通，许予一体投票，惟不能另配当选人，致牵全案于遵守法令之中，复寓重视公权之意。区区苦心，当为贵局所共谅。来电谓应饬各初选监督，再行详细调查，是不独使已成之案尽行取销，法令看同儿戏，将必至云南全省无一代议士也。盖重行调查，事非甚难，然苟纷争不已，致误国会召集期限，咎将谁当？敝处不敢负此重任。况因一二属逾

① 《公电》，《政府公报》第 205 号，1912 年 11 月 22 日。

限补报，遂令全省变更，按之法理，亦有未合。现各初选区投票已毕，惟有赓续筹办复选事，俟复选办毕，拟即从事户口调查，以为下届预备。如何，请速电示。铣、宥两电奉悉。已详文中，不复赘述。所有众议院、省议会选举人数，请仍照鱼电归案，统希查照。滇都督。勘。印。"①

30日，筹备国会事务局电复蔡锷说："勘电悉。此次选举为民国开幕第一要政，人民公权所在，自未便草率将事，致有摈弃之嫌。如明知多有遗漏而恝置不顾，于理固多未顺，于心亦属不安。前据鹤庆代表杨棠保等电称该属遗漏甚多等情。又以滇省选举人数过少，不逮他省什一，则他区之遗漏亦必难免。如果遗漏甚多，则选举之公平自难期望，故督电请饬重行调查。盖诚全省多有遗漏，自非重行补报不足以维持公权，果能从速赶办，不误延长选举之期，则国会之召集自不致因而延误。如或遗漏尚少，自不必以少数人之补报牵动全局。原电甚明，并未声明无论遗漏多寡，皆准补报延期，既非将成案尽行取销，尤非将法令看同儿戏。况来电所称滇省选举人总数以全省人口比较，本不止二十三万余，但交通不便，风气闭塞，调查之难，当在洞鉴。欲无遗漏，势非宽予限期，改定日期令不可等语。查选举日期令公布后，虽有国务院蒸、马各电在前，自应遵照大总统教令办理。滇省于十月真日，电请提前，当于铣日复电请饬慎重将事在案。乃迄未准电复，遽已提前投票，是中央所布之法令期限本宽，其所以遗漏之故，纯由各该初选监督调查未能详尽，率尔提前之所致。至谓提前投票，系恐误国会召集日期等语，殊不知全国初选据报均于十二月初十日前后举行，滇省一处提前，似无裨于召集。总之，本同为维持人民公权起见，并无责难于各总监督之心。前次丽江、鹤庆二属来电，亦仅行由贵总监督查办。既据电称各节，如果全省尚非多有遗漏，则补报之应否准驳，贵选举总监督自有责成，统希就近酌核办理。此复。筹备国会事务局。陷。印。"

12月18日，筹备国会事务局再电复蔡锷说："前据十一月勘电称，各初选区投票已毕等语。究竟滇省众议员初选举及省议会议员初选举，系于何月日举行，希即迅速分别电达本局为盼。此达。筹备国会事务局。巧。印。"②

---

① 《蔡锷集外集》，第217—218页。
② 《公电》，《政府公报》第235号，1912年12月22日。

30 日

▲教育部电请蔡锷转饬各学校"当选举之时，仍应照常整课"。说："滇都督、民政长鉴。参议院议决各学校当选举之时，仍应照常整课。凡现在学堂肄业之学生，不得借口选举要求停课。如有自愿请假者许其请假，以旷课论。至年假考试，凡自愿请假者应令各学校随后定期补行等因。请转饬各学校遵办。教育部。卅。印。"①

▲报载蔡锷咨请复财政部查核施行滇省预算一案。说："都督府咨。财政司呈，案奉钧府令开，财政部鱼电催造预算案等由，令司查核发办理等由。计发原电一件。奉此，查前奉财政部电，以民国元年阳历七月初一起至十二月底止预算为一册。又每月先办概算书二种，又造送民国元年一月至六月预算册各等因。自应分别遵办。惟滇省预算，经袁前司长于政务会议议决，自元年阳历七月初一起至二年六月三十日止为元年度预算，调制各机关岁入岁出各款，分为经常、临时两部作成正式表册，呈请钧府转咨议会核议在案。部电以元年阳历七月至十二月、二年一月至六月为两期预算，署司以元年七月至二年六月为全年预算，虽办法稍歧，按之会计年度仍属符合，拟另案将预算册缮呈咨送财政部查核。惟既办全年预算，则两期预算、每月概算，均请免再编制，以省手续。奉令前因，除奉发原□□存外，理合具文，呈请钧府查核咨复等情。据此，相应咨请贵部查核施行。此咨。"

又咨请教育部查照施行暂缓按岁补助滇省垦殖学校经费。说："都督府咨。云南教育司呈，案奉钧府令开，案准教育部总长咨，据垦殖学校校长黄家本呈请咨行各省酌量按岁补助该校经费一案，除原文不复冗录外，后开仰该司即便酌核办理具复，以凭转咨等因。奉此，查滇省夙称贫瘠，反正后财政愈艰，学款尤绌，勉力稽〔撑〕持，恒虞不支。今黄校长发起创设垦殖学校，以培养西北边才，事关大局，理应赞成。惟此时滇中财力既极艰窘，教育经费实有自顾不暇之势，黄校长所商按岁补助一节，拟请暂从缓议，一俟本省财力稍纾，再为酌量补助。奉令前因。理合具文呈复，请祈钧府查核据情转咨，实为公便等情。据此，除批示外，相应咨请贵部

---

① 云南省档案馆藏档案，档案号：106－5－782。

查照施行。此咨。"①

本月

▲蔡锷电呈袁世凯，请拨济协款及特许云南借债，以解决兴办实业与交通的经费问题。说：

查云南财政状况，迭经电陈，旋准财政部五月勘日电开，贵军名誉昭著，饷项困难，案奉大总统交议，自应竭力筹拨。惟中央财政艰窘，正复相同，外债要挟，尚无成议，就目前论，能否拨济，尚属无从悬复。至议筹办矿务，请拨巨款，诚理财上根本要图，但借款未成立以前，本部实难担任。仍请贵都督勉为其难，一俟外债就绪，全盘筹划，倘能酌量分配，当如尊议，俾副振兴实业之盛意可也等由。窃念中央政务，国本所关，财政困难，实亦无从捆注，故不敢复以滇省窘状，再事渎陈。且滇省自反正以来，秩序如常，公私帑藏，未经损失，各项收入虽较前减色，亦莫不认真厘别，加以行政机关百般节缩，冗员浮费一律汰除，故得以勉力支持，不致遽生险象。然环观现状，默数将来，民间之生计日艰，官府之财源日涸，下则脂膏既竭，上则罗掘无方，势将日趋枯瘠，言念及此，寝馈难安，不能不速图救济之方，以为维持之计。兹将有应求于国务院者二事，觊缕陈之。

一曰拨济协款。查前清宣统三、四年预算案，云南岁出年约需库平银六百余万两，地方行政经费尚不在内，而本省岁入不过三百余万，故每年除由部库拨款及各省协济一百六十余万外，尚不敷一百余万。自去岁起义，协款骤停，呼吁既已无门，应付将穷于术，而内戢匪乱，外固国防，加以援蜀协黔，在在需款，虽补苴罅漏，大局借以维持，而剜肉医疮，精力实已疲竭。现饬财政司调制民国二年云南预算案，经常、临时两项岁出至不敷七百余万。节经痛加核减，于应行政务之中，亦力求节裁之法，尚不敷三百余万元。凡此皆属行政、司法、军事、教育必需之费，实已减无可减，此应请拨济者一。

自驻藏川兵饷绝哗溃，藏番乘机肇乱，摇动边疆，滇军于去冬电

---

① 以上二文见《蔡锷集外集》，第224—225页。

商川督速援藏、卫，而川省以内乱未靖，无暇出师，复以独力经营，不愿协助，边事无人过问，番氛遂益蔓延。至蛮匪连胜川边，奉大总统令：迅拨劲旅，会同蜀军，协力进行，奠安藏境。滇军以藏乱关系国防，万难坐视，惟川军尚怀疑忌，未便合师，拟请取道珞瑜，以免两军逼处。复奉大总统令：先援巴塘，以固滇边门户。乃滇军甫至阿墩，收复盐井，而川督阻止之电又至。以滇贫瘠之省，本无力以远征，惟大局所关，不敢稍存退避。今既奉令班师，已饬司令殷承瓛遵照撤还。惟督师出关，已历数月，饷糈刍秣，为费不赀。计自出师以来，已用三十余万，非滇力所能支，此应请拨济者二。

云南幅员辽阔，而西南两边尤土旷人稀，多归土司管辖，虐待其民，久同化外。且地与缅、越接近，其狡黠者复时有外向之心，非及早经营，则边患益急。惟各土司地面既宽，又多属姻娅，操之过蹙，则铤走堪虞，牵其一隅，则全局俱动，且地多烟瘴，人皆裹足，故此时不难于改流，而难于善后。前经内务部电询滇省对于土司情形，当以持渐进主义，先从振兴教育、提倡实业、收揽法权、试办警察数端入手，电复在案。现土民学塾已设立一百二十余堂，此后尚可次第推广。惟学费所出，既难责其负担，胥由公家筹设，而实业、司法、警察诸事，亦非筹有的款无从设施，此应请拨济者三。

查滇蜀铁路公司存放汉口大清银行生息路股本息共银六十六万八千零一十余两，于前清宣统三年五月，由前清李督派员赴汉口提解部拨军饷五十万之便，一并提回现银。取道越南，分批前后运滇。因为饷糈紧急，是以先将头批饷银五十万两提前赶运到滇，公司股本亦于二批陆续运来银四十四万四千两。其三批所运之股本银尚有二十二万四千两，甫至海防，适值民军起义，光复云南，押运委员李景昌恐道途梗阻，遂以云南公款名义，将下余股本银二十二万四千两暂行寄存河内东方汇理银行，当即取有该行存银数目提单一纸，寄交云南，归军府收执。迨至大局定后，派员往提，殊该行揢勒不交，旋称此项存款已交讫北京政府，云南只可直向清政府理论径索交还等语。当以此款系民间股本，与清政府毫不相关，且云南收有存款凭单，为提存此款之证据，该行亦断无不取回存单，遽行交清政府之理。乃该行频催不复，有意迁延，曾于四月呈请大总统饬部交涉。

奉批：据呈已悉，饬该部查照办理等因。计部中早与交涉，乃日久未见示复。现公司筹修个蒙支路，克期开工，需款甚急，绅民日来催索，无法摒挡。惟有恳请饬部先行由部拨发，俟交涉既妥，即派员持单往提，仍照数解还部款，庶可以济铁路急需，而免失民间股本，此应请拨济者四。

二曰特许借债。查滇处边僻，凤以瘠苦著称，实则地土雄厚，为国奥区。因千数百年来，皆以边荒视之，遂至货弃于地。诚能整理有方，则矿产、森林、畜牧诸端，皆足以称雄宇内。就现已有成效者言之，近时铜、锡各厂，虽开采、熔炼仅用土法，而个旧之锡每年约出一千余万斤，东川之铜每年约出二百余万斤。现个厂已置炼炉，次砂亦可熔炼，成绩甚佳。若认真经理，则锡每年可出二千余万斤，铜矿能规复前清乾、嘉时旧额，亦每年可出至一千万斤。而宝华公司所办之锑矿，宝兴公司所办之银矿，投资未多，成效已著。此外则丽江、永北一带之金银矿，亦随在皆是。果能得一二千万元，实力扩充，则年可增数百万之岁出，不独拨给之款，无须久累中枢，而岁有羡余，且可上供国家之用。迭经预为筹度，前月南巡，复携矿师详加调查，实觉确有把握。惟此事须有巨款，以培其基，而滇省现时实无余资可以助长实业。前经电请财政部筹拨巨款，以资提倡，俟滇力稍裕，尚可陆续筹还。嗣因外债未成，此议亦遂中止。现闻外债业已就绪，然滇省所需实业之费，为数既多，恐难分拨。惟有由滇自行筹借外债，其偿还之责，亦由滇自行负担，庶可上舒中央之力。

至滇中矿产虽丰，而未收厚利者，虽因开采无法，实亦交通不便为之梗阻。现铁路未通之处，尝有矿苗透露，绅民集资开采，每因销路不畅，运费过多，反遭亏折。至铁路已通之地，又须假道越南，路权在彼，动招挟制。如个旧锡板输出外洋，向章自碧色寨运至海防，每吨须车费四十元，现滇越铁路公司禀河内总督议加五元，似此有加无已，必至成本过巨，妨害销路。前拟筹修滇邕铁路，此事本为固西南之大局，开滇省之生机，即专以交通而言，亦可扩张我工商实业，于国势关系甚巨，曾经电请大总统饬部核议。旋准交通部电，已派钱世禄、陇高显两员前往调查，再定办法，并请于就地筹款，有何善策，协同川、黔、桂三省筹措，中央再设法维持。具见注重交通之至意。惟此路前经派员调查，据称自滇省至百色约需款五千余万元，路长款巨，断非瘠省所能筹。而路线未经川省，亦难望其出资。若因款绌因循，则此路永无告成之日，故为大局计，惟有仍出于借债之一途。查滇省前议借债，颇有端倪，适因四国外债顿起风潮，此间亦遽辍议。窃念借债而用诸消费，则危险实多，若用诸生产之途，则利益亦巨。现为实业、交通拟借外债，用途既已确定，偿还不至无期，而于国计民生，裨益甚大，此应请中央特许者也。所有请求拨济协款及特许借债情形，除派代表赴京陈述外，理合呈请大总统衡核示遵。此呈。

批：据呈已悉。交财政部查核办理。此批。大总统印。中华民国元年十二月三十一日。国务总理赵秉钧、财政总长周学熙。[1]

又咨请省临时议会查核议决施行财政司所拟变通换契简章。说："云南军都督府咨。财政司呈，案查十一月初六日政务会议议案第五款换契之事，由财政司将原定章程妥为改定再议实行等因。查原定章程，凡民间从前杜买典当房屋、田地契据，领有前清政府契尾者，一律发给执照。旋因临时省议会议决，以换契不可遽行，呈请钧府批饬再行研议。当经前司长陈（按：指陈价）以查验旧契，加给执照一节，据临时议会所议限期迫促，易滋纷扰，当从缓办呈报，通令奉前军政部批如文办理等因在案。际兹民国统一，基础大定，前清颁发契尾，当然失其效力。凡民间杜买典当田地、房屋，在前清领有契尾者，自应概令换契，以昭信守。惟滇省地处边隅，民多固陋，若概令换契，倩人代书，易滋纷扰。拟略为变通，由本司拟就简章十五条，制成三联契尾颁发，各地方官宽定限期，俾各业户从容呈换，易于遵行。庶政府有所稽考，而民间产业得以登记，共受法律之保护，免豪猾之侵夺。所有拟议缘由，是否有当，理合呈请钧府衡核批示饬遵等情。据此，相应咨请贵会查核决议，见复施行。此咨云南临时省议会。"[2]

▲报载蔡锷查实带兵办理剿匪，却乘机"大肆抢劫"、奸污妇女的江防

---

① 曾业英编《蔡锷集》（一），第797—801 页。由于该呈文中言及"前月南巡"一事，而蔡南巡是 9 月上、中旬的事，可推知此呈当发于 11 月。
② 《蔡锷集外集》，第 270 页。

营队官季恩林、哨官马某后，即下令"就地正法"。说："云南昭通府属永善县因地处极边，向与四川毗连。该县有细沙溪地方，人烟稠密，素以富闻。十月间，忽有苏匪与川匪等勾结党羽数百人为乱。昭通镇府接到永善县警报后，当派江防营季队官恩林及马哨官带兵前往办理。讵官兵未到，匪类已闻风先逃。及季队官到，见匪已去，遂大肆抢掠，沿途受害者不计其数，又往该处团首雷增住房内驻扎。既入雷门，见雷氏家道富足，又有年轻妇女十余人，季、马两人即用强迫手段，将雷之妇女捆缚，尽被奸污。当被奸时，雷之妇女大肆谩骂。季、马淫毕大怒，竟将雷氏男女大小二十八人概行杀毙，并掳其财物，焚其家屋，反捏报被匪烧毁。季、马尚未回昭，沿途（被）抢掳者已来昭通控告。夏府长乃派人密查，果得季、马罪恶，回昭直禀苏镇，苏亦以季罪应正法，惟季系其门生，尚拟设法救援，一面捏词电禀军府，谓雷已在细沙溪剿匪阵亡，一面饬人密告季某，令其速逃。幸天道昭彰，夏府长先已派遣干员将季某、马某看管，电请军府核办。军府得电后，乃派员复查属实，始将季、马解讯，直供不讳。当电饬速将队官季恩林、哨官马某就地正法矣。"①

12 月

4 日

▲蔡锷电复临安朱朝瑛、张开儒，"嘉许"他们"热忱奋发"，反对蒙俄私约。说："先电悉。暴俄助逆渔利，欺我民国，此间已通电中央及各省，请严重交涉，取消私约，并简练精锐，听候调遣在案。现闻交涉已有转机，仍通筹军备，为之后盾。君等热忱奋发，殊深嘉许，希仍策励士心，静候消息。边围多事，愿共勉旃。督。支。印。"②

▲报载蔡锷咨请冯国璋令行清河镇陆军第一预备学校，"查传追赔"吴仲源、钱镇南、蔡润生、叶冀等四人"勒取"滇省运往湖北售卖"存泸京铜"款。说："都督府咨。案查滇省由援川滇军派委员余炳、王永和二人解运滇省存泸京铜六十余万斤往湖北售卖，被云南旅鄂陆军学生邬铭奎等纠

---

① 《滇省永善营官之淫恶》，《申报》1912 年 12 月 3 日。
② 曾业英编《蔡锷集》（一），第 792 页。

约多人，强逼该运委余炳，勒取此项铜价银二千元。当经余委电禀，旋由敝处咨请湖北都督查办在案，迄今未见回复。兹据清河镇陆军第一预备学校学生任廷栋等函称，邬铭奎等在湖北索取铜价银洋二千元，曾经开同乡会与之交涉此项银元，吴仲源、钱镇南、蔡润生、叶冀四人各得二百元，其余均系邬铭奎一人私吞。现经该生等追出邬铭奎二百六十二元，叶冀一百元，蔡润生九十三元三角，钱镇南、吴仲源各五十元。共计追出之款共合五百五十五元三角，其下欠之数，邬铭奎七百九十八（元），钱镇南、吴仲源各一百八十五元，蔡润生一百四十一元七角，叶冀一百三十五元等语。① 查该生等函列各节，除邬铭奎现往新疆，应另行咨请查究外，其吴仲源、钱镇南、蔡润生、叶冀等四名是否同在清河镇陆军第一预备学校上课，相应咨请贵都督令行该校查传追赔，以重公款。仍冀见复施行。此咨。"②

5 日

▲蔡锷电请上海熊希龄敦请政府，毅然实行"租捐一项"。说："筱电尽筹，极佩。今日之计，非实力筹备军事，恐外交终无效果。军事前提，即惟饷项。滇虽至瘠，迫于救亡，亦不能不勉效绵薄，力筹协济。惟滇盐加价已至数四，边民淡食，课额赞销，若再议增，盐法必致败坏无已，惟有于租捐一项设法。前复瀛因滇蜀铁路有随获认划办法，以数过重中止。当就此项稍就融通，照填滇债，赓续办理，或可借资挹注。然此系就滇省一隅而计，若统筹全局，则来电老谋深算，救济之方无逾于此。仍望敦促政府，毅决实行，无任翘企。锷。歌。"③

又函请李根源教以维持"滇中经济"办法。说："昨接沪电，当经转送尊处，且拟与执事商榷筹措办理。顷奉来示，借悉种种。惟滇中经济，公私枯竭，将用何术以应前途，公智珠在握，其何以教我？弟则惟力是视耳。余容面罄。此请伟安。弟锷顿首。五号。"④

---

① 原注：经核，各人所欠数似不对，但原文如此。
② 《蔡锷集外集》，第 228 页。
③ 《熊希龄先生遗稿》第 1 册，第 427 页。
④ 曾业英编《蔡锷集》（一），第 793 页。

6 日

▲报载蔡锷咨请省议会"查核汇议施行"耿马、勐勐安抚委员罗汉彩薪水马干银两问题。说："都督府咨。财政司呈。案据顺宁府张汉皋呈领耿马、勐勐安抚委员罗汉彩薪水马干银两到司署，无案可稽，咨会军务司、民政司查复。嗣准咨复，该委员经前陆军第二司〔师〕长、迤西巡按使呈请委充，此项薪水马干系属行政经费，应由贵司核发各等由前来。自应将该委员应领薪水马干银两分别补支，列入编算。顺宁府来呈，自元年阴历二月起至四月十五日止，又阳历六月份，共应领薪水马干银一百六十一元九角四仙三厘作为补支之款。又自阳历七月初一日起至二年六月底止，共应领薪水马干银五百九十三元二角三仙一厘作为应支之款，均列本司所管经费项下存，俟增入确定预算，请先咨明议会汇议。理合具文呈请钧府查核转咨等情。据此，相应咨请贵议会，请烦查核汇议施行。此咨。"①

7 日

▲蔡锷电请外交部"迅饬照原案"办理迤西土司"积案"事。说："顷据腾守鱼电称，得领署消息言，会案事，滇政府不甚注重，已奉缅政府电取消。惟积案悬已两年，边民受困，现拟自由行动，令七土司脱离归其保护，由缅单方讯结等语。查会案事迭饬司、道郑重准备，而英领托词要挟，借此侵占我土司主权，实属无理已极。应请并案严重交涉，迅饬照原案办理，以抒民困，而顾邦交。滇都督锷。虞。"②

又电陈陆军部仍派雷飙为代表。说："宥电敬悉。续议给与教育、医务各事，仍派雷飙代表。已另电知，即希查照。滇督锷。真。印。"③

9 日

▲蔡锷电复黎元洪，并无烟土商人进入湖北境内情事。说。"沁电悉。

---

① 《蔡锷集外集》，第229—230页。
② 邓江祁：《史海拾遗：蔡锷佚文20篇——纪念蔡锷诞辰136周年》，http：//www.xhgmw. com/html/xiezhen/renwu/2018/1214/26085. html。
③ 《滇督蔡锷任职期间关于联系军杂事务文电》（1912年5月至1913年10月），中国第二历史档案馆藏，档案号：1011-1114。

滇省烟禁实行最早，成效已著。因上年光复，军事倥偬，未遑兼顾，愚民间有私种。迨大局甫定，即将禁种、禁运、禁吸定章通饬，严厉执行。复据前清李督春定销存土办法，展限数月，饬由收销存土公司收买，民间存土业向法领交涉，运赴越南销售，不使蔓延邻境。存土现已收竣，公司业经撤销。遍查外间，并无土商入湖北境内情事。准电前因，除再通饬查禁晓谕外，谨复。滇都督。佳。"①

10 日

▲报载是日蔡锷电请袁世凯与驻京英使严重交涉片马问题。说："驻扎片马英兵自俄库私约发生后，已增五百余名，日前忽由片马派遣测量兵士百余人，分进腾越各属测量地势及绘画险要舆图，附近居民异常惊骇，曾派专员交涉无效，请即由中央与驻京英使严重交涉。"②

12 日，另报也有类似报道。说："英人在滇最近之举动有三。（一）前驻片马兵尚未撤尽，现又调来步兵二十队、骑兵三中队，到片之后即自由行动。（二）英兵已占片马后，又调来兵一大队、二小队，进窥野人山。（三）滇缅交界龙川口附近猓地，现有英兵过界测划路线，迭经交涉并与英领据情交涉，尚无结果。请即由中央与驻京英使严重交涉。"③

11 日

▲报载云南政务会议议案摘要。说：

一、选举调查遗漏甚多，本届限于国会期促，无法挽救，须赓续另行详慎调查，以为下届之补救，并将户籍及财产附为调查，为施行军政、民政地步。由民政司参酌《调查选举施行办法》，将办理手续妥为规定，并由筹备所拟示通饬，明定官绅奖罚，以专责成。

二、爱国捐奖励事。前经提议，须即实行。一面由秘书处拟稿咨部询问，有无此项奖励章程，咨复照办；一面财政司速将应奖之员造

---

① 邓江祁：《史海拾遗：蔡锷佚文 20 篇——纪念蔡锷诞辰 136 周年》，http：//www.xhgmw.com/html/xiezhen/renwu/2018/1214/26085.html。

② 《燕市寒云片片·鹰爪下之片马》，上海《民立报》1912 年 12 月 16 日。

③ 《蔡锷集外集》，第 231—232 页。

册具报。

三、政府派财政视察员商办划分国家税、地方税及设立国税厅，各省多已通电赞成。本省因熊视察赴港，所有章程官制尚未达到，无凭商办。国税不统一，则财政无由整理，应先电复赞成，并索国税厅官制案，由秘书处拟办。

四、审计处来电商审计办法。应由秘书处拟复电赞成，并声明滇已先设会计检查厅，仍将名目照改，以昭划一。

五、土司都龙光投诚绥辑之法。由民政司筹办具复。

六、凉山安抚委员挈带蛮酋来省之事。仍由民政司定期准其谒见都督一次，以后安抚委员应即撤销。

七、粮饷局裁并办法。军务司、财政司会商办法，呈核施行。

八、司法独立。所有省内各级诉讼业经通布，概归司法衙门审理。以后民、刑诉讼，行政衙门概不收受，以清权限。由政务厅按日收受呈词，悬牌示明应归审检各厅依法起诉。

九、测勘滇邕铁路，监督条陈先修滇、古一段。先修滇垣、古城，或先修滇垣至杨林一段，均恐无益。不如设法修个（旧）蒙（自）一段，由实业司铁道局再议办法。

十、七府矿产赎款。前系由度支部直接交涉筹垫，滇未承认。俟中央诘商，再议办法。

十一、现需临时筹备款百五十万两，如何筹付。应咨省议会。①

12 日

▲蔡锷通电袁世凯、国务院、参议院、黎元洪及各省都督、民政长、财政长、视察员，赞成"先行分析国家税、地方税及设立国税厅"。说："吾国财政，疲惫已极，长此因循，前途何恃！窃谓吾国非贫之为患，而整理非策之为患，非瘠之为患，而开发无术之为患。整理之道，一划分税则之意见，一统一收入之机关，二者并行，乃能交济。尔者部派视察员熊范舆到滇，陈述中央意见，并承副总统电征各省同意，均以先行分析国家税、地方税及设立国税厅为至当不易办法。敝省极表赞成。伏恳大总统毅然主

持，迅交参议院议决实行，俾财政基础早得一日稳定，即早免一日动摇。百凡庶政，庶可进行无滞。再，国税厅章制，此间尚未奉到，祈部迅寄。滇都督锷叩。文。印。"

又电复工商总长刘揆一及民史馆诸人，称许其"组织民史"的举措，并告知"滇中已延揽通才，从事编纂"。说："中国史书，汗牛充栋，然半系一家之事实，初无关民族之精神。今民国成立，亟应勒为信史，以垂将来。惟不可由政府阌开史馆，以防史官之曲笔。又不可任私家修纂史册，致启处士之争鸣。诸公组织民史，俾成实录，卓识毅力，钦佩莫名。滇中已延揽通才，从事编纂。一俟杀青，自当寄呈，借光国史。锷。文。印。"①

16 日

▲袁世凯任命黄德润为云南司法司长，孙志曾为云南高等审判厅长，谢光宗为云南高等检察厅检察长。②

17 日

▲蔡锷电请国务院秘书长张国淦，"密召海内贤达，如梁任公、杨皙子诸人速将宪法草案拟订"，以"期收先入为主之效"。说："云密。国会召集，瞬已届期，正式政府，行将成立。将来编纂宪法，为国家盛衰强弱之基，关系民国前途甚巨。现在国基未固，外患方殷，非有强固有力之政府，不足以维持国脉。窃谓宪法为国家之根本法，宜体察本国现势与夫历史民情，以为之制定。总以使政府能伸张国权、发展国力为要归。而不宜取他国印板之文，谬相仿效而加之厉。惟虑揣国会议员议定宪法，难保不偏重党见，趋于极端，徒为防制行政首长之条规，致失国家活动之能力。临时政府之疲茶不振，国本动摇，实《临时约法》有以使之然，可为前鉴。拟请台端转呈大总统，倘以锷言可采，祈密召海内贤达，如梁任公、杨皙子诸人速将宪法草案拟订电知，俾得联合各省都督先期提出，以资研究而征同意，期收先入为主之效。将来草案交院议决，若议员所主张，总统有认

---

① 以上二电见曾业英编《蔡锷集》（一），第793—794 页。
② 《命令》，《申报》1912 年 12 月 19 日。

为滞碍难行者，通电各省，锷必与各都督联名抗争，务期达拥护中央之目的。某亦缔造民国之人，宁不思为民权之保障？特以民权恒视国权为伸缩，必国权巩固而后民权有发展之期。总统当国家行政之中枢，负人民付托之重任，使因少数人之党见，减削其行使政策之权，恐一事不能为，必致陷国家于不振之地。时机紧迫，后顾堪忧，失此不图，势成坐困。特遣范君熙绩来京面述梗概，随当再派肖君塾具陈颠末。事关国计，本无所用其秘密。惟发议之始，诚恐胥动浮言，致为进行之阻，是以不能不翔顾耳。希缓宣布，并祈酌示办法为幸。滇都督锷叩。（筱）。印。"①

28 日，又通电袁世凯、国务院、黎元洪及各省都督，"今日吾国宪法精神"，在于一"必建造强固有力之政府"，二"必适合中国之现情"，"伏希裁察"。说："程都督养电、胡都督漾电，均以宪法关系民国前途，至极重要，宜先遴选宪法起草委员，制定草案，期于缜密完善，用举福国利民之实。苾筹周至，极表同情。顾锷意尤有进者，宪法条件，纲维万端，所重不在形式而在精神。精神有所指归，而后其条文字句，乃得根据以发挥光大之。今日吾国宪法精神之所在，窃以为其方针有二。一、必建造强固有力之政府。吾辈诚愤于满清政府之麻木不仁，是以一举而用能廓清之。今者改弦更张，若不极力扶助政府，假之以实权，而复事事为之限制，时时为之动摇，国本不固，则国脉以伤，自保犹且不能，更乌足以对外！然犹曰以专制流毒之所至也。北美为共和先进之国，素守门罗主义者，近亦极力倡导国家主义，以图谋发展。诚以世界竞争潮流日益促进，非集权统一不足以伸张国力，保障民权，非有强有力之政府，又不足以收统一集权之效也。此宜先行决定者一。一、必适合中国之现情。方今醉心共和，几于举国若狂。遇一问题发生，辄援欧美成例，不曰法国已然，即曰美国若是，且变本而加之厉。且无论法、美制度互有短长，固宜遗貌取神，未必尽堪则效。而一国有一国之特点，英国之宪法、惯习，不能遍行于欧洲，美国之天性自由，不能普及于大陆。矧以中国固自有特别之历史、民情、习惯，而必求一一吻合于他国，所谓削足适履，有背而驰耳。光复以来，叫嚣呶扰，牵掣纷歧，政令不能厉行，奸宄因而恣肆，未始非《临时约法》有以阶之厉也。前车已去，来轸方遒，务期适合于现情，不必拘牵于成例，

---

① 曾业英编《蔡锷集》（一），第 794—795 页。

此宜先行决定者二。方针既定，然后聚集彻贯通博之才，详审精择，订立条文，编成草案。俟正式国会成立，提出要求通过，字句间或不适，仅有讨论之余地，而绝不可遗失其精神，斯足以利便遵行，范围曲当。夫宪法者，国会之所从出也，未有宪法，则国会何由发生？然则草案之预定，匪但于中国之现情不背，亦且于共和之原理无违。至由各省议会派员授与一节，诚恐于手续既过形繁重，而意见仍不免于淆杂。管见所及，不无过虑，特此附陈，伏希裁察。滇都督锷。俭。"①

▲张文光上书"滇军府"，请"以省设总团，府设府团，县设县团，佐治之地设分团"，以为"防外治内之法"。说：

> 窃以今日民国成立，百废待举，如军事，如吏治，如路权，如矿权，皆为当时急务，有刻不容缓之势。然行远自迩，欲求一国之要政，须先求一省之要政。云南当上游七省之门户，强邻压境，在在垂涎，措置设有不当，我退彼进，民国前途必不堪设想。光身历各隘，缕悉边情，早拟筹办，因碍于限制，不得为所当为。今既躬逢建设，应得防外治内之法，略为我军府陈之。防外之道在乎实边。满虏窃据时代，惧汉民有恢复志，乃屯重兵于各省中心点，时作防内之举，各边隘虽设有少数防兵，不过为迎送洋员之用，大都有名无实。问其战术则茫茫无知，视其枪械则半系废物，加以奴颜婢膝之边吏，事事媚外，坐使边隘险要尽失，启外人得寸进尺之心，渐渐窥我堂奥，欲瓜分之。幸黄祖有灵，革命告成，扫除满政，渐兴民国，前满虏手所断送我之土地，不能不竭力经营，而我现有之险要，如缅藏越各交界地，尤不能不注意建筑防守。查滇中陆防军队，自反正后，咸具爱国热忱，拟请联合全滇爱国军士，化除陆防界限，合并教练，轮班分驻各边隘，以钧〔均〕其劳逸，畀以最快利之火器，以杜外窥伺，夫而复民国之边围于是乎固，进取之基础亦于是乎立。治内之道，在乎练团，旧日虽有编联保甲、寓兵于农之法，然处于专制时代，君若相以家天下为心，每每注重在防兵，而不在团练。一般人民又只知忠君而不知忠国，所以联团之举，或作而或辍也。今欲实行治内之法，宜先以练爱国义

---

① 曾业英编《蔡锷集》（一），第796—797页。

务团入手，团民保卫地方，较之军士为尤力。因其先人之庐墓、本身之财产、乡里之感情，诸大端之关系所在，不得不出全力以保卫耳。拟请以省设总团，府设府团，县设县团，佐治之地设分团。各正团长以各府厅州县长担任之，各副团长以各处队长或议员担任之。由各处因地制宜划分区段，切实调查人丁户口，每户有壮丁若干名，习何职业、奉何宗教、归何党派，除现入军学界之外，无论何职业、何宗教、何党派之壮丁，均须按班期入团练习。教员由总局划区分派，教以各种军事战术，即一切保安正俗之道，其有军械服装伙食教员薪水，均由公家酌量筹办。果能实行此法，不数年则举国皆兵，无事之秋，各勤其业，有事之际，众志成城。现下蒙事危急，已达极点，各国以此役试验民国之手段，我若抱定民国主义，此事不难解决，然非急速练团不为功，团一成立，则现有之兵士可以戍边，可以征蒙矣。管见如是，未识有当于万一否？此上滇军府。①

20 日

▲报载云南三迤总会发起人李根源等人呈请蔡锷"崇祀永历"皇帝。说："《礼》曰：国君死社稷。于《传》亦云：为社稷死则死之，为社稷亡则亡之。若帝之死，盖为吾民族死欤，比于以死勤事，义或过之，愚窃以为合于祭法。矧民国初建，实明旧京，祭告孝陵，薄海感动。今虽陵谷迁变，封识俱泯，而永宁故宫，旧基犹在，使行迈兴，叹享祀时阙，夫何以告天下焉。根源等谨议，以为今永宁宫即帝行在，宜即故宇加之修缮，奉帝栗主附祀死难诸臣，春秋以时致祭，着为常典。并请刊纪念碑二，一立金蝉寺门外昇平坡帝被弑之所，一立此门外莲花池帝灰骨之所，以识其处。议下之日，开会追悼，奉安成礼。又永宁宫今为昆明自治公所，如不便迁徙，则西门外文昌宫，已撤祀典，不当复存，改为嗣庙，于事亦便。昔吴令谢询请为孙氏守冢表曰：若列先贤之数，裁加表异，则人望克厌。今根源等之请，亦同于兹。伏乞推死国之典，比先烈之数，永滇人之思，垂兴亡之诚。幸采愚议，饬下有司，并发公帑，计此三项，约需银五百两，即与施行，以著盛举，不胜欣望之至云云。闻已得蔡督批准施行矣。"②

---

① 《滇复先事录》，《云南文史资料选辑》第 17 辑，第 177—179 页。
② 《滇人崇祀永历之宏议》，《申报》1912 年 12 月 20 日。

又载云南都督府春间所遴派前往怒、俅"野人山诸地,抚绥野人,冀其归化"的人员,"讵野人性极野蛮,转被围困,于是军府乃遴委卸任丽江府知事姚春魁君承充抚绥怒、俅总办,日内即由丽江前往矣"。[1]

又载蔡锷为修筑滇邕铁路,聘"美国工程司哈莱、多克士二君充工程司,委殷承霖充监督,定十月前出勘。旋因内部争执,久未解决,只得另委邓绍湘君充勘路监督,已于日昨会同美国工程师及学生、护兵数十人,由滇起程出勘矣"。[2]

又载蔡锷电陈袁世凯"节费办法"。[3]

21 日

▲蔡锷电恳财政部"拨款协济","万勿外视边省"。说:"个电悉。滇省财政光复后与援川、援黔之时,军务倥偬,收支稍形混乱。现在应疏搜均,虽已渐有端倪,未敢据为确实。查自光复时,接收前清藩、粮、盐三库存银九十九万一千余两。又自上年九月起,至本年阳历十月底止,共收银钱税课等银二百一十九万三千余两,以抵支出银四百余万,不敷极巨。其本省各局厂存现金搜罗早净,所有维持金融现状,全赖富滇银行借资周转。此后计划就本省筹办公债、整理富滇银行并烟酒各税,虽属进行之方,然究无确实把握。现各属灾歉见告,商务疲敝,赋税收数寥寥无几,现状已极危险,迭经电恳贵部拨款协济,以救危急,万勿外视边省,是所切祷。都督蔡锷。马。"[4]

▲报载蔡锷命令出发的西征军于 12 月 21 日凯旋抵省城。说:"云南征西军于去年夏间,因藏事紧急,由蔡都督饬令总司令官殷承瓛君统率出发,进屯阿墩子,两次克复盐井,藏番大震。讵川都督尹昌衡不欲客军进逼川边,迭电中央阻止,殷君不得已,乃振旅而还,业于去年十二月二十一号凯旋滇垣。除各军官军士出城迎迓外,法政、师范男女各学生均各分道欢迎,居民铺户亦高悬国旗,以表示欢迎之意云。"[5]

---

① 《云南近政纪要·抚绥怒俅》,《申报》1912 年 12 月 20 日。
② 《云南近政纪要·查勘路线》,《申报》1912 年 12 月 20 日。
③ 《总统府二十日纪事》,天津《大公报》1912 年 12 月 22 日。
④ 《蔡锷集外集》,第 232 页。
⑤ 《滇垣欢迎西征凯旋军》,《申报》1913 年 1 月 8 日。

22 日

▲报载总统府"致云南蔡都督密电一件，探之系外交部呈请为云南中英、中法继续前清未结之片马，及滇缅界务交涉案，请饬滇督派委熟悉该两案之外交人员，迅速来京，用备谘询等情。是以电饬该督遵照办理，并令先行电复。"①

24 日

▲蔡锷电告筹备国会事务局，滇省议员"初选当选人中，回族亦多有选出者"。说："滇省汉、回杂居，早经同化。前准真电，当即通电各属。兹据陆续电呈前来，不分畛域，一体调查。而初选当选人中，回族亦各有选出者。五族共和，此其明证。特此电达。滇都督锷。敬。印。"②

26 日

▲报载蔡锷电请政府速向法使交涉建筑铁路问题。说："法国在滇、桂一带势力，近日益渐澎涨。当民国未成立以前，法国在云南已有突飞猛进之势。闻法国拟修筑由龙州至广西某处铁路，冀与安南铁路连贯一气。今见中国外交多事，拟即乘此时机提出与中国交涉。昨日政府已接到云南蔡都督来电，谓法国已又要求建筑河口至滇、粤、闽、桂之铁路，词意甚形强硬，除通电各该省都督外，请政府速向法使交涉。③

又载还电请袁世凯"饬外交部速与驻京英使交涉"，令其"进窥"野人山步、炮队"退兵"。说："自俄库私约发生后，英兵近复由片马侵夷、狼、俅等处，分调步兵一队、炮兵二小队，进窥野人山，该山诸夷震骇。查野人山为全滇屏障，若为所占，即难存立。已命李师长派兵一协，驰往该处镇守，以保要地。并请大总统饬外交部速与驻京英使交涉，电令退兵。"④

另报载袁世凯令蔡锷"速与英国领事严重交涉"修"片马至西藏之铁路"。说："英人拟要求修作片马至西藏之铁路。此项交涉已接到滇督蔡锷

① 《密电滇督派员来京谘询外交案》，天津《大公报》1912 年 12 月 24 日。
② 曾业英编《蔡锷集》（一），第 795 页。
③ 《外交界最近之现象·中法交涉》，《申报》1912 年 12 月 26 日。
④ 《蔡锷集外集》，第 233 页。

来电，谓英人有此要求。日昨已由国务院致蔡都督一电，令其速与英国领事严重交涉。"①

30 日，又载"蔡锷电京，谓英人已筹备开筑滇边芒河铁路，以便开运金矿。"②

28 日

▲蔡锷电请筹备国会事务局指示省议会议员选举计票办法。说："查参议院议员选举法第七条，选举以得票满投票人总数三分之一为当选等语，滇应出参议院议员十名。以省议员八十八名，照章选举每次尚不能选出三名，是否勿论二次、三次以至六、七次选至足额为止，抑或谓三分之二别有计算方法，祈电复。滇督锷。俭。印。"

30 日，筹备国会事务局电复蔡锷说："俭电悉。滇省议员名数既不足同时选出参议院议员全额，而按照法定票数，自应分作数次行，无论二次以上以至选至足额为止。参议院议员选举日期令业已公布施行，滇省究于何日举行，希速电复，以凭核办。至选举会非有三分二以上之选举人到会不得投票，本法已有明文，万不宜随意提前，致于法有出入也。此复。筹备国会事务局。陷。印。"

次年 1 月 6 日，筹备国会事务局再次电复蔡锷说："俭电悉。法文所称三分之一者，即三分而有其一之谓，并未别有计算方法。各省选举参议院议员每次仅能选出二名，至多亦只三名，则再行投票，应以足额为止，自无限制次数之理。此复。筹备国会事务局。鱼。印。"③

▲24 日，统一党通电各政党、各团体及时报馆，痛论民国内政十端"致亡之道"。说：

> 俄蒙协约，分裂肇端，国民心目，群焉集注，奔走骇汗，攘臂拊膺，亦足征全国人心之公愤矣。顾事变之起，当推其既往，究及将来，若仅于目前发现之事实以空言相挢，迨其将毕则又如浮云之过眼，而绝无根本解决之方，庸有济乎。俄蒙联合之兆，发生于前清时代，而

① 《外交界最近之现象·中英交涉》，《申报》1912 年 12 月 26 日。

② 《专电》，《申报》1912 年 12 月 30 日。

③ 以上三电见《公电》，《政府公报》第 247 号，1913 年 1 月 13 日。

滋蔓于南北尚未统一以前，外交部之通告已详言之。吾国致亡之道，在是耶抑不在是耶。孟子有言："出则无敌国外患者，国恒亡。"又曰："人必自侮，而后人侮之。国必自伐，而后人伐之。"然则敌国外患，固不足以亡国，而自侮自伐，乃真所以召亡也。夫内政不修，无外交之可言。今于内政重要之点，举其足以致亡者约有十端，请爱国诸君子共补救焉。

国于地球之上，不经列强之承认，则不得为国。然未有本国之人不自确定，而他国能先承认者。民国统一已逾半年，而各国迄未正式承认，前清条约已无完全效力，外人自由行动，多以未经承认，以我之《约法》载明为临时政府。我既自认为"临时"，能责人以认为"正式"乎。虽国会召集已有定期，而召集以后首定宪法，两方辩论，争执必多，正式政府恐非三五月所能集事。长此延误，恐内部之讨论未已，外界之激刺环生，危孰甚焉，可亡之道一。忧国者言，群望有强固之政府是已。乃坐席未暖，谤书已腾，案牍初窥，弹章即至，甚或始焉加膝，继焉坠渊，一人之身，而毁誉相反，是非淆杂，好恶乖异，以致自爱之士入山惟恐不深，行政各员居官视为传舍，七阅月之中，内阁三次更迭，当局方穷于应付，旁观则任意抵排。吾非谓现政府之悉当人意也，惟既任之以国事之重，亦必假以岁月，而后可衡其功罪。若使人人无自固之术，而有自危之心，虽有伊吕，亦将束手，无论中材矣。今执政去留，旋起旋仆，外人乘我举棋不定，从而生心。定一政策则新旧可以背驰，开一谈判（则）前后不相联属，当此危急，其何能支？可亡之道二。

《临时约法》为将来宪法之源泉，乃今考其内容，非美非法，国务员须求参议院同意，为万国宪法所未有。将信任总统耶，何为予以总揽政务之虚名，而复加以层层縶缚？将不信任总统耶，何必拥此傀儡之守府加于全国之上？譬诸人身五官百骸，不听命于头脑，以致手足乱动，口齿争噬，非狂即骇，个人且然，况在一国总统者，固全国之公仆也。一家之仆，脱不为主人所信用，虽欲尽其任务，顾可得乎？今既认其人为全国信仰之矣，而畀以总统之任矣，乃既束缚之，又驰骤之，使无所用其聪明才力，稍有失败，则指摘随之，狐狸狐猾，朝三暮四，循是不已，何以自存？可亡之道三。

北京参议院及各省议会皆为立法机关，而居于监督地位者也。顾立法与行政，两权对峙，各不相侵，苟为行政范围以内之事，立法机关亦未容干涉。若以立法之人而掣行政官之肘，则行政官将为立法机关之附属品。于是强项之行政官恶声必反，不惜蹂躏立法之权，其谨慎而平和者遂永为立法机关之奴隶。虽议员中深明大局之人固属多数，而熏心权利，借端攻讦，以遂其私，其势每足以相胜。各行政官救过不暇，遑言进行？苟且补苴图免而已。致立法机关愈横，则行政机关愈偷，浸至意见丛生，以大局为孤注，此等气象庸有幸乎，可亡之道四。

自共和告成，政党云涌而蜂起，可谓极盛。顾各国政党皆以国是政见为前提，而非以个人权利为目的。今吾国政党尚在幼稚，因是扶植养成之可也。乃其所标示之党纲，非不光明正大，言之成理，乃至利害得失之所在，则图穷匕见，往往以国家为孤注，而惟个人权利之相争。虽日日言牺牲权利，而争权夺利之心愈烈，人人有非分之望，事事为干禄之媒。凡所以扩张党势者无所不至，更相倾轧，更相倚伏。入其党者虽盗跖亦必庇护，非其党者虽圣贤亦受抵排。风化日漓，诈伪百出，读法国革命史，如山岳、平原两党之辗转残贼，谁不寒心？人道牿亡，天地荆棘，可亡之道五。

所贵乎共和政体者，乃合全国人民共纳于法律之中，而不相凌躐之谓也。多数之人误会共和之名，以纵恣为自由，以侵轶为平等，煽惑社会，几若律法不为吾辈设也者。举数千年所修明之礼教，所有亲亲之<杀>、尊贤之等，视为刍狗，而不惜凌藉践踏之，天理灭绝，人欲横流，谨愿者恪守法律而仍不免诋毁之，纷乘狓悍者违犯法律，而转恃强权以辩护。是非善恶，颠倒错谬，古人所谓上无道揆，下无法守，为善者日以惧，为恶者日以滋，可亡之道六。

自古治国，不外赏罚两端。民国成立，均为素民，应无阶级。但数千年历史习惯，断不能一律铲除，缘是定为勋章，以资旌异。然而羊头羊胃，物议沸腾，明者视之殊不足重。至于罚罪之典，所见转稀，虽犯刑章，罕闻举发，往往视势力之大小为功罪之轻重，社会不平之气，磅礴郁积必至酿为乱阶。夫至赏不足以功能，罚不足以惩恶，将君子不克为君子，而小人乐得为小人。明哲之士，惟有消沮闭藏，置黜陟理乱于不问，纲断纽折，国谁与立，可亡之道七。

监督政府者议员也，主持言（论）者报馆也。法治之国，凡为议员与报馆主笔者，皆有世界知识，扶植国家之观念，而不肯毛举细故，以伪乱真。故全国最高之人物，乃足当议员与主笔，而以清议左右行政官。今之议员与主笔之人，未尝不为才俊所萃，而客气用事，流品不齐，不能以正确之理由，冷静之头脑，指导官吏，惟以谩骂为事，视行政官如奴隶之不若。夫家有雇佣，主人嘘蹴临之，尚以恶声相报，况既以人民、土地托诸公仆，而日日辱骂之，则乡党自好者谁能为之。毋怪乎贤才远避，而阘茸充任也，可亡之道八。

共和国民以纳税为义务，乡曲之民智识未开，放弃义务固不足怪。乃号为人民代表、素负［孚］时望者，亦忘国家财政之奇绌，而惟欲减轻其乡之负担，请愿之书大半类此。夫古者轻徭薄赋之说，乃为闭关自守，藏富于民言之耳。若夫列强环伺，府库空虚，国之与民，本同一体，国之不存，民于何有？若各私其身，各私其家，而无以济公中之用，则彼公仆者将何所挟以庇护其民，而不为潜逃？必将横决，大乱之兴，可立而待，机关涣散，行为他人做牛马耳，可亡之道九。

人人言共和，不知研究共和之原理。人人知专制政治不善，而不能言其所以然，抑且知之而不敢言之，反咎共和政体之不良而群相发议，不知共和者本政治之极轨，而要以法律为前提。今则法律不完（全），或虽有法律而不能实行，柄国者惟以模棱两可为应付之方，而未尝有快刀斫试之手段，必至强凌、弱淫、义破，寝［浸］成暴民专制时代，而为他人先驱，可亡之道十。

综是十因，痼症已深，绵历岁时，必至不可救药。我全国人民，无智愚贤不肖，将同归于人为淘汰之中，而犹容酣嬉歌舞，以坐待人之鱼肉乎？本党心怵危机，不避嫌怨，故将足以致亡之由，一一胪列，学伍胥之抉目，师杜牧之罪言，以与爱国诸君子共图挽救。语云"亡羊补牢，未为晚也"，若使国命已伤，而始废然思返，乃真无及矣。祸悬眉睫，特书告哀，敢乞矜鉴。统一党本部。敬。①

---

① 《统一党痛论时局通电》，上海《时报》，1912 年 11 月 29—30 日。据 1913 年 2 月《震旦》月报第 1 期校改。

28 日①，蔡锷电复统一党本部说：“敬、漾两电均悉。所举救亡十端，字字沉痛。第三端抉出《临时约法》之弊，淋漓痛快，足为将来编纂宪法之（殷）鉴。现在国会届期，亟从宪法入手，敝处近与各省都督往返电商此事进行手续。希贵党诸君子随时发挥血诚，以为后盾。无任盼祷。锷叩。俭。”②

30 日

▲蔡锷咨请财政部“查核”滇财政司会同外交、实业、教育、军务各司“所呈各节”，“并祈将隆兴公司一案应如何办理之处，迅赐见复施行”。说：

云南军都督府咨。财政司会同外交、实业、教育、军务各司呈，案奉钧府令，财政部咨，中央应筹还债额清单一案，又先后奉钧府令，批发财政部佳、宥两电催解各款，饬司查核详细具复，以凭转咨各等因。当将查明滇省旧时每年应解洋款赔款四十一万七千两，经清［请］度支部、陆军部会议核复，准由滇省截留各节，并将滇省现在军饷匮乏，度支恐慌，碍难照解情形，并重申协济七十万元之请，拟具电稿呈请译发在案……

又奉发清单内开，外交部应付云南隆兴公司补款一节，本外交司查前清政府，与英、法隆兴公司订立准该公司有在云南采取云南、澄江、临安、开化、楚雄、元江、永北七府州县矿厂之权，屡经滇人抗议。去岁该公司派高林士来滇实行开办，又经滇绅力拒，呈请当道废约。初商借款造路，取消此约。旋经部议，专就矿约解决，与英、法使臣磋商议定由中国以库平银一百五十万两给予隆兴公司，取销原定合同。其款分作六期归付，按期付银二十五万两。第一期一月内归款，余五期每六个月交一次。所有该公司暨分公司一切产业、物件均交还

---

① 从电文中“现在国会届期，亟从宪法入手，敝处近与各省都督往返电商此事进行手续”一语推断，蔡锷此电仍应发于 1912 年 12 月 28 日，而不是 11 月 28 日。因其“与各省都督往返电商此事进行手续”之事，如前所示发生在 12 月，而非 11 月。

② 曾业英编《蔡锷集》（一），第 797 页。1913 年 2 月，作为统一党机关杂志《震旦》月报第一期再次发表此电时，将“敬、漾两电均悉”一语，替换成“效函、丙电均悉”。又将“第三端抉出《临时约法》之弊”一语，替换成“端端抉出《临时约法》之弊”。

中国，永与该公司无涉。其款项由度支部垫给，滇省分两年归还，已照会两国使臣，声明作据，抄行到滇。前清督牵［李］经羲集绅商议，尔时三迤绅士吴琨等呈复，以废约款数，闻部议定一百五十万两，滇人万难遵服。七府矿约，定自外部，何能令滇独累，不服一。隆兴并未开办，耗费何在？废须巨款，不服二。废约款数，不先交议，直至事定，勒滇归还，不服三。度部既承付款磋议，何争早□，外部必主秘速，致多费款，理由何在？不服四。滇穷款绌，部不允借兴业，犹必令竭膏血付赔，不服五。若不得已，俟准将路归国有，就原有铁路、盐股宽定年限，勉筹半数，半归部认。否则，实难担任各等由，呈由前清督、藩向阁部力争。即当时李督致阁部及在北京滇省京官各电大意，亦以滇路国有，宣布奏上已久，邮部须待勘路之罗委员电复到京乃能筹议。前议部借三百万实业费兼为赔款，腾挪则共绅商，归还则由督任，赎款数目，亦由督定，计似无逾此，而悠悠私议，犹不尽同。今部付百五十万，在京专垫赔款，无所为借，亦无所谓实业，在度支屈于呼吁，不得谓非力顾。惟议赎之数，滇议就高林士面述八万镑，出口意在极点百万，了则了耳。外部独主求速，未解其意，□□□□□□□□□□□□□□□□□□□始知以百五十万付决。派滇陆续筹还一节，亦仅予外部初六日电内一语声明，滇至今未奉度支部文电询商，十年分还之议，尚得诸高藩电述，如何饬筹指拨，官绅更不得详各等由。是此项补款，北京早经议定，滇省终未结局。事关巨款，且系集绅筹议，案□应如何办理，谨将查明缘由，会文呈请钧府核夺咨复，并祈批示祗遵等情。据此。查所呈各节，均系实情，相应据情咨复贵部，请烦查核，并祈将隆兴公司一案应如何办理之处，迅赐见复施行。此咨财政部总长。蔡锷。中华民国元年十二月三十日。①

本月

▲周传性、李曰垓奉蔡锷令，颁布限期研究地方行政官厅分科办事章程，具报意见令。说：

_____

① 《蔡锷集外集》，第235—236页。

　　奉军都督府令，省议会咨复，案准都督咨，财政司呈，案奉军府批，本司会呈，拟改订州县分科办事章程一案，奉批：呈悉。所拟分科办事章程，尚属妥善。惟员名薪饷表，尚须斟酌。如司法书记仅三人，恐不敷办公，仰财政司再行详细核议呈复，或加给公费若干，不为分别规定，或但定员数，不为分派某科若干人，以期各属斟酌情形，尽此公费充用，庶几推行无阻，不致徒烦文告，等于具物。并且此项加给公费，合原定之公费，将来就提解陋规支付，有无敷余，并应由该司通盘筹划，方免章程颁后，款又无出之弊。批到即迅速核议具报，原订章程并发仍缴，摘由批。等因。奉此，遵将奉发章程，会同民政司详细核议。窃以各科书记名数及警察人数，不能不遵批酌量放活，拟定行政科书记长一名，总收发二名，书记无定额。司法科书记长一名，管狱吏一名，检验吏一名，书记无定额。理财科书记长一名，书记无定额。男女看役、门役共四名，杂役无定额，司法警察若干名，以便各属自由支配伸缩。各科薪工，一等月支五十元，二等月支四十元，三等月支三十元。看役等项一等月支四十元，二等月支三十元，三等月支二十元。司法警察一等月支一百六十元，二等月支一百二十元，三等月支八十元，以免各属任意浮开，漫无限制。又各属寻常事件，往往任意拍电，滥支电费，拟请将邮电两项归入活支杂费开报，一等月支五十元，二等四十元，三等三十元。又宣威、新兴二州缺分，极称繁难，拟提升二等。盐丰、盐兴两县现已定案，拟列入三等。又此表所定经费较前发公费表略有增加，因自九月初一日实行以来，各属纷纷辞缺，日有数起。其谨愿者束手无策，任听公务废弛，狡黠者仍复任意在各项陋规滥行开支，于政务进行非常障碍。当经政务会议议决，并与民政司往返商榷，筹议至再，呈现时财政困难，至于极点，而此项行政公费，万不能不酌量稍增，以为州县办公之助。谨将改定章程，并增加公费表，另缮成帙，具文呈复，请祈钧府查核，咨交议会迅速议切通过，以便通饬遵办，仍祈批示祗遵等情。据此，除批示外，相应咨请烦为查照，迅速议决见复，以便通饬遵办。计咨送改定分科办事章程一扣等由。准此，当经逐条讨论，大致均尚周妥。惟佐治员非官非幕，而其地位介在官民之间，得其人固足以通达下情，赞裹治理，设不得其人，将见揽权，窃势搜隙营私，适足为官民之梗。

今就分科定义，求其名实相称，易佐治员为总科长，其薪数照原表所载，每等减去十元。其余条文字句，略有更易。复经投票表决，计到会议员二十三人，得黄票二十、红票三，全案通过。相应另册缮录，咨复都督查核公布施行等由。准此，查州县分科办事章程久经颁布，因经费规定太少，不敷开支，经该司等改定呈经咨交省议会在案。兹据咨复前由，合行令仰该司即便会同通令遵照，并议定实行期限令，切实奉行，勿得再同前案，借口延展。自此通令后，如各属再有任意开支解款者，即由该司等呈请照章严惩。此令。计抄发章程一件。等因。奉此，查此案送经本司等议拟具呈在案，兹奉前因，本司等核议此项新章，定于民国二年正月初一日起，一律实行。除呈报排印原呈章程，分咨通令外，合亟令仰该△△即便遵照，限期悉心研究章程，分别办理呈报，勿稍延玩。此章实行后，如再有借口任意开支解款者，即由本司等呈请照章严惩，决不宽贷。仍将奉文日期，先行具报查考。切切，此令。

计发原呈二件，地方行政官厅分科办事章程一本。周传性、李曰垓。

财政司报分科办事以明界限呈

查近日政策，催促进行，屡次改良，以致各属莫衷一是，纷纷呈辩。如分科办事，现已三次规定章程。本年三月内颁布通章第十二条，主计、司法两科并收发处经费，以讼费及粮税规费充之等语。又五月内民政司奉军政部通令各属分科办事文内列有查本章程第十二条，主计、司法两科并收发处经费，以讼费及粮税规费充之等语。各属即遵章将讼费、规费开支司法主计、员役、书记各薪工。至八月内钧府核准李师长电，另定俸给公费章程，将粮税陋规及讼费罚金，无论官得吏得，截至九月初一日起，一概饬令报解。是九月以前应照三月、五月通令章程，准各属以陋规、讼费作为司法、主计、收发三科员役、书记开支，九月以后分科经费，应遵钧府核准李师长通令在公费内开支。所有规费、讼费，无论官得吏得，一律提解，划清前后章程月日界限，各属报销，方有信守。近因奉二次通令后，并不详查文内自九月初一日起字样，凡各属报销，混同批示，所有规费、讼费，一律报解，并不划清某月照某章程办理。故九月以前，各属遵章已将规费、讼费开支司法、主计、收发各科员役、书记薪工者，责令一律报解，遂至各属或呈请豁免，或累牍呈辩，办公手续，备极复杂。拟请照二次通令，九月初一日以前遵旧章办理规费，分别官得、吏得两项。官得者照章扫数报解，吏得及讼费准其作司法各项开支，以示体恤，而资遵守。九月初一日以后分科经费，遵照二次通令，由公费内开支。所有规费、讼费，无论官得吏得，一概扫提报解，庶界限既清，而办理各属前后报销亦有遵行。是否有当，理合具文呈请钧（府）俯赐衡核批示祗遵。此呈军都督府蔡。周传性。

云南地方行政官厅分科办事章程

第一条　各府厅州县公署分三科，如下。1. 行政科。2. 司法科。3. 理财科。

第二条　行政科职掌如下。1. 关于巡警事项。2. 关于教育事项。3. 关于土木工程事项。4. 关于水陆交通事项。5. 关于农工商矿事项。6. 关于赈恤及救济事项。7. 关于褒赏典礼事项。8. 关于国会、省会及府、厅、州、县、城镇乡议会及参事会选举事项。9. 关于地方自治及公共团体事项。10. 关于兵役事项。11. 关于水产渔猎事项。12. 关于度量衡事项。13. 关于卫生检疫事项。14. 关于人口户籍事项。15. 关于寄留事项。16. 关于外国人交涉事项。17. 关于祭祀、宗教、神社事项。18. 关于慈善事业事项。19. 关于各该管衙门内外人员进退赏罚事项。20. 其他不属于司法科、理财科所管事项。21. 关于本署收发钤印等事项。

第三条　司法科职掌如下。1. 关于民刑诉讼事项。2. 关于登记事项。3. 关于司法行政事项。4. 关于监狱事项。5. 关于感化院及罪犯习艺所事项。

第四条　理财科职掌如下。1. 关于征收、清理国家税务事项。2. 关于监督地方税务征收事项。3. 关于编制各该管地方预算、决算事项。4. 关于监督及检查地方自治及公共团体经济事项。5. 关于各该管地方所有官有财产事项。

第五条　各府、厅、州、县等第及各勤务人薪伙公署杂用。

1. 各府厅州县遵照军都督府所定以地方事务之繁简分为三等。如下。（甲）云南府、永昌府、临安府、开化府、广南府、丽江府、顺宁府、昭通府、腾冲府、镇雄直隶州、安平厅、大关厅、个旧厅、元江直隶州、镇边直隶厅。以上十五缺，均列为一等。（乙）大理府、曲靖府、东川府、楚雄府、澄江府、普洱府、永北直隶厅、蒙化直隶厅、思茅厅、龙陵厅、巧家厅、维西厅、富州厅、缅宁厅、广西直隶州、武定直隶州、云龙州、阿迷州、新兴州、宣威州、永康州、蒙自县、靖江县、平彝县、华坪县、永善县、中甸厅、威远厅、彝良县、阿墩县、兰坪州。以上三十一缺，均列为二等。（丙）景东直隶厅、镇沅直隶厅、弥渡县、鲁甸厅、他郎厅、赵州、宾川州、宁州、云州、陆凉州、罗平州、鹤庆州、嵩明州、晋宁州、安宁州、昆阳州、邓川州、石屏州、姚州、南安州、镇南州、路南州、沾益州、马龙州、寻甸州、剑川州、宜良县、云南县、大姚县、丘北县、弥勒县、漾濞县、富民县、呈贡县、罗次县、禄丰县、易门县、洱源县、通海县、河西县、嵋峨县、定远县、广通县、江川县、师宗县、元谋县、禄劝县、新平县、永平县、盐丰县、盐兴县。以上五十一缺，均列为三等。2. 各府、厅、州、县各勤务人员额定员名薪伙及公署杂用各数目一览表（见表二）。

第六条 各勤务人之委任及其职务。1. 各属所设总科长及行政、司法、理财各科书记长、管狱吏、检验吏，均由各地方官遴选、委任，分报各主管机关备查。2. 各科书记及司法警察，均由地方官考选承充，不得滥竽充数。3. 总科长总理三科，并监督、指挥各科书记长、书记、管狱吏、检验吏、司法警察，办理一切事务。4. 各科紧急重要文牍，由总科长拟稿，商承本官核定行之。5. 属于各科文牍，由各科书记长拟稿，总科长核定，仍呈本官复核，以本官之名义行之。6. 各科书记长除拟稿外，并指挥书记办理本科事务。7. 各科书记承本官命令及总科长、书记长监督指挥缮写文书，调查及保存案牍。8. 司法警察分司缉捕、传提及巡逻、看守等事务。

第七条 各勤务人均由地方官分别遴委、考选，不拘本籍、客籍，总以富有政治经验及品正行端为合格，不得沿用旧日吏胥、书差、家人、门丁，致滋弊端。惟从前检验吏有由学堂毕业出身者可以酌用。

第八条，各属应领款项，除春秋祭需孤贫口粮，准照额定请领，又有关于邮电紧要公文，应归入活支杂费内开支外，所有罪犯口粮等费，以及奉委、邻封、相验、会审、会勘、出境缉捕命盗要案，照章应支夫马，均准据实开报、呈候核销。

第九条　各属自奉到章程之日起，所有本衙门及同城佐杂衙门向有未报之一切陋规，无论官得吏得，均须一律和盘托出，分晰列表报核，务使涓滴归公，以备充作各该地方官长及各勤务人俸给公费之用，不准稍有隐匿。如实无未报陋规，亦须将已收实在数目列表，并出具切结，速即呈候查明。实在不敷开支，再行酌夺。不得任意在他款开支，违者即以贪赃论。

第十条　各属未经报明之陋规，照第九条办理。其已报应收之粮税规费、讼费、罚金、捐款、民刑诉讼手续料其他一切杂项收入，均须据实解缴，不准丝毫弊混。

第十一条　以上所列总科长，行政、司法、理财各科书记长、书记，管狱吏，检验吏，司法警察，杂役等，月支薪伙及公署杂用，均尽先由原定本官每月所得公费及此次加给之数内开支。实有不敷，准照第九条据实呈候核定，于第十条已报陋规内支拨，或通盘抱注，不准任意开支，尤不准于表列额定之数外开支分文。此与原定俸给公费案相辅而行，因原定公费不敷分科办事经费，故于此章程变通规定，有辅助而无背驰，并非于公费外另添各种开支，各属不得误会。

第十二条　扫提各属陋规收支全数开报，已经军都督府通电遵办，限文到一月内将收支合款详细列表，不得仅以并无陋规及开支实在不敷等语含糊呈复，必依表中所列实款为之。收支两抵，始足征信。如此次所列表尚复隐匿收款，浮冒支款，一经查出，或被告发，即比照贪赃，从重治罪。

第十三条　本章程专就各府、厅、州、县分科办事经费上计划，如行政委员及分防经历、县丞、州判、巡检、知事仍照前颁俸给表发给，不适用此例。

第十四条　本章程呈奉军都督府核准，即将前定科员名称俸给及府、厅、州、县分科办事章程全行取消，以归一律。

第十五条　本章程于各属分科办事及公署应需各经费均已详切规

定，各属不得再以司书警役薪水及备物消耗等费，援暂行文官俸给令中第十五条另报开支，更不得再援暂行文官俸给令中第十二条，请核发特别经常各费用。

第十六条　各科办事细则，无论从前已未拟定呈报，是否准行，限文到一月内由该长官斟酌地方情形，另行详细妥为改定，呈报核办。各属均应一律依限举办，如有逾违，即治以故违命令之罪。

第十七条　凡自官长起至一切勤务人等，除照章应支俸给薪伙外，如有借端私向民间索取规费，一经查出或被告发，从重处罚。如各勤务人等犯以上情事，本官应负连带责任。

第十八条　各属同城之佐杂官及各衙门向设之房书差役，务于奉到本章程之日，一律全行裁撤具报。其从前已经裁撤者，亦将裁撤月日报明，以凭考查，均不得违延。

第十九条　本章程经都督核准实行后，如奉有中央政府颁发地方官制及其俸给规费法令之时，另行遵照办理。

第二十条　本章程实行后，如有未尽事宜，随时由民政、财政两司体察情形，斟酌规定，呈请都督府核准施行。[①]

1913 年

（中华民国 2 年）

1 月

2 日

▲蔡锷电询筹备国会事务局，可否提前召集省议会。说："筹备国会事务局鉴。省议会议员召集及成立日期，前准巧电自应静候颁布。惟滇省现

[①]《云南财政司、民政司兼司法司、财政、民政等司转发地方行政官厅分科办事章程限期研究具报意见令》（1912 年 12 月　日）、《财政司报分科办事以明界限呈》（1912 年　月　日）、《云南地方行政官厅分科办事章程》，云南省档案馆编《云南档案史料》1991 年第 3 期，第 46—50 页。

有种种要政，须正式省议会成立议决，乃能执行，非从速召集，诸难解决。现各复选区复选已毕，可否提前召集开会，变通办理。立盼电复。滇督锷。冬。印。"①

4 日

▲蔡锷电请国务院、黎元洪、上海孙中山、汉口黄兴及各省都督、民政长，"共济难艰"，"同增幸福"。说："民国肇兴，倏经岁首。顾瞻时局，待理孔殷。新旧迭更，事务交集。谨掬肝膈，共济难艰。聿焕新猷，同增幸福。锷叩。支。印。"②

又电请筹备国会事务局，立复省议会成立规定日期。说："陷电悉。查《参议院议员选举日期令》，参议院议员选举于二月初十日举行，则省议会成立当然在初十以前。惟未奉规定日期，曾于冬电请提前召集省议会，俾种种要政得以解决。祈查前电立复。滇督锷。支。印。"③

7 日，筹备国会事务局电复蔡锷说："冬、支两电均悉。省议会议员召集日期，中央正在拟订办法，不日即将公布，务希稍待，用免纷歧。此复。筹备国会事务局。虞。印。"④

▲报载蔡锷电复镇雄邹毅洪，"所请添募两棚"，"应勿庸议"。说："径电悉。李树青因公殒命，殊堪悯惜。候饬军务司并同受伤之刘孝华等分别议恤，续获之杨品三等既各供认不讳，并候饬民政司委员会审。陈黼缉匪得力，应存记候奖。该州尚有卫队一哨，复有由东川调往之国民军六棚，足资巡缉，所请添募两棚为陈黼率领之处，应勿庸议。督。支。印。"⑤

6 日

▲报载总统府专电处"先后接到滇省蔡都督，并川滇镇抚使尹昌衡军密电报各一件"，"据府中人云，该两电所陈大略，均为英人于日前已分三路进兵西藏，请饬部速向该国公使严重交涉等情"。⑥

① 《公电》，《政府公报》第 248 号，1913 年 1 月 14 日。
② 曾业英编《蔡锷集》（二），第 805 页。此通电所列对象无袁世凯。
③ 《公电》，《政府公报》第 248 号，1913 年 1 月 14 日。
④ 《公电》，《政府公报》第 248 号，1913 年 1 月 14 日。
⑤ 《蔡锷集外集》，第 238 页。
⑥ 《密报英人进兵西藏之骇闻》，天津《大公报》1913 年 1 月 8 日。

8 日

▲报载云南政务会议议决案摘要。说：

一、省议会咨询请照李印泉来函选派学生出洋留学。此事固属今日要务，军府早经筹议及此，因款项所厄，未能贯彻施行，由秘书处查照教育司原议及预算案咨复。

二、云南光复纪念日应从何历为妥。仍暂从旧历。

三、前因要政待议，电达国会事务局，拟将省（议）会提前召集。昨获复未允提前，是否照行。《参议院议员选举日期令》定于二月初十日举行，则省议会当然于二月初十以前成立。按程计期，已属迫近，应由筹备所拟电通饬，限各当选省议会议员，限于二月初五日以前到省。

四、随粮公债一案，虽经省议会议决通过咨复，惟开征已过三月，即由本届实行。其已完纳者应否补征，抑另议妥善之办法。本届上忙时期已过，补征殊多窒碍，拟改为乡兵费随粮征收，展至下届举办。以三年为度，由政务厅、财政司赴省（议）会说明理由，并拟稿咨复。①

11 日

▲蔡锷电请财政部从"由六国借款项内拨济滇省开矿经费若干万元，分期归款"。"如大借款用途已定，万难挪办实业，此项开矿经费，即请承认由滇省负完全责任，自借自还"。说："国计维艰，非开矿无以辟利源。滇产富饶，不急自采，无以杜强邻之觊觎。顾滇财支绌，光复以来，多方罗掘，万端节省，仅足维持现状。欲振兴矿业，非别有大宗的款不为功。故锷于工商部召集各省代表开工商议会，特派滇实业司华参事封祝代表预会，提议请由六国借款项内拨济滇省开矿经费若干万元，分期归款。查滇矿各属皆富，近据矿师调查报告，如广南、临安之锑矿，开化、建水、蒙自等处之银、铅矿，均系苗丰质美，开产确有把握。此外未经勘查及商民已办有端倪，无本接济，因以停歇者，不一而足。华代表于工商议会提出振兴滇矿议案暨呈工商部文内所指个旧、东川矿山，锡、铜、铅等矿是尤

---

① 《蔡锷集外集》，第 239 页。

现办之最著效者也。若为扩充计划，即筹拨数千万元，以为开办滇矿经费，亦不为过。该代表所请拨济一千万元，系恐此项借款不敷分配，第就最少者言之。然得此一千万元，以为张本，逐渐扩充，后当较易。敬祈贵部俯念国计维艰，滇省生计维艰，核准照数拨济。其摊还年限二十年，或二十五年，统候卓裁。如大借款用途已定，万难挪办实业，此项开矿经费，即请承认由滇省负完全责任，自借自还，确有把握，决不贻累中央，统祈贵部酌核施行。至该代表所呈请在滇筹设钢铁厂，制造钢轨铁材，以备建筑铁道暨筹款兴办滇省金矿，以为实行金本位币制之预备，并请通行铸币省份采用滇铜，以塞漏卮，其利益相关，均不止滇省一隅。除电达大总统暨工商部外，敬祈查照工商部转咨贵部华代表呈振兴滇矿议案核准施行。财政前途幸甚！全滇人民幸甚！是否，仍祈赐复。滇都督蔡锷。真。印。"

又电请孙中山"主持筹措巨款"，在滇"设立铁、煤厂"，"以炼冶钢轨"，为"建筑滇邕铁道之用"。说："滇省矿产，五金皆备，尤富铁、煤。西南诸省，物产丰饶，实业不兴，由于交通不便。况云南为西南国防要地，铁道建设，讵容稍缓。近滇、桂、粤、蜀、黔联络筹五省铁道，先着手滇邕，刻已动工勘测。惟将来应需钢轨铁材，取诸异地，道远费巨，不便实甚。拟请先生主持筹措巨款，派员到滇，切实调查，设立铁、煤厂，以炼冶钢轨为大宗，近以备建筑滇邕铁道之用，远以供西南诸省之需。倘滇矿款项有着，从事采炼时兼可制炼焦煤，以供各矿厂之用，利莫大焉。此次滇派工商代表华封祝已于工商议会提议及此，并呈工商部转咨交通部在案。事关富国富滇，敬请衡核施行，并冀赐复。滇都督蔡锷。真。印。"[①]

12 日

▲报载蔡锷电令教育司，"一俟经费稍裕"，即当在著名矿山"筹设工业专门学校，以造就应用人才"。说："令。教育部总长咨，准咨开，据云南教育司呈，查东西各国矿业发达，其所设专校，类皆就著名之矿山设立，盖取便实地练习，非仅空讲学理也。吾国二十二行省，矿产之富，莫若云南个旧之锡、汤丹之铜，不惟出产丰隆，为各省矿山之冠，抑且销售畅旺，全国各处矿山均罕与比伦。自应就个旧、汤丹两矿山设立工业专门学校之

---

① 以上二电见曾业英编《蔡锷集》（二），第 805—807 页。

采矿冶金科，或大学校工科之采矿冶金学一门较为适当等情，到本都督府。据此，查滇省矿产极富，而个旧锡厂、汤丹铜厂，各省实罕其匹。于此设立大学校工科应设之采矿冶金科，或国立工业专门学校应设之采矿冶金科，似于全国矿学裨益非鲜等因。准此，查云南富于矿产，足供工业上之研究，本部早已见及。一俟经费稍裕，即当酌量情形，在该（地）筹设工业专门学校，以造就应用人才。相应咨复贵都督即饬知该教育司可也等因。准此，为此令仰该司知照。此令教育司。"①

15 日

▲报载蔡锷电陈国务院，云南拟在本省添设两种机关，以对付英法的"觊觎"。说："英法觊觎云南，日甚一日，虽由中央筹备对付，但道路迢遥，真相难得，故与省议会往返磋商，拟在本省添设两种机关，（一）镇抚使，（一）交涉使，并保李经羲任镇抚，高尔谦任外交。"②

又通电袁世凯、黎元洪，各省都督、民政长，如对民国宪法有意见，"祈早日提出"。说："民国成立，业已经年，临时政府不过草创时权宜办法。尔来内政纷如恒沙，外交危于垒卵，非从速组成正式政府，则对于内碍难实行开国久远之政纲，对于外无以促国际国体之承认。顾正式政府之组织，必以宪法为根据，宪法一日未经确定，即正式政府不能成立。现在国会召集，为期已近，应请大总统于国会开会时，首先咨明两院，以宪法为第一议案，尽一二月内将民国宪法议决颁布，以便组织正式政府。否则纷争聚讼，不知临时期间将延至何日。国事危急，岂能久待？各都督、民政长于民国宪法如有意见，亦祈早日提出，预为国会储备研究之资。事关大局，当否，祈教。蔡锷。删。印。"

▲报载蔡锷电请外交部"设法抑止"英兵进扎丽江。说："英兵数百名突来丽江府，欲入城驻扎。巡防队竭死力以制止之，尚在相持，请速向英使交涉，设法抑止，以免意外事变。"③

又载云南政务会议议决案摘。说：

---

① 《蔡锷集外集》，第 240 页。
② 曾业英编《蔡锷集》（二），第 807 页。
③ 以上二电见《蔡锷集外集》，第 240—241 页。

一、随粮公债，前次会议，拟改为乡兵费案。暂从缓议，俟新议会成，再行核办。

二、免扣公债事。滇省公务人员薪俸甚微，若再扣公债，殊不足以资养赡。现拟举办所得税，应将公债免扣，由政务厅先期颁布。

三、各机关文稿须加注意。批答各文件，有只须一查原案，即可批明办法者，毋庸再行批司核议。有电码错误须更正或从阙者，不得辄沿讹令行。诸如此类，由各参事认真整顿。

四、大总统令改各属地方官为知事。各府兼县事者，即改为某府兼某县知事。其各直隶厅州通判，概称某州某厅知事。惟原有知事，应改为相当分防佐职，以示区别。由政务厅拟稿通饬。

五、新颁公文程序实行日期。俟将文式备齐，即发布命令实行。①

16 日

▲蔡锷电复长沙谭延闿，已保释李青蕃。说："青电敬悉。李青蕃业予保释。至欠款应否豁免，已饬司查明核议再达。锷。铣。印。"②

又电请筹备国会事务局，速示滇省张联芳案处置办法。说："据河西县王炳荣、龚从云等控告第五复选区当选众议院议员张联芳监禁逃犯，公权未复，请取销议员，彻底查办一案，当经电饬河西县，将本案卷宗检送前来。卷查张联芳系河西县举人，马倪纾三十二年（按：原文如此，疑为光绪三十二年）因借案诈赃酿命案内，咨革举人，拟流三千里。张在押私逃后，复回籍报效，愿自捐赎。经河西县禀奉前清李督批由法司核议，照原犯罪名拟满流，准其捐赎。赎银未缴，适值反正，现当选议员，遂被控告。查张联芳所犯罪名，虽经核准捐赎，其银未缴。本年大赦，亦未呈请除免。惟前准虞电，大赦以前犯罪，并无剥夺公权之刑。张联芳应否照虞电办理，抑仍作为无效，祈速电示。再此案已由王炳荣等向法庭起诉。并闻。滇都锷。铣。印。③

2 月 1 日，筹备国会事务局电复蔡锷说："铣电悉。张联芳所犯罪名，如查照大总统赦令及元年三月九日公报所登不准除免条款，得以除免者，

---

① 《蔡锷集外集》，第 241—242 页。

② 《长沙日报》1913 年 1 月 22 日。

③ 《公电》，《政府公报》第 269 号，1913 年 2 月 4 日。

当选仍为有效。此复。筹备国会事务局。东。印。"[1]

▲报载"大总统于十六日下午四点钟，曾特召赵总理及陆军段总长并参谋陈次长、军事处长荫昌暨军事咨议顾问等员，在密议厅开军事茶话会一次。大总统亦出席。探闻为是日午前连接四川胡景伊、云南蔡锷两都督之紧急军密电报各一件。内容所陈均关川滇镇抚使尹昌衡现已回川之某问题。闻所议有改任滇省蔡都督为川藏边防镇抚使兼办土司事宜之议。惟尹昌衡如何位置尚未细详，或拟即调京，未悉确否"。[2]

17 日

▲11 日，筹备国会事务局电责蔡锷彻查云南共和党支部诉周汝敦、孙志曾选举"违法"事。说："据云南共和党支部电称，滇选举总监督制表限十二月二十日举行众议院复选，如当选人不足额即于次日补选。《众议员选举法》第七十一条，复选监督应发选举通告。一区监督周汝敦二十日举行众议员复选，当选三名，照章应补选二名，照总监督制表应次日补选。乃周汝敦未发选举通告，二十日五钟就行补选，计未得投票五十余人。王应绥即向高等厅起诉，（厅）长孙志曾越半月余批斥不理。按选举法，周汝敦、孙志曾均违法，请查实具呈邮递等语。查该党来电所称选举违法各节，如果属实，自应按法办理。惟究系一面之辞，应由贵总监督就近彻查核办。此达。筹备国会事务局。真。印。"[3]

17 日，蔡锷电复筹备国会事务局，"拟将补选当选二名仍为有效"。说："真电悉。查此案前据共和党报告，并王应绥等呈诉第一区复选监督周汝敦选举违法一案，当经分别批饬赴高等审判厅起诉，并令民政司查复。兹据查明，该复选监督举行复选投票毕，因当选人额不敷二名，并不遵照本总监督令发简明表，订次日补选，亦未先行通告，竟将已不适用之日期清单误为援引，即于开票后补选，以致不得投票者有五十余人之多。该复选监督虽非有意违法，然疏忽草率，玩视要政，咎有难辞。该高等审判厅亦不查据简明表日期判结，亦属事实上之错误。惟刑律无可引用之条，已拟将该复选监督周汝敦暨该厅长孙志曾各予以记过、罚薪处分。正拟办间，

① 《公电》，《政府公报》第 269 号，1913 年 2 月 4 日。
② 《总统府军事茶话会纪略》，天津《大公报》1913 年 1 月 18 日。
③ 《公电》，《政府公报》第 257 号，1913 年 1 月 23 日。

准电前因，合将此案查办缘由特电奉闻，决即希复。至因补选手续疏漏，遽令当选无效，重行改选，致牵全局，且往返稽延，恐误国会召集期限，拟将补选当选二名仍为有效。并闻。滇都锷。筱。印。"①

18 日，云南高等检察厅致电司法部、大理院、总检察厅、筹备国会事务局，请示究竟是"遵选举法，抑遵简表办理"。说："铣电敬悉。王应绶元年十二月念七向高等厅起诉，控一区监督周汝敦选举违法。查系刑事，应由高检厅调查。适值两厅互相交代。正月一日提前赶办，搜集证据毕，即据九日由检厅依据选举法案呈逐节批驳，并未延宕。期间，该王应绶不依据法律提起即时抗告，或非常抗告，乃以共和党滇支部名义径电部局，殊属非是。查滇选举筹办处日期表，众议院、省议会复选，均定次日重行补选，与选举法冲突，其余矛盾处尚多，且滇选举筹办处蒙蔽总监督，强认简表有效，显系变更法律。究竟遵选举法，抑遵简表办理，应请钧示，以凭裁判。简表批呈邮递先电呈。滇高等厅。巧。印。"

20 日，筹备国会事务局电复蔡锷说："据滇国民党电称，共和党因第一区复选失败，诬控复选监督周汝敦，经高等检察厅按法解释，逐一批驳，斥不受理。又复砌词电请查办。所设滇选举筹办处，均该党人主政，现又据该处违反法律之日期表，由该党员妄拟惩罚，蒙混总监督，希图泄愤。详情邮呈，请另派未入党之大员秉公查办，庶昭公允，以息风潮，而维选举等语。该电所称是否属实，应由贵总监督彻查究办。此达。筹备国会事务局。号。印。"

21 日，又电复云南高等检察厅说："巧电悉。王应绶起诉控周汝敦一案，既据称于正月九日依据选举法按呈逐节批驳，希将批驳原词速即电达本局，以凭核办。此复。筹备国会事务局。马。印。"②

同日，蔡锷电告筹备国会事务局，云南众议院、省议会两项复选当选人总计 110 名。说："佳、元两电悉。滇省众、省两项复选当选人，现经各区陆续报到，查众议院复选当选人，一区李执、王桢、严天骏、顾视高、曾子书。二区张大义、由宗龙、张耀曾、陈光勋。三区萧瑞麟、李燮阳。四区何秉谦、陈时铨、陈祖基。五区朱朝瑛、张华澜、张联芳、沈河清。

① 《公电》，《政府公报》第 267 号，1913 年 2 月 2 日。
② 以上三电见《公电》，《政府公报》第 258 号，1913 年 1 月 24 日。

六区段侃。七区封品升、李根源。八区赵藤〔藩〕等二十二名。省议会复选当选人，一区董玉书、吴贞祥、杨国柱、杨开源、刘俊、桂梁模、蔡维清、张世华、张尔教、李源、李家珍、吴崇义、陈锡恩、张家祜、李润、党增善、罗汝梅、王洛、杨振芳。二区杨琼、张汉文、李培林、杨东、张之霖、袁为栋、李燮元、郑仰侨、董坊、王家彤、王汝嘉、李炳泰、彭钊、李文蔚、杨文林、甘韶、赵鲸。三区李恩阳、颜英贤、常敏业、邱树华、罗应炯、汤希禹、薛亮、龙廷升。四区张灼、徐曾祜、杨极中、李沛泽、施为章、姜廷英、杨宝瑛、王清瑞、符廷铨、邓觐臣、张械成。五区周泽南、张正伦、陈子鉴、杨宝铣、者绍先、孙慎修、王汝明、董乃麟、周子荫、高岩、王寿山、黄立纲、李朝纪、丁鹤年、李东。六区陈乃佐、侯应中、李琼书。七区彭联升、段学义、陈鉴明、鲁思闻、王相臣、郑永熙、何畏、李之浩、吴振勋。八区牛成汉、李瑞荣、赵榘、舒良辅、朱枚皋、段鹏瑞等八十八名，除俟各区册报到齐，另册汇送外，先电闻。滇督锷。马。印。"①

23 日，筹备国会事务局再次电复云南高等检察厅说："马电计达。办理选举自应以中央法令为准，其各监督所发命令，以不与中央命令抵触者为限，均属有效。贵厅此次对于王应绶起诉一案，前电既称依据选举法办理，甚属正当。惟批驳原文，务请迅速电达本局，以凭核办。此达。筹备国会事务局。梗。印。"②

29 日，再次急电蔡锷说："筱电悉。旋据云南高等检查厅电称，王应绶起诉复选监督周汝敦一案，经于一月九日依据选举法批驳，并续将王应绶原呈及该厅批驳原词一并电达前来。查选举无效及当选无效，依法均须经由审判确定。此案王应绶以复选监督办理违法，到厅告诉，经该厅依法批驳以后，王应绶并未提起抗告，则二十日补选之当选人顾视高、曾子书自应作为有效。此复。筹备国会事务局。艳。印。"③

3 月 31 日至 4 月 5 日，以仇亮为总理、景耀月为总编辑、熊启疆为发行人、郝桂林为印刷人的北京《民主报》则连载题为《论滇省王应绶选举诉讼之非》评论文章，并加"记者按"说："滇省此次选举，全省皆提前

---

① 《公电》，《政府公报》第 261 号，1913 年 1 月 27 日。
② 《公电》，《政府公报》第 265 号，1913 年 1 月 31 日。
③ 《公电》，《政府公报》第 267 号，1913 年 2 月 2 日。

办理，既未遵大总统教令所定，期间亦未电准筹备国会事务局，该王应绶以第一区即日重行选举为违法，意在推翻全省选举，破坏国会之成立，将以此为起点也。徇党见而不顾大局，王应绶之罪尚可逭哉。寄语王应绶，即达尔之所期，另选之结果，亦未见尔党即占优胜也。况大理院亦决不至受尔之愚耶。呜呼，休矣。"①

4月2日，大理院民庭对王应绶不服云南高等审判厅判决，提出上诉一案做出终审判决。说：

> 大理院对于上告人王应绶因诉复选监督周汝敦办理选举违法，不服云南高等审判厅所为判决声明上告一案判决。大理院民事判决二年上字第十二号。
>
> 判决
> 上告人：王应绶（云南众议院议员复选第一区初选当选人）
> 被上告人即附带上告人：周汝敦（云南众议院议员复选第一区复选监督云南府知事）。
> 以上告人对于中华民国二年二月十日云南高等审判厅，就上告人于法定起诉期内，即元年十二月二十七日诉复选周汝敦办理选举违法一案，所为判决，声明上告，经本院审理判决如下。
>
> 主文
> 原判撤销。
> 民国元年十二月二十日云南省众议院议员复选第一区所为复选之重行选举无效。
>
> 理由
> 主告人上告意旨：第一论点称，本案原审审判长孙志曾以国民党职员经上告人声请拒却仍出庭预审，实为不合。第二论点称，总监督所定日期简明表第三十三行首栏事项栏内载明，众议院议员复选如票

---

① 北京《民主报》1912 年 3 月 31 日。

不数，或当选人不足额，即于次日重行选举，末栏却载明日期为十二月二十日，然附记又声明日期不得逾表中所限，则是复选不得逾二十日，重选不得逾复选之次日，即十二月二十一日，其义至为明显，不能容有他种之解释。被上告人周汝敦意图减少他党人得票，于十二月二十日复选之日，因当选人不足额，即时重行选举，并不遵守简明表次日举行之规定，亦不预为众议院选举法第七十一条通告，仅传口令仓猝即日重选，致令上告人及其余之五十余人，不能行使选举权，实属违法。故上告人之声明系请撤销原判决，另判此项选举为无效，并宣告被上告人以应得之刑事处分云云。

被上告人答辩人意旨及附带上告意旨略称，上告人强指被上告人以违法举动剥夺他人选举权，并非事实，且既经原审认定上告人即应受诬告罪之刑事处分，而原审并不究及，殊有未当。故被上告人之声明，系请依法律处治上告人云云。

本院依据现行法例，查本案职权调查事项中认定原审判违法之点有五。（一）选举诉讼依现行《众议院议员选举法》法意，应准用民事诉讼程序，原审审理本案并未遵行，殊属不当。（二）妨碍选举罪，本属刑事，自应依刑事诉讼审级及程序。原审于选举无效之诉讼中，竟为刑事犯罪之审判，既违法定程序，又与法定审级不合。（三）办理选举人员，因办理选举不当，在行政法上究竟应否受惩戒处分，系属别件问题。而原审竟以普通法院为行政官惩戒处分之宣告，尤未免侵权违法。（四）《法院编制法》第六条载明高等审判厅合议制，惟于上告案件得由厅长因必要情形，以推事五员之合议庭行之。至于选举诉讼关于法院之构成，并无明文规定。然既准用民事诉讼程序，则其法院之构成自应以审理该案件法院之民事庭构成人数为准绳。而原审竟由厅长临时选任推事五人为合议庭审判本案，亦难认为合法。（五）本案并非由该厅民事庭审判，判决文亦仅记明厅名，更无庭名，于法亦属不合。

至本件起诉，系向原高等检察厅递状，并非直接向原审声明。按之现行民诉通例未为不合，且依现行各级审判厅试办章程第六十一条，民事上诉，亦由原检查厅转行，故即于现行法令上求其根据，亦得以类推解释。本件起诉虽系向原高等检察厅声明，原审认为合法，予以受理并无不当。上告人第一论点主张被拒却之推事，仍参与审判实属违法。查上告人于辩论前，以审判恐有偏颇为理由，向原审声请拒却后，当经原审认为不当，业行驳回，且未依法声明抗告，按照法例不得更为上告理由。

上告人第二论点，主张本案重行选举日期违背法令一则，按《众议院议员选举法》，每届选举日期及临时选举日期均委任教令定之。本于此，委任发布之教令，有元年九月五日《众议院议员选举日期令》。其第三条称，复选举于中华民国二年正月十日举行，第一条第二项载明延期最长期间。又元年十二月十六日追加《众议院议员选举日期令》，规定再延期事项。然关于日期提前，据筹备国会事务局复称，尚无一般及特别允许之教令，则是选举日期若有不根据前后所布教令，由各省选举总监督于办理选举时，径自决定者，显属无权之命令，即与众议院议员选举法第三条抵触。故以依该法第九十条起诉者为限，应认为办理选举违法，该选举即不能谓为有效。本案系争事项，专在元年十二月二十日举行之重行选举是否适法。该省第一区因当选人不足额，于本届选举日期，即十二月二十日举行重选。夫元年十二月二十日，并非教令规定应行众议院议员复选选举之日期。比照众议院议员选举日期令所定，系属提前于选举前或选举时，亦并未受有一般及特别允许之教令。故仅就本案系争之重选论，不得谓非办理违法，则根据于违法所为之选举不能认为有效，更属明确无疑。上告人以重选与简明日期表抵触为言，其理由殊有未尽。且据称重选举时，应依第七十一条于本选举时已为之预告外，更须另为通告，亦属误解。惟上告人请求撤销原判，将本案之重选宣告无效，本院依现行法令并据前述理由，认该声明为正当，本件上告为有理由。原判根据简明日期表为种种之解释，无论其解释是否适当，其对于既定之事实基础解释法律，未免不当。

据以上理由，合将原判全部撤销，由本院就既定事实适用法律自行判决，并依据《众议院议员选举法》第三条，及关于本届众议院议员选举日期之教令，宣告元年十二月二十日该重选为无效。至上告人请求宣告被上告人罪刑、被上告人附带上告，请求处上告人诬告罪，事关刑事诉讼，本院职司上告，且本案为选举诉讼，准用民事诉讼程序，此项声明认为不合法，即予驳回，特为判决如上。

中华民国二年四月二日。大理院民庭审判长、推事姚震。印。推事胡诒谷。印。推事朱献文。印。推事林行规。印。推事庄璟珂。印。大理院书记官沈兆奎。印。①

10日，蔡锷与罗佩金电询内务部、司法部说："闻滇一区王应绶上诉选举违法一案，大理院以滇提前选举为无权命令，判决一区重选无效，不胜骇异。查滇省举行选举日期，因道远必须提前赶办情形，已先电筹备国会事务局，旋准十月铣电，有计日计月，真能提前甚善，希通饬查明情形酌办等语。当经通饬按照程序进行，均无异议，始由滇筹备所制定日期清单并简明表，由本都督通令各属遵办。嗣准十二月巧电询滇选举日期，复又电达在案。查《众议院议员选举日期令》内载，遇有必要情形，选举总监督得酌量延期，决定后呈报内务部等语。提前虽与延期不同，而因有必要情形，更易日期，其理由则一。且筹备国会事务局系内务部特设办理选举机关，滇提前办法既先后电局认可，与《日期令》第一条意义并无不合。一区重选既在法定时间内，依《选举法》第七十六条继续进行，并未违法，当然有效。致〔至〕王应绶诉一区监督周汝敦违法，经滇高审厅判决，系手续欠缺，当予以行政处分。此案情节决不应混入刑事，即不应由高检厅受理。乃该厅擅予送院，已属不合。大理院于该厅送到此案时，似应先行审明性质应否由该厅送院，然后受理，况《选举法》仅规定复选违法诉由高审厅判决，可否上诉，下无规定明文。民国成立，解释法律之权应当参议院，不知大理院受理此案，根据何种法律？曾否由参议院解释通过？应请大部会同综核前后情形，设法维持，以重选举而免纷扰。如何，乞复。滇都督锷、民政长佩金。蒸。印。"②

同日，又电复李根源说："两电敬悉。当电内、法两部文曰：北京内务部、司法部鉴。虞（电悉）。滇省第一区王应绶上诉选举违法一案（按：以下内容同上，从略）云云。特转陈鉴。弟锷、佩金叩。蒸。"③

11日，内务总长"万急"电复蔡锷、罗佩金说："准大理院函开，王

---

① 《判词》，《政府公报》第336号，1913年4月14日。
② 《公电》，《政府公报》第342号，1913年4月20日。
③ 曾业英编《蔡锷集》（二），第837—838页。

应绶上告云南众议院议员复选第一区复选监督周汝敦办理选举违法一案，现由大理院判决，认该区十二月二十日所为之重行选举为办理违法，违法之选举不能认为有效等因。查此案既经大理院判决二十日所为之重行选举系属违法，不能有效，则所选出之议员顾视高、曾子书二名应即请取消，另行依法改选，应速查照办理。再临时选举日期依法应以教令规定。希酌拟日期呈报，以便呈请大总统令遵办。此达。内务总长。真。印。"①

14 日，蔡锷、罗佩金电复内务部说："真电奉悉。并据滇高审厅抄送大理院致该厅阳电，于王应绶上诉周汝敦一案，其判决理由系认提前选举为违背《选举法》第三条及日期教令，故判决将元年十二月二十日举行之重选宣告无效。查滇省之所以提前选举，先后电经筹备国会事务局认可，业于蒸日电达大部暨司法部在案。筹备国会事务局为办理选举之特设机关，若局电认可尚不足凭，又办理选举者将何所适从？滇以局电为确据，决不承认违背《选举法》及教令之咎。滇省距京窎远，或院判此案时未知有局电认可，且系据滇高检察厅电文判决，故情形不免隔膜。惟此案既经院判宣告，而滇以事实错误，决不承认。来电嘱令改选，碍难遵办。应如何设法转圜，抑由当事人赴院请求再审之处，请即会商法部酌夺办理，并复。滇都督锷、民政长佩金。寒。印。"②

同日，又连发两电，其一为致众议院电。说："滇第一区选民王应绶控告复选监督周汝敦选举违法，经滇高审厅判决后王应绶不服，又控由滇高检厅转送大理院判决，宣告元年十二月二十日所为之重选无效，将此次选出之众院议员顾视高、曾子书两名取消，另行改选。查大理院判决理由，有九月五日教令复选日期为二年正月十日，此外拟准延期教令，并无承认提前教令，滇第一区重选系与本选举同为二月二十日，自应认为违背选举法第三条及关于选举日期之教令，将重选宣告无效等语。是其一理由不过'提前'两字。不知提前办法，已得国会事务局之认可。查滇省因距京窎远，凡奉通令皆在各省之后；又因本省辽阔，凡发通令必须月余始能全达，故此次选举不能不提前赶办。当于事前叙述情形，电商国会事务局。旋准十月铣日复电开，真能提前，岂不甚善。希通饬查明现办情形，是否一切

---

① 《公电》，《政府公报》第 338 号，1913 年 4 月 16 日。
② 《公电》，《政府公报》第 342 号，1913 年 4 月 20 日。

程度俱可完毕，届时再将日期酌量提前等语。当经通饬按照程度进行，均无异议，始由滇筹备所制定日期清单，并简明本都督通令各属遵办，并详细报局在案。嗣准十二月巧日局电询滇选举日期，复又电达在案。若果法令不许提前，则局电不应有"酌量提前"一语。若果局不认可，则巧电得复后，自应纠正。国会事务局为办理选举特设机关，办选举者自以局电为标准。此案局电认可，大理又判无效，办选举者将何以适从？查《众议院议员选举日期令》载，遇有必要情形，选举总监督得酌量延期，决定后呈报内务部等语。提前虽与延期不同，而因必要情形，更易日期，其理由则一。滇之提前，既报明内务部特设之国会事务局，即不啻报明内务部。是滇省办理此事，根据局电，于法令亦无违背。故对于大理院此次之判决，万难承认。至大理院之于此案，应否受理，尤属疑问。查选举法仅规定复选违法，诉由高审厅判决，可否上诉，并无规定明文。证以一般学说，多主张不应上诉，况查各国通例，对于议员当选宣布后资格及选举手续是否合法，应由议院自行议决，法院多无判决权。是大理院受理此案，既无根据，又侵轶贵院之权限矣。立法与司法各自独立，应如何保持权限，贵会自有权衡，非锷等所敢妄参末议。惟选举关系通省人民权利，大理院既越权妄判，自无强束人民受其判决之情理。顾视高、曾子书两名本系依法选出，滇断不承认改选。贵会为人民代表，应请查照各国通例，将此案自行议决，俾顾视高、曾子书早日出席。全滇幸甚！滇都督锷、民政长罗佩金。寒。印。"①

　　其二为急致众议院王人文、李根源电。说："未电悉。理院判决案，经由蒸日电达张、顾两公，计已入览。顷又致内部电文曰：万急。北京内务部鉴。直［真］电奉悉，并据滇高审判厅抄送大理院致该厅阳电，于王应绥上诉周汝敦一案，其判决理由，系认提前选举为违背选举法第三条及日期教令，故判决将元年十二月二十日举行之重选宣告无效。查滇省之所以提前选举，先后电经国会事务局认可，业经蒸日电达大部及司法部在案。国会事务局为办理选举之特设机关，若局电认可尚不足凭，则选举者将何所适从？滇以局电为根据，决不承认违背选举法及教令之咎。滇省距京窎

---

① 曾业英编《蔡锷集》（二），第845—847页。是书依据此电发表于1913年6月1日上海《神州日报》，定其发于5月14日，误。

远，或大理院判此案时，未知有局电认可，且系据滇高检厅电文判决，故情形不免隔膜。惟此案既经院判宣告，而滇以事实错误，决不承认。来电嘱令改选法转圜，抑由当事人赴院请求再审之处，请即会商法部酌夺办理并复等语。滇决不承认改选，至理院无权擅判。诸公经于两院提议，滇省不再电达。蔡锷、罗佩金叩。寒。印。"①

16 日，内务总长电复蔡锷、罗佩金说："真电计达。本日接准蒸电已悉。查院判第一区复选无效，非对于该区选举之全体判决，仅对于该区十二月二十日所为之重行选举之判决也。二十日所为之重选，贵监督所认为手续欠缺者，即大理院认为办理违法者也。原判内开，基于违法之选举，故不能认为有效，自应仍照真电速行改选。至此案应否由检厅转送，及大理院应否有解释法律之权，希径电询大理院可也。此复内务总长。铣。印。"

17 日，再电复蔡锷、罗佩金说："寒电悉。蒸电已于铣日奉复。大理院为最高终审衙门，此案既经判决，本总长为尊重司法独立起见，实未便设法转圜。希仍查照铣电办理。此复。内务总长。筱。印。"②

19 日，又电复蔡锷、罗佩金说：

蒸电于铣日电复后，一面抄送大理院，现准复称，查本件应答复之点有四。

（甲）依《众议院议员选举法》第三条，选举日期委任教令定之，此种教令为约法上委任命令，依《公文书程序令》及其他行政通规，并有一定程序。故非该委任命令中别有规定，众议院议员选举日期断不能由大总统以外之人代定。若无命令，亦非大总统以外之国家机关可以代令。众议院议员复选日期，依元年九月五日大总统《众议院议员选举日期令》第三条，复选举于中华民国二年正月初十日举行。此外，大总统惟发布有变通延期之教令，并无提前办法之教令，于理更不许比附。是无论何省及以何原因，苟欲不背约法及《选举法》，自应一律遵行。果有为难情形，本可请发特别教令，既无特准之教令，断难令其办理纷歧，致中央统一法令等于无有。云南此次复选举，系于

---

① 曾业英编《蔡锷集》（二），第 841 页。
② 《公电》，《政府公报》第 342 号，1913 年 4 月 20 日。

元年十二月二十日举行，据来电称已先电国会事务局认可，似于事实稍有未合。查国会事务局铣电中系称如果计日计月，本能提前，则省费省时，岂不甚善。惟选举关系人民权利，办法不厌详求，希由贵总监督通饬各属查明现办选举调查情形，是否一切法令程序俱可提前完毕，届时再将选举日期酌量提前，报由本局核办等语。是国会事务局铣电本系请选举总监督查明报局，再行核办，以定应否请发教令。又事务局陷电内亦声明，《选举日期令》公布后，虽有国务院蒸、马各电在前，自应遵照大总统教令办理。滇省于十月真日电请提前，当于铣日复电请饬慎重将事在案，乃迄未准电复，遽已提前投票，是中央所布之法令期限本宽，其所以遗漏之故，纯由各该初选监督调查未能详尽，率而提前之所致等语，尤足证明其始终并无认可之事。假令事务局即有认可文电，事关变更教令所定选举日期，既无法律明文，大总统亦未新布有教令，事务局之认可法律上本不能发生效力，选举总监督令饬通行之提前日期单及简明表，按之事理虽属周到，然实不能谓与约法及《选举法》、教令无所抵触。王应绶上告一案，业由大理院本此理由，将滇省元年十二月二十日举行之重选宣告无效，实属根据法理，无可非难。司法衙门所司者法，自难于法外曲求变通。且裁判之独立，约法有保障明文，无论何种机关未便越权干预也。

（乙）至谓选举诉讼可否上诉，并无规定明文。民国成立，解释法律之权应归参议院。大理院判决该案，并未请参议院解释通过一节。查司法语义，本为解释法律而适用之之谓。法院职在司法，依约法本有独立之职权。故对特定案件而为审判，究应适用何法，法有未备，应如何解释，本职权上应决之事端，此固万国定例，人尽能知。大理院在约法上为最高司法机关，其审判特定案件所有解释及适用法令之职权，断非他种国家机关可以干预。况独立保障，约法并有明文，参议院虽有立法之权，亦惟有以法律形式行使，其立法权之作用断不能关于司法事项，为约法上有效之决议。且即有决议，亦仅供一般之参考，决不能有拘束法院之效力，即法院亦不应放弃职权为法外之阿从。此又宪法通理，在共和国家毫无歧义者也。来电所述，未免有误会之处。约法既为全国所应遵守，则法院之独立职权，尤未便令其受立法机关违宪行为之掣肘。选举诉讼可否上诉，既无明文，即应付诸解释，大理院因选举法除选举诉讼起诉程序外，其他一切事宜均未规定，则法律精神当然准用现行民事诉讼审级及程序不容任意出入。而依现行法规，民事诉讼案件皆准上诉，且院则为三审制度，选举诉讼并无制限不准上诉明文，则当然不能夺人民上诉之权，且即依现在司法情形及外国事例言之，亦应有准其上诉之理。是以根据职权解释，选举诉讼为应准上诉，初选仍可维持三审制，复选则以法律限制须向高等厅起诉之结果仅得由大理院准用民事现行上告程序受理上告，是为二审。此种解释全本于现行法规及各国事例。大理院之解释权既系独立，则他种机关自不能更有异议。

（丙）又谓此次上告不应由原检察厅转达于大理院。查现行《审判厅试办章程》第六十一条，凡民事上诉准用第六十条之规定，由原检察厅移送上级检察厅，转达于上级审判厅，是民事上诉仍系经由检察厅转达大理院。因试办章程本为高等以下审判厅而设，大理院不能受其拘束，故另订简便办法。凡民事上告到院者，可径向原审厅或大理院声明，毋庸经由检察厅。然当事人如有于上告期内仍向原检察厅递送上告状者，其声明仍属有效。盖此种办法原为规定处务方法，并非立法，自无拘束当事人之理，且向来办法如此，非于王应绶上告案件有特殊之看待也。来电所述，殆于现行诉讼法则未暇详查之故。

（丁）至谓本件选举诉讼，原起诉人系向高等检察厅起诉不应受理一节，似尤与现行法例未合。查现行民诉通例，起诉或直接向审判厅递状声明，或向同级检察厅递状请转送，同级审判厅皆予受理。故检察厅接受民事诉状后，或即为转送同级审判厅，或告以办法，令自向审判厅投递，皆与法令明文毫无抵触。此在诉讼法规未完备之时，为人民便利计，甚有不得已者。且即于现行法令求其根据，亦得准用试办章程第六十一条之规定，于法意毫无违背。本件选举诉讼，系向云南高等检察厅递状，该厅竟误予驳回。经起诉人声明抗议，始移送同级审判厅审判。是在本案当事人起诉办法，并于现行通例无所违反，而检察厅误认职权，为种种法外之举动，自不能影响及于当事人，令当事人之起诉归于无效。即按诸文明起诉法理，亦属无可异议。原审判厅接收移送后予以受理，当然不为违法，且又与大理院受理上告毫无关涉者也等语。查此案前经电行径询大理院，兹既准大理院答复到部，相应电达。希即查照。此达。内务总长。皓。印。①

6月11日，报载云南当选众议院议员顾视高、曾子书质问警察厅书，对大理院取消其众议院议员资格之判决表示不服。说："顷据巡官于君涌泉来寓出示贵厅饬本区警署训令内开，奉部令前准大理院函开，云南第一区众议员选举十二月二十日之重选依法应作无效，现已判决相应将此案判词抄送查照等因。当以云南第一区十二月二十日之重行选举，既经院判应作无效，则所选出之议员顾视高、曾子书二员依法自应取消，当经电令云南选举监督改选，并饬经筹备国会事务局函由筹备众议院事务处通知该员等，速将所领议员证书及议员徽章一并缴销在案。惟迄今多日，尚未据缴。查议员徽章非议员而僭用者，刑律定有专条，与公共秩序实大有妨害，且案经院判，尤未便任听抗不遵断，应由该厅按照行政执行法第六条第二款之规定，强制处分等因到厅。查顾视高、曾子书均在该署辖境居住，□亟令知该署知照，将□（该）员所领证书及徽章一并追缴呈厅各等语。闻之不胜骇异，查本员被云南选举为众议院议员，业经凭证书取得徽章到院出席，大理院对于此项诉讼能否受理尚是问题。借曰可以受理，此系行政争议，其判决只应对云南监督行使。贵厅既不能直接向本员为大理院执行判决，本员亦只能听云南选举监督及本众议院之主张，昨□电及院议均承认本员出席，内务部尚何能越俎干涉，且内务部令所依据行政执行法第六条第二款之规定，尤属谬妄。查行政执行法第七条，该管官署非认为有左列事项之一，不得行直接强制处分，其第六款云，军器、凶器及其他危险物品，或有危险之虞之物品，非扣留不能预防危害者。试问议员徽章是否如第六款所指之危险物品？又内务部令云，议员徽章非议员而僭用者刑律定有专条，本员完全议员，云南一日不改选，本员等议员之身分一日不能消灭，何云非议员而僭用？内务部如此滥用权威，将以行政侵犯立法范围，减少法定云南议员额数之二乎？不然何误解法律至于斯极？相应函复，并附云南都督、民政长来电，希即转达。云南众议员顾视高、曾子书同启。"②

---

① 《公电》，《政府公报》第346号，1913年4月24日。

② 《国会议员取销问题之争执·滇议员不肯遵令取销》，《申报》1913年6月11日。

▲报载北京政府允准蔡锷借外债一二百万。说："云南都督派代表袁家普氏之来京也，全为滇南财政竭蹶，要求政府协济。日来蔡都督亦有电来京，痛陈滇中经济状况非有外来之款项补助，今年即不足以支持。袁总统当将此事交国务院会议，初十日会议之结果，群认云南自前年独立以来，西征南援，所养之兵不减于各省，而纸票未曾轻发。今所发出之钞票不越百余十万，而准备金衰然六十万焉，中央应与接济不待言者。缘云南在前清时代，本是受协之行省也。惟现在大借款虽有成立之希望，而交付尚不知何日，中央自顾不暇，安能旁及地方？赵总理、周总长再四协商后，只有听蔡都督借一二百万元之外债，日后由应解中央之款项偿还。众议金同，即以此旨电复蔡都督矣。"①

18 日

▲报载蔡锷遴委董焕署阿墩县。说："云南阿墩子向归丽江府管辖，因远在滇边，素与藏地毗连，又系由滇通藏要口，因之边防紧要。自去年西藏抗命，该地已大受影响，屡被藏番滋扰。该处虽设有弹压委员管理行政诸事，驻有兵勇防堵藏番蔓延，终非善计。此次殷总司令西征至彼考查情形，以该地过于边远极有关系，欲求巩固内地，非将该处赶速改设县治不可。当经电达军政府照准，令丽江府赶办一切设县事宜。现在已有头绪，经都督遴委董焕君往署该县矣。"②

又载蔡锷遴委赵荃署兰坪州。说："云南兰坪州向属土司，而受辖于云龙州。惟该地不特地居边远，毗连藏地，且又为缅甸过片马，进藏直捷要路。片马被英占据，该地甚为危险。此次殷司令率兵征藏，始考知该处于滇大有关系，非从速经营不可，乃电达军政府，请将该处改设知州，添置知事，责成整理边务。军府亦甚以为然，爰电丽江府赶速筹办一切。现已筹有端倪，日昨都督已委赵荃君往署该州州长矣。"③

20 日

▲报载蔡锷"见有职员于某呈请赏署差缺，批谓'州县差缺，职守重

① 《云南准借外债二百万》，《申报》1913 年 1 月 17 日。
② 《云南政闻录·新设阿墩县》，《申报》1913 年 1 月 18 日。
③ 《云南政闻录·新设兰坪州》，《申报》1913 年 1 月 18 日。

要，必须品端学裕，具有法律知识，富于政治经验，方能胜任。该员所呈，语无伦次，阅竟不知其云何，所请赏署一缺，殊属荒谬，仰即知照'"。①

21日

▲报载云南国民党支部反对蔡锷用熊范舆等人。说："滇支部党员请查熊范舆经手个旧厂帐目，反对熊氏揽滇省税政。蔡督复电李印泉君，为熊氏开说。惟滇省各重要人物以熊氏于滇省反正前与唐尔锟、刘显治请李督增兵杀革党，反正后业经陆军学生拿获拘禁，嗣由李印泉君劝释。此后终不准熊氏干预滇事。今兹复出，实为可怪。"②

5月9日，国务院电复蔡锷，仍令熊范舆"勉谋职守，以副委任"。说："奉大总统令，麻电悉。熊范舆挪借路款、锡款各节，已由该督详晰查明，实由省议会未知底蕴，熊范舆并无不合，应勿庸置议。该督即告知议会，勿得再滋误会。熊范舆素有才略，志趋正大，仍令勉谋职守，以副委任。合电知照。国务院。佳。印。"③

6月30日，蔡锷电复财政部，希复院核办"滇省会弹劾熊范舆一案"。说："感电敬悉。滇省会弹劾熊范舆一案，前准大部暨院电行查，当即逐款查明。据宥电复并奉大总统令，熊案既经查明，系省会误会，应无庸置议等因各在案。希即检查前案，复院核办。锷。卅。"④

22日

▲报载云南政务会议所议之事。说：

一、奉中央命令，各地方行政官厅改组事。地方官制问题极复杂，不易解决，应另立条例，由各机关分头研究，定期再议。

二、滇省教育费共需六十八万余元，现两税既已划分，仅留学费及教育司行政费两项归中央，其余属地方费担负者约五十四万一千余元，不敷甚巨。由财政司切实计划，再行核办。

---

① 《蔡锷集外集》，第245页。
② 《国民党消息·一月念一日》，上海《民立报》1913年1月22日。
③ 《共和滇报》1913年5月20日。
④ 邓江祁：《史海拾遗：蔡锷佚文20篇——纪念蔡锷诞辰136周年》，http://www.xhgmw.com/html/xiezhen/renwu/2018/1214/26085.html。

三、速行选派学生出洋留学事。由参谋厅教育司筹办。

四、司法司既改为司法筹备处，以后应批该司之案，是否照旧批行？仍照向例办理。①

▲蔡锷电陈参谋、陆军两部，滇"派军官蒋光亮赴法留学兼军事调查员"。说："理密。滇处边徼，办理国防，需材孔殷。兹派军官蒋光亮赴法留学兼军事调查员。旅、学各费，由滇筹给。除照会驻法代表外，特陈。滇督锷。养。印。"②

下旬

▲蔡锷电请在京罗佩金克日回滇莅任民政长。说："北京铁门罗镕轩先生鉴。哿电计达。顷奉大总统电令，已任兄为云南省长③，无任企贺。外官制改组在迩，万几〔机〕待理，务乞克日莅任，是所盼祷。蔡锷。印。"④

2 月 3 日，再次电催罗"务速返莅"。说："罗镕轩君鉴。前电计达。执事务速返莅，此间待兄来决之事极多，万毋迟迟其行。是所切盼。蔡锷叩。江。印。"⑤

26 日

▲报载蔡锷密陈袁世凯"国会召集事宜"。⑥

28 日

▲蔡锷电询筹备国会事务局，省议会究竟何日成立。说："准内务总长真电开，奉大总统令，国会议员限三月以内一律到京等语。当即通电在案。查参议院议员应由省议会选出，省议会成立日期究在何日？祈速电复。滇都督锷。俭。印。"

---

① 《蔡锷集外集》，第 247 页。

② 《滇督蔡锷任职期间关于联系军杂事务文电》（1912 年 5 月至 1913 年 10 月），中国第二历史档案馆藏，档案号：1011 - 1114。

③ 疑为"民政长"之误，因此时期省行政首长不称"省长"，而称"民政长"。

④ 曾业英编《蔡锷集》（二），第 807 页。

⑤ 《罗佩金将履民政之任》，北京《民主报》1913 年 2 月 11 日。

⑥ 《总统府二十六日纪事》，天津《大公报》1913 年 1 月 28 日。

30 日，筹备国会事务局电复蔡锷说："俭电悉。查省议会召集日期，前奉大总统令，以未报复选延期各省份，限于民国二年二月十日以前召集。其已经据报延期各省份，限于该省议会议员复选举行后，由该省行政长官酌定日期召集。俟有总议员三分之二齐集省城时，即行开会等语。业于真日将全文通电各省在案。此电滇省当已接到，应请尊处依令定期召集。其召集以后，一切组织各办法，不日当有明文再行奉达。此复。筹备国会事务局。陷。印。"①

▲报载总统府特交外交部三项交涉要电，"内关系于交涉者三事，一蔡锷报告英兵增驻片马电，一宋小濂报告俄轮停泊电，一张荫棠报告美政府提倡承认民国之计划电，陆总长已于昨日面谒总统，筹议一切进行办法"。②

29 日

▲袁世凯任命罗佩金为云南民政长。③

30 日

▲蔡锷呈报袁世凯，云南司法司长黄德润接任及启用印信日期。说："云南司法司呈。案奉钧府令开，中华民国元年十二月十六日准司法部筱电，奉大总统令，任命黄德润为云南司法司长，希转饬就职视事等因。准此，当经令行知照接替并咨会分行在案。亟应颁发印信，以资信任。兹饬政务厅刊就木质印信一颗，文曰'云南司法司印'。除印模存案暨分令知照外，合将木质印信令发祗领，并将启用日期及接收司法案卷报查，计发木质印信一颗等因。奉此，遵即祗领于民国元年十二月三十日接任，敬谨启用。除将接收司法案卷另文报查外，理合先将接任及启用印信日期具文呈请查核等情。据此，除分咨外，理合具文呈报大总统鉴核施行。此呈。批：据呈已悉。此批。大总统印。中华民国二年一月三十日。国务总理赵秉钧。司法总长许世英。"④

---

① 以上二电见《公电》，《政府公报》第266号，1913年2月1日。
② 《总统府封交三项交涉要电》，天津《大公报》1913年1月31日。
③ 《命令》，《申报》1913年1月31日。
④ 《公文》，《政府公报》第268号，1913年2月3日。

又发各属选举监督令说："云南军都督府兼选举总监督令，案准内务部通行事，据政团联合会呈称，顷据国民党代表来敝会声称，该党河南支部于日前接到邮局误投新闻纸一件，内系《秘密谈话》一册。其中所载情节为离奇，违法舞弊之处亦极精详。敝会以兹事关系重大，不惟于民国第一次神圣尊严之选举全行破坏，甚至对于反对者施放毒药，架被罪名，种种阴狨［险］手段，尤于社会风俗道德、国家法律秩序播毒不浅。为此开会揭议，当由共和党代表声明，本党绝无此举动。经众议决，即将原件封呈，并请大部饬下各选举监督及各省内务司，一面查究发布原件之人，是否出自共和党，抑系有人借端污蔑共和党名誉；一面按照原件所载情节，严密查察，预为杜防，以重立法而正人心，实为公便。计呈《秘密谈话》一件等前来。查核原呈《秘密谈话》一件，诚如该项会所称，情节极为离奇，违法舞弊之处，无一不触犯刑律所列罪名。此种印刷物品，虽据该政团联合会呈称，当由共和党声明，本党绝无此举动。究竟必有发布之人，应由各省选举总监督迅速转饬各该初选监督，并行令各该警察官吏按照原呈各节，严密查察，预为防杜。无论发布该件出自何党何人，不得稍涉瞻徇。此次选举关系国本甚重，该管官吏务须遵照前奉大总统第四号布告，严切执行。果官员知而不举，刑律定有专条，国法具在，决不姑宽。相应刷印原件，通行各省选举总监督，希即分饬遵照可也。特此通行等由。准此，合行令仰该初复选监督，并极［请］转饬该警察官吏，按照原呈各节，严密查察，以维要政，切切，此令。"①

31 日

▲蔡锷电询筹备国会事务局国会议员旅费问题。说："国会议员旅费如何规定，何处支领，祈速电复。滇督。三十一日。印。"

2 月 1 日，筹备国会事务局电复蔡锷说："三十一电悉。国会议员旅费一节，尚无明文规定。惟前据四川、甘肃等省电询如何拨给，业经本局电复，由该省总监督按照程途远近，暂在该省司库先行酌量拨支。贵省议员旅费事同一律，希即查照办理。筹备国会事务局。东。印。"②

---

① 《蔡锷集外集》，第 253—254 页。
② 以上二电见《公电》，《政府公报》第 269 号，1913 年 2 月 4 日。

本月

▲蔡锷电请袁世凯"通饬湖南、贵州、直隶、江苏等省都督、民政长饬属查传押追"陈阜等侵吞公款犯罪嫌疑人。说："提运协滇鄂饷及铁路股本委员陈阜、前署弥勒县知事费从光、前办仁和厘局毛庆馨侵吞公款，情节甚重，请通饬各省一体协缉；并饬湖南、浙江、江西、四川、江苏等省都督、民政长饬属查传监追，将各该员原籍家产查封备抵。卸任永善县知事邓时霖、蒙自分关司事余克勋、卸任宜良县知事曹瀛焕、前署顺宁县知事罗念慈、前署沾益州知事李锡庚、前署阿迷州知事谈汝康亏欠公款，乘间潜行，请通饬湖南、贵州、直隶、江苏等省都督、民政长饬属查传押追。"

2月5日，袁世凯发布命令说："应即照准"。① 其令说："云南都督蔡锷呈称，提运协滇鄂饷及铁路股本委员陈阜、前署弥勒县知事费从光、前办仁和厘局毛庆馨，侵吞公款情节甚重，请通饬各省一体协缉，并饬湖南、浙江、江西、四川、江苏等省都督、民政长饬属查传监追，将各该员原籍家产查封备抵。卸任永善县知事邓时霖、蒙自分关司事余克勋、卸任宜良县知事曹瀛焕、前署顺宁县知事罗念慈、前署沾益州知事李锡庚、前署阿迷州知事谈汝康，亏欠公款，乘间潜行，请通饬湖南、贵州、直隶、江苏等省都督、民政长，饬属查传押追等语。应即照准。此令。大总统印。二月五日。国务总理赵秉钧、财政总长周学熙。"②

1月底2月初

▲蔡锷电复李根源，同意创办云南大学，并"照准""送欧美日学生一百名"。李根源回忆说："余离滇时，以办云南大学，送西洋留学生，具说帖请于蔡公。抵港日，专函以裁绿营之款及个旧锡务公司余利送欧美日学生一百名。到京接蔡公电，照办。准三月间考选。今卢锡荣等即此项学生也。"③

---

① 《临时大总统令》，天津《大公报》1913年2月11日。
② 《命令》，《政府公报》第271号，1913年2月6日。
③ 《雪生年录》卷二，第6页。

2 月

4 日

▲1 月 26 日，黎元洪通电袁世凯及各省都督，各方应以"宁人息事之方"，解决赣事争端。说："赣省汪民政长（按：指汪瑞闿），本系全省公意敦请与李都督保荐之人，据本府派员调查，赣人绝不反对军民分治。前汪民政长过鄂，亦云都督再三婉留，伊系设词离赣。本来彼此无他，只因一二怀私报怨之徒，播弄谣言，挑动恶感，始则有将于某党不利之风说，继则有将派员带兵平赣之流言，以至激动公愤，互相猜忌。适值省有分兵湖口防冬与领运旧购枪械到浔两事发见，蜃楼顿起市虎，竟成中央有拨给军火于军舰之举，相持益激。本以良法美意，变为戎首祸胎，行旅戒严，居民失措。倘不急求解决之方，因隔阂而起猜疑，信谣传而成决裂，不独劳民丧财，铸兹大错，而兴师动众，亦出无名，是亦不可以已乎！元洪管见，非水陆退师，无以保地方之安宁；非发还军火，无以平赣人之疑虑；非迎回汪民政长，无以重政府之威信。应由李都督、省议会公派代表往迎汪民政长莅职，其谓汪民政长不因地方公请而来，专为中央任命而来，与系都督私意保荐，非经公议保荐者，皆无充分之理由，即不应存此无谓之意见。民政长到省后，仍由都督责成各军警负完全保护责任，并应查明将怀挟私忿、造谣生事之人，量加处分，以除祸本。至谓赣省反抗中央，据报并无此事，即令万一不测，尚有皖、鄂可以朝发夕至，宁、湘、浙、粤均属毗连。如果显违公理，自当分任责成，共同干涉。此时均由误会，原可不必张皇，军部尽可将水师移泊沪、汉，赣督亦应将防兵撤回，以昭坦白。其所拨军火，段总长原电业已自认筹还，赣军即不相信，鄂省尽堪垫拨，彼此开诚相见，何事不了。方今忧患凭陵，边疆多故，凡我同胞方专力对外之不暇，岂容操同室之戈。赣军素明大义，赣绅亦前表同情汪民政长，当不以所恶废乡，李都督亦自能维持终始。但有宁人息事之方，军部当亦不为已甚。所望大总统当机立断，各都督排难解纷，毋以美因而收恶果，大局幸甚！"[1]

---

① 朱宗震、杨光辉编《民初政争与二次革命》上编，上海人民出版社，1983，第 188—189 页。

2月4日，蔡锷通电袁世凯、国务院、陆军部、参谋部、黎元洪、李烈钧及各省都督，对黎元洪"推论猜疑之地，并陈解释之方"，"极表赞成"。说："赣事发生，由于双方误会，几演恶剧。方今外患凭陵，四郊多垒，正中外枕戈待旦之日，亦我辈同心戮力之时，岂宜衅起萧墙，自相携贰。黎副总统宥电推论猜疑之地，并陈解释之方，情理兼尽，大义昭然。冯、谭两督均韪其义，锷亦极表赞成。军部力持大体，李都督体国公忠，谅必尽释前疑，言归于好。边氛日亟，每切心忧，宏济艰难，责在我辈。自今以往，尚望内外推诚，共撑危局。其有播谣挑衅、阴图破坏之人，愿与国人共弃之。谨献苦言，敢云忠告。锷。支。印。"①

又电陈国务院"滇省拟定官制改组各办法"。说：

奉元电，以《划一地方官厅组织令》即经颁布，所有现设各司应如何裁改，各道原管区域应如何酌定，以及现设之府厅州均应一律改组，按照现令详拟复院呈核等因。细绎原令，系行虚三级制，为将来废省地步。省制不过维持现状之过渡办法，改组尚易。其要在于道、县两级，而尤以道制为枢。道制完善，则省可不存。兹就云南现在情形详加审议，拟定办法如下：

一、通省设四道：曰滇中道观察使，驻昆明，辖云南、澄江、曲靖、东川、昭通、楚雄、镇雄、武定所属各地；曰滇西道观察使，驻大理，辖大理、腾越、永昌、顺宁、丽江、蒙化、永北所属各地；曰滇南道观察使，驻普洱，辖普洱、元江、镇沅、镇边、景东所属各地；曰临开广道观察使，驻蒙自，辖临安、开化、广西、广南所属各地。原设之西道驻腾越，南道驻思茅，临开广道驻蒙自，皆兼管外交关务。值兹嬗递纷纭之际，为顾虑时间劳费计，拟暂以原任道员专任关务及外交，而另设观察使，以资熟手，而免丛脞。此道制之大概办法也。

一、各府厅州一律改为县，不相隶属。惟向有之分防佐职有万难裁撤者，拟暂仍其旧。将来或改设县治，或设警署以代之。至土司边远各地本应改土设流，徒以危于经济，且虑土司惊扰，故设有行政及

---

① 成都《国民公报》1913年2月8日。

弹压委员，拟一律改为行政委员，预为筹画设治事宜。此县治之大概办法也。

一、滇省法庭仅云南府设有三级审检厅，其他各属均仍以散州县为第一审，府、直隶厅州为第二审。今概改为县，应就各道权其区域广狭，交通状况，择适宜之地，设地方厅一二处，为受理各县诉讼上告之所。此酌设法庭之大概办法也。

至各道县所管区域，应如何详晰划分始得均平，其内部应如何组织始堪运用，省内官制应如何照章裁改，均俟奉复后，再行切实计划着手办法。惟是滇省自光复以来，各级行政官厅经费异常节缩，若实行今制，自应比照各省一律，而所设官署及额定员司较前加多，则开办费既属不赀，经常各费亦倍于前。协济既穷，罗掘无地，应归中央统筹担任，此又官制改组之先决问题，不能不预为陈明者也。

又滇省外与缅、越接壤，交涉频繁，内则土司星罗，向来隶属统系极形纷杂。值兹改组伊始，彼此嬗递之交，稍一不慎，立处丛脞。非假以时日，殊难施展，三月之限，必难办到。惟有尽力筹划，以符通案而已。所有滇省拟定官制改组各办法，是否有当，今先电达，祈赐衡核，转呈示遵。滇都督锷叩。支。印。①

10 日前后，再电陈国务院说："滇省道治改组办法，已具前电。惟滇中道所辖之昭通距道治十三站，昭属之大关、永善相距尤远，推〔遥〕治为难。若为特设一道，则幅员未免过狭。惟有破除省界，截长补短，庶几损益适宜。查四川之雷波、西昌等属，贵州之水城、威远等属皆密迩昭通，远者亦不过七八站，若与云南之昭通府、巧家厅等地合设一道为滇北道，设治于昭通，现时省制未废，隶滇隶川隶黔均无不可，为治理便利，保持政治之固有习惯计，似应隶滇。该道所辖多系瘠区，经营缔造，需款浩繁，川省较滇、黔财力雄厚，则应隶川。至西昌既划入滇北道，即与滇最接近之会理宜附归滇中道，盐源则宜归滇西道。如此区划，于三者政治上之裨

① 曾业英编《蔡锷集》（二），第 820—822 页。是书依据此电发表于《共和滇报》1913 年 3 月 12 日，定其发于 3 月 4 日，应有误。因此电首言"奉元电，以《划一地方官厅组织令》即经颁布"，实与云南政务会议 1 月 22 日会议中所讨论的第一个问题"奉中央命令，各地方行政官厅改组事"为同一事。可见，此电当发于 1913 年 2 月 4 日。

益实多。盖滇之昭属，黔之温、水，川之雷、西诸属皆系边区，距省辽远，防御极难。且均毗连邻省，犬牙相错，向为盗匪纵横、奸宄栖藏之薮，即地方文化亦甚固陋。今划归为一道区，治理经营，乃易施措。又巴、里、梁山，地跨金沙江，介于川滇之间，幅员纵千余里，横亦二三百里，自（易）为蛮族所踞。虽有土司土目名目，亦自居化外，语言风俗，有如异国。巴蛮生性犷悍，常有闯入内地掳人掠畜之事，屡为边患。今若特设滇北一道，则经营梁山，自易着手。第兹事体大，审议不厌求详，应请尊处电知川、滇［黔］两督切实会商，决议施行。"①

接着，进而电告国务院，强调四川雷波、西昌划归滇北道，盐源划归滇西道，会理划归滇中道，是大势所趋。说："滇道改组，请将四川之雷波、西昌划归滇北道，设治昭通。盐源划归滇西道，会理划归滇中道。电商胡督，虽未复电，静观大势，将来恐终出此也。缩小行政范围，扩张军事区域，在今日已成不利［易］之论，废府存道，事在必行，此时势之不能不变者也。上南道设治雅州，距会（理）十八站，会理距滇仅十站，图治便利，不待比较而知事实上之不能不变者也。况成都今日之政府，九里三之区域，亦抢劫时闻。至距千余里之会理，欲不瓯脱之不得矣。"②

3月21日，国务院电令成都胡景伊、贵阳唐继尧，会同蔡锷切实筹商道制改组办法。说："准云南蔡都督电称，滇省道制改组办法已具陈前电，惟滇中道所辖之昭通距道治十三站，昭属之大关、永善相距尤远，遥治为难，若为特设一道，则幅员过狭，统顾兼管，惟有破除省界，截长补短，庶几损益适宜。查四川之雷波、西昌等属，贵州之水城、威远等属皆密迩昭通，远者亦不过七八站，若与云南之昭通府、巧家厅等地合设一道为滇北道，设治于昭通。现时省制未废，隶滇隶川、黔，均无不可。为治理便利，保持政治之固有之习惯计，似应隶滇。该道所辖多系瘠区，经营缔造，需款浩繁，川省较滇黔财力雄厚，则应隶川。至西昌既划入滇北道，则与滇最接近之会理宜附归滇中道。盐源则宜附归滇西道。如此区划，于

---

① 曾业英编《蔡锷集》（二），第829页。是书依其发表于4月27日的上海《神州日报》，定此电发于3月，应有误。因为2月18日的北京《新纪元报》在一篇《滇督破除省界另设道治之主张》的报道中，已摘发了此电前半部分的内容。而此电又首言"滇省道治改组办法，已具前电"。当指上述2月4日所发之电。可见，此电应发于2月10日前后。

② 《蔡锷集外集》，第256页。

三省政治上裨益实多。盖滇之昭属，黔之威、水，川之雷、西诸属皆系边区，距省辽远，防御极难，且均毗连邻省，犬牙相错，向为盗匪纵横，奸宄栖藏之薮，即地方文化亦甚固陋，今划为一道，分区治理，经营乃易。又巴、里、凉山地跨金沙江，今于川滇之间，幅员纵千余里，横二三百里，自易为蛮族所踞。虽有土司土目名目，亦自居化外，语言风俗，有如异国。巴蛮生性犷悍，常有闯入内地、掳人掠畜之事，屡为边患。今若特设滇北一道，则经营凉山，自易着手。第兹事体大，审议不厌求详，应请尊处电知川黔两督切实会商，决议施行等因。相应电贵都督会同云南都督切实筹商复院，以便转呈核夺。国务院。个。印。"①

不过，国务院最终还是没有采纳蔡锷之请，六、七月间电复蔡锷、胡景伊、唐继尧，推脱说："蔡都督拟划川、黔交错地方，合设滇北道一案，前准胡都督支电，根据地理沿革，体察政治时势，主张暂时仍旧，以俟将来。所称各节，具有见地，正商议间，准胡都督佳电，以现在人民纷求正式布告所查照支电速核示遵等语，自应暂仍旧制，俟将来省制问题决定之后，再行查照滇督原议察核办理。合电遵照。国务院。筱。印。"②

5 日

▲蔡锷电告国务院及各省都督滇省所举宪法起草委员会委员。说："宪法起草委员会，滇省举席聘臣、萧堃充该会委员。特闻。滇都督锷。微。印。"③

3 月 10 日，又电告国务院及宪法起草委员会说："滇省前派席聘臣、萧堃充研究员，前经电达。现席行将返滇，改派严天驾赴会。特闻。锷。蒸。印。"④

▲北京《新纪元报》于 2 月 12 日发表蔡锷与胡景伊等四人 5 日致袁世凯，黎元洪，各省都督、民政长及国民、统一、民主、共和党各本支部电，告知他们力主维护秩序，声罪致讨"奸宄之徒"。说："自统一政府成立以来，南北水乳，秩序渐就恢复。凡在国人均应同心勠力，一致进行，内巩国基，外御敌侮。乃近闻有奸宄之徒，阴谋窃割，乘机思逞，大江以南恣

---

① 《滇都督要割川地》，上海《民立报》1913 年 3 月 24 日。
② 《蔡锷集外集》，第 256 页。
③ 《公电》，《政府公报》第 295 号，1913 年 3 月 3 日。
④ 《公电》，《政府公报》第 308 号，1913 年 3 月 16 日。

情鼓煽，事虽无据，语出有因，缔造方新，岂堪再有破坏？如系传闻失实，固如天之福。万一见诸事实，则扰乱治安，即为民国公敌。吾辈职责所在，惟有尽力所能，声罪致讨，必不令奸谋得逞，致陷危亡。诸公手创国家，为国柱石，谅表同情。迫切呈词，尚祈鉴察。蔡锷、胡景伊、陆荣廷、唐继尧叩。歌。"①

袁世凯接阅后，对二三不逞之徒"颇为愤慨"，随即"复一长电与四川都督并各行省长官云：余以衰病余生，伏处已久，稍有田园之乐，自问已无事可为。此次出山，实缘事机危迫，不忍见人民陷于牛马奴隶之域，故甘冒万险，膺兹艰巨。受事以来，始终以尊重人道主义及适合世界大势为主旨，苟可和平维持，决不肯轻事破裂。并非兵力有所不足，实缘民困已极，不堪再受战祸。一年以来，弥缝迁就之苦衷，当为国民所共谅。现在财政、外交触处荆棘，国家命运旦夕可危，凡有血气之伦，自应以同舟共济之心，为被发缨冠之计，决不肯再言破坏，自取覆亡。乃若有之，则亦二三不逞之徒，生性好乱，必不能得多数国民之同情。本大总统若再曲予优容，便与此辈同为亡国祸首，非惟辜负众望，实亦矛盾初衷。惟有牺牲一身，保全大局，竭我绵力，珍此么么。诸君各膺疆寄，必有同心，愿其勉之云云"。②

9日，统一党也电复蔡锷等四都督说："歌电谨悉。南北统一以来，缔造方新，国基未固，我国人勠力同心，尚恐不足以御外侮，乃竟有丧心病狂之徒，乘机鼓煽，冀酿纷争。附和者虽仅少数，而影响实系安危。诸公关怀大局，痛切宣言，力遏乱萌，奸胆已破，寥寥数语，贤于十万雄师，苟非别有肺肠，孰敢甘为公敌。本党能力虽薄，爱国心殷，敢当随诸公后，笔伐口诛，冀支危局。尚希鉴察，并盼好音。统一党本部。佳。"③

16日，国民党舆论机关上海《民立报》，视蔡锷等四都督所言"奸宄之徒，阴谋窃割"为"谣言"，旨在"借此播起一种风潮，从中取利"，蔡锷等四都督之电即自此"猜疑中来"，并以袁世凯名义电复"四都督并各行省长官"说："余以衰病余生，伏处已久，稍有田园之乐，自问已无事可为。此次出山，实缘事机危迫，不忍见人民陷于牛马奴隶之域，故甘冒万

---

① 曾业英编《蔡锷集》（二），第808页。
② 《云贵川桂四督要电》，《申报》1913年2月15日。
③ 上海《大共和日报》1913年2月17日。

险，膺兹艰巨。受事以来，始终以尊重人道主义及适合世界大势为主旨，苟可和平维持，决不肯轻事破坏，并非兵力有所不足，实缘民困已极，不堪再受战祸。一年以来，弥缝迁就之苦衷，当为国民所共谅。现在财政、外交触处荆棘，国家命运，且夕可危，凡有血气之伦，自应以同舟共济之心，为被发缨冠之计，决不肯再言破坏，自取覆亡。乃若有之，则亦二三不逞之徒，生性好乱，必不能得多数国民之同情。本大总统若再曲予优容，便与此辈同为亡国祸首，非唯辜负众望，实亦矛盾初衷，唯有牺牲一身，保全大局，竭我绵力，殄此么么。诸君各膺疆寄，必有同心，愿共勉之。"

然后加按语评论道："自孙黄入都之后，南北感情，久已融洽。乃近忽有一种好事之徒，逞意造谣，而中央左右，复有一二小人媒孽其间，遂使猜疑不已，此电即自猜疑中来也。度造谣者之心，无非借此播起一种风潮，从中取利，个人以外，目光并无所及，此种败类，实不足责。惟杯蛇市虎，易惑观听，一旦祸变复作，受其害者惟乡里无辜之良民耳。窃愿负社会之重望者，有以维持其间，毋使奸回之志得逞，则保全者多矣。"① 暗示该"谣言"意在离间革命党人与袁氏的关系。

后见袁世凯将蔡锷等四都督之电批转给了国务院，表示"总以除暴安良为天职"，才又于该报 28 日补发了国务院致黎元洪及各省都督的"铣"电。说："奉大总统令：蔡都督、胡都督、陆都督、唐都督歌电悉。民国统一，忽忽经年。外侮凭陵，民生穷蹙，痛心怵目，险象环生。凡稍知世界大势，稍具爱国思想，虽同心戮力，披发缨冠，犹恐不及，岂忍燃箕煮豆，捧献渔人！电所称奸邪之徒，阴谋窃割，当是少数无识者所为。共和国以谋最大多数之幸福为宗旨。此等扰乱秩序，破坏统一之举动，叩诸国民心理，当必认公敌。本大总统衰朽余生，蛰伏数稔，田居可荣，何自苦为！徒以遭时变迁，志在救国，不忍我神明之胄，陷于牛马奴隶之域，慨然欲身任其艰！又以同类相残，哲人不取，用是尊重人道，主持平和。原为保全善良，恢复元气，并非因循畏葸，崇长乱萌！一息尚存，总以除暴安良为天职。若来电所称，乘机鼓煽各节，则本大总统救国之志终不得达，而亡国之罪将与之同。既受人民付托之重，岂敢坐视分裂，贻祸苍生！当官

---

① 《造谣者可明休矣》，上海《民立报》1913 年 2 月 16 日。

而行，义无所避。副总统及各都督同膺重寄，共抱热诚，望随时防范，以维大局等因。特达。国务院。铣。印。"①

同日，《申报》也补刊了袁氏该电，并同时刊发15日黎元洪致各省都督电。说："各省都督钧鉴。前为赣事宥电，有由都督、议会公派代表，往迎民政长莅职一语，系为调停各方面意见，联络地方感情，修好释嫌，借省隔阂起见，并非以此事交议会议决之谓。行政官吏当然由总统任用，况已经任命之民政长，省会更无讨论之理由。所虑误会前言致生波折，殊非元洪维持国制，巩固政权之本意。为今日计，惟有直接开诚相见，或能速了，断不宜牵涉他途，转滋纠葛也。特此申告，统希亮察。元洪。咸。印。"②

20日，蔡锷电告南昌李烈钧，解释他与胡景伊等四人的"歌"电"并未牵及赣事一语，亦无丝毫疑及执事之心"，请勿误会。说："谏电敬悉。执事爱国热忱，夙所钦佩。近日人心浮动，妖论繁兴，迭准川、黔、桂三省电商，佥以奸人思乱，恐危大局，亟宜培植正论，以遏乱萌，嘱锷领衔通告。当以此事虽属风闻，关系极为重大，是以拟电译发（按：指前述2月5日蔡锷等四人所发'歌'电）。电中文字，并未牵及赣事一语，亦无丝毫疑及执事之心。回忆武汉战争，执事曾躬亲其役，是今日璀璨之民国，皆我公艰难缔造而成。谁无心肝，岂肯横相污蔑，且我辈交谊极厚，相知极深，岂有彼此心迹尚有不相谅之理！尊电掬诚相告三端，似乎近于表白，无论川、桂、黔、滇四省人士可以信公之赤忱，中央各省当亦明公之素抱也，希勿误会为幸。国步多艰，外患日迫，蒙事发难，藏事随生，近者英缅法越相继增兵，直压滇边，瓜分祸迫，欲求捍卫，宜事武装。尊电所云编练军队，原为对外问题二语，诚为精确。敝处现拟规复第二师，增练乡兵，购置军械，创设制弹厂，施行各种新税，筹备巨款，万一和平破裂，尚可背城借一事之济，否则听诸天而已。缘奉电示，无任悚惶，略布腹心。详情当再函达。锷叩。号。印。"

25日，李烈钧电复蔡锷、胡景伊、唐继尧说："接蔡（都）督号电，以尊处前发联衔歌电，系属风闻，预植正论，未涉赣事，请勿误会等语。窃前奉尊电，当知诸公仗义执言，其中实具爱国苦衷。赣事始末，迭经电陈，必

---

① 《民初政争与二次革命》上编，第201—202页。
② 《两总统要电汇志》，《申报》1913年2月28日。

邀谅鉴。迟之旬余，乃京沪报章所载各处文电相驰，竟有误会以诸公前电系指赣事者。烈钧诚恐外间不识赣局之真情，误会诸公之本意，用以谏电略述梗概，一曰敢贡素杯，再曰旷观世局，特表白其非对照尊电之意。松（坡）、文谰、蓂赓三兄暨在滇、蜀、黔诸学兄，烈钧相知最久，或领指教之方，或受磋磨之益，要均属肝胆之交，尚焉有暌隔之理耶。惟念赣事发生，既不能释军部之疑，复重烦诸兄远虑，松兄号电，尤令人增五夜之惭，深同胞之感耳。临电神驰，不尽悃颖。学兄处，并致意。烈钧叩。有。印。"①

上旬

▲1912 年 12 月 7 日，"统一党本部开政务讨论（会）成立大会。首由董其成君略为报告筹备情形。推定刘君朝望为主席。当由刘君宣布开会宗旨，随请大众用不记名投票法选举正副会长。正会长一人，赵君管侯当选。副会长二人，王君印川、董君其成当选。次由赵君宣布意见，略谓政务讨论首以宪法为最要，宪法一坏，各事皆坏。今日草创民国宪法，宜以国家为主体，断不能使立法机关侵害行政机关，遂至各事都不能办，必使立法机关与行政机关各尽其职方为尽善。次于财政及筹蒙诸方面之政策均有发挥。继经副会长王君印川宣言政党宜讨论研究重大政治，以发表种种政策，始见一党之精神。今日急务，第一为宪法。宪法必适于本国情形，非钞袭外国宪法条文而可施诸吾国者也。若不预行研究，将来各种政治断难收美满之效果。非独宪法须研究，即财政、军事、教育各门亦均须分类讨论，刊为杂志，或两星期刊行一次，或一月刊行一次，庶有实效云云"。②

14 日，"统一党在虎坊桥本部开政务讨论会。首由正会长赵君管侯报告开会理由。大旨谓今日开会，第一事将本会修改章程决定，以便着手进行。第二事拟办杂志，发表讨论之政见。鄙人以为每次开会时间有限，研究之结果甚少，本党党员所怀政策，尚不能进行发表，故以月刊杂志为佳，既可表见人才，复可扩张党势，是发刊杂志，于本党前途关系甚大。拟请会员分门担任文稿，分别酌给酬金资奖励云云。经大家逐条讨论表决，复将第一期杂志体裁宣布，计分画象、祝词、发刊词、论著、短评、

---

① 以上二电见曾业英编《蔡锷集》（二），第 813—814 页。
② 《统一党政务讨论会第一次成立会记事》，《震旦》第 1 期，1913 年 2 月。

报告、选论、译论、命令、公牍、史乘、文苑、杂俎、新闻、小说、调查等十六门。众亦认可，决议于民国二年正月初十日出版（按：实际二月才出第一期）"。①

次年 2 月上旬，蔡锷函复统一党政务讨论会，对其发起该会，并"月刊杂志一册"，表示祝贺。说："复启者。《临时约法》之结果，致陷政府于极疲惫之域，前读贵党十可亡之电，言之深切著明。现在国会届期，正式政府行将成立，编纂宪法，关系根本至计。惟此事极端重大，近时各政党及各都督均有论列，鄙人亦发有管见，用征同意。前奉惠书，欣悉诸君子关怀大计，发起政务讨论会，以为讨论宪法之地，月刊杂志一册，饷我邦人。宏愿热忱，至为佩纫。不揣固陋，勉缀祝词。他时出版，尚望按月惠寄数册，崇论宏议，必能启迪新猷也。肃复奉祝，敬问公安。"

又发表《震旦》月报出版祝词说："射必有目的，航必有方针，工必有规矩，匠必有准绳。无所主而泛骛，等盲进而冥行，繄民国之成立，惟宪法之是程。非折衷而至当，终难餍乎人心，惟斯编之杰出，实宪法之梁津。默观乎陈迹，熟察乎近情，既旁征而博引，复咀华而含英。将以供国民之抉择，吸宪法之精神，固宜奉之为圭臬，尊之为日星。推理论为事实，进国家为文明，巩神州于万载，与欧美而争荣。"②

6 日

▲蔡锷电告共和纪念会总理刘廷钧，滇派李根源代表届期赴会。说："共和纪念会，滇派李根源为代表届期赴会，（以）伸庆祝。特闻。滇都督锷。鱼。"

又咨请外交部查核办理"滇越铁路公司在路线四百二十五基罗地方，添修积水塘，并砌石埂，占有界外之地等情"。说："案据外交司呈称，据上段路警正局报告，滇越铁路公司在路线四百二十五基罗地方，添修积水塘，并砌石埂，占有界外之地等情。本司当以公司若于铁路界线之外兴工，必于事前照章报请本省政府核准，方为正办。去年七月间，因山坡倒塌，压断路线，不俟本省政府许可，擅行动工修理。已由本司诘责，法委亦认

---

① 《第二次开会记事》，《震旦》第 1 期，1913 年 2 月。
② 以上函复和祝词见曾业英编《蔡锷集》（二），第 819—820 页。祝词原题为《云南都督蔡锷祝词》。

以后不许再有此等违背定章之举动。现在公司于四百二十五基罗地方，于路界外擅自动工，既与定章不符，复与本司及法委之言相背，乃于本年一月十七日照会法委，请其转饬公司照章办理。兹于本月三十日，准复称，已告知公司总管遵照定章，惟为维持行车起见，此项工程得以早日完竣，请将送上之图查核，准其修筑为荷等由。当告以须呈请本省政府核准，始可照允。故于未奉批示之前，并请饬该公司暂行停工，以符定章，并饬知路警查报。旋据路警局长报称，公司已停工，等候拨地等语。查该公司此次请拨地基，系属荒山，应请照准。惟公司每以路章有地段以足敷用为止之条文，故请拨新地，而不愿给租银。其解释路章之意义，颇极含混，应请咨明外交部查核解释，以为依据等情。据此，查《滇越铁路章程》第二条，于铁路所属各地，均应备有地段听用，应先指明各地段宽窄及作何用项，地段专归铁路应用，以足敷其用为止，不可多使等语。此等条文，自系为勘路之后修路之先，应行规定应用地段而设。路既修成开车，则应用地段即无不足。设或实有必不可少之工程，而须需用地段，条文既有应先指明地段之语，即无不先报请本省政府核准，而竟自行于界外地段擅自动工者。该公司年来往往有于界外擅用地界，而不先报地方政府之事。即使用系公地荒山，亦须尊重土地所有权，而不得径情自遂。若系民地，则尤不可，且亦易生枝节。乃一经诘责，公司多以前项条文为词，若漫无限制，窒碍实多。所有路章条文意义，应请贵部查核解释。嗣后该公司若于界外需用地段，除先行报明外，或购或租，方能照拨。拟请据此照会法使，饬知该公司遵守，以免轇轕，而有依据。除批司转饬地方官，会同该段路警，勘查该公司此次所用之地。如系官荒，应准拨用，如系民荒，即知会业主，由公司给价购用外，相应咨请贵部查核办理，仍冀见复施行。此咨外交部。蔡锷。”①

27 日，外交部照会法使康德说：“为照会事。中华民国二年二月二十四日准云南都督咨称，据外交司呈称，据上段路警正局报告，滇越铁路公司在路线四百二十五基罗地方，添修积水塘，并砌石埂，占有界外之地。本司当以公司若于铁路界线之外兴工，必于事前照章报请本省政府核准，方为正办。现由本司与法委交涉，惟该公司年来往往有于界外擅用地界，而不报地方政府之事，应请核办等因前来。查《滇越铁路章程》第二条内

① 以上二电见曾业英编《蔡锷集》（二），第 809—810 页。

载，于铁路所属各地，均应备有地段听用，应先指明各地段宽窄及作何用项，以足敷其用为止。经监工查看后，即当绘图，由法国总领事官送交滇省大吏查阅，应将所用地段预为购买，俟地拨交清楚，方可开工等语。该公司往往于界外私占地基，擅自兴工，实与章程不合。相应照会贵大臣查照，转饬该公司嗣后如果需用地段，务须遵照路章第二条所载各节办理，以免别滋辕辖，并希见复为盼。须至照会者。"①

7 日

▲蔡锷电请各省都督联名电告宪法起草委员会及政团联合讨论会，编拟宪法不可不先决以下二问题，"一曰大总统不可不有解散议会权"，"二曰任命国务员不必求国会之同意"。说：

> 宪法起草委员会将着手组织，敝处业经派员同事研究。起草在即，不能不速将宪法上重要问题商定提出，以为委员会编拟之查据。查吾国情势，非策建强有力之政府不能统一内政，内政不统一，即国防外交必因之废弛失败，此为势所必至者。民国成立，迄于今日，省自为政，中央力薄，不能收指臂之用，以致财政紊乱，政令纷歧，外侮内讧，相缘以起。推求其故，则现政府法律上之实力，不能发展国权，实为最大原因。故民国宪法宜以巩固国权为主义。国权巩固，国力自张，然后有发达民权之可言。欲巩固国权，则凡障碍国权发动之制度决不可采，故编拟宪法有不可不先决之问题二事。
>
> 一曰大总统不可不有解散议会权。就法理论，立法权固当尊重，行政权亦须有严格之保障。若立法部对于行政部为过度之干涉，而无救济之途，则行政权直被立法权侵压束缚而无所施。是国权将只有消极限制之作用，不能有积极活动之能力，势必日即于萎靡。且议会若有违反国民利害之事，不能解散，以诉讼多数之国民，亦与共和精神相背。就事实论，解散权与责任制关系极切，议会无宪法上之制裁，易流专横。使政府不能自行其政策，必将以议会为诿卸责任地，责任不明确，何能得强有力之政府，更何能发展国权？故法理、事实两面，

---

① 台北中研院近代史研究所藏外交档案。

解散权均决不可无。但使解散有一定手续，自不患有侵犯立法权之弊。

二曰任命国务员不必求国会之同意。夫国会监督政府，其要点在有弹劾权。事前之同意，实属赘疣。况弹劾权以连带责任制为因，国务员有连带责任，即不能不持同一之政策。设组织时同政策者不能得国会同意，得同意者又不同其政策，势将迁就调停，旷日持久，始能勉强成立。然政策互异，莫能连带负责。连带责任制一破，更何有强有力政府及巩固国权之可言乎？极其弊，必有贬节以媚国会，或国会中挟多数政党势力，以博国务员之位置者。恐满清末季之腐败现象，将由此同意制而复活矣。

以上两端，关系极重，其余各问题，虽间有出入，尚可细商。诸公如以为然，恳于三日内速电复示，拟即联名电告委员会及政团联合讨论会，请其准此编拟。并恳程都督转商王君亮畴兼采此议，从速拟订，以便将全部草案电委员会作为资料。切盼迅复。蔡锷叩。阳。印。①

24 日，再次通电南京、开封、福州、盛京、济南、成都、西安、吉林、贵阳、太原、兰州、天津各都督、民政长，告知对上述"阳"电的修改及"电由国务院转研究宪法委员会"情况。说："前上阳电，承复赞同。顷已就原电改易首尾，并加入直、陕、黔三都督之意见，电由国务院转研究宪法委员会矣。电首之'宪法为立国根本，民国安危视此为衡，诸公义司起草，责任綦重，自必有宏识博见。奠定国基，惟编拟宪法所应采取之（意）［义］'，及'近日颇有争论之问题，不可不准量国情，详慎究商，期臻至善。某等深忧熟议，窃有所见，□［供］备采择'，下接阳电'查吾国情势'云云。又于阳电'将由此同意制而复生矣'句不采之，且国会既经同意后，国务员若有失职，照法理言之，国会当分任其责，此尤与采弹劾制极为冲突。以上两端，所关至重。此外，如大总统之制、守官制定官制权、对于国会议决法案之认可权及任期七年以上并不足责任等事，皆缘所采主义及上述各理由相因而生恶。诸公必协力持定见，排去赘言，不至为法理论及形式说所拘牵，至与国势、国情相左。国民之福，惟兹是赖等语。计列名者为宁、豫、闽、奉、鲁、蜀、陕、吉、黔、晋、甘、直、滇

---

① 曾业英编《蔡锷集》（二），第 811—812 页。

共十三省。特闻。蔡锷叩。敬。印。"①

同日，浙江宪法研究委员章士钊通电蔡锷及各省都督，反对各都督自制宪法条件。说："蔡都督阳电主张将宪法重要问题，由各都督商定提出委员会，以为编拟张本，意匪不盛，惟程都督发起委员会，意在搜集国中才智之士，以不偏不倚之论调，为根本法造一间架，此中有不可不守之条件，即其人物必无偏党之心，而会员言论之独立又得充分保障是也。盖非此不足表示各都督之无成见及团体之尊严，不足使深识自好之徒锐身以进，且不足使正负各论尽量呈露，有一于此即非发起斯会之本意。今无论诸公之意见精当奚似，惟以各都督之名义制为原则，提出于所推举之团体，令其准此编拟，如冯、陈、张诸都督所云，则各委员无异都督之储音器，全自失其位置，不肖如钊亦将未敢与闻此事。兹会发起既久，外间舆论亦至不齐，而行政人员干涉立法一层，乃其唯一口实。今所举各员如钊不学亦与其列，才智二字已不必尽人而然，总统府及国务院之秘书亦或被推，倚党之嫌尤难尽泯。诸公又复制成条件，强会中准此拟订，毋得畔越，诸公与为会员者果均何以自解？鄙意委员既经举定，即有自由发论之全权，无承受他人意旨之义务，各都督联名电告委员会一层为之与否，钊亦何敢干与？惟如此机关，似嫌赘设，不如罢斥所举各员，由各都督电商一切重要问题，自行编拟，反为便捷。狂瞽之言，即希鉴谅。浙江宪法研究委员章士钊叩。敬。"②

27 日，蔡锷电告程德全并转章士钊及各省都督，"行政人员干涉立法固属不可"，但作为制宪委员会"研究宪法内容时，亦不可不注意于立法部侵压行政权之弊害"。说："章君敬电诵悉。委员会人物须无偏党之心，卓见极佩。锷阳日电商问题，因得各都督赞同，已于敬日致电委员会矣。致电之本旨及其文意，均系以彼此相同之意见，供委员会之采择。锷意此种意见，无论何人，均可建言，委员会如以为是则采之，否则置之于会员言论之独立并无妨碍。至行政人员干涉立法固属不可，然既经推为委员之后，发论即可自由。诚如章君所云，无承受他人意旨之义务。故外间口实尚可无虑，惟委员会研究宪法内容时，亦不可不注意于立法部侵压行政权之弊害。此则区区之爱，仍有［予］委员诸君酌裁者也。是否，祈示。锷叩。

---

① 《蔡锷集外集》，第 261 页。
② 《章行严之负气谈》，《申报》1913 年 2 月 28 日。

沁。印。"①

也有支持蔡锷等人意见的，如张凤翙即其一。报载说："日前陕督兼民政长张凤翙电致各省都督、民政长，调查吾国现势，欲巩固国政，非谋内政统一不可；欲内政统一，非得强有力之政府不可，而大总统解散议会权、制定官制权、对于法律案裁可权、任命国务员无须国会同意暨总统任期在七年以上诸大端，皆属组织强有力政府不可缺之要素，编纂宪法亟宜加入此项。否则，立法漫无宗旨，而于政府驰骤束缚，毫无活动之余地，势必至中央力薄，对于内政难收指臂之效，一切国际外交（之）举，不免陷于失败之恶果。言念及此，可为寒心。蔡督阳电，唐督文电，俱属硕谋宏论，凤翙均极表赞成。诸公如表同意，祈即电请蔡督主稿联电宪法起草委员会及政团聚合讨论会，请准此编拟，是为至祷云。"②

3 月 4 日，又有报载："闻日昨南北各都督联名电复来京，对于宪法问题之建议，其要点有四。（一）组织内阁，无须得国会之同意。（二）大总统任期七年以上。（三）大总统有解散国会权。（四）大总统有不裁可法律案之权。闻此电领衔者为云南蔡都督锷，联名者福建孙都督道仁、江苏程都督德全、四川胡都督景伊、贵州唐都督继尧及北方各都督。政府接此电后，拟交研究宪法委员会作为议题。"③

9 日，有报载社会舆论"大哗"于蔡锷等人的宪法主张。说："对于中央向来持逢迎主义，其宗旨之背谬，久为正人不许。近因宪法问题，袁氏无售其奸，故提出四条皆无研究之价值。一为大总统任期须定为十年一任，二政府对于国会有解散权，三组织内阁无须得国会之同意，四大总统对于议决之法律案可行使其不裁可权云云。其主张之理由，则谓中国系新造之邦，非有巩固良善之政府及有魄力之总统，恐事权涣散，无以收统一之效。如纯然主张法制或美制，恐于中国现情转不通用云云。闻蔡督已通电各省，而舆论则大哗。"④

而袁世凯则表示"殊堪嘉佩"。说："蔡锷、胡景伊、陆荣廷、唐继尧等四都督合电中央，痛斥奸徒煽惑等情。袁总统核阅后，以该督关怀治安，

---

① 成都《国民公报》1913 年 3 月 5 日。
② 《宪法编纂纷争记》，《申报》1913 年 3 月 1 日。
③ 《南北都督之宪法主张》，北京《正宗爱国报》1913 年 3 月 4 日。
④ 《民国宪法问题·蔡锷异想天开》（二），北京《中华民报》1913 年 3 月 9 日。

维持大局，殊堪嘉佩，因于九号特发复电一件，分别嘉奖。并闻电中尚有征集意见之举。"①

12 日

▲甘肃都督赵惟熙通电各报馆，支持孙毓筠及蔡锷各都督关于立法与行政诸公当"共持正论"的主张。说："各报馆钧鉴。日来迭接安徽柏都督代转孙君少侯麻电，暨直、豫、川、桂、滇、黔各都督电，于欢迎国会团一事，辟邪说，正人心，固邦基，支危局，正言谠论，远虑深谋，逖听之余，万分钦佩。民国肇建，倏已逾年，只以正式国会尚未成立，大总统尚未正式选举，宪法尚未制定颁布，不惟外人之承认犹存观望，即我内政之组织亦多敷衍懈弛，而无统一之精神。目前军事计划之困难，财政计划之支绌，强邻环伺于外，蒙藏离心于内，而立法与行政之冲突，此党与彼党之竞争，又复时有所闻，民国现象，已堪痛哭。当此一发千钧之际，惟冀国会议员早到北京开会，与行政部合力进行，持危扶颠，或尚可图存于万一。若人不豆剖，而我自瓜分，虽欲不亡不可得也。夫该团所持之理由，以避北京军警之干涉为名也，我果能事事出以公平，则彼军警者亦各为国民之一分子，方且欢迎之不暇，而何干涉之有耶。各电所陈，极为精透，本毋庸再赞一词。而我全甘选出之议员，又均识解高明，德性坚定，决不至为邪说所动摇，更可不必哓哓申论。不过，丧邦之言，理宜辞而辟之，若竟予以优容，彼且将谓某某省为默许，则遗害又安所穷。所愿东南各省国会当选诸公，勿为浮言所惑，并望政府及军警各界以保全治安为急救危亡之目的，双方一致，用维大局而固国基。仍祈各省立法行政诸名公共持正论，毋俾无意识之辈，昌言靡忌，淆乱人心，则民国前途，庶几有豸矣。赵惟熙叩。文。"②

13 日

▲报载"云南正式省议会于二月十三号成立，是日都督及各厅长、各司长、各机关均赴会，举行开会礼，投票举定赵伸君为正议长，张之霖、

① 《大总统电奖四都督》，天津《大公报》1913 年 2 月 13 日。
② 《公电》，《申报》1913 年 2 月 28 日。

李秉（按：或作'炳'）泰为副议长。十四号即就该会公举参议员，当日选定七人：吕志伊，国民党；李文治，共和党；谢树琼，国民党；孙光庭，国民党；朱家宝，共和党；袁家谷，国民党；王人文，国民党。尚不足额，十五号复行补选，当选者：陈善，共和党；杨琼，国民党；赵鲸，国民党"。①

蔡锷在会上发表《云南省议会开会祝词》。说：

> 天相中国，汉祚复兴，泱泱亚东大陆，竟不数月间，而涌现庄严灿烂、硕大无朋之共和国家，与北美合众国遥相对峙。噫嘻，吾人何幸而得享此莫大之荣幸也！吾国既由专制而跻于共和，则立法机关之权责至重且巨，在国则曰国会，在省则曰省议会。今云南正式省议会成立，本都督兼民政长躬逢其盛，窃于忭颂之中，而怀有无穷之希望，请为诸君一言。

> 滇自反正以还，迄今已历年余。中间事变百出，深赖临时议会诸君群策群力，隐予维持，大局得以安定。然改革目的不在消极之保守，而在积极之进行。共和真相，不徒形式上之美观，要求乎精神上之建设。今试回溯此年余中，其改革者几何、建设者几何，窃以为未足以语于此也。夫所谓建设之事非他，亦曰财政、军政、民政、教育、实业荤荤数端而已。凡前此所悬而未决之问题，今将惟贵会诸君是赖。代表民意，发抒谠论，内体社会一般之要需，外应世界潮流之趋势，务尽其机关本能，以定吾滇适用之方策。裕我民生，恢我国权，固我滇疆，使金马碧鸡焜辉于寰宇，皆将于成立之始预卜之。本都督兼民政长，悉握政权，责在执行，愿督饬僚属，振厉精神，与贵会连轨并进，冀收福国利民之功，绝隔阂拘牵之弊，想亦诸君子所共表同情者也。抑共和肇造，主体在民，立法之权，操之议会。顾善用之，则福祉可期；不善用之，则流弊滋大，远稽近察，足资警惕。今省议会者，固民选代表之所组织，亦即人民总意力之所结合。忘小己而谋大局，蠲意见而持公理，集人民之意思以为意思，合全省之喉舌为其喉舌。发一言也，而事理昭然，建一策也，而苍生蒙利，行见国命以相行而

---

① 《云南省议会成立》，《申报》1913 年 3 月 11 日。

弥长，民生亦滋大而禔福，又岂一省一邑之幸！共和前途，胥有攸赖。本都督兼民政长窃愿与诸君子各尽厥职，以践斯言。①

17 日，蔡锷电告袁世凯及各省都督，滇省议会已于 2 月 13 日成立。说："滇省议会于民国二年二月十三日成立，选定赵伸为正议长，张之霖、李炳泰为副议长。相应电闻，请烦查照。蔡锷。霰。"②

15 日

▲蔡锷电告袁世凯暨参谋部、陆军部，滇现编成第二师，请任命谢汝翼为师长。说："中密。删电计达。滇现编成第二师，以西征之师暨南防国民军改编之数营为第一旅，援黔之师行幕〔将〕调令返滇，拟编之为第二旅。拟请以谢汝翼充任第二师师长，责令刻日编成，赶紧训练，俾成劲旅，以纾中央南顾之忧，而奏建威销萌之效。合恳大总统任命施行。滇都督蔡锷。十五日。印。"③

中旬

▲6 日，报载姚春魁电告蔡锷，"委办奉委殖边，自应竭尽棉力，以肃匪氛"。说："云南迤西之腾越、永昌、丽江、维西等属因远在极边，向与缅甸、西藏毗连，英人时欲进取，而中间堪为我之门户者，只怒夷、俅夷诸野人山而已。而该山夷匪素未归化，常时滋事。去春先委任宗熙等前往招抚，被其残杀。旋乃委前丽江府长姚春魁承充招抚总办。本月六日，军府接其来电，报告怒匪聚众思逞，其电略云：怒匪造言乘雪封山，煽聚思逞，已饬赵任两营派队筑垒，扎碉防守。委办拟翻雪山。现雪深数尺，马不能进，欲凫雪以渡。否则绕至老母登上进，担粮夫又被雪雨冻毙。委办到丽维时，即与丽维两厅长传集两属土司询问情形。据该土司等称，怒俅一带前曾收贡银五两八钱，数年以来，不敢进取，畏匪如虎。委办即饬令划分良莠地段，具结后酌量剿抚。但怒江一带，抢杀案件叠积如林，反正

① 曾业英编《蔡锷集》（二），第 812—813 页。
② 上海《大共和日报》1913 年 2 月 22 日。
③ 《滇督蔡锷任职期间关于联系军杂事务文电》（1912 年 5 月至 1913 年 10 月），中国第二历史档案馆藏，档案号：1011 - 1114。

后尤为凶悍，似非人类，一派野悍性质，非用军力痛剿，不足以资安良。且经该处之商旅，及不识路径之人，一经该处，即被枪杀，尸身抛于怒江。此次委办奉委殖边，自应竭尽棉力，以肃匪氛。"①

蔡锷电复"丽江熊守转维西许筹办怒俅边务"姚春魁说："鱼电悉。怒匪思逞，筑碉防守，所办甚是。雪深数尺，仍拟前进，勤劳堪念。云属老窝以下，维属猎早以上，据称怒夷均安业无扰，准仍责成云、维两厅管辖，以专责成。猎早至耳目河等处既属强悍，又劫杀多人，自应重予剿办。其余由该总办等会商办理，本军府不能遥度。阿墩、兰坪设治，先设之弹压委员，应饬裁撤土勇，土司归该总办节制调遣，系为办事灵活起见，毋庸固辞。阿墩土勇饷项改作警费，事尚可行，惟巡警系行政范围，裁改后，此项勇饷应由财政司请领，先办后报。再，军法系于戒严地行之，怒俅剿抚，非戒严可比，未便援照。如遇有重要事件，不妨由电请示核办。冻毙民夫，准照章给恤，应饬将姓名、籍贯、住址造具呈核，并饬将怒俅地方即速绘具草图赍呈查核。"②

▲李根源回忆，他在上海"奉路资五百金"，"请小圃（按：即陈荣昌）师旋里"回滇③。"师却金不受。谓根源曰：如不强我以事，我当归隐明夷河，终此余年。根源电滇当事，蔡公复云：任师隐遁，决不以地方事相扰，并电师速驾。师乃束装归。"④

16 日

▲报载蔡锷不允英缅当局在蛮耗设领事。说："英缅甸总督前照会云南蔡都督，要求于云南蒙自属蛮耗地方设立领事各节。蔡都督已于日前电咨外交部请示准驳，并请由部向英使交涉。十日，陆总长特电复蔡督，仍请根据一千八百八十年之中法条约，除法国外，他国不得在蛮耗设立领事，继续向该总督从严驳复，俟无效后再由本部向英使交涉。"⑤

又载蔡锷电请北京政府与英使交涉英人在片马的非法活动。说："北京

① 《剿抚怒俅大计划》，上海《民立报》1913 年 2 月 22 日。
② 《剿抚怒俅大计划》，上海《民立报》1913 年 2 月 22 日。
③ 原注："师官山东提学，谢职寓上海岑西林先生宅。"
④ 《雪生年录》卷二，第 5 页。
⑤ 《京尘飞絮录·蛮耗不设领事》，上海《民立报》1913 年 2 月 16 日。

电：云南蔡督来电，英人在片马大建营房，并多积军械、粮食。又兴修自密芝［支］那至野人山通西藏之大道，预备工银七十万缅洋，限一年告竣。其意欲实行前清所指划之高丽贡山为界线，请政府速向英使开议，从根本解决。"①

又载"各省都督所举之宪法委员，本省一人，外省一人，现已先后"电告中央。蔡锷所举为席聘臣、萧堃。②

又载"闻大总统于日昨接到广东都督胡汉民、广西都督陆荣廷、云南都督蔡锷、四川都督胡景伊、浙江都督朱瑞、湖南都督谭延闿、江苏都督程德全、福建都督孙道仁联衔密电一道，质问五事：一为报载俄人于黑、吉两省，任意增兵是否确实，及政府如何对待；一为大借款交涉之现状；一为中英西藏交涉之现状；一为中俄蒙古交涉之现状；一为政府对待赣事之意见，均请迅即电复"。③

又载蔡锷令"取消"腾越"关务总理，收回税司用人权"。说："（腾越）十年前已设海关，自辟商埠，关设税务司及监督。税司为外人充当，会管关务行政，用人素归监督自主，监督即西道所充。不意今年西道任黄谦代理，一切地方行政，皆措置裕如，颇有善声。惟对于关务，不免放弃权利，轻信税务司之言。竟将从前各分关中国委员概行撤换，另委一人为关务总理。凡各关员司，均须该总理与税务司会衔遴委。迨军府得知，始以此举为中国各海关所无，放弃中国主权亦莫此为甚。乃今新任迤西道杨觐东君，争执取消关务总理，收回税司用人权。该税司狡诈成情［性］，直以此为例，不肯取消会衔用人权。幸磋磨数月，舌敝唇焦，现始稍有效果云。"④

18 日

▲报载"国务总理、内务总长赵秉钧呈称，据云南都督兼署民政长蔡锷呈请任命嵇祖祐为云南省城警察厅长，应照准。此令。二月十八日"。⑤

① 《专电》，《申报》1913 年 2 月 16 日。
② 《各省之宪法委员》，《申报》1913 年 2 月 16 日。
③ 《各都督电询五大要政》，天津《大公报》1913 年 2 月 16 日。
④ 《腾越之两大交涉·税务司》，北京《民主报》1913 年 2 月 16 日。
⑤ 《临时大总统令》，天津《大公报》1913 年 2 月 20 日。

19 日

▲云南公会电请蔡锷、李根源，严加管束军人干涉选举事。说："选举为人民公权，军人无可干涉，被选举人为公意所自出，何能取消。报载滇补选参议员，军人当场干涉，并胁迫取消当选之某某君，又伤及已当选之议员，骇甚，愤甚。我滇军人夙明大义，向为举国所推崇，今忽发生此不法行为，名誉安在？想系传闻之误。如果属实，必系一二无意识者受人蛊惑而出此，为害国家，莫此为甚。两公有管率军队之权，务乞严加约束，以遏乱萌而肃军纪。究竟情形若何，望电复。云南公会叩。效。"①

21 日

▲蔡锷咨请外交部查核临安开广道督办、铁道巡警何国钧所陈赴越探悉有关情况属实与否。外交部称：

> 民国二年二月十一日，收云南都督咨称，据临安开广道督办、铁道巡警何国钧民国二年正月十一日密呈称，窃自俄蒙问题发生，欧西各国对于亚东，无不鹰瞵虎视。法属越南与滇接壤，法人之所注意者，自在我滇省一隅也。上月十一号，职道返蒙之后，探悉此间法领事福立业与驻省韦交涉委员，均奉越南总督密书，调赴河内会议对滇政策。职道闻耗，当于筱日电呈钧府，躬往越南一行，探其内容如何。职道因托词牙疾，赴越就医，即于次日率翻译官赵宏钦搭车前往。十九号抵河内，寓墨它波尔店内。二十号往访我国华侨，谘询法人对于俄蒙之事，有何举动。据称以表面观之，系属照常，报纸亦默而不谈，其内容如何，须得寻着督署书记蔡昌言君，或可得其梗概。蔡系厦门人，精通法国语言文字，在督署任书记已三阅年，深得法人信任。然对于桑梓亦颇热心等语。职遂托华侨首领杨竹篯，致意蔡君，约于中华酒店晤面。是日夜间，蔡君如约而至，职道密致来意。蔡云两月前，北京法公使曾有文件来越，咨请总督筹划对于中华政策，内分二项，一如中俄决裂，越南边防如何筹布；二如中华退让，俄蒙问题平和解决，我法应当要求何种权利云云。越督咨复内称，除一面先行调集军队屯

---

① 北京《民主报》1913 年 2 月 23 日。

伏，以防不测。查其屯伏之区，系指定越、缅交界之金边地方，西名Cambodge，该处无华人，如屯西贡、海防、东京一带，则易启华人之猜疑，反滋风潮。已调到者有两联队，计六千人。其第二项，俟集合我国驻滇各领事讨议后，再行奉复等语。蔡又云，近年以来，越人革命之思想，逐渐发达，其党魁为越王宗室畿外侯亲王，西名Cuangde者，与其心腹潘盘珠，西名Phamfayrhan。闻此二人均系富有学识，著作革命各书甚夥。前岁业已举动，因无军械，暗发传单，鼓劝各西人之越南厨役，同日投鸩于食物内，冀其服毒自毙。不幸为内奸出首，此事因而败露。其已投鸩之厨役，遭桎梏者数十人，并将其倡首之人供出，幸该亲王及其心腹见事不谐，立即逃遁海外。先至香港，继到日本，复为驻日法公使所查觉，即照请日政府，将其交出，日政府以伊等系属国事犯，乃援公法以拒之，仅允驱逐出境而已。伊等附轮出境之日，法公使飞电饬其驻沪领事截拿。迨日舰到沪，法领登舟搜索，竟无越人踪迹。闻该亲王等，系于中途易舟，已向新加坡而遁矣。闻月前有越人私运军火之事，系由海防入口，拟运至滇越边界屯驻。此项军械，其逼码系盛于沙田柚内，枪枝系伏于螃蟹笼子夹层底下，沿途关卡，均未查觉。迨至老街下车，挑夫不慎，触破柚子，逼码露出，竟为巡警瞥见，此批军火，悉数查获充公。运军械者见机远扬，越人蠢蠢欲动之心，于兹可见。蔡君复许为韦等到时，会议如何，再行探明通告，语毕随即别去。

二十一号，职道赴海防，该处华侨甚众，对于祖国事亦颇热心，适正开会，筹助征库军糈，除随意捐不计外，议定每件出入货物，抽洋一角，合计全年可得四十万元左右。昨已将捐款万余元，汇往中央助饷。法员侦知，谓侨商热忱，固属难得，惟应秘密，俾无痕迹。盖法、俄曾经联盟，旅越华侨张明助饷以战俄，法人对于此举，殊不满意。日前俄飞艇家来此开演，竟无一人往观者，其恶俄之深如此之甚也。二十三号，职道仍返河内。次日，韦委员等亦到，与职道同寓，因询其来意。韦以闲游答。职道拟往河内，参观军队营房、陆军病院，以及测地部，无线电报各学堂、工厂，请韦委致意越督，饬令各机关知照。韦委答以须躬谒总督、陆军统制暨民政长官。职道对以此番来越，纯系个人私事，未便正式拜谒。韦委云，如欲参观此等重要机关，非得总督、统制等允许不可，故当先以拜访为是。职道然之，当即由电话通知拜会时间，首总督，次民政长官，再次统制。见面时均甚接洽，略叙寒暄，即以参观事相告。总督便由电话通告各处，并饬巡警局于二十七、八两号备送马车一辆，以资游览。总督姓沙罗，西名Savraut，年略四十余，容貌静伟，性情和平，原系议院议长。以资格论简任殖民地总督，系属破格，故其到任后，极力求好，以免舆论攻诘。观其此次倡议九千万佛郎之借款，兴办中印度交通、实业一事，便知其为甚欲作事之人也。陆军统制姓本干，西名Pennegnin，年六十余，即前随孤拔占领越南之将官也。于前清光绪二十三年曾充滇越勘界特别员，于边界事务甚为熟习。二十五、六两号，系放假日期，各处机关无人。二十七号，始往参观先觉学堂、工厂、医院，次观无线电报。查其发电塔高七十五米达，与西贡、广州湾二处相通，互相发电。安设此项无线电机如河内者，闻需银十万元之谱。此种电报，较有线者敏捷百倍，随发随到，以求消息之灵通，无有甚于此者也。越属无乡镇警察保安事宜，即以蓝韦越兵任之。越兵服装、饷糈，均不如法兵之优异矣。惟测地部未得参观，想因其内有军事地图。职道请愿时，越督以他语支吾，未能得其允许，殊为歉然。查中印度，又名印度支那，共分五区。其北部曰北圻〔圻〕，又名东京，即与云南、两广交界之地。海防、河内、老街等处，属之中部，曰安南。越属之南部曰南圻〔圻〕，西贡属之西部曰古乐，介于缅甸、暹罗之间。西南部曰金边，其西北接暹罗，正西至暹罗海湾，南接南圻〔圻〕。其住扎北圻〔圻〕之步兵只一协，炮兵一标，悉归本干统带，协本部与三标本部均设河内。惟住河内之炮兵一营、步兵三营，内一营全系法兵，余二营系安南兵，余皆扎防。所到标部，均奏军乐，以示优礼。法兵服装，极其观瞻。调查兵费，多以资格定之，普通兵饷月在十元以上，间有至四五十元者，连同服装、饷糈计之，每法兵年约需银一千余百佛郎，所需兵费亦云巨矣。法步兵所用之枪系七响，西名le bet。安南步兵之枪系三响，欧炮兵之炮，种类不一，其最重要者为一千九百零九年式之七生的五。此次巴尔干之战败土耳其者，即此炮也。据炮标统带云，五年正月十六号至三十一号止，将在谅山一带野外，演习实地施放，约期可演半月，尽可派员前往参观，借资考究。惟调查兵室内务，殊欠整齐，内外科学，时间甚少。兵士举动，多形油滑，以日本军队较尚不无相形见绌之慨也。

二十八号晚，职道访晤蔡昌言君，询其督署会议事。据称沙总督于二十六号，召集各领事，在署会议后，阅其致北京公使文内云，纵使中俄开衅，鄙意决不主张乘机进兵于云南，因我属地人心思乱，须以兵力镇慑。现时总以保全已得领土为首务，暂勿施用侵略手段，以免华人愤急，暗助越人谋乱。云南已在我国势力圈内，瓜分之议定局，吾国可以不劳师而得之者也。万一中华胜俄，我亦不致与华人交恶，互伤感情。如幸而俄胜，他国乘机割地，我亦可援利益均沾之例，云南之南，当为我囊中物矣。设使中华退让，战事不成，欧美各国，从而调停，俄蒙问题，得以和平解决，我国要求权利之条件，只在修改千八百八十六年四月二十五号、千八百十七年六月二十六号、千八百九十五年六月二十号等年条约，并要求滇蜀、滇桂以及个蒙碧（按：碧，即今碧色寨）等段铁路权内，惟个蒙碧一段，与我路线有密切之关系，非由我国公司修筑并管理不可。对于修改条约及要求路权，各与议人员均甚表同情云云。查滇蜀、滇桂两段路线延长，民间无此财力，组织公司承造，自应由政府办理。惟须从速建设，以杜要求。而个碧一段路钱短促，需款无多，已由民间设立公司，招集股本，呈蒙钧府批准商办在案。此路为个旧矿业攸关，更宜及早造筑，万不宜再事拖延，致贻法人之窥视。应请钧府严饬该路公司，立速兴工赶筑，限期竣事。不惟路权得以保持，一经开工，外人亦无从借口，且路线早成一日，实业矿亦早发达一日矣。蔡君又云，月前总督曾密派军官一员，名楼伯鲁者，西名 le Bellau，住扎老街，扮作普通人民，不时前往滇、越交界各处测量地形，并侦察安南人与滇人有无勾通、谋为不轨之事。职道已密饬各对汛调查此人矣。

蔡君言毕，告别职道，当托以后如遇督署有关于我国，或云南之各种秘密文件，请其暗通消息。如于手续上有需资之处，职道许以筹付，彼以首肯而去。再此番职道赴越，我国侨民来职道处哀诉，若辈在越，无本国政府代表之苦，每遇苛虐不平之事，无处申诉，任其鱼肉，莫可如何，吁恳代陈钧座悯华侨疾苦，予以法委交涉，于未能设领事以前，暂由滇中就近派员往越，俾侨民等遇有抑屈之事，得所申诉等情。查旅越华侨，在河内者千余人，住海防者四千余人，其在西贡者约在十万以上，俱无我国官府住彼保护，任人奴隶之、侮辱之。前清弃之而不顾，方今共和成立，国民为重，应请钧府提交省议会作为议案，应如何设法维持之处，速即议决施行。所有职道赴越探访情形，理合据实密陈等情。据此，查该道所称各节，颇有关系，用就见闻所及，逐节附陈，以资参考。

一、中俄决裂，越南边防如何筹布，此节似非详确，盖中国有事于北方，实无力经营越界，即以现状言之，中法亦无开衅之理由。则所谓边防如何筹布云者，其为中国战败，大局瓦解之预备耶。至闻已调两联队，屯伏金边地方等语，须俟密查后，始知其底蕴。

一、如中华退让，俄蒙问题平和解决，我法应当要求何种权利，及俟集合驻滇各领事讨议后，再行奉复等语，亦似不确。盖关于铁路有所要求，滇越铁路公司必已报告越南政府。关于边界者，亦必有成竹在胸，无须临时集合各领事讨议。况滇事之可裨于越南政府者，各领事必当随时报告乎！查蒙自法领事福立业君，系于去腊十四日离滇，二十日返蒙。当其赴越前一月，曾往蒙道署，向该道面称，准越督来函，据东京河阳四圈官呈称，麻栗坡副督办遇事因循，延不办理，应请转饬该副办，嗣后遇有交涉案件，务须从速办理勿延，庶彼此感情日臻亲密，实于两国边防，均有利益等语。省城法交涉委员韦礼德君，则系于去腊二十二日由省赴越度岁。渠本欲早日首途，徒因未得其驻京公使许可，不克如愿。临行之时，尚以此为虑。渠素与义代办领事洒朗戴君友善，此次亦系与之偕行。嗣法委于一月初九日返省，即来府晤谈，且云越南政府待遇何道台甚属优渥，何道台因得参观他人所难得见之物。又以民国承认后，须请本都督往游河内，越督来游滇省为言（此乃法委数月以来之计划）。再查腾越森领事亦于去腊十八日往新街，二十九日返腾。省城之英署总领事傅夏礼君则云，彼此系初由外来者，暂可不必休暇。

一、越王宗室畿外侯事，久已为人所知。东京民政长署人员亦尝言及。至若私运军火（手枪六支），实有其事（出事在去岁九月间）。本省河口副督办亦知之，惟系华人所为耳。

一、对于海防筹助征库军糈事，河内、东京《前途报》，尝以此举与法俄交际不符为言。

一、越南总督沙罗君系法国众议院议员，曾充都鲁斯地方《都鲁斯报》之总理。

一、二十八号晚，职道访晤蔡昌言君，询其督署会议事一节。查俄胜，各国乘机割地云，确否尚不可知。然所谓侵略手段，决非瓜分成议之前为法人所愿出。此其故，当于摩洛哥问题与亚现状寻之。且以势力范围论，则法国所欲得者，非仅云南一省矣。

一、要求修改一千八百八十六年四月二十五号、一千八百十七年六月二十六号，及一千八百九十五年六月二十号各条约一节。查所谓一千八百八十六年四月二十五号条约，即前清光绪十二年所订《中法会议越南边界通商章程》。大要在设领通商与印发护照事。其第十五条，谷米等粮食不准贩运出中国边关一节，即法人所称为不便者。前清宣统二年曾经滇督奏请准运出口，旋即照准。后因与法委商免过越税则事，未能就绪，此事遂搁置不行。惟越南政府近来因鼓励安南人商业起见，限制中国商人。东京报界亦常有中国商人所处地位，较欧商为优之言。盖以中国商人所应遵守种种规定，不及西商之严也。所谓一千八百九十五年六月二十号之条约，即《中法续议中越边界会巡章程》。前清宣统元年六月二十六日，法驻京潘公使曾向外务部提议该章程未尽妥善，须另修改。拟有条件交由外务部转行滇省及两粤，乃因事关三省，法使原件于中国边界亦有未便之处。经三省各就该处情形，核议损益，往返商榷，滇政府亦已拟议咨部。反正后，尚未闻法使续行提议。所谓一千八百十七年六月二十六号之条约，恐系错误，是时中法尚无遣使立约之举。意其所指当系一千八百八十七年六月二十六号之条约，即前清光绪十三年《中法续议界务专条》，及《中法续议商务专条》。法国欲修改否，不得而知，界务亦未闻法使提议。

一、滇蜀、滇桂及个蒙各处铁路。查法人修筑滇越铁路，本不欲以云南省为终点，而有修筑滇属［蜀］铁路之希望。此线之利益，约有数端，川省物产丰富十倍于滇一也。川省在扬子江之上游，可由叙府与法、比公司所筑之京汉铁路相接二也。与英国竞争三也。后滇省有自修滇蜀铁路之议、滇属［蜀］铁路公司之设。反正后，复因军事、交通计，改滇蜀为滇桂，法人未尝有违言。然为商务计，虽以修筑滇蜀为急务，而滇桂亦不可缓。盖可与滇越直接竞争，使其减色，且往此往海，不至为东京税则及滇越铁路高抬运价所困也。若以军事言之，则滇桂可与粤汉铁路相接，其利益尤大。至若个蒙碧一线，须与滇越铁路相接，恐须由法人包修，始可免却种种困难也（否则，滇越铁路公司既可不允接线，亦可高抬个蒙碧所须材料运费）。

一、侦探安南人与华人有无勾通、谋叛法人情事。查去年七月间，准法委面称，中国边界龙膊汛员向该处越人称，滇都督尝接见越人，告以安南若有革命排法举动，将助饷械等语。越政府已查悉，并搜出炸弹，请饬查如实，并将该汛员调往他处，免滋事端。本委员不欲声张，故不用正式公文等由。本都督当以民国尚未承认，内政困难，外交尤不可不慎。舍己芸人之事，不能为亦不可为。乃以将校不得干预安南事，违者有罚等语，答复法委，并密饬蒙关道兼对汛督办何国钧速查，密呈候核。旋据该道复称，查无其事等情。按前次镇南关、河口起义时，法人早已调查华人有无与越人勾通情事，南京临时政府成立时，沪上曾印出一中国地图，将东京划入中国地界以内，法人见之，颇滋不悦。至若法委个人意见，则以为中国将来强盛时，越南必为所占夺。

一、越南政府苛待华侨一事，虽应由中央派领保护，亦须国力充足，始得豁免。现在即欲派领赴越，亦恐难于挽回。查前清曾经派员驻扎海防，当照会法委时，彼即照复声明，不能作为正式交涉委员干预交涉案件，只能作为照料等语。本都督久欲道派精明干练之员，驻扎东京，将该地法人举动，随时报告备查会须实行，以冀消息灵通。所有临安开广道何国钧密呈一切情形，相应咨会大部，请烦查核。①

又电告外交、陆军、参谋部，肃清腾越景城 12 日夜兵变情况。说："午密。外部皓电悉。腾越景城十二夜西防十三营左哨叛变，抢劫盐局及街民十余家，旋窜往弄璋。经蛮允兵团过江邀击，追至蛮允，擒获多名，余由户撒溃逃，已由腾镇道饬各营管及各土司分途截击，并由腾派陆军一连

---

① 台北中研院近代史研究所藏外交档案。

驰往剿办，不难悉数歼除。腾城平靖，并由该镇道函知森领电缅防范矣。蔡锷。个。印。"

同日，又电告国务院说："中密。个电悉。腾越旧城十二夜西防十三营左哨叛变，抢劫盐局及街民十余家，旋窜往弄璋。经蛮（允）四兵团过江邀击，追至蛮拱，擒获多名，余由户撒溃逃，已由腾镇道饬各营管及各土司分路兜击，并由腾派陆军一连驰往跟踪进剿。昨来电称，已一律肃清，腾城安靖，并由该镇道函知，已预电缅防范矣。盼转呈。滇督锷。个。印。"

23 日，陆军部秘书厅函告段祺瑞说："径启者。准云南蔡都督电称，腾越十二夜西防十三营左哨叛变，当饬陆军一连驰往追剿等语，当经转呈大总统鉴阅。除遵令电复并分交参谋本部外，相应抄录来往电文，送由贵部查照可也。此致陆军总长。"①

3 月 23 日，报载"探闻大总统昨致云南蔡都督要电一道，探其内容因仰光英领电告腾越兵变，商民罢市，秩序大乱等情，故特电行滇都督详为查复云"。②

▲万国改良会（按：指万国禁烟改良会）电请蔡锷查禁烟有关事宜。说："洽电悉。承派李君莅会，至佩。贵省禁烟，于种、拔、售、运、吸、存各情形，并有无专律、专会，均乞饬查详复。至叩。万国改良会。个。"③

3 月 26 日，蔡锷电复万国改良会，滇省将承示"饬属严密查禁"烟毒。说："万国改良会鉴。蒸电悉。贵会联合此会（按：指全国禁烟联合会）讨论多日，议决二十余款之多，极佩。所议条款，望早日宣布，以便进行。零卖膏店，敝省早经封闭，既承指示，合亟饬属严密查禁，期免疏虞。此复。滇都督蔡锷。宥。"④

22 日

▲17 日，张文光、郑开文电询"滇省军都督府"，提督取消后，"提部各员"及相关事项如何办理。说："窃提督底缺，呈准取销，近日部署一切，

---

① 以上三电均见中国第二历史档案馆藏档案。
② 《滇省亦有兵变之警耗》，天津《大公报》1913 年 3 月 23 日。
③ 《万国改良会为禁烟事致各省电》，《申报》1913 年 2 月 27 日。
④ 曾业英编《蔡锷集》（二），第 827 页。

已将装械照缴榆局查收。其统领兼带关防拟于养日交代，惟提督各员兹经呈恳录用，蒙批饬会由新带位置遣散，文光、开文允经磋商量授。查记名管带十一员，窦银笙、李源本腾镇旧部，李镇仍调回供职。袁吉臣系陆军人员，拟留榆听差。薛朗办事老成，拟拨腾听差。李辉祖文理通达，兼熟边情，请委边隅州县，或腾永弹压。周绍昌文事兼长，请委文职。其余周唯美、赖瀛洲均自愿出洋。刘仁俊、张有传、赵学富均饬休假。随员六员，王华江久历戎行，耐劳勤慎，已委一营哨官。李兴臣、陈焕文人尚稳练，拟拨腾差遣。杨庆溶、丁万福、黄正国均饬休假。惟监印员张洪纲精明干练，政治娴习，恳以州县委用，自能胜任。亲兵饷项，前经批示，如月尾解散，外给恩饷一月，因惟命是遵。但念一切员弁，宅心肫诚，从事光复，命同牺牲，今提督解职，彼可位置者勿论矣。如出洋之周、赖，休假之赵、刘、张、杨、丁、黄暨书记军需，府念平日饷数无多，恳照原薪外，给恩饷一月，以示矜恤，而予路需，并请提篆是否截角，提庄房地交谁经理，均乞详示饬遵。文光、开文叩。筱。印。"

22 日，蔡锷电复张文光、郑开文说："筱电悉。提部各员准如拟办理，周、赖各员及亲加薪饷，该提既于养日交代，应于是日截止，另给一月恩饷。提篆印截角缴销，提庄房地概交该统带经理。督。养。印。"[①]

23 日

▲蔡锷函询外交部，可否在《滇越铁路章程》之外，"别设新法以对待之"，以杜其"任意请添之弊端"。说："敬启者。案查解释中法会订《滇越铁路章程》第二条一事，前经本都督于二月初六日，咨请大部查核办理在案。兹复据外交司呈称，接准法交涉委员二月十八日照会开，公司因稳固路身之工程，拟请拨予地基两段等因。当告以公司需用地基，原可照拨。惟本司意见，路章以足敷用为止云云。仅可适用于修路时期，现在开车已久，若欲添拨地基，自须照价纳租。因彼此意见不同，本司已呈报外交部查核办理等语。韦委（按：指韦礼德）复称前次不允纳租，因所拨之地，系属官荒，若为熟地，则纳租亦属公道办法。现尊处既已呈报北京，本委员亦当照办等由。查两方面权利义务，已由《滇越铁路章程》规定。然有出诸定章之外，为吾人

---

① 以上二电见《滇复先事录》，《云南文史资料选辑》第 17 辑，第 180—181 页。

所未预料，而不便拒绝。如公司请添拨地基之事，似不能不于定章之外，别设新法以对待之。惟滇越铁路，自河口至省城，拨用之地甚长，现请添拨，虽属无多，应纳之租，固属有限，然纳租既可杜公司任意请添之弊端，又可减轻政府之负担。是否可行，用再函恳查核办理。专此，并候勋祺。蔡锷。二月二十三日。"①

24 日，又与法国交涉委员滇越铁路公司车务总理等人谈话。其文如下：

本月二十四日上午九点半，法交涉委员偕同车务总理兰乐内（Le Bourhis）君、福领事及岳能礼君到司。摘其谈论要点如下。

其详见公司送交个蒙铁路笔记，并谓自 Le Bourhis 在蒙自与个蒙公司委员会议后交以草案。乃昨日接海防来信，自署为孙文将草案退还，并不与彼磋商，此等举动，甚属不合。彼意不欲再谈该支路之事，明日将起程往河内函告巴黎总公司，请其加增大锡运费。盖从前由个旧运锡至海防，每顿约百元左右运费，现滇越铁路只须三十五元，当时香港锡价，比现在相嬴〔赢〕。现个旧商人既因滇越铁路得利，滇越公司亦可分其余润，以每顿加运费十元计算，每年可加进款十万佛郎左右云云。

当告以个蒙壁〔碧〕铁路，由滇越铁路公司承造，有种种便利，吾所深知。然该路系由商办，政府并未预闻。王总理（前个旧锡务公司总理）等对于滇越铁路公司之举动，本属不合，现欲以增加运费为对待，实所以困其他各厂主商人，亦非正当办法。

福领事云：云南政府现因米贵，请安南政府允准免税运安南米出口，现在以此等手段对待公司，不惟米事恐办不到，即办到公司亦可故意为难云云。

当告以个蒙壁〔碧〕公司系商业性质，与政府无干。乃因该公司之故，设法对待云南政府，未免不合。且云南之所望于安南米者，并非因饥荒而起，不过以安南米使垄断，商人无所施其技而已。

福领事并谈起稽副督办（前河口副督办）之事。当告以老街参办甚属不合。其详当于午后言之。

午后渠来时，并未深谈，因渠有不欲深谈之意。老街参办之不善，

---

① 曾业英编《蔡锷集》（二），第 815 页。

安南政府与法委或巳向之言。

福云：此事不甚要紧，彼将调去。

当顺便答以稽亦将调开（稽副办调开已有定议）。

十点半钟，乃往请都督（按：指蔡锷）与之晤谈。

车务总理仍以个蒙壁［碧］事为言。

都督答以该路系商民合股修筑，政府未尝预闻。王总理（按：指前个旧锡务公司总理）云云，乃前清官场敷衍之积习，彼在个蒙壁［碧］铁路公司，并无何等权利，其所言均无责任之言。然使贵公司总理诸居［公］徒劳往返，殊属不合。

法委称此路之修成，必须政府相助乃可。

都督云：前本拟由政府兴办，因个旧一带商民不乐而止。现将此事交彼而又不办，两月前已派滇蜀铁路公司总理往查，尚未接有报告，一俟报告到时，再行定夺，或由商民修筑，或官商合股，或由政府修筑。

车务总理以加大锡运费为言。

都督答以若欲抵制，当抵制惹事之人，不当抵制个蒙壁［碧］铁路公司，亦不当抵制锡商，且现在公司并未成立，无抵制之目的物，且抵制过早，适足以伤害事机。

又云：现在个蒙壁［碧］铁路之修筑，有二办法，一公司自修，二包修，则当以投标出之，则仍为滇越铁路公司所得。

车务总理等以为然，并称明日将起程往河内，现暂不言抵制。

法委云：个蒙壁［碧］如有须助之处，滇越公司仍将照办。

车务总理又云：包修亦须由勘路着手，以定标准，且勘路与修筑应以一公司为之，以免重勘耗费。

至于何道台（前临开广道）函告福领请总理（滇越铁路公司总理）马君来滇云云。吾所不知，都督亦不知。

福领以来往信件之译文见示，乃告以虽有此事，亦系向来行政代转习惯。

车务总理乃有领事办事认真，故从其言而来云南之辣语。

乃告以不认真者，乃个旧一班之人。

兰乐内君称公司既未成立，有人自称为办事员，运动滇越公司，希图酬报。

午后，何道台至司，当偕往见。

都督则云：未尝函请马总理来滇，当向韦礼德君询明一切，现尚未得回音。①

4月16日，法使康德节略外交部，希望"仍由滇省大吏"供给滇越铁路公司"界外地基"。说："本年二月二十七日，接准照称，滇越铁路公司于界限以外兴筑工程，殊与该路章程未尽符合等语。兹据本国驻滇外交委员声称，原因去年轨道线内山石坍塌数段，致有交通中断之虞，势当速为修补整齐。故该公司自行开工，未及通由法国委员转知滇省大吏。虽该处全属山坳无主荒地，然法委员亦谆嘱该公司应行遵守章程明文办理。是以自此以来，需用界外地基时，该公司莫不正式转达矣。兹本馆不得不向贵部述明者，即系滇越路基尚在未能完固之际，沙石颓陷，防不胜防，在贵国政府既经承认供给该路必需之地，谅必不能生有限制期限之意也。嗣后遇有因地势不便，或因他故应需附属地基，以济通车之用时，即希仍由滇省大吏将此种地基供给该公司为盼。康德。二年四月十六日。"

22日，外交部批复法使康德说："接准节略内开，闻滇越铁路公司于界外开工一事，据驻滇外交委员声称，原因去年轨道线内山石坍塌，致有交通中断之虞，势当修补，该公司自行开工，未及通由法国委员转知滇省大吏。自此以来，需用界外地基时，该公司莫不正式转达矣。兹本馆向贵部述明滇越路基尚在未能完固之际，沙石颓陷，防不胜防，在贵国政府既经承认供给该路必需之地，谅必不能生有限制期限之意。嗣后遇有因地势不便，或因他故应需附属地基，以济通车之用时，即仍由滇省大吏将此种地基供给该公司等因。查《滇越铁路章程》第二条内载明于铁路所属各地均应备有地段听用，以足敷其用为止等语。现在该路业经竣工，久已开车，应用地段自无不敷，如再请拨地段添筑工程，系为养路之用，自不能照筑路时一律办理。现滇省都督来函拟请贵大臣转饬该公司嗣后需用地段，除照章报明外，须查明该地如系官荒，仍照向章拨给，若系民业，该公司应照给租价，似此通融办理，于路工、滇省两有裨益。特此布达，即希查照见复为荷。通商司唐宝恒拟。中华民国二年四月廿二日办，廿三日发。"

① 曾业英编《蔡锷集》（二），第816—818页。原件题为《民国二年二十五日照抄法委等到司谈论个蒙壁［碧］铁路笔记》。

6月，特派云南交涉员张翼枢接阅外交部"邮寄六月份交涉节要"后，呈报外交部法使之所以以个蒙碧铁路"建筑权为请"等情。说："为呈报事。案查钧部邮寄六月份交涉节要，法使要求撤退广州湾办理关卡人员案内，有法使要求将自蒙自至个旧铁路建筑权归于法人一事。查滇省个蒙碧铁路公司系由官商合股组织而成，滇越铁路公司曾要求承办该路。兹将该公司交来渠等在蒙自与个蒙碧铁路公司委员会议之笔记，及该公司协理与法委到署面谈暨与都督面谈各节，抄呈查核。至滇省建筑此项铁路，原定有二办法，一公司自修，一包修，以投标出之。现虽定为公司自修，而所用材料，将来虽不全数购用法国货，其大多数必购自法国。盖因彼有海关税率与火车运价足以胁制滇人，而抵制外国商人使不能与之竞争也。故此项铁路，滇越公司及法委均以上指二项办法为善。至其所以要求承办之，故当在抵制他国商人，尤以德商为甚，及因为该公司局面与销售余存材料起见。乃法使在京更以建筑权为请，未免故意为难。此事发生于本年二月间，未经咨达钧部。前阅交涉节要，因记及云南政府前向德商礼和洋行购买军械，英领、法委请求凡由外商承办物料皆以投标出之一事，呈报钧部时以为此事曾经附及，及阅原卷乃知漏未列报，理合抄录原案，具文呈请钧部查核。谨呈外交部。附呈抄折二件。特派云南交涉员张翼枢。印。"

7月3日，张翼枢再电询外交部，可否与法"另订新章"。说："用解释中法会订《滇越铁路章程》第二条一事，前经都督咨函钧部查核办理在案。兹准法委面称，接公使函称，公司添拨地段，照价纳租，尚属公道。已函巴黎请该公司总办意见等语。此项租地年限，当与铁路相始终，纳租办法是否可行，拟请察核办理。再晤谈时，续办会订路章，所有条文多为筑路而设，现路工早竣，颇不适用。虽有路警章程，遇事仍恐无所适从。会商参酌两项章程另订新章，法委称表同意。惟路章订自北京，别订新章仍须由北京核准等语。本特派员提及此事之意，除欲续办专章外，并拟设法挽回路警章程之失。当否，恳查核示遵。特派员张翼枢叩。三日。"

8日，外交部电复张翼枢说："三日电悉。此事前准滇督咨函，经本部照会法使转饬该公司，嗣后需用地段，如系官荒，仍照章拨给；如系民业，应照给租价等语。尚未得复。至另订新章一节，如果确有把握，足资补救，自可酌拟条文，呈候核夺。外（交部）。"

下旬，外交部函咨蔡锷，"蒙自至个旧铁路能否将建筑权归于法人"。

说："径启者。准法康使面称，蒙自至个旧铁路能否将建筑权归于法人等语。查近因中国拟在广州湾增设海关，正在调查筹议之际，故法使有此要求。究竟蒙自至个旧路线利害关系若何，能否允法人建筑，事关路权，亟宜详细研究，相应函请贵都督查照酌核见复，以凭核办。此咨贵都督。"①

30日，蔡锷与罗佩金咨复外交部，强调蒙自至个旧铁路"主权在民，滇政府不能主持"。说："案准贵部咨开，准法康使面称，蒙自至个旧铁路，能否将建筑权归于法人等语。查近因中国拟在广州湾增设海关，正在调查筹议之际，故法使有此要求。究竟蒙自至个旧路线利害关系若何，能否允法人建筑，事关路权，亟宜详细研究，相应咨请贵都督查照酌核见复，以凭核办等因。准此，查由蒙自至个旧铁路，纯为厂地交通机关，与个旧锡务有密切之关系。在未反正以前，滇越铁路告成之后，即据个旧绅商炉户呈请集资修筑此路，并经滇政府派令滇蜀铁路工程师多莱勘定路线。反正后，复据呈经核准由该处绅商炉户自行组织公司，集获资本，延聘多莱为工程师，刻正复勘路线，计划建筑。此路利害，路权与矿权相因，既归滇人自修，商款商办，主权在民，滇政府不能主持。相应咨复贵部，请烦查照办理施行。此咨。蔡锷、罗佩金。印。中华民国二年七月三十日。"②

8月20日，外交部通商司拟呈交通部长文说："径启者。前准法康使面称，蒙自至个旧铁路能否将建筑权归于法人等语。业经本部函达贵部，并咨商云南都督在案。兹准云南都督复称，查由蒙自至个旧铁路，纯为厂地交通机关，与个旧锡务有密切之关系。在未反正以前，滇越铁路告成之后，即据个旧绅商炉户呈请集资修筑此路，并经滇政府派令滇蜀铁路工程师多莱勘定路线。反正后，复据呈经核准由该处绅商炉户自行组织公司，集获资本，延聘多莱为工程师，刻正复勘路线，计划建筑。此路利害，路权与矿权相因，既归滇人自修，商款商办，主权在民，滇政府不能主持等因。除俟法使再来提议时相机婉阻外，相应函达贵部查照可也。此致交通总长。"③

24日

▲蔡锷电告内务总长暨筹备国会事务局，滇省已依法选出参议院议员十

---

① 以上六文、电均见台北中研院近代史研究所藏外交档案。
② 曾业英编《蔡锷集》（二），第1078—1079页。
③ 台北中研院近代史研究所藏外交档案。

名。说："参议院议员选举于二月十四、十五两日接续举行。已依法选出吕志伊、谢树琼、朱家宝、孙光庭、王人文、袁嘉谷、李文治、赵鲸、陈善、杨琼十名。除咨送名册外，特闻。滇都（督）锷。敬。印。"

同日，又电告筹备国会事务局说："滇省议员赵鲸、杨琼已被选为参议院议员，所遗省议员二名，以第二候补当选人张忠、孙德谦依次选补。特闻，希即查照。滇都督锷。敬。印。"①

25 日

▲袁世凯任命陈钧为云南内务司长，由云龙为云南教育司长，周钟岳为云南滇中观察使，李曰陔〔垓〕为云南滇南观察使，陆邦纯为云南滇西观察使，吴良桐为云南临开广观察使。②

▲20 日，国事维持会通电黎元洪及各省都督、民政长、议会，国民、共和、民主、统一各党支部，津、沪、宁、汉各报馆，请鼎力提倡国事维持会，共支国家危局。说：

> 窃维共和成立，岁星甫周，政体虽更，邦基未固。内有军队哗变之患，外有强邻窥伺之虞，库藏跳梁，藩篱尽撤，国际承认悠渺无期。而且一载以来，中央财政全倚外债，近日大借款又复破裂，库帑耗竭，罗掘俱穷，即此一端，已足断我命脉，时局至此，危迫万分。夫当风雨飘摇之日，正吾人卧薪尝胆之时，自非丧心病狂，宁肯攘利争权，自速灭亡之祸。乃一观吾国现状，则南北新旧，各立门户，党同伐异，冰炭不容。议会与政府有争，政党与政党有争，中央与地方有争，地方与地方又有争，内讧之势，日烈一日。生于其心，害于其政，受其祸者乃在国家，言念前途，忧方未艾。而正式国会、正式政府，非全国四万万之同胞所托命者耶？今成立之期不远，而就各方面言论事实，详为观察，知已伏有绝大之危机。不亟先事设法消融，万一将来冲突过烈，激成意外变故，彼外人者将借口平乱，以兵力攫我主权，豆剖瓜分，势所必至。无论南北新旧各党，要皆不免为亡国之奴，此尤令人不寒而栗者也。毓筠、芝祥等同为国民一分子，国家兴亡，实与有责。追念生平至交十年

---

① 以上二电见《公电》，《政府公报》第 299 号，1913 年 3 月 7 日。

② 《命令》，《申报》1913 年 2 月 27 日。

以来，因国事牺牲生命者指不胜屈，民国成立，实受其赐。今以诸先烈颈血所造之山河，乃听少数无意识之人任意断送，九原有知，岂能瞑目？我辈即死，有何面目见故人于地下乎。用是激发天良，奋袂兴起，联合中外热心爱国、众望素孚之士，发起组织国事维持会。其宗旨在维持时局，巩固国家，以至诚大公之心，为排难解纷之举。凡国会与政府、政党与政党、中央与地方及地方与地方有意见冲突之处，其影响足以危及国家者，本会当负完全维持之责。至维持之方法及手段，则因时制宜，不能悬定。总之，不外借公论及法律之势力，以裁制其行动，使纷争不得不归于消灭，决非寻常仲裁人专以调停迁就为事者，所可同日而语。诸公或掌兵权，或司民政，或任立法职务，或居言论机关，所抱政见，容有殊途，而以维持国家统一为前提，大都无不一致于本会宗旨，谅必深表同情。现本会业于二月十七日在北京设立本部，公选职员分担事务，各省支部不日亦将推定职员，分往组织，期于联合全体，一致进行。惟望诸公鼎力提倡，共支危局。本会幸甚，民国幸甚。谨飞电以闻。本会宣言书及简章已邮寄台阅，傥蒙赐教，匡我不逮，尤所企祷。国事维持会理事孙毓筠、王芝祥、林述庆、温寿泉、杨曾蔚等同叩。哿。①

25 日，蔡锷电复国事维持会，表示对组织斯会"实获我心"。说："哿电悉。公等以国势阢陧，激发热诚，组织斯会，本维持、巩固为宗旨，借公论、法律为制裁，闳愿卓识，钦佩良深。锷盱衡时局，杞忧有日，迳闻谠言，实获我心。倘得借大力之回旋，俾邦本不致动摇，民国前途，庶几有豸。锷。有。"②

又通电国务院、财政部、黎元洪及各省都督、民政长，希望通过"公决"方式，速决"统一财政"办法。说："盛京张都督以支付命令，由中央直发有碍事实一节，当税则未划分，国税厅及金库未成立以前，即遽由中央直发，自难办到。陈都督筱电，及财政部答复所议国家行政费支付命令，应统由中央主持，是边省交通不便，支付命令用委托方法，仍由中央总其成等语。当指税则划分既定，国税厅金库成立以后而言。为力图财政统一计，自非中央直发，不足以资通筹。夫号为国家财政者，盖综全国出纳而言。必使

---

① 天津《大公报》1913 年 2 月 23 日。
② 曾业英编《蔡锷集》（二），第 818 页。

上下贯串，彼此联络，而后系统明晰，权责攸分。又称委托某机关办理支付命令，宜规定机关一节，部电未经确定者，当以法制尚未公布，故未明定。然以法理言，支出机关与收入机关既析为二事，支付命令当然由中央于预算款项范围内，使所管预算各官厅长官代理之，或委托他机关代理，无俟中央会计法公布后执行。至委托财政司管理，为暂时计则可，若久远计，似与统一财政之旨相背。总之，陈都督筱电所陈四层办法，规画详切，中肯颇深，愿中央查照答复陈都督筱电各节，从速详细规定，实为整理吾国现时财政状况根本速决办法。事关统一财政，商榷筹备，不厌求详。谨布愚忱，尚希公决。滇都督蔡锷。有。印。"①

又电请陆军部放行云南宝华锑公司所购苏打一车。说："滇宝华锑公司购运苏打一车，计十吨，经河口关被税司扣留。查苏打系化学用品，为该公司急需之物，不在军火之列。除饬司给照外，请电饬该税关查验放行。锷。有。印。"

下旬

▲21 日，蔡锷电请陆军部放行云南利华火柴公司所购"兴办实业"物资。说："据云南利华火柴公司呈购运配禄（按：电报原文如此，下文作'鉴绿'）二万磅、赤磷二千五百磅回滇，须由部给照始能运行，恳电部等情。查公司所运各物，系为兴办实业，应请查核给照，并知会税务处饬关查验放行。锷。马。印。"②

下旬③，又令实业司长吴琨转饬陆军部已准放行利华火柴公司购运鉴绿、赤磷原料回滇。说："二月二十一号，准罗民政长皓电，滇利华火柴公司驻沪董事华时俊购料回滇，恳电部给照等由。当即电部，文曰：北京陆军部鉴。据利华火柴公司驻沪董事华时俊呈，购运鉴绿二万磅、赤磷二千五百磅回滇，须由部给照始能运行，恳电部等情。查公司所运各物，系为兴办实业，应请查核给照，并知会税务处饬关查验放行。督。马。印。等因。拍发去后，兹准电复，利华公司购运鉴绿、赤磷，已知照饬关照章查验滇督护照放行等因。

① 曾业英编《蔡锷集》（二），第 818—819 页。
② 以上二电见《滇督蔡锷任职期间关于联系军杂事务文电》（1912 年 5 月至 1913 年 10 月），中国第二历史档案馆藏，档案号：1011－1114。
③ 文中言及事发于"二月二十一号"之后，可知此令发于 2 月下旬。

准此，合行令仰该司即便查明，拟照印发，并分别咨令会转饬知照可也。此令。"①

28 日

▲报载云南"光复"一年多后，三迤六诏多有"新气象"。（一）都督威望"足镇一方"。"云南都督蔡锷氏毕业日本士官学校，年约三十左右。督滇以来，士民接洽，屡欲挂冠归里，因省民挽留，谊难坚辞。去年十月，锡务公司投资三百万从新创业，蔡督带同二三随员，亲临行开幕礼，因之讹传纷起，谓都督潜逃香港，以致人心摇动，外报亦误传云南复乱，迄其归任，始告静谧。其威望足镇一方，可以推而知也。"（二）富滇银行纸币"信用坚实"。"云南财政奇绌，岁入短缺一百五十万，仅因官立富滇银行纸币信用坚实，流通无碍，赖以支持穷状，而充裕财政耳。"（三）军队秩序井然。"先自俄蒙缔约发见后，征库风潮，风靡薄海。滇省亦猝起预备，遣军发饷，认真画策。今已从事遣散，圆满实行。起义时备兵一镇，今则留存一旅。官兵感情，乳水交融，毫无睽离之态。训练之法，全然取范于日本云。"（四）教育发达。"云南教育，近年设施甚盛。现有师范学堂一处，拟增七处。女子教育，除女师范、女中学外，教育机关甚多，女学生约计一千人。往往有四十岁左右老女学生，侧身于妙龄女子之林，热心向学，真可叹赏。现经议决先拨女师范生十人赴东留学，所有爱国妇人会、看护妇会、红十字会等纷纷设立，并有时大举送迎军队及演说会等种种。"（五）奖励农业。"滇省农业，本有农业学堂、农事试验场、农务总会诸机关。近年更奖励养蚕，颁布桑苗，供给蚕种，饲育大有进境。农产物件，以米为主，豆类、白菜次之。"（六）"新剧风行。滇省社会有所谓文士剧者，多数留东毕业生等相率演戏，老壮登台，不得任意逃避。曾有某教习因拒而不应，曾见惩训，可谓奇矣。至所得

---

① 《蔡锷集外集》，第 272 页。其编者注：此篇及以下见于《云南实业杂志》第 1 卷第 1 号和第 2 号的七篇，"前四篇的标题为'都督府指令第××号'，后三篇标题为'民政长指令第×× 号'，且均无具体日期。查 1913 年 1 月，袁世凯宣布实行军民分治，各省设民政长，并于 1 月 28 日任命罗佩金为云南民政长。但此时罗在北京任云南驻京代表，因此，云南民政长由 蔡锷兼任，是年 4 月 7 日，蔡锷通电宣布，罗佩金已返滇，自本日交卸兼任民政长事。又查 《云南实业杂志》第 1 卷第 3 号所载民政长指令重新进行了编号，由此可知，自第 3 号起的 民政长指令由罗佩金所发，而此前的民政长指令则为蔡锷所发。"

剧价，悉数充爱国公债云。"①

本月

▲蔡锷电请中央政府速筹对付法、英谋我脆计。说："（一）法国驻滇两领事于前日集议数次，内容极密，近忽匆匆回国，不知作何举动；（一）英人欲自片马修一铁道，直抵云南。请政府速筹对付方法。"②

又颁布滇省现行行政、司法人员一律脱党令。说："查政党党员，无论何国，均有一定限制，军、警、司法各官，均绝对不能入党。滇省外属所有审检各厅，正在筹备时代，尚不能一律成立，现任行政各官，实以行政而兼司法，抑且握有警察权，若不禁止入党，必不免偏徇党见，滥施权力，于民国前途异常危险。本军府访闻近日以政党党员而为行政官者，遇有该党电文，竟用行政官名义行于所辖地方，是互以行政之职官为党派之所用，权限不清，流弊何极？但此事只得传闻，查获实际，定按律惩办。滇省临时议会电请大总统通令各省，一切入党之行政、司法人员一律脱党，文中已极言之，除饬将原电登报公布，并候训令再行令饬外，合亟先行通令该司遵照。以后无论系何政党党员，以文到十日为限，均应宣告脱党，免生流弊。自经此次通令，如再不脱党及有上项情弊，或阳奉阴违，一经查觉，即行撤省［消］，酌量惩处！勿违！切切，此令。蔡锷。"③

▲由赵式铭、郭燮熙、刘润畴起草，经蔡锷审阅的《蔡松坡先生事略》稿成，综合记述了蔡锷"三十岁"以前的大体经历。说：

> 蔡锷，湖南宝庆邵阳人，号松坡，原名艮寅，年三十岁。六岁受庭训，七岁就学私塾。十岁毕五经，能文。乙未十三岁应试入泮，随师樊山肄业长沙，即擅文名。丁酉（十五岁）入时务学堂，习英文、算学，研究群经，积有心得，缀为札记，师友莫不赞服。戊戌年十六，时义宁陈右铭抚湘，考送出洋学生，应考者五千人，以第二名入选。旋清廷政变，不果行，愤憾不欲生，奔走湘鄂，阴结同志，谋刺虏后那拉及湘贼中顽固某。己亥（十七岁）至上海，应李君逸琴之邀，权入南洋公学。

---

① 《三迤六诏之新气象》，《申报》1913 年 2 月 28 日。

② 曾业英编《蔡锷集》（二），第 820 页。

③ 《蔡锷集外集》，第 262—263 页。

时梁任公、唐黻丞正借勤王为名，结合同志，谋举革命，乃就梁于日。梁氏以其年幼，宜储学为异日用，遂入东京大同高等学校研究政治哲学，并补习普通科学。时□（按：原稿本此处挖去一字，下同）稿于《清议报》，署名孟博、奋翮生者是也。是年与刘百刚、吴禄贞等创设励志会，留学之结会自此始。庚子（十八岁）八月汉口事发，师友多遇害（唐公才常为公之师，杨［林］述唐、李虎村、傅良弼、黎科、蔡煜丞为公同学）。旋联军入京，海内鼎沸，外瞩祖国之危亡，内伤僚友之惨祸，忧虑成疾，形容枯槁，医药鲜效。然以体质素强，治事为学，尚如恒也。是年冬间，适日本某巨公将游历长江，公求充译员，借为复仇之举。某拒之不纳而止。旋与同志戢君翼翬、王君亮畴、沈君虬斋、杨君圊堂等创设《国民报》，阐□民族主义。民族思潮之布满神州，此其滥觞。革命重实行，耻为空谈，乃以私费入陆军成城学校。学费所出，悉以译述自给。其时适梁任公所创之《新民丛报》开幕，乃草《军国民篇》投登该报。吾国之军国民主义之输入，以此为嚆矢。是年所编辑之《国际公法志》《支那现势论》诸书，一时风行海内。辛丑（十九岁）与杨君笃生、梁君鼎甫等纠合旅东湘人，创设湖南编译社及《游学译编》。庚子以后，东渡学生逐日增多，良莠不齐，情志涣散，因倡议创立留学会馆。并于成城学校创置校友会，为联络情谊、交换学识之资。犹虑情志之尚难固结，复与湘之范、周，鄂之吴、刘，浙之两蒋诸公秘密结社，歃血誓盟，以倾倒清廷、建设新国家为宗旨，以死为期；至于用何种手段求达目的，则由人自择。东京留学生之秘密结社，即由斯发轫。是年七月，于成城毕业。以丁父忧回籍奔丧。壬寅（二十岁）复东渡。八月入日本仙台骑兵第二联队。十一月入东京士官学校。癸卯（二十一岁）十月毕业。十二月归国，应赣抚夏时之聘，充材官队总教习。旋返湘归里。

甲辰（二十二岁）春间，任湖南教练处帮办，兼武备、将弁两学堂教习。五月赴桂，任广西陆军随营速成学堂总理并创设测绘学堂。因见桂省款项支绌，军备苦难扩张，时生拊髀之叹。迭次请去，当道苦相羁留不果。乙巳（二十四岁）冬间，创办陆军小学堂。丙午（二十五岁）创设兵备处，于桂省兵事多所建议，当事以财艰匪多，少所采纳。是年冬间，随同前桂抚张鸣岐巡边，亲历桂、柳、思、南、太、归、镇、泗、色等府，并调查沿边及安南、谅山、高平等省地势民情。短衣匹马，巡行四千余里，于边情地势，均经逐一札记，并草绘略图。前张抚奏请修筑邕铁路，分别修撤沿边炮台，改良对汛，整顿边防军备各条，采锷议也。丁未（二十六岁）夏间，于南宁创练步标，躬亲教练，一切规模，皆所手订，将卒悦服。新兵入伍，锷率同全军，对神盟誓，戒以不犯上、不为匪、不脱逃三事。盖欲以神权迷信，矫边民犷悍之性也。己酉（二十八岁）三月，调充讲武堂总办兼办学兵营。该堂前任办理不善，棼如乱丝，以致所聘某国教习跋扈恣肆，员司学生以及兵夫辄轶出范围之外。锷乃严伸纪律，将中外司员之不尽职者，悉予黜退。学兵营官长以下概行遣散，另行编组，申儆而教练之。堂营章制，重新厘订。期月之间，壁垒一新，广西陆军实以该堂植其基。庚戌（二十九岁）该堂毕业后，锷迭次乞假回湘，便道过桂垣。时张抚与军界某某等大起龃龉，伏潮暗湍，不可终日，而军事各机关尤为淆乱无纪，张窘蹙万状，以锷材望夙孚，切意挽留，不令行，任以督练公所三处及干部学堂总办兼办学兵营。锷迫于公义，勉担收拾残破之任。公以桂省军事现状非殉纵敷衍，即卤莽灭裂，乃订立程限，逐事清厘，期于力扫颓风，廓清积弊，不惜以一身府怨。三月之间，困难问题，多迎刃而解，基础大立。而疾恶稍严，遂遭众嫉。适因甄别干部学生，黜革至七十余名之多，金壬构祸，横起风潮。桂议员中有不素慊于公者，摭拾浮词，砌款弹劾，公屹不为动，以镇静处之，治事如恒。部曲中咸愤愤，有欲以激烈手段对待之者，公力止之。惟以议员干涉军事为不合，电清中枢派员查办，以杜后患。旋因桂中军事，部署略具规模，力请解职。

其时，片马问题发生，举国骚然。滇督李公（按：指李经义，时任云贵总督）以公治事有声，迭经函电敦调，并派员迓接，公于辛亥（三十岁）春由籍起程赴滇，任三十七协统领。滇省军界党派分歧，争竞颇烈，公不偏不倚，激扬清浊，一视同仁。惟知以砥砺志节，讲求学术策所部，同胞将士靡不倾服而爱戴之。桂议员以前此劾公，反遭失败衔之，函恳滇议会表同情。滇议员竟以上闻于李督，李督斥其盲从。军界同胞咸抱不平，欲与滇议员开谈判。公亟阻之曰：予果无状，为世所摈斥宜也。既俯仰无愧，何恤人言。余将来若能于吾国有所建树，则渠等今日之掊击，适凑成余个人历史上之佳话。中外伟人，无不为世所诟病者，复何庸计较云云。时钟、王（按：指钟麟同，时任十九镇统制；王振畿，时任兵备处总办）等握军界重权，对于同志诸人，屡谗构于李督，极端排挤，公为解释，如殷、罗、韩、谢、唐、刘（按：指殷承瓛、罗佩金、韩凤楼、谢汝翼、唐继尧、刘存厚）诸君得以不被排去者，公之力也。川中铁路风潮起，公逆知中国局势之解决，将以此事为导线，即与同志诸人迭为密商，着手布置。以李鸿祥充七十三标管带，唐继尧、雷飙充七十四标管带，罗佩金充七十四标统带，李凤楼充机关枪营管带，并于下级将校中，将同志者伺机位置，党人势力乃几与钟、王派势力相埒矣。七月中旬，公以秋操计划，赴宜良踏看地形，八月中旬始归。其时川事益急，公召集同志，密议数次。有主张云南不宜举动，俟全局大定，再为拔赵易汉之谋，以避外人之乘机干涉者。公为云南宜速举以为东南各省倡，纵武汉失败，滇中亦可于半年之内，整顿军备，进退裕如，以此数月之中，川、黔可以得手，得此三省，以与满清争衡，胜负亦未可决。众多赞成，其议遂决，遂定期举事。并决定攻守计划，歃血为盟，誓不反顾。钟、王已有所闻，戒备綦严，时派人尾随，侦公行动，诸难自由。八月下旬，钟欲撤惩谢、李诸人，经公面折其非，并函陈利害，乃免。自武昌光复之耗至，风声更紧，而以子弹未领，豫备未周，荏苒数日。嗣闻武汉复经失守，腾越亦经起义，是日午后，发令委派临时官长，按照预定计划，分途布置，以李根源率七十三标攻围军械局、五华山，而巫家坝步、炮两标非公亲临，断难如意以动，乃赴巫家坝。午后十时顷，聚集两标将校，宣告举义宗旨，词严义正，每发一语，则群呼万岁。宣告既终，到校（场）擒满人容山、惠森二军官至，群欲处以死刑誓师。公谓吾辈今日此举，为倾倒满清恶劣政府，不宜戕杀其个人，汉、满、蒙、回、藏，皆属同胞，应一体看待。遂令暂拘，事后释放。继复聚集目兵誓师，欢声雷动，分给子弹，整理装械。既毕，整队陆续出发，时正夜半，遥见城中火起，频闻枪声，知七十三标已入城，乃督军急趋至南城外车站。有巡防军两哨迎降，公稍为抚慰，仍命暂扎南城外，巡逻车栈一带，保护居民，防缉宵小。旋途遇马标于南校场（系奉钟调来城镇压者），公以该标为来援，与该标将校握手欢呼，该标亦慑莫敢动。旋率军由大东门入城，以步、炮、机关枪各队分布东南城垣一带，待揭晓施行总攻击。并派队协攻军械局及五华山，设司令部于江南会馆，会步、炮各队协攻军械局、五华山、督署各处。步队所携子弹，人仅十五发，鏖战达旦，早经告罄，非得军械局，则子弹无从接济，乃以火药毁其围壁，众兵拥入。同时五华山、督署两处相继攻克。公下命饬诸军分别占领诸要地，不得擅离。并严饬各军，不得妄戮一人，不得擅取民间一物。人民安堵，省局大定。乃于十一日组织军政府，分设部、司，择滇中时彦以为之长。一面通电各省及各地方官僚军队，饬令善保治安，勿得惊扰，一切人员悉仍其旧。十二、十六等日，临安遵令反正。时龚心湛据蒙自，结连开广，滥招军队，冀图反抗。公任朱朝瑛为南防统领，赵复祥副之，命袭攻蒙自，与龚军遇于大哑口，一战破之，歼其督带孔毓琴，擒斩无算，余众溃降，遂长驱入蒙，龚遁去。以南防毗连越南，且防营势力颇厚，反侧未安，乃编成南征军一支队，以罗佩金率之赴蒙。开化镇夏文炳慑于兵威，亦率所部于十九日举旗反正。鹤丽镇张继良招集无赖，图谋叛抗，公命榆标严为戒备，相机剿办，并派骑兵邀截其军火于楚雄（禄丰）境，悉被捕获。张势穷，求放归，鹤庆绅执而复纵之去。省垣附近各属，则遣小支队分途巡视，宣布宗旨，抚辑居民，缉捕盗匪，旬日之间，全滇大定。

时赵尔丰据蜀，川民涂炭，旅滇川省官商切词请遣师往援，公亦以四川据长江上游，若赵氏挟川中兵力财力，北连秦晋，东下武汉，西抚西藏，足以制民国之死命，乃搜集军实，编成一师，以韩建铎长之，分为两梯团，于九月下旬先后出发，分道并进。第一梯团以谢汝翼将之，第二梯团以李鸿祥将之，谢团取道昭通、叙州，李团取道毕节、泸州，拟会师于成都。师次叙、泸，赵氏闻风胆落，即行交出政权兵柄，另行组织政府。公即命两团暂驻兵叙、泸，协商川中军府，镇慑地方，维持治安，勿庸前进，以免启猜嫌而生恶感。时川中军府林立，政令分歧，会匪暴徒，遍地横行，李、谢诸将领迭电请积极的进行，代为扫荡廓清，另行组织川中统一机关，公切电阻止，饬令联络成、渝两军府协力剿办土匪，安辑民生，其有妄思割据、扰害地方者，则逼令取消，俟川事稍定，即行撤军还滇。川滇之能免争端，而未破裂者，公主持之力也。

先是九月初六日，张文光起义腾越，分兵下永昌，出大理，裹胁太滥，号称三十四营。其党陈云龙与大理军斗，各地骚然，乃命李师长根源率省军出巡迤西，而以赵藩充巡按使兼西道，会办迤西善后事宜。饬将腾永号称三十余营者切实淘汰，只准留编七营，以节饷糈而靖地方。

李、赵抵腾后，被汰各营叛变于永昌，永城焚抢过半。经李师长督队堵剿，骈诛殆尽。并调张文光为大理提督。李根源请设殖边队，经营怒俅夷，以杜觊觎。公采其议，派兵深入夷地，拓地数百里。又请改土设流，公以才财两乏，且有投鼠忌器、为渊驱鱼之虑，命采渐进方针，无事急遽，宜从兴教育、修道路、办警察、务垦殖入手，设行政委员以领其事，将土司司法、财政收回，不改之改，较为有济。现已次第施行。

十月中旬，蒙自统领赵复祥因滥招新兵，匪类羼入，临标及新招之一营全体叛变，戕杀官长，焚劫市场，商埠亦被蹂躏，库储饷项，抢夺一空，将校以下，逃匿殆尽，南防震动，越南法兵调集沿边，势将借口侵入。公与法领交涉，谓蒙乱指日可平，铁路一带，当派兵沿途驻扎保护，决无他虞，法商所受损失，事后议偿。法领感公诚信，无异言。公一面电谕蒙自叛军速复旧状，无得擅动；一面电饬临安开广各军，严加防堵。并即由省派遣军队，保护由省至河口铁道一带，沿途驻扎。令朱朝瑛赴蒙抚慰叛军，严守个旧，命罗总长佩金单骑赴蒙，恺切宣慰，众心稍定。乃饬将蒙军陆续调省，分别淘汰，编为二营，将为首之李镇邦、龚裕和、郭耀龙、张志仁等二十余名先后置之法，军民为之肃然。

时汉阳失守，民军不利，南北议和，迁延不决，大局堪虞。公召集将领会议，决定以援川之师，循江东下，由宜昌登陆，进规襄阳，出潼关、武胜之后，截击清军，俾不得逞志于鄂陕，然后结合沿江之师，直捣燕廷。同时复编定北伐军四千，任命唐继尧为司令。原拟取道川省，并合第一师径赴中原，因黔省于反正后，措施乖方，执政诸人如张百麟、黄复清、赵德全等，滥引匪类，盘踞要津，张、黄等自充龙头，广开山堂，勒索民财。于是全省遍地皆匪，烧杀掳掠，无所不至。黔中绅耆举代表戴戡、周沆等来滇，切恳便道移师入黔，代清匪乱。公初以北伐为重，又思事涉嫌疑，不允所请。继经戴等一再哀恳，谓滇黔唇齿，黔乱滇必难安居，即湘、蜀亦受其影响。公乃命唐继尧率兵入黔，假以便宜行事之权，俟黔事略定，仍当移师北捣。唐入黔，剧战于黔垣，克之。黄早伏诛，张、赵遁去，余众悉降。黔人念唐拯救之功，举为都督，全黔大定。

时滇师驻叙、泸，川南一带，全境晏然。该处自铁路风潮起后，土匪蜂起，糜烂不堪，惟滇师弹压抚辑，兵威所及，居民皆安。匪徒志不得逞，乃散布蜚语，谓滇军有并川之意。川人不察，遂起猜嫌。加以滇将张开儒辱郭灿（由滇军府派充四川巡按使，前清任云南巡警道，蜀人）于昭通。合江之役，复误杀黄方（川南总司令，系重庆军府所派），更触川人之怒。滇师则以川中军府林立，且多拥匪自卫，人民涂炭，四境骚然，辄欲问罪成都。两方恶感滋成，几致决裂。公切电排解，严饬滇军不得开衅，更约川、滇两军共图经营藏、卫，借御外侮而泯内讧。川督报以藏事川可力任，无用代筹，公乃饬滇师撤还。

民国纪元初夏，援川各军及西征之师次第旋滇。公以滇省经济枯窘，万难养练多兵，而地介两大，非蓄养武力，不足以固边隅而戢戎心。乃将旧兵概行退伍，另征土著壮丁，编练成军，为更番训练之计。一面裁撤防营及保卫队，腾出款项，为衰益军费及其他要政经费之用。复将防营陆续裁撤十余营（反正后计九十余营，计先后裁撤四十营）。反正之始，军事倥偬，善后各事，备极纷繁，凡百政务，只能保持现状，逐节清理。入夏以后，一切政事，稍稍就绪。公以为政须有统系秩序，乃可责效观成，用集各有司编制滇省五年政事纲要，权其轻重缓急，按年筹备，为积极的之进行。惟交议会研议，久未得复。盖以厄于经济，嗫不敢声也。公于滇中政事，主张设银行以利金融，借外资以兴实业，募内国公债以兴劝业之实，而杜外债之挟持，办契税、烟酒税，以救目前财政之急，清丈田亩，以裕国课而均负担，修筑滇邕铁路及辟内地马路，以利交通而固国防，缩小军备，以节饷糈，整顿盐务，实行就场征税，变动引岸，创设弹药制造厂，以裕军用，普设警察，以利行政，裁防、陆各营，以统一军制，经营边地，于土司设置流官，以图开拓固边围外侵，实行军国民教育，以蓄国民的武力，节减官吏薪公，以倡俭素而息官热，重订办公条例，以扫泄沓积习。以上诸端，或已次第实行，或着手规划，期底于成，徒以为财政所厄，未能率如所期。时川、黔、粤、桂不靖，滇独晏然，邻省人民，视为乐土，趋之若市。虽由该省民风淳素，教化易施，抑由于公之娴于政治，措施咸宜，有以致之也。

五、六月间，藏氛大发，川边告急，大总统命滇出师入藏，川督亦有电求援，公乃简殷承瓛为征西司令，调拨陆防劲旅，于七月初旬开拔，前锋所及，克复盐井、必土，分师进规乡城、杂瑜、波密、遥解。军行秋毫无犯，番人望风投诚。巴塘围困几半年，闻滇军至，撤围以去。方拟分道进取，直抵拉萨，用竟全功。忽奉大总统迭电令饬班师，遂中道折回，论者深为惜之。①

3 月

1 日

▲报载袁世凯拒绝蔡锷分享中央借款。说："云南民政长罗佩金前请中央拨给现款一百万元，为归还挪欠商款之用，另发纸币二百万元将滇省旧币收回，以期逐渐整理。现由财政部核议，以中央财力同在困难，所请筹拨现款应暂从缓，其整理纸币一节，已由部厘定草案通行各省。惟六厘公债尚未售有现款，如照草案实行，须由滇省筹足五成现款，一面由部发给五成公债，交中国银行前往设立分行，将官发纸币陆续收回，改将旧有大清银行钞票加印云南银行兑换字样暂资应用。已由该部复知滇民政长，请其查照办理。现罗民政长以设立分行收回旧币一层，虽有财政部之五成公债，而此外滇省自筹之五成，目今财政异常窘困，从何筹措？且从前挪欠之商款急待偿还，中央无款接济则用何法筹还？故日来甚为焦急，拟与蔡都督商一着落之法，否则财政前途，不堪设想也。"②

有人对此现象刊文评论说："筹划中央与地方财政久矣，而纠纷终不已。外省办一实业则向中央请款，改革一政务则向中央请款，筹还一外债则向中央请款。中央于欠解之课税则向外省追索，于欠缴之京饷则向外省追索，于未付之赔款债项则向外省追索。外省向中央请款中央不应，中央向外省索款外省亦不应，两不应而中央与地方之意见生、感情恶，百事于是乎不举，中国于是乎不可为矣。"③

3 日

▲蔡锷电请财政部豁免滇省"加闰定额"。说："个电敬悉。摊闰于年，自系为政务进行预算起见。惟逢闰之年，地不加广，丁不加多，多取

---

① 曾业英编《蔡锷集》（二），第 1514—1522 页。
② 《滇省财政近状纪》，《申报》1913 年 3 月 1 日。
③ 默：《杂评二·滇省请款感言》，《申报》1913 年 3 月 1 日。

于民，已非善政。况民国肇造，改用阳历，各种薪饷，皆以年十二月计，闰月政费，已归消纳。就滇省论，加闰定额仅八十两一钱零，为数无多，似应豁免，以存宽大。鄙见如是，尚希卓裁。滇都督蔡锷。江。"①

▲报载蔡锷电告总统府"边事日危，务请中央尽力维持"。②又载兹闻是日国务员会议上，"有外交部呈中英法之滇缅、滇越两项界务交涉案等"问题，"以云南省之交涉各案均关紧要，大致以片马关于西藏缅越界务有关版图，该省屏蔽，皆视于此。现虽分驻军队，因统辖于滇督，有鞭长莫及之势。拟另设云南边务巡防使，专为驻防腾越抚彝等厅，以便接近缅越边界各地，借资防守。闻当日已电商蔡都督详议电复，以凭核办"。③

5 日，又载国务院"接大总统特交密封会议案一件，饬速会部议复等因。探之该院人云，内系滇督蔡锷致电大总统，详陈法人在该省种种违约举动，肆意侵略。请饬外交部严诘驻京法公使，并陈明预筹军备，以防抵御，请示机宜。复复电赞同添设边务巡防使等情，其余未详"。④

7 日，又载蔡锷电京，请于张勋、王芝祥二人中择简一人为政府拟设的边务巡防使。说：蔡锷知政府拟设一边务巡防使后，"日昨滇省有电来京，拟请中央于张勋、王芝祥择简一人，以任斯职，于边务必有裨益"。⑤

6 日

▲报载"北京电：云南蔡都督以滇省财政困难已极，万无多养军队之理，但片马一去，大理垂危，势不能不驻有重兵，以资抵御。日前电请中央接济常款一百三十万，多练一师"。⑥

7 日

▲蔡锷咨云南省议会，请核议追加滇购礼和洋行枪炮弹械预算经费。说："案据财政司兼办理预算决算处处长呈称，案奉本府令，据军务司呈：查滇购礼和洋行枪炮弹械等件，核计总共价银合德金二百九十三万六千四

---

① 曾业英编《蔡锷集》（二），第 822 页。

② 《总统府初三日纪略》，天津《大公报》1913 年 3 月 5 日。

③ 《议设云南边务巡防使》，天津《大公报》1913 年 3 月 5 日。

④ 《大总统交议滇、法交涉要电》，天津《大公报》1913 年 3 月 7 日。

⑤ 北京《新纪元报》1913 年 3 月 7 日。

⑥ 《专电》，《申报》1913 年 3 月 6 日。

百四十二马克七十八分，应列入第二师开办费项下。所有械品价值，及一切办法手续，并议定条款、付银期限，均经载明合同，呈报在案。惟查此款系分五期交付，第一期所交定银计德金五十八万七千二百八十八马克五十五分，属于元年度预算，应请转饬追加。第二期付款系属二年度，业经并入现办预算。其第三、四、五期付款应归三、四、五年次第预算，以符年度。但马克时有涨落，前交第一期定银，彼时市价尚未调查明悉，暂难核计华银。至第二、三、四、五等期应付马克，实合华平银若干，本属无凭核计。然第二（年）度预算若不折合华银，究与预算体裁不合，暂以每马克合华银三钱六分计算，将来付款若干，仍应核实领支。又前次呈报核合华银总数系以三期计算，现在既未查明，应请将前呈删除，合并声明。奉饬前因，理合照抄合同并付款期单，呈请查核转发等情。据此，合将原呈合同、期单抄稿令发（计发合同一份，付款期单九张），查照核办。此令。等因。奉此，查此项订购枪械款，分作五期交付，第一期所交定银计德金五十八万七千二百八十八马克五十五分，应追加元年度预算。惟马克如何折合华银，尚未叙明，当经签知军务司查核见复。兹准军务司复称，暂以按每马克以华银三钱六分折合，德金五十八万七千二百八十八马克五十五分，约合华银二十九万三千六百四十四元二角七仙六厘。将来付款若有增减，仍应核实领支等由，签复前来。除将奉发合同、付款期单存案外，理合具文，请祈查核转咨议会，核议追加等情。据此，相应咨交贵议会核议。此咨。"[1]

又指令教育司司长周钟岳统筹高小各学校军事教育办法。说："照得本军府现拟授高小各学校军事教育，所有省城、大理、临安、腾越、蒙自、开化、昭通等处，应直接由军队派军官教练。其余各处则由该校军事教习教练，亟应统筹切实办法。"[2]

8 日

▲报载蔡锷准云南政见商榷会立案。说："如呈照准立案。仰候令民政司转饬巡警局照数提拨，以资开办。惟查此次拨济会费，系以紊乱政律人

---

① 曾业英编《蔡锷集》（二），第 822—823 页。
② 云南省档案馆藏档案，档案号：106－5－506。

之罚金，拨济研求政治法之会用，他会不得援以为例。此批。"①

11 日

▲蔡锷电饬迤西陆道台严密确查边地各土司，有无"相率密函英人愿投英籍"情事。说："云南迤西之永昌、腾越、顺宁因远在滇边，向与缅甸毗连，英人时欲进取，其间堪为我之屏障者，只边地各土司。今年军府欲整顿边防，拟将各土司改土归流。该土司等不免因此怀恨。昨据顺宁府长张君密电军府，略谓该土司等相率密函英人愿投英籍，似此真为滇南一大隐患。特将军府去电录下。迤西陆道台览：据顺宁府呈称，据耿猛安抚委员罗汉彩密禀，南甸土司刀定国、遮放土司多春、芒市土司放立德共写夷字密函到耿，相约率土归英，不受汉人虐待等语，请速筹方略云云。耿马等处已经该府亲查，尚为安靖。南甸等处各土司究竟有无其事，应由该道就近严密确查，电饬该府遵办，并报本军府查考。督。真。印。"②

北京《中华民报》发表署名为"孤星"的题为《整顿滇南土司议》的社论，对陷于英、法夹围中的云南治边问题，提出二策：一是改土归流；二是威德并施。说："以上二端，仅述其纲要耳。政府若能执行之，滇边一隅，或可有保全之希望。不然者边患之来，岂仅片马交涉、腾越交涉、野人山交涉而已哉，将有无数若此之交涉出乎其后也。盖英前既侵占我十四司，法前既蚕食我两司，利欲逐逐，野心勃勃，宁有已时。见夫中国之玩忽，必出其故智，以谋着着进行交涉，而不层出不穷者，吾不信也。据连日报载，蔡锷向中央告急之电，络绎不绝，外交部已与英法驻京公使交涉。交涉为对外之方策，整顿为对内之根本。今者全国人之职志，咸趋重于交涉方面，而于整顿土司一层未尝有过问者。记者恐此根本问题不解决，交涉无已时。幸执政者之双方兼谋也可。"③

25 日，又载蔡锷电请袁世凯，特派熟谙边情大员，任为迤西土司地镇边使。说："据迤西陆道电称，现有南甸土司刀定国、遮放土司多春、芒市土司方［放］立德等，暗约耿、猛等土司会商同入英籍，全土归附等情。除电饬该道及耿、猛等处安抚委员罗汉衫［彩］等分查妥抚严防外，请即

---

① 《蔡锷集外集》，第 263 页。
② 云南通信：《滇边隐患在土司》，上海《民立报》1913 年 3 月 18 日。
③ 孤星：《整顿滇南土司议》，北京《中华民报》1913 年 3 月 13 日。

特派熟谙边情大员任为镇边使，兼筹办改土归流各事宜，以重边疆等情。闻大总统已与赵总理拟议特简李经羲君充任斯职，未知李君能否同意。"①

4 月 10 日，又载蔡锷电陈镇抚土司三策。说："近日藏边未靖，已迄一年，因之滇省各边土司亦多有蠢动之势。政府极为注重，已连电滇督赶筹办法。昨闻蔡都督又有密电到京，条陈镇抚意见，计分三策，一为对于归化各土司，继续前清设治政策；一为对于素敦恭顺各土司，专主抚驭政策；一为对于狡黠不顺、阴图外向各土司，酌施剿抚政策，如由政府核准，即可入手施行云。"②

其间，报载袁世凯密电蔡锷与尹昌衡"剿抚并施"。说："大总统自接滇南罗汉彩委员报告，闻南甸、遮放、芒市三土司叛离之消息后，深为注意，当已密电云南都督迅速派兵剿办。昨又密电川边镇抚使尹昌衡即派熟悉滇南各土司情形人员前往招抚，以期剿抚并施。"③

12 日

▲袁世凯任命沈汪度为云南都督府参谋长。④

13 日

▲蔡锷电请陆军部"知照税务处核准饬放"法商所运"锡水一百法斤"。说："顷接蒙自关道电称，准法领函称法商歌胪士，报办锡水一百法斤，染衣用。现运至河口，遵章纳税，请饬验放。查锡水系禁物（按：原文如此），应请转电饬放等情。希即知照税务处，核准饬放。滇都督锷。元。印。"⑤

14 日

▲蔡锷电复《武德》杂志社，拟荐田宗湅代替周鬃儒。说："歌电悉。已电商湘督，拟会电中央，荐田代周。俟得复即照办，并希赞助。锷。

① 《滇都督请派疆防镇抚使》，天津《大公报》1913 年 3 月 27 日。
② 《滇督电陈镇抚土司三策》，天津《大公报》1913 年 4 月 10 日。
③ 北京《民主报》1913 年 4 月 23 日。
④ 《命令》，《申报》1913 年 3 月 15 日。
⑤ 《滇督蔡锷任职期间关于联系军杂事务文电》（1912 年 5 月至 1913 年 10 月），中国第二历史档案馆藏，档案号：1011－1114。

寒。印。"

下旬，又函复《武德》杂志社，勉助社款二百元。说："敬复者。顷奉惠书，敬悉贵社缔造伊始，凡百聿新，引企鸿猷，弥殷藻颂。社款一节，本拟勉为设法，仰答雅令。奈帑项支绌，阮囊羞涩，公私交困，力不从心，只得勉筹二百元，以当土壤细流之助。已由商号同庆丰汇寄，即希察收，仍候回音。特此布答，顺颂公祺。"①

16 日

▲报载总统府"拍发密电于滇督蔡锷、蜀督胡景伊，系指示该督等对于外交上应持定之种种方针。饬即妥谋进行之策，并谓边事濒危，非于外交上急谋救济之方，难免有意外之虑。该督等坐镇边疆，筹划维持，责无旁贷，务须振刷精神，筹策万全，以便着着急行，俾免有失败之虞云。"②

18 日

▲报载参议员张华澜请政府于 10 日内答复"西藏问题"质问书。说："西藏一地，居国上游，外迩英俄，内障滇蜀。前清末叶，抚驭失道，尾大之势，渐以养成。民国肇兴，国基未定，尔丰达赖，乘机蛊惑。藏人无识，遂起猜疑，议员不来，伏莽群起。拉萨被困，钟颖告急，哀我藏人，屠戮无数，凶焰所至，祸及川边。滇军奉命，克日西征，恢复盐井，屡奏奇功。纪律严明，德威并用，番众感服，牛酒欢迎。方冀长驱，直抵拉萨，而尹督昌衡，妒能嫉功，阻挠其事，蒙蔽政府，妄报肃清。政府不察，听其邪说，遽令滇军，仓卒班师，西藏之祸，遂成燎原。推原祸始，未必非政府因循敷衍，而依赖怯懦无勇、妒能嫉功之尹昌衡，实阶之厉也。惟是往者不谏，来者可追。今闻英藏条约又告成矣，岭以西非我有矣，五族共和仅四族矣。以地势论，卧榻鼾睡，高屋建瓴，秦陇蜀滇，首当其冲，吐蕃祸唐，前车可鉴。以外交论，英藏条约，效尤俄库，各国援例，相率而来，瓜分支那，其势已成。不识政府对此大问题，已有成算在胸，而为亡羊补牢之计乎，仰〔抑〕仍以昔之因循敷衍，而依赖怯懦无勇、妒能嫉功之尹

① 以上二电函见《蔡锷集外集》，第 264、271—272 页。
② 《大总统密示滇、蜀外交要略》，天津《大公报》1913 年 3 月 19 日。

昌衡乎。按何方针，行何政策，忝为国民代表，理合与闻。谨据约法第十九条，提出质问书，请于十日内答复，未识政府如何措辞。"①

19 日

▲报载蔡锷咨请省议会，"查核决议，见复施行"财政司兼理办预算决算处所拟预算"特别规定"办法。说："云南军都督府咨。案据财政司兼理办预算决算处处长呈，案准司法筹备处咨，准本司咨估计自任事日起至阳历六月底止，经常、临时各费造具预算表送司转呈一案，正核办间，适奉司法部哿电开，十九日奉大总统令，任命黄德润署云南司法筹备处长，仰即就职。此令。又奉司法部铣电，筹备处以司署改充，经费以旧款拨用各等因。奉此，自应遵照分别办理，以归划一。查前本司组织，业经拟定简章，呈奉钧府批准在案。兹值机关变更，应将简章改为筹备处简章，并即按照简章所定员额及部颁之例册，将本处暨应筹设之商埠地方审、检各厅及各监狱各项经费分别厘定，逐一造具预算表册，并合简章咨送查核，以便按月支领。至本处所管审、检各厅元年度下半年经费，业经前任司法造具预算要求书，分别咨送在案。即请查照前案办理，计咨送预算表册一份等由到司。准此，查册列薪俸项下，与本省现行薪俸通案，征有不符。当经减请更正去后，兹准复称，查本司现改为处，直接中央法部，实为特别机关，将来本处经费并应由国税支出。昨经司法部电请钧府设法维持，指定的款，以便筹备进行，并饬本处及各审、检厅暂照前清法部奏定划一经费章程办理等因，转行知照在案。是以本处前定预算表册，与通案略有变通，实属俭无可俭。查阅核定各司局人员月支薪饷，与本处所定亦不大相悬绝，而照前清法部奏定划一经费章程则相差太远。本处体察情形，核实估计，若必照通案办理，实有窒碍难行之处，不能（不）变通办理，特别规定。一俟中央颁定划一经费章程后，应即遵照办理，免生异议，现在实难更正，应仍将原册咨请查照汇办等语。准咨前因，理合汇缮成册，具文呈请钧府查核，转咨议会汇议。计呈预算表一本，□□□□□□。据此，相应咨请贵议会查核决议，见复施行。此咨云南省议会。"②

---

① 《藏事之亡羊补牢谈》，《申报》1913 年 3 月 18 日。
② 《蔡锷集外集》，第 266—267 页。

又载"北京电：据《国权报》载称，云南蔡都督电告袁总统，暹逻政府代表已抵云南府，与中国开议联盟事宜。袁总统已以此事付国务院核夺"。①

▲15 日，熊希龄通电包括"云南蔡都督、罗民政长"在内的各省都督、民政长等，请"解囊相助"热河各属纷至沓来的天灾人祸。说："热河所辖赤峰、开鲁、林西、阜新各州县，自去岁奈（曼、）札鲁特旗蒙汉匪徒棍布札、布图们、乌勒吉等，勾结库匪，聚众为乱，蹂躏城乡，开鲁县治，尽为丘墟，人民财产，概被抢毁，蒙古王公第宅亦多付之一炬。死者骨积尸横，正待掩埋，生者流离琐尾，仍须安集。曾据赤峰、阜新、建平等州县知事详报，汉民及各旗蒙民在开鲁种地为生，凡数千人，受匪涂炭，均将家产抛弃，逃避山谷者，鸠形鹄面，残命苟延。昨又得赤峰州知事申报巴林匪扰年歉情形云，昭乌达盟旗及巴林洵旗等均受匪扰，去夏四月，天降寒雨，冻毙蒙旗台吉箭丁牛马不少。秋间风霜太早，禾稼欠收，贫寒蒙户嗷嗷待哺。此项报告纷至沓来，难以枚举。现值春耕方始，若不预筹牛粮子种，俾令复业，则农时既过，难民无以为生。哀我黎庶，必致靡有孑遗。而良善蒙民颠沛流离，尤无以坚其内向之心。虽承部拨赈银五万两，车薪杯水，万万不敷分放。缘热河素称贫瘠，刻下又值库匪未靖，警报时闻，筹划防堵，不遗余力。即军饷一端，已苦仰屋，而欲苏此灾黎，尤为束手。素知诸公关怀蒙事，寝馈不安。此次开鲁等处灾赈如此困难，想（公等）恫瘝在抱，大同为怀，闻之当亦不胜惨痛。窃冀秦粟入晋，谊高恤邻，挹彼注此，端恃贵都督救我饥馑，宁惮将伯之呼。凡兹汉蒙，共拜仁人之赐。特此电恳尊处解囊相助，广为劝募，无论多寡，均属义粟仁浆。如荷捐赐，乞即电汇北京东单二条胡同蒙古实业公司代收转解。迫切待命，乞赐电复。热河都统熊希龄叩。删。"

19 日，蔡锷电复熊希龄说："删电敬悉。赤峰、开鲁等处情形，闻告心惺，我公旌节甫临，睹兹疮痛，为民乞命，仁声所布，感应必宏。此间已饬司广为劝募，一俟积为成数，当即电汇备赈。锷叩。皓。印。"②

又咨复云南省议会，关于宝宁、富州两属争执剥隘马规一案，仍"遵

① 《译电》，《申报》1913 年 3 月 19 日。
② 以上二电见《熊希龄集》第 3 册，第 100—102 页。

照前令，劝谕该帮商旅和衷共济，务期于公有裨，毋庸向本军府哓哓渎陈也"。说："为咨复事。案准贵议会咨。迅饬查复宝（宁）、富（州）两属争执剥（隘）马规一案。查此案迭据两属绅民呈电争执，并准贵议会议决办法，咨复到府，当经令司会核，并分令饬遵各在案。昨据宝宁县云，迭集帮商会代表呈：此项马飞，请仍拨还修路前来。当即指令民政司云，查收往来路之马飞，提作修筑该路之用，固是正办，然提归全省修路之费规划亦属大公。惟查此案，迭据该两属绅民呈电争执，均经令司核办。咨准省议会议复查明年出的款，以一半提归府款，一半拨还富州，俟路款案成立，再行照章提拨，所拟办法，尚属公允。当即令行财政司会同该司分令饬遵在案。兹复据呈前情，殊与定案不符，碍难照准，应令该司饬县转饬该商会代表，遵照前令，劝谕该帮商旅和衷共济，务期于公有裨，毋庸向本军府哓哓渎陈也，并函财政司知照。此令印发去后，准咨前由相应咨复贵议会查照办理。此咨。蔡锷。三月十九日。"①

20 日

▲报载"袁总统特交国务院于临时政府期内，应行解决三大问题，统限于本月月杪一律办理就绪"。其中之一就是"中英关于片马交涉，应按照滇督蔡锷之报告及李仲仙所陈办法，将界线认定，以为不移之铁证，以使正式政府成立后着手会勘"。②

21 日

▲蔡锷电恳国务院、财政部，与各省早日达成以"各省所征盐斤加价与印花税两项扫数报解中央"，作为归还积欠洋款专款的"协议"。说："中密。院庚电、部支电均悉。大借款破裂，系法使从中梗议，英使复开单追索赔洋各款，外人协以谋我，辣手毒心，令人发指。查洋款均有抵押，稍失信用，势必横加干涉。中央无涓滴收入，非各省分认摊还，不能解此危急。锷素以拥护中央为素〔夙〕志，岂有届此急劫不为援救之理。惟滇著名瘠苦，向日政费夙恃外协，反正后支出倍繁，外源骤断，一切政费极

① 曾业英编《蔡锷集》（二），第 824 页。
② 《总统问题之忙碌》，《申报》1913 年 3 月 25 日。

力节缩，始克支持。至今二年度预算不敷甚巨，尚不知向何收去，所有滇省应解洋款，暂时实不敢冒昧担任。明知政府目下情形，非困难至极，决不肯作此危词，无奈此间室如悬磬，实属力不从心。如有饰词，天日可表，时势至此，惟有痛苦。为今之计，欲图自立，非急从节省政费入手不可。改革以还，中央势成坐困，各省亦元气大伤，其于行政种种要需，相率借用外资，饮鸩止渴，势何可久？锷想此后行政，除陆海军关于国防，不能惜费外，其余一切不急之务以及官吏俸给，均宜力加裁减，务求岁出不超过岁入。其各机关之支配与夫薪额之规定，概以最瘠省分为标准，以节养现时财力。所有元年分积欠洋款一千四百余万，即与各国协商，一律改作借款，分年摊还。以后每月应还一百七十余万，即由各省所征盐斤加价与印花税两项，扫数报解中央，以作归还此项专款。惟政事须由中央统筹，又必恃以毅力。各都督公忠体国，值此时艰孔亟，必不忍徒顾地方，致陷国家于危险。敬恳主持办法，密电各省，早日协议，以定大计。此次借款不成，不过一时之困难，未始非民国将来之福。多难兴邦，古有明训，不经险阻，何有坦途。诸公实图利之。敬抒管见，伫候卓裁。锷叩。马。印。"①

又咨复云南省议会，都督府参议处应即如议于本月末号取消。说："中华民国二年三月十八号，准贵议会咨，案查省议会章程第十五条，本会应议事件第一项关于本省应兴革事件，第十六条凡应议事件，行政长官及本会议员均得提出议案。兹本会议员提出《取消参议处意见书》一件原书内称，共和成立，已经年余，各省官制，自都督以及各司设位分职，皆以临时大总统通令所颁、参议院所议决者为准。查都督府官制组织并无参议处名称，此应取消者一。中央政府设有参议院，其参议名称实包括代表全国之义，而非一省之名称所可等伦，本省亦设参议处，其制既与中央相混，其名亦为各省所无，此应取消者二。本省正式议会现已成立，则全省应兴革事件，悉归省议会议决之范围。前设之参议处，不过反正伊始，临时补助，借资劝赞，其性质原非永久存在，一成而不可易，此应取消者三。本省财政异常支绌，筹款者百计罗掘，束手无策，处此危局，用一人必有一人之责任，用一人必有一人之职务，而参议处既无责任，何有职务？此应

---

① 《蔡锷集外集》，第 267—268 页。

取消者四。全省各衙署局所一切冗员，皆力加裁汰，独至参议处未尝议及废止，非法定之机关而独使岿然独存，殊非持平之道，此应取消者五。不但此也，计事授食，古有明训。而该处在公人员以无所事事之故，致抱素餐之羞，贻怨恫于衮影，而舆论沸腾，以责参议处者，并责诸省议会，谓放弃监督之天职，此应取消者六等语。本会于阳历三月八号开会会议，随交庶政股员审查。嗣经庶政股报告本会，列入议事日表，于阳历三月十四号开正式会会议。金谓都督府参议处一机关，按之法制，征之事实，照章在应革之列。本会从多数表决，应即照庶政股报告认为当然取消，以符通令，而节浮费，相应咨请查照本会暂行章程第二十三条公布施行，并希见复等由。准此，应即如议办理，定期于本月末号实行取消。除咨参议处查照，并分行各机关饬属一体查照外，相应咨复贵议会查照。此咨。三月二十一日。"①

23 日

▲报载蔡锷电请袁世凯速筹应对英、法两国侵我主权办法。说："中英片马交涉早应解决，在前清时代固一般执政所延误，民国成立，又以建设事宜诸待举办，遂致此项交涉延宕至今。方今库俄问题既未了结，而英、法两国乘此时机力图猛进，已非本都督所能阻止。英人现在片马增添兵队，征收税款，已视为固然，近复有种种违法举动，视中国官吏如虚设。法人近亦窥我政府能力薄弱，逐渐进步，现密派人假旅行为名，潜入境内勘测矿苗。拒绝过严，未免酿成交涉。滇省安危关系大局，请政府速筹对待之策，并示机宜。"②

24 日

▲蔡锷饬令教育司长由云龙说：有师范毕业生高崇等以"国家创设师范，原为造就教育人才起见。故凡委充地方管教各员，应以师范毕业者为合格，龙以成绩较优者尽先委用。此为各国教育之公例，世界不易之办法。而此次所委派者，类多不以成绩为准则，甚有委未经师范毕业者，可于省

---

① 曾业英编《蔡锷集》（二），第825—826页。
② 《蔡锷集外集》，第268—269页。记者在引用蔡锷以上电报的主要内容后，又说蔡锷在"电尾并陈述现在布置防务一切情形，颇为详尽"。

内外各学校调查而知。查教育定章，非师范毕业者，不得委充管教各员，似此委派实与定章不符"。于是"呈请提议转咨，以挽学风之坏，俾夤缘者不致滥竽，而任用私人者亦稍敛迹……准此。合行令仰该司查照办理。此令。民国二年三月二十四号。都督蔡锷。印"。①

4月4日，又咨请省议会复议"所有中学及师范各学校教员拟暂勿庸限制，以便进行"。说：

> 为咨行事。据教育司呈，案奉钧府指令开，案准云南省议会咨开，案准省会师范学校选充师范毕业生高崇等以申明情形，开列条件，照章请愿到会，除原文有案不录外，后开合行令仰该司查照办理等因。奉此，查条件内委充各区之管教各员，不得限于区域，又须照等第委派两条，理由充足，凡前此各学校管教员如有例外，由各校各地请司委派者，均照此办理。其公务人员不许兼任钟点一条，查前司任内曾以滇省现时法政、师范、实业各项专门人才均极缺乏，故办学之难莫难于聘用教员，如果有未任公务之专门人才足数担任教授，则各校长图谋本校便利，自不必别聘公务员为教员。无如供不逮求，相需甚殷，而相遇颇疏，不得已乃就现任公务员中之确能担任学科者兼任教员。此中层累曲折一切困难情形，曾经办学任教者自能知之，局外人未必尽悉也。前经临时省议会议决，限制公务员兼教员不得过六点钟，意在使公务员与教员各专责成，不致顾此失彼。惟按诸事实，种种窒碍，一时不能实行。故昨据法政学校校长丁兆冠呈请暂缓到司，当经核转呈请钧府俯准暂缓限制，并转咨临时省议会查照在案。项复据省会师范学校校长陈兴廉、中学校校长王继贞、工业学校校长刘祖荫、农业学校校长吴锡忠、女子师范学校校长李藩、昆明师范学校校长钟庭樾等先后呈司，亦以各校公务员担任学科，纷纷辞退，无人讲授，旷误学生，应请设法维持为言。本司复查，均系实情，理合汇案呈请钧府俯准各校一律暂缓限制，并转咨临时省议会查照，实为公便等情。呈奉核准查照在案。兹该条件内，既列法政学校为例外，又有特长学术者不在此限，自

---

① 《云南军都督府指令第八百六十六号》，云南省档案馆藏，档案号：106-5-464，第135—138页。

应分别办理。

至自高初两等学校及中学师范之管教并各属之劝学各员，应照定章，非师范毕业资格相当者不得充当一条。高初两等小学校管教员曾经李前司任内通饬各属，非师范毕业生不得任用在案。惟查各属学校渐次扩充，而师范毕业生除前此各府自办之传习所外，其毕业省垣者无论优级初级、完全简易，大半自视太高，不肯回籍任务，率聚集省垣，要求差委，以致师资缺乏与人员拥挤之苦，同时并叹。前司亟图补救，是以有就地筹设小学教员讲习科之案提交省议会付议。其劝学各员曾经前司改订章程，非师范毕业者不能充任。虽按之事实，不无窒碍，然既经通令，自应勉期实行。惟中学师范各学校，如中学校英文程度较深，无论何种师范毕业生，至第三、四学年，必形竭蹶。即间有能胜任者，亦系毕业后之补习，并非其在校时之造诣。如此若概以师范毕业者为限，殊非学校之幸福。又如国文一科，自科举罢后，人多忽视。近日求此项教员，甚为难得。毕业师范者，固未尝无根柢深厚之人，然究不能以一概论。查各学校中亦有非师范毕业之国文教员，或胜于师范毕业者，如取才之途太隘，恐难收得人之效。惟是否师范毕业，凡现时不称职者，均应由司访查撤换，庶足以策进步，而塞人口。他若理化、数学、手工、图化［画］、体操等科，亦尚有他项学校毕业人员充任、素著声誉者，如概予撤换，殊非公道。且查中学及师范各学校军士教员照案应由第一司令部委派军官教授，如一律限制，尤觉滞碍。总之，中学师范各学校管教员如尽得师范毕业生之程度卓越者充任，固属尽善，无如有师范生之学力所不及者，有按之现情不能不特予变通者。该生等所呈仍是主观之判定，未能一概实行。除其余各条，均由司分别办理外，所有中学及师范各学校教员拟暂勿庸限制，以便进行。是否有当，理合具文，呈请钧府转咨省议会复议，实叨公便等情。据此，相应咨交贵会复议，见复施行。此咨。四月初四日。①

25 日

▲蔡锷电复袁世凯，"即于三月一号启用"其所咨送的云南都督银质印

---

① 曾业英编《蔡锷集》（二），第 831—833 页。

信。说："案准国务院咨开，贵都督印信，现经印铸局铸就，呈送前来。相应将印信一颗咨送贵都督查照领收启用可也等因。准此，都督于二月二十八号收到华字七十二号银印一颗，文曰'云南都督之印'。即于三月一号启用。除咨呈国务院外，理合呈请大总统俯赐查核。此呈。批据：呈已悉。此批。大总统印。中华民国二年三月二十五日。国务总理赵秉钧。陆军总长段祺瑞。"①

又通电袁世凯、黎元洪及各省都督、民政长并转各政党、各报馆、各团体，痛悼宋教仁"被人狙击殒命"，并"恳严密侦拿，务获主名凶犯，尽法惩治"。说："接国务院漾电，惊悉宋君遁初在沪宁车站被人狙击殒命，痛悼何极。宋君奔走国事有年，缔造共和，功绩尤伟，其学识宏通，尤近今不可多得之才。民国建设方始，凡我同胞，对于特有人才，宜如何保持护惜，以为国家之计。乃各报章徒以政见之不同，往往刻意攻击，蹈隙逞私，遂演出此等惨剧，既非民国之福，尤为世道不幸。前日本自由党首领星亨，即因报章攻击太甚，反对者因而乘之，遂被戕害。其后各报言论，即相戒共守持重，惩后惩前。切愿我海内各报章及各政党，以后务各持公论，持重发言，以护持国家元气。夫以暗杀手段加诸个人，尚为卑劣下乘，允宜与众共弃。各都督、民政长惜材，具有同情，应恳严密侦拿，务获主名凶犯，尽法惩治，以维人道，而儆效尤。痛切陈词，声与泪俱。滇都督蔡锷叩。有。印。"②

28 日

▲蔡锷咨送财政部查核富滇银行发行纸币额数。说："云南都督兼民政长为咨送事。案据财政司呈，据富滇银行呈奉司长令，奉钧府令，准财政部咨开，现在厘订币制，凡各地金融机关情形及纸币发行额数，宜先调查，以归统一。为此，再订对照表一种，请转饬各该银行连同前次所发四表，按照格式填明，一并送部，以便查核一案。除原文有案邀免冗录外，后开仰该总行迅即遵照办理等因。奉此，当即遵照格式，将本银行自元年二月初九日起至十二月底止，所有资产、负债，查照分别填列，并将前次奉发

---

① 《公文》，《政府公报》第 319 号，1913 年 3 月 27 日。
② 曾业英编《蔡锷集》（二），第 826—827 页。

四种表式细心研究，复行更正，一并缮呈。缘奉前因，理合呈请衡核转送，计呈对照表二份、四种表二份等情。据此，本司复核无异，除抽一份备案外，理合呈请查核转咨等情。据此，相应咨送贵部查核施行。此咨财政部。蔡锷。计咨富滇银行对照表一份、四种表一份（略）。民国二年三月二十八日。"①

29 日

▲报载"云南都督兼署民政长蔡锷电呈称，滇西观察使陆邦纯呈请辞职，陆邦纯准免本官。此令。任命杨晋为云南滇西观察使。此令。三月二十九日"。②

31 日

▲蔡锷电请陆军部择优先派一兽医赴滇。说："艳电敬悉。滇省有兽医，稍欠学术，请择尤先派一员来滇任使，并祈发给旅费，俾利遄行。该生等现应派任何项职级，尚乞裁示。锷叩。卅一。印。"③

本月

▲蔡锷电请中央政府设法解决滇省"款项奇绌"问题。说："本省自改革后，款项奇绌，应兴应革之事，未能实行。现拟补救方法，尚希分别裁复。（一）本年预算，不敷一百二十余万。（一）查档案，前清时有库款四十万存放汇理银行，拟与交涉索还。（一）拟请通令全国购用滇铜，以便鼓铸。（一）本省各矿，亟应开采，以裕生计，惟成本无着，拟请中央设法。"

又电复维西许筹办、怒俅边务姚春魁"重予剿办"怒匪，其余"由该总办等会商办理，本军府不能遥度"。说："鱼电悉。怒匪思逞，筑碉防守，所办甚是。雪深数尺，仍拟前进，勤劳堪念。云属老窝以下，维属腊早以上，据称怒夷均安业无扰，准仍责成云、维两厅管辖，以专责成。腊早至

_____

① 《蔡锷集外集》，第 271 页。
② 《临时大总统令》，天津《大公报》1913 年 3 月 31 日。
③ 《滇督蔡锷任职期间关于联系军事杂事务文电》（1912 年 5 月至 1913 年 10 月），中国第二历史档案馆藏，档案号：1011－1114。

耳目河等处既属犷悍，又劫杀多人，自应重予剿办，其余由该总办等会商办理，本军府不能遥度。阿墩、兰坪设治，先设之弹压委员应饬裁撤，土勇土司归该总办节制调遣，系为办事灵活起见，毋庸固辞。阿墩土勇饷项改作警费，事尚可行。惟巡警系行政范围，裁改后，此项勇饷应由财政司请领，先办后报，照军法系于戒严地行之，怒俅剿抚，非戒严可比，未便援照。如遇有重要事件，不妨由电请示核办。冻毙民夫，准照章给恤，应饬将姓名、籍贯、住址造具呈核。并饬将怒俅地方即速绘具草图，赍呈查核。督。印。"①

又令吴琨饬各商会遵照工商部所示，与外商直接交易。说："案准工商部咨开，接准驻义（按：指意大利）代表吴函称，据奈波里中义商会中国名誉领事雅纳戚来署面称，义商与华商直接贸易，并知华商信实可靠，拟请华商将各货办齐，交船运寄，即以关单及提单运至华商指定之银行，由银行立会现款，而以关单、提单转寄商会。因先将欲办之货名开单送来，而请我国指点行名地址，俾于未定货时，先与各该行通函接洽等因。同时，又接米郎（按：指意大利米兰）某行来信，欲买生皮，愿与华商直接交易，不经英、法、德经纪人之手等因。查以上二事皆欲与华商直接交易，且付现款，似与我国商务甚有裨益。除告外交部以资接洽外，敬请大部转饬各商会关知各商，即将行名、地址及所售土产径寄奈波里中义商会或驻义使署，借省周折，俾可于未定货时，先与各该行通函商订等因前来。查直接贸易于推广商务极有关系，义商购货既愿与华商直接办理，于我国货品销路当多裨益，相应咨行贵都督饬司通知各商会转达各商遵照办理可也等因。准此，合行令仰该司即便通知各商会遵照，并函达外交司知照。此令。"

又令吴琨查照交通部所复办理矿业相关事务。说："案准工商部咨开，前据华代表封祝呈请振兴滇矿，复准贵都督电咨证明该代表所陈各节，悉属切要之图。当经本部分别函商交通、财政两部，并先行咨复贵督查照在案。兹准交通部函称，开矿造轨，本部均深赞许，惟炼轨一事，工大费多，尤须于矿质、矿积、运路三者统筹兼顾，究竟滇矿有无良工化验，所含之质是否适于炼轨，煤矿质地是否于炼钢相宜，道路之险夷、矿积之深浅、

①　以上二电见曾业英编《蔡锷集》（二），第 830 页。

交通之便否，均须详细调查，先具规划，始及筹款，业经电复滇督在案。嗣准滇督电复，当再派技师调查报部，详订办法等因。应嗣滇督调查后报告，再行核办等因到部。查函称各节与本部前此咨复贵督大致相同，相应咨请贵督查照前咨，迅速办理可也等由。准此，合行令仰该司查照办理。切切，此令。"

再令吴琨照准创办《云南实业杂志》。说："据该司呈报，创办《云南实业杂志》，并呈拟简章，请核示遵一案。查各省办理实业，类多发行关于实业各报，借以启人智识。滇中此项报纸，独付缺如，于实业前途，不无障碍。该司有见及此，组织杂志，而促进行，见解甚是。所拟章程，亦属妥协，应准照办。仰即遵照。此令。"①

上半年

▲有人回忆，据一位调查过滇、粤、黔三省练兵情况的朋友相告，蔡锷是最注重练兵的。说："犹忆四年前，予友某君谓予曰：此次赴南方各省调查一切，予心最有感触者，为云南都督蔡锷、广东都督胡汉民及贵州都督唐继尧。此三人年皆三十左右，精敏强干，诚一世之雄。而三人中，蔡锷尤注重练兵，其部下天未明即操练，勤苦无比，真精兵也。此予友所目睹者，自此予心中始有善于练兵之蔡锷。"②

4 月

1 日

▲蔡锷以第 1067 号指令，令民政司司长陈钧说："据东川矿务总办兼巴补凉山安抚委员刘盛堂呈缴关防请销兼差一案，应即照准。所呈关防经饬政务厅核销。蛮人古代皮甲二领，应发图书馆陈列，以备参观。仰该司即便转饬该委员遵照，并将皮甲转函教育司查照办理。此令。计发蛮人古代皮甲二领。民国二年四月初一日，都督兼民政长蔡锷。印。"③

---

① 以上各令见《蔡锷集外集》，第 273—274 页。
② 真言：《蔡锷之逝世》，《妇女杂志》第 2 卷第 12 号，1916 年 12 月。
③ 云南省档案馆藏档案，档案号：1106 – 001 – 02727 – 017。

▲蔡锷咨请省议会，由外交司亲往说明"联合抵制法人护照索费"之事。说："据外交司呈，案奉钧府第九百五十八号指令，准云南省议会咨，云南、广东、直隶、河南各省国民刘钟俊等请愿，拟联合抵制法人护照索费一事。除原文有案，邀免冗录外，后开仰该司查照办理具报，以凭核复等因。奉此，本司查护照一事及在越设立委员各节，前经本司拟呈钧府咨明外交部有案。至于河内设领事一节，可与本省改良自开商埠并案办理。惟事有为难，不便形诸笔墨，拟请钧府咨复省议会，请其定期由本司亲往说明一切，或于改良商埠，不无裨益。所有遵令核办情形，理合签呈钧府查核饬遵等情。据此，除指令外，相应咨复贵议会，请烦查照。此咨。四月初一日。"①

▲报载"中法联盟问题，政府前已通电各省征集意见，刻已接得各督先后复电，对于此举极表赞成。惟滇督蔡锷所陈利弊得失之点，较之他电尤属详晰。袁拟于日内再开会议，讨论一切进行之策"。②

又载蔡锷与胡景伊合电北京政府，"请建筑由防埔至巴塘间之铁路（一日下午五时到）"。③

2 日

▲蔡锷电请袁世凯暨陆军部，早颁明令奖叙西征军班师人员。说："中密。西征将士奉命班师，迄逾三月，所有此次在事出力将校、士兵战功卓著人员，业据殷司令承瓛造具战功考绩表册，转行咨部呈请奖叙在案。为日已久，尚未奉明文，惟上关国家赏罚，军心向背，祈早发表，以彰边功。再西征司令官中将衔少将殷承瓛于此役劳苦功高，应请补实中将，用示策勋。是否，乞裁示。滇督锷。冬。印。"④

月初

▲蔡锷令吴琨会同财政司，妥拟向天津造币厂售铜办法。说："案准财

① 曾业英编《蔡锷集》（二），第 831 页。
② 《各都督对于中法联盟之电复》，天津《大公报》1913 年 4 月 1 日。
③ 《专电》，北京《中华民报》1913 年 4 月 2 日。
④ 《滇督蔡锷任职期间关于联系军杂事务文电》（1912 年 5 月至 1913 年 10 月），中国第二历史档案馆藏档案，档案号：1011－1114。

政部咨，据天津造币厂呈称，厂中存铜无多，亟应早为预备，惟需用铜斤甚多，嗣后自应购买滇铜，为维持国货之计。查从前滇铜，按两批解部，由厂请领铸造，其铜本价值，亦由厂于年终结算呈解。拟请咨商云南长官，请其查照向章，按批递解，庶铸务得以有备，而土货亦可借销等情前来。查滇铜本质纯美，不让日铜，前经贵省商会及华代表封祝呈请饬厂购用，由部通饬各厂酌办在案。现据该厂呈请咨商照解，似于滇铜将来销路，正可逐渐推广，而厂中亦不可多购洋铜，免致利权外溢，实属两益之举。除批示外，相应咨行贵民政长，请烦查核见复可也等因。准此，应令该司会同财政司妥议，先行拟电呈核，以凭咨复。此令。"①

又令吴琨函会教育司，游学经费项下，有无余款可拨学生前往日本、爪哇，学习种茶、制茶之法。说："准省议会咨开，案查省议会章程第十六条，凡应议事件，行政长官及本会议员均得提出议案。兹本会议员提出整顿云南茶叶意见书一件，原书内称，茶叶一端为致富之基，制造不精，故销售不广。往昔中国之茶，畅销俄、法、奥、美等国，今则滞塞难销，反不若日本销场旺盛，因中国制造拙劣，不如日本精美。试即茶之性质言之，日本茶性寒冷，中国茶性温和；即茶味言之，日本茶味苦涩，中国茶味清凉。何以欧美各国，拒绝华茶，欢迎日茶？由日人巧于制造，投其所好，无往不利；华人则不然，只图目前小利，弗计将来滞销。杂质粗叶，混合成块，故人皆望而生厌，不惟红茶、龙井、香片各种，无一可销售于外国，即云南之普（洱）春茶，保皇、猛户等茶，亦复滞销如故。然今日而欲整顿茶叶，挽回利权，惟有遣派学生赴日本、爪哇，学习种茶、制茶之法。查日本之茶，味虽不佳，其种茶之法、制茶之方，为中国所宜取法者尚未（按：此字似为衍字）多，宜派农业学校毕业成绩较优者四名，赴日本台湾学习种植与制造之方。学成归国后，设一制茶试验所，试验合法后一面令地方官照新法推广种植，一面令各处所产之生茶，照新法制造。又爪哇之茶，亦大发达，能销南洋群岛一带。其产额之多，虽不如日本，而制造法之精良，与日本各有不同，此亦宜派农业学生二名，赴爪哇学习制法，学成后回滇制造，于云南茶叶一项，亦不无裨益。是否可行，应请公决等语。本会列入议事，于四月一号开正式会议，金请派人学习种茶、制茶，实为

---

① 《蔡锷集外集》，第 275 页。

振兴实业要图，应为此次游学经费内，指定学生六名赴日本、爪哇学习茶叶。当经多数议决，认为可行，相应咨请查照，饬司遵照办理，并希见复等情。据此，查云南茶叶，近年日愈滞销，固由制造未精，实因改良无法。来咨所请派学生赴日本、爪哇学习茶叶，自是为整顿茶叶起见，惟游学经费项下有无余款可拨学生，能否照送，合行令仰该司，函会教育司核议具复，以便咨复。切切，此令。"

又令吴琨会同外交、民政两司，"分别详酌议复"迤南道刘钧所呈拟开办新厂章程，并勘界经费事。说："据迤南道刘钧呈，拟开办新厂章程，并勘界经费各情。查该道前电谓筹备界务，必联络边夷，开办矿务，为入手办法。当以该道勘电，具见荩筹，电饬将详细办法分条呈复在案。兹据呈前情所拟，由公家认款开办新厂，并拟呈章程及酌定勘界经费，请用员生人数各节，应令该司会同外交、民政两司，分别详酌议复，以凭核夺。原呈及章程并发，仍缴。此令。"①

3 日

▲报载"袁大总统、黎副总统、梁任公、蔡都督、杨皙子、王印川、岑西林、汤济武诸君，现为巩固政府、力谋统一起见，拟发起一最大之政党，已定名为进步党，目下正在组织一切，前曾通电各省都督、民政长查照"。②

▲蔡锷电请陆军部核示军佐级别问题。说："敬电悉。排长军佐应以中少尉二级充当，所开军佐是否即排长同级军佐，请核示。滇督锷。江。印。"③

5 日

▲蔡锷令财政司"会同审计分处行各机关"，自 5 月 1 日起一律实行其所核减的经费预算计划。说：

---

① 以上二令见《蔡锷集外集》，第 275—277 页。
② 《各省长官对于新政党之赞成》，天津《大公报》1913 年 4 月 3 日。
③ 《滇督蔡锷任职期间关于联系军杂事务文电》（1912 年 5 月至 1913 年 10 月），中国第二历史档案馆藏，档案号：1011－1114。

据司会呈，通盘筹画，另为删削预算，造具报告书，请核示实施月日等情。具见该各机关长官体量时艰，仔肩同负，应即如议办理。现已商取新任民政长同意，着于五月一号起，凡各机关一律照表实行。俟国税厅金库完全成立时，再行查照通案核办。应令该司即便会同审计分处行各机关一体遵照。切切。报告书存。

财政司核减经费概算报告书

奉都督兼民政长训令，通筹核减经费概算报告书说明。

一、元年度预算因各官厅筹备扩充，各款超出岁入为数过巨，且临时省议会审定岁出为八百十余万元，而岁入因无所依据参考，未经审定。有岁出而无岁入，此案当然不能成立。至二年度预算虽未经国会通过，但按现时中央地方财政状况，国家地方岁出不敷问题固尚待研究，为维持目前财政恐慌情形计，若非切实撙节，何所恃以立本省财政基础！

一、全国预算岁入岁出，自当分别国家地方，国家预算应由国会议决，地方预算应由省议会议决。第元年度预算既未成立，民国元年以前预算又无从根据施行，二年度预算尚未通过，际此过渡时期，中央因大借款破裂，追索赔洋各款，逼迫刺激，险象环生。惟有量入为出，协谋节省，庶中央不致瓦解，而地方亦得图存。故此后行政除关于国防军备不能惜费外，其余一切不急之务以及官吏俸给，均宜力加裁减，实为目前治标固本之策。

一、册列收入各款，均系根据已过事实估计。第核收旧欠积欠及收入缺损额碍难预计，故未列入。

一、册列支出各款，均系根据各官厅现在应支之款，由各官厅协议，切实复核增减，送财政司汇编此案。在省政府一方面，则为现行之一种特别核减案；在财政一方面，则为现行之一种切实概算书，故与元、二年度之预算估计开列者不同。

一、册列各官厅应支各款，均经各主管官厅一再复核斟酌损益，但恐有临时发生事项，系必不可少之经费，故特于财政司所管经费项下每月列预备费一万元，各官厅欲支此项预备费时，须照暂行会计法会计规则办理。

一、各机关如有发生扩充变更事项，须由各官厅呈由都督、民政长核饬财政司、审计分处筹有的款，再行办理。

一、所有各官厅补支此案核定以前应发之款，应由财政司函达审计分处核明，呈由都督、民政长核定，饬财政司于所管经费补支项下支给。

一、册列款目，各官厅有变更事实、必须增加经营者，应由都督、民政长指令主管官厅会同审计分处、财政司通筹协议，呈核办理。

一、此案奉都督兼民政长批准后，各官厅即一律查照办理，俟国税厅金库完全成立时，再行照国家地方收支划分案另行核办。

一、册列收支每月不敷银十二万七千七百七元二角三仙五厘八毫四忽，应由财政司极力设法筹维。如实在无法加增，由财政司说明理由，会同审计分处报告都督、民政长，饬令各官厅再行节缩支给，以期收支适合。

一、此案呈奉都督兼民政长批准实行月日，即由财政司、审计分处遵照暂行会计审计各规则，参酌情形办理。

一、如云南特别借款成立，只能投作生产事业，消耗、政费概不得挪用。

一、此案系奉都督兼民政长训令，因中央地方财政均已陷于危险状况，不得已通筹急救办法，应作为云南本省特别政务议案办理。[①]

6 日

▲4 月初，董再成呈请财政司提省讯究鲸吞积谷公款的劣绅王嵘。说：

具呈嵩峨县民人董再成，年五十岁，呈为嵩邑劣绅王嵘鲸吞积谷公款，恳恩提省究办，以符通令事。窃嵩邑民国元年四、五月间，米价飞涨，民不聊生，由自治绅董集议会商地方官，粜出积谷三百京石，合嵩峨市石六十三石八斗三升，碾米平粜。有劣绅王嵘平日对于地方公事，把持一切，气焰薰天。此次办理平粜事宜，总揽出入，其余办事各人视如赘疣。该劣绅遂肆其贪婪手段，假公肥私，演出种种贪墨事实，民人目睹其事，谨为财政司痛陈之。

查嵩邑量名，分谷斗、米斗二号。谷斗较米斗，每石大七升米。

---

① 曾业英编《蔡锷集》（二），第 833—836 页。

旧习承碾之人，以谷斗量出谷一石，仍以谷斗，缴米五斗。若以米斗缴米，每石米应加余米七升。此次平粜，碾谷六十三石八斗三升，应得米三十一石九斗一升五合，应得余米二石二斗三升三合，共应得米三十四石一斗四升八合。查王嵝册报，止得米三十三石五斗一升，实侵蚀六斗三升八合，其弊一也。

查嶍邑此次平粜，米价每升定收铜元三十五枚，至阴历六月初七日，尚存米八石零四升二合未售。此项存米至六月初十日后，王嵝竟照市价每升加收铜元十枚，而册报仍照每升三十五枚计算，实侵蚀铜元八千零四十枚。照市卖出，以多报少，显违军府通令，其弊二也。

查平粜办事人等不支薪水，城乡皆然，有陈案可稽。该王嵝平粜布告，擅支自治局门口卖米薪工米一斗三升。此次平粜售米不止自治局门口一处，而支薪者惟自治局门口售米之人，同尽义务，独享权利，有是理乎。任意侵蚀，不问可知，借词掩饰，欲盖弥彰，其弊三也。

查此次平粜谷在王和碾房碾出者居多，因此王和情愿捐助米二斗五升（有王和交来清飞可凭），以襄善举。而王嵝册报并无此项收入，贪多务得，其弊四也。

平粜完毕，所存铜元甚夥，该王嵝乃暗挪公款，经营私利，囤积市米，遂令米价飞涨，垄断独登。反借口买米平粜，共贴去铜元一千二百二十五枚，捏报在案。查平粜已竣，该王嵝假公济私，囤米谋利，已属违反法律，又何得节外生枝，任意浮报，其弊五也。

统查王嵝办理平粜一事，布告与册报相差之点，不一而足，双方对照，情弊显然。民人在县议事会请愿，将其簿记彻底清算，由县议事会咨送县署根究。讵周县长不惟不科以应得之罪，反将清册簿记交付王嵝另行造报，其中有无徇情故纵情弊，非民人所能断言。前奉军府通令，近闻各属不肖官绅，于积谷则不照定章，任意贬价出卖，暗中收受获利，或照市卖出，而以多报少。以上所言舞弊各节，如事犯在去年九月以后查实，定按军法严办等因。奉此，仰见军府整顿积谷，严禁侵蚀之意，钦仰莫名。查王嵝办理平粜一事，任意侵蚀，显违军府通令，应请将劣绅王嵝及此案卷宗提省讯究，按照通令惩办，以儆侵蚀，而重公款。除呈都督兼民政长暨民政司外，此呈财政司。

计抄呈平粜布告一纸。民国二年四月 日民人董再成呈。

谨将平粜布告抄呈钧鉴。

计开：局门口卖米，出辛工米一斗三升，入借积谷六十石，做得米三十石，斗量谷子斗量米，每石谷长出米二升半，共长出米一石五斗。因上下两节街西门外，及白塔冲阿嶍村阿白租下石头村小鱼塘松子园等卖涉米一斗一升半。自治公所门首卖涉一斗一升，卖米辛工出米一斗三升。又街上买米卖与山头上人，每升矮二文铜元，共贴去铜元一千二百二十五元，合贴去米三斗五升，除鼠雀耗米四升半，通共实卖出米三十石零七斗五升。价每升市钱五百文，卖得市钱一千五百三十七千五百文（按：原文如此）。共换得花银八百五十六元一角，内中每一元换得铜元一百二十三四（五）六七元不等。俟买谷还仓时，照市价用出花银若干，再行布告。

6 日，蔡锷以"云南都督兼民政长指令第 1236 号"，令财政司司长周传性说："据嶍峨县民人董再成呈控劣绅王嶐鲸吞积谷公款等情，除批示，呈及抄单均悉。积谷平粜，原属救荒善政，各属不肖官绅往往有借平粜之名，从中舞弊，言之殊堪痛恨。前经本军府严申禁令，于积谷一项，业已明白诰诫，务使妥为保管，不容稍有侵蚀。兹据呈该县绅王嶐鲸吞积谷公款等情，如果属实，自应从严究办，惟词出片面，殊难凭信，仰候令饬财政、民政两司会饬该知事秉公彻查，据实呈复核办可也。此批外，应令该司会同民政司转饬该县知事彻查，据实呈复核办，勿得稍涉循纵。切切，此令。民国二年四月初六日都督蔡锷。印。"

5 月 15 日，嶍峨县知事周仁呈复民政长罗佩金，查核董再成呈控王嶐鲸吞积谷公款一案有关情况及结果。

罗佩金随即以第 502 号指令，令周仁说："财政、内务司案呈，据该县知事呈复董再成呈控劣绅王嶐鲸吞积谷公款，请核饬等情。查此案既据该知事集绅查明王嶐办理积谷平粜，虽无侵蚀情弊，惟于余米数目并不考较实余若干，且将捐米拨充平粜，费用未列册报，是其办事疏忽，咎无可辞。现该王嶐已自认赔垫卖米薪工银三元六角，及买米平粜贴去银九元八角五仙，并由该知事拟将少列之余米、捐米饬令如数赔缴，再照余米、捐米加罚三倍，以为办公疏忽者戒，应准如拟办理。至此项罚款究系收归何用，未据声叙，应饬查明呈复，仰即遵照。此令。民国二

年五月 日。云南民政长印。"

6月12日，嶍峨县知事周仁呈复民政长罗佩金说："案奉钧长指令财政、内务司案呈，据该县知事呈复董再成呈控劣绅王嵘鲸吞积谷公款，请核饬等情……（按：以下文字与罗佩金第502号指令同）等因。奉此，查该王嵘应赔少列余米八升七合六勺九抄六撮八圭，加罚三倍，应缴米二斗六升三合零九抄零四圭。又拨支捐米二斗五升，罚款三倍，应缴米七斗五升，总共应赔罚米一石一斗零零七勺八抄七撮二圭。照市价以三元三角一斗计算，共合银三十六元三角二仙六厘。此项罚款拟归入积谷盈余项下，作为买填耗谷暨修仓费用，及仓正薪水等项开支。兹奉前因，理合具文呈复。请祈钧长俯赐查核。此呈民政长罗。民国二年六月十二日。知事周仁。印。"

19日，罗佩金颁令"应准照办，合行令仰该知事遵照办理"。①

7日

▲蔡锷与罗佩金通报袁世凯、参议院、国务院各部总长、黎元及各省都督、民政长，云南民政长交卸情况。说："佩金于上月尾抵滇，本日就职，锷即于本日交卸兼任民政长事。滇居边要，锷等才识辁劣，深恐陨越，尚祈时赐明教，以迪曚昧。滇都督蔡锷、民政长罗佩金同叩。阳。"

10日，黎元洪电复蔡锷、罗佩金说："阳电悉。滇省西南重镇，逼处强邻，贵都督、民政长奋武揆文，安内攘外，边疆万里，自当固若长城。迩听新猷，敬摅贺悃。"②

8日

▲报载袁世凯拟任蔡锷为湖南都督。说："袁世凯拟调蔡锷为湖南都督，以唐继尧督滇，以刘显世督黔。"③

▲报载稽勋局"云南审议案主任：雷飙、赵伸、张大义。名誉审议：蔡锷、李根源、张耀曾、张文光、罗佩金、王明堂、吕志伊"。④

---

① 以上各件见云南省档案馆藏档案，档案号：1106 - 004 - 02660 - 004。

② 以上二电见曾业英编《蔡锷集》（二），第836页。

③ 《专电》，北京《中华民报》1913年4月8日。

④ 《稽勋局审议会人名一览表》，天津《大公报》1913年4月8日。

9 日

▲蔡锷通电参议院、众议院、黎元洪及各省都督、民政长、省议会，希望两院能"体察吾国之现情，征合人民之心理，屏除意见"，选出"能胜此任"的总统。说："读副总统鱼电，对于选举总统一事，盱衡时局，发抒谠论，忠贞公亮，崇拜莫名。窃以总统一席，为全国身命所寄，即为民国存亡所关。选举得人，实为两院之赐；不得其人，又为两院之咎。以两院诸公之明达，悉晓近日事变之纷投，环顾海内人才，足以负艰投大，能胜此任者，实不数觏。尚希体察吾国之现情，征合人民之心理，屏除意见，宏此远谟，则吾民国实嘉赖之。谨掬愚忱，统希亮察。蔡锷叩。青。印。"

又咨请省议会查核嶍峨县有无汤税隐匿问题。说："案据财政司呈称，为呈请事，案奉都督府第九百五十九号指令，案准省议会咨，案查本会章程第十五条第九项，载收受人民请愿事件等语。兹据嶍峨县民王臣三以屠行捐税苛烦，除原文有案，邀免全录外，后开应令该司查核此项汤税是否解交司库，分别饬知该知事暨自治公所遵照办理具报等因。奉此，查此项牲、汤二税，昨据该县知事周仁册报，每年均系包收，除正额并加提银六十七两三钱九分六厘外，盈余四百两，已据该知事批解至二年正月底，交由司库核收在案。是汤税一项已并入牲税，年统解银四百六十七两余钱。惟是否报解净尽，应令该知事再行详细呈复，勿稍隐匿。兹奉前因，除分令外，理合呈请查核转咨等情。据此，相应咨复贵议会，请烦查核施行。此咨。四月初九日。"①

▲云南省议会电请袁世凯"取消吴琨现时职权，交由高等审检厅管押追缴，并按律治罪"。说："大总统、国务院、参众两院钧鉴。云南实业司司长吴琨既充滇蜀铁路公司总理，舞弊营私，侵蚀巨款，兹据铁道协会滇分会清算滇蜀铁路公司账目报告书内称，查吴琨充公司总理侵蚀股款五万余两，不正当用费二万余两，不清款项四千余两，又串通熊范舆等私借股款共五十余万两，并无确实抵押。至今此款虚悬等语。本会按照该铁道协会报告书对照公司簿证，均系实在情形。查滇蜀铁路公司之股金，实为人民之膏血，该总理吴琨任意侵吞支借，实属违反法律，罪不容赦，应请大总统取消吴琨现时职权，交由高等审检厅管押追缴，并按律治罪。全滇幸

---

① 以上二件见曾业英编《蔡锷集》（二），第836—837页。

甚。云南省议会叩。佳。"①

▲报载"近日外间又有传闻美国将于我国正式国会成立之日，宣布正式承认之耗。昨经外交部调查，此说尚不十分可靠。因该部近日连接报告，美国确有承认之议，惟至早亦须在正式总统选出及内阁成立以后。继续承认者系为葡、墨、荷、日本等国，其余各国仍无举动。大约须在九月海牙和平会开会以后，方能揭晓。又闻初七日午后，外交部封呈驻京墨西哥国署理公使胡尔达参赞，递呈该部转呈袁大总统详电一件，据云内系该国新总统赫参预电袁大总统，声明该国实行承认中华民国，行将特派代表来华交换国书等语。闻大总统当即交由国务院拟电具复，用答谢忱"。②

又载"总统府日昨拍发密电一件，特致滇督蔡锷，系饬迅速筹议办法者三事。一滇边防饷，关系重要，中央库款支绌，势难筹拨，应由该督迅筹办法。一南甸土司，为滇南之保障，现闻该土司等有密约归英之举，宜由该督速筹挽救之策。一片马交涉案，中央前已拟定办法，电告该督，应由该督妥筹进行之策，电复来京，以备核办"。③

10 日

▲报载"唐继尧有决意回滇消息，继任有闻举黄毓成"。

又载"云南民政府现派学生八名往香港大学肄业。又派美国六名、法国四名"。④

14 日

▲蔡锷与罗佩金通电袁世凯、国务院、黎元洪及各省都督、民政长，应相见以诚，"共扶危局"，使"奸谋无由逞"。说："宋案发生，浮言纷起，现在凶犯就获，一经交涉索还归案讯办，自有水落石出之日。克强诸公对于此案极力维持，用心尤苦。乃奸人乐架造蜚语，破坏大局，以大总统之明察、各都督之忠诚，必不为所荧惑。为念谣诼之兴，必有附会影射。近日各事，足为奸人造谣之资者，最要莫如政治之竞争暨党派之冲突。民

---

① 北京《民主报》1913 年 4 月 22 日。
② 《各国正式承认之近讯》，天津《大公报》1913 年 4 月 9 日。
③ 《密电关于滇事之办法》，天津《大公报》1913 年 4 月 9 日。
④ 北京《民主报》1913 年 4 月 10 日。

国开幕，党帜高张，内外执政诸公，各因政见之结合，欲达其生命之主张，相率附名党籍，原出于一时爱国之热心。岂意依附草木之人，遂视为扶植势力之计，出奴入主，是素非丹，互相勃溪，隐成冰炭，不逞之徒遂得控词煽惑，摇乱听闻。长此诪张，我国将无宁日。程、应二公剀切入告，请禁止谣言，大总统通电，各为重申禁令，均为现时切要之图。锷等隐观世变，忧愤填膺，睹此横流，深虞溃决。敬恳大总统积成感化，式遏乱萌，各都督、民政长过〔遇〕事维持，共扶危局。使内外相见以诚，则奸谋无由逞，民国前途，庶几有豸。滇中静谧如常，万无他虑，并闻。锷、佩金叩。寒。印。"[1]

按：北京《亚细亚日报》发表此电时，加有如下按语："刺宋案发现后，某党人（按：当指国民党人）多借此为倾翻政府之具，颇为错谬。兹得云南蔡督、罗民政长通电一份，措词至为公允。"[2]

▲是日报载蔡锷"现以边务日繁，亟宜加意防范，尤须注意地方自治，以辅助行政。闻已拟定边防整顿办法，饬民政司宣布通行。其办法大略如下"："（一）举办乡团、警察，先从调查户籍入手。（二）联合数村为一町，联合数町为一区，联合数区为一局。每局设局长，每区设区长，每町设町长，每村设村长。其局长直隶民政司下，村、町、区直隶于局。（三）经费由公家给十分之七，由本村担任十分之三。（四）村、町、区以警察毕业生及退伍下级军官充作教练。（五）枪支、子弹由公家酌发，归区管理。（六）遇有外国人入村，须盘结〔诘〕护照，有照者即派警保护，无则监察，限制其行动。（七）注意各土司与外人交通。（八）稽查匪类，隐匿不报者公罚。（九）开垦荒地。（十）各村警察会哨三时外，均半务农业，以规久远。"

15 日

▲蔡锷、罗佩金致电袁世凯、国会、国务院、各部总长、黎元洪及各省都督、民政长、省议会，祝贺国会成立。说："四月八号，我中华民国第

---

① 曾业英编《蔡锷集》（二），第 840—841 页。
② 北京《亚细亚日报》1913 年 4 月 18 日。

一（届）正式国会成立，增数十年历史之光荣，谋四百兆同胞之幸福。从此旧邦新命，永固苞桑；五族轩鬐，友邦协睦；边隅翘首，欢忭无量。谨共肃电驰贺。云南都督蔡锷、民政长罗佩金叩。删。印。"①

中旬

▲铁道协会滇分会致函云南军都督府，质问何以改滇蜀腾越铁路公司为云南铁路局。说：

> 窃滇蜀腾越铁路总公司系前清时奏准商办之股份公司，查铁道法令，政府于私立铁道公司，仅对于执行部分有监督权，其用人行政权操之于股东会，政府不得而干预也。前清之时，政尚专制，人民权利，每为行政官吏所侵夺，故滇蜀腾越铁路总公司之用人行政权操于行政官吏之手，而地方劣绅因得以贿赂夤缘、呼族引类而盘踞其中，是以三迤人民之股本任其侵蚀，任其挥霍，股东不敢过问。惟相戒不投资于铁路公司而已。反正之后，政体共和，民权为最贵，大总统三令五申，饬各省行政官吏不得侵夺人民财产，所以拥护民权者，抑何郑重也。滇蜀腾越铁路公司乃三迤人民共同之财产，钧府漫不加察，卒然改为云南铁路局，不知理由究何所在。若谓粮股盐股为国家公款，因而改公司为局欤，查粮股盐股均系于正课外加收者，非直拨粮盐正课以作公司股本可比，即使直拨以作股本，亦只照私设铁道法股份之规定，由行政官厅派出代表主张其所有之权利，不能并他股份而概占有之也。若谓滇蜀腾越公司之名称所包含者不过一二线路，不如改为铁路局可以总括全省路线，借以杜外人之要求欤，则何不令股东等改为云南铁路总公司，或钧府另设一铁道局，一则可以总握全省之路线，以收统一之效，一则可以为私立铁路公司之监督机关，使公司不至营私益而遗国家大计。如东西各国，皆于公司之外别设铁道院、铁道局等，从未有就民立公司而改为行政机关者。若谓股东放弃其权利责任，而钧府代为整理欤，查自改局以来，其残缺组织仍旧也，其中奸弊会计仍旧也，其中款项不见加多也，路线不见兴工也，其中乌天暗日较

_____

① 以上二件见《蔡锷集外集》，第 283、284 页。

前犹有加也，未闻有某部分或某事改良也。抑受一二人之所计而改之
软，则是钧府为其人所欺耳。其人之意必以改为云南铁路局，则对于
股东可以诿之于钧府，以免授股东之诘责，对钧府又可以诿之于股东，
借以抗钧府之命令。而在己虽如何舞弊，如何营私，要皆可以法外逍
遥。若然则钧府受其蒙蔽也甚矣。上数理由，不知钧府究以何因而改
之，抑别有理由而改之，本会以指陈铁道利弊、监查铁道行政为宗旨，
章程规定，凡本省铁道行政得举代表参议其间，或有时由本会提出议
案，是以不敢安于缄默，用特呈请钧府将所以改局之理由宣示，以释
三迤人民之疑虑。此呈。①

军府批："函悉。该分会前陈修筑省林、个蒙两线意见，当经批司会局
核议具复去后，嗣据铁路局呈请仍照政务会议先修个蒙，俟该路成后再行
接修滇林省古（按：原文如此），并经批准已于本年正月十六日令饬该局转
咨该分会知照在案。至于滇蜀腾越铁道路总公司改为云南铁路局，系经前
军政部于颁发关防之时改用今名，不过如学堂之改为学校等类，字面虽异，
而内容则同。况既以云南铁路局为名，则范围甚广，而滇蜀腾越自已包含
在内矣。仰即知照。此批。"②

接着，铁道协会滇分会再次复函质问说："窃敝分会前质问滇蜀腾越铁
路总公司经钧府改为云南铁路局一案，兹奉批示云云。敝会当即召集会员
公同核议，佥谓滇蜀腾越之名称范围固狭，名以云南铁路局包含虽广，然
滇蜀腾越公司纯系股份公司性质，改名局所实有未符，且奉批云改用今名，
不过如学堂之改为学校等类，字面虽异，而内容则同。然则内容既同，何
如仍请钧府复用原名，或改为云南铁路总公司之为便乎。理合呈请钧府查
核改正施行，以符名实而免疑虑。此呈。"③

云南铁路局则照会说："案准实业司公函，奉军都督府令开，案据铁道
协会滇分会呈请将云南铁路局改为铁路公司原称或改为云南铁路总公司等

---

① 《铁道协会滇分会质问军府改滇蜀腾越铁路公司为云南铁路局书》，北京《中华民报》
1913 年 4 月 26—27 日。

② 《铁道协会滇分会质问军府改滇蜀腾越铁路公司为云南铁路局书》，北京《中华民报》
1913 年 4 月 27 日。

③ 《铁道协会滇分会请改云南铁路局为云南铁路总公司呈军府书》，北京《中华民报》1913
年 4 月 27 日。

情。查该局自光复以后，始改公司为局，因公司为私团体之一名称，或以营利为目的，或以公益为目的，要皆有特定经营之事项，不容泛指也。即如铁道一事，有指定经营之地段，即可冠其名曰某公司铁路局，为筹划铁道事业进行机关，并未着手筑造何段之路，其范围似较大，故易以铁路局之名称，较公司为妥洽。况既改公司为局，何必复改为公司，辗转更易，转滋纷歧，于义无取，且全国铁道政策尚未大定，将来必有划一之名称，此时不如仍旧贯之为宜也。仰该司核议饬遵具复，计原函一件，办毕呈缴等因。准此，查本局自光复后奉令将公司改局，为筹划铁道事宜进行机关，自较滇蜀腾越铁路总公司名称为妥，将来议决修筑滇邕或滇蜀及滇缅有一定之名称再行改易，此时应毋庸复议更改，以免纷歧。准奉前因，除缴函并咨实业司外，相应照会贵分会，请烦查照可也。"①

▲云南、广东、直隶、河南各省商民刘钟俊、李伯涵等人，基于滇越铁路便捷，"各省商民有往云南者，云南商民有往各省者，多取道安南而向法领事领取护国〔照〕。去岁每人不过索银一元"，"今则每人须索银八元九毫，名为身税"，"不惟视中国人为奴隶，直待中国人为奇货马牛也"，而"每年我中国人往来彼安南者不下五六万"，向云南省议会提出请愿案，要求"呈外交司按照条约，向法领事严重交涉，或议嗣后将此照银取消，或议援照比例，于安南、东京设我领事一员，凡彼商民有入我国内地者，亦照彼办法，以相抵制"。蔡锷支持省议会施行刘钟俊、李伯涵等人所提请愿案。②

16 日

▲报载"总统府接得滇督蔡锷来电，报告片马交涉新发生之种种问题，请示办理之法。袁以该电所陈各节，于中英国际问题关系甚重，亟宜迅筹办法。因饬外交部，除与驻京英使谈判外，并饬从速电饬刘玉麟，速与英外部直接交涉。至其中关系之点，暂须严守秘密"。③

---

① 《铁道协会滇分会请改云南铁路局为云南铁路总公司呈军府书》，北京《中华民报》1913 年 4 月 27—28 日。
② 《云南省议会报告书》卷三，第 10—11 页。
③ 《电告刘使片马交涉办法》，天津《大公报》1913 年 4 月 16 日。

17 日

▲报载"总统府前日封交国务院要电一件，系提出四项要案，饬由该院妥为核议。兹将各案探纪如下：一蔡锷来电报告滇边蛮民踊跃投诚，应如何妥议奖劝之法；一尹昌衡电陈炉城藏商及喇嘛、土司等条陈，请速开藏务会议等情，应由院按照所陈各节，速行核议；一迪化议会电陈边省财政维持办法，其间不无可采，应由院查照原电，迅速核议；一马师周电请救护班禅额尔德尼，并条拟维持后藏案，应由该院会同蒙藏局协筹办法"。①

又载"闻政府昨接云南都督蔡锷来电一道，据称藏边不靖，与川、滇两省大局均有切要之关系。本督未敢存有成见，所有打箭炉之无线电、轻便铁路经费，均允认协筹，并拟即再调相当军队，前赴盐井，以辅川省军力所不足，一并听尹镇抚使调遣，以免权限冲突云"。②

又载总统府收到蔡锷"报告外交事项"一电。③

18 日

▲蔡锷电询陆军部，各省应否设立军事费审查分处。说："陆军会计审查处暂行章程，铣日奉到。军事费审查，大部既设专处，各省应否设立分处，如应照设，拟请即以本府军需课兼办审查事务。至审查细则及陆军编制，祈早颁发，俾有遵循。乞示复。锷。巧。印。"

23 日，又电陆军部说："中密。滇都督府军务课长拟以何鹤〔鹏〕翔充任，军需课长拟以秦光第充任，军法课长拟以田人龙充任。查各员学识优长，均能胜任，应请大部查核，呈请任命，公布施行。滇都督锷。漾。印。"

26 日，再电陆军部说："巧电谅达，尚未奉复。陆军审计现行规则，皓日奉到，拟于七月一号实行，即以本府军需课兼办审查事务，并祈速颁陆军编制，俾有遵循。希复。锷。寝。印。"④

① 《总统府提交国务议案》，天津《大公报》1913 年 4 月 17 日。
② 《滇都督力顾大局》，天津《大公报》1913 年 4 月 17 日。
③ 《总统府十七日纪事》，天津《大公报》1913 年 4 月 19 日。
④ 以上三电均见《滇督蔡锷任职期间关于联系军杂事务文电》（1912 年 5 月至 1913 年 10 月），中国第二历史档案馆藏，档案号：1011－1114。

19 日

▲蔡锷函请省议会委派"廉干公正"的陈价、陈钧，查办议员所提弹劾实业司司长吴琨之案。说："案准贵议会咨，据议员提出弹劾实业司司长吴琨议案一件，除原文有案不录外，后开相应咨请电呈大总统取消吴琨职权，交高等审检厅按律惩治等由。核阅报告书，摘出弊端数条，殊堪骇怪。此案现准国务院文电，奉大总统令：据贵议会电同前由，饬即查明具复等因。案关重大，亟应遵照大总统令，派员彻查核办。兹查有审计处处长陈价、内务司司长陈钧廉干公正，堪以委往查办。除令委外，相应函请贵议会查照。此致。四月十九日。"①

22 日

▲蔡锷与罗佩金电请众议院、参议院"以交欢之精神"，"早定议长"。说："奉通电，国会开幕，薄海欢腾。举义以来，瞬阅两稔，政府之设施，抢攘未遑；人民之疾苦，昭苏无计，诵风雨飘摇之句，有瓜豆剖分之惧。今日举国人心，最所企盼者为国会开会、正式政府成立、各国承认诸端。然各国承认，视正式政府之成立；正式政府成立，又视国会之开会。是存亡关键，国会实管其枢。诸公应吾民之公选，操国家之命脉，此后式敷嘉谟，奠定国本，天职所在，人望斯殷。乃开幕浃旬，尚稽后命，即以议长一席亦迟迟无所闻，以道路之流传，辄疾首于党见，虽外间风影之论，亦当同药石之资。议长为全院之纲领，此而不定，他更何论？今国势兀臬，人心浮动，外人观望，边警纷乘，千钧一发，正在此时。昔者宋廷聚议，敌已渡河；明社既屋，家复何在？国与党孰重，虽甚爱党，必国在乃有所托，存与亡何若，苟其能存，其成功何必在我。默观吾国情势，苟不以交欢之精神，举共进之效果，内讧之祸，其殆不远。凡尽此事，此其一端。忧危心悸，不觉言之过激，尚乞略词取意，早定议长，俾选举总统、编纂宪法诸大端，进行无滞，国利民福，皆拜诸公之赐矣。尽此忧悃，敢在下风。滇都督蔡锷、民政长罗佩金。祃。印。"

又通电黎元洪及各省都督、民政长，如赞同"早定议长"，请并电两院促其成。说："项致参众两院电文曰：奉通电，国会开幕，薄海欢腾（按：

---

① 曾业英编《蔡锷集》（二），第 842 页。

以下文字同上述致众议院、参议院电，略）……等语。如蒙赞同斯意，请并电院敦促，至祷。滇都督蔡锷、民政长罗佩金。祃。印。"①

又函复省议会，剥隘不必添练团兵。说："敬复者。案准贵议会咨开，据本会黄议员立纲拟请添招团兵一营，保卫边防，提出意见书一件等由。准此，查剥隘叛兵，勾结桂匪，抵抗官兵。前据该处官绅电呈前来。当饬临团加派陆军一营，于本月十五日拔队分往富、剥等处，相机防剿，并电桂督派兵协剿。旋据王统带电报，在桂边各处，叠次擒斩要匪多名，是剿匪一事已渐得手，不日即可扑灭。所请添练团兵一节，现在经费奇窘，殊可不必。相应函复贵议会查照。此致。四月二十二日。"②

24 日

▲蔡锷函请省议会查核改委黄德润查办吴琨案事。说："径启者。兹据审计分处处长陈价呈称，查办吴琨一案，请另委他员。据此，当经会同改委司法筹备处处长黄德润接充，仍会同内务司司长陈钧办理。除函知外，相应函请贵议会查核。此致。四月二十四日。"③

又电请陆军部速寄军需学校章程。说："哿电悉。军需学校章程尚未奉到，此项学员未经考选，现考期已近，赶办不及，拟俟下届再为照办。章程乞速寄滇为盼。滇都督锷。敬。印。"④

30 日

▲报载蔡锷"电请中央主持救济"滇西。说："日昨滇都督蔡锷以英人增兵片马，情形危迫，又以经营怒俅，节节辣手，电请中央主持救济。政府议以李中将根源曾亲身到片马视察，情形较熟，且经营怒俅系李根源一手计划，拟设滇西镇抚使一员，任命李根源专办片马边务及经营怒俅等事。"⑤

① 以上二电见《蔡锷集外集》，第 284—285 页。
② 曾业英编《蔡锷集》（二），第 842 页。
③ 《云南省议会报告书》卷二，第 35 页。
④ 《滇督蔡锷任职期间关于联系军杂事务文电》（1912 年 5 月至 1913 年 10 月），中国第二历史档案馆藏，档案号：1011－1114。
⑤ 《政府议设滇西镇抚使》，北京《民主报》1913 年 4 月 30 日。

本月

▲蔡锷笔录文说："智则能转物，便观六祖'风幡'语，可知般若与业识，从来不相混。众生迷悟颠倒，隐覆真实，而成妄识。智者彻悟自性，一切施为，无非般若妙用。民国二年四月。蔡锷。"①

按：蔡锷此文，实系转录杨仁山之言，杨的原话如下："根尘相接，能分别明了，智与识大不相同。识则随物转，智则能转物。观六祖'风幡'语，便可知矣。般若与业识，从来不相混。众生迷惑颠倒，隐覆真实，而成妄识。智者彻悟自性，一切施为，无非般若妙用。"②

4—5月

▲蔡锷、罗佩金呈请袁世凯"饬发裁兵退伍费用"。说："云南军都督蔡锷、民政长罗佩金为呈请饬发裁兵退伍费用银两事。窃查滇省财政支绌异常，满清时尚年有各省协饷百余万添资挹注，自光复后协饷骤停，而内戡匪乱，外固国防，加以援川、援黔、北伐、西征，在在均需巨款。以贫极失协之省，复骤增支出数倍，此中困难不言而喻。虽勉力筹维，剜肉医疮，大局借以维持，而煞费苦心，精力实已疲竭。嗣出征各军，陆续凯旋，军队林立，饷源缺乏，呼吁无门，应付穷术，稍一不慎，哗溃堪虞。筹维至再，舍优给恩饷、旅费、赏金，勒令陆续退伍而外，实无他法。当召集各军队官长谆谆勖勉，唇敝舌焦，幸各该员心存大局，各士兵深明大义，均愿退休。而各该官兵或从事光复，或屡次出征，勋劳卓著，应给退伍费，自宜论功行赏，分别等差。惟滇省章制，陆军薪饷，向较防军稍优，此次退伍费亦即因之而异。计先后实用洋一百四十二万七千四百三十七元五角，以七二折合银一百零二万七千七百五十五两。彼时库空如洗，一切政费，百般节缩，支持犹难。而此项费用，为数至巨，关系全滇大局，实万不可缓。仰屋彷徨，殊深焦灼，不得已传集绅商及铁路公司，晓以大义，婉商

---

① 云南腾冲《滇西军都督府成立旧址及叠园集刻》。
② 杨文会撰，周继旨校点《杨仁山全集》，黄山书社，2000，第404页。此信息由中国社会科学院近代史研究所王波博士提供，谨此致谢。杨仁山（1837—1911），名文会，字仁山，安徽池州石埭（今石台县）人。金陵刻经处创始人，中国近代著名居士、佛学家。

挪借，议给息金。幸此间信用素孚，均承慨允，始得藏事。滇省遥托威福，自光复迄今，秩序如常，军民相安，公私财产，毫未损失，大局赖以保全者亦即此也。而当时之未日事呼吁者，特以中央同处困难，国本所关。然窘迫之状，业经先后文电详陈钧听，继因中央大借款成立，复经陈述一切。旋蒙洞烛艰危，准备发给云南裁兵费银一百万两，载在大借款条件，仰见筹顾边陲，钦感莫名。现在滇欠之款，偿期已迫，各绅商日来追呼，亟应践约履行，以维信用。此间财力，复因今岁出师援川，军需浩繁，日益枯窘，支持一切，犹虞崩溃，实属挪无可挪。兹特将此项裁兵费用银一百零二万七千七百五十五两，遵章备具凭单、请求单印领，并造呈清册数目，详表二份，分函陆军、财政两部外，理合会文呈请大总统饬下该两部，迅赐如数核发给领，并恳先期电知，俾即派员来京提解到滇，以便分偿，而昭大信。临呈勿任迫切待命之至。再此项偿款应付息金，拟即由滇勉力自筹，并以陈明。谨呈。"[1]

5 月

2 日

▲王人文、赵藩、孙光庭、李根源通电蔡锷、罗佩金、省议会、各团体、各报馆并转各属自治公所，请"迅筹挽救"大借款案。说："大借款案，政府违法，专行秘密签约，全国震骇，其内容概略，曾经张继、王正廷两君通电布告。兹查政府所订借款合同内第五款内载，政府承认即将指定为此项借款之中国盐税，征收办法，整顿改良，并用洋员襄助。其办法在北京设立盐务署，内设稽核总所，由中国总办、洋会办各一员主管。又在各产盐地方设稽核分所，设经理华员、协理洋员各一人，等级职权平均，即英文所称华洋所长，会同担负征收、存储盐务收入之责任，监理引票之发给，及征收各项费用及盐税。各产盐地方盐斤纳税后，须经该处华洋经、协理，会同签字方准放行。所有征收款项应存于银行，或银行以后所认可之存款处，归入中国政府盐务收入帐内，非有总会办会同签字之凭据，不

---

① 《滇督蔡锷请发裁兵退伍费用之文书》（1913 年），中国第二历史档案馆藏档案，档案号：1002－608。

能提用此项借款俏利，或本届期拖欠逾展缓近情日期后（按：以上二句原文如此），应将该盐政事宜归入海关管理所抵押之收入云云。其关系全国利害姑不具论，仅以吾省之全省岁入盐课占三分之二，地方一切军民政费无不赖此支持，若照此项办法，征收之权既归监管，收入之款又归财团掌握，地方自此枯竭，更无一线生机。且吾滇向系受协省分，反正至今，中央全无协济，地方自为支柱之不足，犹复悉索民力，转而接济中央。乃政府不思维持，而陷吾滇于死地，更举以置之财团支配之下，诚不知是何居心。又闻罗民政长在京，政府有允接济滇省二百万，收回纸票之说。然此数尚不敌本省盐课一年收入之数，岂可因此遂断万年养命之源，此狙公赋茅之术也。或为政府解说，必谓将来借款成后，中央自能协济。然饮鸩止渴，济滇即以亡滇。又况今日洋关款项，本省能否提用，此尤易见者也。观此案种种违法，当然无效，已经国会拟定提出弹劾，故特就合同之一款，指出与滇省利害关系密切者为吾滇人告。伏望恫念危亡，迅筹挽救。千钧一发，莫喻其危，惟冀鉴察。王人文、赵藩、孙光庭、李根源叩。冬。"[1]

▲报载"总统府封交国务院要案一封，系三项要件：一伊新阿来电，请拨军队，布置防务案；一蔡锷请筹滇边防饷案；一参谋部提出西北边防大计案。袁以三案均关重要，特饬该院迅速核议，以便决定办法"。[2]

5 日

▲4 月 25 日，程德全、应德闳通电各省都督，宣布宋案证据。说：

> 前农林总长宋教仁被刺身故一案，经上海公共租界会审公堂暨法租界会审公堂分别预审，暗杀明确。于本月十六、十七两日，先后将凶犯武士英即吴福铭、应桂馨即应夔丞解交前来。又于十八日，由公共租界会审公堂呈送在应犯家内由英、法总巡等搜获之凶器五响手枪一支，内有枪弹两个外，枪弹壳两个、密电本三本、封固函电证据两包、皮箱一个。另由公共租界捕房总巡当堂移交在应犯家内搜获之函电证据五包。并据上海地方检察厅长陈英将法捕房在应犯家内搜获之

---

① 北京《中华民报》1913 年 5 月 7 日。又见《反对恶政府违法借款之声》，上海《民立报》
　1913 年 5 月 7 日。
② 《大总统交议重要案件》，天津《大公报》1913 年 5 月 6 日。

函电簿籍证据等一大木箱、手皮包一个，送交汇检。当经分别接收，将凶犯严密看管后，又将前于三月二十九日在电报沪局查阅洪、应两犯最近往来电底调取校译。连日由德全、德阅会同地方检察厅长陈英等员在驻沪交涉使署内执行检查手续。德全、德阅均为地方长官，按照公堂法律，本有执行检查事务之职权。加以三月二十二日奉大总统令，自应将此案证据逐细检查，以期穷究主名，务得确情。所有关于本案紧要各证据，公同盖印并拍印照片。除将一切证据妥慎保存外，兹特撮要报告。

查应犯来往电报，多用应、川两密本。本年一月十四日，赵总理致应犯函，（有）"密码送请检收以后，有电直寄国务院可也"等语。外附应密电码一本，上注"国务院应密 民国二年一月十四日"字样。应犯于一月二十六日寄赵总理应密径电，有"国会盲争，真象已得，洪回面详"等语。二月一日，应犯寄赵总理应密东电，有"宪法起草以文字鼓吹、金钱联合，主张两纲：一除总理外不投票，一解散国会。此外，何海鸣、戴天仇等已另筹对待"等语。二月二日应犯寄程经世转赵总理应密冬四电，有"孙、黄、黎、宋运动极烈，民党忽主宋任总理。已由日本购孙、黄、宋劣史，警厅供钞宋犯骗案、刑事提票，用照辑印十万册，拟从横滨发行"等语。

又查洪述祖来沪，有张绍曾介绍一函。洪、应往来函件甚多，紧要各件撮之如下。二月一日洪述祖致应犯函，有"大题目总以做一篇激烈文章，方有价值"等语。二月二日洪致应犯函，有"紧要文章，已略露一句，说必有激烈举动。吾弟须于题前径密电老赵，索一数目"等语。二月四日洪致应犯函，有"冬电到赵处，即交兄手，面呈总统，阅后色颇喜。说弟颇有本事，既有把握，即望进行云云。兄又略提款事，渠说将宋骗案情及照出之提票式寄来，以为征信。望弟以后用川密与兄"等语。二月八日洪致应犯函，有"宋辈有无觅处，中央对此似颇注意"等语（辈字又似案字）。二月十一日洪致应犯函，有"宋件到手，即来索款"等语。二月廿二日洪致应犯函，有"来函已面呈总统总理阅过，以后勿通电国务院。因智老已将应密电本交来，恐程君不机密，纯令归兄一手经理。请款总要在物件到后，为数不可过三十万"等语。应犯致洪述祖川密蒸电，有"八厘公债，在上海指定银行交足，六六二折买三百五十万。请转呈，当日复"等语。三月十三日应犯致洪函，有"民立记遁初在宁之说词，读之即知其近来之势力，及趋向所在矣。事关大计，欲为釜底抽薪法。若不去宋，非特生出无穷是非，恐大局必为扰乱"等语。三月十三日洪述祖致应犯，（有）"川密。蒸电已交财政长核办。债票只六厘，恐折扣大，通不过。毁宋酬勋位，机度相宜，妥筹办理"等语。三月十四日，应犯致洪述祖应密寒电，有"梁山匪魁，顷又四处扰乱，危险实甚。已发紧急命令，设法剿捕。乞转呈，候示"等语。三月十七日，洪述祖致应犯应密铣电，有"寒电到。债票特别，准何日缴现领票，另电润我若干，今日复"等语。三月十八日又致应犯，（有）"川密。寒电应即照办"等语。三月十九日又致应犯电，有"事速进行"一语。三月二十日半夜两点钟，即宋前总长被害之日，应犯致洪述祖川密号电，有"二十、四十分钟所发急令已达到，请先呈报"等语。三月廿一日又致洪川密个电，有"号电谅悉。匪魁已灭，我军一无伤亡，堪慰。望转呈"等语。三月廿三日洪述祖致应犯函，有"号、个两电均悉。不再另复。鄙人于四月七号到沪"等语。此函系快信，于应犯被捕后始由邮局递到，津局曾电沪局追回，当时，沪局已将此函送交涉使署，转送到德全处（各函洪称应为弟，自称为兄）。

又查应犯家内证据中，有赵总理致洪述祖数函，当系洪述祖将原函寄交应犯者。内赵总理致洪函，有"应君领子不甚接头，仍请一手经理，与总统说定才行"等语。又查应犯自造"监督议院政府神圣裁判机关简明宣告文"，誊写本共四十二通，均系分寄各处报馆，已贴邮票，尚未发表，即国务院宥日据以通电各省之件。其余各件，容另文呈报。

前奉电令穷究主名，综观以上各该证据，洪、应两犯往来函电，词意均有所属，此中主名必须彻底讯究，以期水落石出。似此案情重大，自应先行撮要据实电陈。除武士英一犯业经在狱身故，由德全等派西医会同检察厅所派西医四人剖验，另行电陈。应桂馨一犯，选经电请组织特别法庭，一俟奉准，即行开审外，谨电闻。程德全、应德闳呈。有。印。

26日，孙中山、黄兴通电各省议会、各政团、各报馆，望"严究主名，同伸公愤"。说："宋案移交内地以后，经苏程都督、应民政长会同检查证据完毕，凡关于应夔丞、洪述祖、赵总理往来函电，已于有日摘要报告中央，并通电各省都督在案。此案关系重大，为中外人士所注目。一月以来，探询究竟者无时不有，今幸发表大略，望即就近向都督府取阅原电。诸公有巩固民国、维持人道之责，想必能严究主名，同伸公愤也。特此奉闻。孙文、黄兴。宥。"

同日，黄兴电请袁世凯组织"宋案"特别法庭。说："宋案自程都督奉到国务院勘电称，奉大总统令：仰该督在沪督饬各员，严密讯办，以维大局，而定人心等因。仰见关怀巨案，一秉至公，无任感佩！程督旋即实力进行，拟在沪组织特别法庭，并呈请任命主任。据程督云，此种组织，大总统本甚赞成，惟司法总长拘执法理，拒绝副署。昨复接司法部漾电，反对甚力。夫尊重法律，兴岂有异辞？惟宋案胡乃必外于普通法庭，别求公判，其中大有不得已之苦衷，不可不辨。盖吾国司法难言独立，北京之法院能否力脱政府之藩篱，主持公道，国中稍有常识者必且疑之。况此案词连政府，据昨日程督、应省长报告证据之电文，国务院总理赵秉钧且为暗杀主谋之犯，法院既在政府藩篱之下，此案果上诉至该院，能否望其加罪，政府无所相挠，此更为一大疑问。司法总长职在司法，当仁不让，亦自可风。惟司法总长侧身国务院中，其总理至为案中要犯，于此抗颜弄法，似可不必。兴本不欲言，今为人道计，为大局计，万不敢默尔而息。宋案务请大总统独持英断，毋为所挠，以符勘电维大局而定人心之言。不胜迫切待命之至。黄兴。宥。"

而司法总长许世英随即便提出辞职，向提议组织特别审判法庭的程、应施压。说："为呈请事。窃宋前总长教仁被刺一案，业经上海会审公廨移交。按照约法及法院编制法，均应归上海地方审判厅审判。乃迭准江苏都督程德全、江苏民政长应德闳电请在沪组织特别法庭，并请大总统任命伍廷芳为主任等语，世英据法律以相争，迄不同意。顷又电称要犯武士英在押身毙，人言啧啧，嫌疑滋多。若此案审判再行稽延，致他犯再有变故，德全等实难负其责任。应请大总统查照迭电，准予组织特别法庭，迅赐任命等因。据此以观，设他犯再生变故，世英反因遵守法律之行为而受范围以外之责任。司法言法，违法之事决不肯为。理合呈请大总统准予辞职，俾法律之问题早日解决，审判之着手早日进行，而世英亦可免尸位素餐之诮。再，自明日起，即不到部办事，合并声明。临颖毋任屏营之至。谨呈。批：据呈已悉。该总长自莅任以来，整理司法，诸臻妥协。民国初建，巩固法权尤关重要，岂容以顾畏人言遂存退卸。所请辞职之处，碍难照准。此批。中华民国二年四月二十九日。"

5月1日，袁世凯发表4月28日复黄兴电，说："宥电悉。据程都督、应民政长电呈各种证据，三月十三日以前似专为解散国会团及应、洪串谋挟制讹诈各事，词意甚明，与刺宋案无涉。惟十三日以后各函，应有'如不去宋'一语，始寓造意谋害之点。俟人证齐集，审判公开，自能水落石出。至赵君与应直接之函，惟一月十四日致密码电一本，声明有电直寄国务院，绝无可疑。如欲凭应、洪往来函电遽指为主谋暗杀之要犯，实非法理之平。近一年来，凡谋二三次革命者，无不假托伟人，若遽凭为嫁祸之媒，则人人自危，何待今日。甲乙谋杀丁，甲诳乙以丙授意，丙实不知，遽断其罪，岂得为公。请约法家将各项证据详细研究。公本达人，当能洞察。许总长迭拒副署，若听其辞职，恐法官全体横起风潮。立宪国司法独立之原则，未便过于摧抑。已照程都督来电，婉词与商，必能主持公道。来电谓该总长当仁不让，其骨鲠颇足当之。吾辈为政治方面计，不惜委曲求全。许为法律保障计，职分当然，却无偏私之见。公为人道计，为大局计，必得使法理与事实，两得其平。国事艰难，人心险恶，转移风气，是所望于我公。袁世凯。勘。印。"[1]

同日，赵秉钧在《政府公报》发表4月28日的长篇自辩通电，表示"详核来电开示各项物证，有直接、间接关涉及于本总理者，有吠影吠声含射及于中央政府者，若不详为解答，诚恐以讹传讹，转滋误会。兹特申明如下"。洪述祖也于5月3日发表否认刺宋阴谋的通电，说"若辈忽以购取宋教仁劣迹之往来函电，强认为谋杀之证据，殊与事实不符"。[2]

5日，蔡锷与罗佩金急电袁世凯、参议院、众议院、国务院，上海孙中山、黄兴，黎元洪及各省都督、民政长与议会，表示赞同开特别法庭审判"宋案"。说："宋案自程都督、应民政长通电发表证据后，海内惶惶，

---

① 以上各文、电见《民初政争与二次革命》上编，第241—246、261—263页。

② 以上二电篇幅很长，这里仅节引。全文见《民初政争与二次革命》上编，第257—262、265—266页。

惧祸至之无日。当此国步艰难，戕贼人才，实无天理。勿论虚实如何，自应彻底穷究，按法惩办，以彰法纪，而维人道。程都督、应民政长请开特别法庭审判，极表赞同。应请迅速组织，俾得水落石出，早定人心。内讧外患，纷至沓来，不宜因循坐误，愈启危疑。至法庭开审，勿论案内案外之人，应以静候法庭之裁判为主，勿挟成见，勿尚意气，勿凭势力而坏法纪，勿造言词而乱听闻。阋墙御侮，犹是兄弟，若蜗角争持，各不相下，诚恐外侮之来，将有无墙可阋之一日矣。哀此中国，不知所云。滇都督锷、民政长佩金。歌。印。"①

6 日

▲蔡锷与罗佩金通电参议院、众议院、黎元洪及各省督、民政长，请参、众两院务必"严为监督"借款用途。② 说："国事维持会卅电敬悉。此案前准张、王（按：指张继、王正廷）二议长宥电，通告政府与五国团借款内容，当即致电院、部，并询何项抵押，如何用途。嗣接财政部宥电，宣布借款条件已得前参议院之同意，并详述为难情形。锷等复通电院、部暨各省，谓此后政府亟宜负责者二事：一宜整顿全国盐务，使将来盐税收入足敷偿还本息，以免外人干预盐政；一宜确定行政方针，将用途严为限制，以免此款浪掷。盖以洋赔各款及各省外债积欠甚巨，外人开单追索，无力筹还，势必中外同时破产。以两院诸公之明达，各省都督、民政长之忠贞，对此危基〔机〕，舍借债还债外，别无急则治标之方。政府此举，凡在内外，当予宽谅。惟饮鸩止渴，未可甘之如饴，内而部官，外而疆吏，值此喘息稍定，亟宜共体艰难，力图补救。尤望两院诸公于此项借款用途，严为监督，使此时支出者无一钱之浮耗，将来收入者有多数之增加。则此款按年归还，不致堕落信用，埃及、印度之覆辙当可幸免。敢质所见，愿与诸公一再商榷，当不以为河汉也。锷、佩金。鱼。印。"③

其间，蔡锷又电告国务院、参谋部、陆军部说："午密。关于五省国防军事会议，兹派殷中将承瓛赴京陈述，准于日内起程。除另文咨外，特先

---

① 曾业英编《蔡锷集》（二），第 843—844 页。
② 河南都督张镇芳在此电原稿中批："阅。议论正大。"
③ 曾业英编《蔡锷集》（二），第 844—845 页。

电闻。锷叩。鱼。印。"①

7月8日，报载殷承瓛"晋见大总统，呈递蔡督密函一封，并该军长面呈滇川藏边国防说明书一件"。②

7 日

▲蔡锷通电黎元洪、柏文蔚及各省都督、民政长，请对宋案"竭力维持现状，严禁军人干预"。说："副总统感电谓宋案由法庭详求，真犯终必获水落石出，无激意气以求逞。柏都督俭电谓宋案应法庭判决，各省都督此时宜竭力维持现状，严禁军人干预。立论正大，感佩实深。遁初生前于南北意见极力调和，若令身后惹起南北恶感，恐九泉之下心亦不安。各都督手创民国，必以国家为前提，对于此案种种浮言，必能力持镇定。人之欲善，谁不如我。邦人诸友，实闻斯言。锷。阳。印。"③

▲4月27日，张继、王正廷通电各省都督、民政长和省议会，反对政府大借款。说："六国借款，虽经前参议院开秘密谈话会，将政府提出大纲商榷一次，然未正式通过，且不足法定人数，当然无效。今国会成立，乃政府竟与五国银行订约借债二千五百万磅，不交国会通过。蹂躏立法机关，其悖谬一。此次借款条件，与在前参议院秘密谈话会商榷借款之条件，大相悬殊。前参议院所商榷者为五厘息，九七折交付。此次政府借款照五厘息，八三五折交付。前参议院商榷者，只许雇外人为盐务稽查员，此次政府借款竟许英人为盐务稽查所总办，俄、法两国人为审计处总办，德国人为借债局总办，日本人为长芦盐政局总办。丧失主权，贻害胡底。一时便利之图，召将来瓜分之祸，其悖谬二。依约法第十九条，关于借款及国库有负担欠契，须交院议决方能有效。今政府竟擅自借大宗外债，反谓日前参议院已经通过。祸国殃民，其悖谬三。继等甫闻此信，即往责诘，则百端推诿已经签字。今实探之，签字实在今日（二十七日）。违法横行，至于此极。政府如此专横，前之参议院既屡被摧残，今之国会又遭其蹂躏，不有国会，何言共和。继等惟有抵死力争，誓不承认。特恳诸公主持舆论，

<hr>

① 《滇督蔡锷任职期间关于联系军杂事务文电》（1912年5月至1913年10月），中国第二历史档案馆藏，档案号：1011–1114。

② 《议任殷承瓛为藏使》，天津《大公报》1913年7月8日。

③ 曾业英编《蔡锷集》（二），第845页。

为之后盾，俾得达取消此案之目的。民国幸甚，国民幸甚。参议院议长张继、副议长王正廷。沁。"①

5 月 7 日，陆荣廷急电蔡锷、罗佩金、唐继尧、胡景伊、张镇芳、冯国璋，务请蔡锷主稿，会衔通电，"力辟邪说"。说："午密。蔡公卅电、张公东电、冯公陷电，力辟邪说，无任钦佩。查借债问题，政府实具万不得已苦衷，既得前参议院同意，张（继）、王（正廷）两君忽出而反对通电，无识之徒，从而附和，必欲推倒中央，瓜分中国而后已，冯、张两公所论，尤为窥破奸谋。现在借款告成，美、秘承认，诚中国绝好机会。乃不从破坏后谋幸福，反从建设上挑衅。端祸在眉睫，倍切杞忧，我数省前此联约，正为今日。务请蔡公主稿，会衔通电，使千万人造成之民国，不致倾覆于三五人之手一揽密约。是武昌、盛京、济南、杭州、吉林、黑龙江、兰州、西安各都督一致进行。正气胜则邪气自衰，内乱弭则外患不至。民国安危，在此一举。事机迫切，企盼施行。陆荣廷叩。虞。"②

▲报载"闻政府于日昨接到云南蔡都督来电一道，内容系称中国大局日濒危险，决不可再有内讧发现。现南北感情日益恶劣，本都督远处西隅，涕泣如雨，拟即联合南北各都督，为积极之调停，务必以达到目的为止境云"。③

9 日

▲报载蔡锷电陈袁世凯中央政府，滇拟增设阿墩至巴塘无线电，由滇、蜀分垫料款。说："阿墩至巴塘详细途程。墩、巴路有三。一、中路。由杂立山一带虽有一雪山所阻，不过月余，往来者均由此行。中路由墩一站八十九里至马加腊；二站八十二里至杂立雪山顶川、滇分界处；三站七十里零至腰村；四站九十五里至布杂枝；五站八十里零至布腊卡地；六站七十里零至库子丁村，又半站三十里至打子丁村；七站半八十里零至竹巴龙过渡；八站半一百七十里零至巴塘，共六百五十五里，滇属一百六十里，川属四百九十五里。一、东路。由墩行三十里过雪山，一站共一百有〔里〕

---

① 上海《民立报》1913 年 5 月 1 日。据同日北京《中华民报》校。

② 《河南都督府电存》第 3 册（未刊稿）。

③ 《蔡都督电请调和意见》，天津《大公报》1913 年 5 月 7 日。

零至孟崩荣；二站六十里零至吉杂岭；三站八十里零至立真村；四站八十里零至忠明村；五站八十里零至立暗杂村；六站行四十里至兑巴村川、滇分界，又行四十里零共八十里零至卯能村；七站八十里零至三利村；八站八十里零至板儿能村；九站八十里零至习腊二村；十站八十里至三当村；十一站合路八十里零至竹巴龙过渡；十二站八十里零至巴塘，共九百五十里，滇属四百四十里零，川属共五百一十里。一、西路。由墩一站八十里零至古水厝；二站八十里零至松水村；三站八十里零至习丁村；四站由毕开工一带行至思龙村五十五里川、滇分界，又行四十里零至白盐井宿；五站一百三十里至兑岩村；六站合路六十里至布腊地；七站一百一十里至打干丁村；八站八十八里至竹巴龙过渡；九站八十里至巴塘。共六百八十五里，滇三百一十五里，川三百七十里。墩至巴仅有此三路，东行有雪山数处险阻，每年至九月封山，须到来年五月雪化，亦通路由白盐井一带，川、毕匪人不时劫抢。惟中路杂立虽有雪阻，不过一二月即通，此道路亦平坦，官、商往来均由此行，有时迫不得已方绕行东南等处。"①

随后，交通部电告蔡锷"已遵令电复速办"。说："准国务院函交，奉大总统发下贵都督青电，拟设阿登〔墩〕至巴塘无线电，由滇、蜀分垫料款一案，已遵令电复速办，抄电送部查照等因。查阿、巴工程改用无线电，经费由滇、蜀协筹，深佩荩筹。惟查无线电在陆地设立，其电气经过地方，遇有金、铁等矿质，阻力甚大，将来建设电台后能否消息灵通，尚无把握，但于旷野地方设立此项电台，在计划上最为紧要，容即饬工程师筹画，先行试办。尊处从前有无派员调查，阿、巴地方矿产报告书，请检送到部，以备参考。"②

12 日

▲冯国璋电请黎元洪、蔡锷等人，务必力持稳健，"辨奸讨逆"。说：

　　武昌黎副总统、夏民政长，南京程都督、应民政长，杭州朱都督，福州孙都督、张民政长，南宁陆都督，贵阳唐都督，云南蔡都督、罗

---

① 以下交通部复蔡锷电中说"准国务院函交，奉大总统发下贵都督青电"，可知蔡电当发于5月9日。

② 《蔡锷集外集》，第285—287页。

民政长，迪化杨都督，兰州张护都督，成都胡都督，济南周都督，开封张都督，太原阎都督、赵民长，西安张都督，盛京张都督，黑龙江宋都督，吉林陈都督均鉴。民国号称共和，由五族结合而成，非少数人所能组织，我辈忝居公仆，负有拥护国家、保卫人民之责，更应主张一致，巩固中央，断不容少数人妄逞机谋，肆行破坏。邦基待奠，国会始开，薄海群伦，喁喁望治，而黄兴、李烈钧、胡汉民、柏文蔚、谭延闿等忽假宋案、借款两事，反抗政府，指为主谋，斥为卖国，飞电四布，故耸听闻。始以个人而干涉立法、司法之特权，继且联名而为吠影吠声之谬说，于是非之曲直、利害之重轻、全局之安危、本根之解决，曾未尝丝毫措意。迹其辩论，矫激意气，嚣张勃勃，野心肺肝。如揭夫宋案证据，具有全文，上海通电，仅撮大略，语句稍涉疑似，即深文周内〔纳〕，指为铁证。而公债属于伟人运动，关于党派者，辄一概抹煞，不加研究，断章取义，意果何居？遁初殒身，举国哀悼，皆望法庭秉公裁判，早雪沉冤，然岂能据模糊影响之案情，诬坐政府以唆使也。洪未引渡，应无确供，更何能谓政府迹近嫌疑，可以归案待质相要挟也。至于反对借款，复连带宋案言之，且以挥金僇辱人民资助凶顽，预证未来之罪状，持莫须有而断狱，强风马牛以相及，牵枝附节，尤属离奇，不但议院有通过明文，国会有监督能力，违法无可言，滥用不足虑，第就现状而论，内帑穷于罗掘，外债迫于星符，自命爱国之志士，不闻画一策、建一议，徒以取消签约号召国人，试问鲋困辙中，何由自拯？忍死求活，尽人皆知，又岂能因革命巨子之被戕，四万万同胞即应共舍一线生机，相率束手而坐毙也。以政党之巨擘，都督之雅望，标一福民利国之徽帜，而惟以挑恶感激内讧为前提，责以假公济私，彼将何辞自解？近者公民会、拒债会均发现于沪上，参众两院会议借款竟徇党见而起风潮，列强方握手言欢，继续承认，我乃亏辱国体，自启争端，市虎传讹，巢乌惧毁，群情皇惑，大祸将临。自侮者必见侮于人，友我者且转而奴我，窃恐分崩离析，先为墟社游魂，不亡于借款之成，而亡于背公之党，先烈勋绩，尽付颓波，作俑者谁实尸其咎？西安张都督遇电，拟联衔通告，辨奸讨逆，业已复电赞同。国璋谬典北门，见闻较确，防莠言之乱政，疾害马之败群，不惮口诛笔伐之劳，以为发覆摘奸之助。诸君子洞明大势，谊切同舟，务请互结声援，力持稳健。庶几人心不死，公道犹彰，使若辈知专欲难成，众怒难犯，一旦幡然悔悟，宇内或有宁时。否则，豆甫然箕，瓜将抱蔓，沦胥及溺。言之痛心，敢掬血忱，伫候明教。国璋。文。印。①

15 日

▲蔡锷通电参众两院、黎元洪及各省都督、民政长、省议会与各政党、各报馆，请切实监督借款"用途，勿使有一钱之浮滥"，并"速促政府将整顿盐政法案提出，克期实行，以维持异日还款信用"。说："借款一案，中外争执，旬日以来，议论迄无归宿。反对者所持理由，谓各条件未交议院通过。前准财政部勘电，谓已得前参议院同意，汤君化龙通电宣告当日议决情形，是此案通过已属信而有征。惟任用外人一节，原件稍有变易，然用舍之权，仍操诸我，但使将来盐税收入足敷偿还本息，则外人即无从干涉。故锷等江电主张，谓政府此后宜负责者二事：一整顿盐政，一限定用途。诚以我国现势百孔千疮，元气凋敝，止渴固不可饮鸩，忍饥亦归于饿毙，政府此举，实属万不得已。现在合同已正式签字，无论强行取消，其事万难办到，即使隐忍牵就，遵照废约，所有积欠洋赔各款及各省外债信用久失，外人将以武力强迫履行，中外无法应付，势必同时破产，堕入奴籍，尔时谁执其咎？在反对借款诸公之意，原以埃及即为殷鉴不远，是用痛心疾首，覆草惊蛇，用意不为不厚。果能别有治标之方，另筹点金之术，将所欠洋债克日偿还，中央政费，各省能分借若干，切实担认，则喘息已定，原无借债之必要。锷等必随诸公之后，要求政府毁约。若其徒托空言，只有拒款之宣告，绝无救急之方法，则借款不成，可加政府以误国之名，借款成，又可加政府以违法之罪。是使政府左右为难，恐亦非爱国君子所忍出。锷等亦不敢随同附和，以妨国务。恳两院诸公暨省会诸君子鉴此时艰，无仍坚持前议。并恳各都督、民政长疏通意见，一体赞同，以便银行团早日交款，得以赶为建设。仍望两院切实监督用途，勿使有一钱之浮滥。速促政府将整顿盐政法案提出，克期实行，以维持异日还款信用，则造福民国，实非浅鲜。若犹客气用事，不惜以国家为孤注，是亡国之罪，

---

① 《冯都督通电》，天津《大公报》1913 年 5 月 15 日。

已有所当，猿鹤沙虫，同归一劫而已。临电迫切，敢以告哀。滇都督锷、民政长佩金同叩。删。印。"

16 日

▲蔡锷与罗佩金电请众议院李根源，速将英人在我茶谷河一带挑衅情况送外交部、陆军部、参谋本部，并望"详筹示复"。说："月密。请密译速送外交部、陆军部、参谋本部鉴。陆部冬电奉悉，寒日已电达在案。顷据滇西观察使陆邦纯文电称，顷侦察队员李文桀、王孝安、肖启明由密支那来腾面称，在茶谷河遇英兵，已函商彼此退回。讵二月二日，英员函责不应过界，旋被掳至坎契转密支那，拘留二日，始同随行兵夫放回。又据和秀昭称，彼时随谭队长在拉打谷，闻信退避，英兵追至雪山，枪毙数人。又蔡长发等三名病不能行，闻亦被戕。伊在知达被获，同解至密。至没收大小枪共十三支，概不发还各等语。查询茶谷河在曲江东岸，为维西之叶枝王土司所属，该员等并未越界，况已退回，英何得加以俘虏？且谭既退避，尤不应追击枪毙多人，实悖公理等语。查茶谷河一带，本属我土司管地，英兵擅入该处，与片马之前事正同。观英人之举动，盖已认定前烈领事以高黎贡分水岭为界之议为铁案，不复容我置喙。此时与开谈判，在我不患无理，而患无力。惟此次两方既有杀伤，恐彼不肯默息，似不如由我先发严词诘责，聊以稍存国体。至此段界址，此时会画，则俯仰随人，损失必多。此时不画，又恐彼东渐北进，着着进步，将来之损失尤难逆料。究竟持何主见，应请迅速会商决定，预备一切。滇省现在之预备，除潞江流域现有殖民队分段经营，尚是自占地步外，拟一面多派委员周流〔游〕、俅江流域，搜集属我之证据，一面派遣测绘生循高黎贡山脉，北至藏境，绘图备用。事关国土，望即详筹示复。滇都督锷、民政长佩金。铣。印。派员绘图一事，关系甚重，又属目前急务，拟请迅即遴派，抑或仍电饬谭志伊等专办此事，不得仍前违误，请即核办。垓注。昨已饬局筹议矣。蔡锷。印。"

按：此电系李曰垓起草，蔡锷修改。

又电令维西许知事派员"分赴俅江流域搜集各种属我之证据"，为将来领土主权交涉之资。说："交密。灰电计达。事达。交涉仰即遵照电示各节，迅速办理。查俅江流域各地方，本属我土司管地，将来会画界址，争议方多，若不早为预备，必致茫无把握。该县地处极边，对于各该地方分属主管，应即特别注意遴派妥人，分赴俅江流域搜集各种属我之证据，或取具木刻凭证，随时汇集呈报，为将来争议之资。至要。应需费用，准其专案报销。交通队员李文榘、王孝安、肖启明、和秀昭及随行兵夫被掳至密支那，现已释放回腾。都督、民政长。铣。印。"①

17 日

▲蔡锷电令怒俅殖边总办李国治，查照所定抵制英人办法经营怒、俅两江流域各地方。说：

查怒、俅两江流域各地方，关系国防至重且巨。论经营之次第，自以先怒后俅为顺序。论事势之缓急，则怒内俅外，外人之势力已及于俅，将来界务之争点，亦即在于俅。但事势固以俅为最急，而一切经营之办法，既不便躐等进行，又势难兼营并骛。故对于两江流域，权量先后缓急，不可无一定之方针。兹酌定办法两条。

一、对于怒江流域宜实力经营也。查现在殖边各队巡驻地点，皆不出怒江下游一带，而于上游近藏各地，则未暇顾及。又其办法专恃兵力，兵至则相与詟服，兵去则无复效益。欲为边事计久远，则平治道路、通商、惠工、垦殖、教化皆宜亟亟从事。至上游近藏一带，尤宜同时并举，借遏将来英人东渐之路。此对于怒江流域办法之大旨也。

一、对于俅江流域宜斟酌分际也。查俅江流域各地方，多为我土司所属。设有俅管，主权在我，固无疑义。惟界未划定，昔年中英会勘，英坚持以高黎贡山分水岭为界之说，欲据俅江流域为己有。现且自由行动，俅江流域常有英兵之辙迹，邂逅遭逢，易启冲突。故对于各该地方固属不当放弃，要亦不宜操切，应由该总办考查酌夺，可进则进，早占地步，否则慎秘招抚，以恩结夷族之心。一面遴派妥员，分头前往调查夷民之趋向。并搜集属我证据，并木刻之类，随时汇报，

① 以上三电见曾业英编《蔡锷集》（二），第847—850页。

以备将来划界谈判之资。此对于俅江流域办法之大旨也。

以上两条，仰该总办查照办理，并即克日赴任，以重边事。勿延。此令。①

又与陆荣廷、胡景伊、唐继尧电请参众两院、各党本部、黎元洪及各省都督、民政长、省议会与各党支部、各报馆，对上海全国公民大会东电所提要求"发抒正论，而遏乱萌"。说："顷接上海全国公民大会②东电，骇诧莫名。电内所称议决办法五条，种种谬妄，直陷国家于至危极险之境地，殊堪悲愤。查宋案应以法律为制裁，故审判之结果如何，自有法律判决。借款系政府目前万不得已之举，且条件已经前参议院通过，并非政府违法，无反对理由。旬日以来，锷等对于此案意见，业已迭电通告，其中危言苦语，原欲若辈稍有悔悟，以免摇动大局。乃不逞之徒，莫肯念乱，假托全国公民名义，意在借此大题，以为扰乱破坏之计。试问我国现势，弱息仅存，邦人君子方将戮力同心，相与救亡之不暇，岂堪同室操戈，自召分裂！谁为祸首，即属仇雠，务恳程都督、应民政长查究该会主名，按法惩办。兹请两院诸公、各都督、民政长暨各党会、报馆发抒正论，而遏乱萌。倘能内部调和，则外人野心必可稍戢，从容建设，或者可以图存，庶无负我辈革命之初心。万一有人发难，当视为全国公敌。锷等才力纵薄，必不忍艰难缔造之民国，破坏于少数金壬之手也。特电奉布，伫候教言。滇都督蔡锷、桂都督陆荣廷、蜀都督胡景伊、黔都督唐继尧同叩。篠。印。"③

18 日

▲报载"日昨国务院封呈总统府要案一封，探其内容系大总统日前交议各案，因关紧要，即开特别会议讨论一切，当即决定。故此呈请总统察

---

① 曾业英编《蔡锷集》（二），第 850—851 页。

② 1913 年 5 月 1 日，中华民国自由党、工党等团体在上海举行全国公民大会，声讨袁世凯暗杀宋教仁、擅借二千五百万镑外债，以兵力蹂躏共和等罪行。并通过决议五条：一、要求国会即日提出弹劾袁世凯、赵秉钧案，令袁、赵即日去职，受法律裁判，由副总统代行临时总统职权；二、剥夺袁世凯候选总统资格；三、不承认未经国会通过，私行签押之大借款；四、各省暂行停解中央款项；五、各地不奉行袁世凯所发之军事乱命。会后，将此决议分别电告北京参、众两院及各省，请求协力进行。

③ 曾业英编《蔡锷集》（二），第 852—853 页。

核云"。其中之一是"滇督蔡锷请筹滇边饷案"。①

19 日

▲蔡锷电复军界临时维持会②，极为赞成该会"保全民国统一，维持社会安宁"宗旨。说："元电敬悉。军人天职，首在拥护国家，捍卫地方，凡有妨害安宁秩序，即为我军人所深恶痛绝。诸公晓于讹言之煽惑，深恐神圣军人为人利用，联合南北同志发起斯会，以保全民国统一，维持社会安宁为宗旨，锷极端赞成。此间陆、防各军深明大义，决不致为所动摇也。特复。锷叩。效。"

次日，再次电复军界临时维持会说："韧密。鱼电敬悉。前电昨已电复赞同矣。祈查。锷叩。号。"③

▲报载蔡锷"请政府于大借款项下拨给二百万元。已交财政部核议"。④

▲英国朱尔典函告格雷，孙中山等南方革命党人与袁世凯之间矛盾的根源，在于南北政治观点存在重要分歧。说："一切动乱的根源，在于南北双方之间的政治观点存在着重要分歧。像孙中山和黄兴这样的人，确实与袁世凯和较老的官僚阶层毫无共同之处。孙中山等人赞扬宪法程序，想利用那些程序作为剥夺总统权力的工具。袁世凯等人认为国会没有什么优点，它已经变成名副其实的魔窟；他们在很大的程度上继续按照那些旧的方针路线统治国家。现在，如同在革命时期一样，问题在于如何为了普遍的利益把南北双方团结在一项共同的政策之中。上海领导人也许认识到了他们自己的弱点，似乎愿意迁就袁世凯。像黎元洪这样温和的人物，向南北双方发出一些热情的呼吁，要求抛开那些分歧意见，但他们的影响对国会没有显而易见的效果。"⑤

---

① 《国务院近事纪·国务院封呈要案》，《申报》1913 年 5 月 18 日。
② 军界临时维持会是一个以维护袁世凯统治为宗旨的军人组织，由邓玉麟、王隆中、王天纵、汤芗铭等人发起组成。
③ 曾业英编《蔡锷集》（二），第 853 页。
④ 《专电》，北京《中华民报》1913 年 5 月 19 日。
⑤ 《朱尔典爵士致格雷爵士函》（1913 年 5 月 19 日于北京），《英国蓝皮书有关辛亥革命资料选译》下册，第 675 页。

21 日

▲蔡锷电复冯国璋、周自齐、张镇芳、朱瑞、陆荣廷、胡景伊、唐继尧，若该派"果怙恶不悛"，"惟有忍痛一候耳"。说："午密。冯都督洽电谓某派（按：指国民党反袁派）野性难驯，宜速定大计，嘱由此间主稿。爱国热忱，至为感佩。查此案前已会同桂、川、黔通电声讨，并于借款案特具删电通告，以问执反对者之口。近日某派气已中馁，大局或可不至破坏。若果怙恶不悛，则是自取败亡，我辈惟有忍痛一候耳。锷叩。个。印。"①

25 日

▲袁世凯依据蔡锷电呈，命令川边各军队"所驻勿过江达以西"。说："边藏自上年以来，迭遭变故，始因客军肆劫，继则土匪构兵，无辜商民惨遭荼毒，庙宇一切，多被毁掠，耕市停废，交通阻滞，猜防互迫，纷扰莫安。西顾廑怀，悢焉如捣。现据云南蔡都督电呈达赖喇嘛派充边务大喇嘛洛桑吉麦郎结文称，达赖令番官勿得争战，并恳委员到境查办等情。该喇嘛等倾向中央，盼望和平，殊深嘉念。已饬尹督等严饬川边各军队，抚辑番民，保护庙宇僧俗人等，毋得稍致损害。所有川边区域，应守前清末年界限，军队所驻勿过江达以西，凡附近各处番人，无叛逆显状者，皆不得派兵前往。其各边军队有扰害番民者，准即呈诉，一经审实，定予严办。尔僧俗人等，亦宜各释疑虑，勿得阻兵，恃众驱逐汉人，隔绝道路，以期永远相安，同享共和，幸福于无极焉。此令。五月二十五日。"②

28 日

▲报载蔡锷"电告政府滇边临江府境纳栖志甸莫索土司受英人运动，归其保护，请速交涉。外交部复电令其详查电复，再行核办"。③

29 日

▲23 日，李烈钧通电袁世凯、参众两院、国务院、黎元洪及各省都

---

① 曾业英编《蔡锷集》（二），第 854 页。
② 《临时大总统令》，天津《大公报》1913 年 5 月 27 日。
③ 《专电》，北京《中华民报》1913 年 5 月 29 日。

督、民政长、省议会与各政党、各报馆，谓其"为逞异谋，不惜名不爱国，则不敢受"。说："养日接张（凤翔）、阎（锡山）各都督元日通电，既骇且愧。宋案、借款两事发生以来，各处主张虽有不同，福国利民之心则一。目前发表意见各电，问心无他，可矢天日。烈钧素心戆直，值兹谣诼纷纭之际，窃于行事固不敢偏重，亦未便盲从，此次开罪政府，诚不所免；若谓为逞异谋，不惜名不爱国，则不敢受。民国缔造艰难，烈钧随诸公之后服务年余，虽无功可言，亦何致不知国家大计，又安敢忍心害理，甘为共和罪人。黄（兴）、胡（汉民）两公建造民国，为罪为公，当有正论。当此风雨飘摇，操戈同室，固足以致亡，即畛域不化，诚信未孚，亦岂国家之福？现在政争激烈，损益轻重，端赖识时俊杰平心权衡，若稍偏决，将何以定人心而固国本？事关大计，仍当续陈。待罪章门，静候谴责。江西都督李烈钧叩。漾。"①

26 日，冯国璋"至急"电询西安、太原、济南、开封、盛京、吉林、黑龙江、云南、贵阳、兰州各都督，可否由西安都督主稿，誓灭"好乱乐祸"的李烈钧。说："午密。敬日接南昌李都督电，对于张都督元日主稿联名通电，强词抗辩，转相诘难，下有待罪章门，静候谴责等语。是其始终负固，无从挽回，已可概见。我辈联电中外，原为先声后实之计。该督好乱乐祸，怙恶不悛。国璋愚谓宜一面联名电请中央，即将该督撤换，一面先由同志各省互相声援，嚼矢待命。势成骑虎，誓灭此贼。请诸公血战，谅同兹意。可否，仍祈西安都督主稿办理，并候示复。国璋。宥。印。"

29 日，蔡锷"急"切电复天津、太原、济南、开封、贵阳、黑龙江、盛京、兰州各都督，表示对于李烈钧，"初无烦武力解决"。说："午密。冯都督宥电，志在锄奸，至为佩仰。近日事机似已渐顺，李都督电所陈，较之以前各电，气焰顿减。虽其中多强词抗辩，然为伊设想，实不敢以破坏大局之罪自认，其情不无可原。至电尾待罪章门，静候谴责二语，此系行文常套，亦近于俯首告哀。此时似可乘其悔祸之心，迎机一导，或于时局不无补益。至李以前行为，本难宽忍。然政府所以虚示羁縻者，亦以外患四伏，目前统一之局万不可破；若阋墙祸起，不惟秩序遽难必复，深恐

---

① 《申报》1913 年 5 月 26 日。

外人借保护实行侵略。投鼠忌器，实迫于无可如何。俟大局略定，中央以一纸之令去之足矣，初无烦武力解决也。所商联电中央撤换该督一节，鄙意任免系大总统特权，弹劾之案似不能由我辈提出。此端一开，恐酿成外重内轻之祸，事关大节，不厌详商。敢进一解，统祈裁教。锷叩。艳。"①

31 日，阎锡山电复蔡锷，同意其不"干预"撤换李烈钧之见。说："云南蔡都督：密。来电敬悉。李督漾电已露悔过之机，似未可操之过激，诚如尊论，其情不无可原，还可迎机以导，冀收棒喝当头之效，借免操戈同室之讥。此时蒙匪南犯，边患方殷，党见纷歧，内忧益迫，撤换李督与否，我辈不应干预。我公卓见，彼此同意，山已电请黎副总统维持排解矣。晋都督阎锡山。世。印。"②

30 日

▲黎元洪领衔蔡锷等 22 人电请参、众两院议员，"推诚行恕，达变通权，念时局之艰危，加借款以承认，一面再萃合群言，妥筹善后"办法。说：

国会初开，宪法未定，邦人引领，若望云霓。乃借款一案，大波轩起，急电纷飞，聚讼盈庭，操戈同室。元洪等忝总戎行，或膺疆寄，原不敢蹊田犯分，越俎陈言，然对民国为编氓，对诸公为挚友，祸既切肤，谊难缄口。窃敢以告哀之隐，抒请愿之诚。

民国肇建，四海困穷，赔款未偿，债权交迫，干涉之约将见履行，关税田租同归于尽，其危一也。四郊多垒，兵费浩繁，养无额粮，裁无恩饷，奸人煽惑，鼓噪随之，合为叛兵，散为流寇，其危二也。库约既成，藏警叠告，折冲樽俎，今非其时，千里馈粮，士有饥色，战端一起，何以御穷，其危三也。杼柚久空，周转无术，纸币钞票，充溢市廛，信用愈亏，价值愈跌，一朝破产，全国为墟，其危四也。庶政未兴，一筹莫展，行政机关，俨同糊塑，束腰自毙，剜肉难医，如彼颓阳［败］，亡将无日，其危五也。战事甫息，讹言群兴，商业凋残，金融停滞，寄产于邻，停货于市，欲收余烬，其道无由，其危六

① 以上二电见曾业英编《蔡锷集》(二)，第 854—855 页。

② 《阎锡山档案要电录存》第一册，第 39—40 页。

也。凡此六危，朝不保夕，其他久远之图，尚有可存而不论者。外人本合纵之势，为垄断之谋，曲与磋商，则变更屡起，别图乞贷，则龃龉多方。美人虽仗义出团，五国仍乘危要挟，处心积虑，已非一朝。当此公私交困，内外俱穷，舍借债无良方，当为国人所共谅，舍银团无巨款，亦为天下所共知。

一年以来，议院之谈论，政党之主持，报章之纪载，无不冀借款成熟，稍有转机，虽明知饮鸩止渴之危，亦勉怀亡羊补牢之念。政府以借款标准征议院之同意，议院无异词也；政府以借款条件要议院之表决，议院无异词也。国会为继续机关，断不能自蔑尊严，轻于变易。谓前此悉为虚诬耶，则参议院纪事录固尚秩然可稽；谓现在犹有疑问耶，则国务院答复书亦已持之有故，是亦不可以已乎！夫国会者，人民所托以立法；政党者，邦国所借以协商，欧美各国，其议员自待若何？非必横语恶声，各争胜负，老拳毒手，互斗雌雄，哄于堂中，而反诉诸院外者也。观诸公前后反对之电，其溯及前案，或谓未足法定人数，或谓足法定人数，或谓未经表决，或谓但表决大纲，岂惟两院之论，针线难符，抑亦个人之词，盾矛相抵？诸公谓对于借款认为必要，亦可见维持大局，顾恤宗邦。然犹且断断抗辩者，不过以会议之时，事前未刊列日程，事后未具文咨复，在政府狃于先例，忽于后防，以是责言，何难加罪？然手续未周，应由议院与政府共尸其咎，宽议院失职之过，既似未平，苟政府违法之名，亦恐不受。若必欲执此小疵，遽翻全案，试问当两院否认之后，借款停交，签字作废，一一皆如愿相偿，诸公果有卜式之资乎，抑有刘晏之术乎！将有富国之经，足以遗人而自立乎；抑有交邻之策，足以舍此而他求乎！姑无论前述六危，万难解决，即此次已交之款，业经支用者，将何以顷刻筹还？诸公必又号于众曰：我等乃否认签字，非推翻借款也。果尔，岂不甚善！然试问一经否认，能保外人之帖伏无词乎？能保后日之磋商有效乎？国产一破，戎祸随之。充其结果，政府不过土崩，国会亦将星散。其激烈者或窜身穷海，其附和者且伏首新朝，而国民流离旷野，乃同雁敲精剥髓之刑。同人捍卫危城，乃亲受暴骨封尸之惨，庭坚之种云亡，若敖之魂将馁，国既不存，党将焉附？后之人追原祸始，谁复起诸公于九泉，而剖心共白之！夫逞一时之快论，为万世之罪人，诚不解衮衮诸公抑何心之公，而识之左也。

总之，推翻借款，远患近忧，外争内乱，于势实万无可逃。元洪等具有天良，非确见大祸燃眉，亦何敢危言耸听。诸公如推诚行恕，达变通权，念时局之艰危，加借款以承认，一面再萃合群言，妥筹善后，议定审计院法，俾之监督用途，稽查浮滥，一也。质问财政部，使此后整顿盐纲，计划财政，逐条答复，协议磋商，二也。方针既定，然后再督其实行，以各省协助中央，即以中央统一各省，内部无分裂之虞，斯外人无干涉之渐，三也。三事既行，众志胥定，于以巩民邦之基础，保宪法之精神，岂惟政府受此惩创，率履不越，亦且国民拜公惠赐，允矢弗谖。元洪等誓言具在，创血犹存，沧海可枯，初心不改，当共以铜筋铁血担保共和，着各省之先鞭，为诸公之后盾，断不使帝制复生，民权中斩，皇天后土，实闻斯言。诸公以政党中坚，为国民代表，宁合众人，而一无所信。不然始主集权，而继主分权，始主借款，而继主拒款，雨云翻于掌上，冰炭变于心中，虽最爱诸公，亦百喙无能代解。若果有奇谋干略，匡救时艰，亦当昭示愚朦，解除忧虑，元洪等不敏，窃所愿闻。翘首燕云，即希惠复。领湖北都督事黎元洪、署民政长夏寿康，直隶都督兼民政长冯国璋，奉天都督兼民政长张锡銮，吉林都督兼民政长陈昭常，黑龙江都督兼民政长宋小濂，江苏都督程德全、民政长应德闳，浙江都督兼民政长朱瑞，福建都督孙道仁、护民政长江畬经，山东都督兼民政长周自齐，河南都督兼民政长张镇芳，山西都督阎锡山、护民政长陈钰，陕西都督兼民政长张凤翙，护甘肃都督兼民政长张炳华，护四川都督兼民政长胡景伊，广西都督兼民政长陆荣廷，云南都督蔡锷、民政长罗佩金，贵州都督兼民政长唐继尧，热河都统熊希龄同叩。卅。

5—10 月

▲蔡锷任"总裁"，由"姜梅龄、范熙绩、李伯庚、谢汝翼、张子贞、罗佩金、赵钟奇"任"主稿"，"沈汪度、李鸿祥、王肇基、殷承瓛、区家俊、邓翊华、熊范舆"为"参与会议员"，集体撰成《五省军

事联合计划草案》。

　　蔡锷为何制定这一计划？1933 年 10 月，陆军大学邹燮斌为其所撰《序》有所说明。他说："此稿系蔡松波先生督滇时所拟之五省联合对英法作战计划，其内容虽仅及滇、黔、桂、粤、川，然立案主体实含有中国全部政略之眼光。盖当时民国初立，国基未固，民力凋弊［敝］，适逢俄蒙问题发生纠纷，当局恐惹起国际战争，诸多迁就。松波先生盱衡时事，知外交无武力之后盾，决不能决胜于樽俎，爰本此旨连合五省为政略上之声援。又以英窥两藏，法窥滇、黔、桂、粤之谋日迫，边陲多故，危机已伏，若屏藩不固，国将不国，于是联合五省复作对英、对法之外交声援。光复之后，省自为制，外患频仍，内讧不休，长此因循，国家将永无统一之日，是又得以五省联合州对外计划，使勇于私斗之国人移其眼光于国家。凡此荦荦大端，皆松波先生公忠爱国之伟怀。至于兵略上之见地，有目共赏，无待偻指数矣。惜当时偏处一隅，仅能就五省而经营之，若天假之年，入主中枢，必能于全国国防计划有详密之规定也。今则抚遗编，溯往迹，不禁感慨系之，因整理付印，以公同好，兼志景慕焉。是为序。民国二十二年十月日邹燮斌序于陆军大学。"[1]

　　该计划草案录于 1933 年刊印本，无出版者和出版地，从邹燮斌序言看，似为当年南京国民政府陆军大学印本。由"缘起"及"计划方针""计划要领""计划实施"三大编组成。第一编"计划方针"，分为"五省联合对外政略之决定与中央对外政略之关系""想定敌国""五省联合军之兵力及其编成""联合军作战地之形势与战略上之价值（附西南作战地一般览图）""联合军作战区域与作战线之划分""联络及作战目标之选定"五章。第二编"计划要领"，分为"对英作战""对法作战""同时对英、法作战""作战准备"四章。第三编"计划实施"，分为"计划实施之手续""结论"两章。其中第二编各章之下，又细分有"节"，第一章对英作战，由"联合军之战斗序列及其区分""联合军之集中掩护阵地及集中掩护方略""联合军之集中地及集中方略（附各军行军计划表）""联合军之作战计划""联合军之兵站设置计划（附各军兵站组织略图）"五节组成。第二章"对法作战"，由"联合军之战斗序列及其区分""联合军之集中掩

---

[1]　以上二文、电见曾业英编《蔡锷集》（二），第 855—858、928 页。

护阵地及集中掩护方略""联合军之集中地及集中方略（附各军行军计划表）""联合军之作战计划"四节组成。第三章"同时对英、法作战"，由"联合军之战斗序列及其区分""联合军之集中掩护阵地及集中掩护方略""联合军之集中地及集中方略（附各军行军计划表）""联合军之作战计划"四节组成。第四章"作战准备"，由"出师准备""举办乡兵""扩张初级将校及军士教育""添购新式军械器具及改良兵工厂""规划集中掩护阵地之假备筑城""测绘兵要地图""修筑军路""各方面谍查之派遣""沿边各土司之经营"九节组成。整个计划草案计 5 万多字。①

6 月

5 日

▲报载蔡锷密电北京，质问"上海匪徒攻击制造局一案"的"真相及一切善后情形"，"以此事关系重要，仍须设法严防云"。②

7 日

▲蔡锷与朱瑞、胡景伊通电袁世凯、国务院各部、黎元洪，各省都督、民政长，绥远将军及热河都统，并转各军统、镇抚使、护军使、师长，呼吁上下"同心戮力，弘济时艰"。说：

> 窃自宋案发生，借款签押，初则忧时之士发为危言，继则朋党之争激成水火，风潮震荡，全国骚然。人不分而我自分之，人不亡而我自亡之，睠顾前途，忧心如捣。伏念此番举债友邦，为数至巨，关系重大，国人所知。湘、粤、赣、皖四省都督迫切陈词，要求罢议，粤都督近日复有电告，述前此抗争之原因，以维持法律为己任。其直谅朴诚，固当邀政府之原容，亦实为邦人所共鉴。秦、晋等十省都督慷慨合词，力辟反对政府者之非，各省军使、师长等亦多驰电相属，至今未已，亦以大局阽危，横议日出，深恐祸机猝发，必底于亡。积愊忠贞，措词沉痛，本原心迹，同属可钦。

---

① 全文见曾业英编《蔡锷集》（二），第 858—928 页。
② 《各省电询上海匪乱情形》，天津《大公报》1913 年 6 月 5 日。

但瑞、锷、景伊等窃有说焉。政府与各都督、军使、师长同以身手捍卫国家，分属同舟，谊犹昆季。乃因激一时之义愤，而兴责备之严词，此在平治之时，尚恐外人腾笑，矧值国基初建，诸大环窥，合力经营，犹虞不给，何可因意见之不同，启阋墙之朕兆，此不敢不告者一也。各都督、军使、师长等先后通电，各具识解，本于爱国之一心。第世风日下，谤夫孔多，播弄其间，毫无顾忌，恣其媒孽，视作投机，必至以一机关统系之人，而显为两派，势成冰炭，荆棘横生，此不敢不告者二也。立国之道，经纬万端，爱国精神，首贵团结。我国当前清末造，外人已有散沙之诮。近日现象，则疆吏与中央、此省与彼省皆自为派别，日蓄猜疑。昔尚貌合而神离，今并貌合而不得。机能日滞，血脉不灵，于此而欲谋国度之发展、国命之悠长，益有难言者矣，此不敢不告者三也。素位而行，君子之德，度量分界，荀氏所称。都督与军使、师长等或专绾兵符，或兼权民政，自其正轨言之，惟宜殚精所司，不愿乎外。若以现役军人、行政官吏而问立法、司法之事，固属逾越范围，即以地方长官而牵掣中央政务行动，亦太紊行政统系。三权凌替，国本动摇，是故宋案须待审判于法庭，借款当待政府与国会之解决。都督、军使、师长等为政府辩护固不必，国民代表亦不宜。自兹以往，是非渐明，似毋庸俊辩，危词多生恶果，此不敢不告者四也。大总统为军队之元戎，居行政之首长，全国军人、官吏隶其统辖范围，此固约法所明定，亦共和国家之常规。今者各省、各军文电交驰，非难异己，似此争议频兴，分崩将见。应由大总统以至诚至公之心，毅然定其是非，无论何人，苟实有不然，皆可遵照约法，施以相当之处分。号令既明，群情自服，毋使同级将吏自相抨击，开藩镇之纷争，损中央之威信，小则政治停顿，大则生灵涂炭，此不敢不告者五也。

瑞、锷、景伊等支持危局，力与愿违，栋折榱崩，同受覆压。故取干冒不韪，一贡罪言。伏冀大总统整饬纲维，申明法纪，厉行整齐严肃之治，以收扶衰起敝之功。各都督、军使、师长体思不出位之训，与同舟共济之情，泯无谓之嫌猜，谋邦基之巩固，杜金壬谗间之隙，昭宇内和穆之风，同心戮力，弘济时艰。瑞、锷、景伊等自顾不才，不敢不勉。凡百君子，鉴此哀忱。朱瑞、蔡锷、胡景伊。阳。印。①

9 日

▲6 日，交通部电政司录呈其 4 日所接如下一上海来电于陆军部："电政司鉴。华顷接云南致沪《新闻报》电如下：缅宁兵变，管带被戕。支。"

同日，陆军部"万急"电询蔡锷缅宁兵变情况。说："通密。闻缅宁兵变，管带被戕。确否？盼即电复。陆军部。鱼。印。"

9 日，蔡锷电复陆军部说："通密。鱼电敬悉。驻防缅宁第三营内，有少数兵士因督操过严，于五月马日早操枪毙郑哨官，误毙李管带等共五人。随即携枪逃往耿镇一带。得报后即飞饬营团一体严缉。据报业将首犯刘庆三、包维经暨叛兵多名枪毙，并将枪枝夺回。查此次兵变，系少数人所为，并未全营同叛，县城亦未受扰，已遴员前往接带矣。特复。锷叩。青。印。"

陆军部一位没有署名的人电复蔡锷说："青电悉。戡平迅速，甚佩。当转呈陆军部。×。印。"

另一位没有署名者的手撰稿说："云南蔡都督鉴。密报称缅宁兵变，管带被戕等语，是否属实？若何情形？希查明处置电复为盼。陆军部。×。印。"

按：存档上有此二手撰稿，但系谁所撰，是否发出，不得而知。②

10 日

▲5 月 26 日，熊希龄在致向乃祺函中，说他"曾劝项城即任遁初为总理，项城虑其资望尚浅，难为外交信用，是以不果。弟意固为遁初才可大用，实则以国民党热心政党内阁，不如使之一登舞台，以觇其能力也"。③

6 月 2 日，袁世凯拟以熊希龄组织内阁，电承德熊希龄说："秉密。国事危迫，阁员动摇，非有强固政府，不足振兴，非得多数议员，不能通过。现党务布置成熟，稳健派可令十占六七，边务确重，国务尤亟。拟以焕庭

---

① 曾业英编《蔡锷集》（二），第 929—930 页。又见《浙滇蜀三都督通电》，天津《大公报》1913 年 6 月 20 日。

② 以上五电皆见中国第二历史档案馆藏档案。

③ 《为宋案一事致向乃祺函》（1913 年 5 月 26 日），《熊希龄集》第 3 册，第 526 页。

代统，执事组织内阁，开物成务，公推伟才，务望入京面商，勿稍延却。大总统。冬。印。"

3 日，熊希龄电复袁世凯说："秉密。冬电敬悉。至为感悚。希龄自省菲才，办理一部分之政治，尚恐不及，国务责重，绝不敢冒昧担任。昔在前清时代，精神才力疲于忧疑对付之中，已受无穷之苦痛。民国成立，方冀得免束缚，乃党见横生，牵制猜疑更甚于清。希龄性质，实于此类社会万不相近，避地来热，私冀此间质朴之俗，或可实行共和法律，到任以后，均遵中央颁布命令及暂行法律，一一见之措施，并无阻力，各党亦无异见。倘蒙中央予以接济，宽以年限，热河当为试验共和成绩之地。今若以百里之马，而令日行千里，其竭蹶颠覆也必矣。希龄之意以为，临时政府为日无几，仍以镇静为主，正式政府成立，能胜其任者，应以张謇为最适宜，且系去年钧座原拟之意，谨举所知，伏候钧裁。希龄倘荷见原，令负北门之责，虽战死沙场，亦较周旋于党会为胜。如不见允，惟有呈请归田而已。谨布愚忱，伏乞鉴原。热河都统熊希龄叩。江。印。"

10 日，又电复进步党本部梁启超、汤化龙、孙武、王揖唐，请"鉴原"未能接受他们的总理"推许"，并表示其"与暴民及腐败官僚两派，均绝对不能相容，万难再为调停敷衍之人"。说："鱼电敬悉。至感且悚，时局艰危，苟利国家，生死以之，希龄何敢稍有顾惜？惟德薄能鲜，学识又荒，自问担任一部分之行政，尚恐有所陨越，岂能力小任重，冒昧以误国家。且性情迂拙，与暴民及腐败官僚两派，均绝对不能相容，万难再为调停敷衍之人。现在热河边患虽未稍纾，然风俗纯朴，党争未烈，尚可实行法治，以试验共和成绩，此龄之所以愿为边吏，畏入国门也。至于宣布脱党，固有苦衷，亦有历史，缘前年南北和议初成，同盟会尚持联邦主义，故龄特入统一党。迨至北京临时政府成立，小党林立，虑为国害，故龄又力主归并共和党。今年正式国会，三党合并，已与国民党成为对峙，而汤先生又选为众院议长，国本稳固可期，龄之目的已达，故特宣布脱党。愿为军人以卫边圉，一俟宪法宣布，总统举定，天下统一，届时呈请解职，投身实业，为完全共和国之公民，此则龄之最后宗旨也。谬承诸公推许，用敢据实直陈，无有丝毫矫饰。伏冀鉴原，不胜切祷。希龄叩。蒸。"[1]

---

[1] 以上三电见《熊希龄集》第 3 册，第 582—583、625 页。

11 日

▲报载虽然蔡锷两次复查过熊范舆私挪与勒取有关款项事件，但"尚恐有不实不尽之处"，正核办间，熊自辞国税厅筹备处长之职。说："熊范舆前充云南国税厅筹备处长，私挪滇蜀铁路公司路款并勒取锡务公司存银，该省参议员孙光庭等在院提出质问，政府日前答复文云：前奉大总统发下贵院咨送孙议员光庭等质问书一件，当经函交财政部核复。兹准复称，查熊范舆挪移铁路公司路股，并勒取锡务公司存款各节，前本部准国务院先后奉大总统发下香港公民及滇省议会电同前由，均经本部电请蔡都督兼民政长确查具复在案。嗣准蔡都督电复，称滇路公司设有汇兑处，原司放款生息，熊范舆、王戴等先后共借十六万元，以锡务公司估本作抵，照章付息，前经铁路局催还。熊等在黔筹借现款十六万元，正拟归还，适黔政府需饷无法，即将熊等所借商款，由黔银行借去配发军饷，是以滇路之款未能照期归偿，系有特别可原之理，此查明挪移路款之实在情形也。又勒取锡务公司存款一节，查熊系该公司董事，有龚到甫来滇运动革命，探知熊有经手之款存该公司，率兵挟熊到公司，将存款提出，去年十月熊将经手矿政公所之款如数解缴实业司，此查明挪移锡款之实在情形也等语前来。本部以该都督为省长官，既经两次复查，本应毋庸置议，唯尚恐有不实不尽之处。正在核办间，适接熊范舆辞职之电，业经准其开去国税厅筹备处长本职，一面派员再行秉公查办，以昭核实而示大公等语，相应答复贵院查照可也。此咨参议院。"[1]

13 日

▲上旬，报载梁启超电告蔡锷说："总理一席，人望在君，时事艰难，何不来京一行，共商大政。"[2]

又载"此次内阁改组之说起，政府及政党中人多属滇督蔡锷到京组织者。梁任公与蔡原有师生之谊，闻曾致电蔡锷，询以可否到京与袁总统面商各要政，并与各方面人士接洽，观察政局。旋即得蔡复电云久欲来京与袁总统面商各要政，并与各方面人士接洽。惟因滇事重要，未敢

① 《熊范舆免官原因》，《申报》1913 年 6 月 11 日。
② 北京《亚细亚日报》1913 年 6 月 17 日。又见上海《民立报》1913 年 6 月 21 日。

即行。如今日实有要事须锷来京一行，亦未始不可勉强就道。此电到京后，蔡又补发一电与梁任公，专论组织新内阁问题，其文云：此次内阁问题非常重大，窃意组织内阁之人须具数种资格：（甲）须有操纵各省而统一之之实力；（乙）须有强固稳实之政策；（丙）须有励行其政策之魄力；（丁）须有协同一致之阁员，其分子应十分勇健；（戊）须与总统融洽，而又得各党之信任，且不至为外人所轻视；（己）须有牺牲个人，以急国难之决心。备此六者，乃克有济。此等条件，求之今日，未免责备太甚。然不可必得，亦必须备乙、丙、戊三项资格。否则，大局将不可问。锷一介武夫，未谙政治，国务重任，非所敢承。虽急思来京侍承大教，奈羁于职守，未便擅离。前以置身军籍，故于统一共和党合并时宣告脱党。今承吾师指命为名誉理事，义又不得即辞，惟有勉从诸公之后，为默示之承认而已。"①

按：以上梁启超致蔡锷电与蔡锷两次复梁电，均又见北京《亚细亚日报》1913 年 6 月 17 日与上海《民立报》1913 年 6 月 21 日。《亚细亚日报》还声明系"大意"，而且与《民立报》一样，未载《神州日报》所载蔡锷"补发"的复梁启超电中，自"此次内阁问题非常重大"至"否则，大局将不可问"这一大段内容，而代之以《神州日报》未载的以下这段话："锷一介武夫，未谙政治，国务重任，非所敢承。虽急思来京侍承大教，奈羁于职守，未便擅离。前以置身军籍，故于统一共和党合并时宣告脱党。今承吾师指命为名誉理事，义又不得即辞，惟有勉从诸公之后，为默示之承认而已。"② 由此可见，各报对蔡锷回电的报道，因政治倾向的不同，选择也有所不同。

13 日，梁启超函告梁思顺，他建议袁世凯用蔡锷组阁，但袁不愿意。说："频日组织内阁问题发生，秉丈（按：指熊希龄）坚不肯来（闻其夫人阻之甚力），吾主用松坡，项城不愿，必欲强我，党中一部人（旧民主派中坚）跃跃欲试③，而有远识者（旧共和派中坚），皆以为不可。吾于明日

---

① 《蔡锷对于改组内阁之意见》，上海《神州日报》1913 年 6 月 21 日。
② 北京《亚细亚日报》1913 年 6 月 17 日。又见上海《民立报》1913 年 6 月 21 日。
③ 《梁启超全集》此处断句，为"必欲强我党中一部人（旧民主派中坚）跃跃欲试"，应有误。

会场中宣言不肯就之理由，即便返津矣。"①

14 日，黄远庸也发文披露有所谓蔡锷内阁说。说："最先发起改组政府及进步党组织内阁之议者，本为国民党，进步党多数不愿。近又有一部分谓事实上不能不改组者，于是传说纷纷，照例报章中于此时不能不有种种内阁说。其实经过甚为简单，袁意即以段祺瑞坐补总理，否则以熊希龄为之，究竟所注意人仍为徐世昌。现熊既屡电辞，徐内阁说决不成为事实，于是政党中有拟梁任公者。梁内阁之说，据自沪中来者言，国民党要人亦极赞成。然任公既决不愿，则有谓以蔡锷为之者。某报张元奇之说，系袁总统闲中一笔，不足据为典要也。现相传有入阁消息者，为景耀月、孙少侯，其他尚有吴景濂、谷钟秀之说。"②

同日，另有报载，因蔡锷是"都督中之铮铮者，为袁氏所信任，对于两党均无恶感"，有"蔡锷内阁说"：

改组内阁之说，自赵秉钧乞假后，国民、进步两党协商数次，以迄于今，改组之议，仍未能决定。改组、改组之声，日腾于耳，究竟谁人上场，尚不可知。无数人预备看戏，这一班名角，总不肯出台。有极想上台，而园主人总不答应；有园主人再三邀请，而名角总推三推四，这台戏断唱不好，将来总是随便杂凑，了此残局而已。

其一，段祺瑞内阁说。段氏之代总理，自系暂局。在段氏固无组织内阁之心，袁氏亦无令段氏组织之意，不过赵氏请假，不得不以段暂代而已。然而，外间深恐军人内阁，竟因此出现，皆怀疑虑。盖军人内阁，流弊至多，征之中国历史与外国成例，有害无利，此人人所知。袁氏亦何能大犯不韪，而必组军人内阁乎，此必无之事也。即段氏真为总理，亦断不能组军人内阁。不过，段氏为军人，故预防其军人内阁出现耳。然段氏亦非愿组内阁之人，此实不成问题。

其二，徐世昌内阁说。徐内阁说，自宋案风潮未起之时，外间揣测，多有徐氏必为将来内阁之说。盖袁、徐交谊之深，人所共知。徐

---

① 《致梁思顺》（1913 年 6 月 13 日），汤志钧、汤仁泽编《梁启超全集》第 20 集《函电二》，中国人民大学出版社，2018，第 84 页。

② 《无理想无解决无希望之政治》（民国 2 年 6 月 14 日），《远生遗著》下册，卷三，第142 页。

虽在清室位至相国太保，其人究竟活脱，初非欲以遗老终者。谓其绝对不想组织内阁，吾未敢信。在政党一方面，固皆同认其为官僚派之魁首。官僚内阁因进步、国民两党多数不肯承认，然以袁派论，徐氏固较其他为明白矣，袁氏似亦有欲徐组织之意，然始终未以此意表示于政党，盖此时赵方下台，袁氏亦欲择政党中之较亲于己者，或超然者。当此难局，若谓其一意把定必须袁系内阁者，恐未必然也。

其三，汤化龙内阁说。改组内阁为国民党之动议，盖反对借款问题，非推倒现内阁，则国民党不能下台也。其初由国（民）党提出，请进步党组织内阁，阁员则由国民党提出，于是国民党提出汤化龙氏。进步党谓汤氏甫就任议长，未必肯就。而汤系的党员颇盼望汤氏出而担任，故有孙洪伊内务、胡瑞琳〔霖〕财政之说，终以议长问题之牵绊，遂将总理问题打消。

其四，孙洪伊内阁说。孙氏在民主党时，固惟一之有力者也。汤氏极倚任孙，孙亦极自负。既汤氏以议长之牵绊，则汤氏所倚任之孙氏，亦似可乘时而起，孙氏其亦有意矣。终以其他之总理问题发生，此意亦自然消灭。其五，熊希龄内阁说。熊氏之声誉，颇在人耳目。以共和党党员，而新近脱党为超然派者，于两党均无恶感，于袁氏亦得信用，故袁氏以熊商诸两党，两党均无反对。乃电请熊来京担任，熊复电辞之极坚，谓避地热河，地小民淳，尚可竭力设施，或可为共和之模范。若必以内阁相强，惟有即日解职归农。袁氏以其意坚决，断难相强，此说今已消灭矣。

其六，张謇内阁说。熊氏复电，竭力推荐张謇氏，袁与张本旧交，张固为袁所敬礼者也。得熊电，即以商之进步党，张为进步党理事，若肯担任，固进步党所欢迎者也。惟张久已宣言不愿入阁。袁知其意不可强，乃嘱梁启超氏电劝张氏勉为其难。张仍坚辞，亦断难相强，此说亦归消灭矣。

其七，杨度内阁说。杨氏固周旋于两大党之间，朋旧极多，虽各有多数之反对，亦各有多数之欢迎者也。杨既与袁氏感情甚洽，二党又多朋好，常欲为政治上之活动。故此次国民党一部分人遂提议杨度氏组织内阁，虽非绝对不可成，然两方皆阻力极多，亦恐难实现。

其八，蔡锷内阁说。蔡锷因都督中之铮铮者，为袁氏所信任，对于两党均无恶感。前者国民党提议汤化龙内阁时，所拟为陆军总长者也。若蔡任内阁，国民党想亦不反对，而进步党气味更觉相投，现已有电相商。蔡肯担任与否，尚不可知，此为最近之内阁说矣。

袁氏以政府久虚，不成局面，亦急欲有人组织，惟袁所主张，仍为混合内阁，进步党既不愿完全担认，亦不愿为无统系的混合内阁。如蔡氏肯担任，则段、陆均不动，而其他各部与袁协商，亦进步党所赞成者也。此次虽曰短期内阁，然宪法问题、选举总统问题，一时未易解决，不知延至何时，始有正式内阁出现，则此短期内阁苟无他种风潮，亦不算很短，较之唐绍仪、陆征祥内阁，又当较胜耳。①

21 日，又有报载"云南都督蔡锷，自任都督以来，颇尽力整顿政治，调护大局，于各党皆力任维持，而不偏狗，故前日虽曾列名党籍，旋即声明脱党，以倡军人不党之风。此次内阁改组之说大炽，政府及政党中人，多属望蔡锷来京组织内阁。梁任公与蔡原有师生之谊，故梁前日亦曾致电蔡督，以可否来京观察政局相商。蔡旋即复电云，久欲来京与袁总统陈商各要政，并与各方面人士接洽，嗣因滇事重要，未敢即行。如今日实有重要事，须锷来京一行，亦未始不可勉强就道。此电到京后，蔡又补发一电与梁任公，专论组织新阁问题。其文云：此次内阁系非常重大，组织者或自存短见，或苟且偷生，国命必断送无疑。间尝私议，以为组织内阁之人，须具有数种资格……（按：前已录，此处从略）"。②

其间，又有报载内阁改组问题，出现于宋案、借款问题发生之后，实际"远在一月之前，当时大总统颇示不赞成改组之意。后又稍为活动，谓须俟非国民党有三分之二方能改组。进步党与国民党彼时亦协商数次，亦以种种问题未能同意。至现时则形势又为一变，在大总统及进步、国民二党皆知改组之必不能免矣"。为此，袁世凯"有徐世昌内阁之意。曾在总统府开会一次，谓徐内阁有五利：（一）有政治经验，必为国民信任；（二）与日、俄、德、美等国感情素好，可得外交之信用；（三）黎副总统及苏督既来电表示同意，必得南北之欢迎；（四）深知满、蒙之事，必能多所赞助；（五）为首先赞助共和之人，劝清帝退位，多由其力。在座者均无异

---

① 本报驻京记者禅那：《改组内阁八面观》，上海《时事新报》1913 年 6 月 14 日。
② 《组织内阁者当如是》，上海《时事新报》1913 年 6 月 21 日。

议。无奈徐氏不久〔允〕，故有熊内阁、张内阁之说。最近有令李经羲担任，然亦恐未能得其同意也"。又说："进步党如欲出而组织内阁，此时固一极好机会。闻颇有人劝梁任公当此任者，大总统亦极许可此说，传至南方，孙、黄诸人皆表同意。然任公不愿就此，亦是意中之事。又有拟提出蔡锷者，蔡都督坐镇南方，威望赫然，实进步党中佼佼者。然果能慨然担任，亦恐未能，故进步党此时实并无自为之意。若袁总统果有意求人才内阁，此当无有不赞成者也。"①

27 日，还有报载说，对于短期内阁总理人选，"现在两党所注意者为蔡锷，总统所注意者为熊希龄"："短期内阁问题，动议已两月有余，至今尚无头绪，不知延至何时，方有此短期内阁之出现。中华民国自有内阁以来，从未有一次能满人意者，则此次之改组其必满人意乎，盖必无之事矣。然而全国人心，仍希望其改组者，盖以目前几陷于无政府地位，组织之后犹胜于无政府也。且改组一次，尚有一次之希望，不至如现在政府之绝望也。从前两党协商所提出者既成矢橛矣，现在两党所注意者为蔡锷，总统所注意者为熊希龄。蔡锷于两党均无恶感，名誉甚佳，宜若可矣。总统谓云南极难得替人，且南方数省隐若恃蔡氏为盟主，蔡一调动，则南方不无动摇，且云南道遥，来京更须时日，在总统一方面殊难同意。至总统之属意熊希龄，以为熊之才望固早已养成总理之资格，总统又深信其才之足以肆应也。政党一方面则熊新近脱党，进步党以为其人太乖巧，未甚满意。国民党则当熊为财政总长时代深有恶感，今日对于熊氏，尚未能遽表欢迎，然亦非绝对的排斥也。熊氏第一次复总统电，辞之极坚，若谓苟以是相则者，则我惟有挂冠而去耳。又力推举张季直。夫张季直之决不愿任此短期内阁，熊亦何尝不知之，而必以其相推，何哉？熊盖借探政党之意思，如非绝对的排斥，则亦可乘时而起，故日前复总统电，有日内起程之语，其告亲知则仍系不担任组织内阁也。俟其来京后，其是否愿担任，及两党之是否同意，则短期内阁之总理遂可以确定矣，此时尚在闷葫芦中。然而预备入场者，则只有熊、蔡二人，无第三人也。袁总统曾谓梁任公曰，君何不出而负此责任？任公峻谢不敏，总统亦不能强之。今后欲看剧者，专候

---

① 《改组内阁之推测》，《申报》1913 年 6 月 22 日。

熊、蔡两名角到底谁出场，俟其有择吉登台之广告，乃能约齐同业上场。目下所传之吴景濂、刘崇佑、景耀月、王赓等任国务员，皆各报之敷衍材料耳，乌有正角未定，而配角先定者哉?"①

7 月 31 日，报载国民党同意提蔡锷为国务总理。说：

> 国务总理一席，已经政府提出熊希龄君，要求国会同意，前已两次列入议事日程。今日下午众议院开会，第一案即投票表决，兹将各党对于此事之态度，探志如下。
>
> 进步党：上次开议员会议决，以此次改组政府，乃有政府与无政府之问题，并非政府之善恶问题，故与熊君之提出，主张一致同意，并曾将此意向各党宣布。
>
> 国民党：对于熊君继任总理一事，绝对主张反对，并提出汤化龙、蔡锷、伍廷芳、程德全四人，如政府提出其一，该党即予同意。故今日投票，国民党必在反对之列。
>
> 政友会：对此次改组政府一事，主张有系统之组织。如先提一国务总理，其余国务员有在不可知之数，该党对于此种办法极不赞成。如能将国务员与国务总理同时提出，该党即能同意，是为有条件之赞成。说者谓该党如此主张，乃别有深意云。
>
> 共和党：对于此次改组内阁，其态度亦与政友会相似，亦为有条件之同意。如此先提国务总理，该党亦主张不投同意之票。其所持之理由，亦大致与政友会相似。②

按：蔡锷 1916 年 11 月逝世后，有多家媒体指称，孙、黄"二次革命"失败后，袁世凯因对蔡锷"猜忌日甚"，或"授意某某等要人召先生晋京，许以参谋总长"，③ 或"用诡为组织内阁之说，召君入京"。甚至言之凿凿说："项城与君（按：指蔡锷）电，至有内阁一席，非君莫属之语。""又嘱任公加函敦促。"④ 梁启超此函说明，梁确实向袁推荐过蔡锷，但袁世凯这时对蔡心存疑忌属实，并无"许以参谋总长""组织内阁"等说。报载

---

① 本馆驻京记者禅那：《未来内阁之组织问题》，上海《时事新报》1913 年 6 月 27 日。
② 《补记各党对于改组内阁问题之意见》，上海《时报》1913 年 7 月 31 日。
③ 李抱一：《附录：蔡松坡小史》，《蔡锷集外集》，第 401 页。
④ 《蔡松坡先生历史》，曾业英编《蔡锷集》（二），第 1526—1527 页。

"许以参谋总长"，也只是当局为稳住蔡锷而故意向外界放的风。

　　▲蔡锷函复省议会，请其转知施行"传提白耀龙到案，饬其自行迅速明白呈缴"尚"剩有余饷巨款"事。说："径启者。前准罗民政长函开，财政司案呈，准临开广观察使函复，准贵议会咨开，据法政毕业生赛复初请愿追缴前清故开化镇总兵白金柱之子白耀龙侵吞报销余剩军饷一案。当查蒙自道署卷宗，自经上年兵变后，半多残缺，此案仅有该故镇之子白耀龙报请核销文牍及清册。其应缴之余剩饷银七千余百两，除该故镇应得之统部经费银每月六百两，经前清锡督（按：指锡良）批准照扣外，余银曾否经前善后局核销，此间即未奉有明文等情，复司呈经罗民政长转函到府。准此，当查该赛复初原呈内称，此案前督署、藩署、兵备处、蒙自道署、开化镇署，均有成案可稽等语。除前藩署、兵备处及善后局案卷经参谋厅查，以光复时诸多散失不全，无从检查。蒙自道署虽经查有端倪，究属略而不详。复经由府指令开化统带欧阳沂将镇署档案检出，悉心详查具复去后，兹据呈称，遵奉之下，当即督饬员司将所存旧协镇署案卷，悉数检出，逐一点视。而白金柱任内原案毫无片纸，此案始末，实难悬揣。随即采访舆论，金谓白金柱当日故后，除报销外，尚有剩款，亦系实在。后闻龚关道（按：即龚心湛）屡向其子白耀龙催缴，亦有其事。但以事隔多年，此项剩饷，不知前曾准有案，抑为白耀龙竟因循至今，已无由知其端倪等语。统带复加查核此案卷宗，既各署均有散失，不能全行考查。但经临开广观察使既查有该故镇之子白耀龙报请核销文册内，当有余剩饷银七千余百两，似不无证据可凭。惟后此之解决，镇署毫无卷宗，殊难检查等情前来。此案证之临开广观察使查复道署案据，开化统带之采访舆论，与夫赛复初之陈述，前清锡督札催饬缴剩饷及白耀龙之筹措未缴，适值反正各情，言之确凿，且尚有干证多人，是该白耀龙于报销后，实尚剩有余饷巨款无疑。该赛复初公益殷迫，知而特揭，深堪嘉许。自应严为追究，免负热忱。应请罗民政长令饬该故镇白金柱地方官，传提白耀龙到案，饬其自行迅速明白呈缴。倘敢再事隐匿［匿］，即将该白耀龙押解到省，送交司法官厅，传集一干人证，讯明监追，以重军饷，而儆贪鄙。除函请照办外，相应函复贵议会，请烦查照转知施行。此致。六月十三日。"①

　　①《云南省议会报告书》卷三，第9—10页。

▲报载总统府"本日拍致孙中山及蔡锷、尹昌衡等密电各一件"。①

又载路透社"云南府电：省议会议员二十五人现赴日本考察一切，支费一万五千圆"。"此间当道出示禁吸纸烟。"②

14 日

3 月 10 日，交通部剥隘电报局电告交通部，南宁、云南及各局，剥隘 9 日晚发生兵变。说："昨晚本城兵变，掳掠之后窜往广西边界，局中机器等物幸未损失。特此奉闻。剥叩。"

15 日，陆军部电询云南蔡锷、广西陆荣廷，剥隘兵变是否属实。说："密据剥隘电报局报告，十日该处兵变，掳掠之后窜往广西边界等语，是否属实？希查明防堵，并盼复。陆军部。（删）。印。"

17 日，蔡锷电复陆军部说："删电悉。剥隘防军叛乱九十人，已饬滇边各营团分投搜剿，并电桂督合力堵截并悬赏购缉，不难指日扑灭，余续闻。滇督锷。筱。印。"

18 日，陆荣廷电复陆军部云南剥隘兵变情况。说："午密。删电奉悉。云南剥隘兵变，据百色府知事电称，变兵勾引外匪，共百二三十人，枪毙哨官，管带刘钟英重伤，随分窜西林边界等情。闻变后，已电饬沿边各军队堵剿，并电川督饬营会同剿办，当不致蔓延为患。用特电复。广西都督陆荣廷叩。巧。印。"

按： 原抄稿上，有一毛笔"好"字，察其字迹，疑为袁世凯所书。

4 月 20 日前后，刘云峰呈告段祺瑞"桂边匪情及滇军剿办方法"。说：

学生刘云峰谨将桂边匪情及滇军剿办方法汇单呈请查核。滇桂交界之处，山深箐密，交通困难，向为游匪所出没，兵至则为民，兵去则为匪，故向费无数之金钱，劳几许之兵力，从未能尽绝根株。反正以来，裁撤之防兵亦多麇集于此，匪势愈大张，盗窃之声，时闻于耳，劫掠之案，不绝于途，以致行人裹足，居民一夕数惊，当此光天化日之下，屡出此强梁不法之徒，亦良可慨已。滇属剥隘，向有防营驻守，

---

① 《总统府十三日纪事》，天津《大公报》1913 年 6 月 15 日。
② 《特约路透电》，《申报》1913 年 6 月 13 日。

桂匪虽形猖獗，究未敢过扰滇疆，遂乃潜渡，勾通防营。三月十五夜，广南巡防第四营全营哗变，并携去枪支、子弹甚夥，窜向桂边。刻由王统带国宾派王、苗两管带率防兵两营跟踪追捕，多有斩获。十九号追至桂边，是时叛兵已与匪合，虎踞桂边瓦村及滇边那良诸要隘，连日与我军接战，我军旋夺占那良、御山一带。王统带以兵力太薄，不敷调遣，乃躬亲率队督剿，并派陈绅锡禄等率民团守城二十日，与匪战于果们山，约六小时之久。我军方占领果们山，匪由瓦村备船渡河。是役毙匪二名，夺九响枪一支，我军负伤一名。王统带当饬各营由架村、六龙进剿，但桂边绵长几至千里，兵力仅此数营，实难支付。是日，都督即电知桂督派兵会剿，第二师谢师长亦遣开化欧统带派兵一营前往助剿。二十四日，开化巡防第五营由开化出发。二十九日，王统带于者六、庚弥等处闻土人言，匪分三股，一为新帮都督龙三、阮大各率匪五六十名，九响枪九十余支；一为老帮都督崩牙、黄四棱及陈二等，各率匪六七十名，无烟枪一百三十余支；外有一帮头目系赖四、藩五等十四名，各率匪二十余名，共有快枪七八十支。四月三号，与匪战于六汪，擒匪二名，讯称沿河两岸人民多与匪通，匪至何地，均有奸民暗行保护。当日王统带函请桂属泗城官绅率团会剿，并解匪二名赴桂证明通匪各村，即将匪人军前正法。七号，王统带至上雍村，正与泗城官绅磋商剿办方法，即接王管带报称，该营由红邦出发，午后二时抵桂属领村，有伏匪四五十名突起，我军毙匪数名，各匪始行退却云云。十号，富州万知事报称，股匪数百攻劫恩阳、那坡等处，又分股上犯滇边，并有桂匪千余，枪八九百支，拟大集三湘洞，攻劫富州，夺取军械，以图大举。后奉都督电令，由驻临步三团迅派一营并机关枪二挺，兼程前往会剿。当由师电饬张旅长开儒迅将第三营招集四营（因前拨二连分出驻防）速行出发。该营即于十五日并机关枪二挺由临出发。十七日宿蒙自。十八日由蒙自出发，约于五月一、二号即可抵剿。日后军情，俟容续报。此呈陆军部总长段。

外附步三团第三营出征兵表一张。刘云峰。印。民国二年四月。①

———————————

① 以上五文、电见中国第二历史档案馆藏档案。

6月14日，蔡锷再电复袁世凯暨国务院、参谋部、陆军部说："剥隘兵变一案，前准军部电询，当即具复。查为首叛兵系巡防十五营中哨帮哨龙庆廷，因犯赌被管带刘钟英责罚，挟恨谋叛，密约同营广勇数十人，勾结桂匪于三月九日七时叛变，枪伤刘管左腿，并枪毙什长杨贵廷等六人，携枪窜入桂边。当饬陆防各军分投兜击，并电请桂军会剿，已将叛首龙庆廷擒获正法，其余叛兵搜剿略净。现在滇边无匪，一律肃清，请纾廑注。详情另文呈核。滇都督锷。寒。印。"

16日，国务院电告袁世凯之"令"于蔡锷。说："大总统令：寒电悉。据称剥隘兵变，已将叛首正法，余党搜捕净尽各等情。军人勾匪谋乱，自宜尽法惩治，现在滇边一律肃清，地方安谧，办理迅速，深堪嘉慰等因。合电交国务院。铣。印。

21日，蔡锷另文详呈说："云南都督府为呈请事。案查剥隘兵变一案，前准陆军部电询，当即撮要电复。现在叛兵、股匪一律剿办肃清，合将详情呈核。查广南巡防第十五营驻防剥隘，该管带刘钟英平日督操过严，营中久怀积忌，适中哨帮哨龙庆廷因犯赌降为正兵，遂与什长阮治昌密约同营广勇四十余人，胁从者四十余人，又勾串桂匪二十余人，于三月九日七时叛变，枪伤刘管左腿，并枪毙中哨长吴兴秀、什长杨贵廷、钟有伦，教习陆景高、王致和暨刘管之弟刘玉清等共六人。该叛兵即携枪出营，抢劫厘局、商店，共损失二万余元，黎明渡河，窜入桂边。得报后，即飞饬王统带国宾暂饬王、芮［苗］两管带，率兵两营跟踪追捕，并电桂督派兵会剿。其时叛兵已与匪合，分踞桂边瓦村及滇边那良诸要隘。官军连次进攻，迭夺御山、果们山各险，历战六时之久，阵毙匪党多名，匪始败窜。嗣后与匪战于六汪，战于桂属领村，均有斩获，可望得手。适接富州知事警报，股匪上犯滇边，声言攻劫富州军械，以图大举。剥、富同时吃紧，商民震惊，请兵分防等情。当以股匪上犯，意在借此分我兵力，当调陆军一营分驻剥、富，并饬征调乡团扼要防守，一面严饬王统带速将叛兵、股匪克日搜剿。旋据报称，桂匪为桂军击散，逃往七里、洪河一带，叛首龙庆廷已于者桑地方搜获，其余叛兵均经格毙。现在滇边无匪，请撤防等情，查明属实。当饬将龙犯军前枪毙，并饬陆军及十二、十七等营拔回原防，将十五营全行裁撤，饬富州知事募团百五十名，以作清查内奸之用，此后当无他虞。惟念此次陆、防各军，会同桂边军队，赴事迅速，得以早日扑灭，不致匪势蔓延，不无微劳足录，应请择尤给奖，以示鼓励。被难及阵亡各员弁，死事颇惨，可否准予给恤。刘管统驭失宜，姑念受伤甚重，应请从宽免议。再，商民所受损失，应否酌予偿恤之处，除撮要电陈在案并分咨外，理合具文，呈请大总统俯赐查核施行。此呈大总统袁。"

28 日，国务院电告袁世凯之"令"于蔡锷。说："午密。大总统令。个电悉。此次已获叛变各匪，务饬严办，以昭炯戒，仍应设法缉拿溃逃各匪，毋任漏网。该处密迩外界，尤宜慎择将领，申严军律，万不可再生枝节，致滋口实等因。合电遵照。国务院。勘。印。"

7 月 9 日，段祺瑞批："据呈已悉。此次剥隘兵变，各军队赴机迅速，用能早日剿平，应准其择尤给奖。所有被难及阵亡员弁，由该都督查明请恤，用昭激励。至管带刘钟英统驭失宜，本难辞咎，既属受伤甚重，应从宽免其置议。其商民损失，应如何量予抚恤之处，即由该都督就近察酌办理。此批。大总统印。中华民国二年七月九日。国务总理、陆军总长段祺瑞。"

同日，秘书厅抄呈批于陆军总长。说："大总统发下云南都督呈称，剥隘兵变，现已一律肃清，请将出力及阵亡员弁分别奖恤，被难商民酌予恤偿等因。相应抄录呈批，送交贵部查照可也。此致陆军总长。"①

▲报载"总统府十四日封送国务院要电三件，据闻该电内容：一为刘玉麟密陈关于英日改订盟约，与民国种种之关系；一为张荫棠密陈中美联交之进行手续，并详陈中美借款案交涉情形；一为蔡锷来电，密陈片马交涉最近对待法。段代总理当将原封送交外交部先行讨论办法，俟决定端倪，再行列入国务会议"。②

15 日

▲蔡锷发表《南针杂志》祝词。说："《南针杂志》者，云南政见商榷会之所作也。今中国会党亦多矣。一党之起，列名者动以数千万人计。一党之机关，月出报章动以数千万纸计。揭橥共和，万窍争鸣。然还而叩之各党中人，懵然不解共和为何谓。亦曰欧美先进国皆有会党，我亦从而会

① 以上六文、电皆见中国第二历史档案馆藏档案。
② 《总统府封送外交三要电》，天津《大公报》1913 年 6 月 17 日。

党之云耳，其然岂其然哉。昔宋人有善为不龟手之药者，世世以洴澼絖为事，客闻之，请买其方百金。聚族而谋曰：吾世世为洴澼絖，不过数金，今一朝而得百金，请与之。客得之以说吴王，冬与越人战，大败越人，裂地而封之，能不龟手一也。而或以封，或不免于洴澼絖，则所用之异矣。今之中国政党，无乃类是。欧美各国用政党以导国民，中华民国用政党以斗国民。一省之中，界限判若鸿沟；一事之发，著作等于蝉噪。譬若泛巨舰于重洋，无南针而盲进焉，几何不回旋颠簸于惊涛骇浪之中也。天下之至危极险，孰有过此？今杂志之作，集政见而无成见，合数党而无一党。政之病在膏肓者，则施针砭以抉之；政之病在阙略者，则出针线以补之。循是以往，锲而不舍，虽未能挟山超海，其至于大陆不远矣。故于其出版也，特书数语以祝之。蔡锷。"①

16 日

▲蔡锷电告尹昌衡，英人"募工数万，筑格俞运道"情况。说："滇派川边调查员马标、狄蔚爨电称，英募工数万，筑格俞运道，将进据波密。蜀疆交界，滇据其标［间］，密切关系，将在波密。近查波密驻兵一事，前与硕公协调商议，统由川军经营。现在英人北趋甚急，波密据滇蜀藏之卫要，一为他人领土，不惟藏事不可收拾，川滇边境均生危险。现尊处已否派遣重兵，并希望复。"②

18 日，又"加急"电告袁世凯暨国务院、参谋部、陆军部、外交部说："午密。据滇派印缅调查员马标、狄蔚爨自印京来电称，英募工二万筑格俞运道，图据波密，抄出蓝徽，遮断滇蜀藏交通。滇、波关系密切，速派兵驻波等语。查波密地方重要，为英人所必争，政府早已见及。滇距该处甚近，只以中隔雪山，必须绕出川属盐井，运掉［棹］方灵。川既不愿改隶滇，亦未便力争，现祸已燃眉，驻兵波密一节，万不可缓，应请饬下尹经略使速行派兵驻波，以遏英人北进之路。惟乡城未下，川边兵力能否顾及，应饬明白呈复，由中央主持定议，以免贻误边事大局，幸甚。滇都

---

① 曾业英编《蔡锷集》（二），第 931 页。
② 《尹昌衡集》第 1 卷，第 322—323 页。

督锷。十八日。印。"①

17 日

▲蔡锷与罗佩金电请各省都督、民政长，一致赞同由阎锡山主稿挈衔两院先订宪法或选举总统。说："阎都督文电计达。拟请两院将一切议案缓议，赶将宪法编订，或先从选举总统入手，洵为根本至计。诸公如一致赞同，请由阎都督联电副总统主稿挈衔，电达两院，催促进行。锷、佩金。筱。印。"②

▲9 日，熊希龄通电袁世凯、国务院、参众两院、黎元洪及各省都督，请举国"上下一心，速释内忧，专注外患"。说：

> 午密。顷见报载，中俄所议蒙库条约，业经咨交两院，闻有多数反对者，迟疑不决，为祸益深，敢请将其中利害缕晰陈之。
>
> 查上年俄库协约未结之先，希龄适在财政部任内，即逆知俄之外交必须速结，我若不理，彼必与库直接，既陈于总统，复陈于唐、陆两总理。总统意见相同，催令速议。当时主持不理者甚多，而陆总理亦恐我若就俄，俄必进步。延至八月，事机危迫，希龄虽已辞职，而言念前途之危险，不忍置而不顾，遂商范前总长源濂，各向共和、国民两党疏通意见，力主开议。不料又为舆论所阻，政府所宕，以致有俄库自定条约之举。九州之铁铸此大错，外交失败，误在迟延，前清覆辙，无不如是。迨至陆总长再绾外部，前参议院议员鉴于前失，始允中俄开议，迄今半年，方始就绪。而其间之种种波折，几形决裂，希龄虽已出镇热河，然自三月到任以后，屡以俄事电询中央，因知梗概。盖以俄约不结，则关于蒙防布置，均属无从下手也。今就报载俄约内容论，既认外蒙为我领土，我仍可设长官，驻卫队，执行原有主权。俄国对于外蒙不得驻兵，不得订立国际条约，此均外交上之有所补救者。至于外蒙不驻兵、不移民、不设官三端，表面上似属限制，实则蒙古优待条件何尝不含有此三端性质？蒙人执条件以相绳，我亦不能反讦也。不过在俄约上标明此节，为有损于国体。然我之国势危

---

① 中国第二历史档案馆藏档案，档案号：1011（2）-888。
② 曾业英编《蔡锷集》（二），第 932 页。

弱至此，殆亦事实上之无可如何也。考之欧美各国革命历史，凡其国每经革命一次，其版图即缩削一次，如土尔其之类是也。今我宣布共和以后，国本不固，屡有动摇，内讧既烈，外患相乘。幸未十分决裂，欧洲本部亦有牵制，故尚能保此领土之名，较胜于土尔其之前辙。倘再自生内乱，恐将来求立此约而不可得矣。希龄躬膺边寄，担负国防，只有主持开战为军人应尽之天职，岂能稍有趋避，忍辱言和，特以时危势迫，茇茇不可终日，身临前敌，方知痛苦，在热言热，请陈其详。

一为蒙情。内蒙王公赞成共和，固多可恃，然其所辖各旗，椎鲁瘠苦，迷信宗教，鲜有知共和道理优待条件者。一经煽惑，群起附和。现在热境各旗，汉、蒙马贼勾结为患，所在皆是，防不胜防，即各蒙王公亦均苦其劫掠。我之兵力苟不能到，非散而为流寇，即聚而成大股，库伦独立一日不取消，则蒙人希望未绝，迷信未破，即不能一日免其无事。经棚、涝江两役，误中匪计，我军失利，蒙颇轻视，事后侦探，皆有外人为之指挥，此敌不可轻也。万一不幸全沦于俄，则因其体魄强猛，教以战术，将来必为我民国永远无穷之巨患。此蒙情之可虑也。二为军备。热自开鲁失守后，本应迅速设防，乃限于财政，致阙戒备。以言军饷，则热库如洗。蒙防益紧，商务益滞，税收亦因此益减，屡电恳湘、宁、鄂等省，以自顾不暇，无款协助，吁之中央政府，又因借款限制，不能用之蒙防，八月以后，难免哗溃之虞。以言军队，则热河主军不逾六千，仅敷防剿内匪，新募各军，尚不能用，前敌布置，专恃奉、毅、直三省客军，而奉天近因醴泉蒙警，拟调回防，屡电力争，始暂免调。于是不得已而征两淮米军，方荷中央允准，又以南北问题发生，后为江省所扣留。以言军需，则库无余存之枪炮，军无宿储之现粮，出防各军，既乏帐篷锅灶，又缺随营车辆，一一创购，均苦无款，且非咄嗟能办。屡念征军之困顿，实深前敌之忧虑。以言天时地理，则沙漠横阻，蒙旗所利，冰雪严寒，彼族所习。近闻该匪到处焚掠，塞井踞险，数百里中，缺乏水草，我军难以远剿。夫以北方各军，尚为天时地理所限，则南军征蒙之言，恐徒付之画饼。此军备之可虑也。

以上两端，非仅热河如是，推之蒙边各省，亦莫不然。此尚对于蒙匪而言，若与俄人开战，则即举我全国之五十师团，尽调朔方，因军需不足，交通不便，战斗力之不全，胜败之兆已见。况民国初立，万难轻动。希龄以关系军事外交，不能率尔尽陈，致为敌所侦察，倘两院不明彼此虚实强弱之故，不察时势缓急轻重之宜，误以党见争持，致昧大局，则领土之亡，可坐而待矣。甲午之役，日本已占全胜，而俄、法、德出而干涉，自揣力不能敌，乃以辽东归还于我，忍辱雪耻，一战胜俄，失之东隅，收之桑榆，谋国者固应如是。夫以日之战胜，尚必度德量力，何况我为新建之国，岂可一误再误，出以虚骄乎？近年来，欧洲外交大势，因英、德交恶，故对于远东政策大变方针。盖英、法以俄为后援，又不肯遽与俄抗日，则新定协约，各以内外蒙为势力范围，四国均各有其私忌，绝不致助我抑俄，则我之外交手段更无可施矣。山穷水尽，回缰勒马，此其时也。窃谓民国之命运方长，仅有两党从容战地，万不可相持于风雨飘摇之国际。政府之瑕隙甚多，仅有两院，推翻资料（按：原文如此）万不可拦入于存亡重大之问题。东西各国议院政争剧烈，无所不至，惟对于外交问题则全院一致，无有参商，甚至立法、行政亦曲意迁就，勉化意见者，以其关系綦重，非等内政也。伏冀两院议长、议员，群谋远大，俯纳忠言，速将《中俄条约》迅速议决，勿再执疑，致贻后患。我国苟能上下一心，速释内忧，专注外患，则始虽垂翅回溪，终当奋翼渑池，而军民留此隐恨于脑筋，日讨伸傲，每饭不忘，必可如普之于法、日之于俄也。

希龄尝闻欧美各国议院，对于重要问题不能决者，或调取政府案卷，详加审查，或推举议员亲赴边地，切实调查。如法［德］国议员之屡至胶州，日本议员之屡游吾国，其慎重有如是者。现虽时势迫不能待，然沿边各省军情，均有电报存之政府，两院能取而证之，自不视之等闲也。抑希龄更有请者，当武昌起义时，希龄尚在京师，有某亲贵告曰，革命虽能成功，将来汉人必有互相残杀之时。去年在京，有外人语曰，中国人民实无成立共和国之资格。比两语最足为吾民族最痛心者也。谨并附述，伏乞三思。热河都统熊希龄叩。初九日。印。

17日，蔡锷电复熊希龄，表示"今日结约"，"固不可徒慕虚荣，亦不宜阴受实祸"。说："午密。熊都统初九日电，表示对于中俄抵议蒙库条约意见，极陈我国现势不可开衅各情，其希望两院议员，关于外交事件为一致之诚劝，无争党私而误国计，危言伟论，至为企佩等情。此间不甚详悉北七省兵力、财力，能否制蒙，有无把握，实不敢下一断语。惟审时度势，暂时决难诉之武力，然欲和平取消俄库协约，又于主权无丝毫损失，其势万难办到。锷意此次中俄结约最要之点，能于条款内预留后日活动地步，以便将来全体发展，不致全体束缚最好。若限制过严，或妨碍统制权作用，则英人必借为口实，将来中英西藏条约，久亦不能出此范围。以活佛之愚顽，达赖之狡谲，重以外人之挑拨主使，欲其抒诚内向，断不可得。故今日结约，表面不妨退让一步，里面却须站住一步，固不可徒慕虚荣，亦不宜阴受实祸也。惟报载俄约内容是否此中真象，已否交院议决，无从悬揣，敬恳外部撮要密示为幸。滇都督锷。十七日。"①

19 日

▲13 日，袁世凯连发二令，一是"任命尹昌衡为川边经略使"，二是"任命胡景伊为四川都督"。②

17 日，尹昌衡通电袁世凯、国务院、国会、各部部长、黎元洪、胡景伊、省议会及各省都督，表示将辞职归田。说："昌衡忝膺重寄，二年于斯，今者决意归田，殊惊唐突，缘有苦衷，聊布万一。西方劲敌，势甚浩大，筹饷购械，动以巨万。边军破斧缺斨，日渐就困，非速于成都备兵二师，由昌衡自行训练，何以备不虞而为后盾？今者此权丧失，是谓兵穷。川边赤地千里，全恃四川接济，前任川督，指挥犹难，枵腹露体，欠饷甚巨。今既受掣，困难必甚，是谓财尽。蛮人相传尹督已以罪罢，大起轻藐之心，殊增反侧之举，是谓损威。所率之边军，多望都督使之瓜代。陆军本隶川督，多数闻昌衡罢，则忿而决辞。其一部闻昌衡罢，则灰心而惋惜，是谓减锐。前以全力鼓我盛气，犹极艰难，势如今日，食已尽矣，兵已穷矣，权已夺矣，迫已甚矣，惟有必败。亦曾电请中央，欲以全川盛气，直捣两藏③，即以川督经略西方，亦系为国深谋，非有私意。今者周子隐不能专断，惟有哥舒翰号泣出师，明知必败，是用忧劳呕血，病不能起。此中是公是私，谅邀明鉴。知我罪我，不敢尽言。昌衡已矣，即于本日

---

① 以上二电见《熊希龄先生遗稿》第 2 册，第 1063—1066、1114 页。

② 《命令》，《政府公报》第 397 号，1913 年 6 月 14 日。

③ 《黎副总统政书》删去"全川盛气，直捣两藏"一语。

解职，万不能复起。万一贱疾稍痊，亦必舍身空寺。诸公效力国事，尚祈曲谅苦衷。西方大局，终不堪问，一俟病痊，仍将详情叙明，以为谋国君子之一助。至昌衡忝居重任，不忍辱身，早自为计，聊保首领，万不获已，行遂挂冠，想亦贤人义士所共恕也。呜哀言善，伏榻陈词。尹昌衡。洽。"①

19 日，蔡锷电请炉城尹昌衡、成都胡景伊，务必"力疾视事，为国宣劳"。说："出关经年，威镇僧俗；劳苦功高，指日乡城；克复川边，肃清即可；移师西引，痛越黄龙。中央特授以经略重任，较镇抚府中各职名位已极隆崇，人方引为殊荣，亦相艳羡。公乃深自抑损，壮气潜消，毋乃稍有误会。文公（按：指胡景伊）继起督川，可谓沆瀣一气。如能转巴蜀之粟，馈输关外，以资饱腾政府，亦已饬部筹拨并通电各省告协，当不至令从征之士，久苦饥疴。务望力疾视事，为国宣劳。将来藏事底平，行者有征战之苦，居者有运输之勤。国家策勋二公，当同膺上赏也。锷。皓。"②

21 日

▲报载"近日纷传大总统提议实行裁撤各省都督，分置护军使节制各军队等情。现经京友询之总统府某秘书，略谓此事稍有讹传，其真相系月之初间，有某军事顾问呈递说帖，建议实行军民分治，统一军权，使中央令行无阻，疆域保卫责有专归等情。经大总统于日前府会议时提出讨论，已决定从缓采行。其原因是为正式总统选定，正式政府成立后，京外官制尚须修正之故。惟原呈内对于划分全国军区、支配防军各要点所陈，颇多可采。是以存案另议，并无不日实行之信"。③

又载"中英片马交涉，前曾会议，渐有端倪。嗣因英朱公使回国，又复延搁。昨闻滇督蔡锷致大总统密电一道，系报告英人在片马筹划进行之现状，仍请迅速解决，以杜纠葛。并附陈此案有三可迁就、五不能承认之

---

① 《尹昌衡集》第 1 卷，第 319 页。

② 成都《国民公报》1913 年 6 月 23 日。又见《尹胡互争声中之交让谈·滇督旁观之劝勉》，《申报》1913 年 7 月 13 日。

③ 《提议裁撤都督之原因》，天津《大公报》1913 年 6 月 21 日。

理由等情。大总统阅后，即批交外交部矣"。①

下旬

▲蔡锷通电袁世凯、国务院及各省都督、省议会，滇省已解散省议会联合会。说："财政司案呈，奉国务院筱电敬悉。前准甘肃省议会咨派省议会联合会尚致和、王永清赴津，照发川资薪水八百五十两。现既奉大总统令，将该联合会解散，已请议会将尚、王二代表赶速调回。如不遵咨，此项薪水，公家不能承认。除咨省议会外，谨此电闻。"②

29 日

▲蔡锷电复外交部"已饬员绘具草图，函寄各查"。说："午（密）。前准电询俟两江流域之拉打谷、茶谷河及纳采各地点，已饬员绘具草图，函寄各查。特闻。锷。艳。"

又罗佩金电复外交部，仍请核示云南南关管理情况。说："午（密）。廿五日电敬悉。滇省南关外自开商埠前，据外交司呈请改良，当经函请大部核办在案。该埠事宜现由警察厅管理，遇较重要交涉则由特派员核办。此后拟令秉承该员办理而由民政长监督，仍乞核示。滇都督蔡锷、民政长罗佩金。廿九。"③

30 日

▲27 日，黎元洪通告袁世凯及各省都督，湖北破获乱党机关情形。说：

本月二十四日，据探报上海总机关派人赴鄂运动军队，机关在汉口民国日报馆。当经饬军警会同法捕搜获证据，内有通告湖北独立、组织北伐军、请各省协应，并起义宗旨、军人条例等语，文④电布告多件，并拿获编辑曾毅等四名，交法捕房拘禁，叠据会审，供认不讳各

① 《滇督密电报告片马交涉》，天津《大公报》1913 年 6 月 21 日。
② 曾业英编《蔡锷集》（二），第 933—934 页。发表此电的上海《大共和日报》原题其为《滇督取销省议会联合会之通电》。
③ 以上二电转引自邓江祁《史海拾遗：蔡锷佚文 20 篇——纪念蔡锷诞辰 136 周年》，http://www.xhgmw.com/html/xiezhen/renwu/2018/1214/26085.html。
④ "文"，实指此次捕获的嫌犯文仲达。

在案。随即按照警备区域，临时宣布戒严，派兵分段巡缉。

本月二十五日探悉乱党机关多处，约于二十五夜在省城南湖地方集会，口号"成城"，旗帜、袖章均用白布为号。经鄂军辎重团拿获为首指挥人王泉明、帮同指挥肖大满等三十名，宁军第二团一营四连拿获陈金标、罗汉臣等十八名。饬据军法会审，王泉明等供称，改进团在鄂起事，有代表钟姓并退伍黄姓，说是军队多在联络，南七省都要动手，叫我等招兵到南湖集齐，约一点钟进起义门，并有某议员等多人主持等情。复据黎师长天才呈报，职师驻扎造纸厂后靠河边，念五夜四鼓时，卫兵见有西装两人，扒越后墙入营，搜获手枪四杆，子弹一百颗。又在墙外捕获接应三名，捕时将手枪、炸弹抛弃河中。据供，越墙为时倚、方安汉两名，墙外为钟仲衡、何作侪、黄天监（按：《黎副总统政书》为黄子监）三名。系由湖南、江西、广东等省来鄂运动军队，举行暗杀，因欲推倒政府，故行二次革命。昨在东洋租界松迺家九原公馆商定，今夜三点钟开船到造纸厂，运动军队。并云革命机关无处不有各等情。当此戒严期内，乱机四起，情势危急，已获各犯未便久稽，致滋变故，业经讯据确供，按照军法，分别处决。

本月二十六日，复由交涉员、军警会同德捕在汉口德租界日本人所开富贵馆，拿获宁调元、熊越山两名。搜出日本钞票三千余元，银洋三百余元，名册一份，内分担任军事、调查、联络、会计、文牍、庶务各科，并支付各种帐目一本，内有派人赴荆、沙、田镇及邻省等处川资。其宁、熊两名，业交德捕房拘禁。复在法租界伊边医院（按：《黎副总统政书》为伊达医院）第六号抄获旗帜多件。复探悉是夜口号"忍耐"，乃由起义门入攻城内，放火接应。本夜城内外三处放火，均经次第扑灭。

查此次谋乱，导源上海，蔓延各省，而以占据湖北为根据地。并据供称，有某国兵船为其司令机关，蒂固根深，已非一日。自维薄德，既不能戢奸究之心，复不能安商民之业，至武汉三镇风鹤顿惊。幸仗诸公之威，屡次破获，惭悚何如。现在地方安堵，堪纾廑注。除一面仍严加防范并呈明大总统外，特此电闻。

再，近日乱党派人联络邻近各省，往来不绝，并祈谭（延闿）、柏（文蔚）、张（镇芳）各都督，欧阳（武）护军使，陈（廷训）司令官严密查缉，以保治安。全局所关，匪仅鄂人拜赐已也。①

30 日，蔡锷通电黎元洪及各省都督、民政长，恳请各省都督、民政长严密查缉乱党。说："副总统感电敬悉。武昌为南北缩毂，乱党久思窃据，迭被惩创，迄未得逞。此次复破获机关，多处拿获奸党数十人，搜出证据多件，讯供处决，人心为之一快。惟是辈既不得逞志于鄂，诚恐密向各省运动，此间已饬军队严防，尚恳各都督、民政长一体严密查缉，以保治安而维大局。锷。三十。印。"②

本月

▲蔡锷主编的当代历史著作《云南光复纪要》稿成。1913 年 2 月 1 日，蔡锷早在年前设立的云南光复史编纂局正式开局，由周钟岳任总纂，赵式铭、张肇兴、郭燮熙等人分任编纂。"至 6 月下旬计编成光复史稿：《光复起源篇》一册、《光复篇》一册、《迤南篇》一册、《迤西篇》一册、《援蜀篇》一册、（援黔篇）一册、《援藏篇》二册、《军事变迁篇》一册、《建设篇》一册。"③ 全部稿子都经蔡锷几次修改，现存的一部分底稿尚有蔡亲笔删改的字迹和粘贴的浮签。④ 蔡锷还在赵式铭任编纂、经其订正的《光复起源篇》的"稿本封面上"亲书""云南光复纪要""光复起源篇"等字"。⑤ 意味着他已正式题名该稿为《云南光复纪要》。毫无疑问，蔡锷是该稿当之无愧的主编。不过，当时并未刊行，原因是"将付手民矣，会蔡公奉调入京，则以此书移交唐蓂赓都督。时阅数载，迄未付刊，后闻全稿竟遭佚失矣"。⑥ 现全稿已散佚不全，经编纂当事人及其后人反复搜寻，获赵式铭编纂，蔡锷订正《光复起源篇》；赵式铭编纂，蔡锷订正《光复上篇》；郭燮熙编纂，蔡锷订正《迤南篇》；张肇兴编纂，蔡锷订正《迤西篇》上中下三册；张肇兴编纂，蔡锷订正《援蜀篇》及周钟岳编纂《援蜀篇》各一种；郭燮熙编纂，蔡锷订正《援黔篇》；赵式铭编纂《援

① 《民初政争与二次革命》上册，第 452—454 页。
② 成都《国民公报》1913 年 7 月 4 日。
③ 《云南省议会报告书》卷三，第 69 页。
④ 《云南文史资料选辑》第 1 辑，第 188 页。
⑤ 《云南光复纪要·初版前言》，第 4 页。
⑥ 郭燮熙：《分纂〈云南复纪要〉小引》，《云南光复纪要》，第 224 页。

藏篇》；郭燮熙编纂，蔡锷订正《建设篇》；周钟岳编纂，蔡锷订正《建设篇》及赵式铭编纂《建设篇》各一种，全稿计八篇 11 种，10 万字。①

7 月

4 日

▲蔡锷与罗佩金电请财政部，饬应协滇饷省份"将欠解各款，径解中央抵拨"，以"纾边困"。说："敬电悉。各省应解现年赔洋各款，请饬司按照从前拟任数目，先行每月认筹数成等因。查滇省从前应解赔洋各款，迭经将截留原案咨达，并请大部查案饬各省照案应协滇饷径解中央，以之抵拨滇省年拨洋赔各款，免误大局而资弥补等因，于三月十四日咨请核办在案。滇自改革后，照案应由镇江、芜湖、九江、江汉、宜昌、金陵、苏州、长沙各关，协拨滇省陆军常年经费。截至壬子年止，共欠解五十六万两，如四川、湖南、湖北省常年协饷，截至壬子年止，计八百余万。虽此时情形不同，以清宣统二、三两年指拨滇饷统计，为数达四百七十余万两，然疆吏告急电檄纷驰，尚无虚日。以今视昔，恐慌情形无俟殚述。所有滇省应解现年赔洋各款，应请查核应协滇饷省份，饬将欠解各款径解中央抵拨，庶几酌盈济虚，通筹兼顾，借纾边困而援危局。盼复。滇都督蔡，民政长罗。支。"②

5 日

▲蔡锷函复省议会，"查照转知"准将周霞"入大理乡贤祠崇祀，以昭激劝"。说："径启者。准贵议会咨，将周霞准入大理乡贤祠崇祀，以昭激劝等因，钞录折呈过府。查此案前据大理县知事黄彝转请前来，当以该周霞系充陆军步兵第四团副军医官，任职年余，勤奋病故，业经陆军第一师师长为之请恤在案。既经该知事录具周故员生平事实，呈请附入乡贤祠享祀，随即函致民政长查核办理。旋准复开此案，昨据该知事具呈到署。

---

① 全稿见曾业英编《蔡锷集》（二），第 934—1071 页；周钟岳总纂，蔡锷审订《云南光复纪要》。

② 转引自邓江祁《史海拾遗：蔡锷佚文 20 篇——纪念蔡锷诞辰 136 周年》，http://www.xhgmw.com/html/xiezhen/renwu/2018/1214/26085.html。

当查表彰贤劳，馨香俎豆，本国家之令典，亦舆论所难泯。据称已故周霞贤行卓茂，践履笃实，平生至诚感人，且精研医学，全活以千万计。兹于本年二月内，因积劳病故，阖邑之人，莫不咨嗟太息，感思有以表彰而崇拜之，似此硕德老成，洵堪矜式来许。该绅耆等所请崇祀大理乡贤祠，自可照准。至请通报中央政府一层，应俟将来汇案核办等语，指令遵照，相应函复查核饬遵等由。当经由府指令大理县黄知事转饬自治各绅商遵照，并令第一师知照各在案。准函前由，相应函复贵会查照转知。此复。七月五日。"①

又电谢袁世凯暨国务院、财政部承允饬部先拨银 20 万元，以济滇省急需。说："午密。院先〔尤〕电敬悉。滇省财力枯竭，承饬部先拨银二十万元，以济急需，感激莫名。滇中需用迫切，敬恳大部交由天顺祥号如数汇滇，无任盼祷。仍候示复。滇都督锷。歌。"

9 月 24 日，又与罗佩金电告袁世凯、国务院，参谋、陆军、财政各部，中央第一次协拨饷 20 万元收讫情况。说："中央第一次协拨饷二十万元已据天顺祥票号先后汇交银十九万元，余一万元，该号呈称作为汇费，已合如数收讫。续拨二十万元及协黔二十万元，准财政部筱电已电知唐都督照收，俟得复电收讫，再补领邮呈。黔款已先垫十万元，由国税厅筹备处长熊范舆派员领运。知注并闻。滇都督蔡锷、民政长罗佩金。敬。"②

13 日

▲蔡锷通电稽勋局局长冯自由、黎元洪及各省都督、民政长，请一致恳请由黎元洪主稿"请政府批准"恤抚先烈后裔。说："冯局长东电悉。谓局章交议院需时，遗族待恤甚急，呈请大总统请暂援照陆军部章程恤抚等因，系为体恤先烈后裔起见，诸公必一致赞同，恳由副总统挈衔主稿，电请政府批准。当否。仍盼复示。蔡锷叩。元。印。"③

① 《云南省议会报告书》卷三，第 65 页。
② 以上二电转引自邓江祁《史海拾遗：蔡锷佚文 20 篇——纪念蔡锷诞辰 136 周年》，http://www.xhgmw.com/html/xiezhen/renwu/2018/1214/26085.html。
③ 《公电》，《政府公报》第 439 号，1913 年 7 月 26 日。又见《长沙日报》1913 年 7 月 22 日。

12 至 18 日间

▲蔡锷电复陆军部，"滇、黔、蜀约拟共出师三镇，以为官军声援"。说："闽、湘约滇，亦未应，复电斥之。现滇、黔、蜀约拟共出师三镇，以为官军声援。又闻陆（荣廷）、龙（济光）与粤商会反对粤督，粤不得逞，尚未动兵。桂电由黔转，消息甚灵。"[1]

17 日

▲8 日，黎元洪通告袁世凯及各省都督，赴援九江、湖口要塞情况及请慰留请求辞职的欧阳武。说：

> 欧阳护军使鱼日通电悉。冬日接九江要塞陈司令密电称，万急。赣省自李督去后，人心浮动，伏莽甚多。九江、湖口为长江要冲，匪党往来如织，防不甚［胜］防。近闻煽惑上下炮台，克期举事，台官中竟有为其所动者。现拟不动声色，将一二不肖台官调充他差，一面派员前往接事，将军械收缴，夺其所恃，以杜乱萌。惟祸机隐伏，一发即不可收拾。并闻匪党挟带巨金，前来运动，务恳速派军队及兵轮来浔，以资镇慑。除电禀大总统、陆参两部外，即日派员赴鄂面请方略，俾有遵从等语。复接陆参两部密电开，奉大总统令，据九江陈司令冬电，九江、湖口为长江要冲，匪党往来如织。近闻该匪党挟持巨金前来运动，煽惑上下六台，克期举事，台官中竟有为所动者。务恳电商副总统就近酌派军队及兵轮来浔镇慑等语。除饬徐司令酌带各舰先行驶往驻守外，望即酌遣得力军队，迅速开往九江，妥为镇慑等因。当以要塞总隶中央，浔防关系全局，此次鄂省乱党供词，原有赣首响应之说。机关破后，复探闻趋赴下游。据陈司令电称，上下六台，克期举事，是其情势危迫，可想而知。若待与南昌往返电商，诚恐贻误军机，一发难制，将来推援兵不至之罪，谁所敢承？且奉命专救长江要塞，与赣无关，度欧使必能相谅。适武穴驻兵，自欧使莅任后业由

---

[1] 曾业英编《蔡锷集》（二），第 1079 页。是书定其发表日期为"8 月 2 日"，观其电文中说粤"尚未动"，而广东是 7 月 18 日由陈炯明发表讨袁通电的，当可确定蔡锷此电发于 7 月 12 日至 18 日间。

元洪调防汉沔，因于支日电饬蕲春李司令酌派军队，前往镇慑，并一面急电知欧使免生误会。

微日，接李司令电称，遵派二十三团附机关枪一连先往九江，业已上船等语。随即致欧使歌电云，昨电计达。北军驻扎鄂境，甚资得力，本不愿饬其赴浔，转启猜嫌。惟要塞直隶中央，浔防隐关全局，前日鄂匪暴动，事败远扬，原有窜扰江西之说。复因陈司令闻变请兵，事急情迫，万难恝置，致误机宜，是以檄调李军赴浔镇慑，以为曲突徙薪，防患未然之计。现已派二十三团附机关枪一连于本日赴浔驻扎，已饬约束所部，互相亲爱。特请贵护军使转饬驻浔军队，申明李军来意，专为协助赣军保护地方，镇遏乱萌起见，当以宾友相待。请即训饬浔军优加敬礼，毋起猜疑。俟地方平靖，仍当调回鄂境。并祈布告居民，一体知照。该军纪律严明，其分驻武汉各军，绝无骚扰情事，地方亦极欢迎。并以奉闻。鱼日上午接欧使歌电，请阻调兵。随复欧使鱼电云，歌电悉。外兵入境，以赣省情形而论，在我公诚具苦衷。惟此次派兵来浔，实因事机危急，情不得已。现在匪党四出运动军队，希图窃据险要地点，以为倡乱之基础。前日鄂匪东窜，即有来赣谋乱之谣。旋据驻浔兵舰报告，探悉匪情，并有三个月内推倒贵护军使之说。委员余大鸿等九江微电，此间已有煽乱机关等语。适陈司令告急请援，深恐浔防兵力单薄，鄂省又无别兵可派，与其祸机猝发，烂额焦头，不如先发制人，徙薪曲突。此元洪协助贵军保卫地方，镇遏乱萌之本心，并无他意。现到一团，不过暂驻浔埠，尚望彼此诰诚军士，互相友爱，无起猜嫌。如其查无匪情，即行调回鄂境原防，决不久留赣境。尚望转告政学绅商各界，解释疑虑，是所切盼。并立刻电致海军部，请饬徐司令缓率舰队赴浔。下午复接欧使微电，请阻调兵。复立刻电至蕲春李司令云，调浔军队其未开拔者，暂缓启行。俟察看九江情形，如确有乱事，再行驰往。否则，毋庸赴浔，以免地方惊惶等语。

阳日，接欧使鱼二电称北兵已至，请急予调回，并请辞职。复接陈司令电，可望消灭。请饬李司令驻扎九江北岸，借以镇慑。窃以元洪调兵之心，原为巩固江防，顾全大局。既据欧使屡称九江无事，请予调回，自应允其所请。当即飞电李司令即日开拔回鄂，万勿再行进兵，致滋口实。并复欧使阳电云，微、鱼各电均悉。近日长江一带，乱机四伏，一发难收，稍纵即逝。元洪鉴于武汉等处机关林立，约期不爽。适接陈司令急告，深恐猝不及防，是以一面电商执事，一面调兵赴援，以期迅速。其爱赣之心，与爱鄂一也。明河皎日，可鉴此心。元洪虽愚，亦安肯于和平亲睦之时，无端轻开兵衅者。现据报告，可望消灭，已电饬李总司令即日调回鄂防，以固吾围。但船支未到，军队未回以前，仍希转饬浔军，并地方商民无得轻信谣言，致涉误会，是为至盼。元洪信公有素，决不令其为难。慎忽轻言辞职，致骇听闻。此元洪此次赴援要塞之事实也。

查以上往来电文，均用密码，翻译稽时。致欧使通电，有未奉复电，本日仅奉电告及军队到浔在先，副总统电到赣在后等语。现既撤兵回鄂，欧使所虑冲突，自可无虞。惟欧使自莅任以来，拥护政府，保卫地方，匪特为鄂省唇齿之依，亦且为中央腹心之寄。虽此次阻兵入境，似未察要塞专司之义、中央统一之权，然保护安宁，初心可谅。元洪忝绾疆圻，相依如命，乱党方深，人才难得，挑嫌播衅，宵小如麻，稍一猜疑，萧墙祸起。应请大总统切实慰留，各都督同加劝勉，使与陈司令和衷共济，防患未然。勿得遽行辞职，致将士离心，奸邪乘隙，反使洁身引退之心，无以自白于天下。临电祷恳，无任驰惶。黎元洪叩。庚辰。印。①

17 日，蔡锷急电袁世凯、国务院、参谋部、陆军部、黎元洪，请早日扑灭湖口战事，"以免星火燎原"。说："午密。副总统庚、文、元三电敬悉。昨准参部寒、删两电，知赣事已决裂。积年痼毒，趁此一决，未始非福。第恐战事延长，蔓延太广，此后殊难收拾。鄂有副总统坐镇，上游当可无虞。目前现势，只要南昌坚持不动，则湖口一隅，或不致牵动全局。惟恳分饬皖、宁，严防分窜，一面添重兵驰赴战地，分头截剿，早日扑灭，以免星火燎原。近日前敌军情如何？皖、宁、湘、粤各省及各国驻使对于此事发生后所持态度如何？敬乞密示。再，北军此役应严申纪律，免促奸人借口。管见所及，并以附陈。锷。筱。"②

---

① 《民初政争与二次革命》下编，第 538—541 页。
② 曾业英编《蔡锷集》（二），第 1071—1072 页。

19 日

▲14 日，欧阳武、李烈钧"火急"电告各省都督、省议会及各军长、师长与各报馆，讨袁原因及大胜战况。说："袁世凯蓄意破坏，率兵祸赣，我赣为保障共和，声罪致讨。袁氏罪恶贯盈，神人共愤，亲离众叛，军无斗志。昨日瑞昌之役，袁军大败，我军连战连胜，士气百倍。灭此朝食，非难事矣，特此告捷。共和万岁。江西都督欧阳武、讨袁军总司令李烈钧。寒。印。"①

19 日，蔡锷电请李烈钧"诰诚旧部解甲罢兵"。说："赣事不幸，竟致决裂。外人幸灾乐祸，正利用我有内乱，以遂其实行瓜分之毒计。万一不幸演此惨剧，嗟我同胞永世堕入奴隶［籍］，每念心碎。公为手造民国健者，岂忍愤而出此？即公意有不惬于袁之处，亦非可求诉于武力，以国家为孤注一掷也。尚乞体念现时国势之危险与后日亡国之痛苦，诰诚旧邦［部］解甲罢兵。不惟珂里可免糜烂，大局实嘉赖之。勿为戎首，克保令名。辱在旧好，敢进一言，惟恕戆直为幸。蔡锷叩。皓。七月十九日发。"

又电复谭延闿，主张"现时各省似以保境安民、维持秩序为第一要义"，请其对湘省"力为镇抚，以遏乱萌"。说："寒电敬悉，荩虑极佩。赣事发生，影响于前途者极大。不幸战事延长，此后殊难收拾，外人且将实行干涉，瓜分惨祸，即在眉睫，思之寒栗。李以不惬于袁之故，愤然一逞，不惜以国家为孤注，未免急不能择。我辈此时当以救国为前提，顷已致电协和，婉言忠告，并通电南方各省，请其一致加电劝李罢兵，以息内争而续国命。我公关怀大局，当必赞同鄙意。现时各省似以保境安民、维持秩序为第一要义。尊见以为如何？湘中有我公坐镇，当可无虞。惟水灾频年，盗贼蜂起，诚恐借口赣事，揭竿暴动。饥馑之后，岂堪再有兵劫。敬恳我公暨军界诸君力为镇抚，以遏乱萌。仍希将湘中近情详示为幸。锷叩。皓。七月十九日发。"

又以"最急"电，请胡景伊、陆荣廷、唐继尧对其所拟以下"通电稿"表态，"如表赞同"，即由他"列衔译发"。说：

谨拟通电稿，其文如下。赣皖构兵，各处电传启衅原因，各有所

---

① 上海《民立报》1913 年 7 月 20 日。

袒。然平心而论，原因不自今始，祸机之伏，酝酿已久。政府不自修省，举措乖违，有拂众意，激成祸乱，殊难辞责。惟政府纵有失德，尽有纠举匡救之余地，乃称兵逞一时之意气，付国家于一掷。战端既启，浩劫茫茫，祸之所极，焉知所届。自前年起义以来，列强眈眈思逞，所以幸免于干涉者，内恃有改革政府之名以为标榜，外恃有巴尔干之纷扰以为牵制耳。今南北交讧，百口无解于内乱。巴尔干之事既解，列强心力之集注，舍我其谁？恐南北相持未决，而瓜分之祸立至，可危者一也。充发乱者之本意，无非以现政府不惬人望，成则推倒政府，不成则划地，犹可以为善国［图］。安知今日大势，子孙万世之业，决无人敢作此幻想，故变更政府尚非无道，何必诉之武力？若至退一步想，而作划地之计，则大事去矣。两年来，事变百出，所恃以为维系者，统一两字耳。统一之局破，则几人称帝，几人称王，纵不必有此名义，要未必不有此事实。群龙无首，宇内鼎沸，可危者二也。统一以来，号称五族共和，而蒙、藏问题迄未解决。内地兵兴，则蒙、藏之沉沦，万不可避。蒙、藏去，而腹省将随之以俱亡，可危者三也。前年光复，不过数月，已告成功。然而民生受病，海内困穷，亦已情见势绌。今南北相竞，已不如前清政府之易与，则战期延长，必数倍于前役，以后需索劫夺，独苦吾民。以一部分枭黠者之政争，致陷我数万万同胞于水火之中，灭绝人道，公理何存？推其流极，必至人心厌乱，引起抚后虐仇之观念，不讴歌帝王，则求庇他族。人民大去，理无不亡，可危者四也。即令如天之福，幸于未亡之前，兵事告终，犹遗留以收拾残局之余地。尔时善后之难，赤手空拳，舍举债无以为活。今债台百级，已濒破产，他日增高继长，将有悉索敝赋，以供利子而不足之一日。虽欲不为埃及，不可得矣，可危者五也。变革以还，吾国一般人心，因激刺而失其常度，一切善良可贵之信条，几于露地以尽，而权利龌龊之思，揣测已深中于人心。口共和而心盗贼，国事之不宁，根本原因，端在于此。此后再接再厉，国亡则同归于尽，不亡则恶非［风］日长，以国家为儿戏，视革命为故常。今日甲革乙，明日丙又革甲，革之不已，人将相食，外人起而代庖，且加以扰乱和平之恶名，则亡国犹有余辜已，可危者六也。凡此六者，言之股栗。嗟尔戎首，胡宁有极。锷等岩疆孤寄，未知死所，然一息尚存，对于国家前途，惟有以保土安民、巩固统一为第一义。苟反于此，力所能至，歼除不遑。至赣事虽经发端，当非必不容已。致乱之原何在，尚望政府速自反省，示天下以公诚。赣人尤应顾念大局，勿徒为感情所驱。各省休戚相关，苟有可以转圜之道，即祈主张公道，共图挽救，幸勿坐视，以待乱亡。不胜祷切，屏营之至等语。尊处如表赞同，请加急电后，即由敝处列衔译发。急盼核复。锷。皓。印。七月十九日发。①

22 日，又与陆荣廷等四人联名通电袁世凯、参众两院、国务院、黎元洪及各省都督、民政长、护军使、省议会、各报馆说："赣皖构兵，各处电传启衅原因不一，悉归咎于政府之举措乖方，激成祸乱，微论其有无正确理由，惟政府纵有失德，尽有纠举匡挽之余地，乃遽尔称兵，逞一时之意气，付国家于一掷……（按：以下电文内容与上述 19 日致胡景伊、陆荣廷、唐继尧电同，从略）滇都督蔡锷、桂都督陆荣廷、蜀都督胡景伊、黔都督唐继尧。养。印。"②

按：蔡锷逝世后，其新朋旧雨对蔡锷此时的表现，无一例外地要么回避，要么称其"不忍南方之终败"，给予了"实力援助"。如袁家普说："癸丑之役，公以余为京、沪间军事侦察员，密电往来，日以数起。克强先生据南京时，公即联桂、黔、蜀实力援助，公之意盖欲假名戡乱，由滇出兵，经湖南出武昌，屯师武汉，再行迫令袁世凯退位。后南京失败，公闻之痛哭者累日，而袁之忌公亦以此时起。"③ 而李抱一则更为全面地介绍了蔡锷的言行，说：

> 袁氏为政未久，先生即知不可与图成，日夜筹制之之术。援川、援黔，其森著者，唐蓂赓督黔，右臂以成；极力调和川、滇感情，左臂亦举。彼肤浅之士动以先生不与二次革命为病，未于先生计画窥得万一，而为是訾謷，非堕拔舌地狱不可。癸丑，民党将举事，克强先

---

① 以上三电见曾业英编《蔡锷集》（二），第 1072—1075 页。
② 《蔡锷集外集》，第 299—300 页。
③ 袁家普：《蔡公遗事》，曾业英编《蔡锷集》（二），第 1532 页。

生派谭君心休赴滇探先生意旨且运动响应。谭与先生同籍且素善，先生所筹画无不与言者，先生甚不以急进为然，以东南四战之区，必不能坚持。欲集事，端赖西南，而西南兵势未张，既发难，当会战武汉，自滇运兵东下，间关数千里，敌已夷藩篱而入堂奥，徒蹈吴三桂覆辙，无益也。盖其时，先生方与西南各省阴结西南协会，粤督胡汉民、桂督陆荣廷、黔督唐继尧、川督胡景伊均从先生命派人来滇与会，更恐招中央疑忌，假建筑滇宁铁道召商桂、粤为名，实则桂、粤会员均衔密命而来。会议计画即西南合纵，暗为军备，以铁血担保共和国基，缜密雄大，世不得其详。说者谓，此次推倒袁氏，恢复共和，即肇基于此。先生旋复派田宗浈等赴长江各省联络军界，袁家普赴京联络政界，均未得当。而民党谋日亟，初拟发难广东，胡汉民书生，不能当军事重任，不敢发，乃决定发难宁、赣。先生闻耗大惊愕，谓宁、赣当京、津两铁道之冲，北军旦夕可至，内又无防守之术，徒自取败。时赣督李烈钧跃跃欲动，乃命谭君急电克强先生，嘱李毋轻动，己则通电讨李，谓如妄动，当率师相攻，阳以固袁氏信用，实则劝李审慎，毋贻后悔，意在言表也。噫！先生之心苦矣。无何难发，湘、粤响应，袁氏电饬唐继尧以一混成协防湘，盖不知唐固先生腹心，一举一动皆必禀命先生者。唐得京电，电先生取进止，先生以"虚张声势，不必实行"八字复示。旋袁兵南下，南方势渐不振。先生以如发难则同归于尽，又不忍南方之终败，乃为侥幸之举，电袁请率二师东下武汉为南北讲和，实则拟乘会师之便，反筛攻袁也。袁已悉阴谋，不许，且自是始疑先生，然先生仍进行甚力，拟得当即出军援助，旋闻南京破，事败，痛哭者累日，事始终止。说者谓，使克强先生能坚持一月，先生之师已下武汉，胜败未可必也。先是，先生拟举事，暗向德国购军装二百万元，沪宁事败始运归上海，悉为袁氏侦探缉获，袁氏由是益疑先生，乃授意某某等要人召先生晋京，许以参谋总长。先生恐（不）应且败大计，又以此或可在北方军界稍占势力，以与西南相提挈，许之，以二年十月入京，名为请假三月，调京养疴。[①]

---

① 李抱一：《蔡松坡先生小史》，《蔡锷集外集》，第400—401页。

20 世纪 40 年代成书的两部蔡锷年谱也持类似看法，其一记曰："七月，南京二次独立，黄兴为讨袁军总司令，电请出兵武汉。公即与川、黔、桂等省组织联合军分道北伐，派刘云峰先率一旅赴泸，与熊克武切取联络。寻长江一带军事失利，各省取消独立，遂班师。"① 另一记曰："七月，江西都督李烈钧在湖口宣布独立，兴师讨袁，皖、粤、赣、闽继之。公与黔督唐继尧电商组织西南联合军，委谢汝翼为第一军军长，派王团长秉钧、华团长封歌、杨营长蓁先后率师抵川边。贵州亦派叶师长荃率师向重庆。公通电川湘各省，谓将亲出调解，实则欲消灭袁氏势力，以重奠国基耳。殊袁氏利诱威迫，南军先后瓦解，袁亟电公撤兵。公于是触袁之忌颇深。"② 但是，对照蔡锷此时的真实言论，这些记述不仅得不到有效的验证，相反，恰恰背离了蔡锷的旨意。

当然，也有较为真实地解释蔡锷何以否定国民党此时发动"二次革命"的。如在 1916 年 11 月 19 日蔡锷家乡宝庆的蔡锷追悼会上，就有作为该府旧属全体人士主祭员的周毓丰在谏词中说："袁氏执柄，渐露凶横，宁赣皖粤援《春秋》讨贼之义，群起而兴戎。我公长虑却顾，以彼罪恶未著，外恐致渔人之利，内恐殃我国四百兆无辜之生灵，左右匡济，导明启聪。"③ 又如，湖南督军署军务课员杨鹗等人在省城蔡锷追悼会上也说过类似的话：国民党二次革命时，由于"根本未固，组织未完，夫子瞻顾徘徊，方以敌焰虽张，元恶未著，外则鉴虎狼之环伺，内则忧鹬蚌之相持，两败俱伤，害在中国，又何取焉"。④

21 日

▲蔡锷急电告知胡景伊、陆荣廷、唐继尧，"九江乱党"败局已定，湖口"计日可拔"。说："顷接鄂电，九江乱党经十二、十三、十四、十六等日分头迎剿，毙千余名。十七日后，招降两营及炮队、机关枪各一队，余党现窜集湖口一隅，计日可拔。湘、浙、皖督极持镇静，力顾大局。程都

① 《蔡松坡先生遗集》（一），第14—15页。
② 《蔡邵阳年谱》卷上，第26页。
③ 《长沙日报》1916年11月20日，文艺丛刊二。
④ 湖南督军署军务课员杨鹗等：《蔡松坡诔》，《长沙日报》1916年12月2日，文艺丛刊二。

督现驻上海。乱党近日伪电想多等语。知注特闻。锷叩。个。印。"①

▲18日，陈炯明通电各省都督、民政长、省议会，宣布出师讨袁。说："粤省本日宣告与袁断绝关系，克日步师讨袁。此告。粤都督兼讨袁军总司令陈炯明叩。巧。"次日，据龙济光电陈袁世凯、国务院、参谋部、陆军部，陈炯明今日"又来电云，江西独立，苏、皖、湘皆响应，渠为粤省大都督，兼讨袁总司令，克日兴师北上，特电要约等情"，并禀知他"刻已电约滇、黔、桂三省都督，同心戮力，攻守同盟。一面严密筹防，静候命令"。②

21日，蔡锷与罗佩金、李鸿祥急电陈炯明说："皓电敬悉。我公向不偏袒党事，并常阻遏其狂流，爱国血忱，素所企佩。外人幸灾乐祸，其心叵测，内乱纵免相乘，而祸机既发，瓜分惨祸，善后大难。我辈不为国计，宁不为地方计乎！尚望我公无负初心，同撑危局。现在以保土安民、维持秩序、力令镇静为第一义，并恳致电赣中释嫌罢兵，无以国家为孤注。保国保种，于是乎赖。粤、滇唇齿，敢不尽言。即希鉴纳为幸。锷、佩金、鸿祥叩。个。二十一号。"③

▲15日，程德全、应德闳、黄兴通电宣布江苏独立，请予"同情"。说："近日北军无端入赣，进逼德安，横挑浔军，迫之使战。又复陈师沪渎，威逼吾苏。溯自政府失政，狙害勋良；私借外款，暮夜签押。南方各督稍或抗之，意挚词温，有何不法？政府乃借辞谴责，罢斥随之。各督体恤时艰，不忍力抗，亦即相继谢职，静听后命矣。政府乃复于各军凝静之时，浮言甫息之会，耀兵江上，鞠旅海嵋。逼迁我居民，蹂躏我秩序，谣诼复兴，军纪大乱。政府倒行逆施至此，实远出意料外。吾苏力护中央，夙顾大局，今政府自作昏愦，激怒军心，致使吾苏形势岌岌莫保。德全对于政府，实不能负保安地方之责，兹准各师长之请，于本日宣布独立。即由兴受任江苏讨袁军总司令，安良除暴，本职所存；出师讨贼，惟力是视。至民事一方，仍由德闳照常部署。呜呼，国事至此，尚何观望。诸公保障共和，夙所倾仰，特此通告，敢希同情。程德全、应德闳、黄兴。印。"④

----

① 曾业英编《蔡锷集》（二），第1075页。
② 《民初政争与二次革命》下编，第740页。
③ 曾业英编《蔡锷集》（二），第1075—1076页。
④ 《民初政争与二次革命》下编，第488—489页。

21 日，蔡锷急电请程德全、应德闳、黄兴劝李烈钧"早日罢兵"。说："由粤转电敬悉。外人谋我方急，正利我有内乱，以实行瓜分毒计。赣事不幸，竟致决裂，阋墙衅起，外侮将乘，哀此神州，陆沉可惧。诸公手造民国，岂忍统一之局自我而破。不幸列强干涉，恐内争未已，而国命已倾，亡国为奴，谁执其咎？尚望电劝协和，共蠲小忿，早日罢兵，俾大局不致糜烂。岂惟地方之幸，国家实嘉赖之。敢竭愚忱，统希鉴纳。锷叩。个。二十一号。"

22 日

▲蔡锷与李鸿祥、谢汝翼电复李文治及陈、严、朱、张等人，告知对赣事已"表示主张"。说："十九号电敬悉。赣事发生，影响于前途者极大。锷等已会商川、黔，联名通电中外，表示主张矣。承注特闻。滇中甚稳，无念。锷、鸿祥、汝翼同叩。养。"①

▲黎元洪致函参议院，透露蔡锷认为政府虽承认《中俄协约》，但将来设法收回"非难"。说：

> 众议院鉴。中俄协约事，前准外交部卅电，征求各省意见，元洪先后接到各处来电，均一致赞成迅速承认。而熊都统及蒙古联合会两电指陈尤为痛切，盖由其躬亲蒙事，目睹蒙情，故言之感人至深。我辈同支危局，稍有人心，何忍更持异议？元洪犹以未睹约文真相，不敢盲从，爰于蒸日电请外交部钞示协约及附件原文，兹承钞寄前来，经元洪细加审察，始知此项协约，经外交当局者无限苦心，争回主权固已不少，其未能争回者实迫于事势之无可如何，而中俄两国尚受同等之限制，非片面条件可比。约文明著不许更动一字，则主权仍完全属之于我，将来国力强盛，设法收回，即亦非难，此即蔡都督来电所谓预留后日活动地步者也。议者徒知此约损金利权过甚，殊不知此附件十七条，实由库约蜕化而来，由俄库变为中俄，中间已费几许波折，利权之视主权，孰轻孰重，当此国基尚在杌陧之日，边疆已经离析之余，能取主权复归于我，亦尽参外交之能事矣。又欲并利权而不损，

---

① 以上二电见曾业英编《蔡锷集》（二），第 1076 页。

是欲使俄人经营数年一无所得而去也。此强国所不能得之弱国者，而谓弱国能得之强国乎。又有谓所争回之主权，名虽存而实已亡者，此则尤为謷言。我但能上下一心，实事求是，约文具在，谁能侮我，已则放弃即令取得全胜之约，庸有济乎。元洪之愚，以为政府之处置此事，当有可争尺寸，不容稍让，既到山穷水尽、危机一发之时，除忍辱负重、当机立断外，更有何法？古今救国伟人，类皆脱去常轨，力排众议，然后能成大事。吾国前哲不必论，若英之克林盛尔、德之俾斯麦、日之伊藤博文，彼岂非有数人豪，何尝事事受人束缚？况今日承认俄约之举，乃出大多数心理之同，若犹是蹈守常经，犹夷不断，我能待人，人岂待我？一旦俄人自由行动，库逆从而和之，岂特利权不能保，并主权而亦弃之矣，岂但外蒙不能复，并内蒙而亦失之矣，瓜剖豆分，谁尸其咎？政府必至彼时，然后号于国民曰，我为约法所误，国会所牵，人岂能汝谅耶。两院诸君，昔者对于此约之争论修改，因领土关系，为政府后援，亦未尝非正当办法。特我之实力仅如此，俄之决心又如彼，谓宜熟权利害，表示转圜，与政府提携，共济国利民福，端在于此。若其执一不改，纵外界之浮言不足恤，而政府外得各省之同意，内迫内蒙之告哀，万一不俟两院赞同，毅然签字，舆论归之天下，谅之诸君纵以百口责政府违法，其如两院之名誉信用何？今之恒言，动曰牺牲，元洪谓两院诸君当有牺牲一己权利之观念，然后能以热心赞助政府，政府诸君当有牺牲现在地位之观念，然后能以决心承认俄约，盖惟能牺牲一切乃能无所私无所畏，无私无畏乃能办事也。总之，战衅不可开，内蒙不可弃，事机不可空，失言不可恃，以国家为前提，以事实为本位，是则诸君之所当务者耳。各省来电，拟请冯都督主稿联衔电致中央，冯都督电又请各省径复外部，元洪以为均无不可，惟要在以速为归。宋人议论未定，而敌兵已经渡河，可为殷鉴。若再事迁延，诚恐如参谋本部来电所言，欲求如今日之协约而不可得者矣。掬诚忠告，无任翘企。元洪。养叩。"

按：该报发表黎元洪此函，特加有黎氏如下按语："中俄协约，自经参议院否决后，政府电致各省征求意见。兹黎副总统致函众议院，略称中俄协约一事，元洪本拟将意见电陈左右，奈近来赣事紧急，本府译密电者日不暇给，此事关系重要，又不能再迟，用特改发快信，即祈查照此信，同时发寄国务院、参议院、外交部三处。其参谋本部，各省都督、民政长，热河熊都统、蒙古联合会等处，则仍俟一二日内译电员稍暇，用午密电码译，并附养电一道。"①

23 日

▲报载"闻政府于日昨接到云南蔡都督长电一道，系为浔、皖战事而发，措词极为激切，其所拟办法，系拟联合各省都督，发起调和团，和平解决一切，并称业经发电各省矣"。②

28 日，又载"闻政府昨接滇督来电，略谓滇省迭接粤电，劝附独立，并有鼓惑军队之举。滇省地处边陲，危迫情形，势如累卵。锷誓不附乱，并劝告军士毋受牢笼。惟粤省潜谋倡乱，难免无大肆煽动之举，应请迅速加兵，声讨其罪等语"。③

30 日，又载"近日广西陆都督荣廷、云南蔡都督锷、贵州唐都督继尧、陕西张都督凤翔，均致电政府请派兵协平乱事。昨闻经过总统府军事密议，以广西兵队可以勘定广东乱事，其滇、黔、陕三省暂可无须出兵，因现在二军已足以平乱云"。④

24 日

▲蔡锷急电谭延闿、谭人凤，阻其贸然参与黄兴、李烈钧发起的"二次革命"。说：

> 奉个电，昼日为之不怿。以我二公之明哲，目睹国势之阽危，与夫地方之凋敝，方图休养生息之不暇，岂肯随风而靡，贸然兴戎！即云不惬于袁，必欲推倒，则袁之将来当选与否，宜取决于全国人之同意，自有国会解决，亦非三数省份所能武断，则此事之不能诉之武力，以人民生命财产为牺牲者亦明矣。

---

① 《国会否认中俄协约后之疆吏》，《申报》1913 年 8 月 11 日。
② 《蔡都督发起调和团》，天津《大公报》1913 年 7 月 23 日。
③ 《蔡都督主张征粤之电请》，天津《大公报》1913 年 7 月 28 日。
④ 《政府对于南方军事之计划》，天津《大公报》1913 年 7 月 30 日。

我国自改革以后，元气大伤，至今疮痍未复，断不可有第二次之破坏。且某国幸灾乐祸，正利用我有内乱，以遂其侵略野心，凡我邦人，正宜戮力同心，以御外侮，岂可阋墙启衅，自召瓜分！克强、协和此举，未免铤而走险，急不能择。赣军林虎一旅素称精锐，近则屡战皆北，死伤甚多，窜集湖口，势已穷蹙。宁军三师中有一师师长被乱军枪毙，军心涣散。其一师于十七日与张勋军战于徐州，全军覆没，冷遹阵亡，现仅一师，无能为力。上海有北、浙两军驻守。粤虽独立，有龙军暨桂军蹑其后，万不能分兵助赣及移师赴宁。是此事成败之数，当能逆睹其结果。

吾湘水荒频年，盗贼四起，饥馑之后，岂肯再有兵祸？倘不计利害，随声附和，则北兵必越洞庭而来，西则有黔军下逼辰、沅，南则有桂军下逼衡、永，三面受敌，其何以支？再赣军败散之后，亦必分窜湘边，裹胁土匪，全境糜烂，咎将谁归？日来叠接桂、黔来电，均言湘势摇动，咸欲分兵进取。锷以桑梓之谊，累经去电婉阻，并力言湘省绝无他变。万一不幸见之事实，彼时黔、桂以大义相责，或竟致于用兵，锷亦无力再为斡旋矣。湘中近日军中各界皆一时俊彦，可备后日国家建设之才，万不可以一时意气，而邻于自杀之举。尚望二公维持调护，以免摧残。

再来电所云宁、赣军情，或系得自各处电传，内多不确。而蜀与湘刻日会取武汉一节，尤属无此事实。近日谣电极多，其意在于煽动，岂知时移势异，人心多已厌乱。此后尊处接收各处来电，尚希加意抉择为幸。

南北相持，大局危险，锷窃不自量，拟组织滇、黔、川、桂四省联合军驻武汉，劝令宁、赣罢兵，共戢小忿，以撑危局。他日过湘，当邀我公共维持也。希将此意先告各同人为盼。乡情关切，不觉言长，统希鉴纳。锷叩。敬。二十四日。①

下旬

▲熊希龄通电袁世凯、国务院、参议院、众议院、黎元洪，各省省议

---

① 曾业英编《蔡锷集》（二），第1077—1078页。此电公开发表于1913年8月18日的《共和滇报》。

会、都督、将军、都统，各省护军使、镇守使、镇抚使、宣抚使，各师旅长，北京、上海、天津各报馆，以为"赣、宁、粤、闽四省借端发难"，"要皆由于外人被动之所致"，中了他们的"离间"之计。说：

> 报载赣、宁、粤、闽均已宣布独立，并有在南京另立政府、举岑春煊为总统之谣，此种亡国举动，实属普天同愤。惟希龄窃有危虑者，恐四省借端发难，所谓国务院违法、总统专制等名词，均非出自本心，要皆由于外人被动之所致。今请将前年南北议和历史，为诸公一详陈之。查革命之初，欧美诸国力主中立，故日本政府亦与各国协同一致，迄今两年，外交方针未尝少变。无如其国之民党，如犬养毅辈，深恐中国共和成立，袁总统又揽国权，则于彼辈所抱侵略政策，未能达其目的。于是，趁前年冬月南北和议未定之时，犬养毅等相率来华，运动南北分立，以弱我国。渠本与希龄系属旧交，屡至沪寓，密告希龄，谓袁如得手，中国大局可危。孙、黄又无政治能力，各国必不信用，不如劝孙、黄公推岑春煊为总统与袁对抗，并要求希龄介绍往见。希龄当即告以中国情势，非统一不足立国，并与张謇、汤寿潜、庄思缄同赵曰生、赵凤昌诸君与犬养毅晤谈数次，竭力反对南北分立，密告孙、黄不可误信犬养毅辈之纵横政策。幸孙、黄当时力顾全局，仍主和议，岑亦病辞不见。犬养毅知策不行，匆匆回国。及至去年春间，再至上海、南京，乃不复与希龄等接洽矣。此日本民党利用我国南北分立之实在情形也。当此世界各国强权竞争，弱小之国皆被兼并，各国势均力敌，几无可展侵略之手段，苟非国大民众，断不能存立于竞争旋涡之中。故日本虽战胜俄人，雄长东洋，终以国土狭小，财政困难，不能长袖回旋。否则，恃其军力，对于我国，何求而不可遂，乃始终持重，不敢独违各国协议，以占我领土者，即扼于地小财乏之故。今我以二十二行省之大，四万万人民之众，尚恐人满为患，不得不保全九百万方里之蒙疆，以期将来五族一家，为亚洲强大之国。奈何误听日本民党犬养毅之离间毒计，而令南北分裂，变旧有大国之资格，而自凌替于小邦之列耶？吾国材智之士不乏宏观远谋，奈何眼光如豆，至于如此？黄兴、岑春煊于前年议和之时，既能顾全大局，不愿使南北分裂，今若因激于一二不平之私见，背其素志，中彼离间，

即使事成，其国已弱，况复加以酬报，所失更多。宋之利用金、元，率为所灭，可殷鉴也。邦人诸君须知，今日谋国，宜从世界着想，倘循蜗角之争，必遭蚕食之惨。昔冒顿以众矢难折为喻，今日国士何以异兹？吾辈军人，以保全领土统一为天职，窃愿各省都督、将军、都统、护军、镇守、镇抚各使，及各军师长、旅长、团长同负国防之责，公电中央、参众两院，并晓［谕］部下军民，维持统一，誓以身徇。此志若定，百折不回，则毒雾妖云，自渐消灭，还我河山，仍归一统，无任迫切待命之至。热河都统熊希龄，赤峰镇守使陈光远，林西各军司令米振标，军务厅长舒和钧、副官长朱树藩，军务课长孟彦伦，军需课长张学济，热河陆军第一团团长奎文，拱卫军热防统领王应奎，巡防统领任福黎、张玉春、李昌元等同叩。①

31 日

▲袁世凯颁令限国民党表明态度，开除黄兴等人。说："政党行动首重法律，近来赣、鄂、沪、宁凶徒构乱，逆首黄兴、陈其美、李烈钧、陈炯明、柏文蔚皆系国民党重要之人，其余从逆者亦多国民党党员。究竟该党是否通谋，抑仅黄、李等私人行动，态度未明，人言藉藉。现值戒严时代，着警备地域总司令传询该党干部人员，如果不预逆谋，应限令三日内自行宣布，并将隶籍该党叛徒一律除名②，政府自当照常保护。若其声言助乱，或借词搪塞，则是以政党名义为内乱机关，法律具在，决不能为该党假借也。此令。中华民国二年七月三十一日。"

又任熊希龄为国务总理。说："特任熊希龄为国务总理。此令。中华民国二年七月三十一日。大总统盖印。国务总理段祺瑞署名。"③

▲梁启超代表进步党，电请熊希龄"为苍生，起任艰巨"，负起总理责任。说："总理一席，两院皆大多数同意，想已得报。前读兄致项城电，高蹈之志甚坚，在彼时固宜尔。今项城既不事敷衍，院中党势变迁亦剧，掣肘之病视昔锐减。举国思治，望兄如岁，戡乱善后，责无旁贷。兄若固辞，则无他人可以提出，提出亦无通过之望，则永陷国家如无政府，兄实尸其

---

① 《熊希龄集》第 4 册，第 512—514 页。
② 国民党本部遵命按限将黄兴等人除名了。
③ 以上二命令见《命令》，《政府公报》第 445 号，1913 年 8 月 1 日。

咎。弟谨代表全党，竭诚欢迎，更援私交，以大义相责，望为苍生，起任艰巨，不胜大幸。启超。卅一。"①

本月

▲蔡锷颁发测量学校"卒业证书"。说："第二期生秦楷自前清宣统三年二月至民国二年六月，本校规定制图科学课肄习完毕。特此证□。云南军都督蔡锷。印。陆军测量局局长李钟本。印。陆军测量学校校长孙桂馨。印。中华民国二年七月。"②

▲黄兴书赠蔡锷联语说："松波我兄正之。寄字远从千里外，论交深在十年前。民国二年夏六月，黄兴书于申江。"③

▲石陶钧回忆，孙中山在上海筹划武力讨袁。他与孙中山同住在黄兴家时，倾听过孙中山讲"拿破仑战术"以及他"不重视陆军留学生的原因，以为士官生战术还赶不上陈其美战术"，但他"仍指望蔡锷能带云南兵出武汉，来参加讨袁"。④

▲赵藩密函蔡锷，与其"取便一时，畴执异喙，无如观机局，坚冰履霜"。说："松坡都督执事：五华话别，曾掬私衷。衰病之躯，复驰万里。所重觇国，亦借陈言。今国会之开，已三阅月矣。黄金市骏，利用党争，聚讼盈庭，阴受提掇。而钝初之刺，三海之迁，大借款之秘答，内蒙古之阴割，亦自知其不韪，而预事夫周防。以故武悍之夫，倾危之士，爪牙心膂，密布森罗。据之者有叵测之雄心，争之者无斡旋之能力。恐一旦积猜成哄，势且至沉陆召分。深识隐忧，不寒而栗。以公几［机］智，尤爱国家，定廛远怀，不忍膜视。前闻秘联七省，拥护中央，亟知取便一时，畴执异喙，无如观机局，坚冰履霜。车既已背轨而驰，瑟奚取胶柱以鼓应？如何精心运掉［棹］，毅力转移，抒长驾远驭之谋，收形格势禁之效。海内志士，周□黎民，窃不能于贤者无深望焉。下走谊忝袍泽，身泛梗萍，蝥恤实迁，杞忧知过。然区区心事，窃欲于此时弭未发之祸，不欲于他日受知言之名。迫切密陈，惟公留意，

---

①　《熊希龄先生遗稿》第 2 册，第 1448 页。
②　云南省档案馆藏档案，档案号：1011 – 005 – 00008 – 001。
③　刘泱泱编《黄兴集》（二），湖南人民出版社，2008，第 649 页。
④　石陶钧：《六十年的我》（节录），《湖南历史资料》第 2 期，第 30 页。

□备不宜。"①

▲《宪法新闻》载文说："滇督蔡锷昨致电政府，保荐滇南观察使李曰垓为西卫宣慰使，并谓该员学识闳通，经验丰富，于藏中情势，素称熟悉。现在藏事既有头绪，若能即日派其前往，必能胜职。至一切权限及办事手续、进行方策，应由中央特颁教令，俾资遵守。"②

8 月

2 日

▲报载"闻政府昨接浙督朱瑞密电一件，大略谓浙省军界，自经前此之谣传，军心异常激愤。请即编成一军，协剿匪乱，以明浙军之心迹等语。袁总统已交军事处核议。又闻滇、桂、黔三省都督，电请联合派兵，平定内乱等情，已由政府批准。昨闻滇督蔡锷曾有急电到京，据称该省已派出可靠军队一师，以十分之五赴黔会戡湖南乱事，以十分之五赴桂会戡广东乱事云"。③

月初

▲梁启超"进谏"袁世凯，"懋赏"不宜"太滥"。说："本党港交通处来电，言苏慎初颇怀不测，其实情如何，未能遽信，以启超度之，苏畏祸投诚，或亦在意中，要之当告龙慎防耳。惟有一事，启超窃欲进谏者，昨见命令奖苏以勋三位，且授为上将，此种懋赏，实觉太滥。古之建大业者，最不肯轻以名器假人，名器一滥，则必损威重，而纪纲无自立。如苏某者，先有从逆之罪，即使诚心反正，亦仅赦其前罪，责以后效，斯亦足矣。即别示奖励，亦断不能如此其重。待苏如此，将来何以待龙？且苏本一浮薄小子，在将弁学堂一年毕业，辛亥军兴，偶乘时运，忝居师长，已为过分，犹得曰乱党之乱命，今中央遽以至崇之阶予之，毋乃启人民侥幸之心，而觉中央名器之不足贵乎？启超言此，非欲收回成命，特举此为例，

---

① 《赵樾村密致蔡松坡书》，北京《民国新报》1916 年 12 月 18 日。原未署日期，由文中"今国会之开，已三阅月矣"一语推定。
② 《蔡锷集外集》，第 292 页。
③ 《各省派兵协剿之电告》，天津《大公报》1913 年 8 月 2 日。

愿此后稍垂意耳。"①

9 日，又电张一麐、陈汉第，极力推荐汤觉顿任中国银行总裁。说："以弟愚见，则此席欲求胜任愉快之人，实无出觉老右者……弟与觉老情同骨肉，推举太过，良觉阿好近嫌，然眼中之人实未其比。若府主诚思拔擢，弟当责以大义，毋令引退。苟其所主张有不衷于事实，为当轴所未能采用，则逊辞未晚耳。"又说："道路私议，每谓府主召用旧官僚，而于新人物总有格格不入之处，若此次用觉顿而尽其才，亦可以稍间执悠悠之口耳。"②

4 日

▲蔡锷通电国务院、参众两院、黎元洪及各省都督、民政长、省议会，各护军使、镇守使，承德都统，北京《砭群报》、上海《时报》转各报馆，申说"按法惩治""破坏大局者"之理由。说："赣乱发生，沿江各省，相继响应，中原俶扰，自召瓜分，忧国者皆有陆沉之惧。锷前会同川、贵[桂]、黔都督联衔通电陈述利害，计已登览。兹再根据法律，愿与忧时君子一商榷焉。民国宪法尚未纂定公布，则《临时约法》自应遵守。今于约法规定领土内宣告独立，形同割据，是谓破坏统一。且各军皆署名曰'讨袁'，尤悖于理。按《临时约法》大总统有谋叛行为，由参议院弹劾之，至政治上过失，由国务院代负其责。谓袁有谋叛行为耶？则应由国会弹劾，讨袁之名，断难成立。谓袁有政治罪过耶？则负责者在国务员，讨袁之事，更属悖谬。且临时政府已达末期，选举正式总统在即，届时袁不被选，若倚其特别势力，悍不退职，以武力迫之尚可言也。今则临时政府未终结，正式政府未产生，以少数人之私意，竟敢据地称兵，且曰袁不辞职不罢兵，是不啻以国家为孤注，以人民为牺牲，谓为叛罪，其又奚辞！且今日政府之窳败，为一般腐败官僚派之窟穴，固国人所公认也。然此系政治上问题，不能牵入总统叛逆界说之内。即欲为政治上求改革，亦宜依法定手续，无以武力相向之必要。总之，吾国人法律知识幼弱，对于国家大计，往往感情用事，以致演出此种惨剧，陷国家于危险。所有此次为首发难之人，不

① 《梁启超年谱长编》，第 676—677 页。
② 中华书局藏抄件。又见《梁启超年谱长编》，第 677—678 页。

能不按法惩治，以为破坏大局者戒。其余附和者流，但能悔祸罢兵，似可概从宽免，愍其狂愚，以重人道。鄙见如此，统候公裁。滇都督蔡锷。支。印。"①

5 日

▲胡景伊电告袁世凯、国务院、陆军部、参谋部，熊克武在重庆宣布独立。说："午密。顷据第一师长周骏歌电称，重庆第五师长熊克武自称讨袁军总司令，于今日宣告独立等情。查熊逆久蓄野心，久经密备，显谋破坏，适以速亡。除我饬得力军队分头进攻及请黎副总统派兵一旅并扎夔府截其下窜并下令戒严外，特电先呈。川都督胡景伊叩。微。印。"②

▲黎元洪领衔蔡锷等人通过上海《时报》《神州日报》《新闻报》转各报馆与参众两院③，"请将一切议案概从缓议，同心协力编制宪法"，"即行选举总统，两月之内，一气呵成"。说：

　　顷公致国会电文曰，参议院、众议院公鉴。民国成立，已越一年，对内无统一之实权，对外无交涉之能力，因循泄沓，上下相偷，开国几时，已成暮气。忧时之士，群归咎于临时政府之长。盖环球各国，未有战事久终，而犹以临时之名苟延旦夕者。国会初开，美书首至，巴、墨等国，聘使联翩。譬如积年霪雨，忽睹微阳，海隅苍生，喁喁望治。方谓议定宪法，选举总统，组织强健政府，缔造完全民国，共和之愿，指日可偿。乃争议朋兴，党见纷起，根本问题，概未解决，推波助浪，枝节横生，遂使友邦尊重之念变为鄙夷，国人期望之心化为厌恶。以观内政，则乱民载野，伏莽载原，若火燎原，罔知所届；以观外交，则库患未平，藏忧方炽，茫茫边塞，夜有哭声；以观财政，则收税日亏，借款垂尽，冰洋戈壁，草木俱穷；以观军事，则饷械支绌，军队嚣张，刮髓磨膏，坐供骄子。国民将有陈请，政府则诿以方更，政府苟有措施，国会则责其不待［贷］，此尚得谓有国家乎！种必

---

① 曾业英编《蔡锷集》（二），第 1079—1080 页。

② 《民初政争与二次革命》下编，第 785 页。

③ 此系黎元洪领衔的十八省都督、镇抚使、民政长联名通电，除蔡锷外，列名的还有阎锡山、冯国璋、周自齐、张镇芳、张锡銮等二十二人。

自灭而后人灭，国必自亡而后人亡，谁生厉阶，至今为梗，此真可为痛哭者也。今更有甚于此者，赣乱发生，东南鼎沸。野心枭桀，图窃政权。屠我名城，歼我良将。播迁我妇女，蹂躏我商民。虐刘异党，则川谷为丹；搜括编氓，则山林俱赭。犹复鬼嫉朝阳，盗憎夜雪。诬诋政府，递电纷飞。假敌国为护符，挈齐民为代价。视从前编订约法之议院，则去比饩羊；视此后选举总统之国会，则掷同刍狗。

当此残喘稍舒，真元未复，百年培之而不足，一旦斫之而有余，试问祸患所生，何莫非诸公迁延迟误有以召之？明知而坐视，是谓助乱，不知而坐视，是谓溺职，公等何以自解于天下乎！公等非他，乃将士捐命，商民捐资，掷价以购之代议士也。前年义师之起，远者姑不具论，即征诸武汉，童浆妇食，舁病扶丧，觇胜则雷欢，斗败则雨泣，岂有他哉？盖来日之生可乐，则今日之死亦甘。今国会已成立矣，而国家之阽危如故，人民之痛苦如故，垫隘流离，且倍清季，皇皇代表，宁不疚心！窃谓总统为全国安危所系，宪法为立国强弱所关，呼吸存亡，间不容发，岂两院英贤见不及此！设使举棋不定，剖豆交乘，诸公宁有从容讨论之余地乎！

为今日计，应请将一切议案概从缓议，同心协力编制宪法，先订总统选举之一则，即从选举总统入手，或将宪法全部从速制定，即行选举总统，两月之内，一气呵成，国本既定，人心遂安。尤望于各种法律，内审国情，外斟世局，不泥近以昧远，不执私以妨公，不以久远之法典而钳制个人，不弃固有之精神而盲从他国，折衷群义，斟画全规。设从此总统得人，政府成立，既无掣肘之虞，亦免逾闲之患，五族共和，胥遵轨物，内外维系，犹可有成，则是诸公大有造于民国也。

元洪等对于国会，拥护不遑，敢言干涉！惟蒿目危时，回思往事，诚不欲以庄严灿烂之民国陷入旋涡。况行政之籍不屏乎要荒，请愿之权不遗乎舆皂，榱崩雀压，城火鱼焚，属在患难与共之时，尤有涕泣而道之义。诸公如必欲绝中国也，昊天不吊，夫复何言！倘肯以悔祸之心，为探源之计，我邦人昆弟，实祷祝之。元洪等忝为公仆，敢不惟言是听！临电馈缕，不尽所怀。再，国会为法人机关，勿复以个人答复，贻讥当世，谨以附陈等语。合行通告。领鄂督事黎元洪、滇都督蔡锷等公叩。微。印。

▲蔡锷电请袁世凯及国务院、陆军部、参众两院，"嗣后内国［国内］战争，只可赏给无俸勋章，或颁发赏金，不应升授官职及授予勋位"，并以命令取消以前"陆军加衔"。说：

> 窃惟授职给勋，系总统之特权，然爵赏太滥，则流品杂进，不肖者固将借事邀功，其贤者则将羞与哙伍，甚非策励人才之正轨也。满清之季，官以贿成，仕途日澒，又其甚者，因仇视革命之故，不惜以名器金钱陷我汉人，杀我同胞，以致人心益奋，清社为墟。光复以还，谓宜荡涤旧污，光昭新治，乃各种军职之除授，各项勋位之给予，命令公布，日有所闻，羊头羊胃，举国腾讥，贩竖椎埋，列名仕版。循此不变，民国将成官国，鉴于覆辙，能不危惧！夫国家所持为激厉人才之具者，名器耳，然必重视名器而后受之者始为尊荣。若大赉不必善人，勋章视同赠品，是自堕国家之威信，且不啻奖励侥幸心，为国之道，似非所宜。
>
> 现在沿江战事鼎沸，有识者皆谓此次必开大赏之门，以为酬庸之具。使不幸而言中，国事将亦不堪。通海以后，国情已变，共和开幕，国体尤殊，军重在对外，凡非杀敌致果者，均不得荣膺上赏。内国［国内］战争，实出于万不得已，应以哀矜悱恻之意出之。同室操戈，兄弟阋墙，相煎太急，隐恨良多。若胜者膺赏，是以国家品［名］器奖励残杀同胞，恐此后人人只知内竞，无事对外，此一说也。夫杀同胞之人，蒙非常之赏，得逾分之拔擢，将来对外有功，将以何项勋赏加之？此又一说也。锷意嗣后内国［国内］战争，只可赏给无俸勋章，或颁发赏金，不应升授官职及授予勋位，以薪激扬一般对外之敌忾，而以内竞为耻，并以杜绝一般非分妄冀之升官恶习。
>
> 再，陆军加衔办法，袭满清之遗毒，腾笑万国，破坏军纪，应请以后一律停止。所存以前加衔，亦以命令取销，以归划一。夫国家之败，由官邪也，赏不逾勋，乃能劝功。敢以此进，统迄鉴纳。滇都督锷。歌。①

---

① 以上二电见曾业英编《蔡锷集》（二），第1080—1084页。

19 日，《民立报》载"蔡锷电袁世凯称，自军兴后，勋赏不绝，固因激励，然太滥，则异日有对外战争，何以处之？自后凡对内用兵，只可颁给无俸勋章或赏金，概无庸补给实官，至加衔尤为陋习，请即停止云云。袁世凯阅后，一笑置之"。①

按：《民立报》是国民党机关报，所说袁世凯接阅蔡锷电后"一笑置之"，当为反袁派的猜测之词，未必真有其事。另外，早在 1912 年 11 月，也有人在媒体上对政府滥发"名器"，提出类似批评。说："呜呼，陆军上将。名器所以赏有功，而非以资激励。然犹得曰此在专制时代固宜尔也，而今则何如？共和成立，民国肇兴，事后之加荣位、勋将校，络绎行间，已不免为有识者所訾议。乃今更有出于言思拟议之外，如张锡銮、张绍曾、何宗莲等三人之加上将衔者。说者曰此殆以蒙事方殷，大总统借此陆军上将之加衔，激励其敌忾同仇焉耳，然而对于昔日之加荣，抑又何如？"②

▲报载蔡锷饬人将在邬〔巫〕家坝陆军中学获队官一名、排长二名，"立送至监狱内管押，旋即在牢内将该队官、排长等正法。闻因该队官、排长等有谋为不轨、暗中组织二次革命之举动。嗣经都督查觉确实，故此诱引该弁等入牢杀之，以遏乱萌。又恐百姓恐惧，故不明正典刑，严密正法"。③

6 日

▲报载"滇中国民党运动独立甚急，蔡都督竭力反对。有人欲谋行刺，都督府防备甚严"。④

7 日，又载"滇、黔、桂、蜀四都督先后电请大总统准发兵出省平乱。袁总统复电中央军队出发，已敷剿办，该督等应专保护本省治安。但有相需处，仍当电调云云"。又载"贵州都督唐继尧闻将任为云南都督。蔡锷闻将调任湘督"。⑤

8 日，又载袁世凯"命郭人漳等三人赴湘调查该省实情，一俟恢复和

---

① 《北京电报》，上海《民立报》1913 年 8 月 19 日

② 萍：《杂评二》，《申报》1912 年 11 月 18 日。

③ 北京《新纪元报》1913 年 8 月 7 日。

④ 《要电》，上海《时报》1913 年 8 月 6 日。

⑤ 《专电》，上海《时报》1913 年 8 月 7 日。

平后，于三人中择一以任湘督（七日北京专电）"。①

▲蔡锷急电袁世凯、国务院、陆军部、海军部、黎元洪及各省都督、民政长，各护军使、镇抚使，各报馆，主张"凡非抵死抗拒"的"二次革命"参与者，"宜概免诛戮"。说："奉副总统勘电，惊悉余少将大鸿、汤中校则佛均在湖口被李烈钧、何学寄惨害，传首弃尸，实属残忍无人道，悲愤曷极。闻光复有功之吴绍璘、黄恺元两君皆以不附和乱党，同时在南京被害，抚念良友，尤深痛悼。此外死事各员应由战事省份查明，呈由大总统饬部分别给恤。其元凶首憝，并请严缉惩办，以慰忠魂，而伸国法。至于乱党此种暴行，惨无人理，我正可借为炯戒，万不可因愤激而踬其所为。且此次兴师，本以伐罪为名，锷意当以哀矜悱恻之意出之，凡非抵死抗拒，似宜概免诛戮，为国家稍留元气，并以免以暴易暴之讥。否则，同种相残，杀机大启，哀我蒸民，恐无噍类，似亦非国家之福也。敢布所怀，幸垂察焉。滇都督蔡锷。鱼。印。"

又通电各省都督、民政长说："滇省安静。特闻。锷叩。鱼。印。"②

又电复财政部说："效电悉。应饬照办，惟滇省盐务败坏已久，光复后将盐务行政改归实业司主管，课款出纳统归财政司，乃由司详查历年积弊受病原因，筹定改良暂行办法十端。一、裁撤提举大使，分设督煎、督销两机关，互相纠查。二、变通引岸，便民自由买食；三、查收运存旧盐，严催旧欠；四、参酌各井节年实销盐数，暂减额为四千五百万，以疏积盐；五、觅开边井，以抵外私；六、售盐征款，统计正杂平色，折为银元收解，以清积弊；七、应征正杂各款，除铁路费外，余暂统名盐课，就井征收，按月解缴；八、查提井地陋规，明定薪工灶本；九、改并予井，并查封劣质盐井；十、严重缉私，规定简章，声明试办一年。呈经核准，咨交省议会议决咨行，通令照办。现值试办期间，尚未考绩定案。昨办元年度预算，查照新章，参之旧案，预计年可征收盐课、盐厘、团费、学费、练兵费、杂款、公费共银元一百五十万元零。各井必需支款，极力核减，每年需有定开支及无定留备。各井万不可少之留井学费、解课盘费、邮电各费、童工硐费、调查费、特别井硐坍塌水患修费，共银元四十五万六千五百九十四元零。又筹备东

---

① 《特约路透电》，上海《时报》1913 年 8 月 8 日。
② 以上二电见曾业英编《蔡锷集》（二），第 1084—1085 页。

昭开井费约五万元，已照编表册，另文咨达。二年度预算大致与元年度不差，除饬司编造细数咨送外，先电复汇办。滇都督。鱼。印。"①

又咨请省议会查照前饬，由"刘参谋酌拨军队，前往剿办"。说："案准贵议会咨开，案据剥隘自治局绅杨学时、商务分会总理谭远昕等电称，据团营陈管带知会探侦报，昨日有大股匪由粤边瓦村渡河十七船，过界盘踞谷们一带，意图扑隘等语。除原电声明业经分呈不冗录外，本会以地方治安所系，当即开会提议，公同表决，亟应咨请贵都督衡核速饬临开广观察使，及驻防军队会商防剿，设法扑灭，以安闾阎，而固边陲。其善后事宜如何妥筹，并希见复。除咨民政长外等由。准此，查此案前据该绅等电呈前情，当经电饬刘参谋酌拨军队，前往剿办。准咨前由，相应咨请查照。此咨。八月六日。"

9 月 26 日，罗佩金也函复省议会说："径复者。案准贵议会函开，据剥隘商务分会总理谭远昕等电，匪徒拉船抢劫广祥泰等银货，请饬营队兜拿等由。查该处匪案，前据该自治局绅杨学时、分会谭总理电报，有大股匪徒由粤边瓦村渡河，意图扑隘等情。请示前来。当由军都督府分电第二师酌拨得力军队，前往迎剿，并饬剥隘陈营长、富县万知事督饬团警，扼要防捕，并将匪情随时具报拍发去后，旋据万知事及分会陈总理同日又电同前来。因复会饬临开广观察使副督办暨附近各防营地方官警严缉究办。文曰：查剥隘为滇、桂交通要冲，军警密布，尚有大股匪徒聚党数十人，明目张胆于相距七八里之河下劫商拉人，其防御之疏已可想见。若不认真整顿，严行查缉，何以戢凶焰而安良善！除分令严缉外，合亟通令，仰即督饬所属军队警团严密防堵，上紧侦缉，务获究报。以后若再发生此等劫案，即惟该驻防军队地方官警是问。分别印发，并会函广西都督令饬沿边防军、各地方官警协力防剿各在案。准函前由。相应录案函复贵议会查照。此致。九月二十六日。"②

7 日

▲报载"云南蔡都督、贵阳唐都督，向主拥护中央，湖口事变以后，

① 《蔡锷集外集》，第 301 页。
② 曾业英编《蔡锷集》（二），第 1085—1086 页。

中央即密令两督预备军事。迨南京继倡独立，黎督知湘必踵起，急电二督派兵东下。顷悉贵州已派三千，星驰抵铜仁，将近湘界。滇督亦派一混成旅，假道贵州而下，并与黔军联络一气。二十二号，湘省宣布独立，黎又电促滇、黔进兵，攻取常德。中央所派姜军则直逼岳州，是湘省腹背受敌，前途非常危险矣"。①

15 日，又载蔡锷、罗佩金声言不预李烈钧"二次革命"事。说："云南因远在边徼，强邻虎视，日谋对外，犹虞不给，故无余暇以参与党争。近自军府接到南北各来电，初言北兵入赣，袭击赣军，李都督已回赣宣布独立。继言苏、粤等相继响应，而黎副总统来电，则宣布李卸都督罪状，因之滇人有所疑惑，未敢骤决。而蔡都督、罗省长则决以保守秩序，维持地方为职志，对于中央仍主服从，对于赣省则宣布中立，声言不预其事，此云南对于南北两方之态度也。惟有少数之暴烈派，则跃跃欲动，希图独立。因之省城谣言四起，日来居民迁避者益见纷纷，军府不得已，乃饬军队昼夜严防，情形与戒严时无异云。"②

16 日，又载特约路透社"云南府电。蔡都督自请率兵七千名，由湘省至扬子江协助平乱。袁总统已准如所请。蔡将于日夕出发。滇省大局殊为安谧"。③ 同时发表评论说："西电谓云南蔡都督请带兵八千助平长江之乱，袁总统已允云云。余谓此说恐不确也。长江之乱，现已将了，北军南来者为数已多，而尚欲移云南之师，不免张皇而不便矣。"④

又载"滇督蔡锷十六号连致政府密电二件，闻第一电系报告滇省临时筹饷一切办法，第二电系详陈滇军留省备防，及改编北上一切情形。总统府已将原电交由财政、陆军两部核议矣"。⑤

8 日

▲6 日，熊希龄密电袁世凯，"请授赵春廷［霆］以永州镇守使，田应诏以镇筸镇守使"。说："秉密。昨见西报载，岑春煊已赴香港，又南京税

---

① 《武汉最近之消息》，天津《大公报》1913 年 8 月 7 日。
② 《滇省宣布中立后之态度》，《申报》1913 年 8 月 15 日。
③ 《警信》，《申报》1913 年 8 月 16 日。
④ 无名：《杂评一·蔡都督之平乱》，《申报》1913 年 8 月 16 日。
⑤ 《滇督两电之大略》，天津《大公报》1913 年 8 月 19 日。

关黄监督电称黄兴、章梓已逃出宁垣等语。查湖口、上海两处，该党均不得手，知长江流域难为根据，必系窜聚广东，由陆路密与湘、赣联合声援，以冀出我长江上游，而图再举。岑春煊此行，尤难保不当面苦求陆、龙（按：指陆荣廷、龙济光）两军反助叛党。前清咸同之间，克复东南，即以湘省为根据，我应迅速规划，毋致功亏一篑。前电请密联湖南西、南两路田、赵各军，现拟请授赵春廷［霆］以永州镇守使，田应诏以镇箪镇守使，该两处本系旧日总兵驻所，改为镇守使，不现痕迹。且田、赵两员前均由湘督委任，今以中央命令直接，情形自必一变，即使长沙不发兵饷，亦可饬令暂行兼管两路民政，并收税厘。此外则设法由施南、贵州两处与田接洽，由广西与赵接洽，并各济以饷械。闻电报另有线通贵州，不转湖南，贵州所属之铜仁与镇箪相距甚近，可电交唐督转寄田应诏。又广西至衡州闻亦通电，亦可电交陆督转电赵春廷［霆］，均可避去长沙一路，免为所阻，乞查明饬办。又湘、粤独立，广西陆、龙两军饷械均难运济，应与法使密商，商越南火车解交龙州。以上各节，是否可行，乞钧裁。再，策划岳州一路，须兼用湘中将校，此间中路巡防统领任福黎、帮统袁明廙、管带章德勋，均属长沙、岳州人，袁、章尤著战功，旧部甚多。若令在热选练一营，开赴鄂、湘交界处所，密遣头目往招湘军四五营，以之随同赴岳，必能得力。乞电示。并乞密勿宣布。希龄叩。鱼。印。"

8 日，袁世凯亲电承德熊希龄，表示用人"当视其受命后是否出力办事，再行定夺"，并同意"攻岳正兵，须用湘中旧将领参佐"。说："秉密。鱼电悉。湘西、湘南两路布置，与尊见略同，现有命令发表矣。至委以民政，当视其受命后是否出力办事，再行定夺。至攻岳正兵，须用湘中旧将领参佐，自系必要，此间有郭人漳，勇于任事，已派充湖南查办使，又有向瑞琨、梅馨诸人，与湘省声气素通，可任招抚之役。来电所举任福黎，闻亦旧将领，均纯正人物，令其随同大军攻岳，当可得力。但新募湘兵能否适用，仍望酌之。大总统。齐。"①

按：袁世凯此电表明，他用人有个原则，即须考察其受命后能否在实践中真正为其所用，再做决定。

---

① 以上二电见《熊希龄先生遗稿》第 2 册，第 1468、1475 页。

10 日

▲蔡锷咨复省议会，前已"咨黔督，并函民署令饬该属遵照""人民自由应募，不加强制批示"办理。说："案准贵议会咨开，据本会议员王清瑞等提出阻止黔督来曲靖征兵一案，当经列入议事日表，开会研议。佥谓黔督派员来曲靖募兵，名虽自由应募，其实按区征集。曲靖人民不愿赴黔，始则由公集钱以雇丁，继则由公筹款以济家，困苦情形，难以枚举。应请政府查照冬饬曲靖等属知事，现在黔政府派员来曲靖募兵，应由人民自由应募，各县知事不得代为按区征集、强制执行，以安人心。案经公决，相应咨请钧府查照办理见复，并请转咨贵州都督知照。除咨民政长外，计抄咨意见书一件等由。准此，查此案前据罗平县官绅呈明募兵困难情形，当经本军府以人民自由应募，不加强制批示，并电黔都督查照各在案。兹准前由，除咨黔督，并函民署令饬该属遵照外，相应咨复贵议会查照。此咨。八月十日。"①

11 日

▲袁世凯颁令黎元洪、胡景伊、蔡锷等会合兜剿重庆熊克武讨袁军。说："四川第三师师长熊克武向驻重庆，素乏纪律，前此所部哗变，以致糜烂地方。兹据川省报告该师长附和乱党，图谋背叛，扰害公安，殊堪痛恨。熊克武着即褫革军官军职，责成四川都督胡景伊督饬所部严拿惩办。该第三师旅团各长多明大义，断不致甘心附逆，应由胡景伊迅行传谕该旅团长等，傥能擒贼立功，定予不次之赏，并着领湖北都督事黎元洪、陕西都督张凤翙、云南都督蔡锷、贵州都督唐继尧酌拨劲旅会合兜剿，迅荡逆氛，勿任蔓延，以免生灵涂炭之苦。此令。"②

13 日

▲报载"闻政府日昨接到闽督孙道仁、滇督蔡锷、黔督唐继尧、桂督陆荣廷、浙督朱瑞、陕督张凤翙联衔长电一道，大致系请政府维持国会，保护议员而发。略谓目下时局，日趋危险，所赖以维持人心、保全大局者，

---

① 曾业英编《蔡锷集》（二），第 1086 页。
② 《命令》，《申报》1913 年 8 月 14 日。

端在国会。今闻各议员纷纷出京，国会因之摇动，深恐大局无法收拾，务请从速设法保护云"。①

14 日

▲北京国务院急电成都胡景伊，令其会同滇、黔、陕、鄂四省剿办重庆熊克武讨袁军。说："查七月二十七日奉大总统令，任命彭光烈为川边陆军第一师师长，孙兆鸾为川边第二师师长，刘存厚为四川陆军第二师师长。又八月二十六日奉大总统令，任命周骏为四川陆军第一师师长，此令。等因。均经电知。又熊克武前经任命为四川第三师师长，八月十二日已奉大总统令，四川第三师师长熊克武向驻重庆，素乏纪律，前次所部哗变，几至糜烂地方。兹据川督报告，该师长附和乱党，图谋背叛，扰害公安，殊堪痛恨。熊克武着即褫革军官军职。责成四川督军胡景伊饬所部严拿惩办，该第三师旅团各长多明大义，断不致甘心附逆，应由胡景伊迅行传谕该旅团长等，倘能擒贼立功，定予不次之赏。并着领湖北都督事黎元洪、陕西都督张凤翙、云南都督蔡锷、贵州都督唐继尧酌拨劲旅，会同兜剿，迅荡逆氛，勿任蔓延，以免生灵涂炭之苦。此令。等因。恐线路有阻，合再电达。国务院。寒。印。"②

16 日

▲报载袁世凯命谭延闿解散湖南省议会。说："据汉口电报局截留呈报湖南省议会七月二十九日致参议院、众议院及各省议会通电，有由各省通电取消参、众两院等语。词旨悖谬，显系侵夺国会权限，违背约法。着饬湖南都督谭延闿立将该省议会即时解散，一俟军事平定，与已经解散议会各省分，一同依法另行选举，以期实行代表民意。此令。"③

又载总统府"发出油印电件三封，交由国务院转交各国务员传阅。据闻该电系关于川边、滇边等项布置防务之报告。探其大略如下：第一电，尹昌衡报告成都戒严后，关于双流等处一切布置情形；第二电，胡景伊密陈预防变端之三策；第三电，蔡锷条拟滇省增师预备案，及滇边

---

① 《各都督电请保护国会》，天津《大公报》1913 年 8 月 13 日。
② 《四川军阀史料》第 1 辑，第 170—171 页。
③ 《命令》，《申报》1913 年 8 月 19 日。

近情之报告"。①

17 日

▲蔡锷"加急"电陈袁世凯及参谋部、陆军部，告知胡景伊"坚阻滇军入川""会剿戡乱"，"敬恳核示遵行"。说："午（密）。铣电计呈钧览。顷接泸州周（骏）师长铣、谏、洽电谓，熊逆（按：指熊克武，时任四川讨袁军总司令）招集匪徒及团练数万，分道犯泸，泸军力薄，岌岌可危，恳饬滇军尽速由叙□（州）水道下泸，以救燃眉等情。查滇军会剿戡乱，已遵奉大总统命令，当饬军队进发，并录令电商胡督。电中大意谓，前次援川一役，以善因而收恶果，抱歉至今。此次赴援，慎选将领，乱平即行撤回，决不至另生枝节，彼此共释前嫌，用敦睦谊。嗣接电复，仍坚阻滇军入川，锷亦未便固执，致滋误会，已将出发军队撤（回）。现在周师长飞电告急，欲进则碍于胡督之拒绝，欲不进则有负周师长之请求。除再饬先遣旅开赴川边待命，并飞商川督外，合将详情呈报，敬恳核示遵行。滇都督锷。筱。"②

19 日

▲报载"北京专电。蔡督电京，滇已备二师，以主军由贵向湘，以支军进泸州至重庆，得命即行。蔡此意甚决，已电令其驻京委员萧堃等回滇"。③

23 日

▲18 日，参谋部、陆军部"万急"电令蔡锷，令蔡锷及黔、秦、鄂四省都督"迅饬前派驻扎川边各军队速赴川省援剿""乱党"。说："午密。大总统令，据胡都督谏电称，川省乱党煽惑甚亟，计川乞师邻省不能靖肃全川，恳迅饬滇、黔、秦、鄂四省军队，不分星夜，赶紧入川各等语。仰该都督等迅饬前派驻扎川边各军队速赴川省援剿，勿误事机，是为至要等因。合电遵照。参、军两部。巧。"

---

① 《政府对于勘定乱事之计划》，天津《大公报》1913 年 8 月 18 日。
② 曾业英编《蔡锷集》（二），第 1087 页。
③ 《警信》，《申报》1913 年 8 月 19 日。

23 日，蔡锷即令李鸿祥、谢汝翼两师长"遵照"。

▲19 日，参谋部、陆军部再次"急"电蔡锷，务饬滇军派驻黔境一旅"速进"，以应胡景伊之请。说："午密。大总统令，陈次长（按：指陈宦）代呈铣电悉。滇军派驻黔境一旅等情，希饬令力剿重庆叛党，以应胡督（按：指胡景伊）将伯之请。务饬速进，迅赴事机等因。希饬遵。参谋、陆军两部。皓。"

23 日，蔡锷即令李鸿祥、谢汝翼两师长"遵照"。①

同日，英驻华公使代办艾斯敦电告外务大臣格雷，云南这支部队原来是"打算供平定湖南之用的"。说："成都出现了危急的形势，因为被派去对抗重庆叛军的第一师，已与叛军携手合作，祸福与共。据说，他们正向成都进发。他们用死来恐吓驻雅州的尹昌衡将军，除非他宣布反对政府；人们预料他将随时这样做。其他城市也已发生叛乱。自云南府派来的一师部队，原来是打算供平定湖南之用的，现已奉命改调四川。"②

24 日

▲蔡锷"急"电告知袁世凯及参谋部、陆军部，已分饬滇"各军兼程前进"。说："午密。马电奉悉。顷接泸州周师长梗电告急。查滇军混成旅巧日由省出发，苦雨道滑，须九月中旬可分抵叙、泸。又防军两营巧日由昭出发，初饬星夜援泸，嗣准大部巧电转命张参谋长电嘱滇军勿遽入叙，恐主客冲突等情。当饬防营暂驻滇边待命。现在边防吃紧，已分饬各军兼程前进。滇都督锷。敬。印。"③

25 日

▲国务院急电黎元洪，各省都督、民政长，并转各使，各将军、都统，请"即迅饬严密查缉"潜赴各省革命党人。说："大总统令，现在乱党背叛民国，滋扰地方，迭经派兵剿办。该逆等蓄谋已久，难免不分遣党羽，潜赴各省，四出煽惑，仰即迅饬严密查缉。如有潜通逆党，谋作响应，或

① 以上各电见云南省档案馆藏档，档案号：106-3-891，第 12—13、15—16 页。
② 《艾斯敦先生致格雷爵士电》（1913 年 8 月 23 日发自北京），《英国蓝皮书有关辛亥革命资料选译》下册，第 703 页。
③ 曾业英编《蔡锷集》（二），第 1087—1088 页。

附和乱谋，鼓吹背叛，及为传递消息、接济一切者，一经查获，竟［径］按军法，从严惩办，以遏乱举。其查缉出力员弁，从优给予赏励。知情自首免罪外，能破获者除免罪外，仍行给赏。阴匿叛党者，其罪切勿稍从宽纵，以致贻匪无穷，是为至要等因。合电遵照。国务院。有。印。"

同日，蔡锷即令李鸿祥、谢汝翼两师长"遵照办理"。①

▲7月25日，湖南都督谭延闿发布《独立示谕》，"宣布与袁政府脱离关系，连［联］合各省共灭元凶"。

8月6日袁世凯通缉自称鄂豫招抚使的蒋翊武，数日后再通缉湖南军事处长程潜及长江巡阅使谭人凤等人，交谭延闿饬所部"重悬赏格，迅将该叛党等严拿惩办"。②

10日，谭延闿与龙璋、胡瑞靖以"特加急"电，请熊希龄出面"斡旋"。说："谨密。大局多艰，救时有人，庆幸无已。湘事维持，别有办法，不宜用兵，以免决裂。黔、桂边军，均过湘境，万一开衅，转难收拾。桑梓所关，望公斡旋，特此密电。延闿、璋、瑞靖。蒸。"③

11日，又向袁世凯及陆军、参谋两部发出自咎电，并于13日发布《取消独立布告》。说："照得自赣省独立，各省继起，吾湘为巩固共和起见，不能不同声响应，以维治安。凡我人民，同此企望和平之心，非以张皇武力为事。现在闽、粤、宁、皖已均各取消独立，大势所趋，皆以保境息民为主。湘省既不能以独立为支柱，又何可以全省为牺牲，于事无裨，于心不忍！本都督已一面发布命令，即行罢兵，一面电达中央，静待处分。所有咎戾，罪归一人，务使秩序如常，市民安堵。除饬军警实力保护外，用特布告商民人等，各安生业，勿复惊疑，以还熙皞之天，同享共和之福。如有借端造谣，希图扰害者，一体严拿治罪。此示。"

13日，黎元洪电请袁世凯"温辞慰留"谭延闿。说："顷接长沙谭都督文电内开，本日宣布罢兵息民，电达中央，听候处分。惟是延闿奉职无状，措置乖方，时经两载，咎在一人。已电请中央迅简贤能来湘接代，俾得息肩补过，退处安闲，湘事幸甚。敬祈我公代达悃忱，促颁文命，不胜惶悚待命。延闿。文。等语。窃查湘未宣布独立以前，谭督因事势危迫，

① 云南省档案馆藏档案，档案号：106-3-891，第8—9页。
② 《民初政争与二次革命》下编，第759、761—762页。
③ 《熊希龄集》第4册，第210页。

无力维持，派员来鄂代达苦衷，云已准备药水，如湘称独立，即服毒自尽，以谢天下。元洪以湘失谭督，内部必更大乱，当即劝以徒死无益，不如暂为一时权宜之计，阳为附和，徐图敉平。旋复以各军均驻长沙省城，深以为忧，故调赴岳州，以分其势。而是调兵赴岳，先曾派员来鄂协商。故湘省虽称独立，始终未尝暴动。今复自行取消，足见谭督暗地维持，始终一致。如来电自请谴处，拟请温辞慰留，以维湘乱而全大局。是否有当，敬候钧裁。"①

熊希龄则电复谭延闿等人说："谨密。蒸电悉。江西发难后，弟即过虑湘为牵动，当于七月廿四日涕泣忠告我同乡父老子弟，迄未得公电复。嗣见《长沙日报》，已于七月廿五宣告独立，如火燎原，正深忧虑。半月以来，屡与舒（和钧）、朱（树藩）、张（学济）、杨（树达）诸君焦灼万分，寝馈难安。盖以大局论，则统一破裂，国土难保，奴隶牛马，均在目前。以桑梓论，水灾、钱荒，民生穷迫，涂炭糜烂，难保朝夕。吾人不徒无国，抑且无家，此最可为痛哭长太息者也。况自共和起义以来，湘实为产生革命元勋之地，不图官吏贪横，政治黑暗，反较前清为虐。今不从根本上设法医治，而更于外患孔急之时，争持党见，轻用武力，致使生灵涂炭，四海困穷。即令得胜，亦获石田，夫何有裨于民国？但事已至此，尊电既嘱斡旋，弟敢不为桑梓尽力，业经电达中央，得复再行奉告。惟尊电云消弭另有办法，此非可托诸空言，应请详加电示，以便转商，否则恐无能效力也。特复。希龄叩。元。印。"

同日，又为探袁世凯口风，电请其指示如何答复谭延闿。说："秉密。前因江西发难，即虑湘中多事，当于七月廿四日忠告谭督，谨录其文曰：长沙谭都督鉴。现在宁、赣暴动，难以收拾，公须以国民党资格，联合湘中革命有功之士，切电劝告，勿再阋墙，致招外侮。苟能释兵，听候裁判，则中国尚可转危为安。否则大局糜烂，不堪设想。吾湘新遭水患，并值饥荒，军储又付之一炬，我同乡父老子弟，尤宜主持静镇，即使政治不良，亦当诉之于国会，不当诉之于武力。希龄既无党见，亦无偏私，只以桑梓所关，不得不尽心忠告。望公代达微忱，消弭大患，不胜迫切之至，乞电复。希龄叩。敬。印。等因。此电去后，迄未得复，兹于本月十二日得谭

---

① 以上二电见《民初政争与二次革命》下编，第 762—763 页。

督及龙、胡各绅公电，谨录其文曰：承德热河都统鉴。谨密。大局多艰，救时有方，庆幸无已。湘事维持，别有办法，不宜用兵，以免决裂。黔、桂边军，均过湘境，万一开衅，转难收拾，桑梓所关，望公斡旋，特此密电。延闿、璋、瑞靖。蒸。等因。查现在湘中真实情形，未悉如何，谭督既电请斡旋，是否出于自动，抑系出于敷衍？刻已复电，嘱其将维持办法详告，再行核酌转陈。兹特电禀，究应如何答复，乞示遵。希龄叩。元。印。"①

22日，谭延闿电复熊希龄说："熊总理鉴。谨密。湘事变迁，电音阻滞。尊电顷奉到，热心苦口，闿虽不敏，敢不拜嘉。顾区区之愚，有不能不陈于左右者。溯赣事之发生于意见，意见之报激为仇雠，欲消弭而无从。乃觖结耘莫，深居忧款，实用怵心。曾于寒电力致危言，勉据忠告，未干褚墨，已见烽烟。及浔湖决裂，江沪沸腾，复电请我公力主调停，双方停战，亟早消难，以革杞忧。不意和平无望，变故迭乘，闽、粤、皖、宁相继警告，乱区日广，险象环生。湘省僻处偏隅，声息阻隔，人心浮动，民气激烈，肘腋之近，横起荆榛，呼吸之间，急如星火。同时州邑告警，电檄交驰，或称黔桂沿边将临郴桂，鄂荆整旅已压重湖。肇情惶骇，众议宠嚣，要挟万端，瞬息千变。此时为保境息民起见，诚不忍举苦心维持秩序，溃烂破坏于须臾。彦所谓危急何能择，故不能不稍施操纵，略取权宜，差幸相安，以有今日。事非得已，彦可共明。至于事后得失之迹，局外胜负之机，岂待明者始能洞烛。人虽至愚，亦无愿同室操戈之理，不为披发缨冠之救，而为抱薪救火之谋，以快其幸灾乐祸之心，自蹈于不戢自焚忏地者。延闿维持乏术，应变无方，百喙无以自解。惟是两年来，茹苦含辛，忍辱负重，事功无能，表于赫赫，彦迹不谅。然人人当此肇疑盛撼之交，勉为委曲求全之计，但期牺牲一己之名誉，可以保持一日之治安，虽身为稾荐，供人践蹋，亦所弗辞。伏维我公关怀桑梓，夙托相知，曾同患难，湘事迭荷维持，苦衷又在洞鉴。尤望大力斡旋，怵欢警觉，婉达中央，早予以便宜行事之权，为弭兵息争之计，严饬将吏，毋开争端，尽释前嫌，谣诼虽多，安宁可保。俾延闿取垢忍尤，蒙讥负谤，而湖湘父老子弟得遂其安居乐业之幸福，则知我罪我，何所容心；求仁得仁，抑又何怨。湘江

① 以上二电见《熊希龄先生遗稿》第2册，第1489—1491页。

在望，天日可质，敢布腹心，立盼明教。延闿。廿（按：此电应是谭延闿所说的'祃电'）。"①

24 日，熊希龄电告谭延闿他已到京，请告湘中"实况"。说："谨密。弟于昨日到京，据各方面报告，及同乡议员、京官来商者，均以湘事隐虑甚深，群嘱龄解决。父母之邦，敢辞其责。惟湘中情形，究未悉其真实，应请我公速将近月一切实况，详电密告，俾可彼此妥商，以定办法，切勿仍打官话，致滋贻误也。乞速电复。希龄叩。敬。印。"

次日，谭延闿电复熊希龄说："敬电悉。甚感。祃电到否？闿屡电总统，皆实情，非官话，公想已见。承问，更陈如下。湘之独立，专系感情，并非军官，取消故甚容易。现谭、蒋诸人均已远行，二程、陈、唐自请释兵，决不更有他变。前电劝程、赵实确论，非欲留种子也。此次招兵，合原有只一师一旅，与部定兵数同，虚耗廿余万金，余皆法当费者，并无大借款滥招兵之事。闿之求去，正以湘之此后大可为，惟恨才力不能胜此，故避贤引罪，仍为湘计，非欲诿卸。松坡来最好，否则，先择一民政长，以军事属之护军领之，湘自退伍，实无多兵，今但须言整顿，不必言裁减。各镇守使徒为赘疣，则必当裁，以归划一，选将必取正步朴勇者，两面讨好之徒，断不可用。果能实行，当掬良心以告，决无偏私，以祸乡祸国。若设民政长，则宜速发表，湘政府可办到全体改组，以示别新分道，官亦可即举。此湘治乱所关，乞公慎择，得人为贵。党人此次虽由自取，然待之不宜过酷，戊、庚两事，可为寒心，公过来人，必能曲谅。快于当前，使多数才智于海外，而欲久治安，免翻覆，恐未必然。穷寇勿追，反侧自安，愿公思之，勿罟弟为骑墙。即如查办湘事，合使者多，何必郭五，况复领兵？湘尚意气，易激动，郭素不惬，来恐报复，设有小故，即为粤、宁之续，闿实不能负此责任。成命难收，能否设法缓来，俟大局定，即径来督亦可。公欲救湘，万望注意，若云隐患尚多，得一能者即可治，不须多杀。旅京湘人议论多持一偏，乞公兼听，遌言出肺腑，可质天日，如有疑问之更开碻，当悉举所知以对，公意如何？望赐复电。闿。有。"②

25 日，熊希龄一面电告长沙城董事会刘国泰、龙璋、胡岱年、易培

① 《熊希龄先生遗稿》第 2 册，第 1500—1501 页。
② 《熊希龄先生遗稿》第 2 册，第 1502、1503—1504 页。

基、杨树达、徐特立等31人，已转请袁世凯挽留谭延闿"督湘"。说："两电均悉。谭都督维持苦心，久所深佩，已转总统挽留督湘，请释廑虑，特复。希龄叩。有。印。"一面电告谭延闿其与袁世凯所商筹之办法。说："谨密。昨电计达。顷奉祃电，敬悉苦心。已转陈总统，商筹办法。总统云，湘中暴徒尚多，虑公为所掣肘，故有查办之举。经弟力言其中困难，意始稍动。惟松坡以云南关系重要，一时不能离滇，仍须我公担任数月。弟意拟派朱树藩、张学济、任福黎三君来湘，朱、张与军界接洽，任与政界接洽。三君皆正人君子，决可为公之助，且与程（子楷）、赵（恒惕）、田（应诏）、王诸军相得。公意如以为然，弟即商之总统，以任署内务司长，张、朱为宣劳使，三君均超然无党见，则一切嫌疑均释，较胜于郭（人漳）之入湘。萧履桓、杨杏生两君，弟拟约到京相助，可否？乞速电复。再，郭已起程，龄留不住。然到鄂后尚可设法，并告。希龄叩。有。印。"

26日，谭延闿电复熊希龄说："亲译。谨密。有电悉。扶危排难，仍属故人，感极泣下。郭闻到鄂，必欲来湘，务请设法阻止。朱、张旧识，极表欢迎，任署内务甚好。顷已调礼衡署实业，任可由中发表，不待请也。民政长能简人否？使闿得专力维持，以待松坡，尤感。顷派胡学伸来京，面陈一切，望垂询。闿。宥。"[1]

又说："亲译。谨密。昨发宥电，言出肺腑，倘荷察纳，裨益必多，闻郭于敬日带两营来湘查办，此间人心异常惶惑，罢兵息民，开诚相见，期保治安，何烦兵力。且事迹昭著，既无讳饰，不待更查，党人远扬，已遣自新，即可缓办。湘事解决已有端倪，循序程功，闿当负责，必欲张皇，激成变象，徒有快意，不审事机，致宁、粤之事，再见于湘，直使闿无维持之余地，恐亦非郭某爱乡与所以自处之道。公眷梓桑，知我尤稔，务望设法斡旋。如成命骤难收回，亦当令其留鄂，勿遽来湘。一切事宜，责之黎公与闿妥筹，随时商承中央办理，自易就绪。安危所关，在此一举，望公默运，以定人心，为惠无量。中央意见究如何？亦盼示复。闿。宥。印。"[2]

---

① 以上二电见《熊希龄集》第4册，第224—225页。
② 《熊希龄先生遗稿》第2册，第1506页。

29 日，熊希龄电复谭延闿说："谨密。感电、宥二电均悉。已陈明大总统，电令郭使驻扎鄂境，暂缓赴湘矣。惟松坡能否离滇，尚未能定，现已电商，得复再告。内务司即日请总统任命，教育司似可改简陈夙荒，榷运局似可改派王铭忠。至前电杨杏生能否来京？该财政司应改何人？请公酌裁赐复为荷。希龄。艳。印。"①

同日，有报载袁世凯"拟特派蔡滇督兼任会办湖南全省军务"。说："京函云袁总统于二十七日拍致云南蔡都督军密电一件，同时又分致武昌黎副总统、湘督谭延闿密电各一件，探其内容，闻系拟特派蔡滇督兼任会办湖南全省军务，并节制湘军之事。未详何日发表。"② 稍后，还有报载"专电"说："政府拟令蔡锷会办湖南军务，节制湘军"。③

按：从以上熊希龄与谭延闿的来往电报看，谭从最初所说"湘事维持，别有办法"，到"有电"所说"松坡来最好"。由蔡锷回湘任督之议，熊希龄首先提出，到谭延闿接受了他的提议。为实现蔡锷回湘任督的目的，熊希龄遂要求谭延闿仍"担任数月"，并转请袁世凯"挽留"谭延闿。

31 日，熊希龄又特电谭延闿说："谨密。郭查办使赴湘，业经由总统电令暂驻鄂境，决不致即来湘，昨电计达尊处。惟黎副总统致总统艳电，拟任命现驻湘鄂边境之伍旅长祥桢为岳州镇守使，其理由以用兵川省，岳为长江要道，若不驻兵，恐生危险等语。龄虑国军骤来，湘军或生误会，难免冲突，故于委任命令尚未副署，已电商黎副总统暂缓宣布，俟与尊处商定再办。究竟岳州镇守使有无窒碍，湘军能否回驻长沙，以岳州让驻，务乞熟思筹度，迅速电复为荷。希龄叩。卅一。印。"④

9 月 1 日，再电谭延闿说："谨密。昨由总统府抄送郭宝森致秘书厅电称，秘书处鉴。谭人凤、龙璋、蒋翊武、程子楷、唐蟒、程潜、黄钺、陈重等逆，与赣逆通款，将军械运入湖南不少，迫挟组庵，力阻人漳与北军前往，组庵从之。日夜操练军队，并收买现金、现银，为胜则肆扰、败则卷逃之计。若即速进兵，虽不能一网打尽，必有所得。黄陂及鄂政

---

① 《熊希龄集》第 4 册，第 229 页。

② 《关于湘赣方面乱后之消息》，天津《大公报》1913 年 8 月 29 日。

③ 《专电》，《申报》1913 年 9 月 1 日。

④ 《熊希龄集》第 4 册，第 235 页。

府诸人谓，中央决定进兵，彼亦极表同意。并言不用武力解决，湘事将不可问，鄂亦大受影响。迭次破秘密机关，鄂军多不可恃等语。近日组安［庵］文电，皆国民党代拟，全非真意，万不可信，擒渠扫穴，机不可失，所关非细也。乞密呈大总统核示遵行等因。郭意必欲来湘，或以危言耸听，究竟该电所称黄、陈、程、唐四人，是否尚在湘中？乞密电复。龄叩。东。印。"

4日，又电询谭延闿说："谨密。顷又见郭使致中央电称，李烈钧确已窜湖南，由南昌运往湘省械弹甚夥，湘中叛党极力运动，阻止北兵，暗中派副官二人至湘乡招募，意殊叵测。又湘兵一营在羊楼洞地方发现，刻正戒严。又叛党派退伍团长胡学伸携带巨款，昨夜乘车赴京，运动要津，推翻遣使派兵。又连日在教育会开会，反对中央遣使及北兵入境，实行破坏主义，并宣布所招洪匪决不退伍。组庵毫无主权，观此情形，愈迟延事愈糜烂也。特闻。漳。艳。等语。查郭意志在必逞，所云李烈钧窜湘等情，是否属实？务须派兵堵剿，以免借口。希龄叩。支。印。"

同日，再电告谭延闿说："谨密。湘事困难，愈逼愈紧，国民党人好为已甚，以致人心嫉恨如骨。弟因桑梓人民生命财产所关，意在逐渐保全，免为宁、赣之续。故到京后，力主和平解决，乃郭使一派深抱不平，函电中央，危言耸听，甚至亚细亚等报日诋弟为敷衍乡人，并指所派张、朱等为叛党，以冀破坏是举，几有一齐众楚之势。弟虽坚持前见，究未悉湘中诸君能否争气，不致使弟失信。今有四端商之于公。一、各司长如萧、杨为弟所佩，前拟调京，即因人言指目，故弟拟将湘中各司易人，以平其气。倘不速早发表更换，则郭使一派希冀取代，必不甘心。二、湘阻北兵入境，即为彼等借口材料，公宜速将岳州驻湘各军陆续调回省城改编，将来即有北兵驻岳，亦可免生冲突。三、张、朱、任三君回湘，拟令带热河卫队一营护送，此营兵丁虽属淮、湘、豫三省之人，然自目、排以至连长均属湘人，经弟编练，颇觉可恃。此队入湘，亦可解免阻北谗言。四、国民党各支分部在湘者，须设法解散，另行改组，现吉林已经实行。否则，各党报复，恐将来酿成仇杀之事，终非地方及党人之福。以上四端，均属肺腑之言，望公迅速采纳，电复。希龄叩。豪。印。"①

_____

① 以上三电见《熊希龄集》第4册，第239、242—243页。

▲胡景伊电陈袁世凯，宜速行更换苏、湘都督，分别代之以冯国璋和蔡锷。说："午密。南方逆焰，仰借声威，即行荡定，闻之欣佩。惟江宁为南省重镇，湘粤均乱党窟巢。近闻龙济光已任粤督，庾岭仇南一是，当可无忧。程德全首鼠两端，宗旨不定。延闿纯为学者，非建节专阃之才。此两人皆现居要地，每每为乱党所挟持，非速行更换，窃虑隐祸未已。直隶都督冯国璋忠诚勇敢，寡毅可钦；云南都督蔡锷高瞻远瞩，迥异庸流，此皆能一意国家，又为乱党所忌服者，若以分别使督江、湘，中原大势，当可庆安磐石，无惊匕鬯。冒昧上陈，敬祈采择。川都督胡景伊叩。马。印。"

袁世凯批示："直、滇均关紧要，易人甚难，故此意而不敢轻动。"[①]

按：胡景伊此议，是一个既符合袁的利益，又可满足自己私利的一箭双雕之举。袁世凯这时虽批示"不敢轻动"，但后来的事实证明还是接受与否认了胡的建议的各一半，即接受以冯国璋督苏，否定了蔡锷督湘。袁何以如此决策？从袁世凯以下后悔当初以冯国璋督苏的谈话中可以找到答案。他说："今日大事破坏，皆我自己失计。冯国璋当日擅添禁卫军事，即已变心，背地颇多怨余之言，余闻之不惟不究，反赠以像片等物，以固其心，并听其出守南京要地。初以南京乃冲繁之地，冯性粗率，此去必不能与地方融洽，讵知竟能相安。此后欲再减除彼之权势，遂不能矣。我心虽懊悔，已属无可如何，然终不料其叛我至此地步。滇、黔反侧，远在边地，尚非紧要，浙、粤之变，余亦另有把握，冯乃我手下最有力量之人，彼竟公然宣布叛言，遂使各省皆为摇动，大事益为棘手，令余进退维谷。"[②] 由此可知，袁世凯否定蔡锷督湘是必然的。第一，袁世凯可以容忍冯国璋"擅添禁卫军"，但决不可能容忍蔡锷"调滇师二三千随往"湖南任职。第二，蔡锷是湖南人，回湘任督符合当时盛行的由本省人管理本省的狭隘主流民意，自能如袁所说必可与"地方融洽"，势必动摇袁世凯对蔡的控制。第三，湖南"思公督湘如望岁"的社会舆论，亦非袁世凯所乐见。

---

① 中国第二历史档案馆藏档案，档案号：北十三－②－25。
② 《袁世凯与王士珍之谈话》，《护国运动资料选编》下册，第661页。

下旬

▲蔡锷电告胡景伊，滇奉命"特派一混成旅赴川，"以资调遣"，并可"久驻麾下"。说："川省之事不难于戡乱，而难于善后。敝省奉总统令，派师援川，特派混成一旅，以资调遣。且滇省军队昔日为公手造，久昭信用，感情甚深，意欲令其久驻麾下，以厚武力。敝省已筹有数月军饷，不使扰累川民。前岁恶感，借此解释于川事，不无小补。"①

26 日

▲蔡锷"急"电告知袁世凯及参谋部、陆军部，滇军"冒雨兼程前进"，"渝乱当可速平"。说："午密。漾电奉悉。查泸州分防永川、隆昌，左安队（叛）变，属干禁，（与）熊逆乱军结伴，意图扑泸犯省，并无杀毙师长之事。尹使（按：指尹昌衡）驻雅州时，其部下多有胁其附乱之耗。顷接胡督有电谓，尹已抵清溪，行将出关，并谓已由成都派□毛铸蒙中、顺庆□规定进②等语。查滇军混成旅前队已过宣威，当饬冒雨兼程前进，并拨江防两营星夜入叙，以为泸防声援。俟滇师抵泸，即会同周军由泸袭渝，与顺庆之军南北夹击，渝乱当可速平。顷已电复胡督接洽矣，请释钧廑。滇都督锷。宥。印。"

又电告胡景伊、唐继尧，已任唐兼滇、黔援川军总司令。说："准参、陆两部敬电，奉大总统令，现滇、黔两省援川军队业已出发，应任命黔都督唐继尧兼滇、黔援川军总司令，以资督率，而专责成等因。持［特］转达。锷。宥。印。"③

▲报载袁世凯拟派蔡锷与张昉就近确查尹昌衡、胡景伊之争的"曲直"。说："京函云总统府昨发密码要电一件，特致雅州尹昌衡，探其内容，系嘉许该督维持川省之种种功绩，并告以藏事紧要，所有防卫等事，惟以该军是赖，暂毋轻为移动。其各省匪乱已渐敉平，且腹地各军足资调遣，该督毋庸顾虑云。又云总统府军事处为重庆一事，日昨会议闻已核准五项办法，一为熊克武及各赞成肇乱各军官均须辞职，即日远离重庆；一不能有格外之要求；一该处之各军队分别调往他处，此外尚有两款未悉。又云

---

① 《蔡锷集外集》，第 302 页。
② 原电文如此。
③ 以上二电见曾业英编《蔡锷集》（二），第 1088 页。

黔督唐继尧昨电中央，谓黔省派师赴川，已蒙中央核准，兹已编成混成三队，开拔赴川，并饬队长黄毓成等于抵川后，务须听候川督指挥，俾合机宜等语。又一消息，成都各界近闻熊克武据渝消息，不无震动，幸胡督极力镇慑，派遣第一师循隆昌、荣昌直下进攻重庆，一面并派遣二大支队，共约十营之谱，分路东下。惟第一师中已有乱党羼入其间，煽惑同营谋为不轨，故蜀人风传该师长周骏有被刺之说。并闻尹之为熊调停，形迹不无可疑，加之新津各处土匪内哄，虽经讨平，尚四窜滋扰，万一尹军再有变故，则川事正未易了。并闻蜀中国民党与某党近又合力祖尹攻胡，并派人运动中央派员查办。政府以熊为内乱，万无与胡对待之理，现拟派蔡都督与张昉就近确查，以明尹胡之曲直，一面以唐继尧为滇黔联军总司令，以阻敌谋。"①

27 日

▲上旬，法国驻京公使康德"节略"外交部，对"闻有中国某员拟出重大损害法国利益之计划"，表示强烈不满。说："夫法国政府对于中国政府无时不表友谊之情，而于此际闻有中国某员拟出重大损害法国利益之计划，即如德商礼和洋行现与滇长官议借英金三百万镑，以作修筑自滇至桂铁路之用，殊与法国资本家愿助中国政府将来修造铁路，以开南省兴盛及廓充我中越贸易各铁路意见相左。是以睹此筹划，始知不但无意发展中法利益，更似有意将此项利益横生抵抗，在本国政府何能不寒感情哉。本国政府援据中法两国曩时所定条约中，有一千八百九十七年六月十八日前总理衙门声明之文，容可抗驳在桂省生有与约义背驰及有伤友谊之举。若以龙州、百色铁路未能修成而论，则中国政府不得借口以为不遵一千八百九十七年之约。盖此项筹划未竟之因，系情势所必然，其责不能归诸法人。又闻礼和洋行现拟借与滇省长官洋银四百万圆以兴实业，限期十五年，于此限内滇省仅可专购德国材料。似此专利诚于向来在中国之外商竞争自由之义大相径庭，深恐本国政府及巴黎各资本团，闻悉此等合同，未免生心，不无可惜之影响也。"

与此同时，外交部向"公府秘书厅，并交通部、财政部"发出"商字

---

① 《关于四川方面乱事之消息》，天津《大公报》1913 年 8 月 26 日。

第一三八号"文。说："径启者。接准贵厅、公府秘书厅函称，本日驻京法康使晋谒大总统，面称现有德商礼和洋行与滇省长官议借英三百万镑，以作修筑自滇至桂铁路之用。又另借洋银四百万元，以兴实业等语，中央政府有无接滇省此项报告，奉谕交外交部、财政部、交通部详查具复等因，相应将该使所呈节略抄送查照具复等因前来。查光绪二十三年五月十九日前总理衙门致法国公使施阿兰照会内开，议定三端，一按照光绪廿一年五月廿八日商务专条附章第五条，并二十二年四月二十四日费务林公司与同登至龙州铁路官局订立合同，及二十二年四月廿一、五月十五等日本衙门与贵使署往返文牍。现即议定一俟同登至龙州铁路筑竣，如果费务林公司办理妥当，中国令该公司接造往南宁、百色等语。此次该使节略所称一千八百九十七年六月十八日前总理衙门声明各节，当即指此照会而言。兹因滇借德款修路，特来抗议，亦即根据前项声明照会。至滇省此项借款，本部并未接有该省报告，应由财政、交通两部，贵部查明具复。除函达财政部、交通部，致公府秘书厅并交通、财政部外，相应函复、函达。"

12日，张翼枢呈报外交部说：

> 为呈报事。香港德商礼和洋行总理劳礼到滇游历，于七月二十八日来谒，询滇桂铁路借款事，应向何处提议？滇省有无交通司？答以此事由民政长办理，都督亦当预闻。本省无交通司，遇有交通事项，可由交涉署办理等语。该总理嘱代请都督、民政长定期接见，以便进谒。当即代呈，定于次日同时来见。届时本特派员因事未列席，据译员陈述当时晤谈各节，称该总理到时，先将驻广州德国领事乐斯来致都督函呈交，随提云南修筑滇桂铁路事。
>
> 该总理云：此路约计延长八百余里，需款约三百万镑，礼和洋行甚愿代办此项借款。当将借款合同草稿交都督，并云此系参照湖广铁路借款合同拟定。
>
> 都督谓：此事前经派员与中央政府商议，礼和洋行愿办借款，当将所拟条件查核，与中央协商后，再行达知。
>
> 旋民政长问：礼和洋行现与个旧锡务公司商订借款，如何情形？
>
> 该总理答：锡务公司欲借一百万元，现只允借五十万元，尚未定议。

民政长谓：个旧锡务公司日见发达，不妨多助之。

该总理云：借款须视担保而定，如担保相当，自可多助等语。

旋法交涉委员于三十日来谒。问云南政府现向德商礼和洋行商订滇邕铁路借款确否，当答以此语当由礼和洋行总理劳礼来滇而发。惟借款修路，曾由本省政府与中央政府商议，将来当由中央核定。现在南方有事，恐无余力及此。等语。

阅数日，英总领事来谒，谈及个旧锡务公司借款事，以无切实抵押品为嫌，并云云南政府若欲借款修筑铁路，则英商尽可承办等语。所谓修路借款，亦当因德商劳礼来滇而发，乃以答法委之语答之。至个旧锡务公司借款，本特派员因悉礼和洋行允借之数，仅该公司所请之半，又因法委屡次乘机要求酬报，若以此项借款告之，予法商以竞争之机会，亦足以资对付。而英、法协和，英领与法委曾在四川同事，极相亲睦，遇事亦相提携，因以告法委者告之，借予英商以均等机会。且滇省由外商承办物料，当用投标法一层，前经允许，该领、委（此事前已呈明），锡务公司借款，系与外商交易，事同一律，且可获外商竞争之益，宜与英、法商人商办，当商诸锡务公司总理吴琨，得其同意。因即转知英领、法委。现法委已允电询越商，英领则云愿与法委分办，惟以抵押为虑。继因锡务公司借款，可由省政府担保，复函询该公司财政状况、借款用途等事。除俟商有成议，再行呈报外，理合将礼和洋行总理及英领、法委晤谈借款情形，具文呈报，请祈钧部查核。谨呈外交部。特派云南交涉员张翼枢。印。中华民国二年八月十二日。

23 日，袁世凯秘书厅函询外交部，滇省有无向德商礼和洋行借款之事。说："径启者。本日驻京法康使晋谒大总统，面称现有德商礼和洋行与滇省长官议借英金三百万镑，以作修筑自滇至桂铁路之用。又另借洋银四百万元，以兴实业等语。中央政府有无接滇省此项报告。奉谕交外交部、财政部、交通部详查具复等因。相应将该使所呈节略抄送贵部查照具复为荷。此致外交部。附抄件一。中华民国二年八月二十三日。"[①]

---

① 以上各文均见台北中研院近代史研究所藏外交档案。

同日，交通部又电蔡锷。说："午密。顷法使到政府面称，闻云南省与德商礼和洋行订借款三百万镑，修造云南至广西铁路，又另借四百万元兴办实业。据各方面报告已甚的确。此举与法国利益大有妨害，如果有其事，应请取销等语。此事中央前此并无所闻，尽见外国报纸略为登载，当答以政府不知此事，姑为一查。究竟滇省有无此事，其历史若何，现办至如何地步，请迅行详细电复。如有其事，并请中止进行。切盼，切盼。交通部。漾。印。"①

24日，报载北京电，"香港礼和洋行领袖"近向蔡锷"提议愿供给借款，筑造云南府至百色之铁路，以便振兴云南矿产一节，法国闻之颇有怨言。已向中政府声明，法国已豫先得有该省此项权利"。②

27日，蔡锷函请罗佩金详查究竟有无与德商礼和洋行订立借款合同，"以便电部"。说："径启者。民国二年八月二十六日，准交通部漾电开，顷法使到政府面称，闻云南省与德商礼和洋行订借款三百万镑，修造云南至广西铁路，又另借四百万元兴办实业。据各方面报告已甚的确。此举与法国利益大有妨害，如果有其事，应请取销等语。此事中央前此并无所闻，尽见外国报纸略为登载，当答以政府不知此事，姑为一查。究竟滇省有无此事，其历史若何，现办至如何地步，请迅行详细电复。如有其事，并请中止进行。切盼，切盼。等因。准此，查订借外款，修造铁路及兴办实业，事隶外交、实业两司，军府无案可稽。究竟有无其事，其历史若何，现办至如何地步，相应函请贵民政长饬司详查具复，以便电部。此致云南民政长罗。都督蔡锷。八月廿七日。"③

29日，蔡锷与罗佩金电复香港粤港云商商会，表示报载滇政府借礼和洋行款系属谣言。说："有电悉。报载滇政府借礼和款，许与沿路路矿各种特权一节，系属谣传，并无其事。滇督蔡、民政长罗。艳。印。"④

同日，交通部函复外交部说："径启者。接准商字第一三八号公函复称：查光绪二十三年五月十九日前总理衙门致法国公使施阿兰照会内开，议定三端，一按照光绪廿一年五月廿八日商务专条附章第五条，并二十二

① 云南省档案馆藏档案，档案号：106-3-891，第23页。
② 《译电》，《申报》1913年8月24日。
③ 曾业英编《蔡锷集》（二），第1089页。
④ 曾业英编《蔡锷集》（二），第1089页。

年四月二十四日费务林公司与同登至龙州铁路官局订立合同，及二十二年四月廿一、五月十五等日本衙门与贵使署往返文牍，现即议定一俟同登至龙州铁路筑竣，如果费务林公司办理妥当，中国令该公司接造往南宁、百色等语。此次该使节略所称一千八百九十七年六月十八日前总理衙门声明各节，当即指此照会而言等语。查此次滇省借款筑路及兴办实业，本部亦未接有该省报告，日前去电请滇督查复，现尚未准复到。查关于上开各路历史，非详细研究，不能得其真相。现稽诸本部案卷，只有光绪二十四年以后钞件可查，其二十四年以前贵部所有案据，概未钞录过部，拟请检出二十四年以前关于桂滇一带铁路案据一并封送本部，俟考查清晰再将原卷奉还，较省手续，希察照核办为盼。此致外交部。中华民国二年八月廿九日。"

9 月 9 日，外交部函复交通部说："径启者。接准公函，以桂滇铁路历史亟须详细研究，请检出光绪二十四年以前关于桂滇一带铁路案据封送本部，俟考查清晰再将原卷奉还等因。本部检查旧卷，光绪二十四年以前只有桂路档案，其滇省铁路查无成案可送。兹将光绪二十一年至二十三年关于桂路清档，计一函九册封送贵部。希考查后速将原卷送还，以便归档。再，昨据云南交涉员呈报桂滇铁路及个旧锡务公司借款晤谈各情形，应一并抄送贵部查阅。此致。计送桂路清档一函九本、云南交涉员原呈一件。"[①]

11 日，外交部、财政部、交通部电告蔡锷、罗佩金，不宜遽订路事借款合同，"以免外界横生阻力"。说："午密。致交通部支电悉。查此案因滇、桂两省历年路事交涉，根据繁复，此次法使照会，系根据从前总署允准之案，不能视为凭空抗议，且别有与他交涉案关涉之处，尤须详细研求，庶免抵触牵连，别生枝节。现借款大纲尚未准报中央核定，似未宜遽与商订节目，以免外界横生阻力。执事洞明大局，当必烛照及此，并非部中好为干预也。究竟尊处所拟借之款，系某国某公司出借，年息若干，折扣抵押如何，付款、还款手续、年期如何，其他条件大略如何，现已议至如何地步，务希从速电复，以便统筹。切祷，切盼。外交部、财政部、交通部。真。"[②]

---

① 以上二函见台北中研院近代史研究所藏外交档案。
② 曾业英编《蔡锷集》（二），第 1098—1099 页。

13 日，报载法国反对云南向德国借款修筑滇桂铁路原因。说："云南至百色铁道，前有由德国借款之说，其规划之路线，系由云南府，经曲靖、罗平，入贵州兴义境，以达广西百色者，路程约二千里。蔡督前已聘美国工程师达赖、霍克斯二氏测量一周，因云南铁道交通权，久为法人所掌握，故物色他国资本，以为抵制之计。适礼和洋行洋商有贷款之意，故即与之提议，尚未成立，闻债款利息系五厘，筑路材料向德国购买，沿路矿山并许德商有开采权云云。此事为法人所闻，颇滋不悦，盖法国费务林公司，于戊戌年即攫得云、贵、广西三省之筑路、开矿两权，故以一万六千法郎之巨资，筑云南通越南之铁路。然以其成绩不佳，越南总督政策一变，法国势力一时未能发展。且该路运赁过昂，故云南货物可由滇越铁路运输者，现有十分之八仍在香港交易，而由广西运输出入，一旦滇桂新路告成，云南客货益趋新路，显然可见，以故法国对于此事颇示反对云。"①

同日，蔡锷与罗佩金电请财政部届时核准其与美国银行所拟借款草约及用途计划。说："午密。滇拟借款举办实业，前派代表到京陈述，并迭次电呈。于六月杪奉大总统电令：准由滇设法筹借，将借款条件报部核议等因。并奉大部电示允许各在案。遵即多方商借，因大借款之风潮，各银行皆要求过苛，故久不得要领。兹与美国驻滇胜家公司经理定议，代向美国银行商借，由香港万国通宝银行代为收付。议订条件，债额五百万元，折扣九六，期限二十五年，以本省收入锡税作抵。其余条件，尚无苛求，惟利息我给六厘，彼求六三七冢磋议，正式即以六三七冢计，通盘核算，以折扣利息案［按］年乘除，较之大借款，甚觉便宜，且以此款专营确有把握之生利事业，决无危险，而债权属于美国，国际上之关系亦较他国为胜。现借款草约及用途计划，大致拟定，不日专案报核，届时务恳俯念滇省枯瘠，主持核准，庶金融活动，利源渐辟，而间阎亦有生机。临电恳切。蔡锷、罗佩金叩。元。"②

15 日，蔡锷与罗佩金电复外交部、财政部、交通部说："洪密。十一电敬悉。滇议实业借款在案。至路事借款，原因滇邕铁路办法，初议收归国有，嗣接部电中央财力不及，准由滇、黔、桂三省筹款自办，允为主持，

---

① 《铁路借款伤心史一束·滇桂路与法国》，《申报》1913 年 9 月 13 日。
② 曾业英编《蔡锷集》（二），第 1096—1097 页。

并派员调查此路情形回报有案。遵即三省电商，金以非三省自行借款不可，假定债额五千万元，由三省筹定抵押，认借认还，往返筹商，粗有端绪。刻值赣乱风潮，未径定局，亦未正式向何国、何银行商订此种借款。迩来乱事渐平，正在赓续筹议。良以此路关系国防至重且急，前已迭次电陈中央，以英、法近在沿边，举动逼迫愈甚，此路若不早成，则西南藩篱尽撤，前途危险，心房为摧。既承部许自办，不能不积极进行，期于有成。若外交情事，边省自无由知。兹承电示，此路交涉，根据繁复，且与他案交涉有关，尤须详细研求。意中央对于路事，或已筹有善法，事关国防大计，允宜内外合谋。尚乞指示机宜，俾有遵循，大局幸甚。蔡锷、罗佩金复叩。删。"①

10 月 22 日午后，外交总长会晤法国公使康德，双方谈话如下："法康使云：前者因云南向德商借款筑路事，本公使曾来部向贵总长声明反对，并蒙电致云南阻止。现闻云南仍有向他国商人续议此事之信，不知贵部有所闻否？总长答：前者本部发云南电后，借款之事因即中止，并无续议之事。不知贵公使何从得此消息。法康使云：因云南与法商言要求各条太甚，尚有他国所献之条较为便宜，以此测之，似云南尚未与他国完全停议。总之，关于云南铁路、矿山所需之资本，必须用法国者，或用英、法合伙者为是。若关于他事者可随意焉。总长答：容致电云南，嘱其毋轻订借约。"②

27 日，外交部电询谢汝翼、李鸿祥，法使所说滇省仍向他国续议借款，有无其事。说："法使称，闻滇省仍有向他国续议借款之事，为他用则可，若修路、开矿，必须向英、法订借，请为电阻等语。查尊处议订借款，该使迭来抗议。嗣后无论作何用途，向何国议借款项，均应先与中央政府接洽。幸勿轻订借约，致启交涉，是为至要。法使所称有无其事，并盼复。外（交部）。"

11 月 3 日，谢汝翼、李鸿祥电复外交部说："院密。廿七电悉。滇省借款兴办实业，已得中央允许，迭经电陈在案。昨因美国资本家代表来滇议锡务公司借款事，愿承借政府实业债款，当派员与之磋商一切，条件较大借款甚觉便宜，且债权属于美国，在国际上之关系较轻，曾将详

① 曾业英编《蔡锷集》（二），第 1098 页。
② 台北中研院近代史研究所藏外交档案。原题为《本部总长会晤法康使偕翻译伯讳问答》（二年十月廿二日午后）。

细情形，电陈财政部有案。现以利率、折扣为持未协，仅议成锡务公司借款一百万元，期限十年，年息七厘，无折扣，无抵押，由本省政府担保。该公司自借自还，已据立有草合同。事属商业行为，别无妨碍。惟借款一事，在本省择善而从，原无成见。若法使所称，必须向英、法订借一语，似难将顺。该使如再抗议，务恳大部主持。滇都督谢汝翼、民政长李鸿祥叩。江。"

11日，财政部函复外交部说："径启者。接准公函，以法公使到部询问云南借款情形，并明予借款限制。当经贵部电询滇督，据复滇省锡务公司因兴办实业，向美商借款一百万元，期限十年，年息七厘，无折扣，无抵押，由本省政府担保，该公司自借自还，已立有草合同等语。此案据滇督电称，已将详细情形，电陈财政部有案，函询本部如何核复等因，并附抄件到部。准此，查本年十月十五日，本部准云南蔡都督、罗民政长电拟向美国银行订借款项，债额五百万元，折扣九六，期限二十五年，以本省锡税作抵，利息滇合六厘，银行要求六三七，所有借款草约及用途计划，大致拟定，专案报核，届时务请核准等语。本部以兹事重大，而电文简略，拟俟该省所议此项草约及借款用途计划送部后，再行详细核办。而滇省专案至今未到，是以本部尚未核复。兹准函开，前因核其债额、折扣、偿期、利息，先后均有不同，是否一事，殊难悬揣。此外滇省并无报告向美商借款项之案，除将滇省前电抄录一份，随函附送外，相应函复贵部查照核办，仍希随时见复，以资接洽可也。此致外交部。附抄件。中华民国二年十一月十一日。财政部。印。"[1]

按：财政部以《云南重寄电》为题，将蔡锷、罗佩金1913年9月13日呈财政部电，附于此函之后。

29日

▲报载蔡锷发布辟谣布告，声明滇军调回是奉中央命令。说："近日谣言蜂起，实足骇人听闻。军队出发调回，此中自有原因。前次赣皖不靖，滇蜀黔桂同盟，组织联军靖难，文电酌定进行。谁料滇军始发，又接中央

---

[1] 以上三函、电见台北中研院近代史研究所藏外交档案。

电文，湘粤取消独立，渝乱亦已渐平。赣事湖口克复，乱党巢穴已倾。南方匪党叛乱，现已一律肃清。滇军无庸出发，以免跋涉远征。本府既得此电，自应调回滇军。至于滇省现状，更是安静无论。军界素明大义，职在保护人民。并无乱党混迹，可称万众一心。何人敢于煽惑，切勿自起疑惊。用特剀切晓谕，其各安心谋生。莫听无稽之语，效犬吠影吠声。倘再不知敛迹，查获责诸宪兵。一经拿获讯实，惩罪断不容情。本府言出法随，军民一体懔遵。"①

9 月 8 日，又载蔡锷函复省议会，大总统已电饬滇师"暂缓出发，以顾西南大局"。说："径启者。案准国务院有电开，奉大总统发下滇省议会电称，该督拟统师赶［赴］湘，人心摇动，请迅饬坐镇东［西］南，以重边防等语。查湘省业经取消独立（按：谭延闿于 8 月 13 日取消湖南独立），已迭电该都督暂缓出发，以顾西南大局等因。望即查明，转知省议会为企。国务院。有。印。等因。准此，相应函送贵会查照。此致云南省议会。"②

22 日，又载蔡锷奉令将"已出发之先锋军追回"。说："蔡都督以赣省肇衅，宁、皖、粤、湘均相继独立，虽当时竭力致电该省，相劝从速取消独立，仍然拥护中央，以免生灵涂炭，立肇瓜分。赣、皖诸省均视若罔闻，蔡督不得已乃电约川、黔、滇、桂四省同时出师，举蔡为四省总司令，前赴汉口，俟至鄂时又再迫令赣、皖息战，否则四省当往征讨。当时日前先将先锋队发出一千余人，蔡督随后即率两师启行。正在布置间，忽于十六日夜间接获中央命令，以宁、粤各省现已取消独立，赣乱指日平息，饬令不必前往，仍须严防滇边云云。蔡督只得令人连夜飞赴前途，将已出发之先锋军追回，已于十七日回滇云。"③

30 日

▲蔡锷电宣威黄永社保密办法。说："艳电悉。顷接华营长（按：指华封歌）由威宁来电谓，接川电，周军所部梁营长渡等附和熊逆，占据隆昌、

---

①　曾业英编《蔡锷集》（二），第 1091 页。

②　《蔡锷集外集》，第 304 页。原载《共和滇报》1913 年 9 月 8 日，题为《蔡都督致省议会公函一件》。

③　《撤回征赣州［军］》，上海《神州日报》1913 年 9 月 22 日。又见《滇督撤回征赣军》，天津《大公报》1913 年 10 月 3 日。

自流井一带，乘虚袭泸，势甚岌岌，请援军迅速前进等语。当以川东南贼势颇炽，饬该营长详探敌情，稳慎前进，并电该团长知照矣。所请饬川、滇电局谨守秘密一节，已电川督暨周师长于电尾署名下加一'实'字，以免假冒。嗣后接到此电，希注意，并转华营长查照。督。卅。"

又电令河口王广龄防止李根源等人"分窜滇地"。说："外准国务院沁电，大总统令，据报李根源同岑氏（按：指岑春煊）到粤复遁。现齐集叛党多人，由缅甸、安南分窜滇地。饬设法预防等因。除密令一、二师严加防范外，希该副办详细查探，得实密报。督。卅。"

9 月

1 日

▲蔡锷"加急"电告袁世凯及参谋部、陆军部，滇军已抵毕节。说："午密。艳电奉悉。泸军在隆昌左栩畴附和乱党一事，前接周师长暨滇军混成旅电，当具卅电肃呈，并附陈驰援各情，谅达钧览。昨接周师长陷电谓，熊逆暨左栩畴叛军共五营于廿八号袭泸，该师长率留守兵数百名督战，鏖战两昼夜，已于卅号停止。将龙透关前方一带逆军击散，掳获枪炮、马极多，招降百余人，泸城安静如常等语。查滇军已抵毕节，俟到叙永，即可会同泸军，并力规渝，川乱当易收束，请释钧廑。滇都督锷。东。印。"

又密令第一、二师师长李鸿祥、谢汝翼说："案准参、军［陆］两部艳电开，奉大总统令云云。参、军［陆］两部艳。印。等因。准此，除密电腾越、蒙自两观察使遵照外，合行密令该师长遵照办理。此令。民国二年九月一日。都督蔡锷。"

又电令腾越观察使杨觐东、蒙自观察使吴良桐查缉意欲"窜滇"的李根源。说："腾密。关密。顷准参、陆两部艳电开，大总统令，据龙督（按：指广东都督龙济光）电称，闻李根源有聚集叛党，由缅甸、安南分窜滇池，饬即严密防缉等因。除电王副办（按：指王广龄）暨令军师查缉外，希该观察使一体遵令办理。督。东。"

2 日，又电令河口王广龄"再确探具报"。说："外东电悉，希再确探具报。督。冬。"

又电告袁世凯、国务院、参陆两部说："午（密）。据河口王副办东电称，据探报，李根源确匿香港名利栈。据云候孙（中山）、黄（兴）消息，行踪未定等语。除饬再探，并令军队严防外，谨闻。滇都督锷。冬。"

又密令李鸿祥说："据河口副办王广龄全、东两电称，探侦李氏弟根沄易姓回滇，及李匿港名利栈等情。据此，除电饬确探具报外，合行令仰该师长知照。此令。中华民国二年九月二日。都督蔡锷。计抄发来电二件。"①

又与罗佩金电复财政部，"滇省平余"早已取消。说："宥电敬悉。滇省平余一项，自民国光复后已改为每银一两，折收银元一元五角，此项名目早已取消，除知照国税厅外，特电复。滇都督、民政长。东。"②

▲报载"昨川滇联合会会员刘效成君谒胡都督。谈及渝事，胡都督谓滇军业入川境，惟现在川省兵力尚敷应用，请贵会贵同乡电致蔡都督，此时暂请滇军缓刻到渝，届时再行相机办理，免致渝民惊恐云云。此事闻已实行矣"。③

2 日

▲8 月 30 日，参谋部、陆军部电令蔡锷，"亟应严密防备"黄兴等"南方匪党"。说："午密。奉大总统令，据探报，黄兴等诰诫南方匪党，不必聚集一处，宜用循环之智，彼出则归，彼归则出等语。该匪等拟用多方误我之法，设谋甚狡，我军亟应严密防备，将匪徒早日肃清。彼党根据既失，自无从施其奸计矣等因。合电遵照。参谋部、陆军部。卅。"

9 月 2 日，蔡锷密令第一军长谢汝翼、第一师师长李鸿祥、第二师师长谢汝翼"遵照办理。九月二日。都督蔡〇。"④

3 日

▲蔡锷函复省议会，已"函请川督迅派营队前往剿办，并再令禄统带

① 以上各件见曾业英编《蔡锷集》（二），第 1090—1093 页。

② 转引自邓江祁《史海拾遗：蔡锷佚文 20 篇——纪念蔡锷诞辰 136 周年》，http://www.xhgmw.com/html/xiezhen/renwu/2018/1214/26085.html。

③ 《四川军事详纪·电请滇军暂缓到渝》，《申报》1913 年 9 月 1 日。

④ 云南省档案馆藏档案，档案号：106 - 3 - 891，第 60 页。

加派营兵，认真协同办理"。说："径复者。准贵议会咨，据巧家县议、参两会公函，川匪禄开泰过界抢劫一案到府。准此，查此案昨据巧家县知事金文度报同前情。当以该夷匪禄开泰纠党过界，肆行抢掠，非派得力军队前往掩捕，不足以安边氓。令饬江防统带禄国藩由昭抽调营队，驰往该处，会同滇、川团众，相机办理在案。兹复准咨前由。查核所抄该县议、参两会公函内所叙禄匪猖獗情形，直同化外，若不大加惩创，不惟边民无安枕之日，且恐养痈日久，滋蔓难图。除函请川督迅派营队前往剿办，并再令禄统带加派营兵，认真协同办理外，相应函复贵议会查照。此致。九月三日。"

4 日

▲蔡锷电令易隆刘云峰"泸防危急，希即前进"。说："江电悉。沿途兵士恪守纪律，甚慰。昨接黄团华营电呈川事，当即分电该旅查照，已否奉到。泸防危急，希即前进。所请弹药各节，已令谢军长饬办矣。督。支。"

又密令第一军军长谢汝翼办理刘云峰所请弹药各事。说："据刘旅长由易隆行营江电称，江日抵易隆，支日休息云云。云峰叩。江。印。等情。据此，除电复外，所有该旅长所请弹药各节，仰该军长查照办理。此令。民国二年九月四日。都督蔡锷。"①

月初

▲蔡锷电复国务院秘书长张国淦，承诺"如中央必以湘事相属"，可"任半年或一年"。说："云密。东电敬悉。拳拳关爱，极感。主峰遇我甚厚，重以□□□，蕲望之殷，讵忍轻言求去。惟滇中各事，均限于财力枯窘，不能发展，即使锷再任十年，对内对外似不能办到。现在地位，非有外协输入，总百倍贤于锷者，亦将束手。滇中戎事极佳，以边防而论，西则顾旅长品珍治军，杨观察使晋治民；南则谢师长汝翼治军，刘使钧、吴使良桐治民；内部则有李师长鸿祈〔祥〕镇慑。其人皆稳健，绝未有暴烈分子掺杂其间，断不虞李根源辈之煽惑，亦非李根源辈所能运动，锷之去

① 以上三件见曾业英编《蔡锷集》（二），第 1094—1095 页。

留，于滇局并无轻重。唐督与川、桂两督感情素洽，且系滇籍，以之继任滇督，于西南数省联合对外计划，必能继续进行，并可得滇人之信任。锷以绵薄，勉膺艰巨，年余以来，心力交瘁，近则脑病触疮，支拄亦觉为难。所幸乱事敉平，大局日稳，正可趁此抽身，稍事休息。且秉公新综国务，任公、季老拔茅连茹，群贤汇进，气象光昌，此正刷新之机，可卜泰运之转，锷纵埋首草莽，终老渔樵，亦所大愿。湘事善后不易，闻此次招兵约有三师，半月之内，共费七百余万，将来财政、内政均属棘手。如中央必以湘事相属，湘人坚以桑梓之谊相强，锷亦只能枉任半年或一年之久，俟整顿就绪，秩序安稳，仍当重申前请，以遂初衷。辱承殷注，敢布肝膈，主峰、秉公如垂询，希达缕缕，仍盼赐教。锷叩。"①

5 日

▲报载"日前镇边县属孟连宣抚司刀派永等联合地方绅耆，公恳留任该县知事赵鹤清，以重地方等情，具呈都督府。"

蔡锷"当经批示"："查军民分治，权限攸关。黜涉民政人员，应由民政长主持。至该知事因何调省，有无其事，本府无案查悉。兹该土职等联名公恳，可否照准，应即径向民政长呈请核示，以清权限。"②

▲谭延闿电告熊希龄，蔡锷回电，表示"务望力主张"。说："谨密。连电计达，宇平归否？张（学济）、朱（树藩）何时来？郭如何止之？任已任命，极欢迎。萧无下落，能暂令署实业，更待调用否？乞酌裁。如前清制，分设四观察使，何如？蔡督回电云，务望力主张。闿叩。歌。"

按：蔡锷所说"务望力主张"，所指为何？谭电未明确交代。但从文中提及"郭如何止之"？可知实指阻止郭人漳任湘省查办使。

6 日

▲8 月 29 日，熊希龄就任国务总理职。30 日，电告蔡锷拟推其代替谭延闿继任湘督。说："堃密。龄于昨日到京就职，值此内患外交困难达于极

---

① 《熊希龄先生遗稿》第 2 册，第 1610—1611 页。

② 《蔡锷集外集》，第 302 页。原载《共和滇报》1913 年 9 月 5 日。

点，实为最不幸之政府。然既担任，不敢趋避。湘事稍靖，组安［庵］拟退，龄及同乡之意，拟推我公继任。但云南关系紧要，不独外交方面，且恐内患潜滋，如以唐都督继任，则贵州应交何人？唐到滇后，能否遵公规划支持？一切均须预定，务乞详速电复。再，任公、立诚持示尊电，似与中央稍有隔阂，项城佩公出于真诚，去年即有移公内省之意，龄曾电商至再，以英使要求留公，是以不果。嗣公联合川、滇（按：应是"黔"）、桂维持统一之计划，项城尤为心折，今日果收其效，皆公之力。惟公处于云南彼党重围之中，通电中外，未能畅其所见，项城亦深知之。某目［日］前阻止出师川境，亦以川人疑滇，胡督电请暂止入境，别无他意。民国成立以后，屡次革命，皆由于彼此疑忌之故。吾辈今日从根本上解决，宜将此一字扫除净尽，毋使稍有存留，开诚布公，推怀相与，然后可保疆土，可御外侮也。公意以为何如？希龄叩。卅。印。"

9月6日，蔡锷电复熊希龄说："滇密。卅电敬悉。我公组织内阁，任师、季老闻皆出任阁员，拔茅连茹，群贤汇进，国家之福，苍生之幸。暴乱派经此一击，势力一落千丈，此后整理，一切较易为力，望积极进行，无庸瞻顾。锷早怀退休之志，现因大局既定，故欲趁此脱卸，决非有他。组安［庵］维持湘事两年，煞费苦心，似不可以一眚掩德，宜令仍行担任。惟军事非其所长，暂时以锷协任兵事，帮同办理善后各事，遵当勉为其难。滇事部署已定，去留无关重轻，惟滇中各界对锷感情极厚，交替时，不无动摇耳。以唐继任滇都［督］，军队欢迎，其余各界亦无恶感。唐莅任后，必能继续锷之规划，不致有所变更。黔督一职尽可裁，或由唐兼领，或以戴民政长暂摄，均可。锷与公谊属师生，锷之素抱，公所深知，主峰遇锷甚厚，郇中所与中央隔阂之说，系以寻常心理揣度，乞公代为解释。锷向来居心行事，绝无城府，疑之字为吾国人病根，诚如尊谕，非铲除净尽不为功。滇派两旅援川，已分道抵赤水、昭通，黔军一旅亦出发，渝乱当不足平，第彻底澄清之，则视办理善后如何耳。尚希赐复。锷叩。鱼。印。"①

按：对于熊希龄等人推荐蔡锷继任湘督之举，两年后的11月初，《香

---

① 以上三电见《熊希龄先生遗稿》第2册，第1533、1515、1534—1535页。

港时报》评论说："总理熊希龄顾念桑梓，欲以蔡氏代谭延闿督湘，以是请于极峰，极峰满口承认。盖调蔡离滇之目的故彼此相同，不过离滇后之处置不无或异耳。熊氏只知前半截，不知后半截，遂频频去电为蔡氏劝驾，蔡亦欣然就之。"[①] 历史实践证明，《香港时报》这个评论是符合事实的，因为以后的事实证明，别说蔡锷未能出任湘督，连熊希龄要用的总长也因袁不认可而未能就任。

▲周骏电请参谋、陆军部，催滇、黔援军速进。说："滇、黔军均起程来援，不知何日始可抵泸，即请催促前进。"[②]

▲4 日，参、陆两部致电黎元洪、谭延闿，强硬警告谭延闿勿"养痈为患"。说："大总统令。迭电均悉。该都督维持湘事，素具苦衷，此次湘省张皇独立，嗣后仓卒取消，事前虽迫于乱党之行为，事后不当无正当之解决。中央对于湘事，固力主和平，为湘人谋，亦宜正本清源。为长治久安之计，略举数端言之。一、凡立国必有纪纲，湘省为暴徒迫胁，叛国自立，此而不诛，法纪何在？乃迭令严办，主谋乱党，首祸军官，悉数逃逸，并未惩治一人，并有仍行在湘盘踞者。以此治乱，乱岂有穷。应仍遵前令，严行究办，以绝祸源。一、湘省宣告独立，诬蔑中央，无所不至，取消之日，犹自称独立为巩固共和，虽云强词自饰，实则摇惑听闻。应将前此违心背理之言，自行承认虚诬，逐条辩明，通示全省，以明是非。一、陆军计划，湘省原有一师一旅，但该省守备队已逾万人，足抵一师之数，何可再立师名，添足一师，使人民重加负担，与部章亦不相符。应切实裁减，仍归原有一旅之数。一、城陵矶炮台轰击国舰，并及外国之商轮，曾令海陆军会剿，因湘省取消独立，故令停进攻，前派海军总长刘冠雄为巡阅使，雷震春为副使，清理江防。所有要塞均归中央直接管辖，城陵矶事同一律。现长江各台均已收复，只此一处，亦应遵照。一、重庆独立，已派秦、滇各军会剿，惟川匪甚多，势恐蔓延为患。会议军事处议决，以两师一旅援川，岳州地居冲要，须派得力军队驻扎，以资援应，而护转输。应先行严禁造谣，以免居民惶恐。一、湘省既经取消独立，对于中央当然无界域之可言，岂能以保境为词，隐然起分裂之观念，若一再拒使拒兵，即可见仍

① 《蔡松坡招忌之真因》，《香港时报》1915 年 11 月 2 日。
② 《周骏报告泸州方面战况电（二件）》，《民初政争与二次革命》下编，第 793 页。

有乱党主持其间，于取消一层，迹近有名无实。总之，该都督能以巩固中央、保全地方为前提，中央断无劳师糜饷、扰害人民之理。若徒敷衍目前，养痈为患，中央为国家计，为人民计，纵欲保全，其势不行。望三思自反，务求其在己，尽其天职，不必以中央之主张为虑也。兹推诚忠告，望勿徒以文字争辩，愈生误会等因。合电达。参、陆两部。支。印。"

6日，熊希龄电劝谭延闿迅速采纳四事。说："谨密。湘事困难，愈逼愈紧，国民党人好为已甚，以致人心嫉恨如〔入〕骨。弟因桑梓人民生命财产所关，意在逐渐保全，免为宁、赣之续。故到京后，力主和平解决，乃郭使一派深抱不平，函电中央，危言耸听，甚至《亚细亚》等报，日诋弟为敷衍乡人，并指所派张、朱等为叛党，以冀破坏是举，几有一齐众楚之势。弟虽坚持前见，究未悉湘中诸君能否争气，不致使弟失信。今有四端商之于公。一、各司长如萧、杨，为弟所佩，前拟调京，即因人言指目，故弟拟将湘中各司易人，以平其气。倘不速早发表更换，则郭使一派希冀取代，必不甘心。二、湘阻北兵入境，即为彼等借口材料，公宜速将岳州驻湘各军，陆续调回省城改编，将来即有北兵驻岳，亦可免生冲突。三、张、朱、任三君回湘，拟令带热河卫队一营护送，此营兵丁虽属淮、湘、豫三省之人，然自目、排以至连长，均属湘人，经弟编练，颇觉可恃。此队入湘，亦可解免阻北谗言。四、国民党各支分部在湘者，须设法解散，另行改组，现吉林已经实行。否则，各党报复，恐将来酿成仇杀之事，终非地方及党人之福。以上四端，均属肺腑之言，望公迅速采纳电复。希龄叩。豪。印。"

同日，谭延闿以"特急"件，电复熊希龄，仍望力主蔡锷任湘督，即使"早发表缓到亦可"。说："谨密。支电悉。公之为难，弟亦深知，以湘累公，仍求力主维持，以免破坏。承示四条，谨答以下。一、各司尽可易人，萧、杨求去尤切，弟意欲趁此组织一色政府，不欲随意用人，既自求去，松坡嗟不欲来，故求简民政长，使之担任，庶能一气呵成，望留意。二、张、朱、任何日来？所带卫兵一营，尽可前来，闿当竭力开导，不使冲突。三、岳州兵已陆续撤回，惟守备队向任巡防，不能尽去，中央派兵镇守，请稍缓时日，以免误会，转实谗者之言。四、国民党重要人皆远扬，已奄奄无生气，然照吉林办法，则有为难，将来改组，稳健分子尚可为力。总之，闿在湘，实难久留，转碍湘事，自知甚明，故屡求去。今仍望公力主松坡来，早发表缓到亦可，非此不能杜奸宄，安人心。有电留阎者，皆一面之辞，万请勿信。阎在此一日仍当保一日之安，郭使不惜危言激论，用心可知，因中央不过求各省安宁，若郭来适得其反，务请力陈优容阎一旦，万无养痈成患，断不至自欺欺人，使湘受祸乱。望复。阎。语〔鱼〕。"

9 日

▲蔡锷电复熊希龄说："庚电敬悉。滇密码本，请向总统府借译。锷。青。"①

又同意省议会议决对英人在腾冲下新街，向驼运商户抽收"地草费"的陋规，按约力争"取消"。说："（腾冲县马户李曰标）向由腾冲下新街驼运商货趱回之时，被英人每马抽银五分，名曰马屎岗。今改为地草费，无论来往，均按次照抽。查蛮爱约章滇缅章程并未载此条文，且密只〔支〕那、腊戍、猛谷、大山等处驼货亦无此名目。惟新街独有之陋规，且有腾商王位中媚外包收，希图渔利，以致迭请取消而不可得。今更骚扰不堪，故恳请提议转咨前来。查两国通商，具有条约，一切征税，必经双方允许，果地草费一项系巧立名目，自应按约力争。"②

10 日

▲蔡锷急电威宁送刘云峰旅长、彭团长；毕节送黄永社团长，华封歌、董鸿勋两营长，请各部队"兼程前进，迅奏肤功"。说："黄（按：指黄永社）佳电悉。顷发蒸电计到。中央严电催援，川人望救甚急。顷与军师议决，左右两纵队先入叙、泸，相机再规渝城及成都方面之敌军。现永宁一带既无匪军，毋庸瞻顾，希各兼程前进，迅奏肤功为要。督。实。灰。"③

11 日

▲6 日，陈犹龙电请范源濂、蔡锷等人，公酌阐扬自立军烈士精神办法。说："唐才常、林圭、李炳寰、王天曙、杜子培、田邦璇、傅慈祥、瞿

---

① 以上四电见《熊希龄先生遗稿》第 2 册，第 1530—1532、1535—1536、1541 页。
② 《云南省议会报告书》卷三，第 76 页。
③ 曾业英编《蔡锷集》（二），第 1095 页。

河清、黎科、蔡成煜诸烈士发难武汉，赍［赍］志成仁。本年阴历七月二十八日（阳历九月九日），为诸烈士武汉滋［紫］阳湖就义之日。应如何阐扬盛烈，即祈公酌。其在长沙就义之汪葆初、李森芝、何来保、汪尧丞、舒菩生、李莲航、蔡钟浩、唐才中、李星阶、彭俊臣，应如何一并阐扬之处，统祈公酌。"

11 日，蔡锷电复陈犹龙说："顷读谏（按：韵目代日的'谏'为 16日，疑有误）电，与鄙见适合。拟办法如下：（一）诸烈士就义地方，建设专祠，并于原籍入祀忠烈；（一）酌予抚恤；（一）烈士后裔，入各官立或公立学校，一律免费。已电约各省都督联名共陈中央，以彰往哲，而垂纪念。"①

又电请熊希龄陈请袁世凯饬郭人漳"驻鄂停进"。说："午密。寝电达览，顷接组庵真日急电，译示陈大总统暨尊院电稿，情真意挚，具见苦衷。郭与湘人感情素恶，此次阻其入湘，似非少数人私意，现在湘人抒忱服罪，果有应行查办各事，似可另简大员。敬恳我公陈请上峰，饬下各［郭］使驻鄂停进，并促伍使移镇岳州。事关桑梓，敢以为请，并盼核示。锷叩。印。"②

15 日

▲蔡锷应王申五（按：王兆翔，原名京戒，字申五，日本士官学校六期步兵科毕业生）之请题词说："天下事，至为夥颐。人之好恶向背，尤极纷挈。吾人处事待人，惟禀我良知，出之以至公至诚，荣辱毁誉，置之度外，乃能担当大事，历久不敝。若于流俗毁誉、一己利害上讨生活，则是自己脚跟站立不牢，随波逐流，焉有一事之可办。故吃公家之饭，须先将毁誉关头打破，尤须将生死关头勘破，斯可以立身，斯可以任国事。民国二年中秋书。应申五学兄。蔡锷。印。"

又应由云龙之嘱，录赠以梁启超"癸丑"修禊诗。说："时运代谢不可留，有生足以欣所适。永和以还几癸丑，万古相望此春色。大好江山供掉攘，尚有林园葆真寂。西山照眼无限青，嫩柳拂头可怜碧。群贤各有出

---

① 以上二电见曾业英编《蔡锷集》（二），第 1096 页。
② 《熊希龄先生遗稿》第 2 册，第 1522—1523 页。原电未署日期，由电文中提及"顷接组庵真日急电"推定。

尘想，好我翩然履綦集。清谈互穷郭向窆，吟笔纷摩鲍谢壁。略无拘检出襟抱，相与觞咏殚晡夕。自我去国为僇人，屡辜佳晨堕绝域。哀时屡续梁五忆，忤俗空传傅七激。秋虫声繁亦自厌，春明梦碎何当觅。揭来京国俨在眼，起视山川翻沾臆。政恐桑田会成海，岂直长安嗟如奕。即兹名园问银榜，已付酸泪话铜狄。江湖风波况未已，龙蛇玄黄知何极。因想兰亭高会时，正兆典午阳九厄。雅废夷侵难手援，井渫王明只心恻。余（子）惰意争腐鼠，达士逃虚谢鞿勒。只今茧纸世共宝，当年苦心解谁索。吾党夙昔天所囚，今日不乐景既迫。激激酒光渐泛瓷，的的花枝更照席。虎头尺缣能驻颜，贺老四弦解劝客。侵驰忍放日月迈，蹉跌应为芳菲惜。他季谁更感斯文，趣舍恐殊今视昔。

右［上］录梁新会《癸丑禊集诗》，应夒举司长之属。弟蔡锷。民国二年中秋于昆明军次。"①

由云龙跋："松坡先生丰功伟烈，本不必以艺事见长，第其天姿超迈，文武兼资，出其绪余，亦足以开拓心胸，推倒豪杰。督滇时，军书旁午，偶有不洽，辄随手点窜，或径自属稿。稿成，浑灏流转，有如宿构，信乎天挺异人，不可以方体论也。此数幅，乃其公余命笔，写梁新会修禊诗，名士英雄，渊源师友，契合一时，流传千载，后之览者，足以感发兴起矣。民国廿五年秋九月。姚安由云龙谨识。印。"②

按：梁启超交代他作此诗缘由在于："吾生有极，驷隙不返，徒顾影而悼叹。宁假日以游娱，始吾坠地以还。逢癸丑之上巳，山阴禊事，正属今辰，遁亡归国，山川犹昔。抚兹令序，尚全今我。风景不殊，玄鬓非故，落落旧侣，蔼蔼新知，游心于爽垲，假物于春阳，永一日之足，慰千年之慕，群贤不遗，就我呴沫，和以醇醪。拾此芳草，流传觞咏。宁远永和，何必天池之为大。而枋榆之足小也。癸丑三月三日。梁启超记。"③

▲谭延闿以"加急"特件，电告熊希龄他"在湘断不久"，蔡锷不能来，可否先简任民政长。说："谨密。电悉。公于湘，生死肉骨，即闿个人，死不负公。今诸事就绪，小有警，力能定之，断不使公失信。张、朱

---

① 蔡锷所录梁启超《癸丑禊集诗》与梁启超原诗有若干文字差异。
② 以上两件题签系蔡锷未刊手稿。原件收藏于云南省博物馆。
③ 《癸丑禊集诗》，《庸言》第 1 卷第 10 号，1913 年 4 月 16 日。

文德，伍使（按：指伍祥祯）武力已足湘，中央何疑而必遣郭？彼再造谣动听，新堤无能阻者，即进长沙矣。鬼蜮横行，实所不甘，务祈设法别调，以定人心。阎在湘断不能久，然留一日当令安心办事一日，终日惶惑，亦甚无聊。蔡不能来，先简民政何如？顷电政府，皆实情，望采择。王三辞雠事，望电留。汪九仍不肯出，容力劝，似不必。桂湘高等审判厅长派赴日，能畀礼衡否？梅馨能使来湘护军最佳。阎。咸。印。"

次日，梅馨也电告熊希龄说："郭使赴湘一节，闻有鄂省军官电公暨参、陆两部，转呈大总统，想邀鉴察。惟郭奉公电暂驻新堤，推公之意，似欲缓其急进，察看情形，以免决裂。而郭疑公阻其进湘，竟昌言早已运进快枪千枝，死党数百人，无论湘人如何反对，外间如何阻止，决意进行，虽破坏湘省，固所不惜。迭逼黎副总统备船，急欲长驱直入，黎公再三劝挽，而郭势甚汹，非进不行，据称已派侦探四百余人赴湘，万难再缓。查派出侦探，每人给资百元，即此已耗费四万余元，况部下参谋、副官、执法等，亦不下百余人，又在汉召集林虎逃兵甚多，察其行为，所言不虚。一旦蜂拥入湘，任意狂为，而湘省稳健者势必闻风先遁。湘事无人维持，定遭糜烂，江西、南京之惨祸，必再演于湖南。我公统筹大局，保全桑梓，仍恳设法阻止，全湘预祝。刻下黎公派兵舰三艘，驻泊长沙，伍镇守使定于明日带兵赴岳，湘督派人来鄂欢迎，似可渐就安宁，决无他虞，无须郭入蹂躏湘省。桑梓所关，不敢含默，谨以电呈。谭督派江隽君赴京，与公接洽，并闻。梅馨叩。谏。印。"

又一日，汉口镇守使杜锡钧等13人再电黎元洪、段祺瑞、参谋部次长陈宦，历数郭人漳劣迹。说："通密。天祸民国，暴徒倡乱，大局堪危。仰赖大总统德威远播，院部筹策万全，不两月间，以次敉平。伏读大总统迭次命令，吊民伐罪，不得已而用兵，仁爱之心，天下共见。副总统仰体斯意，乃用和平手段，取消湖南独立，善后一切，渐就范围。查办使郭人漳带队南来，湘人闻之，无不惊恐，缘郭素为乡里所不齿，前清时办理粤省清乡，所到皆辄开枪炮，残杀良民，借以掠财邀功，其事人人皆知。辛亥起义，其家产曾为湘人抄没，此次奉命查办，势必借此以图报复。况郭现在鄂中，即纵兵横暴，不法行为，日有所闻。本月初间，竟滥用威权，纵兵官王鸿恩，借故带兵入室，殴拘部派来宾。案尚未了，刻又在汉添招地痞流亡〔氓〕数百，并闻暗招林虎部下溃兵，因林系其旧部，再三向副总统面保。此等罪魁，中央已严行捕拿，亦人皆欲杀者，郭使反加庇护荐请，离奇无惑乎，湘人股栗，即鄂人亦畏其贻祸。尤可怪，该使自到鄂以来，挥金如土，日夜在汉花天酒地，以肆淫威，使用仆役，均着陆军少校制服，侮辱军人，莫此为甚。复大言不惭，居然以湘督自命，现闻已暗中指定湘中各机关，委用私人百余名，以为将来之爪牙，其以湘省为鱼肉，已可概见。伏思从前湘省独立，暴徒盘踞，固应查办。现乱首既均畏罪潜逃，其余善良，皆俯请派中央军队驻扎袁州、岳州等处，复欢迎镇守使伍祥祯，检察使张学济、朱树藩等入湘。是其诚心服从，确有明证。既有伍使带队前往，维持地方，复有张、朱两使清理一切，查办使似可裁撤。副总统迭谕郭使暂不入湘者，想即此意。即令必须查办，亦请另简贤员，庶不负大总统同民好恶之心。否则，因郭使一人酿成祸乱，南京现象行将复见。值此外患方殷，国步艰难之时，岂容再事纷扰。锡钧等为大局计，故不揣冒昧，缕晰详报，恳祈转呈大总统鉴核施行，不胜悚惶待罪之至。汉口镇守使杜锡钧、留鄂第一师长黎天才、第一师长石星川、第二师长蔡汉卿、第三师长王安澜、水警总厅何锡蕃、第一旅长朱兆熊、第五旅长吴德振、参谋长金永炎、参谋本部科长邓汉祥、汉口警察厅长周际芸、第二预备学校长应龙翔、第六旅长李锦荣同叩。删。印。"①

按：这些情况说明，阻郭人漳入湘，实际是湘省内部派系、湖北黎元洪与袁世凯等多方势力争夺湘省斗争的缩影。

▲蔡锷急电告知袁世凯暨参陆两部，熊克武、杨庶堪"已于十一号夜间逃遁"。说："昨接混成旅自赤水河电称，熊逆据永匪军闻滇师到境，即行溃逃，泸围已解等情。顷复得重庆商会电，熊、杨已于十一号夜间逃遁，公推陈泽霈为总司令，抚兵安民，请各省撤回援军等语。特闻。锷叩。删。印。"②

17 日

▲蔡锷电请熊希龄并转梁启超代陈袁世凯速发表准其辞职令。说："堑

① 以上三电见《熊希龄先生遗稿》第 2 册，第 1558—1559、1561—1562 页。
② 曾业英编《蔡锷集》（二），第 1097 页。

密。援川滇军师次横江，叛军即闻风溃逃，泸围已解。由黔向渝之滇军，阳日克复綦江，元日克复重庆，熊逆已先遁，是蜀乱已平。应请代陈主峰，俯如前请，速予发表。唐督交替需时，拟请未到任前，以谢师长汝翼暂护，乞复示。锷叩。筱。印。"

21 日，熊希龄"加急"电复蔡锷说："自译。堃密。筱电悉。已商主峰，业令唐督赴滇，俟到滇即发表。惟有人云，罗省长与军队不和，公去滇须先将罗调开。又云，李师长反对唐、谢，究竟罗先开缺，有无窒碍及滋生事端？唐、李能否相得？公须为滇筹划万全。主峰甚恐边防不靖，道远难以兼顾。约计唐督何日到滇？均请详电复，以便速办。希龄。马。印。"①

▲报载"蔡松坡当未辞滇督以前，力保杨福璋任滇民政长。闻杨力辞未就"。②

18 日

▲7 月 21 日，陆军部电请各省都督，按额考送军医学生应暂延期到津。说："府（密）。本部于六月巧日通电各省，请按额考送军医学生，于八月一日以前到津。兹查现在情形，前议应暂延期，俟时局稍定，再行订期电达，其有考送学生现已成行者，亦祈速令折回，以免徒劳为盼。陆军部。个。印。"③

9 月 18 日，蔡锷通饬滇军医学生，限 9 月 20 日前赴都督府报到。说："陆军部电开，乱事已渐牧平，所有当选军医学生，希于十一月一日以前到津赴校报到等由。准此，查滇军医学生前经按额考取，嗣以乱事突起，迄未成行。兹准前由，合行通饬，仰考取各生知悉，限于九月二十日以前来府报到，听候咨送，幸勿自误。"④

▲谭延闿以"特极急"件，电告熊希龄拟"正式呈辞职书"，并建议蔡锷难来，或可"以梅护军、黎兼摄"。说："谨密。裁减军队，现已着手，月内可办完。伍使明日可到岳，冯处已布置，并约来省会商。随来意

① 《熊希龄集》第 4 册，第 306 页。
② 《专电》，上海《时事新报》1914 年 1 月 1 日。
③ 《熊希龄先生遗稿》第 2 册，第 1396—1397 页。
④ 《蔡锷集外集》，第 308 页。

殊坚决，望公速设法改调，以定人心，彼来感情大伤，闿实无力维持，万乞早决。闿去志久决，望早发表，既杜觊觎，亦谢护拂，现已无经手未完事件，正式呈辞职书。蔡难来，或以梅护军、黎兼摄如何？成政得人，庶事可理，乞注意，并请告总统，勿以湘为忧。检查（按：指张学济、朱树藩二位检察使）何日出京？乞示。闿。巧。"[1]

▲报载张汉臬《呈蔡都督七律》二章，披露湖南"乡人"思蔡锷"督湘如望岁"：

收回金碧旧山河，三杰英明卓不磨（公留学东瀛有三杰之称）。帷幄默筹滇海静，勋猷群镶楚材多。川黔箕毕皆同化，蒙藏风云亦共和。从此永销南北衅（南方闻公举联合军戡乱，旋即就绪），论功谁应锡嘉禾。

密迩强邻未易宁，几番销患在无形。养来元气心常泰，洗到廉泉眼毒醒。乔梓竟芳三载荫，芝兰同祝万年馨。潇湘望泽知多少（乡人思公督湘如望岁），愿带恩波入洞庭。[2]

20 日

▲15 日，王广龄电告蔡锷等人，越境有军事调动，询省中近情，究竟如何，乞密告。说："滇都督、民政长、特派员钧鉴。外密。顷据侦探，河内安湃（此处请作者核对，安湃疑为安谧）。然境兵及野炮队所有不日添派大兵队，驻扎谷柳之说得来，甚诧。初疑系有省惊。今日往晤法员，言词恟恟，只称边界不靖，越督本欲游滇，现亦作罢。临别始云，滇争督席，将有内乱，然否？副办答并无其事。然以外人野心，不可不防。回，再多方探访，多谓蔡督行将离滇，野心家因争滇席，有煽惑兵队，谋乱消息，法严预备，以便乘机阑入，借名保护铁路，自由行动，坐收人利益等语。事果确实，内患外忧，不寒而栗。究竟省中近情如何，乞示，并密警告，免祸全滇。再，此事月初会查笔记，已议（此处请作者核对，议字是否无误？）报特派员，请参观足欠（此句请作者核对）。外人无不诡谋百出，烛照机先也。广龄叩。删。印。"

---

[1] 《熊希龄先生遗稿》第 2 册，第 1565 页。
[2] 《共和滇报》1913 年 9 月 18 日。

20 日，蔡锷电复王广龄说："河口王副办鉴。自译。外（密）。删电悉。滇中财、才两绌，甚难发展。两年以来，百计经营，心力交瘁。近因积劳过甚，触发脑病，治事益难。且以乱事粗定，大局日稳，是以沥情（此处请作者核对，情疑当为请？）辞职。中央决以唐督继任，某某野心勃发，志在取代，运动所部军官，联电陈请。其实所部非尽效忠于某，不过借此敷衍某之面子。经此间剀切电复，近已寒蝉无声，似不至因此引起内乱。台端接晤法员，务须悉示镇静态度。如再询此事，可以某某素明大义，种种传闻，绝非事实作答。并盼将越边动作，确探密报。再，此电内容，毋泄为要。锷。号。不用函复可也。九月发。蔡锷印。"①

▲报载蔡锷电陈袁世凯，滇拟购置飞机等事。说："此次乱党窜逃，希图他扰，桂、黔、滇等省防务吃紧异常。查云南地处极边，既接安、缅，复通川、藏，一经匪党窜入，易起交涉，故防范较他省为难。现拟购置飞行机，以资侦探，并请在腾越、蒙自、哲孟雄、大吉岭、片马及联川边之打箭炉、巴塘、里塘等处，安设无线电，以便消息灵通，易于防守。"②

21 日

▲报载京函说："川乱已平，总统府二十一日茶话时，决定派员赴川办理种种事件。兹闻预拟应办之件，大致：一与尹督筹商炉边防务，并嘉奖驻炉各军；一与胡督协商一切善后事宜；一嘉奖黔省援川各军；一与黄毓成协商重庆镇守办法。又云闻湘督谭延闿日前又电请辞职甚力，大总统颇有允准之意，拟将谭调京内用，另简相当之人继任湘督。昨曾与熊总理密商，闻查办使郭人漳颇有希望。又一消息，滇督蔡锷屡示意政府，自请辞职，均为政府挽留。滇人又惟恐其去，屡电中央作借寇之请，而滇境紧要，一时难觅替人，以此勉为留任。然湖南之事，又屡有反复，湘人多谓窥此情形，恐非他人所能了。故湘人大部分多希望调蔡改任湘督，政府亦有此意。惟以滇、黔两局，不易支撑，且川事尤赖滇、黔两省为助，蔡实主其事，是以踌躇未决。现以川、湘两处，局面渐定，拟调蔡督湘，改唐督滇，黔督则暂行缺员。又闻日后如改置军区，以川、滇、黔为一区

---

① 以上二电见云南省档案馆藏档案，档案号：1106 - 003 - 00892 - 004。
② 《蔡锷集外集》，第 308 页。按：9 月 20 日为报载此消息的日期。

域，政府即以此任畀蔡，亦未可定。"①

又载近日云南弥勒县"又有大股匪徒聚众滋乱，该县知事当即率兵往拿，行至该县所管之普朋街，即被匪等六七百人重重围困，势甚危急。乃专人电禀军政府请救。蔡都督得电，即令临安张旅长速派附近军队前往救援，并会同该（知）事剿办，务必根株云云。不知刻已解围否也"。②

22 日

▲蔡锷电请胡景伊"勿萌退志"。说："巧电敬悉。此次渝城克复，悉赖荩筹。乃谦怀不伐，尤复归美邻援，益用感佩。渝乱初定，善后事繁，中央倚重方殷，万恳勿萌退志。熊、杨两逆窜匿何处，余匪能否遣散招抚，希详示。锷叩。养。印。"③

▲英驻华公使代办艾斯敦电告外务大臣格雷，担心袁世凯的军队在战场上打"败仗"是"没有根据的"。说："北方各省对临时大总统仍始终保持着忠诚。云南、贵州、陕西等省的都督通过派遣部队反对邻近各省的叛军，证明了他们忠于总统的意义。湖南、浙江、福建等省的高级官员曾经在不可抗拒的压力下宣布独立，但抓住最早的机会恢复他们对总统的忠诚；通过他们的职位得到承认一事，证明了袁世凯相信他们是忠心耿耿的。甚至在广东和四川，也发现有很多支持中央政府的人，他们在没有重要外援的情况下镇压当地的叛军。没有理由担心，那些在最近已表示坚决支持临时大总统及其反对分裂政策的都督，他们的同情在不久的将来会发生任何显著的变化。"④

23 日

▲蔡锷、罗佩金颁布禁烟训令。说：

照得禁烟一事，功令綦严，于禁种、禁吸、禁售，皆应并力进行，认真办理，而尤宜严切注意者，更以禁种为先务之急。上年屡申厉禁，

---

① 《关于川湘军事善后之种种》，天津《大公报》1913 年 9 月 24 日。

② 《云贵匪徒之猖獗·弥勒之匪》，《申报》1913 年 9 月 21 日。

③ 曾业英编《蔡锷集》（二），第 1099 页。

④ 《艾斯敦先生致格雷爵士函》（1913 年 9 月 22 日于北京），《英国蓝皮书有关辛亥革命资料选译》下册，第 715—716 页。

委员四处巡查，并饬军队分区督铲，原期扫除毒卉，净绝根株，乃遍查各属，严行禁净者，固亦有之，而玩视禁令，毫不实行者，亦复不少。甚至绅董纵容包庇，散给烟子，令民布种。似此目无法纪，贻害地方，若不尽法严惩，则烟毒永无禁绝之日。当兹播种期近，亟应重申禁令，先事预防。本都督、民政长痛生民之沉痼，惧交涉之棘手，用特变通旧例，特定专则，以与我官绅士庶共矢禁烟最后之决心。自今以始，凡在云南境内，有敢偷种罂粟者，照后开各条办理。至禁运、禁卖、禁吸，仍查照历次颁发文告规章，严厉执行。本都督、民政长将以此课□□〔专则〕，为各地方官吏绅董对于禁烟同负责成，务各秉持良心，除此痼疾。若或稍涉怠玩，敷衍欺饬，本都督、民政长必执法以绳其后，不复能为尔等宽也。专则如后。

一、凡种烟者，无论自己田地、租人田地，悉数充公。本犯监禁十年，不准罚赎。如有抗拒不服铲除，无论有无聚众，均照军法枪毙。

一、地主与人田地种烟，知情不报者，除将田地充公外，地主监禁十年，不准罚赎。种户照前条办理。

一、散给烟子，使人种烟者，监禁十年，不准罚赎。凡私售烟子与人者，罪亦如之。

一、一县之中各照自治区域，每区由该管绅董负禁烟之责，倘查禁不力，于该区内发见烟苗，种户照前条办理，绅董处三百元以下五十元以上之罚金，并罚停公权五年。

一、该区绅董见有烟苗故为容纵，如查明确有包庇指使情弊，监禁十年，不准罚赎。倘敢出头抗拒铲除，即照军法枪毙。

一、一县之中一区发见烟苗，地方官停俸半年；数区发见烟苗，地方官免职，留令将烟铲尽，方准回省。如查有纵容情弊，免职后监禁十年。倘敢借烟私罚，吞蚀入己，分别赃私，轻则监禁，重则枪毙。

一、种烟田地，如本区不报，由他区揭报，无论自治、学、警、实业，是何机关揭出者，即将其田地归于该揭报者充公，由地方官呈明立案。如有吓诈得贿及将充公田地吞蚀入己者，分别赃私，轻则监禁，重则枪毙。

一、应枪毙及监禁人犯，电由各该观察使核明请示后，当地执行。

一、本则自奉到出示宣布后执行。

　　以上各条，法无可贷，事在必行。本都督、民政长于此事特别加严，实欲扫尽毒氛，俾他省不再以吾滇为产烟之地，一洗从前之污点。该官绅等须将上列各条，随地演说，剀切指陈，务使该处士民咸晓。然本都督、民政长以爱人以德之心，实有辟以止辟之义，固非专尚严刑峻罚为毕乃事也。除先电饬遵照并出示布告外，合行令仰该（官绅等）严饬所属一体凛遵，并将办理情形，按月列册具报，以备查考。切切。此令。中华民国二年九月日。①

24 日

　　▲北京参谋、陆军部电令黎元洪、张凤翙、蔡锷、唐继尧、胡景伊，查明勘平渝乱将士，择优请奖，以示鼓励。说："大总统令。熊逆克武等前在重庆拥兵叛变，蔓延窜扰，势等燎原。鄂秦滇黔诸省，谊关唇齿，畛域不分，援军四出，声威克振，贼胆遂寒。旬月之间，用此立平巨乱，良堪嘉慰。所有各处入川将士，踊跃用命，远道赴援，具征同仇敌忾。应由各该管都督查明择尤请奖，以示鼓励等因。合电遵照。参谋、陆军部。敬。印。"②

　　▲谭延闿为迎蔡阻郭人漳入湘事，以"特急"件连电熊希龄。其一说："谨密。伍使、汤（按：指伍祥祯、汤芗铭，汤时任海军部次长）至岳，不日来省，湘赣溃兵，缴械散尽，月内解散湘军五六千人，行政、理财静待任、刘，善后事略定。郭在新堤，日思乘隙进湘，联络同志会，多派调查，湘督一日不定，彼一日不安。易郭既难，盍先易闿，使之绝望。湘人最复杂，为彼利用，以相倾覆，甚犯不着，望筹示。闿。敬。印。"其二说："谨密。闻郭使运动赵春廷〔霆〕、田应诏诸人联名电极峰，欢迎郭来，意殊叵测。湘军已裁妥，伍又已来，汤任查办。实无再须郭至，望公设法。闿。敬。印。"

　　25 日，汪诒书则电询熊希龄，"中央何不直截了当"免谭督职，"径简替人"。说："谨密。长沙陆续裁兵，人心颇定，岳扼于前，赣摄于后，更无反侧之虞。惟一般道路之言，谓中央必欲进兵。匪徒乘机煽惑，语更离

---

① 《蔡锷集外集》，第309—310 页。按：9 月23 日为报载此训令日期。
② 《四川军阀史料》第1 辑，第172 页。该电原系8 月24 日，误。

奇。万一因疑致变，即令荡平指顾，长沙十万户生灵财产将万劫不复矣。宁、粤之事，能不寒心。尊意以为组安〔庵〕急于求去，中央何不直截了当，径简替人，凡主张留组安〔庵〕者，非独不爱组安〔庵〕，抑且不爱湖南。公达人，必能默喻此旨，弟井里庶民，利害切己，故敢密陈时政。如今公慨然任天下之重，四海想望，湖南为公桑梓，尤望熟筹。总之，今日之湖南非可不破坏而渐进治安，若以组安〔庵〕故，而必致破坏，则不如先去组安〔庵〕之为愈也。乞公主持，并望赐复。诒书叩。有。印。"①

下旬

▲20日前后，熊希龄电告谭延闿，郭人漳奉总统令带队驻扎临湘、新堤一带。说："谨密。顷总统命令郭使人漳带队驻扎临湘、新堤一带，以便与湘接洽等因。查郭驻临湘、新堤，尚无妨害。惟湘中应查照中央各电，切实整理内政，劝导岳防军队无生误会冲突，以免借口，是为至要，特此奉布。希龄。"②

21日，谭延闿以"特急"件电告熊希龄，汤芗铭、伍祥祯已抵岳州。说："谨密。汤次长、伍使均抵岳，甚洽。江隽到京，想见。郭已至新堤，有猝至之谣，务望设法阻止，乞复。闿。个。印。"

22日，又急电熊希龄说："谨密。伍使言，郭急欲来，已力阻。彼诡计多，深可忧，公能设法速调开。江隽想见，梅馨任护军使，陈复初、赵恒惕任两旅长，能否发表？湘渐安稳，闿当急行，留此实无益，乞速请免官，至恳，盼复。闿。养。"

25日，熊希龄电告谭延闿，蔡锷督湘事已定。说："谨密。个、养电均悉。总统已饬郭使专驻新堤，非奉中央命令不得入湘，该使必不敢违抗。倘有举动，请先电告，当执法从之。蔡松坡督湘事已决定，可于月初发表，乞竭力维持。希龄。（有）。"

26日，谭延闿电复熊希龄说："谨密。有电，为湘省庆，非独私感。惟松来恐须数月，在此期中极难维持，能先派署否？盖闿意决，欲以罪去官，不果，更借名目，故有此无餍之想，非诿卸责任。何日来？刘闻到京，

---

① 以上三电见《熊希龄先生遗稿》第 2 册，第 1580—1582 页。
② 《熊希龄集》第 4 册，第 522 页。

乞促。汤、伍均未来省，想为谣阻，并闻。阎。宥。"①

10 月初，熊希龄电请黎元洪，可否令郭人漳先扎新堤。说："拱密。江电敬悉。连日与谭都督往返电商，劝其一面切实整理内政，用人、治军均从根本上解决，则湖南可保治安，国军亦不致径达长沙。得谭督复电，允将岳州各军陆续撤回长沙，稍缓时日再请伍军移扎，以免误会冲突等情。此亦近于情理。现总统已命令郭使人漳带队分扎临湘、新堤一带，自是暂不入湘。惟临湘系属岳属，该县现在有无湘军，能否不致冲突，无从悬揣。可否请由钧座令郭军先扎新堤，稍缓再扎临湘，较为尽善，乞卓裁。希龄。"②

▲蔡锷函令军法课，如拟于 9 月 26 日办理"制换忠烈祠牌位"事。说："军法课案呈，查本课签请制换忠烈祠牌位一案，业经呈奉批准，派课员姚兆祥督饬商店制办在案。现据报告已将蒇事，亟当定期恭送入祠，以昭诚敬而示观感。兹于九月二十六日举行入祠礼。所有应行筹备事宜，理合开具清单，呈请衡核示遵。计呈清单一纸等情前来。应即如拟办理。除分令外，合将原单抄发，仰即查照内开各条转饬所属，一体遵照办理。此令。"③

又颁令对伤毙绅民周祥的杨蓁给予撤差查办处分。该事起于 9 月 7 日，原援川军炮队第二营营长杨蓁带队到杨林宿营，"因储备之米价稍高于时价（本来米质有上中下等之分，即价值有前后涨落之异），该营长谓委绅周祥抬价吃钱，不由分说，喝令兵士用木棍、柴块毒打。周祥年逾六十，伤重难支，至二十号因伤毙命。细查周祥实无抬价吃钱等弊"。嵩明县呈报蔡锷，"恳请代为伸雪"。蔡锷"令行第一军军长查办，并据复到已将该杨蓁撤差查办在案"。④

26 日

▲蔡锷以特件急电熊希龄，请转陈袁世凯"明发命令"，免其本官。说："堃密。锷病近益加剧，不能办公，据医者云，须静养方能有效。拟自

---

① 以上四电见《熊希龄先生遗稿》第 2 册，第 1574、1576、1563、1583 页。

② 《熊希龄集》第 4 册，第 523—524 页。

③ 《蔡锷集外集》，第 312 页。

④ 《云南省议会报告书》卷三，第 81 页。

十月三号起，赴西山养疴，所有都督府日行公事，拟委第二师师长谢汝翼代拆代行，恳即转陈主峰，明发命令，免锷本官为祷。锷叩。宥。印。"

熊希龄随即电复蔡锷说："堃密。宥电悉。尊事商定，已奉命给假三月，来京调养，俟离滇后，再发表湘督，望公速来。唐署滇督，未到任以前，以谢护理。惟马电公尚未复，省长究竟应否调开，乞酌量情形速复。希龄。"

10 月 5 日，梁启超也电复蔡锷说："宪密。宥电悉。全湘善后事，中央倚畀吾弟，计划已决。但唐督方有事川边，弟非得代后，安能离滇，愿弟勿萌退志，更待三月。启超。歌。印。"

▲24 日，谭延闿电询熊希龄，蔡锷等事的进展。说："谨密。裁兵事已与张、朱商定，本月可办完，新军只留一旅，守备队规复原额。前商股票抵押事，怡和云已电英使询明，乃能商办，乞主持。王何日行？蔡果来否？汤事如何？郭能调归否？均乞电示。闿。敬。印。"

26 日，熊希龄电复谭延闿说："谨密。敬三电、宥一电均悉。松坡已奉命给假三月，来京调养，俟离滇后，即将湘督事发表。民政长已拟有人，询其同意，再见明文，大约半月内公可脱离政界。任、朱、张等月底启程，郭决不致入湘，湘苟能力保治安，龄等以去就争之，望转告各军。汪（按：指汪诒书）为关监督，事属可行，即照办。粤汉铁路股票，如系湖南公股，可以抵押，商股则须斟酌。但不知尊处向何处押借？望详电复。再，黎桂生来京，云及湘中官吏，多有五日京兆之见，不负责任等语。在位一日，应尽一日之心，万不可有此情形，乞公裁夺。如果新任未到，旧任不肯负责，请即先行委员署理，以免误事。此电并乞转告汪九，不另电复。希龄。"[①]

27 日

▲蔡锷与罗佩金电请财政部"核示电达""二年度"预算及划税案有关问题。说："咸电有到。三年度国家预算遵照调制，惟二年度预算及划税案，未经国会议决公布。而国家地方范围，又经省议会争执调制，苦无标准。是否岁入、岁出概以二年度预算为范围，又两种划分编送国家收入是

---

① 以上五电见《熊希龄先生遗稿》第 2 册，第 1583、1618、1534、1581、1617—1618 页。

否归国税厅，关税应否编送，来电监理官厅指何机关，均祈核示电达。已迟到，部期限又迫，祈稍展简章文式，即望邮寄。滇都督蔡锷，民政长罗佩金。感。"①

▲报载"北京电：已决定蔡锷为湘督。晋督有摇动消息。参谋次长陈宧辞职"。②

29 日，又载"中央拟调转各省都督一事，久有所闻，惟迄未宣布。兹探闻此事已经政府议定办法，不日即可发表。其调动之省如下。（一）南京拟以冯国璋调任。（二）直隶或张绍曾，或蒋雁行。（三）山东张勋。如不为长江巡阅使与仍令其统率旧军驻扎原处，则将任以山东都督。（四）湖南拟以云南都督蔡锷调任。（五）云南拟以贵州都督唐继尧调任。（六）贵州拟暂由唐督兼署。"③

10 月 2 日，又载"袁总统前拟简参谋次长陈宧为陆军某师师长，嗣因赣省内乱发生，迄未实行。现闻前日大总统复为此事，并商黎副总统。闻有以滇督蔡锷代理参谋总长，暂缓简任次长之说。或谓此系预识。其实行期须俟正式总统举定之后，或俟蔡来京等语。所闻如是，预志之，以觇厥后"。④

20 日，政治上倾向袁世凯的北京《亚细亚日报》也报道说，政府原先"已内定任蔡为湖南都督，总统与总理之间意见相同"，"近闻总统有俟蔡来京改位置蔡于中央，使领参谋总长之意。政界闻之颇有虑其与北方诸将向不接头，恐其难以展布，皆谓蔡之晓畅戎机，声威素著，仍以外任都督为宜"。

21 日，又载"北京电：蔡锷已抵香港，确将任湘督"。⑤

11 月 4 日，又载"云南蔡松波都督现将到京，外间多谓将改任湘督。昨闻一消息，此说尚恐不确，因大总统现对于各省都督、民政长，拟不以本省人为然。湘、赣尤为紧要，或将另有位置亦未可定"。⑥

---

① 邓江祁：《史海拾遗：蔡锷佚文 20 篇——纪念蔡锷诞辰 136 周年》，http://www.xhgmw.com/html/xiezhen/renwu/2018/1214/26085.html。

② 《专电》，《申报》1913 年 9 月 27 日。

③ 《各省都督调转一览表》，《申报》1913 年 9 月 29 日。

④ 《蔡锷代理参谋部之传闻》，天津《大公报》1913 年 10 月 2 日。

⑤ 《专电》，《申报》1913 年 10 月 21 日。

⑥ 《蔡滇督调任湘督之未定》，天津《大公报》1913 年 11 月 4 日。

7 日，又载蔡锷来京"闻系奉大总统电调，有密商之重要问题。其是否将有更动，尚未确定，须俟来京后面商一切。盖非调任湖南都督，即须仍回原任云"。①

按：这些报道，细察其意，多数强调蔡锷将任湘督，也有预示别抱参谋总长奢望的。然而，无论何意，似乎都是袁世凯为达其最终目标而放的风。

28 日

▲袁世凯颁令说："云南都督蔡锷迭电因病请假，着给假三个月来京调养。此令。任命唐继尧署理云南都督，未到任前着谢汝翼护理。此令。任命刘显世为贵州护军使。此令。九月二十八日。"②

▲报载"闻湘督昨上总统府密电一件，据闻系报告地方安谧种种情形，及遵谕截击逸匪一切办法，并谓据侦探报称，林、李等入湘未得，现已潜逸入粤，希图扰乱，请饬严防等语。又闻湖南虽取消独立，而军心浮动，党人鼓惑，势极危迫。近郭人漳、曹琨入湘后，尚无完全善后方法，而谭督以身处嫌疑之地，迭请辞职。盖乱党屡思为死灰复然［燃］之计，谭督身入旋涡，颇觉进退维谷。兹闻有一部分湘人，拟请简朱家宝督湘，但多数人仍不赞同。盖湘人多数均希望滇督蔡锷调往，以解决湖南军事上政治上种种难题。政府亦久有此意，惟滇人攀留甚殷，故此问题尚未能解决云"。③

29 日

▲28 日，临安旅长张开儒电请蔡锷去滇后，慎保继任人选。说："闻公欲去滇，想滇为公手创，今正进有望公再为我滇人造福，祈公勿去。倘中央有命不得已必去，请公怜滇苦，慎保一心光明、有道德、能以民生为念者，乃不负公造滇苦心，则滇人幸甚。若保一无道德者充之，公虽去恐亦不忍。至公为黔苦心不少，所耗亦巨，唐平稳，请仍督黔，以全始终为

---

① 《蔡都督更动未定》，天津《大公报》1913 年 11 月 7 日。
② 《临时大总统令》，天津《大公报》1913 年 9 月 30 日。
③ 《关于湖南方面善后之消息》，天津《大公报》1913 年 9 月 28 日。

善。若更他，同学深知终未妥。开儒叩。俭。印。"

29 日，蔡锷电复张开儒说："俭电悉。锷在滇两年，心力交瘁，近因脑病，任是［事］为难，是以电请辞职，并举唐、李、谢三君可以继任。中央决意任唐，将黔督一职裁撤，为实行设军区地步。唐为同袍所钦服，必能与同僚和衷共济，造福滇疆。锷重承此邦父老爱戴，此身虽去，此心未能或忘，苟能有造于滇，敢不惟力是视。谢、李与锷系患难交，年余以来，保全大局，久为中央所信任，开府建节，为期当亦不远。此锷区区爱滇友之心，敢为台端一披沥也。锷。艳。"①

月底

▲蔡锷电令第一军长兼第二师师长谢汝翼、第一师师长李鸿祥"万勿误听逆党伪电，致滞戎机"。说："案准参谋、陆军部廿八日电开，奉大总统令，胡督宥电悉。查川省乱氛未靖，逆党肆意煽惑，所称假捏电报之弊，自宜严防云云。万勿误听逆党伪电，致滞戎机等因。奉此，除分令外，令仰该军、师长一体遵照。此令。民国二年九月日。"

按：原草电稿在"一体遵照"之后，尚有"迅饬援川军队遇该逆党痛力剿办，万勿误听逆党伪电，致滞戎机"一语，正式命令时将此语勾除了。

30 日

▲蔡锷电复总统府军事处，"已饬军警严密防范"李烈钧、何海鸣。说："拱（密）。二十四电敬悉。报载李、何赴滇，已饬军警严密防范矣。特复。锷叩。卅。"

10 月 1 日，又电令李鸿祥、谢汝翼"注意防范"李烈钧、何海鸣"潜赴云南"。说："案准总统府军事处电，闻东京《日日新闻》载李烈钧将与何海鸣潜赴云南，祈注意防范。大总统府军事处。廿四。印。等因。准此，除分令外，合行令仰该师长遵照办理。此令。民国二年十月一日。都督蔡锷。"②

---

① 以上二电见《蔡锷集外集》，第 313 页。
② 以上三电见曾业英编《蔡锷集》（二），第 1099—1100 页。

10 月

2 日

▲9 月 26 日，张凤翙通电袁世凯、参陆两部、参众两院、黎元洪及各省都督、民政长，言及"重庆蜀、滇军颇相冲突"之事。说："据本省援川军第二师师长张钫于本月径日由夔来电报告，钫于廿五日抵夔，熊逆虽逃，党羽尚散布万县、离［云］阳一带。凤闻熊逆及伪民政长杨庶堪尚匿于云阳，已派队星夜前往搜捕。重庆蜀、滇军（按：'滇军'为'黔军'之误）颇相冲突，川东人心惶惶，殊堪忧虑。钫军因被雨阻，未能如期而至，使川东之民久陷水火，负咎良深。本队于十七号到夔，业径［经］电呈。右支队由城口县往开县，所部于廿日全入川境，此钫军现状，合先电闻。余容续陈等情。知关廑念，合电转陈。陕西都督张凤翙。宥。印。"①

10 月 2 日，蔡锷通电袁世凯、参陆两部、参众两院、黎元洪及各省都督、民政长，声明并无"重庆蜀、滇军冲突"之事。说："张都督宥日通电，据张师长报告内有重庆蜀、滇军冲突，川东人心惶惶等语。查滇军第二旅抵叙之兵，自接重庆克复之电，已全数撤回滇境。第一旅现暂驻泸州，因合江、隆昌、自流井一带尚有溃窜匪军，借资分防，行即撤还。接泸州周师长暨泸州绅商来电，有'滇军纪律严明，各界欢迎'之语。是滇、川两军并无冲突之事。恐传闻失实，特电声明，统希查核。滇都督蔡（锷）叩。冬。印。"②

▲蔡锷"特急"电熊希龄、梁启超，请代陈袁世凯准其"调滇师二三千随往"湖南任职。说："堃密。接湘中函电，各路统将滥招莠奸，现忽互相把持，不肯遣散，为争权夺利之计。且党焰尚张，匪势益甚，纸币滥发，跌价至五六成，外人收买达千万之数，金融恐慌，破产在即。欲图澄清，非假他力不可，尤非从速着手，败坏更甚等语。眷怀桑梓，实深郁忧，中央既拟以湘事见任，重以各方之敦促，为国为乡，义不容辞。弟空拳只手，空负枢寄托之重，与乡人期望之殷，拟请调滇师二三千随往，俾得有所迅

---

① 《民初政争与二次革命》下编，第 804—805 页。
② 曾业英编《蔡锷集》（二），第 1101 页。

奏肤功，如蒙赞可，乞代陈主峰核准饬遵。至湘省财政问题，俟锷抵京，再行缕切面陈，尚望力予主持是幸。锷叩。冬。印。"

7 日，熊希龄、梁启超电告蔡锷，不宜带太多滇军至湘。说："垦密。冬、支电均悉。龄患疟疾，稍迟答复。嘱件由极峰交军事会议处议复，以湘省正患兵多，尚须裁汰，若减湘增滇，恐有冲突。龄意以湘人排外心最重，且此次军界望公如岁，群情翕服，若带滇军太多，反疑我公有不信任桑梓之心，实与将来办事有碍。现北军已有一旅驻岳，湘军已裁七千人，大局甚稳。公来带卫队七八百人，较无痕迹，多似不便。公意何如？仍乞卓裁。余容到京面商，本日总统已举定，各国一律承认，并告。希龄、启超。阳。印。"①

▲黄远庸发表《大势》一文，明言不必疑虑"最近政局"中的"国体"改变与"熊内阁"动摇问题，表明以其为代表的一部分人此时尚未对袁世凯失去信心。说：

明白言之，对于最近政局，普通之人不免抱两种疑虑，一对于国体上之疑虑，二对于熊内阁，恐其有动摇之忧也。

第一疑虑最为重大，然记者敢确断其无者，以大势所趋无此等征兆也。第一，吾人于袁总统即深信其深明大势，又小心翼翼，决不肯为此不相干之举动。第二，常人动疑军界，谓战胜之后，诸武人或有意外之请求，否则即不受命令。吾人对于此节，亦信任袁总统有控御之能力，且即以军界论，亦并未见有此等征兆。第三，现际正式总统不日选出之时，各国确将争先承认，此即承认袁总统及中华民国之保征，即置吾国内幕政局不论，此一段大势固已确定矣。

总统曾宣告左右，谓吾在任一日，即能维持一日，决不致有意外之事，已具前函。前此旬日中，总统对于宪法委员会起草之宪法，颇为注意，一般揣测者流，遂恐有意外之干涉，因是总统连任不得连任及总统权同意问题，遂为政界一大战斗品。而最近消息，则袁对于此项问题，深愿由议会自由讨论，决不加以一部分之意见，则政局之和平可知矣。

亦实有二三法律派，妄行疑虑，乱上条陈，谓某条某条不利于总

---

① 以上二电见《熊希龄先生遗稿》第 2 册，第 1611、1629 页。

统，又有无聊政客，捕风捉影，拉着黄骡便当马，拿着封皮便跑信，谓袁实不悦于某条某条。其实仔细考究，不过暗香浮动，树影婆娑，决无偌大不了事，北京之所谓政界风潮或内幕云云者，多此类也。有客言于总统，告以外间揣测之言，及总统但求此后政治上有伟大之设施，令海内之人心悦诚服，不在区区与法律书生为文字上之研究者。且各国承认在即，若于总统选举以前，或因政界小小揣摩，遂生出无聊之变故者，尤非总统维持大局之本心。总统深疑其说，故日来传出消息，谓总统颇戒饬左右，对于现在法律上之争衡，须概持不干涉主义，千万不可为无聊之运动。而日昨两院会合会，已将迁延不决之宪法会议规则议决，后即由宪法委员会长汤漪报告总统选举法条文毕后，即付审议会审议。此节新闻，看似寻常，实在政局上已多一层之保证矣。

传言各省都督将更有二次通电，忠告两院速举总统，张凤翙、阎锡山等主张尤力。可见内外心理，除希望正式总统速速确定以外，并无别种宗旨，则吾国体之巩固可知也。

以记者之意计之，总当不出吾人意料之外，十月初十以前，必能选出正式总统。虽其间或议会中小有波折，政客中小有笑话，足供吾人新闻资料者，要之于大局决无丝毫变动。今日对于国体上尚有怀疑者，实为过虑也。

第二，对于内阁摇动之疑虑。此层疑虑，性质上固危险少于第一层，而若有此事，即为吾国新旧政局上之一大变动。明白言之，将为腐败官僚万能时代，而政局或不免复古也。故吾人对此问题，未尝敢丝毫疏忽。熊秉三志大虑疏，已早于记者通信中屡屡言之。而此次内阁不能不谓为比较的合中外之望者，且虽施政日浅，以吾观之，其忧勤惕厉恳恳为国之颜色，殆为临时内阁以来所未有。如改国务会议为无定期，实行减政之类，皆其表见之一斑。且其内部之困难、外界之震撼，殆日日在荆天棘地之中，亦实有足令吾人同情者。若令此内阁以政客之轻心而推翻，或以黑幕之朋党之争而打倒，则清流将无立足之地，而政治开明之望，将日微以希，此吾人所敢昌言者也。

内阁有以自身之困难而发发者，第一为财政，此后之六个月预算需款共二万，而部中收入，往昔尚有北数省之供输，乱后则并此无之。现在内阁唯一救死方法，恃已经通过之六厘公债二万万之能全数发行。闻华比银行已允包揽发售，先垫四百万镑，九十之实收多于大借款，而六厘之利息则较大借款为优，故两者颇复相抵。外人羡大借款得利之厚，颇争欲得之，故此着如成，实数可得二万万六千，若能统一国库，实行整理中国银行，则金融与财政交相为用，则内阁或不致以穷而干腊以死矣。至大借款续借，五国团允认六个月以后垫款之说，皆诳言也。

第二困难为外交。最近外交消息之紧，不只急箭离弦。（一）日本要求长春、洮南、热河三路并沿路矿山。（二）俄国要求黑龙江某处至某处之路。（三）德人要求胶州至沂州、沂州至顺德之路。（四）俄人新提出五条，较前此议院所否决之六条及后此四条，加倍利害，直认为蒙古国。（五）西藏会议，英国政府有力者已宣言西藏为国，且云已得俄同意，可见藏、蒙之事已成一气，此等层层叠叠，久养成痈之毒，将一一于此内阁暴发之。各国承认之后，必将层层紧逼而来，届时此人望内阁者若仍学往日内阁之敷衍延宕，未尝不可于苫块昏迷之中苟延残喘。若必怀一根本觉悟为国牺牲之决心，则此内阁或不免负一卖国之恶名而去矣。

至于总统与总理不睦之说，亦复时时流入耳中，此节则大似通房丫鬟昵近侍仆走报上房中消息，似可信又不可信也。盖袁总统既非如吾辈少年动用感情，而熊秉三亦一水晶人儿玻璃心肝，岂肯过作唐突之事，故耳报神所说，多由外间傅会成之，不十分可信也。惟以记者所闻，有二事类似于此者，似较确凿。

（一）对于湖南之事，熊氏力主不用派兵，而军界之人，则谓非大加清理，将有蕴乱长奸之惧，段芝贵氏至面晤熊氏，谓我辈已经打扫一次，若更要我辈打扫第二次，我们有点不高兴了。然熊氏之力主不肯派兵者（现湖南惟岳州有可恃之人镇守），据要路传说，实因于乡亲之谊。熊初到京师，即向国民党某人保证不以一兵赴湘，故今未便自食其言。某国务员力争于熊，不可有此姑息主张，而熊则谓彼非姑息，彼将一意倚任蔡锷君了湘事，而不令他人掣其肘，盖蔡督将不久离滇而湘也。

（二）近日财政窘急，而熊氏挪移手段，或不如周学熙、梁士诒，以是陆军部请拨之要电，各省要求之款，皆不能应急。而财政部与交通部尤有暗潮，交通银行已不肯垫款。俗语有云：人若无钱，又瘦又

黑。有此一段故事，故人不免疑熊氏之已瘦且黑也。然此二事恐未足
以推倒内阁也。又有一种流言，谓某氏不得总长之故，已与赵秉钧联
合，谋为推倒内阁之法，此说吾滋不信，二人者吾皆识之，虽其悠渺
深远，有不可捉摸之处，而赵既异常消极，某氏以总统意思为转移，
不似有此非常之举者。呜呼，晚清末年朋党之炽，到处戈矛，急私利
而祸国家，遂以戕其末运，吾甚望其不见于民国之今日也。

明白言之，记者对于国体毫无疑虑，对于内阁摇动一说，则杞忧
颇切。民国建立后，有政府之日少，无政府之日多，今政府乃比较的
初生宁馨之儿，吾侪乃极望其发育而长成者也，国人之与吾侪同意者，
亦岂少哉。①

3 日

▲9 月 11 日，军事处函请蔡锷遵令严查"上海救国社社长于右任与自由
党本部"所设"倡乱"机关。说："敬密启者。顷有人密禀上海救国社社长
于右任与自由党本部，借商议社党事务为名，分函各省支部，督促赴沪，提
议倡乱。拟在直、鲁两省设总机关，为北路司令部，设总司令一人；京师设
暗杀一团；东三省为东北路，设总司令部于大连，总司令一人；奉、吉、
黑各设司令部一所，每省司令一人，要塞司令若干人，当经黄兴委派各伪
司令等情。奉大总统谕：由军事处分函各省，严加查防等因。除分函外，
用特函知，即祈遵照办理可也。此致蔡都督。中华民国二年九月十一日。"

10 月 3 日，蔡锷电令李鸿祥、谢汝翼"遵照办理"。说："案准大总统
府军事处公函开，顷有人密禀上海救国社云云。用特函知，即祈遵照办理
可也等因。准此，除分令外，合行令仰该师长遵照办理。此令。民国二年
十月三日。都督蔡锷。"②

▲黄元蔚（按：1886—1929，广东南海人，戊戌维新志士康广仁独生
女康同荷丈夫，早年留学日本，曾任北洋政府财政部次长）在家书中言及
梁启超与熊希龄"联同一致"，与袁世凯"为难"。说："卓如为保党旧人
怂拥 [恿]，与熊总理联同一致与大总统为难，闻已与大总统相争三次。内

---

① 《远生遗著》下册，卷三，第 197—202 页。
② 以上二文电见曾业英编《蔡锷集》（二），第 1101—1102 页。

阁之倒不出半月，若徐世昌继熊希龄为总理，则简帅（按：指因遭吉林地方官绅攻击，1913 年 6 月 13 日辞去吉林都督兼署民政长，被袁世凯改任为广东民政长的陈昭常）必入阁为总长。卓如可谓蠢极，扩张己党如此之速，未有不败者也。"

11 日，又在家书中说："卓如等与袁总统冲突愈烈（据政界中人言），继之组织内阁者必徐世昌也。简帅与徐交好，简于前清被任为吉林巡抚者，即因徐所荐，此次若徐果入阁，则简帅必不能居闲养病矣。要卓如等于政治上经验太浅，作事轻率，必不能成功，凡人作事经渐进，而于政治上为尤然。卓如等无识如此，从此声名一落千丈。可惜！"

28 日，又在家书中说："近阅报纸言更生（按：指康有为）已回港，未审有何举动。卓如在京扩张势力太速，天怨人怒，不难成第二之戊戌。凡袁欲除其人，必先极力笼络，昨年对孙、黄，即用此种手段，今又以此对付卓如。危乎哉卓如也。而彼身犹洋洋自然，殊可悲耳。"

12 月 1 日，又在家书中说："梁卓如不主张维护国会，本党力攻之，总统故意留之，使其内部不和，所以卓如近日声望一落千丈，此次若落台，后恐不易再有第二次飞跃矣。"

8 日，又在家书中说："徐世昌为总统至敬至信之人，或待局面稍定再为总理亦未定，因徐一人入阁必为长命内阁也。然熊内阁必不能久，继之者或李经羲，亦未定也。卓如辈大率能言不能行，西人嘲之谓'文章总理'。"

9 日，又在家书中说："熊希龄及卓如二人现为一般人所攻击，而总统故意留之，使众人恶之日深，欲其将来一蹶不复能振，而彼辈犹不知之（卓如近稍悟，颇有悔恨入阁之意云），殊可怜也。"

1914 年 1 月 2 日，又告诉其夫人康同荷，袁世凯"欲本地人不作本地官"。说："徐内阁约阳历三月前后方能成立，简帅因病频作，医劝转地疗养，拟将民政长辞去（因总统欲本地人不作本地官之故也，伍献子等俱不久矣），回港静养三数月再出，于阳历正月十四、五便由此间出发，十六、七可到上海。仆随之南下……简帅暂时退隐，仆亦暂时不入政界，彼此感情更为融洽。简帅一出仕，位置可突飞矣，且于道德上亦应同进退也。"[1]

---

[1] 以上各函转引自马忠文《晚清日记书信考释》，凤凰出版社，2021，第 138—140 页。

▲谭延闿以"火急"特件，电询熊希龄蔡锷何时入京。说："谨密。□□□参谋归述盛意，铭感无已。松坡离滇，甚慰所愿，何时入京？民政长能速发表尤感。此间兵队已裁遣竣事，公署亦依号电改组，伍使、汤次长均来，接洽甚欢，闿已无经手未完事件。惟郭近已变计，以个人来湘并不带兵之说，运动退伍军官赞成欢迎。复散布谣言云，曹锟又将入湘，以激湘人迎彼之意，彼到长沙，更调所部，谁能阻止？近有由鄂来电，言渠欲暗杀伍使，嫁祸于湘，事虽无聊，而逼处太近，逗留日久，终非湘福。请公设法调回，或令他往，以绝觊觎，万乞注意，以速为佳，望示。闿。江。印。"

4 日

▲蔡锷急电熊希龄，"准于日内交代启程入都"。说："堃密。俭电敬悉。前奉二十二电，已于勘日电复，并另电陈主峰暨钧院，详陈此间善后事宜，恳公力请核准为幸。锷准于日内交代启程入都，滇中秩序安稳，惟各界对锷感情缱绻，此去殊难恝然耳。锷叩。支。印。"①

又电告胡景伊，将"奉命"启程"入京"。说："冀耕〔赓〕继任滇督，锷奉命入京，迭日交待启程。惟念在滇两年，诸承爱照，行将别去，念我良朋，尚望不遗在远，时惠教言为幸。蓬山（按：张毅，字蓬山）、积之（按：刘存厚，字积之）并乞致意。锷叩。支。印。"②

又电告泸州刘云峰将于日内启程入京，勉其努力前途，"后会有期"。说："昨奉中央电令，调锷入京，滇督一职，以唐督署理，暂由谢师长护理，即于日内交待启程。台端远驻泸城，未得话别，亦念从征将士，随我经年，益用怅望，前途努力，后会有期。希转告黄、彭两团长知照。锷。（支）。印。"

又电告临安旅长张开儒、腾越观察使杨飐东、普洱观察使刘钧，将于日内启程入京，冀其"为国努力"。说："昨奉中央电令，调锷入京，滇督一职，以唐督署理，暂由谢师长护理，即于日内交待启程。两载同舟，幸托共济，临歧惜别，感念同僚，尚冀为国努力。锷。（支）。印。"

随后，刘云峰等人电复蔡锷说："支电敬悉。钧驾北上，本旅各队远征，未得送别受训为歉，顾念来日方长，后会有期，惟遵命勉励，以体裁培厚意。

---

① 以上二电见《熊希龄先生遗稿》第 2 册，第 1616—1617、1619 页。
② 曾业英编《蔡锷集》（二），第 1102 页。

引领瞻望，不尽依依。旅长刘云峰、团长权（按：指彭权）、永社叩。"

杨觐东电复蔡锷说："支电敬悉。晋幸庇仁宇，愿效驰驱。忽移旌旄，弥深依恋。远阻西邮，攀辕不及。万冀奋志风云，造福全国，是为送祝。晋叩。"

7 日，又有普洱马文仲电复蔡锷说："都督为全滇保障，官民同沾幸福，海内久知。今闻北上，仲等如婴儿失哺，弥增依恋。惟仲叠荷知遇，图报无由，倘蒙垂念，执鞭随仲，亦甘效用。谨肃叩贺。马文仲。虞。印。"①

▲9 月 29 日，国务院电告蔡锷、唐继尧，袁世凯所颁命令。说："滇蔡都督、黔唐都督鉴。九月二十八日，临时大总统令。云南都督蔡叠电因病请假，着给假三个月，来京调养，此令。又任命唐继尧署理云南都督，未到任以前，着谢汝翼护理，此令。国务院。艳。叩。"

10 月 4 日（按：此电档案原件未署日期，实际与以下各件均起草于接国务院艳电稍后），蔡锷电复"北京大总统，国务院，参众两院，武昌副总统，各省都督、民政长"说："奉大总统令，云南都督蔡叠电因病请假，着给假三个月，来京调养，此令。又任命唐继尧署理云南都督，未到任以前，着谢汝翼护理，此令。等因。遵于十月七号，将都督印信暨文卷交由谢护督接收任事。锷即于是号解职，克日启程入京。滇省秩序安静，请纾廑注。谨闻。蔡〇。印。"

又电"周观察使、腾越杨观察使、思茅刘观察使、蒙自吴观察使"说："本都督奉大总统令，其文曰……（按：此段文字与前复北京大总统电相同，从略）本都督遵于十月七号将都督印信暨文卷交由谢护督接收任事。本都督即于是号解职，克日启程入京。惟念本都督在滇两年，虽心力之交瘁，实治理之未臻，幸托同僚诸公及滇中诸父老随时协助，始免陨越。此后滇省治安与夫一切政治之进行，本都督入京以后，苟能有造于滇，亦当惟力是视，用答滇中父老爱戴之忱也。希即转饬所属，布告一体知照。锷。印。"

接着，又拟定以下咨、令函四件（按：今实存三件），于本日（按：档案原件先署为"十月十号"，后改为"四"）指示下属说："咨函四件，发交录事缮写，将日期空白，以待随后填写。"

---

① 以上五电见《蔡锷集外集》，第 316—318 页。原载云南《共和滇报》1913 年 10 月 17 日、20 日。

其一为咨云南省议会。说："为咨议会事。奉大总统令……（按：文略）本都督遵于十月七号将都督印信暨文卷交由谢护督接收任事。本都督即于是号解职，克日启程入京。惟念在滇两年，虽心力之交瘁，实治理之未臻，幸托贵议会诸公随时协赞，始免陨越，感纫曷似。此后滇省治安与夫一切政治之进行，尚望同心赞助。锷入京以后，苟能有造于滇，亦当惟力是视，用答滇中父老爱戴之忱也。此咨云南省议会。蔡○。十月　号。"

其二为咨护理云南都督谢汝翼。说："为咨送事。奉大总统令……（按：文略）本都督遵于十月七号派副官长龚泽润将部颁都督银质印信一颗赍呈贵护都督查收启用。所有本府一切文卷并希派员点收接管。本都督即于是号解职，克日启程入京。除呈报中央暨分咨各省并分行外，相应咨请贵护都督查照，仍希见复施行。此咨护理云南都督谢。外派员赍呈印信一颗。（蔡○。十月　号）"

其三为令陆军第一、二、三师，普洱镇。说："为令行事。奉大总统令……（按：文略）本都督遵于十月七号将都督印信文卷交由谢护督接收任事。本都督即于是号解职，除呈报中央暨分别咨令外，应令该师长、镇转饬所部一体知照。此令。蔡○。十月　号。"[1]

▲周骏电告袁世凯、参陆两部、黎元洪、胡景伊等人，滇黔图川阴谋，但蔡锷"不赞同"。说：

> 顷由邮局检出确实，用笺及花押章可凭之重庆黔军黄旅长毓成致泸州滇军刘旅长云峰函，照拍原文如下。

> 小兰仁兄大人垂鉴。毓成凤佩高深，时切饥渴。只以滇、黔路遥，识荆有愿，而缩地无术，有风倾倒，惆怅奚如。不图此次川乱，共受中央之命，同自吊伐之师。弟方抵渝，闻我兄已长驱直入，进据泸州，相距匪遥，喜可知也。现据各方面报告，谓中央已电饬各省外人尽数回国，驻渝日本兵船之武员亦谓该国与北兵在南京大战，且各省之独立方此兴彼扑，纷纷不一。即四川之顺庆等处，目下又各有独立之举。时局如此，是中原已成逐鹿之场，风潮所至，谁能御之？我辈亦惟有顺其潮流，急起直追，合川、滇、黔为一气，以为西南之屏障，

---

[1]　以上各件见云南省档案馆藏档案，档案号：1106 - 003 - 00892 - 013。

方不致陷于旋涡之中，而同归覆没。否则，各省构衅，外人乘之，滇、黔贫弱，岂能当英、法之坚锐？滇、黔既覆，川亦不保。是英、法驰骋于西南，而日、俄、美、德诸国并吞于东北，瓜分实行，则支那几无一立足地矣！故今日之图四川，即所以卫西南，卫西南即所以保中国。盖无川则滇、黔不克自强，有川则滇、黔方可自立也。以我兄之明，查此中消息，谅必早已知之，固不待鄙人之赘述。但事会之宜否，尤必以时机为转移。此刻弟在重庆，胡文澜举川中所有之师集中于渝城附近，反置成都于不顾，是当此难得之事会，而又遇此最好之时机。请我兄速率所部直取成都，则在渝各军必摇。各军一退，则弟直准其后，如是则四川全境不难指日定也。丈夫以身许国，存亡即在此一举。兄本豪杰之士，谅必赞成其说，即请克日兴师，并速示一切。成功在即，慰快何如。专此，敬请伟安。诸维垂照不一。弟黄毓成顿。

外有电稿一封，一并呈阅。

某某兄之联密电悉。刻据探报，溃兵又在川北一带宣布独立。又据各方面报告，中央命令不能行之各省，已电各外人尽数回国，日本兵舰之武员亦云该国与北京在南京大起冲突，具［且］各省之独立者此扑彼兴。时局如此，中原已成逐鹿之场，惟有顺其潮流，急起直追，合滇、黔、川为一气，庶不同归覆没。否则，各省构衅，外人乘之，滇、黔贫弱，岂能当英、法坚锐？滇、黔既覆，川亦不保。英、法驰于西南，日、俄、美、德并吞于东北，我辈将无一立足地。故今日之图四川，即所以卫西南，即所以保中国。国家存亡，千斤一发，兄其三思。胡文澜举川军以围我，兄军一举，川军动摇，弟袭其后，大局不难定也。松波不赞同，为个人计，非为全体计也。将在外，君命有所不受。然乎？否乎？国事日促［瘥］，弟心如焚，飞此泣陈等情。

查滇、黔联络诡计，早征种种证据，兹复得确函，夫复何疑！现滇军在泸，与我军杂处城内者，已有步四营、炮一营、机关枪一连，乘际［机］思逞，想在旦暮。我军如不立筹万全之策、应付之方，恐祸机难遏，乱起仓卒，其何堪设想！除饬驻泸官兵严加防范外，应请迅示机宜，以遏眉督［睫］乱机，不胜惶悚待命之至。川一师长周骏叩。支。印。①

5 日

▲蔡锷出席进步党云南支部送别会并发表演说。其演讲词说："鄙人行将去滇矣，滇与鄙人感情甚好。第以病弱之身，担艰巨之任，必恐至长挠上峰，反于大局有碍，不仅为个人权利名誉计也。是以力请解任养疴，举谢君代理，唐君继之。两君皆贤者，将来之造福于滇，不卜可知。② 今进步党诸君为鄙人开会送别，鄙人特为诸君进一言。夫共和国家不可无政党，政党与国家虽非直接关系，而间接之影响于国家者，关系最为重大。一年来，党争剧烈，牵动大局者已不一而足，然此亦必经之阶级，无足异者。进步党应世界之趋势，为中央所倚重，社会所欢迎，似已立于健全之地位矣。而鄙人犹有虑者，今之政界分为二派，一曰暴烈派，一曰官僚派。暴烈派以破坏为事，苟可以达其目的，即牺牲全国而不恤。然其进锐，则其退速，今已一落千丈矣，其剿绝易易也。所最难征伐者，官僚派耳。官僚派之臭味，其进也以渐，其退也实难，根深蒂固，欲图征伐，诚非易事。党中有暴烈派，则酿乱固不待言；党中而有官僚派，势必至萎靡不振，一切进行，障碍滋多，所谓因循等于残暴也。进步党今后所应行做到之事，正须防止暴烈派，而洗涤官僚派。暴烈派之失败，虽以兵力为之，而进步党之鼓吹社会扶助政府者，其功亦诚不小。今后进步党之所虑，惟在官僚派耳，诸君尚其注意。"③

又电请唐继尧告知"何时可以起节"赴滇任。说："中央以公继锷，深庆得人。日来迭接京电，催促入都，启程在即，未获躬候前旌，一倾积愫，至为歉仄。锷在滇两年，深蒙珂卿父老爱戴，感纫尤深，自惭无所建树，尚望我公鸿此远谟，为锷弥补其阙。黔中后事布置如何，约计何时可以起节，希示。锷叩。歌。印。"

又电告陆荣廷"行将别去"，"尚望不遗在远，时惠教言"。说："中（密）。冀耕〔赓〕调任滇督，锷奉命入京，即日交待启程。惟念在滇两年，幸托芳邻，诸承爱照，行将别去，念我良朋，尚望不遗在远，时惠教

---

① 《民初政争与二次革命》下编，第 805—807 页。
② "第以病弱之身……不卜可知"一段，据《蔡锷集外集》第 318—319 页所载补入。
③ 曾业英编《蔡锷集》（二），第 1102 – 1103 页。

言。锷叩。印。"

又电告广州龙济光日内即启程入京，"尚望不遗在远，时惠教言"。说："中（密）。锷因病呈请给假，奉令任唐督署理□［滇］督，调鄂［锷］入京，即于日内交待启程。在滇两年，深蒙珂卿父老爱戴，并承我公惠照，感纫曷似，行将别去，益用依依，尚望不遗在远，时惠教言为幸。怡庭先生处，乞致意。锷叩。"

又电告大理顾品珍奉调入京，滇督以唐继尧署理。说："昨奉中央电令，调锷入京，滇督一职，以唐督署理，暂由谢师长护理，即于日内交待启程。两年共事，又赋离群，临别依依，当图良晤。锷。印。"①

同日，顾品珍电复蔡锷说："闻公不日去滇，行旌已动，无可攀援，怅恋何极。伏念我公在滇，公益私情，获泽匪浅。珍膺西命，亦即以睽违日远，惆怅殊深，矧更弃滇远适，无论滇云寂寂，万象含愁，即以区区一身私意，如何慭置也。尚冀离滇之后，时赐训词，俾得遵守规则，无逾轨范。并乞示以首途日期及将来定旆之所在，俾得时来请训……珍。歌。印。"

7 日，蔡锷复电顾品珍说："歌电诵悉。潭水千尺，锷此深情，感念何极！锷本日交待，日内启程。到京后行止，定再专电奉告。锷。阳。印。"②

▲谭延闿电告熊希龄，与汤芗铭、伍祥祯见面，"极欢洽"。说"谨密。汤、伍两君来，极欢洽，拟调伍营，留汤舰，以树声威。梅植根（按：梅馨，字植根）甚愿相助为理，但不肯久，能加以任命，使有事权，出负责任最好，乞酌复。闿。微。"③

▲报载重庆川黔两军冲突情况，以及蔡锷的态度。说：

> 第一师长周骏及全体军官通电云，援川黔军在渝种种不法，已陈前电，王支队长陵基被其袭击，死伤甚众，反受诬陷，朦电中央，惨无人理。骏虽奉令督办川东善后事宜，以避嫌故，还身泸城，优容至再，听命中央。讵滇军到泸者步炮兵已达千余人，由永宁各方面后来者尚络绎不绝，向泸前进。经电阻并派员交涉，暂就所到地点停驻，

---

① 以上四电见《蔡锷集外集》，第 319—321 页。原发表于云南《共和滇报》1913 年 10 月 17 日。电后原注："十月五日发。"

② 以上二电见《蔡锷集外集》，第 321—322 页。原发表于云南《共和滇报》1913 年 10 月 17 日。

③ 《熊希龄先生遗稿》第 2 册，第 1621 页。

均归无效。胡都督景伊屡电不应，蔡都督宥电亦置之不理，似此不受节制，目无中央，民国前途，尚堪问乎？滇军刘旅长云峰在泸下令占据要地，控扼忠山，原驻我军，不闻不问，自由行动，居心巨测。窃思熊逆已平，泸原湫隘，泸境各军杂聚，已达数千，纵极力约束所部，礼待客军，万一偶因误会而冲突，其危险有甚于渝。师长何能任咎，我大总统、副总统明烛万里，务恳俯念泸城附近兵祸方平，设法解决，电令还师，泣血陈词，伏乞谅察。如有虚语，愿受斧钺。

又黔军司令黄毓成通电云，毓成此次援川，原奉中央命令，义无可辞。讵黔军击退熊逆，川军即以攘夺权利为先，自九月二十号冲突后，中央迭次电责，毓成奉若神圣，谨待查办。川军专恣横行，既于城内外及水陆各道拦杀将士，毓成犹责各团营连办理之未善，将详细情形，迭电在案。现重庆四围……均有川军驻扎，我军一举足，遽被弹击，枉死甚众。阻断粮食、物品输运入城，今晨黔军十余人渡河买米，被击毙一名，居民因之迁徙无算。城内哥匪横行，王陵基利用之以危我，欲挨户搜查，又恐贻奸人口实，危困孤城，生死旦夕。本午十时三十分，亲谒各国舰长，行至弹子石地方，亦被川军拦劫，捉去从卒四名、卫兵二十名，夺去马枪一支，种种辱凌，不忍出口。毓成有生以来，未受如此之辱，使彼以此种辣手段对待熊逆，亦何至迭失要隘，老师月余，是其对待我军，甚于熊逆百倍。迨至午后四时，仅交回抢去枪支，具函道歉而已。毓成虽戆，尚有血气，即唾面听其自干，而激怒已及全体，岂力可以败熊逆，而诚不足感川军耶。抢地呼天，用再哀告，恳速赐命令，拯此元元。不然九死一生，惟有拼命而已。

又川都胡景伊电云，据周骏电称，黔军在渝，颇多骚扰，并闻黔军不日将开贵州，所用船只至四十余只之多，装载颇为充实。先开者已十余船，嗣为川军禁止，因而两方激动，互相攻击。故黄毓成力讦王陵基，而王陵基又自诉其冤，坚请查办等语。政府现以此案颇具疑窦，且陈泽霈本李烈钧死党，而其为参谋，实黄所用。此次肇变，陈实在暗中挑唆，故日前准黄辞职，任周镇守。现并令黄静候查办。

又闻总统府人云，周中将于初二日下午，电请大总统收回成命，辞不就职等情。初三日午前，大总统已令军事处复电慰留，并令川督胡景伊转电该镇守使，勉任艰巨，以重地方。①

6 日

▲4 日，张凤翙电陈袁世凯、参谋部、陆军部，唐继尧"东"电所述"系实情"。说："接准黔督唐继尧东电开，黔军援川，系奉中央命令，并夔州及川中各师长迭次催促。到川以后，大小十余战，日伤数百人，始将万、渝各处，次第克复。黔军旅长黄毓成奉中央任命为重庆镇守使，正拟筹办善后，乃川人争功攘利，忌黔军如仇。且川中兵亦不安分，熊逆虽逃，余孽仍在，兵匪一气，暗诱我军于九月马日，二军在渝冲突。我军猝不及防，亡伤颇多。该时川军节节进逼，距渝数十里，密置重兵，居心如何，不问可知。现在尧以遵照中央命令，严约各军仍驻渝城，静候中央查办。惟川军驻近渝城，相距咫尺，万一再有冲突，该军仍不免捏造黑白，诬蔑黔军。应请我公迅饬贵军张师长进驻渝城附近，监视两军。将来若再有冲突，衅自谁开，即派张师长报告中央，按律处分。不然，黔军以恤邻之谊，受不白之诬，以后省界愈分，谁复济人之难？驯至中央法令，等于弁髦，全国分崩危亡立待。言念前途，可为寒心，迫切陈言，立盼电示等因。查阅所电，委系实情，合并电请钧裁祗遵。陕督张凤翙。支。印。"

6 日，蔡锷"急"电复参谋部、陆军部，已迭电唐继尧、胡景伊，"请双方退让，静候中央查办"。说："午密。宥、冬电敬悉。黄毓成、王陵基在渝冲突一案，细玩两方通电，可得此中真相。王陵基带兵入渝，未免有欺客之嫌。黄毓成以匪军相视，欲其缴械，且闭城不纳，未免过当。误会既多，意气复盛，因是种种，遂致相讧。锷已迭电唐、胡两督，竭诚解释，并请双方退让，静候中央查办。援川滇军第二旅早已由叙撤回滇边，其先遣旅之在渝者，系由唐总司令电饬暂驻川中。来电有滇军纪律严明、各界欢迎之语。惟川、黔军在渝冲突，滇军因川人排客之故，不无愤慨之词，此间已迭电严饬毋得妄启衅端，并商由唐督准备班师，原电所称续派三团之语，绝非事实。锷日内启程入都，当详报一切，希转陈主峰为幸。锷叩。鱼。印。"

<hr>

① 《关于重庆冲突问题之近报》，天津《大公报》1913 年 10 月 5 日。

□日①，再电复参谋部、陆军部说："滇□□敬悉。以貔□□身待罪滇边，□□□惕，深惧弗胜，□□□央，谬加倚重，□□□恒感惭，曷□□□□师出征，冀纾□□□赖中央威福□□□事将次削平，□□□自可不出。已□□□停征各情，于□□□电具陈计□□□□在渝乱方□，泸□□□紧。锷□□饬到□□，亟道□□□节□□黔师援川并□□□军队由叙府□□□瀬炯俑中军□□□举棋不定，事□□□幕相嬉，事急□□□失措以职。熊□□□顿□渐有梦□□□障□瞵情勾□□□外，敬恳代呈□□□□滇都督锷（叩）。□。印。"

16日，谢汝翼也电复陆军部，表示"不敢言功，可告无罪"。说："敬电奉悉。此次□［长］江倡乱，滇屹立西□［蜀］，拥护中央，既无乱□［事］容身之地，而军界同胞尤深明大义，更无稍涉嫌疑之员。除维持秩序外，复分道援川，不敢言功，可告无罪，所有滇省补官册籍，并无变更。□行电复。滇护督谢汝翼叩。铣。印。"②

7日

▲蔡锷电告袁世凯，国务院，参众两院，黎元洪，各省都督、民政长，已于是日辞职，"克日启程入京"。说："奉大总统令：云南都督蔡锷叠电因病请假，着给假三个月，来京调养。此令。又任命唐继尧署理云南都督。未到任以前，着谢汝翼护理。此令。等因。遵于十月七号，将都督印信及文卷交由谢护督接收任事，锷即于是日辞职，克日启程入京。滇省秩序谧静，请纾廑注。谨闻。蔡锷。阳。印。"③

又发表"解职"布告说："案奉大总统命令：云南都督蔡锷叠电因病请假，着给假三个月，来京调养。此令。又任命唐继尧署理云南都督。未到任以前，着谢汝翼护理。此令。等因。本都督遵于十月第七号，将都督印信及文件交由谢护督接收任事，本都督即于是号解职，克日启程入京。惟念本都督在滇两年，虽心力之交瘁，实治理之未臻。幸同胞将领同寓寮属暨省议会诸公及滇中父老，随时协助，差免陨越。此后滇中治安与夫一

---

① 此系一残电，具体时间不详。
② 以上四电见《滇陕两省都督、蔡锷等电陈驻渝黔军与川军冲突情形》（1913年），中国第二历史档案馆藏，档案号：1011-6001。
③ 曾业英编《蔡锷集》（二），第1103页。

切政治之进行，本都督入京以后，苟能有造于滇，亦当惟力是视，用答滇中老爱赏戴之忱也。特此布告。"①

▲云南行政公署致函蔡锷，告知省议会一致议决敬送其"旅费银一万元"。说："径启者。准省议会议字第四百八十一号函开，蔡都督统率军队，光复云南，两年于兹，万姓欢戴。昨闻辞职之信，各界飞电挽留，迄未得请。旋闻起节在即，本会代表人民，主张公谊，因于本月四号午后七时，邀集军政各界代表会议，一致赞同决定送旅费银一万元，由财政司库提用。事经公决，相应函请贵民政司长，饬司筹备照数敬谨致送。相应函请察收赐复。此致卸云南军都督蔡。计函送银一万元正。"

同日，蔡锷函复罗佩金，表示"断不敢邀无功之赏，且滇省岁入奇绌，政费尚苦不敷，私赠万金，不敢滥领"。说："径复启者。接准公函敬悉。省（议）会诸公以锷去滇在即，议决送旅费洋一万元，函由尊处饬司提送。雅意拳拳，感佩曷似。锷在滇两年，愧无建树，断不敢邀无功之赏。且滇省岁入奇绌，政费尚苦不敷，私赠万金，不敢滥领。锷此行虽孑然一身，抵京后尚可向友朋处挪借，未便以私害公。如不获请，恳即将此款以锷名义，置买产业，俾得在滇直接纳税，用取本省公民之资格。盖滇与锷之关系，较之生我之桑梓尤为亲切，借此以表爱戴全滇之意。此产利息所入，仍以拨充公家之用，似此一转移间，在滇省既已情尽，在锷亦获心安。敬恳执事函复议会，转致鄙忱为幸。敬候台安。（爱）镕轩省长台鉴。弟蔡锷敬复。"②

▲报载"总统府昨拍发密电一件，直致湖南查办使郭人漳。闻电中大略系饬该使将湘省情形妥为查办，并饬将剿办余匪，及解散会党各事宜，一并查明，电复来京，以备核办。湖南虽早取消独立，而潜伏之乱机，尚未清绝。谭都督电请辞职，至再至三，袁总统以谭督忠厚长者，实无清绝湘省乱机之能力，欲谋湘省之长治久安，非另易都督不可，已有允准谭督辞职之意。唯袁总统意中，可胜湘督之任者，有蔡锷、郭人漳、曹锟三人正极意选择，尤注重于曹，以其统率军队多年，足以镇慑

---

① 《蔡锷集外集》，第 323 页。原发表于云南《共和滇报》1913 年 10 月 18 日。
② 以上二函见《蔡锷集外集》，第 322—323 页。原发表于云南《共和滇报》1913 年 10 月 17日。蔡锷复罗佩金函后有原注："十月七日到。"

乱党也"。①

又载"初七日选举正式副总统，黎元洪氏当选……兹悉是日下午二钟开会，出席议员计凡七百一十九人。自三钟投票至四钟开票，黎元洪得六百一十票，占最多数，当选。而其余一百零九票，则为阎锡山、贡桑乐亭、张作霖、徐世昌、段祺瑞、张謇、康有为、张继、张勋、张绍曾、于右任、伍廷芳、蔡锷、蔡元培、朱瑞、孙文、赵秉钧、黎天才、冯国璋、汤化龙、袁克定、谷钟秀等诸人所得。而其中阎锡山占最多数，然不足法定票数，均归无效。按名数票至黎元洪六百一十票时，满场议员一齐拍手，其声如雷，于是遂散会"。②

9 日

▲蔡锷通电袁世凯，国务院，参众两院，黎元洪，各省都督、民政长，本日启程"取道浮海入京"。说："阳电通报交代日期，计已呈览。本号由滇启程，取道浮海入京。滇中秩序安稳，请释廑注。蔡锷叩。青。印。"③

▲8 日，戴戡电请蔡锷邮寄玉照，以为"立碣纪绩"之用。说："黔有今日，皆公之赐。顷闻台驾北上，瞻依靡极。黔人现拟立碣纪绩，以志不忘，敬祈邮寄尊照一纸，俾庆祝时有所瞻仰，用慰群情。戡叩。庚。"

9 日，蔡锷电复戴戡说："庚电敬悉。黔事均赖赏督暨台端诸公维持之力，承珂卿父老归功于锷，并拟立碣纪绩，惭愧！惭愧！锷本日启程入京，照片在途邮寄各交好处，希为代达。"④

10 日

▲报载"闻大总统以中外各大员赞助共和，卓著劳绩，拟分别授给勋位、勋章，以彰奖劝。清皇室内务大臣世续、清太保徐世昌、前总理赵秉钧，均授勋一位。浙督朱瑞、滇督蔡锷、川督胡景伊、黔督唐继尧、晋督阎锡山、陕督张凤翙、奉督张锡銮、皖督倪嗣冲、豫督张镇芳、参谋次长

---

① 《关于湖南军事善后之计画》，天津《大公报》1913 年 10 月 7 日。
② 《副总统选举投票之概数》，天津《大公报》1913 年 10 月 9 日。
③ 曾业英编《蔡锷集》（二），第 1104 页。
④ 以上二电见《蔡锷集外集》，第 324 页。

陈宧均授勋二位"。①

又载"政府近以浙江都督朱瑞、四川都督胡景伊、云南都督蔡锷、贵州都督唐继尧对于此次叛党倡乱镇压有力，维持公安，勋绩卓著，拟于国庆日特赏四督勋位，以重酬勋典礼"。②

11 日

▲蔡锷在阿迷州电复袁世凯及参谋、陆军两部抵京日期。说："滇密。于阿弥途次，转奉支电，饬勉留任，仰见大总统睠怀南服至意。查谢（按：指谢汝翼）护督暨李（按：指李鸿祥）护民政长均已遵令接任视事。滇中现状安谧，谢、李必能继续维持。其他各事，锷已早为布署，保无他虞。援川滇军抵叙者早经撤还，驻泸之军亦已据称开拔返滇，谅不至另生枝节。驻渝之黔军，唐督素明大义，必不致徇逖曲之请，任令逗留川境，当亦据报拔队返黔。现滇越铁路，因雨梗阻，越港邮船，亦常愆期，计十一月上旬，方可抵京，合并陈明。锷叩。真。印。"③

12 日

▲6 日，熊希龄"加急"电告谭延闿，郭人漳派人暗杀伍祥桢，嫁祸于湘，以启兵祸。说："谨密。民政长已简王瑚署理，其人真诚俭直，勤政爱民，且无党派，足以整顿吏治，挽回风气，可为湘庆。昨得梅植根电，谓郭宝生派人暗杀伍使，嫁祸于湘，以启兵祸。其心狠毒至此，业经转呈极峰，尊处有所闻否？乞密加防范为幸。湘中盗匪充斥，加以改进团之煽惑，须办清乡。弟意拟令蒋少穆督办湖南团练清乡事宜，公意以为何如？乞电复。希龄。鱼。印。"④

12 日，谭延闿电复熊希龄，并询"松坡已行，能速莅否"？说："谨密。鱼电悉。王铁珊来，极表欢迎，今到京否？何时能来？望促之。少穆督办清乡甚佳，惟团练办法宜酌。各县警察徒虞土著小队，又无实力，拟

---

① 《国庆日特颁赏勋之命令》，天津《大公报》1913 年 10 月 11 日。

② 《正式总统今日受任矣·国庆日之特赏》，《申报》1913 年 10 月 10 日。

③ 《滇督蔡锷任职期间关于联系军杂事务文电》（1912 年 5 月至 1913 年 10 月），中国第二历史档案馆藏，档案号：1011－1114。

④ 《熊希龄集》第 4 册，第 322—323 页。

守备分配，为武装警察之先声，如何？所难处者，三厅绿营，公有计划，愿闻。松坡已行，能速莅否？悯本有此阴谋，前电曾以奉告，揭破固佳，然逗留过久，勾引愈多，心〔必〕为湘祸。望商极峰，设法调回，以绝郭与悯郭者之望，乞公主持。以汤任查办如何？植根在此甚得力，能畀以会办裁兵事宜名目否？艾棠昨入京，一切面陈，乞速示复。阎。文。"

14日，又电询熊希龄，蔡锷"能即发表否"？说："谨密。寿国到，即受任实业，教育究裁否？阎意拟请勿裁，仍速简人为要。高审厅长陈，奉派出洋，能以礼衡署否？于裁并司法处甚无益，望酌之。铁珊何日来？松坡能即发表否？闻公小疾，想愈，敬念。阎。寒。"

16日，再"急"电熊希龄说："谨密。闻郭到京，必运动入湘，务请始终坚持，能就此改调尤感。植根帮办善后，能否发表？蔡、王（按：指蔡锷、王瑚）何时来？顷调伍使军队，一旦来省，足资镇慑，且释疑猜。总检厅昨有文明捕余道南、童锡梁、龙璋诸人，余、童于此次取消，大有功，龙亦名德，乞公设法保护，或由阎电请免交汤使查复何如？艾棠到否？乞示。阎。铣。"

同日，又"特急"电告熊希龄说："谨密。阎调伍军来省，本为镇慑，兼以释疑，顷奉电令，伍全部来省，曹进驻岳州。同为国军，有何迎拒，而微窥意旨，则中央疑虑尚未全消。曹、郭相依，必将继至，月来辛苦遂成空令，阎一人终为湘累，孰无面目，更长乡邦。况任司已来，王使将至，伍军又来，湘决无事，可谢属民。必更徘徊，以待郭来恣肆，亦殊不值。务请公主持，立免阎官，一面调回郭使，于新政观听有裨，于全湘安宁有系。松坡不来，即如前电，亦谅无虞，望决行之。阎现急求脱卸，既屈己无益于事，即剖心何以自明，湘境初安，初心已慰，一己罪罚，本所不辞，凤托知心，敢以为请，惟日为岁，幸不迟延。张、朱明日可到，一切均商办，近郭亟运动人欢迎，又日散布谣言，凡因阎未去，去阎安然，一举两利，愿我公之斥诛，不愿受细人之媒孽也。乞复。阎。铣。印。"

18日，熊希龄电告谭延闿，蔡锷大抵11月初必赴湘。说："谨密。文、寒电钧〔均〕悉。铁珊即到任，松坡月底可抵京，大约十一月初旬后亦必赴湘，教育、实业两司事，因院议未决，各处呈请，均未简人，不便先于湘省发表。公如以该司急需更易，请于陈凤荒、熊知白、黄诚斋三人中择一人委署，教育、实业两司，俟大局定后，两司不撤，再行即真可也。梅植根事，已呈明总统，即办。审判厅长事，法部已拟有人，礼衡为人攻击，容缓位置。童、余事，当转商军部，弟不知其案由。贱恙已瘥，惟精神疲弱，承注甚感。希龄。巧。印。"

又电告谭延闿，汤芗铭已"派为查办副使"。说："谨密。铣电悉。伍军赴湘，曹军填岳，极峰之意，对于湘省早释疑虑。惟因近得东瀛探报，孙、黄派人赴湘运动，故添派军队，亦持重之意。汤已派为查办副使，近更简为裁兵，以梅辅之，日内即有任命。郭决不致入湘，尊电当抄呈极峰，望公全始全终，勉为桑梓，委曲坚忍，勿亏一篑，是所至祷。希龄。巧。印。"

20 日，再电告谭延闿，因蔡锷"到任恐在十一月中旬以后"，因而拟请"令汤次长代理都督"。说："谨密。松坡月底方到，到任恐在十一月中旬以后，弟商极峰，拟请令汤次长代理都督。昨由军事处电商，未知汤肯担任否？极峰意，以公卸事后，寓湘、沪均不安，恐为乱人所谋，嘱劝公迅速来京，将有借重。公不愿与闻政事，亦可在京休息，望速决定电复。路股抵押借款事，与交通部有关系，公议有大致，望先示知，以免冲突。曹与郭并不同气，极峰嘱放心。再，胡学伸团长在弟处借拨购马银四百余两，由湘归还，请公饬沅州厘局拨现银二百两，送交舍弟捷三手收，余二百数十两，交艾棠（按：即刘艾棠）存候另拨，至祷。并希电复。又，俞、童事请以正式电院，当交部核查。希龄。号。印。"①

▲报载"大总统初十日就职后，各省都督即纷来贺电庆祝，大致均系普通套语，惟鄂督黎副总统、滇督蔡锷、陕督张凤翙、奉督张锡銮之电，均有请大总统迅即组织责任内阁，建树强有力之政府，以济时艰，而定国是等语。张季直此次当选工商总长，尚未到京，而短期内阁即将解散，其是否到任，尚未可知。昨闻大总统曾与段、刘等总长会谈，以张君为现在实业专家，以之担任工商，必有绝大成效，将来正式政府仍决拟提出两院，并令转电张总长速即来京赴任，勿以短期内阁为念云"。②

① 以上各电见《熊希龄先生遗稿》第 2 册，第 1635—1636、1639、1641—1643、1646—1648 页。
② 《大总统就职后之内阁问题》，天津《大公报》1913 年 10 月 12 日。

13 日

▲谢汝翼电告北京参谋部、陆军部，成都胡都督景伊，滇、黔军班师、撤回情况。说："奉大部卅、支两电，敬悉。渝事甫平，即由蔡都督电止在途援军勿再前进，并电唐督遵照中央命令，严饬到川各军克日班师。昨据周师长（按：指周骏）歌电称，滇军在泸，恪守纪律，具见教育有方，始能有此军誉。顷据商会电告，本日拂晓，黔军各援军既已遵照迭次命令，陆续撤回，当不至再滋疑虑，合电陈明。护滇督汝翼。元。印。"①

16 日

▲报载特约路透社"云南府电。蔡都督业已离此，闻拟先赴北京，后再受重要之职，遗任由谢（译音）师长继之"。

又载特约路透社"云南府电。民政长业已辞职，由李师长继之（按路透十月七日长沙电，谓该处接私家消息，蔡锷将任湖南都督）"。②

23 日

▲张学济、朱树藩电告熊希龄，向厚甫与汤芗铭同时来湘，"不知是何原因"。说："沉密。顷闻中央将以汤次长代理都督，馨（按：指梅馨，字植根）又接向厚甫来电，已由汉动身来省，向系郭党，与汤次长代督消息同时而来，不知是何原因。汤甚和平，代理都督似亦欢迎，但恐为向厚甫等所利用，部下又未知情形，必至小人连类而进，不可收拾。向与败劣之军官极洽，势必鼓动反对裁兵，若汤次长又为所利用，军事仍难振顿，又将如反正后军人干涉政治，酿成大乱而后已，济等维持湘事，决无私心，关系大局，不得不言，万乞设法维持，以保桑梓，而弭后患，无任盼祷。张学济、朱树藩同叩。梗。印。"③

24 日

▲袁世凯任命汤芗铭署理湖南都督。④

① 中国第二历史档案馆藏档案，档案号：1011－6416。
② 《特约路透电》，《申报》1913 年 10 月 16 日。
③ 《熊希龄先生遗稿》第 2 册，第 1650 页。
④ 《命令》，《政府公报》第 530 号，1913 年 10 月 25 日。

25 日

▲谭延闿以"火急"特件，电请熊希龄敦促早"调郭速归，留汤代督"。说："谨密。前电计达，裁兵就绪，幸获安全，差纾尽注。伍、曹分进，军民无惊，调郭速归，留汤代督，必可无事，望早发表，以绝纷纭。铁珊行否？乞加敦促。弟已预备交代，事竣当作北游，俯晤极峰，望致鄙意，盼复。闿。有。印。"①

▲袁世凯通电黎元洪、各省都督和民政长，指责宪法起草委员会所拟宪法草案"谬点甚多"。说：

> 制定宪法，关系民国存亡，应如何审议精详，力求完善。乃国民党人破坏者多，始则托名政党，为虎作伥，危害国家，颠覆政府，事实具在，无可讳言。此次宪法起草委员会，该党议员居其多数，阅其所拟宪法草案，妨害国家者甚多，特举其最要者，先约略言之。立宪精神以分权为原则，临时政府一年以内内阁三易，屡陷于无政府地位，皆误于议会之有国务员同意权，此必须废除者。今草案第十一条国务总理之任命须经众议院同意，第四十三条众议院对于国务院得为不信任之决议时须免其职云云，比较《临时约法》，弊害尤甚。各部总长虽准自由任命，然弹劾之外，又入不信任投票一条，必使各部行政事事仰承意旨，否则国务员即为违法，议员喜怒任意可投不信任之票。众议院员数五百九十六人，以过半数列席计之，但有一百五十人表决即应免职，是国务员随时可以推翻，行政权全在众议员少数人之手，直成为国会专制矣，自爱有为之士其孰肯投身政界乎。各部各省行政之务范围甚广，行政官依其施行之法均得有适当之处分。今草案第八十七条，法院依法律受理民刑事行政，又其他一切诉讼云云，今不按遵约法另设平政院，使行政诉讼亦隶法院，行政官无行政处分之权，法院得掣行政官之肘，立宪政体固如是乎。国会闭会期间设国会委员会，美国两院规则内有之，而宪法并无明文。今草案第五章规定国会委员会，由参众两院选出四十人共同组织议之，以委员三分二以上列席，列席员三分二以上同意决之。而其规定职权，一咨请国会临时会；一

---

① 《熊希龄先生遗稿》第 2 册，第 1653 页。

闭会期内国务总理出缺时，任命署理须得委员同意；一发布紧急命令须经委员议决；一财政紧急处分须经委员议决，此不特侵夺政府应有之特权，而仅说四十委员，但得二十余人之列席，与十八人之同意，便可操纵一切，试问能否代表两院意见，以少数人专制多数人，此尤蔑侮立法之甚者也。文武官吏大总统应有任命之权，今草案第一百八、九两条，审计院以参议员选举之，审计院长由审计员互选之云云，审计员专以议员组织，则政府编制预算之权亦同虚设，而审计又用事前监督，政府直无运用之余地。国家岁入岁出，对于国会有预算之提交、决算之报告，既予以监督之权，岂宜干预法人，层层束缚，以掣政府之肘。总其流弊，将使行政一部仅为国会附属品，直是消灭行政独立之权。近来各省省议会掣肘行政已成习惯，倘再令照国会专制办法，将尽天下文武官吏皆附属于百十议员之下，是无政府也。值此建设时代，内乱外患，险象环生，各行政官力负责任，急起直追犹虞不及，若反消灭行政一部独立之权，势非亡国灭种不止。此种草案既有人主持于前，自必有人构成于后，设非借此以遂其破坏倾覆之谋，何至于国势民情梦梦若是？征诸人民心理既不谓然，即各国法律家亦多訾驳，本大总统忝受付托之重，坚持保国救民之宗旨，确见及此等违背共和政体之宪法，影响于国家治乱兴亡者极大，何敢缄默不言？《临时约法》临时大总统有提议修改约法之权，又美国议定宪法时，华盛顿充独立殖民地代表第二联合会议议长，虽寡所提议，而国民三十万人出众议员一人之规定，实华盛顿所主张。法国制定宪法时，马卖马洪被选为正式大总统，命外务大臣布罗利向国民会议提出宪法草案，即为国法现行之原案，此法、美二国第一任大总统与闻宪法之事，具有先例可援。用特派员前赴国会陈述意见，以期尽我保国救民之微忱。草案内谬点甚多，一面已约集中外法家，公同讨论，仍当随时续告。各该文武长官同为国民一分子，且各负保卫治安之责，对于国家根本大法，利害与共亦未便知而不言，务望逐条研究谠论，于电到五日内，迅速条陈电复，以凭采择。大总统。有。①

---

① 《袁总统宣布宪法意见并饬各省条陈谠论电》，《申报》1913 年 10 月 28 日。

26 日

▲24 日或 25 日，熊希龄函劝谭延闿务必"迅速北上"。说："昨电计达。极峰对于我公，深知公之为难，且有去年接济中央款项之感情，并无丝毫疑忌。此次公既卸事，深虑公如到沪，恐为党人中伤，力劝来京，并有电与黎公，想已入览。至于查办湖南之事，尤与公无涉，务望迅速北上。如不愿久住京，稍为勾留，再赴欧美游历亦不妨也。专肃，敬颂组庵先生日祺。弟希龄顿首。（余由子靖面述一切）"①

26 日，又电告谭延闿"郭调回京，公亦离湘"。说："敬电悉。湘事均已发表，郭调回京，公亦离湘。仍盼来京一谈，再行出洋，万不可赴上海。王铁珊月初必行，怡和押款若询英使，恐为五团所阻，特复。希龄。宥。印。"②

29 日"午刻"，汤芗铭"接印"，谭延闿"已上轮，准明日启行入京"。③

28 日

▲报载蔡锷"昨夕由港车抵粤，粤督派宪兵两营及军乐队欢迎，夜九点钟始乘舆入府。翌晨并到各处拜会。现蔡督定期后日即乘兵轮入京。与龙都督等叙谈，龙督以现在大局初定，党人容匿各省，出没无常，实为隐忧，特与蔡督筹商处置之法。蔡督主张剿抚兼施云"。④

30 日

▲熊希龄电告张学济、朱树藩，"弟等办事亦须慎之又慎"。说："沉密。三电均悉。办理撤兵，甚为妥贴，昨陈极峰，亦奖两弟之能。此后对于湘事，宜开诚相告。军界总以力除浮动之习，养成军人资格，庶几湘军名誉可望恢复。弟等办事亦须慎之又慎，功不己立，名不己成，方为吾党之正旨。警厅长应由内务司选任，电局长应归北京交通部选人，各有统系，

---

① 《熊希龄集》第 4 册，第 369 页。
② 《熊希龄先生遗稿》第 2 册，第 1658 页。
③ 《湖南检查使张学济、副使朱树藩致熊希龄电》（1913 年 10 月 29 日），《熊希龄先生遗稿》第 2 册，第 1659 页。
④ 《广东·蔡都督到粤纪》，《申报》1913 年 10 月 28 日。

乃能得力。张天宋日内即可发表，谢国藻、程希洛来湘任事，特复。龄。陷。印。"①

11 月

1 日

▲报载蔡锷抵沪，"定于二日晨动身赴宁，与张勋会晤，即专车北上"。②

1916 年 11 月 15 日，报载当时新任外交总长伍廷芳与上海某报记者访谈时，不仅无限悲痛蔡锷的逝世，还述及蔡锷在沪曾至其居"畅谈"。说："蔡松坡才识过人，热心国事，乃天不假年，国家失此柱石，可痛孰甚。回忆三年前松坡由滇晋京，道经沪上，曾至余居畅谈。当时余虽见松坡体质甚弱，然不料其经年积劳遂致不起也。"③

3 日

▲报载蔡锷"道过济南，作一日之勾留，即乘专车北上"。④

4 日

▲袁世凯下令解散国民党，驱逐国会中的国民党籍议员。报载："闻此事未发表之先，前两日外间虽略有消息，实则总统府内非常秘密。当四号临发表之时，仅有熊总理、朱总长二人在内。梁任公先一日由天津归，尚不知道消息。次日往总统府谒见总统，为守门者所阻，谓总统现有要事与熊总理、朱总长商议，外人一概不见。梁任公候至三十分钟，始蒙传见。进见之后，总统将命令拿出，令任公阅视，并云已经发表，问任公有无意见，任公无言而退。"⑤

12 日，又下令驱逐各省议会中的国民党籍议员，地方立法机关也凌夷

---

① 《熊希龄先生遗稿》第 2 册，第 1661 页。
② 《上海电》，天津《大公报》1913 年 11 月 1 日。
③ 《新外交总长伍廷芳之谈话》，《盛京时报》1916 年 11 月 15 日。
④ 北京《亚细亚日报》1913 年 11 月 5 日。
⑤ 北京《群强报》1913 年 11 月 6 日。

渐灭殆尽。

▲报载上午 9 时，蔡锷"携同眷属由津浦路加车到京"。① "暂寓东厂胡同将校俱乐部"。②

又载"云南都督蔡锷前奉大总统电召，业于四号午后到京。据国务院人云，当日即分报该院及大总统，并请示期晋见等情。闻总统府武承宣处于是日下午八点，即传令该督于初五日午前八钟谐瀛秀园预备召见"。③

关于蔡锷离滇抵京的情况，雷飙回忆说：

> 松坡公离滇赴车站时，城中各界尚多未知，惟军队警察及军乐队、学生队早到，谢汝翼、李鸿祥、沈石泉及大小军官齐集，奏乐行礼上车。随行惟秘书长修承浩、副官长龚津〔泽〕润及何鹏翔与飙而已。车至宜良县，罗佩金等赶到送行，盖人在情在，厚望甚殷耳，车至安南河内时，法驻越总司令及文武官员到站欢迎，并留宴数日。河内中国商人尤多，亦纷纷欢宴。其驻越之总司令某年将七十，须发皆白，忽拍蔡公肩而言曰：如此青年，功在民国，官至上将，法国未有也。蔡公颇惭愧，盖东西各国陆海军人，非到相当年龄，不能为将官也。复借以考察法越军事政治工业种种，颇极满意。去时各界欢送如故。到香港未久留。到沪时，袁早派代表范熙绩欢迎，并接公入京面商一切，恐直赴湘耳（袁之深谋，范亦知之）。到南京时，冯督国璋及各军事同学均异常欢宴，与冯督略谈军事政治，即派专车送京。过济南时，鲁督靳云鹏特派代表到站欢迎，下车进城休息，见面时似有愧感交集之慨。盖靳于滇中起义时，几遭危险，得以安全出险，即眷属与钟、王等灵柩、眷属，妥送回籍者，皆蔡公与飙及李凤楼、刘云峰之力也。表面上似极好感，心中总觉前嫌难弃耳。到泰安时，停车两日，共游泰山、曲阜各名胜，兴趣极佳。蔡公尤善走，飙等不及也。车抵北京，袁仍派代表多人到站欢迎，公馆器具车马，招待齐备，并时送酒食物品，各部处均招宴洗尘，真是一场滑稽戏幕也。每次与袁见面，谈话

---

① 北京《群强报》1913 年 11 月 5 日。
② 北京《亚细亚日报》1913 年 11 月 5 日。
③ 《蔡滇督晋见总统》，天津《大公报》1913 年 11 月 7 日。

亦极慷慨，其他一时难以看破。①

自述追随蔡锷三载的赵默则回忆说："（蔡锷）初入都，袁克定往拜，意欲揽之入彀。先生鄙之，竟不回拜。迨后袁氏欲任为参谋总长、训练总监，袁克定谓公语言无味，面目可憎，其言岂不然乎。迨练模范团，先生曾有所陈述，袁氏令为营长，使受陈光远之节制，先生不就。然得暇即调查北洋军队之内容，如长辛店之实弹射击、南北苑之校阅，他人苦之，先生独欣然往。一日谓属员曰：以予手练之兵而击北军，值［直］劲风扫落叶耳。观公沪、叙之役，大小百余战，冲锋数十次，诚北军未遇之劲敌也。"②

按：最后那句"一日谓属员曰：以予手练之兵而击北军，值［直］劲风扫落叶耳"云云，含有 1916 年袁氏帝王梦碎的时代气息，当属不实之词。

对于蔡锷此次离滇入京，据当时媒体报道，由于蔡锷"来京原因颇难明了，将来位置亦尚在未定之间"，③ 社会各方，"窥测百出"。也有人事后指出："蔡君离职到京之目的，即素昵（匿）之，同志皆莫名其妙，当时受非难讥嘲，莫可言状。"④ 于是，社会各方人士对其离滇入京一事，有各种传言。

一是"恋栈"，舍不得自己的官位。即蔡锷自己所说的"恋栈之诮"。北京当时风传蔡锷赴京途中"在沪被刺"，即可视为此说的隐秘反映，说明有人因不欲其入京继续做官，而企图置其于死地。有媒体报道，"昨京中风传蔡锷在上海被刺，探系不确。因沪上有董某者于前晚乘人力车经望平街，突有人从后以手枪轰击六发，立毙，董貌颇类蔡。又蔡初抵上海时，群传沪上叛党谋刺蔡，以报蔡在都督任内时不附叛党之仇。董某之毙，人误以为即系蔡，遂致以讹传讹。惟蔡闻此消息，颇有戒心，即日启程来京"。⑤ 此事尽管由当时政治上倾向袁世凯的《亚细亚日报》为

---

① 雷飙：《蔡松坡先生生平事略》，《国防月刊》第 4 卷第 4 期，1947 年 12 月，第 76 页。
② 赵默：《蔡松坡先生逸事》，北京《民苏报》1916 年 12 月 1 日。
③ 北京《群强报》1913 年 10 月 16 日。
④ 《旅京湘人追悼蔡松坡》，《长沙日报》1916 年 11 月 26 日。
⑤ 《蔡锷在沪被刺风传之由来》，北京《亚细亚日报》1913 年 11 月 1 日。

免袁世凯牵扯其中而出面辟谣了，难以明了是否真有其事，但却有当时的重要革命党人谭人凤、何海鸣后来的说词，可佐证这一"风传"似乎也是无风不起浪，或许确有"阴谋暗杀"蔡锷者。因为蔡锷逝世后，谭人凤说过，黄兴、蔡锷"二公未死以前，国人相待，实多不近人情之处，对黄公则毁之谤之不留余地，对蔡公亦闻有假革命出风头之徒阴谋暗杀者，岂非咄咄怪事耶。无他，妒贤忌能之心盛，故有此倒行逆施之举也"。① 何海鸣则自我检讨说："顾人才之死也，既应追而悼之，则其生也又安可不爱之护之。譬如克强先生，当其生时，名满天下，谤亦满天下，即不肖如予，亦曾加以棒击。至今思之，无一不为忏悔之材料。又如松坡先生，当未离北京之前，时论对之若何？谅亦无今日之恳挚。然二公之死也，乃无分党派，无论恩怨，一一有悲叹之声，此何故？盖不约而为中国之人才惜也。"②

今天看来，持此之见的，当属当时坚决反袁的革命党人。因为，第一，蔡锷为梁启超的得意门生，梁为革命党人的宿敌，而蔡又偏偏无论是在孙中山还是袁世凯为临时大总统时，都曾在用人问题上极力向他们推荐过梁启超。第二，革命党人发动"二次革命"，蔡锷总的来说是不支持的，其作为基本不利于革命党人而利于袁世凯。不过，"恋栈"之说是否属实？今天应已有了定论，因为蔡锷自入京之后，特别是护国讨袁的实践，雄辩地证明了此说只是毫无根据的"妄议"。

但是，也有舆论说是因"二次革命"时，袁世凯"忌之"而"愤而辞职"的。说："民国二年秋，第二次革命，蔡公联合滇黔川桂四省组织靖难军，拟率赴长江流域，意在灭袁派之势，以消隐患，且以早定内乱，免外人之干涉，袁氏忌之不许，遂愤而辞职，举黔督唐继尧自代。唐原隶蔡部，且师事之者也。"③ 综观"二次革命"期间蔡锷的表现，尽管也对袁的某些作为有所不然，如建议袁世凯勿滥颁勋章之类，却并无丝毫"灭袁派"之意，可见此说并不能成立。

二是云南人"排外"，蔡锷"非走不可"。邓汉祥后来回忆说："谢汝翼、李鸿祥由四川退回云南后，多方逼迫蔡锷，企图取云南都督而代之。

---

① 《谭人凤演说词》，北京《民国新报》1916 年 12 月 2 日。
② 《何海鸣痛定之言》，《寸心》第 1 期，1917 年 1 月 10 日。
③ 《蔡松坡先生之略史·癸丑入都》，上海《中华新报》1916 年 11 月 15 日。

蔡锷自任都督后，通过参谋部次长陈宧，与袁世凯通声气，有时蔡致袁电，也由陈译转。我记得有一次蔡致陈宧亲译电，很坦率地将他处境的困难告知陈，主要意思就是说谢汝翼、李鸿祥想当云南都督，他们以云南人地方关系进行排外，蔡非走不可。为顾全面子，希图由中央来电调他入京。他走后对云、贵人事的部署，建议以唐继尧为云南都督，另请在叶荃、黄毓成、刘显世三人中选一为贵州都督。当时这些电报，都由我同刘杏村保管。我曾同刘杏村向陈宧建议，蔡所保三人中，只刘系贵州人，叶、黄均是云南人，应以刘显世继任黔督为宜。经陈宧商承袁世凯后，以威字号将军调蔡锷入京，调唐继尧继任云南都督。因刘显世资望较浅，改为贵州护军使。"[1] 邓的回忆系亲历，又有刘禺生的记载可资旁证（详后），而且刘一清（字杏村）也确在参谋本部任第一局局长[2]，当有一定可信度。

但是，赵钟奇作为云南人，否认有云南人以"地方关系进行排外"，逼"蔡非走不可"的说法，认为蔡锷"离滇，主要是他的野心（按：赵在同文另一处解释这'野心，或者说是有"雄心壮志"有抱负的人'）起着主导作用，而不是被李鸿祥逼走的。李鸿祥和蔡的矛盾，是在蔡调唐继尧回滇任都督的消息传出后才发生的"。[3]

赵钟奇否定将蔡的离滇，完全归结为李、谢的"逼"，无疑是事实，蔡、李关系原本不坏，发生矛盾的确主要是"蔡调唐继尧回滇任都督的消息传出后"的事。有当时与蔡同在昆明的雷飙的回忆为证。他说："（蔡锷）力保唐继尧督滇兼省长职，未发表时，罗佩金、谢汝翼、李鸿祥等知之，均愤愤不平，颇有异动，而唐又未到，省长事无人主持，谢、李等闭门不出，阴谋破坏，尤以罗佩金因中央勒令辞去省长职，心怀不服，加速捣乱，事极危殆，飙乃竭尽绵薄，设法调处，先请蔡公暂行变更办法，许谢以师长兼护军使，许李以师长兼署省长，蔡允。乃与谢、李等秘议，并晓以利害。罗去职人也，捣乱而不负责，蔡公老前辈长官也，平时情谊均乎。唐同乡同学也，始终相处，朝夕相见，地方治安，尤关重要，何必因一时之权势，弃终身之机缘，遗害桑梓。现蔡公已允权改办法，以电稿示

① 邓汉祥：《护国讨袁前后的蔡锷》，《忆蔡锷》，第385页。

② 刘寿林等人编《民国职官年表》，中华书局，1995，第54页。

③ 赵钟奇：《云南护国前后回忆》，《忆蔡锷》，第312—311页。

之，谢、李态度顿形和缓，即将盖章之电文，交彼等拍发，以坚共信，两日后中央即照此发表，一场纠纷乃得潜消默化。"[1]

但是，赵钟奇以此否定、掩饰云南人排挤、逼蔡锷离开云南也是不符合事实的。除了有本书所辑众多资料可证外，早在 1912 年 7 月 30 日，当时的著名记者黄远庸就披露过云南人试图"用阳推阴倒之术以去"蔡的事实。他说黎元洪内阁"决非时势所能办到"，"于是又议以蔡锷君为总理者，此亦旧年已有之文章也。此中内情，据一政客告我谓，实有莫大妙用在。盖蔡君系统一共和党人，而其所主张，又颇与共和党接近，提出蔡君，既足以联同盟及统一共和党为一气，又令共和党无从反对。而蔡君之在云南，种种方面人多不愿意，而不能直言，故莫如用阳推阴倒之术以去之。而统一共和党暨一般迷信蔡君者乃有拍掌欢笑，以为适如我心焉"。[2] 再有，唐继尧也证实蔡锷"苦心毅力，维持两载，犹多掣肘"。[3] 可见，邓汉祥所说云南人排蔡是蔡锷离滇的原因之一应该也实有其事。

梁启超虽也反复说"他辞都督，并非有人逼着他辞，云南人苦苦挽留"，"他同云南人虽处得很好"，尽管也是事实，但与政界、军界少数上层人士"逼"蔡辞职是两回事，并不能为突出蔡锷在云南得人心，而否定同样也有人，特别是政军界上层人士"逼"他辞职的事实。

三是有更远大的志向。同属蔡锷阵营的袁家普则不以上说为然，相反，他认为蔡锷离滇是欲借此实现"第二重、第三重革命之目的"，说："（蔡锷）及其来京也，虽与袁虚与委蛇，亦欲在北方占一军事上势力，以期达到所谓第二重、第三重革命之目的。""其第二重，满清虽倒，而官僚势力尚盘据如故，帝制难免不再发生，加之暴民乱政，亦不可不防；其第三重，经过（此）之后，国家断不能谓之成立。何则？国家对于世界要有独立不羁之实力及资格，在国际上与最强国列于平等之地位，及得称为完全之国家。今我财政上、经济上、行政上、司法上、军事上无一不受外人之压迫及挟制，故第三重非达到国家独立不羁之目的不可。"[4] 袁家普所说，虽然

---

① 雷飙：《蔡松坡先生生平事略》，《国防月刊》第 4 卷第 4 期，1947 年 12 月，第 76 页。
② 《陆总理演说后之政界》（1912 年 7 月 30 日），《远生遗著》上册，卷二，第 70—71 页。
③ 见本书 1913 年 12 月 17 日记事。
④ 《记袁厅长所说蔡公遗事》，《长沙日报》1916 年 11 月 11 日。

只是后见之明，但纵观蔡锷入京后的追求与实践，不管蔡锷当时是否有过此想法，是否对人说过此话，最终是否达成其愿，都可说是有相当事实依据、站得住脚的。

梁启超的回忆则说，1913 年蔡锷"把都督辞掉，回到北京……蔡公意思，一来因为怕军人揽政权，弄成藩镇割据局面，自己要以身作则来矫正他。二来因为他对外有一种怀抱，想重新训练一班军官，对付我们理想的敌国。三来也因为在云南两年太劳苦了，身子有点衰弱，要稍为休息。他前后写了十几封信和我商量，要我帮他忙把官辞掉。于是我们在北京常在一块儿又一年。当时很有点痴心妄想，想带着袁世凯上政治轨道，替国家做些建设事业。我和我一位最好的朋友——也是死于护国之役的——汤公觉顿，专门研究财政问题，蔡公专门研究军事问题。虽然还做我们的学问生活，却是都从实际上积经验，很是有趣"。[①] 又说他"觉得武人拥兵自卫不对。一定要变成唐代藩镇的样子，所以他屡屡求退，来作旁人的模范。民国二年、三年之交，他拍到中央要求退职的电报不下十次，政府总是不肯放他走；他一面写信拍电给我，教我帮忙，一定要贯彻他的素志，后来费了很大的力气，居然办到要政府准他回来……他虽然将军职摆脱，他始终不肯把军事生活抛弃，他回到北京以后，觉得那时所谓新军，想拿来对外作战，程度差得很远，非另起炉灶做一番不可。他在袁世凯面前条陈意见，现在的军事教育，将来的军事训练，都有具体计划。那时他痴心妄想，以为袁世凯真心在替国家作事，所以他不愿在外省作拥兵自卫的藩镇，而愿来北京作军事教育家"。[②]

四是为袁世凯蓄意"调换"说。上海《时报》于蔡锷到京一周后，即刊文指出蔡锷"调京"，是袁世凯调换南方各省都督"计划"之一。说："南方乱事未平之先，大总统鉴于国民党势力盘踞之下，其势力所及之各省份都督亦跋扈异常，弁髦国家，违抗政府，习以为常。当时，国民党势力尚盛，政府未敢遽行更动，即闻有陈述此议者，大总统亦持慎重之态度。今春南方五省都督团之议起湘赣粤皖四省都督，政府及有识者鉴于各省都督之跋扈，亦多忧虑，然时机未至，未敢即施以手段。今秋皖、赣省先反

---

① 梁启超：《护国之役回顾谈》，《护国文献》，贵州人民出版社，1985，第 304—305 页。
② 梁启超：《蔡松坡遗事》，北京《晨报·蔡公松坡十年周忌纪念特刊》，1926 年 11 月 8 日。

抗政府，粤、苏等省继之，南方靡［糜］乱。政府对于南方各都督，大半不能信任，始有撤换都督之举，而赣、粤等四省都督亦遂至更动不定矣。现在乱事既平，政府拟将南方各都督均予调换，除粤、赣等省不计外，若云南都督蔡锷则调京，贵州唐继尧则调至云南，湖南都督谭延闿则调其来京，皆此意也。目下，政府以为南方各都督全予调换，约有二种利益：（一）则革命时代之各省都督、地方上之势力可以取消；（一）则彼此调换，情形各异，且以互相牵制。有此二大利益，故目下逐渐全行调换矣。"①

又说：

一月以来，各省都督之更动者不一而足，而各都督之来京亦不一而足，记者当推究其原因，并由各方面调查政府对于都督之举动，约得数种消息如下。

（一）政府对于各省都督之计划（按：以下所述内容，与上述完全相同，此处从略）。

（一）护军使与都督问题。政府在去年各省都督势力最盛时，本拟将各省都督兵权夺出，统归中央节制，以收统一军权之效。而推行此种政策之手续，第一即裁撤都督而代以护军是也。去秋倡此议者不少，政府亦颇纳其说。今春政府着手推行，而南方五都督反抗政府之令遂起。乱事既起，政府对于都督益行寒心，遂决议撤去。惟以乱事既起，不得不以平乱为第一方法。现在乱事既平，政府对于此问题当拟即予实行，不稍迟缓。然以伏莽在地，又不能过于操切，是以目下遂暂更调，即系以护军使代都督之张本。此次黑龙江都督免官，政府即以护军使接代，不另简都督，是其例也。但据记者所闻，政府最近对都督及护军使问题仍有所迟回者，拟先将各省都督逐渐更动，俟更动既竣，然后由中央通令各省一律以护军使代任都督之职。其法简捷，且可统一各省军权，此最近之计划也。又闻黎副总统对于护军使亦不满意，主张裁撤，未知政府以为何如也。

（一）国民党都督去留之未决。去年国民党势力盛时，国民党籍之

---

① 《政府对于各省都督之计划》，上海《时报》1913 年 11 月 11 日。

都督占其大半，势力盘固，每有反抗之事，政府皆隐忍优容之，今春晋督阎锡山脱党，该党之都督仍复横恣无已。乱事既平，而该党都督之势力遂渐趋于薄弱。此次国民党解散，该党之议员已全行取消，闻政府尚欲有似举动者，即撤换该党之都督是也。该党在未认为乱党时，其党中稳健派之都督尚可保存，现在该党已证明认为乱党，则该党之都督自应一律取消。现在谭延闿已经调京另用，阎锡山脱党不计外，所余者唯陕西都督张凤翙及福建都督孙道仁二人。此二人虽能拥护中央，不与孙、黄一派人为伍，然格于命令，亦有不得不行取消之事。孙于日前已经来电辞职，大约须另行接替。日下所踌躇未决即陕督接替之无人耳。

（一）蔡锷督豫。云南都督蔡锷免官来京之命令降后，外间窥测百出，而政府对于该督之位置实亦未定，故有参谋总长及湖南都督之谣。现在参谋总长暂议不动，湘督已另简汤芗铭，所有前议均已作罢议。据最近调查，蔡氏自到京后，与各方面接洽，政府对于该督亦极器重其才，决定将豫督张镇芳免官，而以蔡氏督豫。蔡氏亦有允意，大约发表之日不远矣。兹闻河南旅京同乡自闻此信之后，备极欢迎，皆以张镇芳人地不宜，才力太欠，今以蔡氏接充，拟于日内开会欢迎云（按：蔡锷督豫，并未成为事实）。

（一）王揖唐督吉。吉林全省之势力，握于孟恩远一人。陈昭常在任时，颇与龃龉，其后陈氏去任，孟恩远本欲运动斯席，该省议会亦极力为之揄扬，请求中央任命，政府本无成意，原拟即以孟任吉督，惟大总统颇不以为然，故吉督虽不弇以孟氏护军使兼任，然吉督一席终由张锡銮署理，孟氏授任吉督之信，久未发表。近日王揖唐中将颇欲外去，大总统拟即以王承乏吉督之席。此信甚确，大约不日又发表云。①

1915年12月蔡锷潜回昆明发动反对袁世凯称帝的护国战争之后，多数舆论皆认为是袁世凯对蔡锷不放心。说："民国二年秋，第二次革命，蔡联合滇、黔、川、桂四省组织靖难军，拟率赴长江流域，意在减袁派之势，

---

① 《最近之各省都督》，上海《时报》1913年11月11日。

以消隐患，且以早定内乱，免外人之干涉。袁氏甚之甚，屡电不许，遂愤而辞职，举黔督唐继尧自代。"①

又有人说："滇人服先生之威德，遂推为都督。南北统一，袁氏颇惮先生在外，或不利于己，遂敦促来京，而夺其兵柄。"② 刘禺生则进一步指出袁氏用的是陈宧之计。说："东南各省底定，所余者西南川、滇、黔、桂四省耳。陈宧乃计划处置四省之法，曰：桂方陆荣廷，名位虽高，实具前清大员气味，出身绿林，无远志也；总统笼络以最高礼遇，召之必来，能派一与陆极相善大员，为桂民政长，桂可无忧。黔方刘显世，为宪政派人，黔士多梁启超党人，梁已在京，原主张君主立宪，大总统隆重启超，黔事自无问题。川方胡景伊，已有妙法使彼与川中革命党人相水火，来往诸事，宧已布置万全，川事可皆问计于宧。所余者，滇方耳。滇方蔡锷，梁启超弟子，其人具革命性质。蔡，湖南人，滇中军队，则滇人领之，宧已派人与唐继尧、顾小斋③各拥军权者接洽。所派范熙绩等，皆唐、顾日本士官同学，而最亲密者，滇军有违言，蔡锷必不安其位，大总统特礼遇之，蔡必入京，感戴大总统。蔡锷去而唐、顾以滇人握滇权，滇人亦感激大总统。于此，则中国各省定矣。袁曰：各省事由汝策划行之。后蔡与范熙绩同来京，为经界局督办诸职，袁宠礼有加。陈宧亲自任四川将军，胡景伊入京。陈之往川，坐镇西南，固不虞有滇、黔、桂之变也。"④

就一体两面而言，此说涉及蔡锷此前作为的一面，也是有一定事实依据的。在此之前，特别是国民党反袁的"二次革命"中，蔡锷的表现，总的来说是利于袁世凯统治的，但也有令其忧心与不满之处。如，早在 8 月 11 日，政治上倾向袁世凯的《大自由报》便刊文透露说："即如军民分治、总监委任之一案，业已提交参议院，在约法上实生效力。而各都督无干涉之权力，乃反对者函电纷弛（驰），其中或因行政阻碍，具有苦衷者未始无人，至出于揽权争利、把持政柄者，盖实繁有徒也。就其中尤以云南增兵四师之举动，为最骇人听闻之事。夫云南今日果以四师之兵力为必要乎？抑云南之财力足以供给四师而有余乎？而政府一不过问，是政府放弃责任

① 护国军从军记者无伪一月九日发：《云南倡义纪闻》，上海《中华新报》1916 年 1 月 29 日。
② 《蔡锷生前之略史》，《晨钟报》1916 年 11 月 10 日。
③ 原注：顾品珍，字小（筱）斋，云南昆明人。
④ 《洪宪第一人》，《世载堂杂忆》，第 197—198 页。

也。军政之不统一如此，吾人不禁为中国前途危也。"① 可见，蔡锷在军民分治这个问题上是不得袁世凯信任的。正因如此，有人提出因其"二次革命"中的表现不免"招袁疑心"，"于是飘然入京，以明无他"。②

1916年10月3日，有报载文认为袁世凯调蔡锷入京，乃其一大阴谋。说：上月"三十日英文《京报》云，政府召滇督唐继尧来京，唐拒之，此事颇引起有责任方面之注意。犹忆民国三年初，袁氏定计摧残共和时，曾迫令各省及各行政区域军界要人来游京师，迨其至也，凡袁氏以为不可恃者，概令留京，另候简用，如蔡锷即其一也"。③

40多年后，更有曹汝霖回忆说："余知云南独立，蔡锷兴师，即入见项城，叩以滇事。他即问你与蔡松坡相识否？我答他在日本士官学校时，我亦同时在日，故与相识，回国后很少见面。项城即说，松坡这人，有才干，但有阴谋，且面有反骨，不能长命，我早已防他，故调来京。川滇等省，向无中央军，故派曹锟、张敬尧率师驻川边，以备不虞。今又派陈二庵率三旅入川。西南军力薄弱，有此劲旅，不足为虑。且龙子诚倾向中央，坐镇广东，陆荣廷在广西，亦不敢有所举动，滇事不足平也。我看项城态度从容，似胸有成竹，早已布置，始悟各省将军封爵时，最高不过一等公，独龙济光封郡王，早有用意。"④

按：曹汝霖所透露袁世凯对蔡锷的防范，虽是在袁世凯称帝的是非明了数十年后的回忆，但可以肯定是可信的。因为第一，这是曹汝霖的亲身经历，而曹汝霖又是袁世凯的外交次长，在1916年5月17日总长陆征祥自觉袁氏帝制自为形势不妙而告假后，还任过兼署外长，说明他是袁世凯绝对信得过的人。第二，事实也证明，曹汝霖没有辜负袁氏的信任。袁氏帝制自为败亡后，他不但未对袁氏墙倒众人推，落井下石，反而在回忆中对其帝制自为多所开脱和辩解。如说"英使劝进，误尽了项城"；说袁氏"一世英主，惑于金壬，一念之差，贻恨千古，可悲也夫"；说黎元洪同段祺瑞"视金匮"，黎说总统继承人名单中"一定有芸台（袁克定字）"，可

① 宣壁：《论孙黄北来与中央统一之期望》，北京《大自由报》1912年8月11日。
② 李邦藩：《蔡松坡先生历史之报告》，《民彝》1917年第3期。
③ 《唐继尧不允来京之由来》，《申报》1916年10月3日。
④ 曹汝霖：《曹汝霖一生之回忆》，中国大百科全书出版社，2016，第162—163页。

是，启视"固封木匣"后，"见项城亲笔写在红笺上，是黎元洪、徐世昌、段祺瑞三人，合肥看了叹一口气。可见项城虽然帝制自为，尚无家天下之心也"等等。①第三，袁氏自承"川滇等省，向无中央军……"以下诸事皆非虚言。凡此种种，无不说明曹汝霖事后透露的袁世凯曾告诉他，对于蔡锷，他早有防范，"故调来京"，是可信的事实，并不是袁世凯成了"大反派"后，"在万人唾骂"声中，他有意给袁世凯"多抹点黑"。

5 日

▲报载蔡锷谒见袁世凯。说："（云南都督蔡锷）初五日即赴总统府谒见大总统，会谈良久。闻所谈者系只报告滇省自光复后及现在之大略各情形。大总统颇极慰劳，并未谈及他事而退。"②

12 月 3 日，又载"云南蔡都督日前到京，于昨午到国务院拜会熊总理，蔡君谈及大总统颁布大政方针，内中井井有条，自非洞灼真相者所能拟出，尝观通篇，尤以军政、财政两项为最难着手，但财政有公掌理，军政有段（祺瑞）、刘（冠雄）诸公筹划于前，大总统督察于后，不难著效。嗣提及外官制，蔡君主张内地各省，取统一制度，其边地如云南、四川等省宜斟酌损益，另订官制。熊君深以为然。此次总统派为行政委员，蔡君亦颇乐就云"。③

6 日

▲报载蔡锷 6 日、7 日均面谒袁世凯，"陈报滇省政略"。说："兹探悉，袁总统提出谘询之件凡四端：一滇省财政状况；一滇省军务情形；一滇省中英、中法交涉事项；一滇省界务问题之进行状况。蔡除按项陈对外，并呈有两项说帖，一为宪法意见，一为借款条陈。"④

▲稽勋局许宝蘅交代随蔡锷入京的雷飙仍任稽勋局调查员。说："调查员（按：先前蔡锷派定的）雷飙由云南来，仍令在局办事。"⑤

---

① 《曹汝霖一生之回忆》，第 159—160、166—167 页。
② 《大总统慰劳蔡都督》，天津《大公报》1913 年 11 月 8 日。
③ 《蔡（锷）、朱（瑞）两督在京之言论》，上海《时事新报》1913 年 12 月 3 日。
④ 《大总统谘询蔡督之要件》，天津《大公报》1913 年 11 月 10 日。
⑤ 《许宝蘅日记》第 2 册，第 460 页。

7 日

▲报载蔡锷初暂寓"西安门内惜薪司胡同。自到京后，每日除遍访各当道外，余暇接见来宾，甚形忙碌"。①

8 日

▲报载新内阁大政方针内，列有裁撤都督改设镇守使一条，"闻河南镇守使确为蔡锷"，并"闻三日以内，可见命令"。②

又载段祺瑞"前曾划分军区，以实行军民分治。兹闻所支配之地点，约定扬子江以南为三大区，扬子江以北为三大区。将来位置人物，似有第一区区长段芝贵、第二区区长蔡锷、第三区区长张勋、第四区区长陆荣廷、第五区区长冯国璋、第六区区长龙济光之说"。③

11 日

▲报载蔡锷呈请袁世凯速议要案。说："前滇督蔡锷来京后已经面谒大总统陈报滇省一切情形。兹探悉昨日该督复封呈意见书，详陈滇省界务纠葛情形及滇边军事上进行各要点，附图说三件，请由大总统速议办法，以固边局。袁总统以该督所见甚是，已交院速议。"④

15 日，又载《时报》访员昨访蔡锷，"渠似已无督湘之意，其位置或汴，或东三省，或其他，尚未定"，⑤ 表明蔡锷已意识到湘督已彻底无望了。

▲张学济、朱树藩电告熊希龄，汤芗铭"颇难共事"，以蔡锷"早到为妙"。说："沉密。九日汤督忽将赵恒惕、陈复初扣留，未曾通知。前数日闻调赵恒惕一团分扎临湘、华容、云溪等处，济等询汤督，据云系伍镇守请兵驻扎，无他意等语。今有此举，是彼等谋之久矣。前中央曾有查问赵之电，想系向瑞琨所主持，向初到省时，宣言赵军一旅须一律解散，似有中央之授意，嗣经济等与汤督磋商，归并一团，新招一团，汤允用湘人，

---

① 北京《群强报》1913 年 11 月 7 日。
② 《裁撤都督之消息》，北京《群强报》1913 年 11 月 8 日。
③ 《规划军区问题纪闻》，《申报》1913 年 11 月 8 日。
④ 《蔡督呈请速议要案》，天津《大公报》1913 年 11 月 12 日。
⑤ 《专电》，《时报》1913 年 11 月 15 日。

缓为办理。又将杨德邻、萧礼衡、唐联璧银行总理前后任，均交内务司看管。教育派胡芸华代理，财政即交艾棠，实业今日将派人，银行已派人去，均未通知。据汤督云，系中央命令，或系见济等拿人，恐中央责其敷衍，故出此亦未可知。但旅长一席，请速交涉，以子仪充之，济等从旁筹划，必可得。巡警厅长张树勋，本系暴徒死党，独立时为水警筹备处长，曾登《长沙日报》，大书请缨讨袁，现升厅长，警务尤为废弛。前裁兵时，管城守门人无人，而巡警不知，邵阳学堂寄宿舍退伍兵强占赌博，诉之巡警，而巡警不问。济等恐兵有阴谋，派人假托求事，密探内容，渠即委以高等侦探，告以侦探各处，即都督举动亦宜严密侦探报告，对于上官如此，其心可知。欲振顿地方，必从警察下手，今乱党仍然盘踞，何振顿之可言？各司均发看管，而附和独立有据之人不撤，何以服人心？乞力主持，务亟早为撤换方妥。汤督人颇难共事，且有小人在侧，诸事难见实行，总以松坡早到为妙。此次拿人事，济等忍辱负重，不存私意，除书长函剀切申明外，昨晚又亲往见渠，亦极意周旋，以后形式上决不致有隔阂，无烦远念。见汤督时，曾力保赵恒惕、陈复初二人，据云初拿时，难即为彼说话，总以解京办理为好，济等亦以为然，请商之总统、陆军部为祷。前承电示查拿乱徒事，须由汤督转电为宜，因迭奉参、陆两部电传总统令嘉奖，昨复电申谢，随将拿人情形述叙，非专为报告，并闻。张学济、朱树藩同叩。真。印。"

19 日，又电告"为今之计，得松坡来最妙"。说："沅密。湘事自舒礼监等入督府后，凡民主党人，无论善恶皆邀入督府办事。汤督初接印时，曾聘沈让溪、汪颂年诸先生为顾问，让溪主张在都〔督〕府设一政务会议，每周会议数次，襄助汤督，初汤督颇以为然，现均置之不问。易宗羲、文经纬、黄瑛、黄翼球、曹耀材，反正时号称暗党，与舒颇有关系，舒到省时，易、文二犯已拘留，而黄瑛、黄翼球、曹耀材等舒为之袒护，故汤有缓拿之语。及济等与汤督商妥，派人跟迹捕拿后，舒等宣言黄等无罪，无庸拿办等语。故济等拿到黄等，而汤愤甚，以无命令责张，以敷衍舒等。现舒虽将去，而流氓之团体已成，左右小人参预机要，拿赵恒惕、陈复初及三司，济等皆未知，杀杨德邻亦未告。教育司以无识之科长舒汉祥代之，实业司则以素不知名之鄂人充之，银行本系财政司所管辖，则另委鄂人代，通知财政司发款，以特别命令代由审计处。《湖南公报》略发议论，则停版两周，《长沙日报》久经汤督停版，今则为民主党支部。该党且又运动前国民党，不分正邪皆邀入党，扩张势力，似此党派横行，小人得志，正气不伸，必至事事败坏，又与国民党之政府何异？任寿国、刘艾棠均有悔心，势孤难支，济等此来，原欲于桑梓稍有维持，今情形若此，实负我公初心，思之愤极。为今之计，得松坡来最妙。否则，只有催王民政长速来，使彼之羽翼不致布满，仅在军队一面，尚无大害。现在查办事已竣，乞催其报告完结，取消查办使名义，方不至妄为。不然湘事尚堪问耶？我公情切故土，必有善策，决不忍置之度外，或取消检查使，专办练兵事，或以湘溪为旅长，或即邹序彬为旅长亦可。此时汤督已有悔心，当易联络，济等亦知其心理，尚可商量而行，不然此后恐再难入湘，前功尽弃矣。统祈速筹为要。学济、树藩同叩。效。印。"

同日，熊希龄电复张、朱二人说："沅密。元电十八始到，具悉。此次召回，系恐君等与汤都［督］权限不明，恐有冲突，不如离湘以专责成，可速返京，并将卫队带回可也。特复。龄。号。印。"

26日，张、朱再告熊希龄，曹锟抵湘后的言行，已证实"前此中央令其不与济等接洽之言属实"。说："沅密。敬电谨悉。济等月初准可启行，惟湘事愈入黑暗，任司长呈请委各知事，竟搁置多日，尚未发表，有意留难。其幕府皆系一般流氓，正人皆未敢近。前曹锟到湘，昨济等往晤，仅以副官接见，今日又未答拜，是前此中央令其不与济等接洽之言属实。所留新军三、四两团，均须一律解散，昨已下令遣散第三团，济等皆未闻知。昨询汤都，始云两团解散，明年另招新军一旅，另招时，中央尚须派人监察等语。不知此等计划，公闻之否？汤督此时功既立，似有持盈保泰之意，欲得摆脱。曹锟之来，或系运动都督一席，观伊副官所言，可以概见，务望注意，如汤督辞职，或将汤另调他处，以伍镇守使代之极佳。伍为人和平通达，心术正大，阅历最深，湘人均极爱戴。倘任曹锟，则更坏矣。王民政长湘人甚欢迎，不可更易他人。又参谋长以陈晋为最妥，系参谋部第一科长，关系甚大，均恳随时布置为祷。张学济、朱树藩同叩。宥。"

30日，汪贻书、黄忠绩、王铭忠、刘棣芳等人甚至电请熊希龄以伍祥祯充护军使，撤去汤芗铭"都督"一职。说："汤督年少无阅历，一听幕友胡瑞麟把持，即财政一事，主管者不能过问，不谙商情，任意武断。胡瑞麟一日不去，湖南一日不安，近日幕中引用尤杂，且有曾充门丁及附和乱党之人。近闻汤有举胡为省长之说，望公力主不可，芬等不过辞职，而全湘危矣。望即催王省长速来，湘人涕泣求救，迫切万状。再，伍镇守使和平知大体，或即以伍充护军使，撤去都督尤妥。贻书、忠绩、铭忠、棣芬同叩。卅。印。"①

按：这些电报反映袁世凯中央军事、政治势力，已进入并掌控了湖南局面，湘省谭派人士仍幻想借熊希龄之力，达到蔡锷督湘的预期目的，却不知熊已无力回天。

13 日

▲报载蔡锷谒见袁世凯，请和平解决湘事。说蔡锷"此次进京，确系如何位置，尚未可定。昨闻该都督特赴总统府谒见大总统，会谈良久。闻该督所请者，系为湘省之善后问题，请政府务须以和平政策解决，以保地方秩序云"。②

14 日

▲报载蔡锷请熊希龄代陈袁世凯准其不回云南本任。说："云南蔡松波都督此次晋京，已将滇省各边防交涉及军政、民政之详情缮具意见书，呈送大总统核查。闻大总统阅后极为称许，拟仍令其回本任，以便实行其所陈之政策。乃闻蔡都督甚不愿再回本任。昨已力言于熊总理代为请于总统。未识能邀允准否？"③

又载"闻大总统对于外蒙保卫办法，案内决定增派巡阅使，以稽核边地防务上一切情形。昨与熊总理筹商，拟特简蔡锷充膺是任，未悉蔡果愿担负否？"④

又载"近日湘省善后问题，大总统已责成汤署都督办理，未免有失于严厉之处。昨闻熊总理与蔡都督因桑梓关情，曾谒见大总统，条陈一切办

---

① 以上五电见《熊希龄先生遗稿》第 2 册，第 1669—1670、1672—1676 页。
② 《蔡督请和平解决湘事》，天津《大公报》1913 年 11 月 13 日。
③ 《蔡都督不愿回本任》，天津《大公报》1913 年 11 月 14 日。
④ 《外蒙巡阅使简任之预闻》，天津《大公报》1913 年 11 月 14 日。

法，请以宽猛兼施，并请速催王民政长（按：指王瑚）赴任"。①

15 日

▲报载袁世凯饬陆、参两部议边地军事案，以"觇蔡锷所见之异同"。说："总统府昨交陆军、参谋两部饬即会同蒙藏司将边地要案妥为筹议，并指出提前核议者三事：一沿边驻军常额之规定；一沿边军事集权中央之进行；一沿边军事机关之设置。以上三事，蔡松波都督前日曾经条陈一切办法。袁特再交院核议，以觇所见之异同。"②

又载袁世凯拟于陆征祥、蔡锷二人中择一人参加西藏会议。说："关于藏务会议各情形，已据陈贻范电陈来云。兹闻大总统以此次藏务会议于中英交涉问题关系甚多，因拟再行增派专员参与会议，并闻袁意拟于陆征祥、蔡锷二人中择派一人云。"③

16 日

▲报载熊希龄、蔡锷催谭延闿晋京。说："闻熊总理与蔡松波都督于日前特致电于前湖南都督谭延闿，令其来京。略言总统相招，决无别意，不可惑于流言，妄生疑虑，转致妨碍。请即首途北上，尚有相商之密要事宜云。"④

又载袁世凯收到署理滇督唐继尧密电后，拟招蔡锷到府会商后再复。说："总统府昨接署滇督唐继尧密电一件，系条陈滇省军事、外交、财政三项问题一切办法，请即电示方针，以便遵行。袁总统拟再召蔡锷到府会商种种要点，并详询该省情形，再行电复该督照办。"⑤

又载蔡锷为片马交涉呈熊希龄意见书一件。说："滇督蔡锷前日面呈熊总理意见书一件、附图二幅。闻系对于中英片马交涉要案，提出三项陈请之件：一请查照前清李经羲所拟办法，妥筹进行；一关于界务问题请查照附图，据理争议；一请将先后与英使提议未决之件速筹解决。熊已将该书

---

① 《熊蔡条陈湘省善后》，天津《大公报》1913 年 11 月 19 日。
② 《总统府饬议边地军事案》，天津《大公报》1913 年 11 月 15 日。
③ 《西藏会议将加派专员》，天津《大公报》1913 年 11 月 15 日。
④ 《熊蔡合催谭督晋京》，天津《大公报》1913 年 11 月 16 日。
⑤ 《滇督密电之内容》，天津《大公报》1913 年 11 月 16 日。

封送外交部矣。"①

18 日

▲报载"云南省中英片马交涉一案，自前清宣统三年，迄今迭经滇督及外务部与驻京英公使磋议，因其中事涉藏政，迄未解决。民国初建，前外交总长陆征祥曾与该公使提议，后亦中止，未能开议。昨闻总统府人云，现滇督蔡锷来京，近日晋见大总统，复请饬部接议此案。十八日晚间，孙总长、熊总理、蔡都督等会见大总统于瀛秀园，讨论进行办法，历一小时余，内容甚密。探之有日内即由外部继续照会英公使，要求定期再开正式会议，并有另由大总统致电李经羲，迅速来京参与之议"。②

23 日

▲报载袁世凯颁令说：

现在乱事敉平，京师地方亦甚安谧，所有北京警备地域内戒严情事，业已终止，应即宣告解严。此令。

现在事变敉平，本大总统业经依法为解严之宣告。惟京师为民国政府根本重地，五方杂处，良莠不齐，地方之安宁秩序，亟应加意维持，着该管军警各长官督饬所属，于保安事件，务须遵照现行法令，实力奉行。如有不轨之徒，敢于溷迹京师，潜谋破坏者，即行设法查拿，尽法惩办。该管军警各有地方之□所，冀激发忠诚，使地方居民之身命财产，得所保障。上以消国家之隐患，下以致闾阎之康宁，本大总统有厚望焉。此令。

自民国成立，五族共和，允宜泯去猜嫌，共享升平之福。前因库伦于清末独立，兵连祸结，以致边境汉、蒙生灵，多受殃及之累。本大总统每一念之，恻焉如捣。现在时局粗定，正宜谋边境乂安，期人民之得所，合再申令各军统将，务以除暴安良为宗旨，所有安分蒙民，切当优加体恤，格外保护，不准丝毫骚扰。倘有不遵命令，害及无辜，残民以逞者，一经发觉，定将该统兵官严行治罪，决不宽贷。总之，

---

① 《蔡督对于片马交涉之陈请》，天津《大公报》1913 年 11 月 16 日。
② 《旧案重提之片马交涉》，天津《大公报》1913 年 11 月 20 日。

本大总统以抚字为本，视五族犹一家，愿我各军人共体此意，毋得稍有违逾，用副戢兵安民之旨。此令。

蔡锷给予二等文虎章。此令。十一月二十三日。①

又载"北京电：袁昨开茶话会，宴张锡銮、蔡锷、张绍曾诸人"。②

▲孙光庭函告参议院议长王家襄，蔡锷可为其"确系受国民公意选举而来"，仅挂名国民党籍一事作证。说：

幼珊仁兄阁下：晨起见案置本日开会通告，不禁辗然。曰：已蒙无法律合格之名，本院尚依据法律，以合格相待耶。于是，有触悃款，向左右一陈其委曲焉。吾滇风气素朴，原无党会，去岁都督蔡公锷，始设统一共和党，旋改并为国民党。尔时，鄙人承乏民政司长，蔡公嘱为署名，谊不可却，此挂名党籍之由来也。今春到都，见其党争剧烈，大不谓然，愤欲脱离。乃贿买议员之恶潮沸腾，谓出此入彼也有贿，出此而不入彼也亦有贿，欲避瓜李之嫌，遂姑缓之。迨赣乱发生，曾与袁君嘉谷约同蜀、黔各同人通电本省，谓宜保全大局，切不可声言助乱，破坏共和，以期同我太平等语，此本院有案可稽者。又自信与该党本来绝无丝毫之关系，何必多事一番别白，且政党自政党，乱徒自乱徒，倡乱未尝揭党名以为标帜，只当问乱不乱，不必问党不党也。政府即不为之解散，该党亦必自就消灭，所以不屑登报脱离者。区区此心，尚具有微意，欲一反乎朝秦暮楚者之趋利若鹜，冀存人道于几希，以重廉耻而风末俗，此未脱名党籍之由来也。尝谓乱徒荼毒生灵之罪，死不足以蔽其辜，不料其密谋乃更有甚者，并有所谓特别津贴，今读政府命令，乃始一一闻知，真堪发指，严惩重罚皆所宜。然但当依据法律，穷究结密约者某某，受津贴者某某，不难按籍而稽，指名而罪，使从未预闻其谋乱之密约，从未沾染其丝毫之津贴者，有以为保全名节之余地，乃足以服人心而得其平。若不凭证据，不别良否，而概目之曰预乱谋、受津贴，使正人君子之名节荡然，在道德深厚者固至死不变，而根柢浅薄者将相率而靡无以自立，是不啻为乱徒

① 《大总统令》，天津《大公报》1913 年 11 月 25 日。
② 《专电》，《申报》1913 年 11 月 23 日。

广其气类也。去害群即所以扶持正气，诚有如命令之所云，抑知诬善类即不啻开拓乱源，政府曾亦虑及之否？夫善类者国家之元气道德名节所赖以存立者也，善类彰则人皆相率而从治，善类灭则人皆相率而从乱。今若一切不问，而概蒙以叛乱、贪黩之恶名，是非混淆，观听惶骇，势必将爱名立节者，迫之皆出寡廉鲜耻之一途，道德沦胥，人欲肆而天理灭，民国危险，孰大于是。恐祸乱歧出，有非徒恃压力禁止所能成功者，殊非端本善则之道也。人或不幸而受乱徒诬蔑，必诉诸法律，以求政府昭雪，岂有政府不据法律，而可以诬蔑者？鄙人立身行己数十年，无不兢兢以道德法律为范围，此可质诸天日，而信之国人者。此次确系受国民公意选举而来，绝非如政府所云为该党势力所左右者，原选监督蔡松波君现在都，此可以为确证者。名誉重于生命，以我中华民国第一正式成立之共和政府，岂可令善类抱不白之冤乎。但必俟个人自辩殊非所屑，若两院议长出而申理之较为得体，议员尽可解散，名誉不可诬毁，应请政府确查预密谋、受津贴者，尽法惩治。此外，则宜为爱名惜节者留其余地，俾可以对父老而资观感，庶彰阐足树风声，乃所以阻遏乱萌之至计也，岂徒个人私幸？我民国赖之矣，惟公与汤君济武，其留意焉。鄙人自开会迄今，从未请假一次，缺席一刻，私以为代表之职责甚重，国事之艰难孔亟，故虽天有风雨，身有疾病，不能阻我赴会也。今接通告而不赴会，特一抒忱悃，如此合格乎不合格乎？明有日月，幽有鬼神，今有舆论，后有信史，喋喋何为，又殊自笑其饶舌也，唯鉴不尽。孙光廷〔庭〕启。①

下旬

▲蔡锷与熊希龄作为校董出席位于西城根国民大学的欢迎会并发表演说。其演说词说："今日世界有强国，有弱国，有亡国，其所以强、所以弱、所以亡者，大抵决于其国国民学问之程度。学问盛则国强，学问衰则国弱，无学问则国亡，此不易之理也。我国辛亥革命克奏成功，无非戊戌以后诸先烈志士自海外输入新知识、新学问之结果。今者民国成立，破坏

---

① 《孙光庭致参议院议长书》，天津《大公报》1913 年 11 月 23 日。

人才已无所用，而欲共谋建设，以致此新造之国家于强盛之域，则必别有待于建设之人才，此学问所以为今日之急务也。昔日本当开国之先，吉田松阴先生集徒讲学，讲席不过斗室，学生不过二十余人，而一时名流如西乡隆盛、伊藤博文、大隈重信等皆出其门，是实日本维新之大人物。迨开国事定，诸人者即从事造就建设之人才，而私立大学，一时称盛。其宏大者莫如大隈重信所创之早稻田大学。其初规模狭小，学生不过数十人。今则几及万人，卒业生遍于全国，而日本之人才不胜用矣。鄙人在滇，即闻国民大学之名誉，故被推为校董不敢辞，谨当协力维持，以副诸君之希望。望诸君潜心求学，相与有成，共致力于建设前途，奠我民国于最强国之地位。他日斯校即为东洋第二早稻田大学，亦意中事。诸君责任岂不重乎。古人云：学然后知不足。欲他日临事无不足之虞，则今日之学问尤不可一息或懈，是又鄙人所希望于诸君者也。"①

12 月 23 日，报载国民大学推蔡锷为"总副董"。说："中国公学决与国民大学合并，推熊希龄为总长，黄云鹏为校长，汤化龙、蔡锷、夏敬观为总副董，王敬芳、孙镜清为基金监。"②

26 日

▲袁世凯颁令特派蔡锷等 8 人"合组政治会议机关"。说："共和精义在集众思，广众益，以谋利国福民，期于实事求是。现在正式政府已经成立，本大总统督同国务员，业将大政方针次第议决。但建设之始，万端待理，关于根本大计，讨论尤贵精详。前经电令各省举派人员来京特开政治会议，以免内外隔阂，俾得共济时艰。现各省所派人员，不日齐集，应再由国务总理举派二人，各部总长每部举派一人、法官二人，蒙藏事务局酌量举派数人。本大总统特派李经羲、梁敦彦、樊增祥、蔡锷、宝熙、马良、杨度、赵惟熙合组政治会议机关，务各竭所知，共襄郅治，奠邦基磐石，以慰全国喁喁待治之心，本大总统有厚望焉。此令。"③

12 月 2 日，又载政治会议委员，原本并无蔡锷等人，"兹闻此八人中，原有徐东海、李家驹、王家襄、汤化龙。嗣因王、汤两议长（按：众议院

---

① 曾业英编《蔡锷集》（二），第 1104—1105 页。
② 《专电》，《申报》1913 年 12 月 23 日。
③ 《命令》，《生活日报》第 41 号，1913 年 11 月 29 日。

正副议长），因人诋议，力辞不就。徐东海亦因不欲加入政治潮流，李家驹因病未愈，皆力为推谢。"袁世凯"始改派梁敦彦、杨度、蔡锷、赵惟熙四人，以补其额。其余李经羲、宝熙、樊增祥、马良四人皆第一次之所派定"。① 又载"政治会议会员俸给已定，有兼差者每次出席给出席费十元，无兼差者出席费外并给月费二百元，官僚颇以此为美差"。②

14 日，又载当时已有人看到袁世凯任命蔡锷为政治会议委员，实际是以调蔡入京为名，剥夺其军权策略的延续。说："蔡松波为军界中富有政治智识之干才，年力富强，才智扩达，出于群伦。在未到京之前，政府本有调任都督之意，到京之后，政府并参谋长而亦取消其议，现在已派为政治委员。将来恐即由武转文，不再任军事上之事矣。"但又说是为"预备将来内阁组织之人才，确为可信之事"。③ 可见，终究还是未彻底看破。

21 日，又载政治会议由先前的"行政会议"发展而来。它原本"发起于内阁，其时在大政方针将次议决，为排去施行时之障碍计，故发起此会议，召集各省行政界重要人员来京与议，其所议者即大政方针，盖自知实力薄弱，欲假地方行政界全体之力赞助其施行，使得如愿办理，则彼内阁之力量加厚一层，而大政方针乃无人能为阻障。不谓此议初倡，总统甚表赞同，且嘉许国务员办事之小心谨慎，于是电催各省派员并由府内派委员加入，过此以后，此会不仅为内阁斟酌行政之暂设机关，更进而为总统府会商要政之最高代表，此地位与权限俨有凌驾国务会议而上之势"。④ 当时就有人指出："政治会议自开会以来，惟以承意顺志为事，解散国会之事，今已多数通过，此后继解散国会而起者为承总统之意而修改宪法是也。故所谓政治会议者，不过总统之傀儡耳，安能望其代表民意哉。"⑤

▲梁启超透露，袁世凯用人"迷信经验"。说："若如尊电（按：指康有为）所举同门数子，无论总统不肯简也。（总统迷信经验，常谓未经任州县者，不能任民政长。虽常与争，终不能破其说，彼固非有所忮也）"⑥

▲报载袁世凯极倚任蔡锷。说："蔡锷自称愿闲息数月，故一时无后

① 《时报》1913 年 12 月 2 日。
② 《专电》，上海《时事新报》1913 年 12 月 2 日。
③ 《最近之都督一束·蔡锷》，上海《时报》1913 年 12 月 14 日。
④ 上海《时事新报》1913 年 12 月 21 日。
⑤ 《大陆报·北京通信》，上海《时事新报》1914 年 1 月 7 日。
⑥ 《致南海夫子大人书》（1913 年 11 月 26 日），《梁启超年谱长编》，第 679 页。

命。但袁极倚任，谓武人中而能政治者，惟一蔡。"①

27 日

▲报载"闻星期一下午四点，大总统在本府设宴，特请浙江朱都督瑞、云南蔡都督锷、湖南谭都督延闿，以全体国务员，梁秘书长，军事处荫总长、唐次长作陪。直至六点余始散。闻所谈者，系为浙、滇、湘省之大政方略"。②

又载由于"徐世昌、李家驹均力辞行政会会长之任，袁总统故请梁敦意［彦］、蔡锷代之"。③

28 日

▲报载唐继尧已抵昆明任都督事，"此间各界本多反对，现已不敢排斥"。④

30 日

▲蔡锷函告莫里循（George Ernest Morrison），待其旅行返京后，再约见面叙谈时间。说："星期一下午三时承约枉顾，不胜欣慰。惟是日下午二时，适有在京同袍旧知招宴之会，届时恐未能返寓。可否改约他日，或俟鄙人旅行（按：实为赴张家口考察边情）返京后再行邀请大驾叙谈亦可。特此敬请莫顾问台祺。蔡锷启。卅号。"⑤

▲报载"大总统现所注意之最要者，系为改建省制办法。日前曾与前湖南谭组安［庵］都督、云南蔡松波都督、浙江朱介人都督讨论此事，极表赞成，大总统遂即命该三人各陈办法。昨闻已均封送总统府矣，闻其中以谭组安［庵］所陈为最详切，并能深合大总统之意旨云"。⑥

又载外交总长拟呈请袁世凯指派李经羲、蔡锷为片马交涉"帮办员"。说："外交孙总长以片马交涉案，积延至数载之久，迄无眉目。虽档案具

---

① 《专电》，《申报》1913 年 11 月 26 日。
② 《大总统会宴三都督》，天津《大公报》1913 年 11 月 27 日。
③ 《译电》，《申报》1913 年 11 月 27 日。
④ 《专电》，《生活日报》第 41 号，1913 年 11 月 29 日。
⑤ 《蔡锷集外集》，第 342 页。
⑥ 《三都督条陈废省办法》，天津《大公报》1913 年 11 月 30 日。

在，非明了其实在情形，交涉时殊难有把握。李经羲、蔡锷二君于该案发生后，先后督滇，已洞知该疆界之内容，且对于该交涉，均经筹拟办法，迭次条陈在案。以二君为帮办员，则交涉进行，裨益实多。日内即商诸二君，请其担任，并呈明大总统指派云。"①

本月

▲蔡锷应邀为《华侨杂志》题祝词。说："宗邦不竞，民遁于荒。披斩荆棘，开辟南洋。更拓壮图，远殖欧美。亚力西被，此为嚆矢。祖国光复，实资助力。皙种仇视，黄魂潜泣。去国日远，内情隔阂。抚之来之，当务是急。输吸外资，润我中土。工矿振兴，是为天府。系谁致之，实杂志力。蔚此高文，敢以为祝。"②

12 月

2 日

▲报载"署云南都督唐继尧昨自云南府致政府长电一件，报告到任后之各情形，并称滇省边防紧要，政治繁难，恐难久负重责。请致蔡都督仍须回任等情"。③

又载"蔡锷初四赴口外旅行，调查蒙边情形"。④

3 日

▲报载"晚八钟，大总统在西苑瀛秀园，特召熊总理及陆军段总长暨现来京之滇督蔡锷、川边经略使尹昌衡晋见，密议关于保固川、滇、藏之边疆，分别设防之政策。据闻已提议者，为改州废省时，仍拟将四川分为东、西川两部分治。又议除川边经略使外，另于川、滇边境及西藏毗连处，均设镇守使。惟是日仅将政见提出，尚未议有要领"。⑤

---

① 《片马交涉之近况·推荐帮办员》，《申报》1913 年 11 月 30 日。
② 《蔡锷集外集》，第 325 页。
③ 《唐督电请蔡督回任》，天津《大公报》1913 年 12 月 2 日。
④ 上海《时报》1913 年 12 月 2 日。
⑤ 《会议保固边防之政策》，天津《大公报》1913 年 12 月 5 日。

又载"近日各省都督先后到京，政府连有咨询要案。昨闻浙都督朱瑞、奉都督张锡銮、滇都督蔡锷、川边都督尹昌衡，及曾任都督之周自齐、赵惟熙在金鱼胡同那宅会宴，并互相讨论关于改建省制之各问题，及其中之利害详情，以便会衔条陈政府。惟谭延闿以现正待罪，未曾与闻"。①

5 日

▲报载"蔡松坡之学识、才干，久为世人所崇拜。盖以军人而兼有政治家之资格，此桂太郎、山本一流人，非泛泛之军事家所能望其项背也。蔡此来对于大政，颇有所陈述，而于边事尤为注意。故初来京时即有游九边、考查蒙边之意，继以他事未果行。近来朔方军事消息日亟，而参谋、陆军两部均不免有隔膜之病，良以所派视察侦探不能得力，故使者络绎于途，而迄未解蒙事之真相，政府亦颇以为虑。现蔡决意轻车减从，前往塞外调查一切。闻大总统亦深壮蔡君之志，且希望此行能为国家目前之军事布置及将来之行政筹划均可得莫大之便益也。闻蔡君拟于一星期内起程前往。方今之文武官僚，多趋于安逸骄奢，挟优伶，事赌博，而蔡君独以行役为乐，以救济边事为志，此亦非庸众所能及也。又闻参谋总长一职，久有人推荐蔡君，总统亦颇以为然，惟蔡慎于进退，故尚未得其本人之同意也"。②

8 日，又载"蔡松坡坐镇西北，朱介人保障东南，毅力丰功，同为世重。近者朔方军事，消息日紧，于是蔡松坡慨然有游历九边、考查蒙边之志。月之二日，已偕参谋殷承瓛首途。闻其视察之地，以张家口为主。而朱介人亦定于今日，偕参谋次长同赴张家口。自库匪犯顺以来，沿边各地，时有警讯，张家口尤为汲汲。则两君此行，必其有所持，以贡献于国家可决也。风尘满目，企余望之"。③

按：1916 年 12 月 1 日，新华商业专门学校林奎云的回忆，可证蔡锷确有此行。他说在一个"醒春"季节，"居东园"之时，为"组织蒙古教育研究会"，曾与蔡锷"抵掌而谈"。蔡锷论及"张家口之形势"。他"遂赴

① 《各都督特开省制会议》，天津《大公报》1913 年 12 月 3 日。
② 《要闻汇录·在京各都督之近状》，上海《时事新报》1913 年 12 月 5 日。
③ 悔：《时评二·蔡朱两都督之壮游》，上海《时事新报》1913 年 12 月 8 日。

张垣，创成察哈尔师范学校"。后来，"无意中与某知事论经界，间及蔡事。既而因督催设学与某知事忤，适松坡举义滇黔，某知事遂赴张都统处告密，谓余私通蔡锷，集八旗两翼蒙古反对中央。侦者在旁，祸且不测，余仓卒回京"。①

7 日

▲报载"政治会议于本月月底之前不致开会，盖因蔡锷请假，而其余会员亦多未抵京故也"。②

其间，有人对纷纷进京的都督，发表评论说："各省都督之进京，何纷纷耶。若湖南之谭都督解职而待罪也，若云南之蔡都督辞职而待用也，若四川之尹都督潜行而请款也，若浙江之朱都督、安徽之倪都督，则因筹商要政而进京也。进京之目的不同，而忧喜悲乐，各都督之心理又大异。虽然，任何再红再阔之都督，总不若一退闲无事、衰病颓唐之清太保。一出京，一入京，足以掀政海之波澜，而动全国人之耳目。"③

9 日

▲报载：

政治会议原有本月十五日开会之说，内务部已在北海团城预备。惟闻十五日能否开议尚属未定，因大总统选派委员八人，现在京者只有六人（按：应是五人，由下文可知，蔡锷尚未回京），为李经羲、蔡锷、马良、杨度、赵惟熙、宝熙，而蔡锷则已于四日出京调查蒙务，至速须一星期方能回京。其余即梁敦彦尚在德国，樊增祥尚未赶到，均已力辞。至各省报到委员尚未过半数，并有数部人员尚未派定，届

---

① 《黄蔡二公追悼大会林奎云先生演说》（1916 年 12 月 1 日），《宗圣学报》第 2 卷第 6 册第 18 号，1917 年 4 月，第 11 页。林的原话是，他"组织蒙古教育研究会，与松坡论张家口之形势。在醒春，居东园抵掌而谈。遂赴张垣，创成察哈尔师范学校。无意中与某知事论经界，间及蔡事。既而因督催设学与某知事忤，适松坡举义滇黔，某知事遂赴张都统处告密，谓余私通蔡锷，集八旗两翼蒙古反对中央。侦者在旁，祸且不测，余仓卒回京"。

② 《译电》，《申报》1913 年 12 月 7 日。又见上海《时报》1913 年 12 月 7 日。

③ 默：《杂评二·都督之进京》，《申报》1913 年 12 月 7 日。

时能否开议，刻难十分定准。

…………

又据一说，大总统对于政治会议，前本极为注重，主（之）克期开议，乃忽于日前又改变办法，拟从缓开议，大约下月初旬恐尚难实行开议，未知系何意见。盖必另有原因，并非专为各委员召集未齐之故云。

又闻政治会议组织法，已决计仿照日本顾问院，由法制局着手起草。五日下午，总统府特举行茶话一次，以政治会议既为政府顾问之地，嗣后一切要政，有疑难处，均可谕交该会讨论，则总统府顾问权限已完全为该会所有，顾问厅已无成立之必要，议即取消府中各顾问，请大总统另予位置，以节糜费。

又闻驻德公使颜惠庆昨特电呈大总统，略谓奉电令，劝催梁崧生回国担任政治委员，而梁君以病力辞，不愿受任，恳请代辞等语。闻大总统之复电，仍责令设法劝驾，务必从速回国云。①

又载"官人中有蔡锷焉，言论丰采，均有可观，若夫张寿龄则阿谀取容，不足道矣"。②

又载蔡锷与杨度、宝熙、马良、赵惟熙等五位政治会议特派委员，应袁世凯特召至总统府开政治会议预备会。据闻"所议者纯系关于内部预备议案之各问题。该委员等并借以觇大总统之意向，而为届期进行之准备"。③

11 日

▲报载袁世凯因黎元洪屡辞兼任参谋总长职，"谕蔡锷任此职"。但蔡"坚辞"，袁"拟以冯国璋补授是缺"。④

又载蔡锷与熊希龄向袁世凯"特保"原湖南都督谭延闿"可以无事（按：指孙中山'二次革命'时宣布湖南独立一事），惟须由军法司一讯"。⑤

---

① 《关于中央政治会议之消息》，天津《大公报》1913 年 12 月 9 日。
② 《杂录：二十人小赞》，天津《大公报》1913 年 12 月 9 日。
③ 《政治会议幕中之景色》，上海《时报》1913 年 12 月 9 日。
④ 《十日西刻北京专电》，上海《时报》1913 年 12 月 11 日。
⑤ 《十日西刻北京专电》，上海《时报》1913 年 12 月 11 日。

14 日

▲郭重光、周沆电请"北京参谋部转蔡松坡先生",对其援黔之绩、之德,表示"感戴"。说:"冀公坐镇,恃有后援,硕划远猷,惟公之绩。救灾恤邻,惟滇之德,不自矜代,讵忘拜嘉。"①

▲唐继尧电请袁世凯"商法使迅电越南总督转饬海防、河内法官,于火车、船站严密查拿"李烈钧等革命党人。说:"院密。近得报告,乱党李烈钧在日本东京与李根源联络,密谋遣派党羽赴滇运动起事,李逆等随后同来。近日李烈钧已离东,假名游历,实欲潜往安南,相机入滇,请严为防范等语。查此次大理兵变,确系李根源等指使。兹李烈钧等奸谋未遂,希图再举,若不加意防范,阴患何堪设想!除由本省通令文武严密防范外,应请商法使迅电越南总督转饬海防、河内法官,于火车、船站严密查拿,以重邦交而遏乱萌。滇都督唐继尧叩。寒。印。"②

15 日

▲上午 10 时,蔡锷与政治会议委员"百余人着大礼服齐集"中南海居仁堂"总统府,恭谒袁世凯,听受训辞"。③ 袁世凯秘书许宝蘅日记记载,他这天"七时半起。大雪未止,甚冷。着礼服赴总统府,十一时各议员始齐集于居仁堂,行谒见礼,余与各次长、局长均旁坐。大总统演说共和原理及年来政治进行之困难、嗣后进行之方法,约一时许散。到□□吃茶"。午后"二时到院,与诸议员闲话至三时。到团城观政治会议行开会礼,即以承光殿为议场,至四时许方散"。④ 报载这天政治会议开幕,蔡锷是出席会议的委员中的第一名。⑤

17 日

▲唐继尧电恳袁世凯并参、陆两部,将李伯庚"调部差遣",遗缺允于张子贞调补,并恳准授韩凤楼为"第一师第二旅旅长"。说:"黔密。滇介

① 北京《亚细亚日报》1913 年 12 月 21 日。
② 云南省档案馆藏档案,档案号:106-1-2951,第 9 页。原无年、月,据电文内容推定。
③ 《政治会议之开幕》,上海《时报》1913 年 12 月 20 日。
④ 《许宝蘅日记》第 2 册,第 465 页。
⑤ 上海《时事新报》,1913 年 12 月 20 日。

两大，重在国防，经武整军，为尧专责，亦为滇急务。自反正后，将卒骄惰，蔡前督锷才识、经验胜尧十倍，苦心毅力，维持两载，犹多掣肘。近更习于淫靡，纵情逐欲，法纪荡然，稍有裁抑，即生怨望，而讥谤随之矣。尧蒙中央付托之重，对于军界用人行政，若再瞻顾依违，必至一事不办。其断难迁就者，只得破除情面，放手进行，仍恃我大总统力为主持，俾得稍收寸效。查驻省第一师第一旅旅长李伯庚才具尚优，不孚众望，应请调部差遣，遗缺即以本师第二旅旅长张子贞调补。第二旅长向驻大理，张子贞尚未就职，榆军即为哥匪煽变。现委陆军少将韩凤楼率混成一旅驰往，相机剿抚，平乱后即留该处督率团营，认真编练。韩凤楼前在黔省多著战功，曾任命黔军旅长，拟恳即以该员补授第一师第二旅旅长。尧为因事择人起见，如蒙允准，即乞明发命令，以重职守。至全滇军政计划，尧体查情形，略有端绪，当另电陈请训示遵行。继尧叩。筱。印。"①

19 日

▲唐继尧"火急"电请北京参谋部，转告其"受事"署理云南都督后的云南情况于蔡锷，并请密陈袁世凯。说："荛密。尧受事后，见上下怡嬉，将卒骄情，习于淫靡，法纪荡然，我公两载维持之苦心，仅此数十日中，已败坏于不觉，可为叹惜。尧德薄能鲜，讵克规随，敌国同舟，尤怀阴惧，只有推诚殚虑，勉为其难，怨谤在所不计。西陲寥阔，边事繁重，镇守使权限范围不先规定，保无逾越，尤虑有人播弄。幼臣磊落，心本无他，其左右实未敢深信，昨已密陈主峰明发命令，俾各遵循。将校如李伯庚则请部调用，所代第一师第一旅长仍留青圃（按：张子贞，字青圃），以五峰（按：韩凤楼，字五峰）之第二旅长，并请任命石泉（按：沈汪度，字石泉）也暂委参谋长。然其所愿，尧实强之，稍缓即请保中将。此次榆军叛变，系哥匪张文光、杨春魁等勾煽，原因复杂，要点在将顾小斋（按：顾品珍，字小斋）调省，镇摄无人，团长潘炜章难发辄逃。闻官长被戕约四五十人，掳榆饷局下关盐税局分银行存款约廿余万两，多饱则扬去者。内讧已起，平定不难，现五峰率混成一旅驰往相机剿抚，幼臣亦继往就任矣。主峰前，望公将滇事密为上陈，并乞指导。宪政会议得公主持，老谋

① 云南省档案馆藏档案，档案号：106－1－2951，第1页。原无年、月，据电文内容推定。

硕画，当不听一般轻薄学子捣乱其间，民国基础庶能稳固。议会情形仍望随时密示为祷。尧叩。效。印。"①

29 日

▲报载"云南都督蔡锷辞职后，即由中央命唐继尧接任，未到任以前由谢汝翼护理。当任命唐氏之始，滇人即有一部分人反对，然唐于前秋光复，亦为滇省出力最伟者，故有多数人极表欢迎。惟数日前，因闻唐氏带来军队数千人，即有人造谣谓现在滇军将于唐督入城时即与龃龉，因此人心大为惊恐。惟谢护督则亟欲早卸仔肩，故屡电催促唐督到任，又派黄、何诸人前往中途欢迎，至十一月二十五日，唐督已率军队行抵滇省。是日午后，军界、政界、学界、商界均出郊迎接入城，全城人民亦多表示欢迎之意，并未有意外变故云"。②

30 日③

▲报载蔡锷出席在北海团城承光殿举行的第一次政治会议正式会议。议长为李经羲，出席议员 71 人。"当局之人"对政治会议不设旁听席，"咸以守秘密为戒，虽北京报界同志会选与顾鳌磋商，允将可以发表者每次开会印刷纪事录，送交报界，然会场内各员之发言及其他稍为紧要事项，皆未列入"。会议首先签定委员席次。讨论的第一案为袁世凯"特交救国大计谘询案"，第二案为袁世凯"特交增修约法程序谘询案"。"议长询问第一案有无讨论后，相距约十分钟之久，无人发言。后始由刘彭寿、孙毓筠二人相继起立谓无须讨论，请付审查。而梅光远又谓第二案大约亦无须讨论，可以并案付审查。"于是，刘彭寿提议请议长指定审查人，李经羲遂指定蔡锷、饶汉祥、许鼎霖、朱文劭、顾鳌、姚震、梁建章、沈名昌、孙毓筠、邓镕、方枢、那彦图、贝允昕、王印川、陈瀛洲等 15 人为审查员。原参议院议员陈瀛洲以第一案涉及"国会生死问题"，宜"遵照院法，凡于自身问题，理应回避"，表示"未便与闻，请议长另派他人"，李经羲以"政治

---

① 云南省档案馆藏档案，档案号：106-1-2951，第 4 页。原无年、月，据电文内容推定。
② 《补纪唐督莅滇事》，天津《大公报》1913 年 12 月 29 日。
③ 也有说 29 日的。天津《大公报》1913 年 12 月 31 日《政治会议第一次会议案》即说是"十二月二十九日午后一时开第一次政治会议"。

会议讨论国会问题，系因尊重国会起见，其目的非为消灭。陈君所云虽是，但此只能专就在国会内而言，今既与此会议，即为政治会议委员，而审查员之取得，乃以政治会议委员之资格，非以国会议员之资格，对于本案，实无问题"，加以拒绝，并希望他"审查时，负良心上之责任，不可牵涉国会，转生枝节"。各审查员本不认识，推定蔡锷为审查长。蔡锷定次年1月2日为审查会日期。[①]

月底

▲蔡锷主张钦渝铁路"经过云南的东部，再由贵州的西南部经广西到钦州"。据丁文江回忆，他"民国二年十二月底从山西回北京。第二天就奉到命令，派我到云南去调查矿产。当日［时］蔡松坡刚从云南北来，交通部和中法实业银行新订了钦渝铁路的草约。松坡的意思要把这条路线经过云南的东部，再由贵州的西南部经广西到钦州。我的任务是调查假定在云南境内的钦渝路线附近的矿产"。[②]

又呈请袁世凯明发命令，准予免去其"云南都督本官"。说："为呈请事。窃前在云南都督任内，因病呈请辞职，奉钧电给假三月，调京养疴等因。当即交替晋京，仰托福庇，贱体暂痊。复嗣蒙特派为政治会议委员，感激恩遇，永矢弗谖。现在假期届满，理合呈请大总统俯鉴下忱，查照前请明发命令，准予免去云南都督本官。年方力强，谨当殚竭忠诚，以图报称。为此具文呈请，伏乞鉴核，照准施行。谨呈。

12月26日，袁世凯颁布批令："该都督自光复以来，屏藩南诏，治军抚民，卓著绩勋。本年东南各省逆党倡乱，该督于祸变以前联合五省，拥护中央，厥功甚伟。本大总统深资倚畀，前据因病呈请辞职，均未允准。兹复据呈各情，现在国家重大问题，诸待解决，政治会议，深赖集合英贤，讨论国是，已另有令，准如所请，暂行免去都督一职。将来扬历中外，为国宣劳，带砺盟勋，旗常著绩，本大总统所期望于该督者正无穷也。此批。"[③]

---

① 本报驻京通信员冰若：《政治会议之内幕》，上海《时报》1914年1月6日；《政治会议第一次开会纪事》上海《时报》1914年1月3日。

② 丁文江：《漫游散记》（九），《独立评论》第20号，1932年10月2日。

③ 曾业英编《蔡锷集》（二），第1105页。

同日，袁世凯颁令说："云南都督蔡锷呈请辞职，蔡锷准免本官。此令。"①

31 日

▲王锡彤日记记"三十一日，新历岁除，时将行总统制。余曾力谏，不允。然各省都督之电请废《约法》者，遂不发抄"。②

按：幕僚王锡彤力谏不宜"行总统制"，袁世凯表态"不允"，但却"语要人，不愿采总统制"，任其对外放话，③ 行动上也对各省都督的"废《约法》"之请，留中不发，足见袁氏之狡诈本性。也不是他不想废除《临时约法》，后来的事实证明乃是他心中另有盘算。

---

① 《命令》，《申报》1913 年 12 月 29 日。
② 《抑斋自述》，第 197 页。
③ 《摇落乎不摇落乎：说最近之内阁运命》（1914 年 1 月 12 日），《远生遗著》下册，卷三，第 224 页。